BLUEPRINT

니컬러스 A. 크리스타키스Nicholas A. Christakis

위대한 지성, 통섭의 대가로 불리는 사회학자, 의사다. 현재 예일대학교 사회과학 및 자연과학 교수이자 사회학, 생태학, 진화생물학, 통계데이터과학, 생물의학공학, 의학, 경영학 교수로 재직하면서 예일대학교 인간본성연구소Human Nature Lab 소장과 네트워크과학연구소Institute for Network Science 공동 소장을 겸임하고 있다. 예일대학교에서 생물학 학사 학위를, 하버드대학교 의과대학에서 박사 학위와 공중보건학 석사 학위를, 펜실베이니아대학교에서 사회학 박사 학위를 받았다. 1995년부터 시카고대학교 사회학 및 의과대학 교수를 지낸 뒤, 2001년부터 2013년까지 하버드대학교 의료사회학 및 의과대학 교수로 근무했다. 2013년 예일대학교로 옮겨 솔 골드먼 패밀리Sol Goldman Family 교수로 재직하다가 2018년 예일대학교 교수진 최고 직위인 스털링Sterling 교수로 임명되었다. 과학지식과 인문학적 혜안을 동시에 지닌 이 시대 독보적인 석학으로 행동, 건강, 장수의 사회경제학, 생물사회학, 진화학 연구와 사회 연결망 연구로 유명하다. 네트워크과학, 생물사회과학을 중심으로 진화생물학, 진화심리학, 행동유전학, 전염병학, 인구학, 사회학을 융합해 탁월한 연구 성과를 발표해왔다. 의사로서는 가정호스피스 의사이자 상담완화의학 분야 전문가로 활동했다. 2009년《타임Time》'세계에서 가장 영향력 있는 100인'에 선정되었으며, 2009년과 2010년에는 연속으로《포린폴리시Foreign Policy》'세계 100대 사상가'에 선정되었다.《블루프린트Blueprint: The Evolutionary Origins of a Good Society》외에 저서로《예견된 죽음: 의료에서 예측과 예후Death Fortold: Prophecy and Prognosis in Medical Care》《행복은 전염된다Connected: The Surprising Power of Our Social Networks and How They Shape Our Lives》(공저)와《신의 화살Apollo's Arrow: The Profound and Enduring Impact of Coronavirus on the Way We Live》이 있다.

니컬러스 A. 크리스타키스 지음 | 이한음 옮김

블루프린트

이기적 인간은 어떻게 좋은 사회를 만드는가

BLUEPRINT

THE EVOLUTIONARY ORIGINS
OF A GOOD SOCIETY

부·키

블루프린트

이기적 인간은 어떻게 좋은 사회를 만드는가

초판 1쇄 발행 2022년 12월 20일 | 초판 3쇄 발행 2023년 7월 20일

지은이 니컬러스 A. 크리스타키스
옮긴이 이한음
발행인 박윤우
편집 김송은 김유진 성한경 장미숙
마케팅 박서연 이건희 이영섭 정미진
디자인 서혜진 이세연
저작권 백은영 유은지
경영지원 이지영 주진호

발행처 부키(주)
출판신고 2012년 9월 27일
주소 서울 서대문구 신촌로3길 15 산성빌딩 6층
전화 02-325-0846 | 팩스 02-3141-4066
이메일 webmaster@bookie.co.kr
ISBN 978-89-6051-962-6 03900

만든 사람들
편집 성한경 | **디자인** 서혜진

"우리가 더 가까워질 때 세상은 더 나아진다."
아내 에리카에게 이 책을 바친다.

이 책의 한국어판이 나온다니 무척 기쁘다. 지난 20년 동안 나는 한국을 방문하고 한국의 많은 과학자들과 어울리는 특권을 누려왔다. 그러면서 한국 사회의 낙관론과 발전을 목격했다.

그러나 이 책의 출간을 앞두고 있는 지금 우리가 많은 암울한 위협들에 직면해 있다는 것 또한 분명하다. 북한의 핵 무력 과시는 가장 명백한 위협이다. 현재 전 세계에서 들려오는 소식들도 암울해 보이기는 마찬가지다. 러시아의 우크라이나 침략 전쟁, 계속 진행되고 있는 코로나19 팬데믹(한국은 실제로 아주 잘 대처해왔다), 전 세계에서 기승을 부리는 포퓰리즘과 근본주의, 기후 변화, 중국의 부상, 대양의 미세플라스틱, 세계적인 경제 불평등 등. 이 모든 과제들과 현재 벌어지고 있는 숱한 심각한 공공 정책 문제들은 우리의 이목을 사로잡는다. 그리고 우리를 우울하게 만들 수 있다.

이런 상황에서 대체 어떻게 세상을 낙관적으로 바라볼 수 있을까? 나는 모든 것이 관점에 달려 있다고 본다. 이 책에서 말했듯이 높은 고원에 서 있는 사람은 높이가 300미터인 언덕과 900미터인 언덕을 보면서 두 언덕이 전혀 다르다고 생각한다. 어쨌거나 높이가 3배나 차이가 난다! 이 사람은 강수의 작용이나 농민의 산비탈 경작 활동처럼 두 언덕을 빚어낸 힘들이 무엇인지 살펴볼 생각도 품을 수 있다.

그러나 멀리 떨어진 바닷가로 가서 돌아보았을 때 이 사람은 두 언덕이 사실상 높은 두 산이었음을 깨닫게 될 것이다. 높이가 한쪽은 1만 300미터, 다른 한쪽은 1만 900미터다. 이제 두 산은 그리 다르지 않아 보일 것이다. 두 언덕을 빚어낸 어떤 국지적인 힘들이 실제로 있었겠지만, 이제는 두 산에 작용한 훨씬 더 근본적인 힘들이 있었음이 뚜렷이 드러난다. 애초에 두 산을 솟아오르게 만든 화산 분출과 지각판 운동이다.

나는 인간사 역시 마찬가지로 생각한다. 물론 우리 인류가 하는 온갖 일들은 중요하다. 우리의 안전, 건강, 부, 행복이 며칠, 몇 주, 몇 년에 걸쳐서 우리가 하는 활동들에 달려 있는 것은 분명하다. 그러나 그런 결과들은 수십만 년에 걸쳐서 빚어진 더 확고한 토대 위에 놓여 있다.

약 30만 년 전 시작된 인류 진화 과정을 거치면서 우리 종은 선해지도록 진화했다. 우리는 사랑, 우정, 협력, 학습을 비롯한 여러 놀라운 능력을 갖추게 되었다. 바로 이 능력들이 우리의 운명을 빚어내는 지각판 운동에 해당하는 힘들이다. 과거에도 그러했고 지금도 여전히 그러하다. 게다가 이 힘들은 모든 인류 집단이 지니고 있다. 모든 인류의 공통 유산이기 때문이다.

이 책에서 나는 이 선한 힘들이 어떻게, 왜 출현했으며, 이 힘들이 인류가 마찬가지로 지닌 폭력과 악의 성향을 상쇄하는 데 어떤 역할을 해왔는지 다루었다. 이 지식을 활용해 계속해서 세상을 더 나은 곳으로 만들 수 있다고 나는 확신한다.

니컬러스 A. 크리스타키스
예일대학교
2022년 10월

인간은 '우정과 환대의 사회'를
희망할 수 있는가?

정재승

KAIST 뇌인지과학과 교수
융합인재학부 학과장

인간 사회는 왜 그토록 다양하면서 동시에 서로 너무나 비슷한 보편적 속성을 공유하게 되었을까? 이 책은 진화생물학과 인지신경과학, 생물인류학을 기반으로 이 의문을 설명한다. 더 나아가 보편적 속성을 만들어내는 진화적 기원이 우정과 환대의 사회로 나아가는 희망의 연결 고리가 될 수 있다고 주장한다. 인간의 본성과 인류 진화의 궤적을 꿰뚫는 이 책은 탁월한 걸작이다. 긴 설명이 필요 없다. 바로 집어들어 읽으시길 강력하게 권한다.

사실 이렇게 서너 줄이면 충분한 '이 책의 소개'에 덧붙여 긴 해제를 사족처럼 다는 이유는 이 책이 전하는 희망의 메시지를 더 많은 독자가 접했으면 하는 간절한 바람에서다. 묵직한 주제와 책의 볼륨감에 압도되어 새로운 개안의 기회를 놓치지 않기를 바라는 마음에서다. 인간 사회를 과학적으로 이해하고 싶은 독자라면 이 책에 틀림없이 매료될 것이다.

　나는 이 해제에서 이 책의 저자인 니컬러스 크리스타키스가 그동안 탐구해 얻은 과학적 성과들과 이 책에 담긴 주장의 학문적 맥락, 그리고 현대 사회학과 진화인류학의 지형도에서 이 책이 차지하는 위치를 다른 저작들과의 관계를 통해 간결하게 언급하려 한다. 하지만 무엇보다 중요한 것은 일단 이 책의 첫 장을 펼치는 것이다. 그러면 책은 당신을 마지막 페이지까지 단숨에 인도할 것이다. 이 매력적인 지적 여정을 곧 떠날 채비를 하시길.

인간관계 네트워크 속 개인의 행복을 탐구하다

'우리 시대 가장 영향력 있는 학자' 중 하나인 예일대 사회학과 니컬러스 크리스타키스 교수는 공중보건 데이터를 네크워크 이론과 유전자 변이 모델 등을 통해 분석해온 사회의학자다. 그는 하버드 의대에서 사회의학을 전공한 의사이며, 예일대에서 생물학 학부를 마치고 펜실베이니아대 사회학과에서 박사 학위를 받은 연구자다. 하버드대는 현대 사회의학이 태동한 곳이고 예일대 생물학과는 분자생물학과 유전학 연구가 가장 활발했던 곳이며, 펜실베니아대 사회학과는 전통적인 사회학 접근 외에도 새로운 학문적 시도에 매우 열려 있는 진취적 전통을 가진 곳이다. 덕분에 그의 모든 연구에는 그가 공부한 대학의 학풍과 그가 치열하게 탐구한 학문적 발자취가 그대로 녹아 있다. 그의 논문은 매우 생물학적이고 의학적이며 사회학적이다. 분자생물학과 네트워크 이론을 기반으로 한 과학적 정교함, 인간관계 형성과 협력에 대한 사회학적 통찰로 넘쳐난다.

니컬러스 크리스타키스 교수가 지난 20년간 저명한 과학 저널 《네이처Nature》《미국국립과학원회보Proceedings of the National Academy of Sciences, PNAS》《뉴잉글랜드의학저널New England Journal of Medicine》 등에 쏟아낸 논문들은 인간 사회 네트워크에서 행복과 협력이 어떻게 전파되는가를 분석한 내용들이다. 세계적인 석학 제임스 파울러 교수와 함께 쓴 《행복은 전염된다》(한국어판: 김영사, 2010)에서 설파했듯이, 행복을 포함한 다양한 감정들은 인간관계 네트워크를 통해 타인에게 옮겨가며, 비만을 포함한 질병들 또한 이 네트워크를 타고 전염된다. 우정과 환대는 우리를 건강하게 해주며, 배우자의 상실 같은 고통은 우리 모두를 아프고 병들게 만든다. 이런 사실들을 밝혀낸 그의 연구 덕분에 우리는 개인의 건강과 심리 상태가 어떻게 사회관계에 영향받는가를 성찰할 수 있게 되었다.(좀 더 큰 틀에서 인간관계 네트워크가 어떻게 인간의 사고, 판단, 의사결정, 행동에 영향을 미치는지 궁금하다면 매슈 O. 잭슨의 《휴먼 네트워크》[한국어판: 바다출판사, 2021]를 읽어보시라.)

현대 사회에서 인간관계 네트워크가 어떻게 바이러스를 전파하고 질병을 퍼뜨리는지 공중보건 데이터를 정교하게 분석해 답을 찾기도 했던 그가 2020년에 시작된 '코로나19 팬데믹'을 주목한 것은 너무나 자연스럽다. 그는 최근작 《신의 화살》(한국어판: 윌북, 2021)에서 코로나19 팬데믹이 우리에게 무엇을 남겼는지 분석한다. 작은 바이러스의 창궐에 우리 사회가 어떻게 반응했는지, 그리고 어떤 사회적 비용을 치렀는지 분석하고, 앞으로 또다시 인류가 겪게 될 새로운 팬데믹에 대해 향후 어떻게 대응해야 하는지 제안한다. 의사로서 환자를 보살피면서 동시에 사회학자로서 사회적 약자를 보호하기 위한 정책을 제안해온 그는 다층적 맥락에서 포스트 코로나 시대를 균형 잡힌 시선으로 성찰했다.

다양한 사회 집단은 정말로 서로를 배척할까?

이러한 연구 성과들을 통해 그가 정말 우리에게 들려주고 싶었던 얘기는 무엇이었을까?

사실 코로나19 팬데믹이 혐오와 차별을 조장하기 전부터 그는 분열의 대안을 발견하고자 했다. 진보와 보수의 정치적 이념 대립, 남성과 여성의 젠더 갈등, 청년과 노인의 세대 분열, 이렇게 갈등과 대립의 시대를 관통하고 있는 오늘날, 우리를 분열시키는 요소들에 우리는 더욱 주목한다. 매스 미디어와 소셜 미디어는 브렉시트에서 드러난 유럽 국가들 간의 분열을 노골적으로 부추기고, 어떻게 트럼프가 대통령이 될 수 있었는지 공화당과 민주당 텃밭을 지도 위에 그려가며 떠들어왔다.

이렇게 세상은 서로 적대적인 집단들이 어떻게 대립하고 갈등하는지를 설명하는 데 많은 시간을 쓰고 있지만, 그는 반문한다. 유전적으로 서로 유사하고, 우정을 기반으로 관계를 형성해왔으며, 문화적으로 보편적인 우리에게 화해란 없는 걸까? 내가 속한 집단에 대한 애정은 반드시 다른 집단에 대한 혐오로 이어질 수밖에 없는 걸까? 인종, 국적, 성별, 나이, 종교, 이념은 우리를 하나로 묶지 못하고 서로 갈라서

게 만들기만 하는 걸까?

니컬러스 크리스타키스는 이 책에서 이 질문들에 대한 흥미로운 해답을 제시한다. 그가 주목한 인간의 가장 중요한 본성은 "사회 학습, 우정, 그리고 협력"에 대한 유전적 청사진이다. 그는 우리 인간이 이루고 있는 모든 사회의 핵심에 8가지 "사회성 모둠social suite"이 존재한다고 주장한다. 즉 "개인 정체성을 지니고 알아보는 능력, 짝과 자녀를 향한 사랑, 우정, 사회 연결망, 협력, 자기 집단 선호, 상대적 평등주의, 그리고 사회 학습과 사회 교육"이다.

유전자에 코딩된 이런 능력과 기질은 일종의 청사진이 되어 우리가 만들 사회의 모습을 구체적으로 형성하게 한다. 우리는 이로부터 벗어나기 힘들다. 많은 사회가 자연환경과 문화에 따라 다양한 모습으로 존재해왔음에도 불구하고 이러한 보편적 속성을 공유하고 있는 이유가 바로 여기에 있다.(우정은 니컬러스 크리스타키스의 오랜 연구 주제지만, 동물행동학 관점에서 우정을 깊이 들여다본 진화인류학자 로빈 던바의 《프렌즈》[한국어판: 어크로스, 2022], 그리고 저널리스트 리디아 덴워스가 우정에 대한 인지심리학적 연구를 일목요연하게 정리한 《우정의 과학》[한국어판: 흐름출판, 2021]을 참고하시라.)

좋은 사회를 만드는 8가지 능력, 사회성 모둠

어린아이들은 언어가 통하지 않더라도 서로 가르쳐주고 함께 놀면서 친구가 된다. 인종과 문화를 초월한 우정은 인간이 가진 놀라운 능력이며, 이질적인 문화 집단들을 하나로 결속시켜줄 수 있는 아교가 될 수 있다.

인간의 사회 행동을 탐구해온 학자로서, 저자는 인류가 타인을 따라 하고 모방하며, 동료끼리 서로 가르쳐주고 배우는 "사회 학습social learning"이라는 정신적 매뉴얼을 가지고 있다는 사실에 주목한다. 우리 유전자에 암호화된 사회 행동에 대한 보편적인 청사진 말이다.(어린이를 대상으로 대형 유인원들과 비교해 탁월한 사회 학습을 발견한 연구자 마이클 토마셀로가 쓴《생각의 기원》[한국어판: 이데아, 2017]은 사회 학습의 본질을 파악하는 데 큰 도움이 될 것이다. 유발 하라리의《사피엔스》[한국어판: 김영사, 2015]는 마이클 토마셀로 연구에 크게 빚지고 있다.)

이 책은 사회를 구성하는 인간 집단, 그러니까 군중이 부족주의를 형성하고 내집단과 외집단 사이에서 차별과 혐오를 부추기는 존재가 아니라, 공동선을 추구하고 우정과 협력의 사회를 만드는 데 기여하는 동력으로 작용할 수 있는지에 대해 고민한다. 그리고 우리에게 희망의 메시지를 전한다. 인간 본성은 유전자와 환경 모두의 영향을 받지만, 우리 본성에 선한 천사가 내재해 있다는 사실은 우리에게 낙관과 긍정의 마음을 품게 만든다. 난파선에서 살아남아 무인도에 표류한 사람들에서부터 유전자 깊숙한 곳에 담긴 인간의 본성까지 헤집어낸 니컬러스 크리스타키스는 우리 사회를 떠받치는 우정과 환대의 힘을 발굴한다.(저널리스트 관점에서 인간 본성의 선한 희망을 서술한 뤼트허르 브레흐만의《휴먼카인드》[한국어판: 인플루엔셜, 2021]는 이 책의 거울 이미지라 할 수 있다. 함께 읽어보시길.)

흥미롭게도 이런 과정에서 저자가 각별히 주목한 현상은 낭만적 사랑의 탄생이다. "입맞춤"이 모든 문화권에서 발견되는 보편적 행위가 아니라는 사실은 '왜 두 인간이 굳이 타액과 그에 수반되는 모든 세

균을 공유하고 싶어하는지' 의문을 갖게 만든다. 어쩌면 그것은 사랑의 기원이 존재한다는 것을 보여주는 증거일 수 있다. 저자에 따르면 낭만적 사랑은 단순히 유전으로 형성된 성적인 욕망을 넘어선 파트너와의 깊은 감정적 연대를 의미한다. 일부 전문가들은 부부 간 사랑의 발전이 진화적 우연이라고 주장한다. 그러나 니컬러스 크리스타키스는 자녀에 대한 정서적 친밀감, 후손에 대한 무조건적 사랑을 배우자에게도 확대해 '낭만적 사랑'을 탄생시킨 것으로 본다.(인간의 뇌가 상실과 외로움을 극복하기 위해 낭만적 사랑을 발명하게 된 경로는 스테파니 카치오포의《우리가 사랑에 빠질 수밖에 없는 이유》[한국어판: 생각의힘, 2022]를 통해 확인하시라.)

유전자를 공유한 자식에 대한 애정이 피 한 방울 섞이지 않은 배우자와의 (훈육의 동맹을 넘어선) 낭만적 사랑으로 확대될 수 있는 것처럼, 인간의 애정과 연대를 전 지구적으로 확대할 수도 있지 않을까? 일부일처제가 인간 본성에 위배된다는 사실을 알면서도 지난 2000년간 실험해오고 있는 우리를 보면 '인류애적 사랑' 또한 불가능하지 않아 보인다.

인간은 안전하고 평화로운 사회를 다음 세대에게 물려주기 위해 수천 년간 애써왔다. 가족과 자녀에 대한 사랑은 평화로운 사회를 만든다. 가족과 자녀에 대한 애정을 한순간도 경험하지 못한 인간은 절도, 폭력, 강간과 같은 반사회적 행동이 만연하는 암울한 사회를 만들 수 있다. 그들의 비정한 폭력은 사회를 불안정하게 만들고 자원을 줄이고 생산성을 떨어뜨린다.

우리는 배우자에 대한 사랑을 넘어 친구에 대한 우정으로 환대를 확장한다. 지금까지 과학 연구들은 우정이 거의 모든 인간 사회의 보편적 특징임을 증명해왔다. 특히 대다수 문화권이 우정의 공통된 핵심 요소인 애정과 신뢰, 상호 부조를 예외 없이 보여주었다. 과학자들은 우정을 발전시키고 유지하는 능력이 우리 조상에게 진화적 이점을 주었다고 믿는다. 초기 인간 사회에서 식량 부족, 악천후, 질병, 부상 등은 가족의 생존 가능성을 끊임없이 위협해왔지만, 우리는 우리를 도와주는 친구들의 우정 덕분에 용케 살아남았다.

테크놀로지로 인간의 사회 행동 해부하기

21세기 오늘날, 놀라운 속도로 발전하는 테크놀로지는 인간의 협력 행동을 연구하는 새로운 방법을 제시하고 있다.

2005년 미국의 온라인 물류 유통 기업 아마존은 작은 과제들을 완수하기 위해 수만 명의 시간제 노동자들을 고용할 수 있는 소프트웨어 시스템을 개발했는데, 이 거대한 플랫폼이 바로 "아마존 메커니컬 터크Amazon Mechanical Turk"다. 이 플랫폼을 통해 회사는 시간제 노동자인 "터커"들을 모집하고 그들의 기여도를 기록하고 그에 따라 임금을 지불할 수 있다. 니컬러스 크리스타키스와 그의 동료들은 이 방대한 온라인 장치가 일련의 사회 행동을 탐구할 수 있는 흥미로운 도구라는 사실을 깨달았다. 그들은 이 플랫폼 사용자가 온라인에서 여전히 보편적인 사회 행동을 표현할지 또는 새로운 환경에서 완전히 다른 방식으로 행동할지 알아보기로 했다.

특히 이런 시스템을 통해 인간의 가장 독특한 특성 중 하나인 협력에 관한 실험에서 저자의 연구는 빛을 발했다. 연구진은 40개의 서로 다른 사회 연결망을 설정하고 터커들(실험 참여자들)을 각 사회 연결망에 무작위로 할당했다. 그런 다음 게임을 하게 했다. 게임은 여러 회에 걸쳐 진행되었는데 매 회마다 연구진은 사람들에게 돈을 주었다. 그들은 이 돈을 가질 수도 있고 이웃에게 줄 수 있다고 들었다. 그들이 후자를 선택한다면 이웃에 대한 선물(돈)은 2배로 증가하도록 했다. 즉 이웃은 훨씬 더 잘살게 되고 그들은 더 가난해질 수 있다. 하지만 다음 회에서 이웃이 호의에 보답해 돈을 되돌려준다면 서로 2배의 이익을 얻게 된다. 이 행동경제학 실험에서 터커들은 어느 쪽을 선택했을까? 연구진은 그들에게서 "협력"이 일반적인 행동으로 나타나는 것을 발견했다. 이처럼 협력은 인간 본성의 자연스러운 행동처럼 여겨진다. 하지만 연구진은 협력이 한순간 취약하게 무너질 수 있다는 것도 발견했다. 환대의 사회는 희망의 불씨를 품고 있지만 바람 또한 거세다.

우리는 다른 동물들과 다를까?

과학이 발전하고 인간에 대한 이해가 깊어짐에 따라 우리는 점점 더 불편한 진실에 직면하게 된다. 자연 생태계의 많은 동물들이 우리 사회의 많은 특징을 공유한다는 사실을 발견하게 되기 때문이다. 예를 들어 코끼리는 친구를 사귀고 고릴라는 고유한 언어가 있으며 쥐는 공감을 느낀다. 우리는 자연 관찰을 통해 우리가 다른 동물과 더 많은 특성을 공유한다는 사실을 깨닫고 있다. 우리는 이걸 어떻게 받아들여야 할까?

답은 "수렴 진화"에 있다. 서로 다른 종들이 개별적으로 다른 방향으로 동일한 진화적 적응에 도달하는 현상을 말한다. 예를 들어 새와 박쥐는 똑같이 비행을 하지만 그들이 비행하는 방식은 매우 다르다. 인간과 코끼리, 고래, 유인원은 모두 협력, 개인 정체성 인식과 같은 많은 사회적 특성을 공유하면서도 개별적으로는 다르게 진화해왔다.

우리에게 주어진 환경이 그들과는 달랐기에 우리는 사회성, 협력, 신뢰 및 우정 같은 행동들을 더 많이 보이며 사회성 유전자를 다음 세대에 더 많이 물려줄 가능성이 생겼다. 자손들 중 사회적인 쪽이 생존할 가능성이 더 높았고, 자연선택은 최적의 사회 행동 유형이 나타날 때까지 계속되었다.

유전자와 문화는 공진화한다

끝으로 저자가 강조한 것은 '문화와 유전자의 공진화가 지구라는 험난한 환경에서 우리를 살아남게 했다'는 사실이다.

우리는 북극의 얼어붙은 기온에서 습한 아마존 열대 우림에 이르기까지 지구 위 거의 모든 곳에서 삶의 터전을 일구었다. 우리의 유전자는 이처럼 다양한 환경에서 우리가 생존하는 데 어떻게 도움을 주었을까? 우리의 게놈은 우리에게 문화를 발전시킬 수 있는 능력을 부여함으로써 우리가 지구 위에서 번성할 수 있게 해주었다.(이 주장에 대해서는 하버드대 조지프 헨릭 교수의《호모 사피엔스, 그 성공의 비밀》[한국어판: 뿌리와이파리, 2019]과《위어드》[한국어판: 21세기북스, 2022]를 반드시 읽어보시길 권한다.)

진화론적 의미에서 문화는 인간 사회 내에서 세대 간에 전달되어 개인의 행동에 영향을 미치는 지식을 의미한다. 더욱이 자연선택이 우리에게 문화를 창조할 수 있는 유전자를 갖출 수 있게 해주었다는 점에서 문화는 그 자체로 진화적 적응이다. 유전자 돌연변이가 생존의 이점으로 이어질 수 있는 것처럼, 평범한 아이디어가 아닌 훌륭한 아이디어가 인간 사회의 지속적인 문화의 일부가 될 수 있었다. 그것이 우리를 더욱 번성하게 만들었다. 먼길을 떠난 유럽의 탐험가들이 원주민의 문화 지식이 없었다면 모두 굶어죽었을 게 틀림없는 것처럼 말이다. 결국 탐험에서 살아남은 모험가들은 지역 사람들과 접촉해 음식과 물을 찾고 잠재적으로 치명적인 식물을 피하고 원주민의 문화를 학습했던 사람들이었다. 생존 지식은 문화를 통해 전수되고 인간이 문명을 건설하는 데 결정적 도움을 주었다.

* * *

우리는 우리가 살고 있는 사회가 왜 이런 모습을 갖게 됐으며, 유일한 대안이었는지 궁금해한다. 역사는 반복되지만 결코 똑같이 되풀이되진 않으며, 미래는 과거와 크게 다르지 않겠지만 그렇다고 쉽게 예단할 만큼 비슷하지도 않을 것이다. 무엇보다 과학 기술을 중심으로 한 인간 문명은 인간을 더욱 풍요롭게 만들 수도 있고 위태롭게 만들 수도 있다.

인간 사회에 대해 과학적으로 검증된 청사진을 보고 싶다면 이 책 안에서 그 실마리를 발견할 수 있을 것이다. 이 책은 좋은 사회에 대한 진화적 '결론'이 아니라, 앞으로 우리가 나누게 될 수많은 토론과 실천을 위한 '서론'이다. 이 책을 통해 인간이 만들어갈 '우정과 환대 사회'의 씨앗을 발견하고 조심스럽게 심어주시길 부탁드린다.

이 책에 대한 찬사

크리스타키스는 인간의 사회 행동과 본성을 다른 종과 비교하는 분야의 최전선에 있는 듯하며 이 책은 현재까지 밝혀진 수준에서 최대치의 지식과 정보를 제공한다. 나는 그가 이 책의 핵심 결론인 지구상의 모든 인간은 차이점보다 공통점이 훨씬 더 많다는 주장을 앞으로 계속해서 더 깊이 파고들었으면 한다. 이 관점은 다음과 같은 중차대한 질문을 제기하기 때문이다. 오늘날 우리가 당면한 수많은 일을 잘 해내기 위해 이 공통점을 어떻게 활용할 수 있을까? 70억 명의 사람들이 협력해 기후 변화 같은 큰 문제를 실제로 해결할 수 있을까? 우리의 유사성은 우리가 가진 몇 가지 차이점을 극복할 만큼 충분히 강력할까?

이 책에서 크리스타키스는 이러한 내 질문에 답을 제시하지는 않는다. 하지만 우리가 협력의 욕구와 능력을 타고난다는 사실을 보여줌으로써 대답이 "그렇다"임을 암시한다. 많은 사람이 우리의 차이에 사로잡혀 있다. 그러나 인류에서 차이점은 유사점에 비해 실제로 무척 미미하다. 그런 점에서 이 책은 근본적으로 낙관으로 가득하다.

크리스타키스는 나를 깜짝 놀라게 했다. 인간 행동과 본성을 다룬 책이 이토록 희망으로 넘쳐날 줄은 꿈에도 몰랐기 때문이다. 세상이 양극화가 얼마나 극심한지 보도하는 뉴스 헤드라인을 매일같이 보고 있자면 우울해지기 십상이다. 그렇지만 우리에게는 다 함께 힘을 합쳐 어떤 일에 동참하는 때가 존재한다. 이 책은 인간의 선한 행동과 본성이 그저 고리타분한 소리가 아니라 진화의 산물임을 속 시원하게 깨우쳐준다. 그럼으로써 우리를 다시 살맛 나는 세상으로 이끈다.

● **빌 게이츠Bill Gates, 마이크로소프트 공동 설립자, 《빌 게이츠, 기후재앙을 피하는 법》 저자**

의사가 저명한 사회과학자가 되는 경우는 드물다. 이런 사람이 세상을 이해하는 새로운 방식을 제시해 우리 눈을 번쩍 뜨이게 하는 책을 쓰는 경우는 더더욱 드물다. 니컬러스 크리스타키스가 바로 그런 사람이다. 크리스타키스는 진화가 문명을 어떻게 형성하는지 살펴보기 위해 유발 하라리 스타일로 한껏 시야를 확대한다. 그리하여 좋은 사회가 어떻게 역사의 힘보다 자연선택에 더 강하게 영향받으면서 빚어질 수 있는지를 입증해 보인다. 놀라울 만치 폭넓고, 심오하고, 도발적인 책이다.

● 애덤 그랜트Adam Grant, 펜실베이니아대학교 와튼스쿨 조직심리학 교수, 《싱크 어게인》《오리지널스》 저자

엄청난 걸작이다. 당신이 인간 본성을 이해하고 있다고 생각한다면 다시 생각하기 바란다. 이 책을 읽는 순간 눈이 번쩍 뜨이고 숨이 턱 막힐 것이다. 특별 보너스까지 챙기기 바란다. 이 책은 크나큰 영감과 낙관을 선물한다. 이 시대에 딱 맞는 책이다.

● 캐스 R. 선스타인Cass R. Sunstein, 하버드대학교 법학대학원 교수, 《넛지》 저자

놀라운 걸작! 크리스타키스는 우리의 유전 유산과 문화 유산이 어떻게 깊이 얽혀 있는지를 상상할 수 있는 가장 명쾌하고 쉬운 방식으로 설명한다. 이 책이 들려주는 인간 본성 이야기는 결코 동화가 아니다. 그럼에도 이 책은 우리가 선한 존재가 될 잠재력과 성향을 타고난다는 진실을 선명히 일깨워준다.

● 앤절라 더크워스Angela Duckworth, 펜실베이니아대학교 심리학 교수, 《그릿》 저자

크리스타키스는 자신의 가장 유명한 이론, 인간과 동물의 유전 프로필이 그들이 만드는 사회의 유형을 결정한다는 주장을 일반 독자가 알기 쉽게 풀어 알려준다. 이를 위해 따뜻한 시선으로 돌아본 자신의 어린 시절 경험과 더불어, 돌고래와 침팬지의 사회 행동에서부터 리얼리티 쇼와 중매결혼 등 다양한 인간 행동에 이르기까지 활용 가능한 온갖 연구 사례를 하나로 버무려낸다. 이를 통해 그는 리더십, 우정, 집단 형성 성향이 모두 우리의 생물학적 속내기라는 가장 근본적인 메커니즘, 바로 자연선택에 토대를 둔다고 말한다. 오늘날 우리가 정치, 종교, 직장이라는 칸막이로 얼마나 철저하게 나뉘어 있는지, 이런 분리가 우리를 어떤 미래로 데려갈지 염려하는 사람이라면 반드시 읽어야 할 책이다.

● 호프 자런Hope Jahren, 오슬로대학교 지구화학 및 지구생물학 교수, 《랩 걸》 저자

우리 문화와 개인 정체성의 다양성은 우리가 하나라는 사실을 못 보게 가린다. 이 탁월하고, 멋지고, 방대한 주제를 일목요연하게 엮은 책에서 저자는 8가지 보편적인 인간 성향이 어떻게 우리를 하나로 묶어주는지, 우리 행성과 우리 삶과 우리 공통 운명을 지배할 능력을 주는지 보여준다. 이 대단한 걸작은 올해 가장 뛰어난 책이자 가장 독창적인 과학책이 분명하다.

● 대니얼 길버트Daniel Gilbert, 하버드대학교 심리학 교수, 《행복에 걸려 비틀거리다》 저자

니컬러스 크리스타키스는 개인 선택과 전체 사회 구성 사이의 개념적 간극을 이어주는 선구자다. 그는 시의적절하고 매혹적인 이 책에서 과거 진화에 뿌리를 둔 우리 본성의 더 선한 천사들이 어떻게 깨달음과 사랑으로 가득한 문명을 낳을 수 있는지 보여준다.

● 스티븐 핑커Steven Pinker, 하버드대학교 심리학 교수,《우리 본성의 선한 천사》저자

난파선, 공동체, 남극 기지에 과한 놀라운 이야기를 만나보라. 연결망의 사회학에 빠져보라. 사회 연결성과 변화 속도가 갈수록 높아지는 21세기 상황에서 크리스타키스는 필수 안내자며, 이 책은 필독서다. 이 책을 읽는 즐거움을 맛보라. 그리고 인류가 진정으로 번성할 수 있는 새로운 사회와 제도를 만들고자 할 때 반드시 알아야 할 도전과 경고, 지혜와 통찰을 얻으라.

● 조너선 하이트Jonathan Haidt, 사회심리학자, 뉴욕대학교 스턴경영대학원 교수,《바른 마음》《나쁜 교육》저자

역사가로서 나는 아마 인간 본성의 어두운 면을 지나치게 강조하는 경향이 있을 것이다. 전쟁과 혁명, 광기, 공황을 일으키는 우리 종의 놀라운 능력에 초점을 맞추면서 말이다. 그런데 의사이자 사회과학자인 크리스타키스는 이 책에서 내게 정신 차리라고 말한다. 그는 이 대단히 박학하고 마음을 온통 사로잡는 책에서 이렇게 주장한다. "우리를 분열시키는 것보다 통합시키는 것이 더 많다." "사회는 기본적으로 선하다." 당신이 나처럼 이 주장에 회의적인 태도를 지녔다면 기대해도 좋다. 어마어마한 선물이 당신을 기다리고 있을 테니까. 크리스타키스는 벌거벗은 원숭이에 대한 당신의 관점을 영원히 바꿔놓을 것이다.

● 니얼 퍼거슨Niall Ferguson, 경제사학자, 하버드대학교 과학국제문제연구소 석좌교수, 스탠퍼드대학교 후버연구소 석좌교수,《광장과 타워》저자

탁월한 지혜와 경이로운 넓이를 지닌 이 책에서 크리스타키스는 철학, 역사, 인류학, 사회학, 유전학, 진화생물학을 하나로 엮어 놀라울 만치 낙관적인 주장을 펼친다. 저자는 우리가 선함을 타고나도록 진화해왔음을 멋지게 입증한다. 20세기 초의 어두운 역사가 인간 본성의 진실이라는 생각이 문득 들 때 이 책의 메시지를 떠올리면 안심이 된다. 인류 사회를 재설계하려는 그토록 많은 노력이 왜 실패했는지, 그리고 인간 본성의 선한 면이 왜 결국에는 이기는지 이 책은 알려준다.

● 앤 애플바움Anne Applebaum, 저널리스트, 역사가, 퓰리처상 수상자,《굴락》저자

지혜와 긍정으로 가득한 이 책에서 저자는 문화와 유전 양쪽 모두에서 우리가 깊은 유대 관계를 맺고 살아야만 한다는 진화의 지상명령을 탐구한다. 더없이 풍성하고 독특하고 생동감 넘치는 책이다.

● 앤드루 솔로몬Andrew Solomon, 컬럼비아대학교 임상심리학 교수, 《한낮의 우울》 저자

이 탁월하면서 인간미 넘치는 책에서 크리스타키스는 인류에 대한 거대한 낙관주의를 주창한다. 인간 본성은 고독하지도 야만스럽지도 않다. 우리는 다정한 유대를 맺고 서로에게 크나큰 친절을 베풀 수 있는 사회적 존재다. 게다가 이 방면으로 비범한 잠재력을 타고난다. 인간 본성의 비밀을 파헤친 대단히 명쾌하고, 설득력 있으며, 중요한 책이다.

● 폴 블룸Paul Bloom, 예일대학교 심리학 교수, 《공감의 배신》 저자

크리스타키스는 모든 인류 문화가 일관된 양식의 사회 연결망으로 수렴한다는 사실을 밝혀냈다. 이 책은 바로 그 이유를 탐구한다. 크리스타키스는 답이 우리 유전자에 있다고 대담하게 주장한다. 그는 유전자 중심 설명이 반드시 문화의 영향을 주장하는 설명과 상반된다고 볼 필요는 없으며, 이런 분석이 환원론이나 결정론에 빠지지도 않음을 폭넓은 사례를 통해 보여준다. 이 책은 생물학과 사회과학의 풍성한 통섭에 대한 강력한 주장이자 탁월한 본보기다.

● 리처드 랭엄Richard Wrangham, 하버드대학교 인간진화생물학 교수, 《요리 본능》 저자

이 책에서 크리스타키스는 선함에는 생물학적 목적이 있음을 보여준다. 선함은 도덕이나 종교 리더가 내세우는 이상이라기보다 우리 유전자가 요구하는 생존 전술이다. 이처럼 우리의 공통된 인간성에 대한 강력하고 생생한 저자의 논증은 오늘날과 같은 불안한 시대에 매우 중요한 역할을 한다. 저자는 친절과 사랑이 단순히 우리가 할 수 있는 일이 아니라 해야 하는 일임을 보여준다.

● 브랜던 스탠턴Brandon Stanton, 사진가, 블로거, 《휴먼스 오브 뉴욕》 저자

부족주의는 우리 주위 어디에나 존재하지만 반드시 존재할 필요는 없다. 누가 뭐라 하든 우리 모두는 인간이다. 이 생생하고 눈을 뗄 수 없는 책에서 크리스타키스는 우리가 무엇을 할 수 있고, 무엇을 해야 하는지 알려준다.

● 에릭 슈밋Eric Schmidt, 전 구글 회장, 《구글은 어떻게 일하는가》 저자

탁월한 통찰력과 생생하고 기억에 남을 스토리텔링이 잘 어우러진 책. 이 책은 대단히 깊이 있는 연구 성과를 만끽하게 하는 동시에 진정한 독서의 기쁨을 누리게 한다.

● 그레그 루키아노프Greg Lukianoff, 변호사, 《나쁜 교육》 저자

우리는 계층, 종교, 민족, 정치에 따라 '우리' 대 '그들'로 편을 가르는 분열이 만연한 시대를 살아가고 있다. 그러나 이 장대하고 중요하며 읽는 맛이 절로 나는 책에서 크리스타키스는 우리가 복잡하고 다양한 사회 집단 속에서 더불어 살고 협력하면서 번성하는 쪽으로 진화했음을 올바로 일깨운다. 오늘날 우리에게는 함께 살고, 함께 일하며, 서로를 소중히 여기고, 공동 대의를 추구하도록 돕는 이 심오하고 근본적인 적응 본성을 이해하고 활용하는 일이 그 어느 때보다 중요하다.

● 대니얼 E. 리버먼Daniel E. Lieberman, 고인류학자, 하버드대학교 인간진화생물학 교수, 《우리 몸 연대기》 저자

우리는 미디어와 온라인에서 매일같이 우리를 분열시키는 것들에 둘러싸여 살아간다. 개인, 집단, 사회 사이의 차이가 우리가 상호작용하는 방식을 규정하는 듯하다. 그런데 역사를 꿰뚫어 보는 폭넓은 안목과 유전학 및 사회과학의 심오한 지식을 갖춘 크리스타키스는 그것과는 전혀 다른 길, 시의적절하면서 대단히 중요한 길로 우리를 안내한다. 수렵채집인 사회든 우연히 모인 사람들로 이루어진 작은 집단이든 실리콘밸리 대기업이든, 우리 사회는 인간성이라는 공통된 유대로 연결되어 있다. 이 책에서 크리스타키스는 우리가 분열과 분리를 훨씬 넘어선 존재임을 보여준다. 우리는 협력, 학습, 사랑을 바탕으로 사회를 건설하고 그 안에서 번성하도록 프로그래밍되어 있다.

● 닐 슈빈Neil Shubin, 고생물학자, 시카고대학교 생물학 및 해부학 교수, 《내 안의 물고기》 저자

크리스타키스는 온라인 연결망이 새롭고 유례없는 방식으로 사람들을 연결하는 현대 세계에 이르기까지, 진화가 어떻게 사람들을 하나로 묶는지 보여주는 매혹적인 여정으로 우리를 데려간다. 우리 유전자는 고립된 상태에서 일하지 않는다. 오히려 힘을 모아 큰일을 할 능력을 우리 종에게 부여한다. 이 강력하고 흥미진진한 책은 서로를 연결하고 적자생존을 넘어 협력하도록 돕는 선함이 우리 안에 근본적으로 내재해 있음을 보여준다.

● 마크 앤드리슨Marc Andreessen, 소프트웨어 개발자, 투자자, 앤드리슨호로위츠 공동 창업자

이 도발적인 책에서 크리스타키스는 우리가 사회 속에서 선함을 가치 있게 여기는

성향을 타고남을 완벽하고 설득력 있게 입증한다. 그래서 우리는 선천적으로 공동선을 일구고 강화하고 향상하는 일에 참여하도록 요구받는다. 양극화와 불평등이 갈수록 심해지는 이 시대에 크리스타키스는 과학과 역사를 근거로 희망에 찬 메시지를 우리에게 전한다. ● **조이 이토**Joi Ito, **전 MIT미디어랩 소장**

이 책은 더할 나위 없이 시의적절하게 나온 탁월하고 도발적인 역작이다. 나는 책한 권을 읽고서는 배울 것이 별로 없다는 생각을 오래전부터 해왔다. 그런데 크리스타키스는 엄밀함과 박식함을 술술 넘어가는 글솜씨와 결합할 수 있는 보기 드문 저자다. 자신의 연구실에서 이루어진 실험을 포함해 흥미로운 연구 결과로 가득한 이 책은 이 힘든 시대에 희망을 품을 이유를 과학에 근거해 제시한다.
● **에이미 추아**Amy Chua, **예일대학교 법학대학원 교수,《타이거 마더》《정치적 부족주의》 저자**

경계 봉쇄와 서로 간의 차이가 이야기를 주도하는 이 시대에, 크리스타키스는 전세계의 사회와 대륙을 오가면서 우리가 차이점보다 공통점을 훨씬 더 많이 지니고 있음을 상기시킨다. 이 책은 공동체와 사회 연결망이 어떻게 우리의 성공과 실패를 좌우하는지 탐구하면서 인간 경험의 보편성에 찬사를 보낸다. 강력하고 매혹적인 책이다.
● **앨버트 라슬로 바라바시**Albert-László Barabási, **물리학자, 복잡계 네트워크 이론 창시자, 노스이스턴대학교 네트워크과학 특훈교수,《성공의 공식 포뮬러》 저자**

우리를 하나로 묶을 수 있는 것이 전무해 보이는 시대에, 크리스타키스는 분열을 깨뜨리고 나아가 우리가 지닌 공통된 인간 본성을 밝혀내는 풍성하고 통렬한 관점을 제시한다. 우리가 공유하는 인간성을 빚어내는 오래된 레시피를 설명할 때 크리스타키스의 트레이드마크인 열정과 해박한 지식은 더없이 빛난다. 설득력 있고 흡인력 강하고 유쾌한 사례로 가득한 이 책은 사람들이 함께 힘을 합칠 때 무엇을 할 수 있는지를 정확하게 보여준다. 반드시 읽어야 할 책이다.
● **코런 아피셀라**Coren Apicella, **펜실베이니아대학교 심리학 교수**

좋은 사회를 만들기 위한 청사진이 우리에게 가장 필요할 때 나왔다. 크리스타키스는 생물학과 사회과학에 확고히 근거한 어마어마한 낙관주의를 피력한다. 기쁨과 희망을 북돋우는 목소리로 그는 우리 본성의 핵심이 무엇인지 가르쳐준다. 사랑, 우정, 협력, 학습이 기본 구성 요소인 사회라는 단위로 우리 스스로를 통합하는 성향이 바로 그것이다. 우리가 타고난 가능성을 설파하는 그의 메시지를 따른다면,

이 청사진으로 거주자인 우리는 얼마나 멋진 집을 지을 수 있을까!

● 마자린 R. 바나지Mahzarin R. Banaji, 하버드대학교 심리학 교수, 《마인드버그》 저자

세계 최고의 사회과학자 중 한 사람인 크리스타키스는 인류 문화의 생물학 경계, 종으로서 우리가 할 수 있는 것, 사회의 포괄적 성향을 탐구한다. 폭넓은 분야의 연구를 총망라한 이 설득력 넘치는 책에서 크리스타키스는 인간이 된다는 것이 과연 무엇을 의미하는지 파헤쳐 자신이 밝혀낸 많은 좋은 소식을 우리에게 들려준다.

● 게리 킹Gary King, 정치학자, 하버드대학교 정량사회과학연구소 소장 겸 교수

이 책은 우리의 사회생활과 문화 진화를 주도하는 타고난 감수성의 집합을 시의 적절하고 강력하고 매력적으로 설명한다. 사회과학과 진화학의 권위 있는 통섭인 이 책의 위대한 업적은 사회 탐구의 초점을 우리의 차이점에서 공통된 인간성 쪽으로 단호하게 옮기고, 우리가 갈등에 빠지기 쉬운 존재이긴 하지만 사랑, 우정, 협력의 성향 또한 타고난다는 사실을 보여준다는 데 있다. 이를 통해 저자는 우리가 본성상 인간다운 사회를 선택할 수밖에 없음을 분명히 일깨운다.

● 올랜도 패터슨Orlando Patterson, 하버드대학교 사회학 교수

더할 나위 없이 독창적이고 매력적인 책이다. 이 책에서 크리스타키스는 독자를 사로잡는 매력적인 목소리와 유려하고 명료한 글솜씨를 유감없이 발휘한다. 이 책의 핵심은 그가 "사회성 모듈"이라고 설명하는 것으로, 모든 사회의 핵심이자 청사진을 구성하는 문화적 보편성의 집합이다. 모든 인간 사회가 갖추고 있는 이 중요한 특징은 자연선택으로 형성되며 우리 유전자에 새겨져 있다고 그는 주장한다. 또한 크리스타키스는 문화 진화와 유전 진화 사이의 잘못된 이분법에 의문을 제기한다. 오히려 이 2가지가 반복 교차하면서 서로 영향을 미치는 방식으로 공존한다고 본다. 아울러 그는 인간 사회와 동물 사회의 사회성 형질 간에 존재하는 유사점이 우리의 공통된 인간성을 강화하는 방식으로 인간을 하나로 묶어준다는 것을 보여준다. 이 책은 우리의 오랜 진화의 역사가 어떻게 좋은 사회 쪽으로 휘어져왔는지를 풍성한 학제 간 연구와 깊이 있는 자료로 입증해낸 눈부신 작품이다.

● 르네 C. 폭스Renée C. Fox, 전 펜실베이니아대학교 사회학 교수

광범위한 분야에 걸쳐 놀랍고 중대한 과학적 기여를 하는 책이다. 유전자와 문화가 어떻게 상호작용하는지, 그리고 이 지식이 어떻게 좋은 사회를 만드는 토대가 되는지 흥미진진하게 설명한다. ● 에른스트 페르Ernst Fehr, 취리히대학교 경제학 교수

공동체를 지향하는 우리의 유전 성향을 사려 깊게 다룬 책이다. 저자는 흥미진진한 사례를 제시하면서 수많은 후기자본주의자와 자유지상주의자가 제시한 환원론식 개념을 반박하고 압도하는 논증을 펼친다. 우리는 사회, 협력, 참여, 집단행동의 성향을 타고난다. 다윈이 말한 적자생존은 자기중심주의를 넘어서서 볼 수 있는 이들, 다른 사람들과 협력할 수 있는 이들이 살아남는다는 뜻일 수 있다. 그리고 바로 여기에 우리가 낙관주의자가 될 진정한 이유가 존재한다.

● 데이비드 사이먼David Simon, 저널리스트, 드라마 〈더 와이어〉 〈더 듀스〉 작가 겸 제작자

대단히 쉽고 재미있게 읽을 수 있는 책이면서, 최근에 나온 진화 관련 책 중에서 가장 깊이 있다. 협력과 친사회성이라는 인류의 형질이 유전에 토대를 두며, 자연선택을 통한 진화의 산물임을 보여주기 위해 긴 연구 역사를 종합한다. 그럼으로써 저자는 개체 간 경쟁이 자연법칙이라는, 생물 진화에 관한 가장 흔한 오해 중 하나를 바로잡는다. 이 책이 수십 년 더 일찍 나오지 않았다는 점이 안타까울 뿐이다.

● 귄터 P. 와그너Günter P. Wagner, 예일대학교 생태학 및 진화생물학 교수

역사, 철학, 인류학, 유전학, 사회학, 경제학, 전염병학, 통계학 등의 눈부시게 박식한 종합. 난파선 생존자에서부터 영장류학자 제인 구달에 이르기까지 모든 자료를 섭렵해 인간이 타고난 다정한 친화 성향의 정당성을 입증해 보인다. 지식의 뷔페에서 우리 대부분은 포크립과 라이스푸딩으로 만족한다. 반면에 크리스타키스는 카빙 스테이션에서부터 오믈렛 스테이션, 수프 어레이, 자가 제작 디저트 바까지 온갖 코너를 깡그리 털어버린다. 이 사실을 깨닫고 우리는 문득 부끄러워질 수밖에 없다.

● 《뉴욕타임스The New York Times》

선함을 향해 휘어지는 인간 사회의 궤적에 대한 크리스타키스의 깊은 낙관주의와 상당한 증거는 희망을 안겨준다. 이 과정에서 그는 인간의 문화와 관습을 흥미진진하게 파고든다. 예를 들어 일부일처제와 결혼이 왜 이토록 흔한(보편적이지는 않지만) 일이 되었는지, 우정의 진정한 의미는 무엇인지 진화의 관점에서 탐구한다.

● 《이코노미스트The Economist》

크리스타키스는 우리가 직계 집단을 넘어서서까지 서로에게 선한 성향이 유전된다고 본다. 이 책은 사람, 장소, 사건의 매력적인 여러 사례를 엮어서 배가 난파한 뒤 생겨나는 소규모 사회처럼 가장 어려운 상황에서조차 인간이 공동체를 형성할 수 있다는 희망을 제시한다. 크리스타키스는 자신이 "사회성 모둠"이라고 부르는 것

이 "좋은 사회"를 창조하기 위해 우리가 서로 협력하는 성향을 갖게 만든다고 주장한다. 이런 사회는 개인과 집단의 적응력을 향상시킨다.

비록 인류학과 영장류학의 최신 데이터와 이론을 광범위하게 활용하지만 크리스타키스는 신체를 이용하는 유전자의 진화 개념을 수용한다. 그가 말했듯이 "우리 자신의 유전자(그리고 친구들의 유전자)가 더 안전하고 평온한 세상을 만들기 위해 노력하는 듯하다." 유전자와 유전체 시스템이 작동하는 방식, 그리고 인류 역사를 통해 우리가 익히 아는 폭력, 불평등, 불안정의 반복 패턴을 고려할 때 이는 가능성이 희박해 보일지 모른다. 다행히 그는 여러 다른 분야와 연계해 풍성하고 면밀하게 자신의 이 '청사진' 주제를 발전시킨다. 예를 들어 그는 깊은 사회 연결망과 유대감, 집중적인 사회 학습과 사회 교육, 물질과 구조에서 점진적인 복잡성 증가 등과 관련되어 있는, 우리 조상들의 갈수록 더 복잡해져온 사회 체제가 그들의 생태 지위를 빚어내고 선택압을 재구성했음을 보여준다.

● 《네이처Nature》

인간 혐오에 대한 고무적이고, 상세하고, 설득력 있는 해독제.

● 《월스트리트저널The Wall Street Journal》

미국 어딘가에 있는 레스토랑을 상상해보자. 트럭 운전사는 미국에서 거의 모든 사람이 하듯이 웨이트리스에게 팁을 준다. 하지만 이런 행동을 하는 이유는 무엇일까? 그는 다시 이곳에 들르지 않을 것이다. 이 시간은 그가 그녀에게 서비스를 받는 유일한 순간이다. 더 수수께끼는 아마 이 광경이 카운터 위에 놓인 TV에서 방영되는 뉴스와 얼마나 어울릴까, 하는 점일 것이다. 범죄, 내분, 정치적 편협이 만연한 사회 말이다. 인간 본성의 진실은 무엇일까? 우리 종의 관찰자로서 우리는 이 둘 중 어느 쪽에 주목해야 할까? 화면 속 심란한 혼란에? 아니면 에티켓을 지키는 친절한 손님에게? 저명한 사회학 교수인 니컬러스 크리스타키스는 대단히 흥미진진하고 술술 읽히는 이 책에서 바로 이에 대한 답을 제시한다.

● 《더타임스The Times》

올더스 헉슬리의 《멋진 신세계》, 샬럿 퍼킨스 길먼의 《허랜드》, 조지 오웰의 《1984》 전통 속에서 SF 작가들은 절망적인 역기능 사회를 묘사하거나 반대로 갈등이나 경쟁이 없는 사회를 묘사하면서 오랫동안 대안 세계를 상상해왔다. 이 책에서 크리스타키스는 우리가 우정과 협력 능력을 타고났음을 강력한 사례로 입증하면서, 사회 연결망 연구와 대규모 다중 접속 온라인 게임 연구 등 유토피아식 선택과 더 밀접하게 닮은 결론을 담은 많은 연구 성과를 제시한다.

●《뉴욕타임스북리뷰The New York Times Book Review》

인간 본성과 그 가능성을 탐구하면서 저자는 일부일처제의 진화, 부유층 대 노동계급의 친밀감 비교 같은 온갖 종류의 매혹적인 인류학 문제를 다룬다. 우리 종에 대한 기분 좋고 낙관적인 관점으로 가득하다.

●《커커스리뷰Kirkus Reviews》

예일대학교 사회과학 및 자연과학 교수인 크리스타키스는 인간의 협력과 공감 능력이 우리 모두가 공통으로 지닌 "좋은 사회를 만들기 위한 진화의 청사진"에서 비롯한다고 주장한다. 우리 "생물학 유산의 어두운 면"인 공격성과 이기심에 초점을 맞추는 과학자들에 맞서, 크리스타키스는 사회화가 아니라 생물학이 궁극적으로 선한 행위를 책임진다는 강력한 증거를 제시한다. 그는 난파선 생존자들 사이에서 사회 구조가 어떻게 발전했는지 같은, 극한 상황을 실제 실험으로 취급하는 방식으로 분석을 시작한다. 이런 수십 가지 사례를 검토한 결과 크리스타키스는 이 생존자들이 "완전히 새로운 종류의 효과적인 사회 질서를 발명"한 것이 아니라 진화의 시나리오를 따랐다고 결론 내린다. 그가 이 책에서 다루는 범위에는 이타주의와 자기희생을 보이는 것으로 알려진 영장류와 코끼리, 대규모 온라인 게임 커뮤니티도 포함된다.

"우리 진화 역사의 궤적은 길"지만 "선함을 향해 휘어져 있다"라는 크리스타키스의 주장에 모든 독자가 설득당하지는 않을 것이다. 그럼에도 그의 사려 깊고 포괄적인 분석은 많은 생각할 거리와 희망과 낙관을 제공한다.

●《퍼블리셔스위클리Publishers Weekly》

이토록 암울한 현실에도 불구하고 그는 인류의 타고난 사회성의 힘과 지속적인 성공 쪽으로 독자의 마음을 돌리면서, 깊이 있는 연구에서 나온 자신감과 쾌활함으로 이 작업을 수행한다. 인류에게서 희망을 찾고 있다면 이 책이 바로 당신 책이다. 이 책은 표준형 자기계발서가 아니다. 역사, 수학, 과학은 이 책에서 모두 큰 역할을 한다. 나는 (전체) 인간 미생물군유전체에 그가 현재 초점을 맞추고 있다는 사실에 몹시 흥분된다. 그리고 선함을 전파하는 데 자신의 지식을 활용한다는 점에서 그의 정신과 마음이 더더욱 존경스럽다.

●《미디엄Medium》

인간 본성에 대한 평생의 탐구에서 나온 냉철하고 희망적인 결론. 이 책의 모든 서평은 저자 니컬러스 크리스타키스가 다루는 자료의 복잡성으로 인해 책 자체만큼 길어야 마땅하다. 책만큼 길지 않다면 서평은 최소한 텍스트의 인용으로 이루어질 수 있을 것이다. 이 방식의 서평이 어떤 서평자보다 더 많은 이야기를 들려주기 때문이다. 그리고 우리는 지금 이 책이 전하는 메시지를 그 어느 때보다 더 잘 알아야 한다. 당신이 임박한 정치와 환경의 종말을 두려워한다면 이 책은 앞으로 당신의 삶을 어떻게 꾸려갈 수 있을지에 대해 희망을 제공한다.

● 《워싱턴인디펜던트리뷰오브북스Washington Independent Review of Books》

이 책은 인간 본성에 대한 좋은 소식으로 가득하다. 난파한 배의 선원들이 살아남은 방법(최고의 팁은 팀으로 함께 일하고 서로에게 친절을 베푸는 것이다)에서부터 그가 이끄는 예일대학교 '인간본성연구소'라는 멋진 이름 아래 수행한 사회 연결망 실험에 이르기까지 온갖 분야를 아우르는 통섭의 걸작이다. 비전문가인 독자들에게 이 책은 골똘히 생각해볼 수많은 퍼즐을 제시한다. 이 책은 여러 가지 이유로 논란이 될 것 같다. 유전자가 우리의 행동 방식을 결정짓는다면, 예를 들어 어떤 구매 행위가 자유 의지의 몫으로 남는지 같은 논란 말이다. 인간은 기본적으로 선하다는 주장부터가 이미 사람들을 화나게 만든다. 나는 어땠을까? 나로 말할 것 같으면, 이 책을 읽으면서 힘이 났다.

● 《선데이타임스The Sunday Times》

지난 수십 년 동안보다 더 분열되어 있고 글로벌 리더들이 국제 관계를 제로섬 게임으로 취급하는 시대에, 우리는 더 많은 것을 할 수 있는 우리 능력을 상기할 필요가 있다. 예일대학교 교수 니컬러스 크리스타키스의 이 책이 바로 그런 역할을 한다. 우리의 과거 진화는 사회학이나 정치의 맥락에서 언급될 때 흔히 먼 과거부터 우리 종에게 이바지해온 어두운 원시적 충동을 드러낸다. 반면에 우리 유전자와 우리가 구축하는 문화 및 사회 간 상호작용에 대한 크리스타키스의 견해는 훨씬 더 섬세한 설명을 제공하며 이 논쟁의 밝은 측면에 상당한 무게를 부여한다.

● 《월드리터러처투데이World Literature Today》

과학자와 시민은 흔히 공격성, 잔인성, 편견, 이기심 같은 생물학 유산의 어두운 면에 초점을 맞춘다. 그러나 자연선택은 또한 우리에게 사랑, 우정, 협력, 학습 능력을 비롯해 유익한 사회성 형질을 부여해왔다. 좋은 사회를 만들기 위한 이런 타고난 성향이 도구, 농장, 기계, 도시, 국가 등 우리의 모든 발명품 이면에 존재한다. 실제로 우리 유전자는 우리의 신체와 행동에 영향을 미칠 뿐 아니라 우리가 사회를 만드는 방식, 따라서 전 세계에서 놀랍도록 유사한 사회를 만드는 방식에도 영향을 미친다. 이 책에서 크리스타키스는 다양한 과거와 현대 문화, 난파선 생존자들로 형성된 공동체, 유토피아를 추구하는 공동체 거주자, 사람과 인공 지능 봇의 온라인 그룹, 우리와 몹시 흡사한 코끼리와 돌고래의 온화하고 복잡한 사회적 합의를 포함해 광범위한 분야의 수많은 사례를 살핀다. 이를 통해 그는 폭력으로 얼룩진 인류 역사에도 불구하고 우리가 선함을 위한 사회적 청사진에서 벗어날 수 없다는 사실을 보여준다. 정치와 경제 양극화가 심화하는 세상에서 우리는 진화의 긍정적인 역할을 무시하고 싶은 유혹을 받는다. 그러나 크리스타키스는 진화가 어떻게, 그리고 왜 우리를 인간적인 길로 이끌어왔는지, 우리가 공통된 인간성으로 어떻게 하나가 되는지를 분명하게 보여준다.

● **카토연구소**Cato Institute

차례

1부 * 인간, 사회, 공동체

1장 ◇ 우리 안에 새겨진 8가지 사회성 형질

2장 ◇ 우연한 공동체: 재난에서 살아남기

3장 ◇ 의도한 공동체: 유토피아를 꿈꾸며

4장 ◇ 인공 공동체: 상상 가능한 모든 세계

11장 ◇ 유전자와 문화는 공진화한다

12장 ◇ 좋은 사회는 얼마나 자연스러운가

진화의 청사진은 어떤 인간을 만드는가

그리스의 추억: 광장, 군중, 그리고 어머니

1974년 7월, 아이였던 나는 그리스에서 여름을 보내고 있었다. 바로 그 무렵 그리스 군사 독재 정권은 예기치 않게 몰락의 길을 걷게 된다. 어느 날 망명 생활 중이던 전 총리 콘스탄티노스 카라만리스Konstantinos Karamanlis가 아테네 중심부인 신타그마광장Syntagma Square(헌법광장)으로 돌아온다는 소식이 퍼졌다. 광장으로 이어지는 모든 길은 헤아릴 수 없이 많은 인파로 꽉꽉 메워졌다. 그날 밤 어머니 엘레니 Eleni 여사도 나와 동생 디미트리Dimitri를 데리고 거리로 나섰다. 몇 시간 전부터 군사 정권은 확성기를 장착한 트럭 수십 대로 무장 병력을 실어 날라 거리 곳곳에 배치했다. 확성기에서 군인들의 목소리가 울려 퍼졌다. "아테네 시민 여러분, 별일 아닙니다. 집 밖으로 나오

지 마십시오."(1955~1963년 총리를 지낸 카라만리스는 1974년 군사 정권
이 무너진 뒤 보수주의 정당인 신민주주의당을 창당해 1974~1980년 총리,
1980~1985년과 1990~1995년 대통령을 역임하며 그리스의 경제 발전과 민
주화에 많은 기여를 했다-옮긴이)

어머니는 경고를 무시했다. 우리는 신타그마광장에서 한 블록 떨
어진 곳까지 갔다. 어머니는 우리를 거대한 돌담 위로 들어 올렸다. 광
장 근처에 궁전과 국립 동물원이 있어서 돌담 위에는 동물들이 달아나
지 못하게 쇠 울타리가 둘러 쳐져 있었다. 디미트리와 나는 아이나 딛
고 서 있을 만한 좁은 담벼락 위에 올라 쇠 울타리에 등을 기댄 채 섰
고, 어머니는 우리 밑에서 꽉꽉 들어찬 군중 사이에 서 있었다.

얼마나 빽빽하게 들어찼던지 사람들은 온몸이 땀으로 후줄근했
다. 한밤중에 카라만리스가 도착하자 군중 사이에 열기가 뜨겁게 달
아오르기 시작했다. 사람들은 여러 해 동안 독재 정권과 외국(사회주의
정권 수립을 막기 위해 군사 정권을 지원한 미국-옮긴이)의 간섭에 억눌려
있던 울분에 찬 좌절감을 표출하면서 구호를 외치기 시작했다. "고문
자들을 타도하자!" "미국인들을 몰아내자!"

성인이 된 뒤로 줄곧 사회 현상을 연구한 사람치고는 좀 별나다고
할 수 있겠는데, 지금껏 나는 결코 군중을 좋아한 적이 없다. 울타리에
찰싹 달라붙은 채 흥분을 느꼈지만, 주로 느낀 감정은 두려움이었다고
나는 기억한다. 12세에 불과했지만 나 자신이 특별한 뭔가를 목격하
고 있음을 알았다. 이전까지 본 모든 것과 다른 사건임이 확실한 뭔가
를 말이다. 그랬기에 겁이 났다.

군중의 함성은 갈수록 커져갔고 분노는 더욱 거세게 타올랐다. 축
하하기 위해 모였다면서 사람들이 왜 이토록 광분하는지 이해하지 못

했던 기억이 난다. 나는 자부심과 경계심이 뒤섞인 복잡한 감정을 품고 어머니를 내려다보았다. 어머니(늘 아름답고 온화했던 어머니)도 분위기에 점점 휩쓸리고 있었기 때문이다. 어머니는 그리스인임을 자랑스러워했고 많은 동료 시민처럼 민주주의의 회복을 환영하고 있었다. 또 우리 교육에 몹시 힘쓰고 있던 어머니가 이 역사적 사건에 우리가 함께하면서 뭔가 배우기를 원한다는 것을 알았다. 어머니는 미국에 돌아갔을 때 우리를 인권 행진과 반전 시위에 데려가 우리에게 세상 보는 눈을 키워주려 했던 그런 부모에 속했다.

한편으로 나는 무서웠다. 어머니가 어떤 강한 힘에 휩쓸리고 있음을 어머니의 눈길에서 알아차릴 수 있었기 때문이다. 어머니가 점점 흥분하는 모습을 나는 불안하게 지켜보았다. 우리를 담벼락 위에 올려놓았다는 사실을 어머니가 잊어버리지 않을지, 아니면 이동하는 군중에 휩쓸려 서로 떨어지지 않을지 걱정스러웠다. 그렇게 반미 구호가 점점 커져갈 때였다. 갑자기 어머니가 나와 동생을 가리키면서 소리쳤다. "여기 미국인들이 있어요!"

군중의 선한 힘과 무리 지을 권리

대체 어머니는 무엇에 사로잡혔기에 그랬던 걸까? 그리스 신화에 푹 빠진 채 자란 나는 그 순간 자기 아이들을 죽이는 마녀 메데이아Medeia의 이야기가 머릿속에 떠올랐던 듯하다.

지금도 나는 그때 어머니가 왜 그렇게 소리쳤는지 알지 못한다. 어머니는 당신이 낳은 아이들뿐 아니라 인종 배경이 서로 다른 아이들까지 입양해 키운 무척 사려 깊고 애정 넘치는 분이었다. 그런데 폭발 직전의 군중 한가운데서 그토록 무모하게 사랑하는 아들들이 이방인 이라는 사실을 알려 이목을 끈 이유가 무엇이었을까? 그런 제스처가 경솔한 우중의 열기를 식힐 수 있다고 믿었던 걸까? 이제 나는 어머니 에게 이런 질문을 할 수가 없다. 과학과 인도주의라는 대의에 헌신하 는 삶을 살던 어머니는 오랜 지병 끝에 내가 25세일 때 47세를 일기로 세상을 떠났기 때문이다.

그 뒤로 여러 해가 지나면서 나는 어머니를 부추겼을 법한 원초적 인 힘들 중 일부를 이해하게 되었다. 이 책에서 내가 펼칠 논증의 핵심 이 바로 이 힘들이다. 그리고 보통 이 힘들은 우리 사회의 선good을 위 해 일한다. 자연선택natural selection은 우리에게 특정한 방식으로 집단 에 합류하는 능력과 욕망을 갖추어주었다. 예를 들어 우리는 자신의 개 체성을 포기하고 집단에 맞추어야 한다는 느낌에 너무 강하게 사로잡 혀서 자신의 개인 이익에 반하거나 자신에게 해로운 일을 할 수 있다.

그렇지만 자신이 속한 사회 집단의 구성원에게 관대할 수 있는 우 리 능력은 아주 심오한 뭔가를 우리에게 제공한다. 즉 우리는 이 능력 덕분에 우리 모두가 같은 집단의 일원임을 알아볼 수 있다. 단적으로 말해 우리 모두가 인간임을 알아볼 수 있다는 뜻이다. 우리는 작은 집 단의 부족주의tribalism를 떨쳐내고 큰 집단을 위해 친절을 베풀며 이 바지할 수 있다.

모든 사람이 공유하는 공통된 인류애에 헌신한 어머니가 어떤 가 치를 추구했는지 나는 안다. 그렇기에 나는 어머니의 외침을 이런 식 으로 보는 쪽을 택한다. 어머니는 관용을 호소하고 있었다. 모든 미국 인이 나쁜 사람은 아니라고, 당신의 사랑하는 아들들처럼 그냥 어린아이도 있다고 말이다.

몇 년 뒤 15세 무렵에 나는 다시 폭발 직전의 군중을 보았다. 이 번에는 사회주의자인 할아버지와 함께 크레타를 여행할 때였다. 할 아버지의 성함도 니컬러스 크리스타키스였다. 우리는 선거가 진행되 는 동안 범그리스사회주의운동Panhellenic Socialist Movement, Panellínio Sosialistikó Kínima, PASOK(그리스의 사회민주주의 정당-옮긴이)의 수장인 안드레아스 파판드레우Andreas Papandreou가 대규모 군중을 선동해 민 족주의의 광란에 빠뜨리는 광경을 지켜보았다. 그때쯤 나는 히틀러와 무솔리니가 똑같은 짓을 벌여서 2차 세계대전을 불러온 상황을 다룬 영화들을 보았다. 그랬기에 내 눈앞에서 벌어지는 일을 보면서 도무 지 믿기지가 않았다. 우리는 꽤 안전하게 군중 뒤쪽에 서 있었다. 하지 만 그래도 나는 군중의 힘을 느낄 수 있었다. 할아버지는 나를 옆으로 데려가서 리더들이 사람들의 공동체 의식과 외국인 혐오xenophobia(제 노포비아)를 동시에 먹이로 삼을 수 있다고 설명했다. 또 데마고그 demagogue(유언비어를 퍼뜨려 대중을 홀리는 정치 선동가-옮긴이)라는 단 어를 알려주었다. 그 사건은 내게 엄청난 자극을 준 경험이었다. 나는 광란에 휩싸인 군중이 불러일으킨 정의롭지 않다는 불편한 감정을 지 금도 떠올릴 수 있다.

스코틀랜드 언론인 찰스 맥케이Charles Mackay는 1841년 출간한 고전《대중의 미망과 광기Extraordinary Popular Delusions and the Madness of Crowds》에서 이렇게 주장했다. 사람들은 "떼를 지어 미쳐 돌아가다 가 한 사람씩 천천히 제정신으로 돌아올 뿐이다."[1] 군중 속에서 사람들 은 무분별하게 행동하곤 한다. 욕설을 내뱉고, 재물을 파괴하고, 벽돌 을 던지고, 다른 사람을 위협한다. 이는 어느 정도는 심리학자들이 "몰

개성화deindividuation"라고 부르는 과정 때문에 일어날 수 있다. 자신을 집단과 더 강하게 동일시함에 따라 사람들은 자의식과 개별 행위자라는 감각을 잃기 시작하며, 그 결과 홀로 행동한다면 감히 생각조차 못 할 반사회 행동을 한다. 그들은 스스로 생각하기를 멈추고, 도덕 기준을 내버리고, 상호 이해를 전혀 허용하지 않는 자세의 전형인 "우리 대 그들us-versus-them"이란 태도를 취하는 우중을 형성할 수 있다.

군중을 접한 나의 개인 경험은 이처럼 대체로 부정적이다. 그러나 군중이 선한 힘이 될 수 있다는 사실 또한 분명하다. 비폭력 군중이 독재자와 권위주의 정부를 위협하거나 무너뜨릴 수도 있다. 1974년 그리스에서, 1989년 중국에서(톈안먼 사건), 2010년 튀니지에서(아랍의 봄), 2016년 짐바브웨에서(무가베 반대 시위) 그랬다. 특히 군중은 뚜렷한 조직이 없는 상태에서 자연스럽게 출현할 때 권력자에게 두려움을 안긴다. 이런 일은 흔히 일어난다. 이 탓에 최근 들어 여러 정부는 사람들이 더 쉽게 조직화하는 것을 막기 위해 인터넷 접근을 엄격하게 통제하려고 시도해왔다.

1963년 마틴 루터 킹Martin Luther King Jr.이 〈나에게는 꿈이 있습니다I Have a Dream〉라는 명연설을 한 워싱턴 행진March on Washington에서부터 1965년 앨라배마 경찰이 투표권을 요구하는 아프리카계 미국인 시위대에 야만적인 폭력을 가한 페터스 다리 행진march at Pettus Bridge에 이르기까지, 미국에서 벌어진 유명한 조직적인 인권 행진을 생각해보라. 억울해하는 사람들과 관심을 가진 사람들이 모여서 더 큰 집단을 이룰 때 그들의 신념은 더욱 강해진다. 이와 동시에 개인별로 행동하는 비슷한 수의 고립된 사람들이라면 발휘할 수 없는 거대한 힘을 뿜어낸다.

좋든 나쁘든 간에 군중 형성은 우리 종에게 너무나 자연스러운 일이다. 그렇기에 정치적 기본권으로 비칠 정도다. 이 권리는 미국의 1차 수정 헌법에 포함되었다. "평화로운 집회의 권리, 그리고 불만 사항의 구제를 정부에 청원할 권리"를 법이 침해해서는 안 된다고 명시되어 있다. 집회의 권리는 방글라데시에서부터 캐나다, 헝가리, 인도에 이르기까지 전 세계 여러 국가의 헌법에서 비슷하게 보장된다.[2] 공감 능력과 더불어 집단 형성, 의도적인 친구와 동료 선택 성향은 우리 종이 물려받은 보편적 유산의 일부다.

죽음과 전쟁 앞에서 깨닫는 공통된 인간성

이 글을 쓰는 현재 미국은 둘로 쪼개진 듯하다. 좌와 우, 도시와 시골, 종교와 무종교, 내부자와 외부자, 가진 자와 못 가진 자로다. 정치 양극화와 경제 불평등이 한 세기를 이어지다가 오늘날 정점에 달해 있음을 여러 가지 분석 결과가 보여준다.[3] 미국 시민들은 서로의 차이점, 누가 누구를 위해 말할 수 있고 말해야 하는지, 개인 정체성의 의미와 범위, 사람들이 충성을 바치도록 끌어당기는 부족주의의 무지막지한 힘, 미국이라는 용광로(그리고 미국인으로서 공통된 정체성)를 이념적으로 받아들이는 것이 가능한지, 심지어 바람직한지를 놓고 열띤 논쟁을 벌이고 있다.

나는 이 책에서 우리를 분열시키는 것보다 하나로 묶는 것이 더 많으며, 사회는 기본적으로 선하다는 사실을 입증하고자 한다. 따라서 서로를 나누는 경계선이 뚜렷하게 그어진 듯한 지금 이런 견해를 내놓는 것은 시기적으로 맞지 않는 양 비칠 수 있다. 그러나 내가 볼 때 이 2가지는 영원한 진리다.

내가 실험 연구를 하면서 접한 가장 의욕을 꺾는 질문 중 하나는 이것이다. "어떤 속성(국적이나 인종, 종교)으로 정의되는 집단이든, 사회적 연결(친구나 동료)로 정의되는 집단이든 간에, 자기 집단에 대한 사람들의 친밀감은 필연적으로 남을 경계하거나 거부하는 태도와 결부될 수밖에 없지 않은가?" 과연 남을 증오하지 않으면서 자기 집단을 사랑할 수 있을까?

나는 지나친 자기 집단 동일시가 낳는 악영향을 접했고, 대중의 미망을 가까이에서 목격했으며, 연구실에서 수천 명을 대상으로 실험을 하고 무수한 사람의 행동을 기술한 자연 생성 데이터를 분석하면서 연구해왔다. 그 결과 온통 나쁜 소식만 있는 것은 절대 아님을 확인했다. 오히려 인간 본성에는 사랑, 우정, 협력, 학습 능력을 비롯해 탄복할 만한 것이 더 많다. 이런 능력에 힘입어 우리는 어디에서나 좋은 사회를 구성하고 서로를 더 잘 이해할 수 있다.

"사람들은 근본적으로 볼 때 서로 얼마나 비슷할까?" 25년 전쯤 호스피스hospice 의사로 일할 때 나는 이 문제를 처음 생각하기 시작했다. 죽음과 슬픔은 무엇보다 우리를 하나로 만든다. 죽음과 죽음을 대하는 우리 반응은 보편적이다. 그래서 누가 보든 우리가 유사성을 지닌 존재라는 인상을 받기 마련이다. 나는 저마다 살아온 배경이 다른 수많은 죽어가는 사람을 옆에서 지켜보았다. 그런데 그들 모두 삶이 끝나갈 때면 단 한 사람 예외 없이 정확히 똑같은 열망을 드러내는 듯했다. 과거의 잘못을 보상하고, 사랑하는 이들 곁에 가까이 있고, 귀 기울여 들어줄 누군가에게 자기 이야기를 털어놓고, 고통 없이 편안히

숨을 거두고 싶어 했다.[4] 사회적 연결과 상호 이해의 욕구가 너무나 깊이 뿌리 박혀 있기에 우리는 죽는 날까지 그렇게 하기를 원한다.

인간으로서 우리 자신을 보는 내 관점, 이 책의 핵심을 이루는 관점은 공통된 인간성으로 사람들이 하나가 되며, 또 그래야 마땅하다는 것이다. 그리고 이 공통성은 우리 진화의 기원이 같다는 사실에서 비롯한다. 즉 이것은 우리 유전자에 새겨져 있다. 바로 이런 이유로 우리가 서로를 이해할 수 있다고 나는 확신한다.

여기서 나는 사회 집단 간 차이가 전혀 없다고 말하는 것이 아님을 명확히 밝혀두고자 한다. 일부 집단이 사회, 경제, 생태 면에서 다른 집단은 상상만 할 수 있는 무거운 짐을 짊어진 채 악전고투하고 있다는 사실은 명백하다. 탄자니아 동아프리카지구대의 현대 수렵채집인과 캘리포니아 실리콘밸리의 소프트웨어 엔지니어 사이에 어떤 공통점이 있는지 단번에 알아차리기는 어렵다. 인간 집단들 간 차이는 무척 흥미롭고 실질적일 수 있다. 그러나 차이에만 초점을 맞추다보면 다른 근본적인 현실을 간과하고 만다. 차이에 집착하는 것은 보스턴과 시애틀의 날씨 차이에 초점을 맞추는 것과 비슷하다. 물론 이 두 도시는 기온, 강수량, 일조량, 바람이 다를 테고 이런 요소는 중요할 수 있다(아마 많이!). 그렇지만 두 도시의 날씨는 동일한 대기 과정과 기본 물리 법칙의 산물이다. 게다가 세계의 날씨는 분리할 수 없이 하나로 연결되어 있다. 더 나아가 지구의 다양한 미시 기후를 연구하는 근본 이유는 지역 날씨 조건을 더 잘 이해하기 위해서라기보다 날씨 전반을 더 온전히 이해하기 위해서라고 말할 수 있다.

따라서 나는 우리 사이에 무엇이 다른가보다는 무엇이 같은가에 더 관심이 있다. 사람들은 인생 경험, 사는 곳, 겉모습까지 다르다. 그렇지만 우리 모두는 같은 인간으로서 서로 이해할 수 있는 경험이 상당히 많다. 이를 부정한다는 것은 공감의 희망을 버리고 최악의 소외에 굴복한다는 의미일 것이다.

우리가 공통된 인간성을 지닌다는 이 근본 주장은 경험적 토대만이 아니라 심오한 철학적 근거까지 지닌다. 페루 소설가 마리오 바르가스 요사Mario Vargas Llosa는 〈자유의 문화The Culture of Liberty〉라는 글에서 같은 지역에 살면서 같은 말을 쓰고 같은 종교를 믿는 이들은 분명히 공통점이 많다면서도, 각 개인이 오로지 이런 집단 형질trait들만으로 규정되지는 않는다고 지적한다. 그는 사람을 집단의 일원으로만보는 것은 "본질적으로 환원론이자 비인간화이며, 유전이나 지리나사회적 압력이 부과하지 않은 모든 것, 인간에게 있는 고유하면서 창의적인 모든 것의 집단주의적이면서 이념적인 추상화"라고 했다. 그는 진정한 개인 정체성은 "이런 영향들에 저항하고 창작이라는 자유행위를 통해 반격하는 인간 능력에서 나온다"라고 주장한다.[5]

지극히 옳은 말이다. 그러나 개인의 자유를 행사하고 개성에 초점을 맞추는 것은 부족주의를 없애는 한 가지 방법일 뿐이다. 우리는 보편적 유산이라는 차원으로 시야를 넓혀 부족주의를 극복할 수 있다. 인간으로서 우리는 자연선택으로 빚어진 공통된 유전 형질을 지닌다. 함께 살아가는 법과 관련된 형질이다. 이 유전 형질은 차이를 특권시하는 비인간적 관점을 버릴 방법을 우리에게 제공한다.

외국 문화를 접하는 경험을 할 때 한편으로는 긴장되면서 다른 한편으로는 안도감을 느낄 수 있다는 점을 생각해보라. 처음에는 의상, 냄새, 외모, 풍습, 규정, 규범, 법의 차이에 몹시 예민하게 신경을 곤두세우지만, 이윽고 우리가 여러 가지 근본적인 면에서 동료 인간들과 비슷하다는 쪽으로 인식이 바뀐다. 모든 인간은 세상에서 의미를 찾고, 가족을 사랑하고, 친구들과 즐겁게 어울리고, 가치 있게 여기는 것들을 서로에게 가르치고, 집단을 이루어 협력한다. 이런 공통된 인간성을 지녔음을 인정한다면 우리 모두 더 바람직하고 더 멋진 삶을 살 수 있을 것이라고 나는 생각한다.

역설적이게도 집단 간 적개심이 가장 극명하게 표출되는 전쟁 때 많은 이들이 이 깨달음을 얻는다. 2차 세계대전 당시 미군 101공수사단 소속 이지 중대가 겪은 실화를 토대로 한 2001년 TV 시리즈 〈밴드 오브 브라더스Band of Brothers〉는 이 점을 가슴 찡하게 그려낸다. 드라마에 딸린 다큐멘터리 영상에서 실제 모델 군인 중 한 사람인 대럴 '시프티' 파워스Darrell "Shifty" Powers는 자신이 지켜본 한 독일 군인에 관한 견해를 이렇게 피력했다. "우리는 공통점이 많았을지 모릅니다. 그는 낚시를 좋아하거나 사냥을 좋아했을 수 있죠. 물론 그는 자신이 맡은 일을 했고, 나도 내가 맡은 일을 했습니다. 하지만 다른 상황이었다면 우리는 좋은 친구가 되었을지 모릅니다."[6] 그냥 친구가 아니라 "좋은 친구"였다.

2017년 켄 번스Ken Burns와 린 노빅Lynn Novick이 연출한 또 다른 전쟁 다큐멘터리 시리즈인 〈베트남전쟁The Vietnam War〉에서 레 콩 후안Le Cong Huan이라는 베트콩 노병 역시 비슷한 깨달음을 얻었음을 보여주었다. 젊은 군인이던 그는 유혈 전투가 끝난 뒤 나무 사이로 미군들을 지켜보다가 문득 그들이 공통된 인간성을 지녔음을 깨달았다. "나는 죽어가는 미군들을 봤어요. 말을 알아듣지는 못했지만 그들이 서로 껴안은 채 우는 모습을요. 한 사람이 죽자 모두 하나가 되더군요. 시신을 한쪽으로 옮긴 뒤 눈물을 훔쳤어요. 그 모습을 보면서 생각했죠. '우리 베트남인처럼 미국인도 깊은 인간애를 지니고 있구나.' 그들은 서로를 돌보았어요. 많은 생각을 하게 했죠."[7]

우리 유전자에 새겨진 좋은 사회를 위한 청사진

이 범문화적 유사성은 어디에서 오는 것일까? 사람들은 왜 전쟁까지 할 정도로 서로 다르면서 동시에 이토록 비슷할 수 있는 걸까? 근본 이유는 우리 각자 안에 좋은 사회를 만드는 진화의 "청사진blueprint"이 들어 있기 때문이다.

유전자는 우리 몸속에서 놀라운 일을 한다. 그런데 더욱 놀라운 것은 유전자가 우리 몸 바깥에서 하는 일이다. 유전자는 우리 몸의 구조와 기능만이 아니라 우리 마음의 구조와 기능, 따라서 우리 행동의 구조와 기능에도 영향을 미칠뿐더러, 더 나아가 우리 사회의 구조와 기능에까지 영향을 미친다. 전 세계 사람들에게서 우리가 알아차리는 점이 바로 이 유전자의 힘이다. 이것이야말로 우리가 공통으로 지닌 인간성의 원천이다.

자연선택은 내가 "사회성 모듬social suite"이라 부르는 특성들의 진화를 이끌면서 사회적 동물로서 우리 삶을 빚어내왔다. 사랑, 우정, 협력, 학습 능력, 더 나아가 다른 개인들의 정체성(개성)을 알아차리는 능력이 이 "사회성 모듬"에서 나온다. 온갖 현대식 장치와 인공물(도구, 농업, 도시, 국가)에도 불구하고 우리는 우리의 자연스러운 사회적 본능을 드러내는 타고난 성향을 지니고 있다. 이 본능은 실질적이며, 더 나아가 도덕적으로 주로 좋은 쪽이다. 개미가 어느 날 갑자기 벌집을 만들 수 없듯이, 인간은 이런 긍정적인 충동과 일치하지 않는 사회를 만들 수 없다.

나는 우리가 더 잔혹한 성향을 나타내게 되는 만큼이나 자연스럽게 이런 선한 성향을 나타내게 된다고 믿는다. 우리는 그러지 않을 도리가 없다. 남을 도울 때 우리는 보람을 느낀다. 우리의 선한 행위는 18세기 계몽주의가 꽃피운 가치의 산물이 아니다. 더 깊은 심연에서, 선사 시대에서 기원한다.

"사회성 모둠"을 이루는 오래된 성향들은 따로따로가 아니라 함께 작동한다. 그럼으로써 공동체를 결속하고, 공동체의 경계를 정하고, 공동체 구성원을 식별하고, 증오와 폭력을 최소화하는 동시에 개인과 집단의 목표를 달성할 수 있게 한다. 내가 볼 때 너무 오랫동안 과학계는 우리 생물학 유산의 어두운 면에 지나치게 초점을 맞추어왔다. 부족주의, 폭력성, 이기심, 잔인함의 능력에 말이다. 반면에 밝은 면은 마땅히 받아야 할 주목을 받지 못해왔다. 이제 나는 이 밝은 면이 왜, 어떻게 우리 본성으로 진화해왔는지 밝히고자 한다.

인간, 사회, 공동체

BLUEPRINT

THE EVOLUTIONARY ORIGINS
OF A GOOD SOCIETY

1장

우리 안에 새겨진
8가지 사회성 형질

BLUEPRINT

THE EVOLUTIONARY ORIGINS
OF A GOOD SOCIETY

말이 필요 없는 아이들의 놀이 세계

그리스인인 어머니는 2차 세계대전이 끝난 뒤 튀르키예 이스탄불에서 자랐다. 그때 아직 어린아이였던 어머니는 항구에서 배로 조금만 가면 나오는 뷔위카다섬Büyükada에서 여름을 보내곤 했다. 그로부터 여러 해가 지난 뒤인 1970년 어머니는 자녀들을 데리고 다시 이 섬을 찾았다. 그리스인은 이 섬을 프린키포스섬Prinkipos(왕자들의 섬)이라고 불렀고, 튀르키예식 이름으로 부르면 분개했다. 1929년 스탈린에게 추방당한 레온 트로츠키Leon Trotsky가 튀르키예로 망명해 이곳으로 온 이래로 섬은 거의 변하지 않았다. 지금도 그렇지만 당시에도 이 섬에는 동력 교통 수단이 허용되지 않아서 사람들은 걷거나 당나귀를 타거나 말이 끄는 수레를 타고서 자갈길을 돌아다녔다. 어머니는 20년 만에 다시 튀르키예 땅을 밟았다. 민족 갈등이 극심했던 1950년대에 소수 민족에 속한 다른 모든 사람처럼 어머니 역시 부모님과 함께 튀르키예에서 쫓겨났기 때문이다.

1970년 당시 나는 8세, 동생 디미트리는 6세였다. 우리는 그리스어는 할 수 있었지만 튀르키예어는 몰랐다. 그래도 우리는 동네 탐색에 나섰고 놀고 있는 남자아이 10여 명과 마주쳤다. 장작 난로와 여기저기 페인트가 들뜬 초록 덧문이 달린, 오랜 세월 방치된 할아버지네 집은 타임캡슐 같았다. 이 낡은 집 뒤쪽 소나무 우거진 언덕에서 우리 형제와 튀르키예 아이들은 처음에는 하나의 큰 집단을 이루어 몸짓으로 의사소통을 하고 함께 도우면서 지형을 탐사했다. 솔방울을 많이 모을 필요가 있었기 때문이다. 이윽고 (필연적으로) 우리는 두 집단으로 나뉘어 전쟁놀이를 하기로 했다. 서로 솔방울을 던지고 급습해 훔치는 놀이였다. 약탈과 함께 단순한 시장 경제가 출현했다. 던지기 쉬운 작은 초록색 솔방울을 폭발하듯이 잘 부서지는 커다랗고 아름다운 솔방울과 교환했다. 우리는 후자를 수류탄이라고 상상했다. 솔방울은 실제로 터져서 파괴되지 않았기에 한쪽이 공격하면 상대편에게 더 많은 무기가 모였다. 소규모 전투, 물물 교환 경제, 집단 유대감, 이따금 쓰는 속임수로 이루어진 이 놀이는 몇 시간 동안이고 이어졌다.

물론 튀르키예 소년들은 우리 형제와 몇 가지 면에서 달랐다. 그들은 머리를 더 짧게 잘랐고 조끼를 입었다. 우리는 솔방울을 던질 때 팔을 머리 위쪽으로 휘둘렀지만 그들은 엉덩이 쪽에서부터 옆으로 휘둘렀다. 그리고 그들은 이곳 지형을 더 잘 알았다. 하지만 이런 차이는 사소해 무시해도 좋았다. 우리가 함께한 사회적 놀이는 말이 없어도 누구나 이해할 수 있었다. 우리는 문화나 언어 면에서 상당한 거리가 있었지만, 모두가 즐기는 친숙한 특징들을 지닌 작은 사회 질서를 함께 창조할 수 있었다.

놀이의 한 가지 목적은 아이들이 어른의 행동을 모방하면서 어른역할을 훈련하는 데 있다. 그러나 놀이는 그저 아이들에게 어른처럼 행동하는 법을 암묵적으로나 명시적으로 가르치려고 해서 생겨나는 것이 아니다. 많은 수렵채집 사회에서 어른들은 아이들끼리 알아서 놀라고 놔두며, 아이들이 무엇을 하고 있는지 잘 모를 때가 많다. 놀이는 아무런 지침 없이 자발적으로 출현한다. 그리고 지극히 자발적이고 본능적으로 동기 부여된 매우 즐거운 경험인 이런 놀이는 이 섬에서 터키 친구들과 내가 그랬듯이 "여러 가지 사회생활 실험"을 동반할 때가 아주 많다.[1]

한 인류학자가 남태평양 마르키즈제도Marquesas Islands 우아포우섬Ua Pou의 어린아이 13명으로 구성된 오래 유지된 놀이 집단을 묘사한 글을 보자. 2세부터 5세까지 섞여 있는 이 아이들은 해안 근처("세찬 파도"가 치고, "날카로운 용암 바위 절벽"이 서 있고, 게다가 근처에 "칼, 도끼, 성냥"이 널려 있는 곳)에서 지켜보는 어른들이 전혀 없는 상태에서 매일 오랜 시간 몇 달 동안 함께 놀았다. 아이들은 "활동을 조직하고, 분쟁을 해결하고, 위험을 피하고, 부상에 대처하고, 물품을 나누고, 지나가는 이들과 협상했다."[2] 또 인류학자 비어트리스 화이팅Beatrice Whiting과 존 화이팅John Whiting 연구진은 1950년대 중반부터 1970년대 중반까지 하나의 이정표가 된 연구를 했다. 그들은 케냐 냔송고Nyansongo, 인도 칼라푸르Khalapur, 멕시코 훅스틀라와카Juxtlahuaca, 필리핀 타롱Tarong, 일본 다이라平良, 미국 뉴잉글랜드 "오처드 타운Orchard Town"(가명) 등 전 세계 곳곳에서 더 체계적으로 놀이의 종단연구를 수행한 끝에 이렇게 결론지었다. 젠더gender(생물학적 성과 대비되는 사회학적 성-옮긴이), 나이, 문화에 따라 아이들의 전형적인 놀이 친구, 활동, 장난감, 놀이터에서 상당한 차이가 보이긴 했지만, 놀 때의 사회 행동과 상호작용 양상은 언제나 대단히 비슷했다.[3]

  사회 자체는 이런 아이들의 놀이 세계를 단순히 확대한 것처럼 비칠 수 있다. 사회사학자 요한 하위징아Johan Huizinga는 1938년 출간한 인간과 놀이를 다룬 고전 《호모 루덴스Homo Ludens》에서 "인류 문명은 놀이라는 일반 개념의 본질적 특징에 아무런 기여를 하지 않았다"라는 말까지 했다.[4] 아이들의 행동에서는 일종의 일시적 축소판 사회를 만들려는 타고난 성향이 흔히 드러난다. 인간은 아주 어릴 때부터 사회를 만들지 않고는 못 배긴다.

3개월짜리 아기도 사회생활을 안다

40여 년이 흐른 뒤 돌아보면 우리 형제가 튀르키예 아이들과 한 놀이가 고도의 사회 조직을 포함하고 있었음을 알아차릴 수 있다. 나중에 내가 다음과 같은 학술 용어로 가리키는 특징들을 갖춘 사회 말이다. 내집단 편애in-group favoritism 또는 내집단 편향in-group bias, 거래 상보성trade complementarity, 사회 계층 구조social hierarchy, 집단 협력collective cooperation, 연결망 위상network topology, 사회 학습social learning, 진화한 도덕성evolved morality.

  나는 지금 연구실에서 일하지만 여전히 이런 특징들을 생각하면서 갖고 논다. 우리 연구진은 특수한 소프트웨어를 고안해 전 세계 성인 수천 명이 우리가 온라인에 구축한 축소판 사회에 참여할 때 어떤 행동을 하는지를 추적했다. 나는 인류 사회생활의 기원을 더 깊이 파헤치고 협력, 단결, 계층 구조, 우정이 어디에서 유래하는지를 이해하고자 이런 사회의 사회적 상호작용을 조작한다. 이를테면 사람들을 부자 또는 빈자로 무작위 할당random assignment 하거나, 프로그램으로 조종할 수 있는 로봇을 진짜 사람인 척 몰래 투입해 어떤 해악을 일으키는지 알아보는 식이다. 또한 우리 연구진은 우리가 꾸며내는 것이 지극히 현대식 사례이긴 하지만 사회생활의 오래된 기원을 찾아내기 위해 이런 현상들을 진화생물학으로 조사한다.

우리가 관찰한 좀 의기소침하게 만드는 현상 중 하나는 앞서 말한 "내집단 편애" 즉 사람들의 "자기 집단 선호" 성향이다. 어릴 적 내가 뷔위카다섬에서 전쟁놀이를 할 때 같은 편한테서 느꼈던 따뜻한 감정 말이다. 심지어 취학 전 연령 아이들에게서까지 나타나는 이 내집단 편애를 과연 우리가 타고나는지 많은 연구자가 조사해왔다.

한 실험에서는 5세 아이들에게 서로 다른 색깔(빨간색, 파란색, 초록색, 주황색)의 티셔츠를 무작위로 나누어주고 입힌 뒤, 자신들과 같은 색깔이나 다른 색깔의 티셔츠를 입은 다른 아이들의 사진을 보여주었다. 아이들은 자신들이 여러 색깔의 티셔츠 중 그냥 아무 티셔츠나 건네받았다는 사실을 알고 있었다. 그리고 사진 속 아이들은 티셔츠 색깔만 다를 뿐 다른 특별한 차이는 전혀 없었다. 그런데도 아이들은 자기와 똑같은 색깔의 티셔츠를 입은 아이들을 선호했다. 그들은 희소 자원(장난감 동전)을 그 아이들에게 더 많이 나눠주었다. 그리고 그 아이들을 더 좋게(더 긍정적으로) 생각했다.[5] 또 같은 색깔 티셔츠를 입은 집단에 속한 아이들이 더 친절하고 장난감을 더 잘 나눠줄 것이라고 느꼈다. 그리고 내집단에 속한 아이들의 긍정적인 행동을 더 잘 기억하고 떠올렸다. 즉 자기 집단 구성원에 대한 호의적인 정보를 머릿속에 새겼다. 색깔이 다른 티셔츠를 그냥 무작위로 나누어준 것만으로 이 모든 일이 일어났다. 내집단 편애가 더 일찍부터, 생후 3개월이나 5개월에 이미 나타난다는 사실을 보여준 연구들은 이 성향이 타고나는 것이라는 이론을 뒷받침한다.[6]

그런데 우리가 타고나는 사회성 관련 성향은 이것만이 아니다. 인간은 기본 도덕관념 또한 지니고 태어나는 듯하다. 그리고 유클리드 기하학 전체가 몇 가지 공리를 기초로 구축되는 것처럼, 우리가 타고나는 도덕 원칙은 나중에 경험과 교육으로 형성되는 사회 행동의 토대가 된다.

예를 들어 심리학자 폴 블룸Paul Bloom 연구진은 다양한 창의적인 실험을 통해 생후 3개월짜리 아기도 (협력에 중요한) 공정성과 호혜성에 민감하다는 것을 밝혀냈다.[7] 한 실험에서는 3개월 된 아기들에게 언덕 위로 올라가는 빨간색 동그라미를 "돕는" 파란색 네모와 빨간색 동그라미를 아래쪽으로 미는 노란색 세모를 보여주었다. 아기들은 선택하라고 하자 일관되게 파란색 네모를 골랐다(색깔과 모양에 따라 선호가 생기는 것을 막기 위해 두 요소를 다양하게 바꾸어가면서 실험했다).[8] 다른 실험들에서는 어떤 인형이 하는 행동을 다른 인형이 돕는지 방해하는지를 아기들이 구별할 수 있음을 밝혀냈다. 아기들은 착한 인형을 선호하고 방해꾼을 싫어했다. 한편 인형을 활용한 또 다른 실험들은 13개월 난 아기들이 "마음 이론theory of mind"을 지녔음을 보여주었다. 아기들이 다른 사람의 마음 상태(지식, 신념, 의도)를 이해한다는 뜻이다. 이 이해는 분명히 도덕 추론에 중요하며 사회생활에 도움을 준다.[9] 일련의 또 다른 실험들에서는 아무런 유인을 하지 않았는데도 걸음마

를 뗀 아기들이 서랍을 열려고 애쓰는 척하는 어른을 자발적으로 나서서 도왔다.[10]

한마디로 인간은 아주 어릴 때부터 다른 사람의 의도를 간파하고 공정함에 신경 쓰는 경향을 갖춘 채 남들과 긍정적인 방식으로 상호작용을 하도록 미리 뇌에 새겨져 있는(강한 타고난 성향을 지닌다는 의미에서) 듯하다. 그러니 지역마다 세세한 사항은 다를지언정 모든 사회가 친절과 협력을 가치 있게 여기고, 잔인한 행위를 규정해 제한하고, 선한 사람과 악한 사람으로 분류하는 것은 놀랄 일이 아니다.

인간은 왜 이런 식일까? 태어날 때부터 왜 이토록 일관되게 사회성 관련 행동을 드러낼까? 아이들의 놀이를 이끌고 어른들의 삶을 빚어내는 사회성 원리들은 어디에서 비롯하는 것일까? 그리고 모든 사회에서 보편적으로 선하다고 여기는 중요하고 친숙한 특징들을 갖춘 비슷한 유형의 사회 질서를 사람들은 어떻게 만들어내는 것일까?

언덕이 아니라 산을 보자

우리는 인간 사회가 어떤 공통점을 지녔는지 놓치기 쉽다. 지구 전체를 살펴볼 때 기술, 예술, 신앙, 생활방식에서 놀랍고 압도적으로 다양한 모습이 먼저 눈에 들어오기 때문이다. 그러나 사회 간 차이점에 초점을 맞추면 더 깊은 현실이 흐릿해진다. 유사점이 차이점보다 더 광대하고 더 심오하다는 사실을 말이다.

해발 3000미터 고원 위에 서서 그곳에 솟아 있는 두 언덕을 조사한다고 해보자. 당신이 서 있는 곳에서 한쪽 언덕은 높이가 100미터,

다른 쪽 언덕은 300미터로 보인다. 이 차이는 커 보일 수 있으며(아무튼 한쪽이 다른 쪽보다 3배 더 높으니까), 당신은 침식 등 이 높이 차이를 설명할 만한 국지적 힘을 찾는 일에 초점을 맞출 수 있다. 그러나 이런 협소한 관점을 취하면 다른 측면을 연구할 기회를 놓치고 만다. 실제로는 높이가 3100미터와 3300미터인 아주 비슷한 이 두 산을 만든 더 중요한 지질학적 힘을 못 보게 된다.

다시 말해 우리가 무엇을 보느냐는 우리가 어디에 서 있느냐에 따라 달라진다. 인간 사회를 논할 때 사람들은 줄곧 해발 3000미터 고원 위에 서 있음으로써 사회들 간 차이점이 압도적으로 더 큰 유사점을 가리도록 방치해왔다. 이 비유를 더 확장해 농업과 광업 같은 특정한 인간 활동으로 이 경관이 어떻게 바뀌는지 생각해보자. 이런 인간 활동은 언덕의 모습을 세부 차원에서 바꿀지 모르지만 산 자체를 근본적으로 바꾸지는 못한다. 산 자체는 인간의 통제 범위를 벗어나는 더 심오한 힘에서 기원한다. 인류 문화 역시 이와 마찬가지일지 모른다. 인간의 사회 경험 중 특정한 측면들은 바뀌지만 암반처럼 단단한 다른 많은 특징들은 온전히 그대로 남아 있다.

더 원대한 관점을 취하면 이 점을 이해하는 데 도움이 된다. 우주비행사(감상에 잘 빠지는 성향은 선발 기준이 아니다)는 인간의 차이점들이 실제로 얼마나 하찮은지 무척 자주 깨닫는다. 우주비행사 알렉산드르 알렉산드로프Aleksandr Aleksandrov는 이렇게 표현했다. "아메리카대륙 상공을 지나고 있는데 문득 눈이 보였다. 궤도에서 본 첫눈이었다. 나는 아메리카대륙에 가본 적이 없었지만 다른 곳들과 똑같이 그곳 역시 가을과 겨울이 찾아오고 그 계절을 준비하는 과정도 똑같을 것이라고 상상했다. 그러자 우리 모두가 지구의 아이들이라는 깨달음이 불현

듯 찾아왔다." 우주왕복선 조종사 도널드 E. 윌리엄스Donald E. Williams
는 우주 공간의 어둠 속에 떠 있는 파란 천체를 보았을 때 이런 깨달음
을 얻었다. "그 경험을 하면 가장 확실하게 관점이 바뀐다. 우리를 나
누는 것들보다 세상에서 우리가 공유하는 것들에 훨씬 더 가치를 두게
된다."[11]

이런 경외감을 불러일으키는 경험을 하면 우리는 대개 자신이 통
상의 준거 틀을 초월한 듯한 느낌을 받는다. 일부 과학자는 경외감이
자기중심주의를 줄이고 남들과 연결되어 있다는 느낌을 더 강화하는
인지 전환을 일으키도록 고안된 진화한 감정이라고 믿는다(입증하기
는 어렵다). 폭풍우나 지진, 드넓은 빙원이나 사막 같은 강력한 자연 현
상 앞에서 나타나는 이기적 태도 상실과 연대감 강화는 오래전 인류의
생존율을 높이는 가치 있는 것이었을 수 있다. 심리학자 대커 켈트너
Dacher Keltner와 조너선 하이트Jonathan Haidt는 경외감의 한 가지 핵심
특징이 이기심을 잠재우고 개인을 더 큰 전체의 일부로 느끼게 만드는
것이라고 말한다.[12] 영장류학자 제인 구달Jane Goodall에 따르면 침팬지
도 비슷한 경험을 한다. 폭포나 일몰 광경을 꿈꾸듯이 바라보고 외부
사물에 경이로움을 느낄 수 있다. 이는 이런 느낌이 진화에서 기원했
을 가능성을 암시한다.[13]

우주로 간 몇몇이 이런 관점을 제시하긴 했지만 오랫동안 사람들
은 두 진영으로 나뉜 채 격렬한 논쟁을 벌여왔다. 한쪽 진영은 인류를
하나로 묶는 문화적 보편성이 있다고 보는 반면에, 다른 쪽 진영은 사
람들의 경험은 너무나 다양하므로 항구적인 형질 같은 것은 실제로는
절대 없다고 본다. 문화는 대개 사회적으로 전달되고 개인 행동에 영
향을 미칠 수 있는, 한 집단이 생산한 관념(그리고 인공물)의 집합 전체

라고 정의할 수 있다. 문화적 보편성은 전 세계 모든 사람이 공유하는 형질들이다. 이러한 보편성 자체는 이 형질들이 진화에서 유래했을 가능성이 높음을 시사한다. 예를 들어 모든 문화에서 사람들은 저마다 고유한 존재로 식별된다(거의 언제나 각자 자기 이름을 쓴다)는 사실은 개인 정체성에 관한 근본적인 뭔가가 있음을 시사한다.[14]

일부 비평가는 문화적 보편성이 존재한다는 주장이 과학적으로나 도덕적으로나 의심스럽다고 본다. 보편성 연구가 표준 범주(흔히 서양의 범주)를 모든 사람에게 강요하는 듯 보이며, 따라서 단지 인류의 다양성 너머를 보는 것이 아니라 다양성 자체를 경멸하는 것으로 비칠 수 있으므로 문제가 있다는 것이다. 또 어떤 사람들은 무엇이 되었든 간에 어떤 문화적 보편성이 존재한다고 받아들인다면, 이질적인 문화 풍습을 판단하고 비정상이라고 꼬리표를 붙일 지위를 누군가에게 주게 될 수 있다고 두려워한다.

몇몇 극단적인 비평가는 보편적이라고 주장하는 것에 들어맞지 않는 사례가 단 하나만 발견되어도 보편성이 부정된다고 본다. 그러나 보편적인 능력은 보편적인 표현과 다르다. 그리고 으레 이런 비평가들은 예외 사례가 자연 질서를 재편하기 위해 엄청난 압력을 가해왔다는 사실을 간과한다. 일례로 타고난 놀이 성향을 그럭저럭 억누르고 있는 사회는 우리가 아는 한 세상에 딱 한 곳, 뉴기니섬의 바이닝족Baining 사회뿐이다. 그렇다고 해서 바이닝족 아이들의 놀이 성향이 뇌에 새겨져 있지 않다는 의미는 아니다. 사실 놀이하려는 자연스러운 충동을 억제하려면 엄청난 문화적 힘을 가해야 한다. 그래서 바이닝족 어른들은 놀이의 가치를 폄훼하고 아이들이 놀이를 하지 못하게 적극적으로 막는다.[15]

보편성을 둘러싼 논쟁은 학계에서 더 폭넓은 갈등을 불러일으킨다. 가장 유명한 갈등은 인간 경험을 설명할 때 본성nature과 양육 nurture이 상대적으로 얼마나 기여하는가를 둘러싸고 벌어진다(이 문제는 뒤에서 더 자세히 다룰 것이다). 보편성의 존재를 옹호하는 쪽은 대체로 본성 진영에 속한다고 여겨진다. 또 한 가지 갈등은 "종합론자 lumper"와 "세분론자splitter" 사이에서 일어난다.[16] 종합론자는 비슷한 것들을 묶으려 하는 반면, 세분론자는 자연 세계에서 미세한 차이점까지 찾아낸다. 한 현상의 평균 추세(주택의 평균 시장 가격 등)에 초점을 맞추는 이들과 그 변이(주택의 가격 범위와 입지별 가격 차이에 기여하는 요인 등)에 관심을 가진 이들 사이에도 갈등이 빚어진다. 그러나 이런 서로 다른 입장(일관성 연구 대 변이 연구)은 우리 종을 포함한 자연 현상을 과학적으로 연구하는 상반되는 방법이 아니라 상보적인 방법이라고 보아야 한다.

20세기 전반기에 에밀 뒤르켐Émile Durkheim, 프랜츠 보애스Franz Boas, 마거릿 미드Margaret Mead, 루스 베네딕트Ruth Benedict 같은 사회과학자들은 문화를 심리 형질이나 유전되는 생물학 형질로 설명할 수 없다고 보았다. 문화란 인간이 신중하고 사려 깊게 만든 것이지 더 깊은 원인으로 환원할 수 없는 것이라고 여겼다.[17] 1970년대에 문화인류학자 클리퍼드 거츠Clifford Geertz는 근본적인 보편성이 존재하긴 하지만 이런 보편적 형질들은 그것들이 표현되는 다채로운 방식과 비교하면 전혀 흥미롭지 않다고 주장했다. 그는 보편성을 파악하는 데 필요한 추상화의 수준이 너무 높아서 아무 쓸모가 없다고 느꼈다.[18] 인간 본성은 기껏해야 어떤 식으로든 가공할 수 있는 미분화 상태의 원료를 제공할 뿐이어서 중요성을 놓고 보면 무시해도 된다고 여겼다.[19] 따라서 이런 사고방식을 가진 사람들에게 학문 연구의 중심 초점은 문화적 다양성일 수밖에 없었다.

그러나 어떤 사회과학자들은 견해가 달랐다. 1923년 인류학자 클라크 위슬러Clark Wissler는 문화 형질들의 "보편적 양상"을 기술하면서 이런 보편성(언어, 음식, 주거, 예술, 신화 만들기mythmaking, 종교, 인간관계, 재산과 정부와 전쟁을 대하는 태도)이 인간 생물학에 뿌리를 둔다고 주장했다. 1944년 저명한 인류학자 브로니슬라브 말리노프스키Bronislaw Malinowski는 여러 기본 욕구(안전, 번식, 건강 등)와 각 욕구에 대한 문화 반응(보호 수단, 친족관계kinship, 위생 등)을 대비시키면서 문화는 "인간의 생물학 욕구"에 좌우된다고 말했다.[20]

인류학자 조지 머독George Murdock은 1945년 에세이 〈문화의 공통분모The Common Denominator of Cultures〉에서 보편적인 것의 "일부 목록"을 알파벳 순서로 나열했는데 놀라울 만치 상세해 사실상 총망라하는 수준이었다(내가 보기에는 지루하고 임의적이었다). 개인 치장부터 스포츠 활동, 꿈 해석, 성행위, 영혼 개념, 심지어 날씨 통제에 이르기까지 모든 것이 담겼다. 머독은 이런 보편적인 것들을 내용이 아니라 분류 항목이라는 차원에서 보았다. 다시 말해 각 항목에 속한 인간 행동은 세세하게 따지면 지역마다 다를지 모르지만 "인간의 근본적인 생물학 및 심리 본성과 인간 존재의 보편적인 조건"에 뿌리를 둔 공통 토대를 이룬다는 것이었다.[21]

1991년 인류학자 도널드 브라운Donald Brown은 인류학 분야에서 보편성 탐구를 가로막는 이른바 폭넓은 금기에 도전했다. 그는 문화적 특징이 보편적인 것이 될 수 있는 일반 메커니즘 3가지를 제시했다. (1) 한 지역에서 시작해 널리 퍼지는 것일 수 있다(바퀴 등). (2) 환경이 부과하고 모든 인류가 직면하는 도전 과제들(주거지를 구하고, 음식을 요리하고, 자녀에 대한 친권을 보장하려는 욕구 등)에 대해 찾아낸 공통된 해결책을 반영할 수 있다. (3) 모든 인류가 공통으로 타고난 특징들(음악에 매료되고, 친구를 사귀고 싶어 하고, 공정성을 추구하는 것 등)을 반영할 수 있다. 비록 전부는 아닐지라도, 일부 보편적인 것은 우리의 진화한 인간 본성의 산물임이 틀림없다.[22]

브라운은 가상의 "보편인Universal People"을 상정해 머독의 긴 목록과 비슷하게 민족지학자들이 파악한 걸으로 드러나는 언어, 사회, 행동, 인지 측면의 보편적인 것 수십 가지를 열거했다.

> 문화 영역에서 인간의 보편적인 것에는 신화, 전설, 일상 활동, 규칙, 행운과 관례 개념, 신체 장식, 도구의 이용과 생산이 포함된다. 언어 영역에서 보편적인 것에는 문법, 음소, 다의성, 환유, 반의어, 사용 빈도와 단어 길이 간 반비례 관계가 포함된다. 사회 영역에서 보편적인 것에는 분업, 사회 집단, 연령 구분, 가족, 친족kin 체제, 민족중심주의 ethnocentrism, 놀이, 교환, 협력, 호혜성이 포함된다. 행동 영역에서 보편적인 것에는 공격성, 몸짓, 소문, 표정이 포함된다. 마음 영역에서 보편적인 것에는 감정, 이분법 사고, 뱀을 경계하거나 두려워하는 태도, 공감, 심리적 방어 기제가 포함된다.[23]

보편성의 이런 기본 범주들은 분명히 중요하며, 우리가 3000미터 고원에서 아래로 내려올 때 안도감을 안겨준다.

겉보기에는 별개인 문화 형질들에서 나타나는 변이들이 서로 연결될 수도 있다. 예를 들어 문자가 있는 사회는 없는 사회보다 더 복잡한 종교를 지닌다. 이러한 형질들의 상관관계 패턴은 인간 사회의 복잡성을 형성하는 더 심오한 조직력이 진정으로 존재함을 시사한다. 1만 년 동안 출현한 전 세계 30개 지역 414개 사회를 연구한 결과가 이 사실을 입증한다.[24] 인간 사회의 많은 핵심 특징들은 기능적으로 서로 관련되어 있다. 서로 독립적이지 않다. 예측 가능한 방식으로 공진화coevolution한다. 그리고 이것들을 포착하는 데 쓸 수 있는 한 가지 기본 척도가 있다. 이는 비용이라는 한 가지 기본 척도로 자동차의 개별 특징들(가속력, 안전성, 기계 장치, 편의 사양)을 다 설명할 수 있는 것과 방법론적으로 비슷하다.

인간 경험의 다양한 측면이 타고난다는 증거는 여러 분야에서 쌓여왔다. 심리학자 폴 에크먼Paul Ekman은 핵심 감정(특히 행복, 분노, 슬픔, 두려움)과 많은 표정 사이에 보편적인 관계가 있다면서, 이런 표정이 진화에 토대를 둔다고 주장했다.[25] 얼굴에 정확히 어떤 식으로 나타나는지는 종종 문화가 빚어낼 수 있지만 표정 자체는 타고난다.[26] 언어학자 노엄 촘스키Noam Chomsky, 심리학자 스티븐 핑커Steven Pinker 같은 이들이 주도하는 언어의 보편적 특징 연구는 보편성을 파악하는 쪽으로 또 다른 풍성한 자료를 제공한다.[27]

한편 민족음악학자들 역시 문화적 보편성의 다른 범주를 검증해왔다. 바로 음악 형식이다.[28] 전 세계 304가지 음악 녹음 자료는 9곳의 지리 영역들 사이에 많은 "통계적 보편성"(나타나는 패턴의 예외 사례가 거의 없다는 의미에서)이 있음을 보여주었다. 음높이와 리듬뿐 아니라 공연 형식과 사회적 맥락에서까지 이런 공통된 특징이 나타난다.

이 음악 보편성은 너무나 기본적이라서 다른 종들에게서까지 나타날 수 있다. 관앵무과cockatoo는 우리와 비슷하게 리듬을 두드려 음악을 만든다.[29] 게다가 조류, 코끼리, 고래, 늑대를 불문하고 음악의 기능은 사회 활동을 염두에 둔 것일 수 있다. 인간의 보편 특성들이 다른 종들에게서 나타난다는 이런 관찰은 그 자체로 아주 설득력 있는 견해가 된다. 어떤 현상(우정이나 협력 등)이 우리 종뿐 아니라 다른 종들에게서도 나타난다면, 이 현상은 우리 종 내 모든 집단에 걸쳐 있는 보편적 특징이 될 대단히 강력한 후보다. 우리가 다른 동물들과 어떤 형질을 공유한다면 우리끼리 역시 폭넓게 그 형질을 공유할 것이 확실하다.

그러나 수많은 보편성 목록은 문화가 지녀야만 하는 핵심 항목 집합이라기보다 문화가 지닐 가능성이 있는 특징들을 죽 나열한 것에 더 가까워 보일 때가 많다는 문제가 있다. 여기서 내 관심 대상은 전자다. 아울러 특히 나는 본질상 사회적인 것, 즉 사람들의 집단이 어떻게 기능하는지와 관련 있는 보편적 특징들에 초점을 맞출 것이다. 그리고 마지막으로 나는 생태에서 기원한 것이 아니라 진화에서 기원한 보편적 특징들에 관심이 있다. 다시 말해 단순히 인간이 처한 환경에 직접 반응함으로써 생겨난(여러 지역에서 독자적으로 생겨난) 보편적인 특징(예를 들어 강과 바다에서 식량을 얻는 문화들에서 보편적으로 존재할 수 있는 그물)보다는 우리 유전자에 새겨진 보편적 특징에 초점을 맞춘다. 이런 점에서 진화의 관점을 취하면 우리는 진화가 실제로 작용할 수 있는 형질에 초점을 맞출 수밖에 없다. 예컨대 거의 모든 사회가 치유의 전통을 지닌다고 한들 의료 행위는 우리 유전자에 새겨진 것이 아니다. 하지만 건강과 생존의 욕구(우리와 우리가 사랑하는 이들 모두가 지닌 욕구), 그리고 다른 사람을 도우려는 동기는 정말로 우리 안에 새겨져 있다.

그래서 나는 앞에서 제시한 목록들보다 초점을 좁혀서 더 근본적인 보편적 특징 목록을 제시하려고 한다. 명확히 사회적 특징들로 이루어진 중요한 집합에 초점을 맞춤으로써 우리가 좋은 사회라고 믿는 것을 인류가 만드는 이유와 연관 지어서 설명하고자 한다. 앞으로 증거를 제시하겠지만, 이 특징들은 우리 종의 진화 유산에서 나온다. 그리고 이 유산은 적어도 어느 정도는 우리 유전자에 새겨져 있다. 나는 이런 보편적 특징들의 목록을 "사회성 모둠"이라고 부른다.

사회성 모둠: 우리가 타고난 8가지 선한 능력

인간 사회는 아주 활기차고 복잡하고 온갖 것을 포괄하기에 자체로 살아 움직인다. 다른 누구, 어떤 강력한 사람들, 또는 인간의 이해 범위를 넘어서는 역사의 힘으로 생겨난 것 같기도 하다. 내가 아이였던 1970년대에 어떤 이들은 고도로 발전한 듯 보이는 이집트와 아메리카대륙의 고대 문명에 깊은 인상을 받고 외계인이 만든 것이 틀림없다고 상상했다. 그러나 인간 사회는 다른 어딘가에서 나오는 것이 아니다. 우리 안에서 나온다.

함께 뭉쳐서 사회를 만드는 능력은 똑바로 서서 걷는 능력과 마찬가지로 우리 종의 진정한 생물학 특징이다. 또 동물계에서 너무나 드문 이 타고난 능력 덕분에 인류는 진화생물학자 E. O. 윌슨Edward Osborne Wilson이 "지구의 사회적 정복"이라고 부른 일을 할 수 있었다.[30] 우리가 지구를 지배할 수 있는 것은 두뇌나 근력 때문이 아니라 이 능력 때문이다. 그리고 우리 종의 생존과 번식을 도운 다른 모든 행동처럼 사회 구성 능력 역시 본능이 되어왔다. 사회 형성은 우리가 할 수 있는 것이 아니라 해야만 하는 것이다.

나는 모든 사회의 핵심에 다음과 같은 8가지 "사회성 모둠"이 있음을 보여주고자 한다.

(1) 개인 정체성 소유와 식별

(2) 짝과 자녀를 향한 사랑

(3) 우정

(4) 사회 연결망

(5) 협력

(6) 내집단 편애(자기 집단 선호)

(7) 온건한 계층 구조(상대적 평등주의)

(8) 사회 학습과 사회 교육

이런 특징들은 개인 내에서 발현되지만 집단을 특징짓는다. 이 8가지는 함께 어우러져서 잘 기능하고, 오래 지속하고, 심지어 도덕적으로 선하기까지 한 사회를 창조한다.[31]

개인 정체성은 시간과 장소를 초월해 누가 누구인지 알아보고 남이 베푼 친절에 충실히 보답할 수 있게 해준다. 이를 통해 개인 정체성은 사랑과 우정, 협력의 토대를 제공한다.

사랑은 유달리 독특한 인간 경험이다(극소수 포유류에게서만 나타나는 형질인 짝과 긴밀한 유대 관계를 맺는 행위에서 비롯하는 경험이다). 또 사랑은 진화적으로 말해 궁극적으로 우리가 친족뿐 아니라 서로 무관한 개인들과 각별히 연결되어 있음을 느끼게 하는 길을 닦는다.

친구 사귀기 역시 "사회성 모듬"의 중요한 구성 요소다. 우리는 다른 사람들과 번식과 무관한 긴 유대 관계를 맺는다. 이러한 우정은 동물계에서는 아주 드물지만 인간에게는 보편적이다. 친구를 사귐으로써 우리는 사회 연결망social network을 구축하게 된다. 친구를 사귀는(서로 연결되는) 방식 또한 보편적인데 우정 관계(연결 관계)의 수학 패턴은 전 세계에서 동일하다.

또 어디에서나 사람들은 서로 협력한다. 그리고 협력은 우리가 형성하는 대면 연결망에서 낯선 이들보다 친구들과 더 믿고 상호작용한다는 사실을 토대로 이루어진다. 또한 협력은 집단 외부가 아닌 내부 사람들을 더 좋아하며, 이를 기준으로 경계를 설정해 집단을 형성한다는 사실을 토대로 이루어진다. 어디에서든 사람들은 친구를 고르며 자기 집단을 선호한다. 아울러 협력은 사회 학습의 중요한 속성이기도 하다.

사회 학습은 우리 종의 가장 강력한 발명품 중 하나다. 덕분에 어떤 사람이든 직접 모든 것을 배울 필요가 없다. 우리는 남들이 우리에게 가르치는 온갖 것에 의지할 수 있으며, 이는 모든 문화에 존재하는 대단히 효율적인 관습이다.

마지막으로 사회 연결망과 사회 학습은 일종의 온건한 계층 구조mild hierarchy가 구축될 무대를 마련한다. 이 계층 구조에서는 집단의 일부 구성원(대개 우리에게 뭔가를 가르칠 수 있거나 인맥이 두터운 이들)에게 나머지 구성원보다 더 높은 지위를 부여하면서 그들을 신망하고 존경한다.

사람들을 하나로 묶는 것과 관련된 이런 특징들은 불확실성으로 가득한 세상에서 생존에 매우 유용하다. 더 효율적으로 지식을 습득하고 전달하는 방법을 제공하고 위험에 공동으로 대처하도록 하기 때문이다. 다시 말해 이런 특징들은 다윈 적응도Darwinian fitness(다윈 적합도. 번식 성공도. 유전 형질이나 유전자가 다음 세대에 전달되는 정도-옮긴이)를 강화하고 개인과 집단의 이익에 기여한다. 그래서 진화적으로 이치에 맞는다. 이처럼 우리 유전자는 우리에게 사회적 감수성과 행동을 부여한다. 그럼으로써 작은 규모와 큰 규모 모두에서 사회를 구성하도록 돕는다.

이렇게 구성된 사회 환경은 진화 역사에 걸쳐 피드백 고리feedback loop를 만든다. 역사 내내 인류는 사회 집단에 둘러싸인 채 생활해왔으며, 동료 인간들(상호작용하거나 협력하거나 피해야 하는 사람들)의 존재는 포식자만큼 강력하게 우리 유전자를 다듬어왔다. 진화적으로 말해 우리의 사회 환경은 우리가 그것을 빚어내온 것만큼이나 우리를 빚어내왔다.

게다가 비록 물리 환경, 생물 환경, 사회 환경 모두 우리 진화에서 대단히 중요한 역할을 죽 해왔지만, 한 가지 실질적인 측면에서는 다르다. 인류는 100만 년 전 불을 다스리게 되었다(엄청나게 중요한 일이었다). 그러나 인류가 물리 환경과 생물 환경을 상당히 빚어낼 수 있게 된 것은 겨우 지난 수천 년 전부터다. 둑을 쌓아 강을 막고, 동식물을 길들이고, 대기 오염을 일으키고, 항생제를 쓰는 등의 활동을 통해서다. 인류는 농업과 도시를 발명하기 전에는 자신들의 물리 환경을 구축하지 않았다. 그냥 환경을 선택했을 뿐이다. 그런데 이와는 대조적으로 인류는 자신들의 사회 환경은 늘 구축해왔다.

사회적인 삶에는 특별한 요구 사항들이 따르기 마련이며, 이런 삶에 대응해 많은 인지 능력과 행동 목록이 진화했다. 예를 들어 우리는 협력하는 성향을 타고나며, 협력하는 집단 내 삶은 친절함 및 호혜성과 관련된 특정한 유전 성향을 선호한다. 우리는 단지 번식 상대만이 아니라 친구를 사귀는 성향을 타고나며, 우정을 맺을 때 이 우정이 유익한 역할을 하도록 주변 사회 세계를 변화시킨다. 이런 친사회성 능력이 부족한 이들은 생존하고 번식하려고 노력할 때 남들만큼 성공을 거두지 못한다.

우리 유전자는 사회 환경을 창조하도록 우리를 이끌며, 우리가 창조한 환경은 그 환경에서 유용한 특정 유형의 유전자를 선호하고 나아가 이 선호를 피드백한다. 그리고 바로 이런 이유로 진화 역사에 걸쳐서 인류는 보편적인 사회 공리를 유전으로 내면화해왔다.

우리 종이 기나긴 세월에 걸쳐 그리는 데 기여한 "청사진"이 있으며, 인간 사회의 핵심 특징들은 이 청사진을 지침으로 삼는다. 일부 진화생물학자는 청사진이라는 비유에 격분한다.[32] 그들이 이런 반응을 보이는 한 가지 이유는 청사진이 고정되어 있고 결정론적이라고 생각하기 때문이다. 그런데 여기에는 또 다른 이유가 있다. 예를 들어 우리가 미리 정해진 계획대로 건물을 짓는다면, 거꾸로 다른 누가 그 건물을 살펴본 뒤 그것의 청사진을 만들 수 있다. 반면에 어떤 생물을 만드는 명령문을 제공하는 유전 암호genetic code는 그렇지 않다. 누구도 어떤 생물을 살펴보고서 거꾸로 쉽게 유전 암호를 만들어낼 수는 없다. 청사진은 양방향으로 다 진행할 수 있지만 유전 암호는 한 방향으로만 진행할 수 있다. 그래서 청사진 비유에 비판적인 과학자들은 프로그램이나 레시피 같은 비유를 더 선호한다. 그렇지만 사실 우리는 나온 음식을 살펴보고서 요리법을 어느 정도 예상할 수 있다. 게다가 어쨌든 간에 건물을 살펴보고서 언제나 원래의 청사진을 정확히 재현할 수 있는 것은 아니다. 청사진은 반드시 언제나 제대로 구현되거나 완성되어 있는 것이 아니다. 청사진은 해석의 여지가 있다. 청사진은 구체적인 지침이긴 하지만 수정될 수 있다. 건축가가 고치거나, 공사업자가 해석하거나, 입주자가 바꾸거나 한다.

그렇다면 종종 논쟁을 불러일으키는 이 비유를 나는 왜 쓰는 걸까? 더 중요한 점은 내가 여기서 유전자 자체가 곧 청사진이라는 의미로 쓰지 않는다는 사실이다. 나는 유전자가 청사진을 작성하는 역할을 한다는 의미로 쓴다. 사회생활을 위한 청사진은 DNA라는 잉크로 작성한 진화의 산물이다.

진화는 기본이자 필수 유형의 사회를 만들라고 우리에게 보편적으로 압력을 가한다. 또 이 청사진은 우리가 사회를 만들 때 상정 불가능한 어떤 형태들이 있고, 준수해야 하는 어떤 제약들이 있음을 의미한다(둘 다 나중에 살펴볼 것이다). 인간은 청사진에서 벗어날 수 있다. 그러나 어느 수준까지만 그렇다. 앞으로 살펴보겠지만 여기서 너무 많이 벗어나면 사회는 붕괴하고 만다.

우리를 하나 되게 하는 것

문화 간 형질과 행동의 다양한 변이는 오랫동안 엄청난 관심을 끌어왔고, 이 차이는 흔히 "외부인"에 대한 경멸과 억압을 정당화하는 개탄스러운 방식으로 이용되어왔다. 이런 문화 차이는 때로 사람 신체 형질에서 관찰되는 유전 변이와 연관 지어졌다(헤모글로빈 유형이 그런 사례인데 유형에 따라 높은 고도에서 견디거나 말라리아에 내성을 띨 수 있다).[33] 이는 문화 풍습 차이의 유전적 원인을 찾아내려는 노력이 타당한 양 비치게 만들 수 있다, 그리고 실제로 폭력성, 새로움 추구, 위험회피, 이주 행동 같은 특징에서는 그렇다는 증거가 제한적이지만 존재한다.[34]

그러나 인류학자들이 제시한 긴 특징 목록에서 나타나는 문화 집단 간 차이 중 유전자로 설명할 수 있는 것은 분명히 거의 없다. 왜 일부 사회에서 사람 몸을 가르거나 신의 모습을 본뜬 상을 만드는지를 설명하는 수술이나 우상화를 담당하는 유전자 같은 것은 없다. 이런 차이는 문화 때문에 생긴다.

그럼에도, 다시 말해 문화 차이를 설명하지 못한다고 해도, 유전자는 문화적 보편성을 설명할 수 있다. 게다가 유전자는 문화가 존재하는 이유 자체까지 설명할 수 있다. 진화는 우리에게 협력하고, 친구를 사귀고, 사회 학습하는 능력을 갖추어줌으로써 인류 문화의 기본 토대를 제공한다. 애초에 이런 능력을 지니는 쪽으로 진화했기 때문에 우리는 문화 차이를 드러내는 것이다.

일부 과학자는 개인 수준에서든 사회 수준에서든 행동의 진화 토대를 기술할 때 우리를 나누고 심지어 분열시킬 수 있는 차이점들에 초점을 맞춘다. 그러나 나는 여기서 청사진을 이야기할 때 전혀 다른 쪽에 초점을 맞춘다. 나는 사회들 간 차이점이 우리 유전자에 토대를 둔다고 말하는 것이 아니다. 오히려 사회들 간 유사점("사회성 모둠"으로 구현된)이 우리 유전자에 토대를 둔다고 말한다.

나는 모든 사람이 공유하는 심원한 사회적 특징들에 관심이 있다. 그리고 이런 특징들이 어디에서 유래하며 어떤 생물학 및 사회 목적에 봉사하는지, 이것들이 세세한 문화 차이에 상관없이 우리 사회를 어떻게 계속 빚어내고 있는지에 관심이 있다. 앞에서 살펴본 대로 비교적 소수인 8가지 보편적 특징 집합이 사람들 스스로 사회를 구성하도록 만든다.

그렇다면 세상 어딘가에 사람들을 모아다가 아무런 공식 지침이나 권한 부여 없이 스스로 사회를 꾸리게 하면 어떻게 될까? 거기에서는 과연 어떤 일이 벌어질까?

2장

우연한 공동체

재난에서 살아남기

BLUEPRINT

THE EVOLUTIONARY ORIGINS
OF A GOOD SOCIETY

리얼리티 쇼의 사회 실험은 성공했을까

대다수 사회과학자는 BBC TV가 제작한 리얼리티 프로그램 〈캐스트
어웨이 2000Castaway 2000〉과 비슷한 일련의 실험을 수행할 기회가 온
다면 만사 제쳐놓고 잡으려 할 것이다. 이 쇼는 36명(부부와 가족 포함)
이 1년 동안 무인도에서 함께 생활하는 모습을 담았다. "영국의 한 표
본 집단이 새 사회를 구성하려고 시도할 때 어떤 일이 일어나는지 알
아보는" 것이 목표였다.[1] 참가자들은 급조한 무리로부터 화합하고, 지
속가능하고, 제 기능을 하는 공동체를 구축해야 하는 도전 과제에 직
면했다. 전 세계 언론은 이 쇼가 "새 천 년을 위한 대담한 사회 실험"이
라면서 앞다투어 찬사를 보냈다.[2]

　　물론 이 프로그램의 인위성이 표류자들의 판단과 행동을 좌우했
다. 많은 참가자는 처음에 이 프로젝트의 주목적이 일종의 과학 실험

이라고 생각했다. 참가자인 줄리아 코리건Julia Corrigan은 나중에 이렇게 설명했다. "정말 순진한 말처럼 들리겠지만 처음에 우리는 이 프로젝트에서 촬영이 중요하다는 걸 전혀 몰랐어요. 처음 며칠 동안은 특히 그랬죠. 본격적인 촬영 단계에 들어가서야 '사회 실험'이라는 측면에 중점을 두고 있는 것 같다고 알아차렸어요."[3]

기존 생활 근거지를 떠나 타란세이Taransay라는 스코틀랜드의 작은 외딴 섬으로 들어간 36명은 스스로 작물을 재배하고, 가축을 기르고, 주거지를 만들어 유지하고, 효율적인 공동체를 조직하고 운영해야 했다. 섬에 도착한 그들은 살 구역을 할당받고, 개인 물품이 담긴 상자와 작물이 자랄 때까지 몇 주 동안 버틸 식료품을 받았다. 나머지 모든 것은 스스로 해결해야 했다. 참가자인 론 콥시Ron Copsey는 공동체를 구축한 초기 단계를 나중에 이렇게 요약했다.

처음 며칠은 주로 서로를 알아가고 타란세이에서 어떻게 살아갈지 계속 회의를 하면서 보냈어요. 일을 어떻게 분담하고 공동체 자산을 어떻게 쓸지를 놓고 많은 논쟁이 벌어졌죠. 몇몇 남자는 주먹다짐까지 벌였어요.[4]

참가자 중 29명은 계속 함께 지내면서 서로에게 그리고 타란세이에 친숙해져갔다. 하지만 7명(개인 3명과 4인 가족)은 여러 이유로 스스로 섬을 떠났다.[5] 섬을 나온 사람 중 하나인 콥시는 이 실험에 관한 자신의 감정을 이렇게 간추려 말했다.

우리는 다른 삶을 살아갈 놀라운 기회를 얻었는데, 모두가 한 행동은 본래 살던 방식을 재현하는 것이었어요. 사람들은 규칙, 파벌, 일종의 영구적이고 안정된 구조를 원했어요. 타란세이 공동체가 기존 사회를 반영하는 것 같아서 실망스러웠어요.[6]

타란세이 공동체는 왜 그렇게 일반 사회를 쏙 빼닮게 되었을까? 참가자들은 새로운 공동체를 만들려는 욕구가 있었음에도 왜 그럴 수 없었을까?

이상적인 세계에서라면 연구자들은 장기간에 걸쳐 과학적으로 정말 엄밀하게 타란세이 실험을 여러 번 되풀이할 수 있을 것이다. 그러나 물류와 윤리 문제에서 불거질 장애를 생각할 때 실제로는 과연 이런 실험을 어떻게 해야 할지 상상조차 하기 어렵다.

한 가지 가능한 방법은 더 소규모로 하는 것이다. 우리 연구소는 상호작용의 유형을 단순화하고 기간을 짧게 해 온라인으로 하는 방법을 개발했다. 또 사회를 새로 만들려는 의도로 이루어진 소규모 시도들의 흥미로운 역사를 살펴보는 것이 가능하다. 지난 수백 년 동안 유토피아, 철학, 종교 비전에 심취하거나 현실의 절박한 사정 때문에 다른 유형의 공동체를 구축하려고 자발적으로 격리 행동을 한 집단이 많이 존재했다. 친숙한 유토피아 시도 중에는 특히 미국에서 연원한 것이 많다. 미국에는 청교도와 셰이커교도Shakers 공동체, 그리고 더 최근인 1960년대에 유행한 여러 공동체 등 자치 공동생활 집단의 사례가 풍부하다. 사회 발달을 연구하는 또 다른 방법은 생존하려면 서로 협력해 나름 기능을 하는 공동체를 구축해야 하는 과제에 직면한 난파선 선원들처럼, 의도치 않게 급조된 무리로부터 사회 질서를 만들어내려고 애쓴 사례를 살펴보는 것이다.

이런 다양한 각도에서 앞으로 여러 사례를 살펴보겠다. 다만 여기서는 의도한 공동체든 우연한 공동체든 이런 사례들의 가장 놀라운 특징이 철저히 예측 가능한 결과를 빚어낸다는 점임을 언급하고 넘어가기로 하자. 근본적으로 다른 규칙을 갖춘 사회를 구축하려는 시도들은 대부분 완전히 실패하거나, 타란세이 사례처럼 결국 기존 사회를 닮은 모습으로 돌아갔다. 전 세계의 아주 다양한 문화와 어디에서나 나타나는 끝없는 사회 변화가 잘 보여주듯이, 인류는 비범하면서 유별난 혁신 능력을 지니고 있음에도 어떤 근본적이면서 보편적인 원리에 이끌린다. 그것이 바로 "사회성 모둠"이다. 이러한 원리를 폐기하려는 시도는 대개 실패로 끝난다.

자연 실험이라는 유익한 도구

사회를 형성하려는 사람들의 자발적인 노력을 살펴보기에 앞서, 사회 체제를 대상으로 하는 대규모 실험, 적어도 과학자가 꿈꾸는 실험이 어떤 형태일지 생각해보자. 과학자는 SF 작가 못지않은 상상력을 발휘해 가능한 모든 유형의 사회를 기술한 다음, 진짜 사람들로 이런 사회들을 구성해 실험하기를 원할지 모른다. 주민들이 행복한지 또는 형제자매 살해를 피하는지 등 과학자들이 정하는 어떤 정의에 따라 이 사회들이 "작동하는지" 알아보기 위해서다. 이런 유형의 착상 중에는 좀 변형하면 실현이 가능한 것들이 있다. 과학자들은 사회 체제를 체계적으로 조작하면서 단기간에 걸쳐 사람과 집단에 어떤 영향이 미치는지 관찰할 수도 있고(4장 참조), 마카크원숭이macaque monkey 무리의 리더를 제거하는 식으로 다른 사회성 종의 사회 조직을 조작할 수도 있다(7장 참조).

사회를 만들려는 인간의 타고난 성향을 살펴보는 실험 중에는 아이들을 문화에 전혀 노출시키지 않은 채 키우는 방법이 있을 수 있다. 그들이 어른이 되어서 어떤 종류의 사회를 만드는지 알아보기 위해서다. 언어의 기원을 이해하려고 애쓰는 사람들은 아주 오래전부터 이런 방식을 상상해왔다. 사실 이것은 "금지된 실험forbidden experiment"이라고 불리는데, 명백히 잔인하며 부도덕한 짓이기 때문이다.[7] 고대 그리스 역사가 헤로도토스에 따르면 이집트 파라오 프삼티크 1세(재위 기원전 664~기원전 610)는 신생아 2명을 양치기에게 주고서 말을 하지 않고 키우도록 했다고 한다. 스스로 말하는 법을 터득하는지 알아보기 위해서였다. 이런 생각을 한 왕은 그만이 아니었다. 신성로마제국의 프리드리히 2세(1194~1250), 스코틀랜드의 제임스 4세(1473~1513), 무굴 황제 악바르(1542~1605) 역시 같은 실험을 했다고 한다.[8] 이런 실험은 1960년 출간된 단편소설 〈최초의 인류The First Men〉[9] 같은 SF의 소재로 쓰였다.

또 다른 가상 실험으로는 사회 활동 관련 유전자(예를 들어 사람들이 친구를 고르는 방식에 관여하는 유전자)에 돌연변이를 일으킨 뒤 이런 돌연변이가 일어난 사람들이 어떻게 상호작용하는지 알아보는 방법이 가능할 수 있다. 다른 유전자를 지닌 사람들은 다른 종류의 사회를 구성할까? 사람을 대상으로 한 유전자 실험은 명백히 불가능하다. 그러나 설치류를 대상으로는 이런 실험이 가능하다(6장과 10장 참조).

그렇지만 나는 인간과 관련된 복잡한 사회 체제 전체를 대조군과 함께 다른 "처리treatment"를 하면서 일정 기간 유지하는 과학 실험이 이루어진 사례를 전혀 알지 못한다. 여기서 처리란 실험 대상자가 노출되는 조건을 의도적으로 바꾸는 것을 가리키는 실험 용어다.

이처럼 인간 집단을 실험하는 데는 제약이 따른다. 그러므로 사람들이 급조된 무리로부터 세운 사회에 관한 자료를 모으기란 대단히 어렵다. 그러나 역사상 다양한 시기와 장소에서 이에 근접한 "자연 실험 natural experiment"들이 이루어져왔다. 이런 상황에서 사람들의 공동체는 분명 아무런 과학적 조작이 없는 상태에서 우연히든 의도하든 간에 함께 뭉쳤다. 난파선 선원이나 스스로 고립을 택한 유토피아 종파 같은 집단은 자신들이 떨어져 나온 사회의 주요 측면을 어느 정도까지 재현했을까? 그리고 새로운 유형의 사회 조직 구현이 어느 정도까지 지속가능했을까? 사회적으로 볼 때 그들의 성공이나 실패는 그들이 살았던 방식과 어떤 관계가 있을까?

이 사례들이 우리에게 무엇을 가르쳐주는지 살펴보기 전에, 의도되든 자연적이든 간에 이런 실험이 왜 도움이 되는지 생각해보자.

몇몇 의사가 한 질병의 생리학을 자신들이 이해하고 있다고 믿고서, 특정 신약이 해당 질병 치료에 도움이 되는지 알아보고 싶어 한다고 해보자. 그들이 일부 환자에게 신약을 투여하자 투약받은 이들이 사망할 확률이 더 높다고 관찰되었다. 그들은 신약이 해롭다고 결론 내리고 싶을 수 있다. 그러나 그들이 애초에 더 아픈 사람들에게만 약을 투여하기로 결정했을 수도 있다. 당연히 투약 여부를 떠나 증세가 더 심각한 사람은 사망 확률이 더 높다. 더 아픈 환자들에게만 약을 투여한다면 과학자들은 그 약이 환자에게 도움이 되는지 해로운지 어떻게 알 수 있을까? 비슷하게 증세가 심하면서 약을 투여받지 않은 비교 집단이 필요할 것이다. 또 이 의사들은 선택을 달리한다면 정반대 문제에 직면할 수도 있다. 비교적 젊고 건강한 환자들에게만 신약을 투여하기로 선택했다면? 이 접근법을 쓰면 신약을 실제보다 더 안전해 보이게 만들 수 있다. 따라서 건강, 나이 같은 요인이 신약의 약효를 평가할 때 혼동을 일으키지 않게 만드는 가장 좋은 방법은 투약받는 환자와 그러지 않는 환자를 무작위로 선정한 뒤 양쪽 집단의 결과를 비교하는 것이다. 이런 유형의 실험(신약 투여 여부를 과학자들이 통제해 외부 요인의 영향을 최소화하는 실험)은 과학 연구의 철칙이다.

과학은 다양한 활동으로 이루어지는데, 여기서 실험은 예나 지금이나 대단히 중요한 역할을 한다.[10] 그러나 실험을 과학적 방법 전반과 혼동해서는 안 된다. 17세기 이래로 과학자들이 널리 수행해온 과학적 방법은 자연 세계를 연구하는 방법을 가리킨다. 체계적인 관찰, 세심한 측정, 때로는 실제 실험으로 이루어지는 것이 특징이다. 그리고 이 모두는 가설의 정립, 검증, 수정과 결부되어 이루어진다.

과학자들이 실험을 할 수 없는 상황은 많다. 천문학과 고생물학 같은 분야에서만 그런 것이 아니다. 예를 들어 우리는 배우자 상실이 사망 위험을 높이는지(이를 "과부 효과widowhood effect" 또는 "상심에 따른 죽음"이라고 한다) 여부를 알아보겠다고 실험을 할 수는 없다. 사람들의 배우자를 임의로 죽이거나 제거할 수는 없으니까! 또 우리는 사람들을 흡연자가 되도록 무작위로 할당해 담배 노출이 사람에게 어떤 영향이 미치는지 평가하는 실험을 할 수 없다. 흡연이 치명적임을 이미 알고 있기 때문이다. 이런 상황에서 과학자들은 다른 방식, 통계 접근법을 써서 답을 찾는다.

아울러 과학자들은 "자연 실험"이라고 알려진 것을 이용할 수 있다. 다양한 집단이 우연히 외부 힘에 노출되었을 때 상황을 살펴보는 것이다. 우연한 방식으로 처리가 이루어진 듯한 사례들이다. 자연 실험은 때로 진짜 실험과 아주 흡사할 수 있다. 예를 들어 군 복무 경력이 퇴역한 뒤 임금을 높이는지 줄이는지를 놓고 1980년대에 논쟁이 벌어졌다. 임금 수준은 그저 어떤 계약서에 서명하느냐에 달려 있을 수도 있었다. 군 복무 경력자가 그렇지 않은 사람보다 더 유능할까? 아니면 지닌 능력이 별로 없고 취직 전망도 안 보여서 군에 들어가는 쪽을 택했을까? 입영했던 사람의 능력까지 고려했을 때 군 복무 경력이 당사자에게 경제적으로 유리할까 불리할까? 이상적인 실험이라면 사람들을 무작위로 입영시킨 다음 퇴역한 뒤 몇 년 동안의 임금 변화를 추적할 테지만 현실에서는 불가능한 일이다. 그러나 경제학자 조슈아 앵그리스트Joshua Angrist는 1970년대 베트남전쟁 징병 추첨제를 자연 실험으로 삼아 연구한 결과 군 복무자가 퇴역 후에 더 낮은 임금을 받는다는 사실을 보여주었다.[11]

역사학자, 생물학자, 고고학자 등 다양한 분야의 사회과학자들은 자연 실험을 이용해 영국의 식민 지배 체제가 인도에 끼친 장기적인 영향에서부터 유명한 갈라파고스제도 다윈 핀치Darwin's finches(갈라파고스핀치)의 부리 형태 진화에 이르기까지 온갖 것을 연구해왔다.[12] 그러나 자연 실험에서 사람들을 실험군에 할당하는 과정이 얼마나 무작위로 이루어지는지를 보면 편차가 아주 크다(베트남전쟁 입영 추첨은 정말로 무작위로 이루어졌다). 대부분의 자연 실험에서는 무작위화가 완벽하게 이루어지는 사례가 거의 없다.

하지만 자연 실험의 핵심 개념은 언제나 과학자가 아닌 다른 어떤 힘이 결과를 예측할 수 없는 방식으로 실험군 할당 처리를 한다는 것이다. 경제학자 대런 애쓰모글루Daron Acemoglu 연구진은 한 자연 실험에서 프랑스혁명 이후 프랑스군이 침략한 독일 지역들에서 봉건 제도가 더 빨리 폐지되었다고 결론지었다.[13] 그 뒤로 수백 년 동안 이 지역들은 더 도시화가 이루어지면서 더욱 번영했다. 이런 종류의 자연 실험은 다른 상황이었다면 아예 불가능한 방식으로 사회 체제와 관습이 다양한 경제 결과에 어떻게 영향을 미치는지 조명하는 데 기여한다. 연구자들이 수십 년 동안 경제에 어떤 영향이 미치는지 조사하겠다고 유럽의 각 지역에 서로 다른 통치 형태를 무작위로 할당하는 일은 분명 가능하지 않다. 어떤 과학자도 그렇게 할 수는 없었다. 그러나 프랑스군은 할 수 있었다.

자연 실험을 활용함으로써 과학자는 현실의 장애들을 우회할 수 있고, 윤리 문제(배우자를 죽이는 일 등)에 덜 구애받을 수 있고, 재현하기 불가능한 대규모 현상들(군대 침략의 영향 등)을 연구할 수 있다. 그러나 연구자는 이런저런 개입이 정말 우연으로 할당된다고 결코 확신할 수 없다. 어떤 식으로든 앞으로 더 번영하게 될 운명인 독일 지역들을 프랑스군이 일부러 골라 침략한 것일 수도 있다!

사회 질서의 자연 실험은 여러 형태를 취할 수 있다. 외딴곳에 조난당해 발이 묶인 사람들을 살펴보는 것부터 시작해보자.

난파선 생존자들은 어떤 세상을 만들까

배가 난파한 뒤 생존자들이 꾸린 야영지는 사람들에게 알아서 하도록 놔둘 때 어떤 사회를 만드는지, 사회 질서가 어떻게 그리고 왜 다양한지, 어떤 사회 체제가 평화와 생존에 가장 기여하는지에 관한 흥미로운 자료를 제공한다. 수 세기에 걸쳐 다소 무작위로 외딴 섬에 생겨나곤 했던 조난 생존자들의 야영지는 의도하지 않았지만 이런 실험에 사람들을 참여시키는 역할을 해왔다.

난파선 생존자들은 수천 년 동안 인간의 상상 속에서 특별한 위치를 차지해왔다. 적어도 호메로스의 《오디세이아Odysseia》이래로 셰익스피어의 《템페스트The Tempest》, 세르반테스가 묘사한 돈키호테의 고립 생활, 더 현대 작가들이 쓴 《로빈슨 크루소Robinson Crusoe》《스위스 로빈슨 가족Swiss Family Robinson》《파리대왕Lord of the Flies》에 이르기까지 그들은 많은 작품의 소재가 되어왔다. 소설 속에서 조난당한 화자는 장자크 루소Jean-Jacques Rousseau의 관점을 따라 자연 상태의 삶을 살아가는 모습을 보여주거나, 토머스 홉스Thomas Hobbes의 견해를 좇아 무정부 상태와 폭력이 난무하는 상황으로 치닫는 모습을 보여주는 경향이 있다. 두 철학자는 인간 본성을 보는 관점이 다소 상반된다.

현실 세계의 조난 상황에서는 홉스주의식 사례가 많다. 1629년 호주 서부 해안에서 조난당한 네덜란드 동인도회사 소속 바타비아호Batavia의 선원들은 자원을 아끼려고 여성들과 아이들을 대량 학살할 계획을 짰다.[14] 1761년 인도양 트로믈랭섬Tromelin에 난파한 프랑스 노예 운반선 위틸호Utile의 선원들은 가까스로 섬에서 탈출할 수 있었지만 노예 60명은 그곳에 내버려두었다. 그들은 도와줄 사람을 보내겠다고 약속했으나 약속은 15년 동안 지켜지지 않았다. 마침내 배가 섬에 왔을 때는 여성 7명과 아기 1명만 살아 있었다.[15]

몇몇 난파선 사례는 살인뿐 아니라 식인cannibalism 행위(그리 드물지 않다)를 포함해 사회 질서의 붕괴라는 섬뜩하고 친숙한 기능 장애를 뚜렷이 보여준다. 극단적인 조난 환경은 선하게 행동하려는 사람들의 타고난 성향을 짓누를 수 있다.

1816년 북아프리카 서부 해안에서 난파한 프랑스 전함 메뒤스호 Méduse(메두사호) 사례(146명이 불안정한 커다란 뗏목에 타고 표류했는데 13일 뒤 구조될 때 15명만 살아 있었다)와 1766년 플로리다 연안에서 난파한 프랑스 상선 르티그르호Le Tigre 사례(4명 중 3명이 2달 동안 생존했다)는 살인과 식인이 생존 수단임을 보여주었다.[16] 르티그르호 사례는 18세기에 세계적인 베스트셀러가 된 책에 상세히 묘사되었는데, 여성 1명이 살아남았고 남성 2명이 그녀를 지키면서 식량을 제공했다는 점에서 특별한 사례였다. 생존자 중 유일한 흑인이었던 사람이 가장 먼저 살해당해 식량이 되었다. 그의 지위가 낮다고 여겨졌기 때문이다. 메뒤스호 사례에서는 그런 세세한 일 처리가 전혀 없었다. 우리가 아는 바로는 남성, 여성, 흑인, 백인 할 것 없이 생존자들은 서로를 무차별로 살해해 잡아먹었다.

물론 식인 행위와 사회 질서 붕괴의 관계는 식인의 이유에 따라 달라진다. 그냥 굶어 죽을 수는 없기에 이미 죽은 사람의 시신을 먹었는지(20세기에 안데스산맥에 추락한 비행기 사고의 사례처럼), 아니면 잡아먹기 위해 일부러 살해했는지에 따라 다르다.[17] 당시 독자들은 두 난파선 사례를 서로 다른 관점에서 보았다. 르티그르호 사례는 지혜와 인내를 보여주는 대단한 이야기라고 여겼다(성차별과 인종차별을 명백히 보여주었다는 점을 생각하면 아이러니하다). 반면에 메뒤스호 사례는 악행과 짐승 같은 야만성의 전형이라고 보았다.

우리가 이 사건들을 아는 것은 안락의자에 앉아 전율을 맛보고 싶은 독자들을 위해 이런 재난 사고를 1인칭 시점에서 서술한 별난 문학 작품들 덕분이다. 이런 작품들의 인기는 19세기에 정점에 달한 듯하다.[18] 이 장르의 작품에는 흔히 다음처럼 화려한 제목이 붙어 있었다.

- 《놀라운 난파선 생존자들, 또는 해상에서 난파된 선박 선원들의 시련과 별난 모험 및 외딴 해안에서 그들의 대처를 상세히 담은 흥미로운 해양 재난 이야기 모음집: 생존자 진술 포함Remarkable Shipwrecks, Or, A Collection of Interesting Accounts of Naval Disasters with Many Particulars of the Extraordinary Adventures and Sufferings of the Crews of Vessels Wrecked at Sea, and of Their Treatment on Distant Shores: Together with an Account of the Deliverance of Survivors》(1813)
- 《난파선, 폭풍우, 화재, 기근 등 가장 놀라운 해상 재난 이야기들을 담은 선원의 기록: 해상 교전, 해적 모험담, 발견 일화, 그리고 다른 기이하고 흥미로운 사건들 포함The Mariner's Chronicle Containing Narratives of the Most Remarkable Disasters at Sea, Such as Shipwrecks, Storms, Fires and Famines: Also Naval Engagements, Piratical Adventures, Incidents of Discovery, and Other Extraordinary and Interesting Occurrences》(1834)

그리고 20세기에 역사학자들과 고고학자들이 난파선 사례를 더 정식으로 조사한 자료들은 이런 이야기들을 보완할 수 있다.

16세기에 유럽인이 세계 탐험에 나섰을 때부터 20세기에 현대식 항해와 통신 기술이 출현하기 전까지 9000건이 넘는 난파 사고가 있었다. 조난당한 사람들 대다수는 수장되었다. 하지만 작은 배를 타고 표류하면서 견딘 생존자들이 이따금 나타났다. 미국 포경선 에식스호Essex는 1820년 남아메리카 먼바다에서 고래에게 공격받아 난파되었다. 선원들은 비좁은 구명정을 타고 몇 주 동안 표류했고, 이윽고 식인을 할 수밖에 없게 되었다. 허먼 멜빌Herman Melville은 이 이야기에서 영감을 얻어 《모비딕Moby-Dick; or, The Whale》을 썼다. 그러나 현재 우리 목적에 맞는 이들은 육지를 찾아서 야영지를 구축한 생존자들인데, 이런 사람들은 아주 드물다.

호주 남동쪽 하트 모양의 커다란 섬 태즈메이니아Tasmania 인근에서 난파한 배는 1100척이 넘는다. 그중 한 지역에서 일주일 넘게 생존자들이 야영지를 유지한 사례는 겨우 15건(1.4퍼센트)에 불과했다.[19] 작은 사회 비슷한 뭔가를 구축할 만큼 생존자나 시간이 존재했던 사례는 더욱 적을 것이다. 육지 상륙에 성공한 이들 중 상당수는 괴혈병, 영양실조, 쇠약, 부상 등으로 곧 사망했다. 이런 재난을 겪는 동안 사망률은 대개 50퍼센트를 넘었다. 또 우리가 원하는 상황은 생존자들이 고립무원 상태로 남아, 원주민에게 공격받거나 그들의 노예가 되거나 그 사회에 통합되지 않은 사례다. 그리고 물론 살아남아서 경험담을 들려준 생존자가 최소 1명 이상이어야 한다.[20]

유용한 사회 실험이 되려면 최소한 19명 이상의 생존자가 적어도 2개월 동안 야영지를 꾸려야 한다.[21] 이 기준을 충족하는 난파 사고는 아주 드물어서 내가 1500년부터 1900년까지 조사했더니 겨우 20건이 나왔다(도표 [2-1] [2-2] 참조). 그리고 생존자 수와 야영지 존속 기간

2-1 | 난파선 생존자들의 섬

1500~1900년에 난파한 선박 25척의 위치와 연도를 표시한 지도다. 원 기호는 이 책에서 주요하게 살펴본 사례(적어도 19명 이상이 최소 2개월 동안 생존한 사례)에 속한 20척을 가리킨다(1척은 기준 미달). 네모 기호는 본문에 언급된 다른 4척을 나타낸다. 속이 빈 기호는 조난 공동체가 1년 미만 유지된 사례고, 속이 찬 기호는 1년 이상 유지된 사례를 가리킨다. 기호 크기는 조난자 수를 나타낸다. 작은 기호는 조난자 수가 19명 미만, 중간 기호는 19~50명, 큰 기호는 50명 이상을 뜻한다.

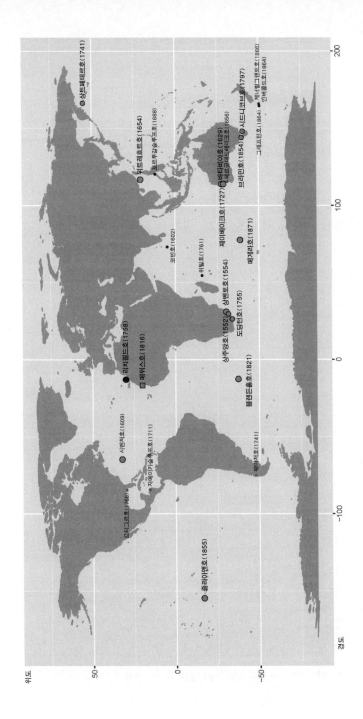

상트페테르호(1741)

위트레흐트호(1654)

포르투갈슬루프(1688)

산타비아호(1629)

바타비아호(1727)
푀이로글레네(이크호(1656)

브리민호(1854)

시드니코브호(1797)

그레프턴호(1864)

제니웰그렌트호(1866)

인버콜도호(1864)

코빈호(1602)

위튈호(1761)

제이베이이크호(1554)

상주왕호(1552)
샹벨토호(1554)

도딤턴호(1755)

메게리호(1871)

러처필드호(1758)

매뒤스호(1816)

블렌든홀호(1821)

시벤처호(1609)

지메이아기슴특르호(1711)

체이저호(1741)

돈테그르호(1766)

줄리아벤호(1855)

위도 50

0

-50

경도 200

100

0

-100

위도

경도

은 생존자들이 때로 2번이나 조난당하는 유별난 사례 때문에 복잡해지기도 한다. 처음 난파한 뒤 도움을 요청하기 위해 다른 배를 타고 가다 다른 곳에서 다시 난파한 경우다.

우리는 이 기준에 들어맞는 20건의 사례에서도 엄밀하게 말해 생존자들이 인류를 대표하지 않는다는 점을 인정해야 한다. 배를 탄 사람들은 인류 집단에서 무작위로 뽑힌 것이 아니었다. 그들은 대부분 해군이거나 노예, 죄수 또는 무역상이었다. 선상 생활은 엄격한 지위 구분과 지휘 체계에 따라 이루어졌고 그들은 이런 생활에 익숙했다. 따라서 생존자 집단은 문화 배경이 같았을 뿐 아니라(네덜란드인, 포르투갈인, 영국인 등) 탐험 시대의 긴 해양 항해와 결부된 다양한 하위문화에 속한 이들로 구성되어 있었다. 그 결과 이런 조난 사회는 대개 남성들로 구성되었다. 게다가 우리 연구 대상자 대다수는 가까스로 목숨을 건지고 심리적 트라우마까지 입은 이들이었다. 익사하기 직전에, 때로는 벌거벗고 부상당한 채로 섬에 도착했다.

그러니 조난 생존자들이 이상적인 실험 대상자가 아니라는 점은 분명하다. 금지된 실험을 추구하는 과학자들이 진정으로 원할 실험군은 서로 전혀 알지 못하고, 문화 배경이 없고, 고립된 풍족한 환경으로 편안하게 들여보내져서, 연구자들이 몰래 지켜보는 가운데 새 사회를 건설하도록 남겨지는 이들이다. 그렇긴 해도 우리는 이미 일어난 몇 가지 소중한 자연 실험으로부터 여전히 배울 수 있다.

우리는 앞에서 살인과 식인으로 빠져든 일부 불행한 조난 사례를 살펴봤다. 그런데 이와 반대로 가장 성공한 조난 사회들에는 어떤 공통된 요소가 있었을까? 우리 표본에서 가장 좋은 결과를 보여준 집단들에서는 (야만 행위가 전혀 없는) 온건한 계층 구조 형태에서 발휘되는 훌

2-2 | 1500~1900년 난파선 생존자 사회

선명	연도	최초 생존자 수	최종 생존자 수	존속 기간
주요 사례				
상주앙호*	1552	500	21	5개월
상벤토호*	1554	322	62	2.5개월
코빈호**	1602	40	4	5년
시벤처호	1609	150	140	10개월
바타비아호	1629	280	190	2개월
위트레흐트호	1654	94	89	2개월
페르굴데드레이크호*	1656	75	7	6개월
포르투갈슬루프호	1688	20	16	6년
제이베이크호	1727	208	88	9.5개월
웨이저호***	1741	101	10	8.5개월
상트페테르호/스뱌토이표트르호	1741	74	46	9개월
도딩턴호	1755	23	22	7개월
리치필드호**	1758	220	220	18개월
위틸호	1761	60	7	15년
시드니코브호	1797	51	24	5개월
블렌든홀호	1821	82	70	4개월
브라민호	1854	41	25	5개월
줄리아앤호	1855	51	51	2개월
인버콜드호	1864	19	3	1년
메게라호	1871	289	289	3개월
추가 사례				
르티그르호(피에르비오호)	1766	4	3	2개월
메뒤스호	1861	146	15	13일
그래프턴호	1864	5	5	19개월
제너럴그랜트호	1866	15	10	18개월

일부 숫자는 어림값이다.

*출처에 따라 다름.
**원주민과 적대적 접촉(폭력, 노예화 등).
***일부가 떨어져서 약 5년간 생존.

룡한 리더십, 생존자들 간 우정, 협력과 이타주의의 증거가 뚜렷이 나타 났다. 바로 "사회성 모둠"의 핵심 요소들을 모두 지닌 집단들이었다.

이런 생존자 공동체는 다양한 방식으로 협력하는 모습을 보였다. 식량을 공평하게 나누었다. 다치거나 아픈 동료를 돌보았다. 힘을 모 아 우물을 파고, 죽은 사람을 매장하고, 방어 대책을 마련하고, 구조 신 호용 봉홧불을 유지했다. 함께 배를 만들거나 구조받을 계획을 짰다. 이러한 평등주의 행동을 증언한 역사 자료들이 존재할 뿐 아니라 하위 집단subgroup(이를테면 장교와 사병, 승객과 직원)별로 나누지 않은 거주 지, 공동으로 판 우물이나 함께 돌을 쌓아 만든 봉화대 같은 고고학 증 거들 또한 있다.[22] 뛰어난 리더의 설득으로 선원들이 위험한 구조 작업 에 다 같이 참여했다는 일화 등 생존자들의 증언에서도 간접 증거를 찾 을 수 있다. 또 이런 상황에서 우정과 동료애가 발휘되었음을 보여주는 단서들 역시 많다. 폭력과 살인은 전형적인 행동이 아니었다.

자원 공유와 위험을 무릅쓴 자원봉사를 동반하는 이타주의는 줄리아앤호Julia Ann 생존자들에게서 유달리 두드러졌다. 이 배는 1855년 9월 7일 태평양의 산호섬인 실리섬Scilly에서 난파되었는데 51명의 생존자가 2달 동안 버텼다. 재난은 선장과 자원한 선원 9명이 수평선을 향해 사흘 동안 노를 저어 동쪽으로 350킬로미터 떨어진 보 라보라섬으로 도움을 요청하러 가면서 끝이 났다.

줄리아앤호가 좌초했을 때 5명이 목숨을 잃었지만 생존자 51명 은 모두 구조되었다. 나중에 한 신문에는 이런 기사가 실렸다.

불행한 상황이 이어지는 내내 폰드Pond 선장의 가장 큰 바람은 승객과 선원의 목숨을 구하는 일이었던 듯하다. 다음 같은 고귀한 행동이 이를 잘 보여준다. 선원들이 승객들을 해안으로 이동시키는 동안[해안까지 이어진 구명줄을 이용했다] 이등항해사 오언스Owens 씨는 8000달러가든 선장의 가방을 해안으로 옮기려 했다. 그러자 선장은 돈은 놔두고한 소녀를 해안으로 데려가라고 지시했다. 소녀는 구조했지만 돈은 잃어버렸다.[23]

조난 초기에 이루어진 이 두드러진 이타 행동은 집단에 협력하고힘을 모아야 한다는 강력한 본보기가 되어주었다. 줄리아앤호 조난자중 절반이 모르몬교 신자였다는 점도 집단의 단결에 도움이 되었을 수있다. 선장은 그들이 "통제하기 아주 쉽고 늘 내 조언에 귀를 기울이고따를 준비가 되어 있었습니다"라고 말했다.[24]

지역의 가용 자원과 조난자들이 지닌 전문 지식 역시 분명히 도움이 되었다. 줄리아앤호 생존자들은 거북 알, 코코넛, 민물을 찾아냈다.또 노와 풀무를 제작했고, 배를 수리했다(풀무를 만들고 이용하는 능력은생존 성공담에 자주 등장한다). 그리고 구조 요청용 배를 몰겠다고 자원한 이들은 집단을 구조하기 위해 자기 목숨을 걸었다. 한 승객은 나중에 이렇게 회고했다.

우리를 구조하고 안심시키기 위해 지붕도 없고 곧 부서질 것 같은 배로먼바다를 건너겠다며 대담하게 자신의 목숨을 건 선장과 용감한 9명에게 신의 축복이 함께하기를 우리는 기도했다. 우리가 지켜보는 가운데배는 섬에서 멀어져갔다. 우리의 생존 자체가 그 배에 달려 있음을 모르는 사람은 아무도 없었다.[25]

이어서 블렌든홀호Blenden Hall 사례를 살펴보자. 이 배는 1821년 7월 22일 남대서양 한가운데에 있는 말 그대로 접근 불가라는 뜻의 이 낵세서블섬Inaccessible Island 해역에서 난파했다. 이 배 생존자들 또한 줄리아앤호 생존자들처럼 영웅적 행동과 협력의 상징이었다. 비록 언쟁과 몇몇 도둑질과 폭력 행위 같은 오점이 있긴 했지만 말이다. 이 배에 타고 있던 82명 중 70명은 섬에 상륙해 4개월 동안 생존했다.

처음 며칠에 걸쳐 생존자들은 나무, 캔버스 천을 비롯한 여러 가지 천을 인양해 주거지를 지었다. 불 피우는 데 쓸 인이 들어 있는 구급상자와 술도 약간 인양할 수 있었다. 술을 찾아낸 것은 축복이자 저주였다. 열량을 제공하고 일시적으로 기분을 북돋아주었지만 폭력과 위협 또한 부추겼기 때문이다.

배를 침몰시킨 폭풍이 몰고 온 궂은비가 그치자 조난자들은 기분이 좀 나아졌다. 그들은 비록 제한적이기는 했지만 물과 식량을 비교적 쉽게 구할 수 있었다. 그러나 집단이 제대로 굴러가고 생존하려면 식량과 재료를 구할 수 있다는 차원을 넘어서 공동으로 자원을 모으고 공평하게 배분해야 했다. 생존자들은 펭귄 고기, 야생 셀러리, 옷가지 같은 자원을 고루 나누어 굶거나 얼어 죽는 사람이 없도록 신경 썼다.[26]

선장 알렉산더 그레이그Alexander Greig는 중요한 순간에 평화를 지키고 일을 분담시키면서(구조, 탐사, 장작 채집 등) 리더십과 기지를 보여주었다. 불행히도 생존자들은 우리 "사회성 모둠"의 일부인 내집단 편애 성향을 드러내면서 패거리를 지어 서로 반목했다(때때로 계급, 지위, 성, 인종에 따라). 이윽고 쌓여가던 긴장이 폭발했다. 9월 말 선원들은 승객들을 습격했다. 하지만 선장이 조직한 12명에게 격퇴당했다. 이 사건 후 선장은 주모자들을 처벌하려고 했다. 하지만 선원들에게 공격당했던 여성들 가운데 한 사람의 탄원으로 그들은 채찍질을 모면했다.

이 시련을 겪는 동안 나름대로 탁월한 리더십을 보여준 18세 청년인 선장의 아들은 신문 여백에 펭귄의 피로 계속 일지를 썼다. 그는 자신들이 처한 곤경을 예리하게 포착했다.

이런 시기에 승객들 사이에 팽배해 있는 적대감이 대체 왜 생길 수 있는지 도무지 이해가 가지 않았다고 나는 인정해야겠다. 우리를 괴롭히는 문제들이 화를 돋우고 짜증 나게 만드는 것은 분명하다. 그러나 한편으로는 굶주림이 거의 불가피한 극도로 절박한 이 상황에서 인류의 공통된 원칙이 충분히 갈등을 잠재우고 고생하는 동료들끼리 서로 위로하게 만들 수 있지 않을까 상상해본다.[27]

습격 사건 이후로도 집단은 확연히 분열된 상태로 남아 있었다. 협력하면서 난파선에서 꺼낸 얼마 안 되는 자원을 공유하는 대신에, 세 패거리를 이루어 32킬로미터 떨어진 섬 트리스탄다쿠냐Tristan da Cunha로 떠날 배를 만들기 위해 경쟁했다. 6명으로 구성된 한 패거리는 10월 19일에 출항했다. 그들의 소식은 두 번 다시 들을 수 없었다. 또 한 패거리는 11월 8일 트리스탄다쿠냐에 도착해 조난 소식을 알렸다. 곧 나머지 사람들도 구조되었다. 그들이 습격 문제에 시달리지 않았다면 4개월 동안 더 잘 지낼 수 있었을까? 아마 그랬을 것이다. 하지만 결국 필요한 자원을 손쉽게 확보할 수 있었더라면 갈등의 범위와 영향이 줄어들었을 가능성이 높고, 유능한 리더십과 두드러진 협력 역시 매우 중요했다.

시드니코브호Sydney Cove는 1797년 2월 9일 태즈메이니아섬 바로 위쪽 프리저베이션섬Preservation Island에서 난파했다. 처음에 51명이 섬에 상륙했다. 문헌 자료와 고고학 증거에 따르면 그들은 공동 우물을 파고 공동 주거지를 짓는 등 상당한 수준의 사회 질서를 구축한 듯하다. 그리고 생존자들의 증언은 익사할 뻔한 동료를 구조하는 일에서부터 도움을 요청하러 나서는 일까지 다양한 이타 행동이 이루어졌음을 시사한다.[28]

2월 28일 17명이 롱보트longboat(대형 선박에 딸린 노 젓는 소형 선박-옮긴이)를 몰고서 호주 본토 포트잭슨Port Jackson(시드니 항구)을 향해 떠났다. 그러나 그들은 3월 1일 호주 남동부 해안에서 다시 난파하고 말았다. 육지로 올라간 그들은 거기서 포트잭슨까지 걷기 시작했다. 거의 650킬로미터나 떨어진 곳이었다. 이 2차 여정을 이끈 화물 관리인supercargo(배에 실린 화물과 그것의 판매를 감독하는 책임자) 윌리엄 클라크William Clark는 이렇게 기록했다.

이 불행한 선원들에게 닥친 것보다 더 암울한 상황은 상상조차 할 수 없다. 뉴사우스웨일스의 황량한 해안에 두 번째로 조난당하다니. 동료들과 재회할 모든 희망이 끊겼다. 식량 하나 없이, 무기 한 점 없이, 아니 생존이나 방어에 필요한 어떤 수단도 없이 이들은 어른거리는 죽음의 공포에 굴복할 운명에 처한 듯했다. 그들의 불행을 아무도 모른 채, 아무 동정도 받지 못한 채 말이다. 그런데 이토록 괴로운 상황에서 그들은 절망에 굴복하지 않았다. 위험과 고난은 다가갈수록 약해진다. 마치 고군분투하는 상황에 대비해 마지막 힘을 아껴둔 것처럼, 마음은

시련을 차분히 감수하기로 하며, 그럼으로써 더 나아가 공포와 맞서게
된다.[29]

그들의 여정이 성공한 것은 이런 불굴의 정신뿐 아니라 호주 원주
민들이 이방인들에게 베푼 대단히 이타적인 행동 덕분이었다. 클라크
는 원주민들이 자신들을 해안으로 안내해 물고기를 비롯한 식량을 주
고, 심지어 배로 강을 건너게 해준 사례까지 몇 번이나 있었다고 썼을
만큼 그들과 친해졌다. 그는 1797년 3월 29일 일지에서 원주민들이
"겉모습만 빼고 인간다운 면이 전혀 없는" 듯하다고 썼고, 자주 그들을
"야만인"이라고 일컬었다. 내집단 편애라는 우리의 보편적인 성향을
반영하는 말이다. 그러나 클라크는 곧 어조를 바꾸었다.

우리는 아주 큰 강에 다다랐다. 너무 깊어 걸어서 건널 수 없었다. 우리
는 뗏목을 만들기 시작했다. 아마 우리의 원주민 '친구' 3명이 없었다면
다음 날까지도 완성하지 못했을 것이다. 어제 우리와 헤어졌던 그들은
다시 찾아와 우리를 도왔다. 그들이 관심을 가져주어서 우리는 무척 기
뻤다. 그들은 우리가 이 강을 건너리라는 것을 알고 일부러 도움을 주
기 위해 우리를 따라온 듯했기 때문이다. 정말 너무나 친절했다.[30]

그리고 며칠 뒤인 4월 2일에 같은 일이 다시 일어났다.

9시에서 10시 사이에 우리는 옛 친구인 원주민 5명과 다시 만나게 되어
정말 놀랍고 반가웠다. 그들은 우리를 무척 우호적인 태도로 맞았고,
친절하게도 우리에게 조개류 음식을 대접했다. 우리는 조금 지니고 있

던 쌀을 거의 다 먹은 상태였기에 너무나 고마운 음식이었다.[31]

원주민들과 다른 두 차례 만남은 더 적대적이었다. 그중 한 번은 3명이 다치기까지 했다. 그래도 전반적인 상호작용은 나중에 존 헌터John Hunter 총독이 이 여정을 "원주민들의 미개한 야만성"이라고 요약한 것과 거리가 멀었다.[32] 원주민들이 이방인들의 목숨을 구했다고 보는 편이 옳다. 클라크 일행은 원주민들을 야만인인 동시에 친구로 보았다. 마찬가지로 원주민들이 클라크 일행에게서 비슷한 인상을 받았다고 한들 나는 놀라지 않을 것이다.

클라크 일행에서 살아남은 사람은 겨우 3명이었다. 하지만 그들은 최초 난파선의 생존자들이 있다고 알릴 수 있었고, 마침내 그들은 구조되었다(남은 34명 중 21명이 생존했다).

도딩턴호Doddington 난파 사례 역시 협력이 생존의 열쇠였다. 이 배는 희망봉을 돌아서 하루 동안 동쪽으로 항해한 뒤, 1755년 7월 17일 밤 인도양 알고아만Algoa Bay에서 암초에 부딪혀 조난당했다. 으레 그렇듯이 재난은 빠르고 가차 없이 진행되었다. 삼등항해사 윌리엄 웹William Webb은 일지에 이렇게 썼다.

나는 선실에서 자고 있다가 처음 부딪친 충격에 깨어났다. 서둘러 갑판으로 올라갔더니 상상할 수 있는 가장 끔찍한 모든 상황이 펼쳐져 있었다. 배는 산산조각으로 부서지고 있었고, 모두가 신의 자비를 구하면서 울부짖고 있었다. 사람들은 격렬한 파도에 휩쓸려 이리저리 내동댕이쳐졌다.[33]

몇 분 지나지 않아 그 역시 파도에 강타당하면서 "왼팔 앞쪽 뼈"가 부러졌고 머리를 부딪치면서 정신을 잃었다. 얼마 뒤 그는 배에서 떨어져 나온 널빤지 위에서 깨어났는데 어깨에 못이 박혀 있었다. 그는 거의 익사할 지경이었지만 간신히 가까운 버드섬Bird Island까지 갈 수 있었다. 이 작은 바위섬에 살아서 도착한 사람은 겨우 23명이었다(모두 선원이었다). 나머지 247명의 선원과 승객은 사라졌다.[34]

　　면적이 겨우 19헥타르에 높이가 겨우 9미터인 버드섬에는 민물이 전혀 없다. 현재 남아프리카공화국 아도엘리펀트국립공원Addo Elephant National Park에 속한 이 섬은 수많은 바닷새가 몰려들어서 알을 낳는 번식지다. 당시 조난자들은 새알을 게걸스럽게 먹어 치웠다. 날이 좋으면 멀리 아프리카대륙 본토가 보이는 이곳에서 조난자들은 난파선에 실렸던 식량과 물품(으레 그렇듯이 술통을 포함해)을 건져내고 물고기, 새, 물범, 알을 먹으면서 7개월 동안 버텼다.[35]

　　조난자 중 한 사람인 리처드 토핑Richard Topping은 목수였다. 그는 다른 사람들, 특히 창의성이 뛰어난 헨드릭 스캔츠Hendrick Scantz(대장장이 훈련을 받아 도구를 제작할 수 있었던 선원)의 도움을 받아서 슬루프sloop(돛대가 하나인 작은 범선—옮긴이)를 만들 수 있었다. 그들은 해피딜리버런스호Happy Deliverance라고 이름 붙인 이 배를 타고 1756년 2월 16일 섬을 떠났다. 조난자들은 1명만 빼고 모두 살아서 섬을 떠났다(그 뒤 아프리카 해안을 따라 북쪽으로 항해하다가 거의 절반이 죽었다).[36]

　　버드섬에서 7개월 동안 생활하고, 이어서 본토 해안까지 항해하고, 마침내 4월 말에 구조되기까지의 과정을 자세히 설명한 윌리엄 웹의 기록은 식량을 구하고 범선을 만드는 노력에 초점을 맞추고 있으며, 바람과 바다의 조건을 상세히 묘사한다.[37] 이 기록을 통해 우리는 그들의 집단생활이 어땠는지 어렴풋이 끼워 맞출 수 있다.

이 집단에는 계층 구조가 뚜렷했다. 웹의 일지에 따르면 몇몇 조난자는 특별대우를 받았다. "브랜디가 다 떨어졌다. 목수를 위해 보관한 2갤런을 빼고."[38] 물과 식량이 떨어져가자 식량은 온화한 분위기에서 공평하게 배급되었다. 유일하게 언급된 마찰은 배에서 가져온 보물 상자에서 뭔가를 도난당한 일이었는데 범인은 찾지 못했고 금방 잊었다.[39] 일지에는 부상자를 돌보고, 난파선에서 물품을 꺼내고, 식량으로 물고기를 잡고 채집을 하고, 밧줄을 꼬고 돛을 만들 천을 꿰매고, 탈출할 범선을 제작하기 위해 협력하는 내용이 많이 기술되어 있다. 그들은 쌍동선 몇 척과 작은 낚싯배를 만들었다. 이런 배로 물에 빠진 사람을 구하거나 길을 잘못 들어 근처의 작은 섬에 표류한 사람을 데려온 일이 몇 차례 있었다. 그들은 공동 목적을 위해 하나가 되었다.

또 그들은 서로에게 다정했다. 난파된 지 3일 뒤인 7월 20일, 이등항해사의 아내인 콜레트Collet 부인의 시신이 해안으로 밀려왔다. 콜레트 씨는 "아내를 끔찍이 사랑"했기에, 사람들은 처음에 시신을 발견했다는 사실을 숨기고 나중에 알려주기로 결정했다. 그들은 핑계를 대 콜레트를 섬 반대편으로 데려간 뒤, 시신을 묻고(안타깝게 바닥을 뒤덮은 새똥 속에) 표류물 중에 있던 기도서를 읽으면서 장례식을 치렀다. 며칠 뒤 사람들은 콜레트에게 알렸고, 그는 "믿지 못하겠다"고 하다가 부인의 결혼반지를 보여주자 받아들였다.

무엇이 두 조난 집단의 운명을 갈랐나

거의 완벽한 자연 실험에 가장 가까운 사례는 1864년 인버콜드호 Invercauld와 그래프턴호Grafton가 오클랜드섬Auckland Island의 서로 반 대편 해역에서 각각 난파한 사건이다. 뉴질랜드에서 남쪽으로 467킬 로미터 떨어진 이 섬은 길이 42킬로미터에 폭 26킬로미터다. 19세기 에 이 해역에서 난파되는 배가 아주 많았기에 조난자들은 이전 난파 선 선원들이 머물렀던 흔적을 발견하곤 했다. 한 예로 그래프턴호 선 원들이 구조되고 나서 2년 뒤 난파한 제너럴그랜트호General Grant 생 존자 10명은 이 섬에서 18개월을 보냈는데, 그래프턴호 선원들이 만 든 오두막을 발견했다(그리고 거기에서 지냈다). 결국 뉴질랜드 정부는 난파해 떠밀려오는 사람들을 돕기 위해 이 섬에 보급품과 안내문을 갖다두기 시작했다.

아무튼 동시에 같은 섬에서 생존하기 위해 애썼지만 인버콜드호 와 그래프턴호의 선원들은 서로의 존재를 몰랐다. 인버콜드호에서는 선원 25명 중 19명이 살아서 상륙했는데 1년을 조금 넘겨서 구조될 때 까지 생존한 사람은 겨우 3명이었다. 그래프턴호에 탔던 5명은 모두 해안에 도착했고 모두 거의 2년 동안 섬에서 생존했다. 이 생존 결과의 차이를 무엇으로 설명할 수 있을까? 이 두 사례를 비교하면 "사회성 모둠"의 영향과 우정, 협력, 계층 구조, 사회 학습의 역할을 탐구할 수 있다.

인버콜드호는 1864년 5월 11일 오클랜드섬 북서쪽의 험한 작은 만에서 난파해 20분 사이에 "원자" 수준으로 분해되었다.[40] 선원 19명 은 배에서 헤엄쳐 빠져나왔다. 그들은 신발도 없이 거의 벌거벗은 모습으로 높은 절벽 밑 바위 해안으로 올라갔다. 주머니에 든 것이라고 는 성냥 약간과 연필 한 자루뿐이었다. 그들이 바다에서 건져낸 것 역 시 선원용 건빵 약 0.9킬로그램과 절인 돼지고기 약 1.4킬로그램뿐이 었다. 겨우 며칠이면 사라질 양이었다. 그들은 4일 동안 그곳 절벽 아 래에 머물다가 결국 힘겹게 절벽을 기어올랐다. 쇠약한 1명은 뒤에 남 겨져 죽고 말았다.

그 뒤로 약 1년 동안 그들은 갈라섰다 다시 뭉쳤다 하면서 섬을 가로질렀다. 이윽고 그들은 북쪽의 포트로스Port Ross에 도착했다. 그 곳에는 물범 사냥꾼들이 머물던 오두막 잔해가 남아 있었고, 심지어 더 앞서 유럽인들이 정착촌을 세웠다가 실패하고 떠난 흔적까지 있었 다. 섬을 돌아다니는 과정에서 사람들은 한두 명씩 쇠약해지거나 부 상당해 뒤에 남겨졌고, 1명은 잡아먹히기까지 했다. 선장 조지 달가노 George Dalgarno를 포함한 남은 3명은 1865년 5월 20일 포르투갈 선박 줄리언호Julian에 구조되었다. 로버트 홀딩Robert Holding이라는 아주 재 주 많은 선원을 제외하고 하급 선원들은 모두 사망했다. 아마 난파 사 고를 겪기 전 배에서 장교들이 더 잘 먹었기 때문이거나, 가용 증거로 판단할 때 난파된 뒤 장교들이 더 이기적으로 행동했기 때문인 듯하 다.[41]

달가노 선장은 구조된 뒤 외상후스트레스장애post-traumatic stress disorder, PTSD에 시달린 듯하다. 1865년 10월 28일 《오타고위트니스 Otago Witness》에 이런 기사가 실렸다. "예전에 겪은 격심한 고초 때문에 그의 건강은 여전히 매우 위태위태하며, 주치의는 난파 사건 관련 이 야기는 일절 금했다. 그 불행한 사건을 떠올리기만 하면 늘 신경 발작 이 일어나기 때문이다."[42]

그래프턴호는 인버콜드호보다 4개월 전인 1864년 1월 3일 같은 섬 남쪽에 위치한 칸리하버Carnley Harbour 연안에서 난파되었다. 선원 5명은 각기 출신 국가가 달랐다. 선장 토머스 머스그레이브Thomas Musgrave(30세)는 미국인, 항해사 프랑수아 에두아르 레날François Édouard Raynal(33세)은 프랑스인이었다. 알렉산데르 맥라렌Alexander McLaren(28세)은 노르웨이인, 조지 해리스George Harris(20세)는 영국인, 요리사 헨리 포르게스Henry Forgés(28세)는 포르투갈인이었다. 비록 이 점이 그들의 생존에 어떤 역할을 했는지 말하기 어렵긴 하지만 이 다양성은 주목할 만하다.[43] 이 집단은 인버콜드호의 생존자 집단보다 훨씬 작았고, 그들은 난파선에서 더 많은 물품과 식량을 건져낼 수 있었다(총, 항해 장비, 도구, 그리고 매우 중요한 작은 배). 머스그레이브와 레날은 물범 피로 일지를 꼼꼼하게 계속 썼다. 이 일지들은 나중에 출판되었다.[44] 그들의 이야기는 흥미진진하다. 《타임스》의 한 특파원은 머스그레이브의 이야기를 이렇게 평했다. "거의 대니얼 디포Daniel Defoe의 소설만큼 흥미진진하다. 아이들의 말마따나 '전부 사실이야'라는 점만 빼고."[45]

시드니코브호의 윌리엄 클라크처럼 레날의 일지도 처음에는 절망으로 가득했다. "대체 이 섬에서 언제 어떻게 탈출할 수 있을까? 바다 한가운데 숨겨져 있고, 사람이 사는 모든 세계의 경계 너머에 있는 이곳을? 아마 절대로! 나는 거의 숨이 넘어갈 뻔했다. 쏟아져 나오는 눈물을 주체할 수 없어 어린아이처럼 엉엉 울었다."[46]

그래프턴호 선원들은 처음부터 계속 함께 지내며 협력했다. 다소 견해 차이를 보이긴 했지만 놀라울 만치 단결했다. 난파될 당시 레날은 심하게 앓고 있었다. 배가 침몰할 때 선원들은 그를 포기하지 않고 밧줄을 써서 그를(그리고 가치 있는 물품들을) 해안으로 끌어올렸다. 이렇듯 초기에 이루어진 매우 뚜렷한 이타 행동은 생존자들을 단합시키고 동기를 부여하는 역할을 했으며, 협력하고 상호 관계에 헌신하려는 그들의 의지를 여실히 보여주었다. 또한 이는 다른 식의 집단 운명을 초래한 행동, 인버콜드호 선원들이 절벽 밑에 1명을 버리고 간 행동과 확연히 대비된다.

그래프턴호의 선원들은 리더십과 공동체 정신 또한 탁월했다. 경험이 풍부한 레날은 유달리 재주가 많았다. 그는 선원들을 지휘해 해안에 가까운 하천 옆에 석조 굴뚝을 갖춘 길이 7.3미터에 폭 4.9미터 넓이의 오두막을 지었다. 이윽고 그는 노와 풀무(물범 가죽)도 만들었다. 그 뒤로 그들은 난파선에서 건져낸 금속으로 못과 도구를 제작했다. 그는 로마의 제조법을 이용해 조개껍데기를 구워 모래와 섞어 콘크리트까지 만들었다. 섬에서 지낸 첫해에 가죽(마찬가지로 물범 가죽)을 무두질해 신발 만드는 법도 독학으로 터득했다.

야영지에서 지내는 동안 레날은 체스 말, 도미노, 카드도 만들었다. 그런데 머스그레이브가 계속 지고 종종 다툼이 벌어지자 현명하게 없애버렸다. 선원들은 서로 외국어와 수학을 가르쳤다. 레날은 이 임시 학교의 한 가지 장점이 사람들을 평등화했다는 것이라고 적었다. "우리는 서로 교대로 교사와 학생이 되었다. 이 새로운 관계는 우리를 더욱 통합시켰다. 교대로 지위를 높이고 낮춤으로써 사실상 우리를 동등하게 유지했고, 우리 사이에는 완벽한 평등 관계가 조성되었다."[47] 물론 이런 활동들은 집단 내 교육과 학습이라는 "사회성 모둠"의 또 다른 구성 요소를 반영했다. 그렇다고 해서 그들 사이에 계층 구조가 전혀 없었던 것은 아니며, 그들은 특히 레날을 존중했다.

2 - 3 | 그래프턴호의 선원들(레날이 1874년 출간한 책의 권두화)

2월에 주거 생활이 어느 정도 자리를 잡고 얼마 뒤, 레날은 "주인이나 상급자가 아니라 '우두머리'나 '가장'" 역할을 할 사람을 투표로 뽑자고 제안하면서 "관용적인 태도뿐 아니라 확고함, 질서, 조화를 유지하는 것"도 그 사람의 의무에 포함시키자고 했다.[48] 더 나아가 그들은 필요하다면 나중에 다시 투표를 해서 다른 사람으로 대체할 수 있도록 하자고 합의했다. 레날은 머스그레이브 선장을 추천했다. 머스그레이브는 만장일치로 뽑혀 2년 동안 죽 그 자리를 유지했다.

한번은 머스그레이브가 병에 걸렸다. 레날은 "현재 우리 상황을 고려할 때 한 사람이라도 사망하면 다른 사람들의 사기에 몹시 해로운 영향이 미칠 것이고, 아마 우리 모두에게 치명적인 결과가 뒤따를 것"임을 깨달았다. "그래서 나는 이미 우리가 심각한 고난을 겪고 있으니, 이번 시련은 면제해달라고 신에게 끊임없이 기도했다."[49] 마침내 1865년 7월 19일 3명(머스그레이브, 레날, 맥라렌)이 난파선에 딸려 있던 작은 보트를 수리해 타고 섬을 떠났다. 그들은 5일 뒤 뉴질랜드의 스튜어트섬Stewart Island에 도착했다. 머스그레이브는 즉시 다른 사람들과 함께 구조선을 타고 남은 2명을 구하러 돌아갔다. 그 후 구조선의 선원들은 섬을 수색하다가 제임스 마호니James Mahoney의 시신을 발견했다. 그들은 몰랐지만 인버콜드호의 선원이었다.[50]

그래프턴호의 생존 사례는 개인의 성격이 나름 역할을 했음을 명확히 보여준다. 인버콜드호의 달가노 선장은 대체로 자신의 생존에만 관심이 있었던 듯하다. 반면에 머스그레이브 선장은 생존 기간 내내 실질적인 리더십을 보여주었다. 구조된 지 몇 달 뒤 그는 혹시나 난파한 이들이 더 있는지 살펴보기 위해 그 섬에 다시 갔다. "직접 고생을 충분히 겪었기에 비슷한 상황에 처한 이들을 구조하는 버팀대가 된다면 기쁠 것이다."[51]

1865년 11월 7일 레날은 달가노 선장이 쓴 〈인버콜드호의 오클랜드제도 난파 이야기Narrative of the Wreck of the Invercauld on the Auckland Islands〉라는 제목의 신문 기사를 읽고서야 같은 시기에 그 섬에 또 다른 조난자들이 있었음을 알아차렸다. 그래프턴호의 다른 생존자들도 전혀 몰랐던 일이었다.[52] 머스그레이브 선장은 뉴질랜드 인버카길Invercargill의 상인인 친구에게 보낸 편지에서 달가노가 리더십이 부족했다는 생각을 피력했다(그는 나중에 회고록을 냈을 때 이 친구에게 헌사했다). 편지에서 그는 달가노 자신의 설명이 "그들 사이에 단결이 전혀 이루어지지 않았고, 선장이 다른 사람들에게 권위나 영향력을 발휘하려는 시도를 전혀 하지 않았다는(또는 할 수 없었다는) 사실을 입증"한다고 썼다. "나는 그들 중 많은 이들이 사망한 것이 그 탓이라고 보네."[53]

두 집단의 생존율 차이는 처음에 건져낸 물품들(하지만 앞서 말했듯이 인버콜드호 선원들은 상륙한 지 한 달이 되지 않아 버려진 오두막과 도구를 발견했다)과 리더십의 차이 때문일 수 있다. 하지만 그들이 형성한 사회 체제 자체의 차이 때문일 수도 있다. 인버콜드호 선원들은 "각자 알아서 하자"라는 태도를 취한 반면, 그래프턴호 선원들은 협력자였다. 그들은 식량을 공평하게 나누고, 공동 목표를 위해 협력했다(요트 수리 등). 민주적으로 투표를 해서 리더를 뽑고 새로 투표를 해서 바꿀 수 있다고 정했다. 서로의 생존을 위해 헌신하고, 서로를 대등하게 대했다. 조난 생활이 생명 구하기로 시작되었다는 사실까지 포함해, 이 모든 점에서 그래프턴호 선원들은 줄리아앤호 생존자들과 많은 공통점이 있었다. 또한 두 집단은 전문 지식, 사심 없는 리더, 협동 정신을 갖추었으며, 일부가 남들을 위해 도움을 요청하러 위험을 무릅쓰고 항해에 나섰다.

핏케언섬: 반란자 무리가 만든 새 사회는
왜 실패했을까

이런 조난자 사회는 애초에 만들려고 의도한 것이 아니었다. 그렇기에 구성원 모두가 갈망하는 목표는 단 하나, 바로 더 넓은 세상으로 다시 합류하는 것이었다. 그런데 이와는 정반대로 몇몇 의도하지 않은 공동체의 창시자들은 그런 욕구를 전혀 품지 않았다. 사람들을 한꺼번에 고립 상태로 내몬 가장 유명한 자연 실험 중 하나는 1789년 영국 해군 소속 상선인 바운티호Bounty의 반란자들과 관련된 사례다. 그 후 그들은 남태평양 핏케언섬Pitcairn Island에 작은 사회를 조성했고, 이 사회는 지금까지 유지되고 있다. 이 독특한 사례는 우주 개척에서부터 입헌 통치에 이르기까지 온갖 방면에서 통찰을 얻기 위해 폭넓게 연구되어왔다.[54]

바운티호의 부항해사인 플레처 크리스천Fletcher Christian이 이끄는 반란자 18명은 선장 윌리엄 블라이Wiliam Bligh를 사로잡고 배를 점령했다. 블라이는 영국 탐험가 제임스 쿡James Cook 선장의 제자였다. 흔히 블라이는 폭군처럼 묘사되지만 많은 증언에 따르면 사실 그는 깨어 있는 인간적인 선장이었다. 그리고 실제로 크리스천과 친구 사이였다. 블라이와 그에게 충성하는 18명은 지붕 없는 7미터짜리 배에 실려 쫓겨났다. 그들은 약 6400킬로미터를 항해한 끝에 45일 뒤 인도네시

아 티모르섬Timor에 도착했다.[55]

반란자들은 타히티섬Tahiti으로 향했다. 반란이 일어나기 얼마 전 바운티호가 머물렀던 곳이었다. 반란자들이 그저 타히티로 돌아가 다시 성적 유희를 즐기면서 지내고 싶어 했기 때문이라는 것이 반란 원인을 설명하는 주된 이론이다. 한마디로 영국 해군의 지휘를 받으면서 해상에서 위험하고 불편한 생활을 계속하고 싶지 않았다는 것이다. 그러나 타히티로 돌아간 뒤 크리스천을 비롯한 9명은 영국 정부가 발견하지 못할 곳으로 가서 정착하기로 결정했다. 그들은 타히티인 남녀 몇 명을 납치한 뒤 사람이 살 만한 외딴 섬을 찾아 떠났다.[56]

항해 도중 크리스천은 바운티호에 실린 책들을 몇 권 훑어보았다. 그때 "남아메리카와 호주의 중간쯤 … 섬들이 군집해 있는 곳 바깥 가장자리에 외딴" 섬이 있다는 내용이 그의 눈길을 사로잡았다.[57] 기록상 이 섬이 목격된 적은 단 2번뿐인데, 다가가기 어려운 깎아지른 절벽과 울창한 숲이 있다고 했다. 게다가 배를 댈 만한 곳이 딱 한 군데 있는데 그곳 역시 위험하다고 적혀 있었다. 그런데 지리적 좌표가 가리키는 곳에 도착했지만 아무것도 보이지 않았다. 크리스천은 좌표가 잘못 표시되었으리라 여기고 주변을 두루 탐색하기 시작했다. 얼마 지나지 않아서 핏케언섬이 수평선에 모습을 드러냈다. 반란자들은 외부 세계가 이 섬의 위치를 정확히 모른다는 사실에 흥분했다. 은폐되어 보호받을 확률이 그만큼 더 높아지는 셈이었다. 그리고 발견될 가능성을 더 줄이기 위해 그들은 혹시나 근처를 지나가는 다른 배들이 알아차리지 못하게 자신들의 배를 불태우기로 결정했다. 핏케언섬은 그들이 영원히 머무를 곳이자 완전히 새롭게 공동체 전체를 구축할 터전이 될 터였다.

곧 섬이 이 작은 공동체를 충분히 수용할 수 있음이 분명해졌다. 비록 사라진 집단의 흔적이 남아 있었지만, 아무도 살지 않는 넓이 10제곱킬로미터의 이 섬에는 목재, 민물, 그리고 기름진 화산흙이 쌓인 넓이 35헥타르의 고원 지대가 있었다. 해안에는 바위대구, 빨간통돔, 고등어, 바닷가재가 풍부했다. 기후는 온화하고 대체로 쾌적했고, 연강수량이 2000밀리미터에 달했으며, 1년 내내 경작이 가능했다.[58] 백인 반란자 9명은 섬을 똑같은 면적으로 나누어 가졌다. 타히티인 남성 6명은 땅을 전혀 받지 못했다. 반란자들은 타히티인 여성들을 각자 1명씩 차지했고, 타히티인 남성 6명에게는 여성 3명만 할당했다.(이런 극악한 약탈 행위를 달리 마땅히 표현할 방법을 못 찾겠다)

이런 인종과 젠더 불평등에도 불구하고 처음에 이 집단은 비교적 평화롭게 살아갔다. 반란자들은 새 정착지를 안정시키기 위해 그럭저럭 협력했다. 그들은 공동체를 외부 세계로부터 은폐하고 땅을 이용하는 규칙들을 정했다. 바운티호에서 건질 수 있는 것은 다 꺼내고 쓸 만한 것은 다 뜯어낸 뒤 배를 불태웠다. 집은 해안이 아니라 내륙에 짓기로 했다. 해안 근처에서 나무 베는 행위는 금지했다. 감시 초소를 세우고 배가 지나가면 불을 피워 서로에게 알렸다.[59] 바운티호에 남아 있던 식량(돼지, 염소, 닭 포함)과 섬에서 발견한 천연자원(코코넛, 물고기, 바닷새, 알)은 그들이 몇 달을 먹고살 수 있을 정도였다. 그들은 나누어 가진 땅을 일구고 가져온 작물(바나나, 요리용 바나나, 멜론, 얌, 고구마)을 심었다.[60]

이렇게 자원이 풍부하고 날씨가 좋은 환경에서 순조롭게 출발했지만, 한 역사학자에 따르면 "이 공동체(그렇게 부를 수 있다면)는 곧 일찍이 인류 역사에 존재했던 순수한 무정부 사회 상태에 근접한 수준까지 흘러간 듯하다."[61] 집단 전체에 영향을 미치는 결정을 내려야 할 때 그들은 유럽인만 모이는 비정기 회의를 열어 만장일치나 다수결로 정했다(각자 1표씩 행사했다). 여러 가지 이유로 협력은 제한적으로만 이루어졌다. 반란자 각자는 자기 땅에 절대 지배권을 행사했고, 개인 간 연대는 이합집산을 거듭했다. 사회 조직은 유동적이고 예측 불가능했다. 공동체에는 법과 중앙 정치 조직이 없었고 누구도 권력을 독점하지 않았다. 이처럼 우정이나 유의미한 지속적 협력이 없는 탓에 분쟁 중재나 집단 결정 이행을 강제할 신뢰할 만한 수단도 전혀 없었다.

이 사회 계약의 허약함을 시사하는 초기 사건이 1791년 봄에 일어났다. 이 사건을 이야기할 때면 나는 트로이전쟁 때 아가멤논이 아킬레우스의 노예인 브리세이스를 빼앗은 큰 실수를 저지른 사례가 떠오른다.(브리세이스는 트로이전쟁 때 그리스군이 트로이 주변 동맹국들부터 정벌하는 과정에서 아킬레우스가 함락시킨 도시국가 리르넷소스의 왕비 또는 공주 출신 포로로 아킬레우스에게 상으로 주어졌다-옮긴이) 반란자 무리 중 하나인 존 애덤스John Adams는 아내 파우라이Paurai가 절벽에서 새알을 줍다가 떨어져 사망하자 타히티 남성들에게 할당되었던 여성 중 1명을 빼앗기로 결심했다. 또 다른 반란자인 존 윌리엄스John Williams 역시 섬에 도착한 직후 아내 파쇼투Pashotu를 목병으로 잃었던 터라 다른 여성을 차지하겠다고 나섰다. 윌리엄스는 별 성과를 거두지 못했지만 애덤스는 더 강압적인 인물이었다. 그는 자신의 계획을 밀어붙였다. 그 결과 둘은 제비뽑기로 타히티 여성 2명을 골라 차지했다.

폴리네시아 남성들은 가뜩이나 지위가 낮은 터에 이런 꼴을 당하자 분개해 두 사람을 죽일 계획을 모의했다. 하지만 이 계획은 플레처 크리스천에게 발각되었다. 유럽인들은 모의 주동자인 타라로Tararo와 오헤르Oher를 타히티인들 스스로 처형하도록 강요했다. 타히티 여성 제니Jenny는 1819년 이 섬을 떠난 뒤 타히티 남성들이 얼마나 고통스러워하고 분개했는지 털어놓았다. "타라로[윌리엄스에게 아내를 빼앗긴 사람]는 아내와 헤어질 때 눈물을 흘리면서 몹시 분개했다. 그는 복수할 방법을 모색했지만 발각되는 바람에 오헤르와 함께 총살당했다."[62] 핏케언섬에서 일어난 최초의 살인이었다.

두 사람의 처형 이후 섬 생활은 안정되어갔다. 소규모 집단은 커지고 있었다. 첫 3년 사이에 아기 7명이 태어났다. 가축과 작물 역시 불어났다. 그들은 야자수 잎을 덮은 튼튼한 목조 주택들을 지어 마을을 조성했다. 그러나 타히티 남성들의 지위는 더 나빠져 노예나 다름없는 신세가 되었다.[63]

1793년 9월 20일 들끓던 타히티 남성들의 분노가 마침내 폭발했다. 여성들이 산 위로 올라가고 유럽인들이 흩어지자 이 폴리네시아 남성들은 백인들을 총과 몽둥이로 살해했다. 5명이 죽고 1명(존 애덤스)이 다쳤다.[64] 제니는 그 뒤로 7년 동안 학살이 더 벌어졌다고 했다. 먼저 타히티인들 사이에서 살인이 일어났고, 이윽고 핏케언섬의 성인 남성들은 한 사람만 빼고 모두 죽음을 맞이했다. "만인에 대한 만인의 투쟁"이라는 홉스주의 무정부 상태를 촉발한 장본인인 존 애덤스만 살아남았다.

그들은 자신들이 증류한 새로운 화주를 마시자 흥분했다. 그리고 질투심에 사로잡힌 마나리이Manarii가 총 세 방을 쏴 테이무아Teimua를 죽였다. 그러자 유럽인들과 여성들이 마나리이를 죽였다. 니아우Niau는 매코이McKoy가 보이자 총으로 쐈다. 여성 2명은 그가 죽었는지 알아보는 척하러 갔다가 그와 한편이 되었다. 그들은 계획을 짰고, 밤에 니아무는 영Young에게 살해되었다. 유일하게 남은 원주민인 타헤이티Taheiti는 살해당할까봐 겁에 질렸다. 하지만 영은 그를 절대로 죽이지 않겠다고 엄숙하게 맹세했다. 그러나 여성들이 남편들의 죽음에 복수하기 위해 그를 죽였다. 늙은 매트Old Matt[퀸탈Quintal]는 술에 취한 채 크리스천의 아이들과 나머지 모든 영국인을 죽이겠다고 선언했다가 죽음을 맞았다. 늙은 매코이Old McKoy는 술에 취해 바다로 뛰어들어 빠져 죽었다. 그리고 네드 영Ned Young은 심장병으로 죽었다. 그래서 애덤 스미스[존 애덤스의 가명]가 유럽인 중 유일한 생존자가 되었다.[65]

이런 충돌은 주로 남성들 사이에서 일어났다. 하지만 여성들 역시 학살 과정에서 결정적인 역할을 했다. 제니는 그들이 백인 남편들이 유혈 참사를 당한 데 분노했기 때문이라고 했다.[66]

반란 후 거의 20년이 지난 1808년, 물범 사냥에 나선 토파즈호Topaz가 우연히 핏케언섬에 들렀다. 이 배의 선장 메이휴 폴저Mayhew Folger와 선원들은 처음에는 무인도인 줄 알았다. 그들은 섬에 10시간 동안 머물면서 주민 35명을 만났다. 살아남은 바운티호 반란자, 그들이 납치한 폴리네시아인들, 그들의 자손들이었다. 폴저는 이런 한정된 공간에서 주민들이 질서를 유지하면서 갈등 없이 살아갈 수 있다는 사실에 경외심을 느꼈다. 폴저는 생존한 반란자 존 애덤스를 이렇게 묘사했다. "핏케언섬의 리더로서 아주 안락하게 살고 있다. 죽은 반란자들의 아이들은 모두 꽤 영어를 잘 구사하며, 어른만큼 자란 아이들도 있다. 공정하게 말하자면 나는 그들이 아주 인간적이고 호감 가는 사람들이라고 생각한다. 그리고 당시 반란자였던 애덤스의 잘못이나 범죄가 무엇이었든 간에 내가 볼 때 그는 현재 훌륭한 사람이다."[67]

유감스럽게도 200년 뒤 묘사된 섬의 모습은 훨씬 암울했다. 나이든 남성들이 소녀들을 성적으로 착취하는 문화가 수백 년 동안 지속되었음이 드러난 것이다. 섬은 여전히 극도로 고립되어 있었고 아주 드물게 보급선이 들를 뿐이었다. 주민은 50명이 채 안 되었다. 섬의 소녀들이 10~12세가 되면 "처녀성을 깨는" 풍습이 유지되어왔다는 사실이 밝혀지면서 전 세계가 주목하는 재판이 벌어졌다. 2004년 반란자들의 후손 중 상당수는 강간과 아동학대로 유죄 판결을 받았다.[68] 이렇듯 핏케언섬의 원래 정착민들은 제 기능을 하는 사회를 형성할 수 없었다.

좋은 사회의 청사진이 진화를 통해 빚어져왔다면, 그리고 이것이 우리 유전 유산의 일부라면, 왜 실패하는 사회들이 나오는 걸까? 대체로 이 청사진은 사람들이 형성하는 사회의 모습을 지정한다. 단 사람들이 완전히 하나가 될 수 있을 때만 그렇게 한다. 사회를 형성하려면 많은 장애를 극복해야 한다. 첫째, 사람은 적대감과 폭력 성향 또한 함께 지니고 있으며, 이런 성향은 당연히 사회 붕괴를 초래할 수 있다. "사회성 모둠"은 이런 성향의 억제제 역할을 한다(그리고 대개 이 역할을 아주 잘 해낸다). 둘째, 주변 환경의 제약도 사회 재앙에 한몫한다. 유달리 분열을 야기하는 개인과 기능 장애를 지닌 문화 요소(핏케언섬에 깊이 뿌리박힌 성폭력 같은 요소)가 그렇게 하듯이 말이다.[69] 아무리 자연스러운 성향이라고 해도 모든 시도가 사회 질서를 구축하는 데 성공하는 것은 아니다. 사산하는 사회가 존재할 수 있다.

그렇다면 핏케언섬은 왜 실패했을까? 더 큰 국가에 적용되는 사회 붕괴의 통상 원인(관료의 실정이나 부패, 이민, 전쟁, 환경 파괴, 인구 압력 등)은 여기에 적용되지 않는다. 자원 제약도 없었다. 어떤 사람은 극도의 고립이 완전한 무정부 상태를 낳았다고 주장한다. 그러나 난파 사례에서 보았듯이 다른 고립된 집단은 비슷한 상황에서 잘 대처했다. 내가 보기에 초기 핏케언 정착자들에게 나타난 무정부 상태의 근본 원인은 다음과 같다. 그들은 애초에 협력 욕구를 유지하지 못했고, 노골적인 인종차별이 이 무능력을 더욱 부채질했으며, 자체 증류해 만든 술에 취했고(블렌든홀호 생존자들이 초기 단계에 겪었던 일), 수가 더 적은 여성들을 놓고 남상들이 경쟁했기 때문이다. 리더십을 발휘해야 할 사람이 눈에 띄게 무능했다는 점 역시 한몫했다. 크리스천은 뛰어난 반란자였지만 훌륭한 정착촌 통치자가 아니었고, 완전한 민주 통치를 하겠다는 계획은 몇 년 사이에 거추장스러운 것이 되었다.

사회학자 막스 베버Max Weber는 국가의 한 가지 정의가 특정한 지역에서 (그들 자신의 판단에 따라) 권력을 합법적으로 사용할 권리를 독점하는 실체라고 주장했다.[70] 실패한 국가는 더 이상 개인들을 동등한 기준에서 보호하지 않으며, 파벌주의가 등장해 제멋대로 폭력을 행사한다. "사회성 모둠"을 이루는 특징들은 그런 폭력적 무질서에 반대한다. 핏케언 정착자들은 한 가지 사회 질서를 뒤엎었지만 다른 새로운 사회 질서를 발명하지는 못했다.

섀클턴 탐험대: 남극에서 살아남기

리더십(내가 "온건한 계층 구조"라고 부르는 것의 일부)은 이런 고립된 사회 집단의 성공과 생존에 분명히 중요하다. 특히 리더가 연대를 장려하고, 역설적으로 계층 구조를 줄이고 집단 내 평등과 협동을 도모하고자 할 때 그렇다. 우리는 리더십이 없던 핏케언 정착촌과 정반대 양상을 보인 그래프턴호와 인버콜드호 조난자들을 통해 리더십이 중요하다는 사실을 알 수 있다. 이제 고립된 집단 중에서 성공을 거둔 마지막 사례를 살펴보기로 하자. 그들이 성공한 데는 바로 이런 유형의 리더십이 큰 역할을 했다.

1914년 노련한 극지 탐험가 어니스트 새클턴Ernest Shackleton은 런던의 한 신문에 이런 광고를 냈다고 한다. "적은 임금, 혹독한 추위, 여러 달 동안 이어지는 완벽한 어둠, 끊임없는 위험, 안전하게 귀환한다는 보장 없음, 성공하면 명예와 인정을 받는 위험한 여정에 함께할 사람 구함."[71] 이미 남극대륙 탐사를 두 차례 한 바 있는 새클턴은 제국 남극대륙 횡단 탐험대Imperial Trans-Antarctic Expedition에 함께할 대원을 모집하고 있었다. 좁고 변동하는 수로를 통해 남극대륙 전체를 배로 횡단하는 것이 목표였다. 그러나 인듀어런스호Endurance는 남대서양 사우스조지아섬South Georgia을 떠난 지 겨우 45일 뒤인 1월 18일 얼음에 갇히고 말았다. 배에 탄 28명 주위로 얼음 벌판이 드넓게 펼쳐져 있었다. 혹독한 추위, 완벽한 어둠, 끊임없는 위험이라는 약속이 고스란히 실현된 셈이었다.

배는 9개월 동안 유빙에 꽉 낀 채로 남극대륙에서 느릿느릿 멀어져갔다. 이제 배가 그들의 집이 되었다. 그들은 원래의 탐사가 아니라 생존이 새로운 목표가 되었음을 깨닫고 혹독한 겨울을 견디는 데 필요한 준비를 하기 시작했다. 배 안에 각자의 작은 생활 공간을 마련하고, 식량 배급 계획을 짜고, 때때로 얼음 위로 나가 운동하거나 펭귄과 물범을 사냥했다.

9월 2일 에워싸고 있던 빙산의 압력에 인듀어런스호가 뒤틀리기 시작했다. 10월 27일 대원들은 어쩔 수 없이 배를 버리고 얼음 위에 텐트를 쳤다. 유빙은 남극대륙 북쪽 엘리펀트섬Elephant Island을 향해 흘러가고 있었다. 접근이 어렵고 날씨와 지형이 험해 아무도 들른 적 없는 섬이었다. 4월 9일 마침내 섬이 모습을 드러내자 대원들은 작은 배 3척에 나누어 타고 세계에서 가장 춥고 가장 사나운 바다를 헤치고 나아갔다. 7일 뒤 그들은 상륙에 성공했다.

탐험대의 비참한 처지를 고민하던 새클턴은 결단을 내렸다. 그는 대원 5명과 함께 작은 배를 타고 약 1300킬로미터 떨어진 사우스조지아섬으로 돌아가, 그곳에서 눈으로 뒤덮인 산맥을 걸어 넘어 작은 포경 기지로 간다는 계획을 세웠다. 놀랍게도 엘리펀트섬을 떠난 지 4개월 뒤 새클턴은 작은 증기선을 타고 남겨둔 22명을 구조하러 돌아왔다. 그리하여 총 513일 동안 한 집단으로 뭉쳐 있던 28명 모두 구조되었다. 그중 22명은 새클턴이 구조하러 돌아오기 전까지 128일을 더 견뎠다. 사망자는 1명도 없었다.[72]

거의 2년 동안 고립되고 한정된 공간에서 이들은 어떻게 매일 함께 지내면서 제 기능을 하는 공동체를 유지할 수 있었을까? 그들의 사회 체제는 성공에 어떤 기여를 했을까?

이 공동체를 유지하기 위해서는 강한 압박을 느끼면서 끊임없이 일해야 했다. 펭귄과 물범을 사냥하고, 선실을 개조하고, 텐트를 설치하고, 식사를 준비하고, 물품을 옮기고, 개를 돌보고, 끔찍한 상황이 닥칠지 계속 지켜보아야 했다. 그러나 그래프턴호 생존자들이 그랬듯이 이들은 대체로 수긍하면서 균등하게 모든 일을 함께했다. 이 탐사대에 뽑힌 사람들(생물학자, 목수, 물리학자, 의사, 항해사)은 전문 분야와 출신 계층이 제각각이었지만 모두 효율적으로 협력하면서 공동체를 꾸려 나갔다. 인듀어런스호의 선장 프랭크 우슬리Frank Worsley는 일지에 사람들의 역동적인 관계를 이렇게 적었다.

영국을 떠난 지 6개월째다. 이 기간 내내 우리는 함께 잘 헤쳐 나왔고 불화라고는 거의 찾아볼 수 없었다. 한 배에 탈 사람들로 이보다 더 마음이 맞는 신사들과 동료들을 찾을 수는 없을 것이다. 그리고 모두가 맡은 일을 흔쾌하게 기꺼이 하고 있으며, 아무리 힘들고 고역스러운 일이 닥쳐도 불평불만을 하는 사람은 아무도 없다. 탐험대장[새클턴]의 기지와 리더십, 그리고 와일드Wild[부대장]의 쾌활함과 여유로움이 이런 분위기를 조성하는 데 주된 역할을 한다. 그들은 존중과 확신과 애정을 갖고 지시를 내린다.[73]

많은 대원들 역시 단결하면서 협력하는 집단을 유지하는 데 성공한 것은 새클턴 덕분이라면서 우슬리와 비슷한 견해를 피력했다. 새클턴은 죽든 살든 간에 모두가 함께할 것이라고 선언했다. 그는 전문 분야나 지위에 상관없이 모든 대원이 자신의 권위를 인정하고 어떤 일이든 일손을 보태라고 요구했다. 식사와 회의는 엄격하게 정해진 시간표에 따라 진행되고 의무적으로 참석해야 했으며, 노동은 명확하고 공정하게 할당되었고, 식량은 균등하게 배급되었다(새클턴은 자신의 식량을 대원들에게 양보하곤 했다). 또 그래프턴호 선원들이 그랬듯이 이들도 서로에게 가르치고 배웠다. 사회 학습과 사회 교육이 "사회성 모둠"의 핵심 특징임을 명확히 보여주는 사례다.

놀랍게도 대원들은 축구 경기, 연극 공연, 음악회를 갖는 등 여흥

거리를 짜면서 많은 시간을 보냈다. 한번은 눈에 트랙을 새기고 판돈을 걸고서 "개 경주Dog Derby"라고 이름 붙인 개썰매 경주를 열기도 했다.[74] 이제는 이 탐험 여정의 아이콘이 된 사진들을 찍은 탐험대 사진사 프랭크 헐리Frank Hurley는 일지에 이렇게 썼다. "오늘 남극대륙 개 경주에는 옷을 쫙 빼입은 군중들이 모여 판돈을 걸었다. 각자 내놓을 수 있는 초콜릿과 담배, 지역 화폐를 다 꺼냈다. 이 경주를 보기 위해 오늘 하루 모두 일손을 놓았다."[75] 동짓날에는 또 다른 특별 행사가 열렸다. 헐리는 서로 옷을 바꿔 입고 노래 부르기를 포함해 30가지 "익살스러운" 공연이 이어졌다고 적었다. 토머스 오들리스Thomas Orde-Lees 소령(나중에 낙하산 분야의 개척자가 된다)은 일지에 이렇게 썼다. "몇몇 새로운 주제를 다룬 노래를 비롯해 24팀이 나오는 웅장한 음악회를 열었는데 '내 인생에서 가장 행복한 날 중 하나'였다."[76]

요약하자면 남극대륙에서 조난당한 이 집단에서 권력은 완전히 평등하게 분배되지 않았다. 그러나 우정, 협동, 자원의 균등 분배가 이루어졌다. 섀클턴의 유능한 리더십과 대원들 각자의 역량뿐 아니라, "사회성 모둠"의 아주 많은 특징을 발휘한 그들의 능력 또한 이 집단의 단결과 생존에 핵심적인 기여를 했다.

태평양 섬들은 지상낙원일까

태평양 섬들은 난파선들, 심지어 핏케언섬보다 더 오랜 기간에 걸쳐 이루어진 자연 실험을 제공해왔다. 사회 전체가 자리를 잡고 수 세기 동안 유지되면서 상당한 규모로 성장하는 과정을 보여주는 사례들이다. 1000년이 넘는 세월에 걸쳐 정착자들이 (의도했든 우연이었든 간에) 조상이 살던 고향을 떠나 동쪽으로 점점 더 나아가서 태평양 전역의 섬들로 퍼진, 폴리네시아인의 팽창이라는 아주 잘 연구된 사례가 그렇다. 폴리네시아인이 태평양 섬들에 정착하는 과정은 역사와 인류학의 다양한 원리를 잘 보여주며, 특히 환경 제약이 사회 질서에 어떤 역할을 하는지 잘 보여주는 사례다. 다양한 특징을 지닌 서로 멀리 떨어져 있는 섬들에서 나타나는 결과들을 비교할 수 있으므로 정말로 실험을 하는 듯 느껴진다.[77]

700년경 마르키즈제도에 처음 정착한 폴리네시아인들은 해안의 작은 마을들에 고립된 채로 살면서 식량을 사냥하거나 채집했다. 그러나 그 뒤로 수백 년이 흐르면서 섬 안쪽으로 들어가서 자리를 잡았고, 농사법을 발명했고, 대규모 축제를 여는 전통을 발전시켰고, 인구가 대폭 늘어났고, 석조 기념물과 복잡한 사회정치 체제를 만들었다. 유럽인과 접촉할 무렵 이곳 사회는 "끊임없는 습격, 더욱 장엄한 규모의 축제, 인신 공양의 강조"라는 특징을 보여주었다.[78]

더 크고 더 멀리 있는 하와이제도Hawaiian Islands는 아마 일찍이 124년에 발견된 듯하지만 정착은 600년에서 1000년 사이에 이루어졌고, 1600년경에는 추장제에서 신의 선택을 받은 왕정으로 정치 체제가 진화했다. 하와이에는 두 왕국이 존재했으며 당시 인구는 6만 명에서 10만 명쯤으로 추산된다. 1778년 쿡 선장이 도착할 즈음에는 전면적인 봉건제가 실시되고 있었다. 땅을 경작하는 평민은 노동의 대가를 지불받아서 왕에게 공물을 바쳤다. 폴리네시아의 원래 정치 체제와 비교하면 급진적인 진화였다. 종교 체계 역시 진화해 고대 이집트 같은 곳과 비슷하게 조세 제도와 연결되었다.

인류학자 마셜 살린스Marshall Sahlins는 폴리네시아 30개 섬을 자연 실험의 사례로 표본 조사해, 생태 환경의 차이가 폴리네시아 조상의 체제로부터 다양한 정치 체제와 문화 관습을 빚어낸 주된 요인이라는 유명한 주장을 내놓았다.[79] 일반적으로 더 많은 인구를 지탱할 수 있는 더 풍족한 환경을 지닌 더 큰 섬일수록 더 많은 계층과 공식 제도를 가진 정치 체제를 낳았다. 강수량이 적어서 관개 시설을 발명한 섬에서는 이 고정 자산을 차지하기 위한 전쟁이 출현했고, 사회는 갈수록 전쟁을 뒷받침하는 쪽으로 조직되어갔다. 이런 섬에서는 전쟁의 신을 달래기 위한 인신 공양 의식이 발달했다. 더 나아가 식인 풍습과 인간 요리용 특수 화덕 같은 고고학 증거가 존재한다.[80] 전 세계에서 관개 시설은 사회 계층화 및 엘리트와 대중의 구분 출현과 관련이 있는 듯하다(실제로 역사상 강수보다 관개에 의존한 사회들은 지금도 여전히 덜 민주적이다).[81]

그러나 보편적인 사회를 찾아내어 토대를, 즉 환경 제약의 영향이 아니라 타고난 사회적 특징들을 연구하고 싶다면, 천연자원이 심하게 부족하지 않은 지역에서 자연스럽게 출현한 사회 조직을 관찰하는 것이 이상적일 것이다. 물론 그렇게 해도 성공한다는 보장은 없다. 핏케언섬 사례가 잘 보여준다. 그러나 살린스의 폴리네시아인 팽창 연구와 달리, 우리가 어떤 모집단population을 택해 여러 창시자 집단으로 나누고 각 집단이 비슷하게 자원이 풍족한 여러 섬으로 퍼져나가게 한 뒤, 다음과 같은 질문을 한다고 상상해보자. 그들은 어떤 종류의 사회를 만들까? 이런 사회 집합들 사이에 어떤 크고 작은 변이가 나타날까? 어떤 특징들이 일관되게 관찰될까?

사실 자원이 매우 빈약한 환경에서는 매우 부자연스러운 사회 체제가 출현할 수 있다. 역시 폴리네시아인이 정착했지만 지탱할 수 있는 인구가 5000명을 넘지 못한 망가이아섬Mangaia의 식인 풍습과 인신 공양 의식처럼 말이다. 무엇이 이 집단을 그런 적대적인 환경으로 내몬 것일까? 그들은 서로를 잡아먹기 시작했다.[82] 이를 사람 몸이 심각한 식량 부족에 적응하는 방식과 비교해볼 수 있다. 그럴 때 인체는 통상의 자연스러운 발달 궤적에서 벗어나 성장 부진 현상을 보인다. 발육이 제대로 이루어지지 못한 사람이 인간의 표준 생리를 드러내지 못하듯이, 자원 부족에 반응해 출현한 극단적인 사회 체제는 타고난 사회 질서를 보여주지 못한다.

사회생활: 진화가 제공하는 청사진

지금까지 살펴본 이 모든 고립 사례로부터 우리는 무엇을 알아낼 수 있을까? 먼저 뚜렷하게 관찰되는 일반 사항 2가지가 있다. 첫째, 다른 집단보다 훨씬 더 나은 성과를 거둔 집단이 존재한다는 사실이다. 특히 "사회성 모둠"을 두드러지게 발휘하는 집단이 성공할 가능성이 높다. 둘째, 사회 행동에서 공통점들이 존재함을 확인할 수 있다. 바로 "사회성 모둠"으로 표현되는 특성들이다.

그런데 마찬가지로 두드러지지만 우리가 못 보는 것이 하나 있다. 기회가 주어진다고 해도 고립된 소규모 공동체는 전혀 새로운 유형의 효율적인 사회 질서를 창안하지 않는다는 것이다. 이 점은 고립된 이들이 자신들이 속했던 기존 문화의 산물이라는 사실과 분명히 어느 정도 관련이 있다. 그들은 자기네 문화 속에 살면서 사회가 어떤 모습이

어야 한다고 나름으로 예상하게 된다. 1장에서 살펴보았듯이 사회성 지각을 연구하는 심리학자들은 종종 생후 3개월밖에 안 된 아기를 연구하려고 시도한다. 문화 배경이 끼치는 이런 효과를 최소화하기 위해서다. 아이를 야생 상태로 키우는 금지된 실험을 할 생각을 자극하는 것과 똑같은 추론이다.

유럽인이 아닌 이들의 조난과 고립 생존 사례는 찾기 어렵다. 내가 찾아낸 아시아 사례들에서는 대체로 연안 해역을 항해하던 중 조난당했다가 금방 문명사회로 돌아갔다.[83] 아프리카나 아메리카에서 기원한 사례는 전혀 찾을 수 없었다. 한편으로는 항해 기술이 덜 발달했기 때문이고 또 한편으로는 기록이 없기 때문이다. 그래도 폴리네시아인 팽창은 환경의 효과를 잘 보여줄 뿐 아니라, "사회성 모둠"이 보편적으로 출현한다는 것 또한 보여준다. 수백 년에 걸쳐 출현한 정치 체제들이 다양했음에도, 그리고 사회과학자들과 역사학자들의 주목을 받지 못했음에도 그렇다. 사회생활을 하는 방식을 살펴보면 우리가 서로 다르기보다는 비슷하다는 사실이 여기서 다시금 드러난다.

핏케언섬 같은 실패한 사회들, 망가이아섬 같은 식인 풍습을 지닌 사회들이 있다고 해서 "사회성 모둠"이 중심을 이룬다는 개념이 뒤집히는 것은 아니다. "사회성 모둠"은 집단생활을 위한 더 성공적인 전략, 진화적으로 시간의 시험을 견딘 전략을 제공한다. 때로 집단은 "사회성 모둠"을 드러낼 만큼 서로 융합하지 못한다. 그렇지만 그들에게 딱히 존속할 수 있는 대안이 있는 것은 아니다.

사회 체제가 환경에 민감하다는(예를 들어 식량이 얼마나 풍족한가) 우리의 관찰 결과는 한 가지 더 미묘한 문제를 제기한다. 우리는 환경 제약이 일그러진 사회를 낳을 수 있음을 보았다. 그러나 한 개인의 평생에서 그리고 우리 종의 진화 과정에서 환경이 사회적 상호작용을 빚어내는 데 어떤 역할을 하는지에 초점을 맞추면 더 심오한 점이 드러난다. 환경의 다양성이 문화의 다양성을 낳는다면, 인간 사회에 공통된 보편적인 특징이 무엇이든 간에, 그 특징도 환경 자체의 일관된 특정 특징에서 비롯하는 것일 수 있다. 세계 어디에서든 사람들이 기본적으로 비슷한 핵심 사회 체제를 구성하는 것은 우리 종이 반응하는 환경 자체에 한결같은 무엇이 존재하기 때문일 수 있다. 그럴 만한 것이 뭐가 있을까?

한 가지 근본적인 의미에서 보자면 실제로 사람들이 접하는 환경 중 한 측면은 일관성을 띤다. 이 한결같은 요소는 바로 다른 사람들의 존재다. 11장에서 살펴보겠지만 인류는 과거에 사회적이었기 때문에 특정한 방식으로 사회적이 되도록 진화해왔다. 우리 조상들이 만든 사회 체제는 자연선택을 가하는 힘이 되었다. 그리고 일단 우리 종이 사회생활을 하는 길로 나아가기 시작하자 피드백 고리가 작동하기 시작했다. 이 과정은 계속 이어지면서 오늘날 우리가 함께 살아가는 방식을 빚어냈다.

사람들을 하나로 모았을 때 그들이 사회를 구성할 수 있다면, 그들은 본질상 매우 예측 가능한 사회를 만든다. 사람들은 자신들이 원하는 모든 형태의 사회를 만들 수는 없다. 자유롭게 놔둘 때 인간은 오직 한 종류의 사회만 만들며, 그 사회는 구체적인 계획에서 나온다. 바로 진화가 제공하는 청사진에서다.

3장

의도한 공동체

유토피아를 꿈꾸며

BLUEPRINT

THE EVOLUTIONARY ORIGINS
OF A GOOD SOCIETY

소로가 월든으로 간 까닭은?

1845년 3월 말, 헨리 데이비드 소로Henry David Thoreau는 친구에게 빌린 도끼를 들고서 매사추세츠주 콩코드Concord의 월든호수Walden Pond로 향했다. 말하자면 그는 그곳에서 스스로 조난자가 되었다. 그는 고립된 삶을 사는 실험을 해보고자 했다. 그는 나무를 베어 호수 옆에 작은 오두막을 짓고 의자 3개를 만들었다. "하나는 외로움을 위해, 또 하나는 우정을 위해, 또 하나는 사회를 위해." 비록 다른 두 의자에 누가 앉는 일은 거의 없었지만.[1]

그는 식량을 직접 기르고, 우드척다람쥐를 날것으로 먹을 생각을 하고, 다양한 언어로 된 책들을 폭넓게 읽고, 도망 노예들을 숨겨주었다. 또《월든Walden》을 썼다. 자립의 장점, 자연, 초월주의 철학을 다룬 책이었다. 대단한 영향을 끼친 이 책은 오늘날까지 널리 읽히고 있다.

인류가 번영을 누리는 새로운 유형의 사회 질서를 구축한다는 목표 아래 신화적이고 풍요로운 자연 상태로 돌아가겠다는 열망은 수천 년 동안 개인과 집단 양쪽으로 많은 몽상가들과 괴짜들을 자극해왔다. 소로는 고립된 삶의 혜택에 초점을 맞추었다. 우리의 사회성이 자연스러운 특성이라는 점에서 내가 보기에 이는 역설적이다. 홀로 있을 때 그는 자연 자체를 자신의 동료로 삼았으며 자신이 "밤에 옥수수처럼" 자라는 양 느꼈다.[2] "모든 작은 솔잎들이 교감하면서 뻗고 굵어지면서 내 친구가 되었다."[3] 그는 다른 사람들을 사귈 필요성을 그다지 못 느꼈다. 그는 사람들에 관해 이렇게 썼다.

> 우리는 아주 짧게 만나곤 하기에 서로에게서 가치 있는 새로운 뭔가를 얻을 시간이 없다. … 우리는 이 잦은 만남을 참을 만한 것으로 만들고 전쟁을 벌일 필요가 없도록 에티켓이나 정중함이라 불리는 특정한 규칙 집합에 동의해야 했다.[4]

소로는 형식적인 제도 역시 그리 좋아하지 않았다.

> 첫여름이 끝나갈 무렵 어느 날 오후, 나는 구둣방에서 구두를 찾으러 마을로 갔다가 체포되어 투옥되었다. … 내가 의사당 문 앞에서 남녀노소를 소처럼 매매하는 국가의 권위를 인정하지 않고, 국가에 세금을 내지 않기 때문이다. … 한 인간이 어디로 가든 간에 사람들은 뒤쫓아와 자신들의 더러운 제도를 마구 들이댈 것이고, 할 수만 있다면 자신들의 절망스럽고 역겨운 사회에 그를 얽매어두려고 할 것이다.[5]

그는 다음 날 구치소에서 풀려났는데 한 친구가 인두세를 대신 내 준 덕분인 듯하다.[6] 그는 여러 해 동안 인두세를 내지 않았다. 훗날 유명한 글 〈시민 불복종Civil Disobedience〉의 설명에 따르면 전쟁과 노예 제도 연장에 세금이 쓰이는 것을 반대했기 때문이다. 이 글은 마하트마 간디Mahatma Gandhi와 마틴 루터 킹에게 영향을 주었다.[7]

한 세기 남짓 지난 뒤 나는 월든에 재현한 소로의 오두막에 가보았는데 교도소 감방처럼 단출했다. 2001년 나와 아내, 세 아이는 콩코드로 이사했다. 우연의 일치로 우리는 샘 스테이플스Sam Staples가 살던 집을 구했다. 임무 때문에 소로를 구치소로 보내야 했지만 그래도 소로의 친구로 남은 마을 경관이었다. 우리 가족은 이 일을 "유명세를 살짝 맛본 사례"라고 부른다.

새로운 공동체 만들기라는 오랜 꿈

소로가 사회적 상호작용을 개인 특성과 제도 특성 양쪽으로 살펴본 것처럼, 다른 사상가들도 이 문제를 탐구해왔다. 1887년 철학자 페르디난트 퇴니에스Ferdinand Tönnies가 도입하고 그 후 사회학자 막스 베버가 발전시킨 이론상 분류 체계에 따르면, 사람들의 사회관계는 일반적으로 두 유형으로 나뉜다. 게마인샤프트Gemeinschaft(공동사회)와 게젤샤프트Gesellschaft(이익사회)다.[8]

게마인샤프트는 개인 간 직접적인 상호작용과 거기에 따르는 역할, 가치, 신념을 추구하는 사회를 가리킨다. 대체로 사람들이 서로 얼굴을 마주하면서 살아가는 공동체 개념에 해당한다. 그러나 다른 한편으로 사회관계는 더 간접적인 상호작용, 비개인적인 역할, 그런 연결에 관한 형식적인 규범과 법규를 동반할 수 있다. 더 광범위하고 비개인적인 상호작용을 하는 이런 사회를 게젤샤프트라고 한다.

이 구분은 현대 생활의 한 가지 핵심 문제를 드러낸다. 비인격적인 대규모 현대 사회에서 과연 어떻게 공동체 의식을 보전하거나 회복할 수 있을지 많은 이들이 의문을 품어왔다. 소로를 비롯한 은둔자들은 사회적 상호작용이 너무나 불만족스럽고 억압적이라고 여겨 아예 내쳤다(적어도 얼마 동안은). 한편으로 그런 사회 질서의 규모와 질의 변화에 맞서 아예 새롭고 더 작은 공동체를 구축하는 방향으로 대응한 사례들도 있다.

적어도 로마 시대 이래로 모든 대륙에서 현대 생활의 게젤샤프트와 단절하고 더 확고히 게마인샤프트에 토대를 둔 사회로 돌아가겠다는 목표를 지닌 공동체 운동이 출현해왔다.[9] 이런 공동체에 합류하는 이들은 비개인적 상호작용을 버리고 개인적 관계에 더 확고히 토대를 두는 사회를 목표로 삼는다.

유토피아 실험 공동체는 대개 조난당하거나 다른 뜻밖의 사건 또는 트라우마를 가하는 사건을 통해 우발적으로 모인 사람들의 공동체보다 더 목가적이다. 그럼에도 이런 공동체가 반드시 더 성공을 거두는 것은 아니다. 이제 우리는 19세기 미국의 유토피아 공동체부터 20세기 이스라엘 키부츠Kibbutz를 비롯한 여러 공동체에 이르기까지 다양한 사례를 검토할 것이다. 이런 실험들은 대부분 실패했다. 대개는 한두 해 안에 사라졌다. 물론 이런 실험 대다수가 실패했다는 사실이 사소하기 그지없는 문제일 수도 있다.[10]

그렇긴 해도 이런 자연 실험들은 사회 조직의 어떤 특징들이 반복해서 나타나며 성공에 중요한지를 파악하는 데 도움이 된다. "사회성 모둠"으로부터 일시적으로 일탈하는 사회 체제를 구축하는 데 성공한 의도한 공동체가 간혹 나타나긴 했다. 하지만 대다수는 그렇지 못했다. 그리고 근본적으로 이질적인 공동체를 이룬 사례는 거의 없다.

미국의 유토피아 공동체 실험

1516년 토머스 모어Thomas More는 "어디에도 없는 곳no place"이라는 뜻의 그리스어 어원에서 나온, 영어에서는 "좋은 곳good place"이라는 말의 어근처럼도 들리는 "유토피아utopia"라는 단어를 창안했다. 유토피아 사회를 구축하려는 그토록 많은 시도가 실패했음을 생각하면 시사하는 점이 많은 모호한 표현인 셈이다.[11] 아메리카대륙은 유토피아 공동체를 세우려는 노력의 유달리 비옥한 토양이 되어왔으며, 이런 노력은 사회에 흔적을 남겨왔다. 많은 이들은 이런 공동체가 만든 제품들을 통해 이름을 접한다. 셰이커Shaker 가구, 아마나Amana 가전제품, 오나이다Oneida 은제 식기류가 그렇다. 또 매사추세츠의 프루트랜즈Fruitlands와 브룩팜Brook Farm 같은 관광지에서 자족적인 옛 생활방식을 보고 경이로워할 수 있다. 어떤 이들은 1960년대의 공동체나 더 나아가 다윗교Branch Davidians 같은 종말론 종파를 기억할 것이다.

　이 세월 동안 사람들은 이런 노력에 당황에서부터 감탄과 비난에 이르기까지 다양한 반응을 보여왔다. 역사가 도널드 피처Donald Pitzer는 이렇게 썼다. "공동체 실험자들은 그저 미국인의 삶과 가치에서 벗어났기에 필연적으로 '실패할' 수밖에 없는 '주류' 바깥의 심리적 부적응자, 요란한 '괴짜'라고 묘사되곤 했다."[12] 앞서 살펴본 조난 사례를 다룬 책들처럼 당대의 공동체 운동을 기술한 책들은 많다. 적어도 19세기까지 거슬러 올라가는데 1875년 출판된《미국의 공산주의식 사회, 개인적인 방문과 관찰The Communistic Societies of the United States, from Personal Visit and Observation》이 한 예다.[13]

이런 노력은 아메리카대륙에 유럽인이 정착한 직후부터 나타났다. 1694년 독신주의 남성 학자 40명은 펜실베이니아주 저먼타운Germantown 인근에 공동체를 세우고 "광야의 여인회Society of the Woman in the Wilderness"라고 불렀다. 1780년 이래로 미국에서 공동체 설립이 급증한 시기는 최소한 네 차례 있었다. 1790~1805년, 1824~1848년, 1890~1915년, 1965~1975년이다. 그리고 2010년대 말에 우리는 의도한 공동체 설립 급증 현상을 다시 목격하고 있는지 모른다.[14]

미국 역사 내내 수천 개의 유토피아 공동체가 생겨난 것은 놀랄 일이 아니다.[15] 미국은 늘 사회 이동성과 지리 이동성, 결사의 자유, 강제적이고 전제적인 제도의 부재, 새로운 생각에 대한 열린 태도, 끝없는 자기계발과 쇄신의 기회를 제공해왔다. 공동체를 세우려는 이런 충동은 미국인이 지닌 소로식의 까다로운 개인주의와 맞지 않을지 모른다. 하지만 이 열망은 발견과 탐사라는 개척 정신을 자극하면서 마찬가지로 중요한 미국 전통을 이루어왔다. 알렉시 드 토크빌Alexis de Tocqueville의 유명한 말마따나 미국은 "참여자들joiners"의 국가다.[16]

역사적으로 공동체 운동은 주요 사회 또는 문화 혼란기에 활기를 띤다. 규범과 기대가 의문시되는 시대에 성인으로 성장하는 이들은 특히 전향자가 될 가능성이 높다. 현재의 정보혁명과 늘어나는 로봇 자동화는 산업혁명과 대공황이 이전 세대들에게 그랬던 것처럼 공동체주의의 추진력을 제공할지 모른다. 연대와 재산 공유는 변화의 시대에 가난한 개인들의 집단에 생존 전략이 된다(재산 공동 소유는 구성원이 가난하지 않을 때도 유토피아 공동체의 공통된 특징이긴 하다).

공동체주의는 1840년대 뉴잉글랜드(미국 북동부 대서양 연안의 매사추세츠주, 코네티컷주, 로드아일랜드주, 버몬트주, 메인주, 뉴햄프셔주-옮긴이) 지역에서 특히 융성했다. 아직 신생 국가인 미국의 시민들이 사회 개혁을 놓고 여전히 열띤 논쟁을 벌이던 시대였다. 모두의 이익을 위해 사람들 사이의 협력을 북돋울 환경을 조성할 수 있다고 열정적으로 믿었던 당시의 공동체주의자들은 나이나 성별, 인종에 근거한 계층 구조를 반대했다. 당대의 사회적 속박을(어쨌든 그것들 대부분을) 거부하면서, 그들은 사람들이 집단의 이익이라는 대의 아래 자발적으로 그리고 행복하게 이기심을 억누를 수 있으며, 부패한 과거로부터 스스로를 해방시키고 역사를 새롭게 쓸 수 있다고 확신했다.

생겨난 지 아직 100년이 안 된 국가에서 일부 철학자, 작가, 성직자는 국가를 재건하겠다는 충동에 거의 맹목적으로 빠져들었다. 자신들의 이상주의가 실제 행동은 전혀 이루어지지 않는 그저 말뿐이라고 비칠 수 있음을 우려하면서도 그랬다. 소로의 친구인 보스턴 출신 초월주의 철학자 랠프 월도 에머슨Ralph Waldo Emerson은 1840년 이렇게 썼다. "온갖 사회 개혁 계획이 난무하는 통에 이곳은 좀 정신이 사납다." "사람들이 조끼 주머니에 책이 아니라 새 공동체 설립 초안을 넣고 다닌다."[17] 에머슨이 살던 곳 인근에서 시도된 많은 실험 중 가장 유명한 실험은 브룩팜Brook Farm에서 이루어졌다.

브룩팜: 초월주의 공동체

매사추세츠주 웨스트록스버리West Roxbury에 설립된 유토피아 공동체 브룩팜은 조지 리플리George Ripley(1802~1880)가 구상했다. 젊었을 때 리플리는 유럽에 가서 공부하고 싶었지만 돈이 없어 포기해야 했다. 어쩔 수 없이 "가장 돈 안 들이고 교육받을 수 있는 곳"으로 가야 했다. 하버드대학교 신학대학이었다.[18] 그는 1826년 졸업한 뒤 보스턴에서 유니테리언파 목사로 10년 넘게 일하면서 유럽 철학서들을 많이 모았다. 책들이 매우 가치가 있었기에 나중에 이 책들을 담보로 400달러를 대출받아 브룩팜을 세울 수 있었다. 브룩팜 공동체를 세우기 전인 1836년 그는 초월주의 클럽Transcendental Club을 설립했다. 소로와 에머슨도 회원이었다. 그는 목사 일을 그만두고 자신이 점점 더 빠져든 초월주의 철학을 실천하고자 마음먹었다. 초월주의는 자연과 인간이 본질상 선하다고 강조하며, 사람의 독립성을 제약할 수 있는 공식 사회 제도를 의심하고, 주관적 경험을 중시하는 경험주의를 거부한다. 1841년 4월 리플리와 아내 소피아Sophia는 다른 12명과 함께 78헥타르의 땅을 사서 정착해 공동생활 실험을 시작했다. 이 공동체는 거의 6년 동안 유지되다가 사람들이 빠져나가면서 결국 무너졌다.[19]

시작은 순조로웠다. 한두 해 사이에 공동체 주민은 약 90명으로 늘었다. 그중 절반은 학생이나 하숙생으로 정식 회원이 아니었다. 이 공동체의 핵심 조직 원리 중 하나는 정신노동과 육체노동을 둘 다 중시한 것이었다. 리플리는 이렇게 말했다. "우리는 고된 노동을 하지 않는 산업을 갖추고 야비함이 없는 진정한 평등을 이루어야 한다."[20] 그러나 브룩팜의 삶이 쉬웠다는 말은 아니다. 주민들은 으레 주당 여름에는 60시간, 겨울에는 48시간을 일했다. 좋아하는 일을 자유롭게 선택하긴 했다.

브룩팜은 의도한 공동체와 연관되는 특징을 많이 지니고 있었다. (비교적) 동등한 젠더 대우, 온건한 계층 구조, 카리스마 있는 리더 등이 그렇다. 새클턴처럼 리플리 역시 전통적으로 여성의 허드렛일이었던 세탁 등을 포함해 모든 잡일을 어느 정도는 공동으로 하는 방식을 택했다. 작업 집단이 돌아가면서 일을 맡도록 한 것도 주민을 평등화하는 데 기여했다.²¹ 공동 설립자 중 몇 명은 다소 강제된 민주적 평등 관계에 따라 함께 노동하면서, 작가와 사상가가 노동자와 농민과 함께 일한다는 개념을 마음에 들어 했다.

각 작업 집단의 구성원과 리더는 유동적이었고 겹치기도 했다. 주민들은 세탁 집단, 농사 집단, 칼갈이 집단, 양파 집단(양파 수확 일을 맡은 아이들) 등에서 일을 했다. 프레더릭 프랫Frederick Pratt의 부모는 그가 소년이었을 때 리플리의 실험에 참여했다. 60년 뒤 그는 이렇게 말했다. "나는 리플리 씨와 호손 씨가 군말 없이 똥거름 치우는 모습을 봤지만, 호손 씨가 그 일을 달가워하지 않았다고 믿는다."²² 이 농장의 초기 투자자이자 거주자였던 작가 너새니얼 호손Nathaniel Hawthorne은 곧 자신이 1000달러를 투자한 것을 후회한 듯하다. 그는 나중에 후련해하면서 브룩팜을 떠났다.

비록 모든 사람이 육체노동을 했다지만 브룩팜은 개념과 실천 면에서 중산층 분위기를 지니고 있었다. 공동사회보다는 주식회사로 설립되었고 설립 규약도 작성되었다. 6절로 이루어진 이 협약서에는 설립자들이 "이기적 경쟁 체제를 형제애적 협력 체제로 대체하는" 노력을 해야 한다고 천명한 전문이 포함되어 있었다.²³

파머Farmer(그들이 스스로를 부른 명칭)들은 힘든 노동에도 흡족해했다. 그들이 즐겁게 지냈다는 것은 많은 주민과 방문객의 입을 통해 확인된다. 소설가 루이자 메이 올컷Louisa May Alcott의 아버지 브론슨 올컷Bronson Alcott과 함께 이곳을 방문했던 한 사람은 "80~90명이 하찮은 짓거리를 하면서 유치하게 시시덕거리며 젊음과 낮 시간을 놀면서 보내고 있었다"라고 썼다.[24] 한 주민은 이렇게 썼다. "공동체의 최우선 목표는 거의 언제나 즐겁게 지내자는 것이었다."[25] 너새니얼 호손의 소설《블라이드데일 로맨스The Blithedale Romance》는 브룩팜에서 겪은 일에 얼마간 토대를 두었는데, 그곳에서 지낼 때 접한 야외 가장무도회가 상세히 묘사되어 있다.

썰매타기에서부터 춤, 농담, 연극에 이르기까지 이처럼 향락적으로 놀이에 몰두하는 행위는 더 심오한 기능을 지녔을 수도 있다. 공동체 구성원을 단결시켜 새로운 유형의 공동체 의식을 창조하려는 노력의 일부였을지 모른다. 이념 정적들 사이의 벽을 허무는 문제를 연구하는 심리학자 조너선 하이트는 춤과 운동 경기가 집단의 조화를 도모하는 단합 기능을 한다는 점에 큰 의미를 부여한다.[26] 행동이 요구되는 활동은 브룩팜 공동체에서 특히 중요했으며, 새클턴 탐험대 대원들에게 그랬듯이 매우 심오한 영향을 미친 듯하다.

각 구성원이 다양한 역할을 맡고 놀이에 몰두했다는 것은 브룩팜 공동체의 독특한 점이었다. 파머들이 개성을 표현할 여지는 더 있었다. 역사가 리처드 프랜시스Richard Francis는 이렇게 간파했다. "처음부터 파머들은 개인 정체성, 아니 정체성 의식이 '문명' 속에서 자신에게 강요되는 사회적 역할 때문에 부당하게 제약된다고 보았다."[27] 모든 파머들은 공동체라는 핵심 정체성, 그리고 다소 역설적으로 사회가 부과한 임의의 기능에 얽매이지 않는 개인의 진정한 개성 둘 다를 확립하기 위해 열심히 일했다.

의도한 유토피아 공동체는 늘 개성이라는 문제에 빠져 허우적거렸다. 한 파머는 훗날 이렇게 회상했다. "이 40명보다 더 뚜렷한 개성을 지닌 사람은 찾기 어려울 듯하다. 그들은 목소리 높여 주장을 펼치지 않았으며, 많이 알아본 뒤에야 무슨 생각을 하는지 이해가 되었지만, 공동체에 독특한 영향을 미치고 있었다."[28] 적어도 얼마 동안 브룩팜 주민들은 개성을 존중하는 한편으로 공동체를 키우면서 올바른 균형을 유지할 수 있었다. 우리는 9장에서 개성이 사실상 공동체에 필수라는 역설을 살펴보고, "사회성 모둠"과 인류 진화에서 어떻게 중요한 역할을 하는지 알아볼 것이다. 우리가 조상에게서 물려받은 유산의 일부인 개인 정체성을 존중하는 브룩팜 같은 공동체는 대체로 그렇지 않은 공동체보다 더 잘 유지되었다.

브룩팜의 교육은 놀라울 만치 진보적이었다. 아이들에게 지식을 주입하는 방식이 아니라 아이들의 장점과 통찰력을 함양하는 쪽으로 이루어졌다. 거의 반세기가 지난 뒤에 노라 셸터 블레어Nora Schelter Blair는 다양한 학생들의 "조화로운 어울림"과 "학생과 교사 간 완전히 자유로운 대화"를 회상했다. 아이들은 교사인 소피아 리플리를 이름으로 불렀다. 블레어는 이렇게 회상했다. "그녀는 자신이 제시한 길로 분명하고 즐겁게 나아갈 능력을 충분히 지니고 있다고 아이들에게 의기양양한 자신감을 불어넣는 듯했다."[29] 가장 심오한 점은 아이들이 교육받을 절대적인 권리를 지닌다고 보았다는 것이다. "고아원과 구빈원 아이들처럼 시혜를 받는 것이 아니라(세상의 냉정한 혜택과 자선의 대상으로서가 아니라) 권리로서, 이 세상에 인간으로 태어났다는 사실 자체가 부여하는 권리로서 말이다."[30]

19세기에 이루어진 다른 유토피아 실험들과 달리 브룩팜은 주민에게 핵가족을 포기하거나 바깥 세계와 모든 관계를 단절하라고 요구하지 않았다. 그래서 브룩팜에서 일어나는 일은 곧바로 대중 언론에 숨 가쁘게 보도되었다. 한 파머는 나중에 이렇게 말했다. "우리를 미개인, 반야만 상태로 돌아간 사람이나 다름없다고 깔보는 이들이 많았다."[31] 랠프 월도 에머슨, 브론슨 올컷, 헨리 데이비드 소로, 시어도어 파커Theodore Parker를 비롯한 초월주의 운동 리더 중 상당수가 이 공동체를 거쳐 갔다. 초기 페미니스트이자 작가인 마거릿 풀러Margaret Fuller도 자주 방문했고 거주하기까지 했다. 프레더릭 프랫은 이렇게 회고했다. "우리 아이들은 함께 신나는 시간을 보냈다. 남자아이들은 외바퀴 손수레, 여자아이들은 짐마차를 타고 놀았다. 15년인가 18년 뒤 내 형제인 존John은 애니 올컷Annie Alcott과 결혼했다. 루이자는 작가가 되었고, 존 브룩스John Brooks와 아이들은 유명해졌다."[32]

그렇다면 이토록 매혹적인 곳에 정확히 어떤 문제가 있었던 것일까? 1844년 4월 브룩팜은 당시 점점 인기를 끌고 있던 프랑스 유토피아 사상가 샤를 푸리에Charles Fourier의 더 급진적인 교리로 극적인 전향을 했다. 초월주의 소풍객들을 조직된 동지들로 전환하려고 시도하면서였다. 푸리에는 이편이 이상적인 공동체라고 했다. 푸리에의 이론은 낯설고 엄격하고 복잡했다. 브룩팜의 많은 구성원은 이 전환에 반대했다.[33] 공동체 내에 파벌이 생기고 긴장이 고조되었다. 그럼에도 리플리는 푸리에주의를 받아들였다. 그들은 이 교리에 따라 길이 53미터에 폭 12미터인 팔랑스테르Phalanstery, Phalanstère라는 건축물을 짓기 시작했다. 그러나 1846년 3월 3일 밤 큰불이 나는 바람에 이 건축물은 2시간 사이에 잿더미가 되었다. 이 사건은 공동체의 파국을 알리는 조종 소리가 되었다. 공동체는 피해를 복구할 능력이 없었다.

본래 파머들의 공동체는 사회에 모범 사례를 제시하겠다는 희망을 품고 설립되었다. 설립자 중 한 사람인 아멜리아 러셀Amelia Russell 은 이렇게 말했다. "나는 심지어 미국 전체가 우리의 단순하면서 소탈한 삶에 매료될 것이고, 머지않아 … [우리의] 법과 정부가 확대되어 마침내 기존 행정부를 폐지할 것이라고까지 생각했다."[34] 물론 브룩팜의 구성원은 어떤 기존 질서도 폐지하지 못했고, 무너진 것은 자신들의 공동체였다. 훗날 러셀은 화재 이후에 공동체가 끝장났음이 명확해졌을 때 분위기를 이렇게 전했다. "모두 그 생활을 포기하고 싶지 않은 양 가능한 한 오래 미적거리면서 버텼다. 자신들에게 신성한 개념인, 아니 이제는 그 개념의 딱한 잔재에 불과한 것을 붙들고서 말이다. 이제 그들은 각자 자신이 지닌 자산으로 살아가고 있었고, 그 삶 자체는 예전 삶의 그림자에 불과했기 때문이다."[35]

셰이커교: 신앙 공동체

어떤 공동체는 꽤 오랫동안 유지되었다. 가장 유명한 곳 중 하나가 예수재림신자연합회United Society of Believers in Christ's Second Appearing 또는 셰이커교 공동체다. 셰이커교는 초기 미국 유토피아 실험 중에서 가장 체계적인 조직을 갖추고, 경제적으로 성공을 거두고, 가장 오래 유지된 공동체가 된다.

셰이커교는 본래 17세기 말 영국에서 창시된 종파였다. 이 신앙

운동은 대단히 카리스마 넘치는 리더 '마더' 앤 리"Mother" Ann Lee가 등장하면서 전환점을 맞이했다. 영국 맨체스터 출신인 앤 리는 겨우 23세의 가난한 젊은이였을 때 이 종파에 가입해 9년 뒤인 1768년 리더가 되었다. 그녀는 자신의 경험을 토대로 이 종파의 경로를 바꾸었다. 26세에 대장장이인 에이브러햄 스탠리와 결혼한 그녀는 네 아이를 낳았다. 하지만 아이들은 모두 유아 때 죽고 말았다. 이런 심한 상실에 따른 육체와 정신의 고통을 겪으면서 그녀의 머릿속에는 성관계가 죄악과 인간의 모든 고통을 초래하는 경로라는 생각이 확고히 자리 잡았다. 그리하여 절대적 금욕 생활은 이 종파의 핵심 교리가 되었다. 또 세이커교 신학은 신이 남성과 여성의 본성을 다 지닌다고 보았으며, 예수의 삶은 지상에서 기독교가 이룰 발전 단계 중 하나일 뿐이라고 해석했다. 셰이커교에는 금욕 생활뿐 아니라 재산 공유, 평화주의, 참회 등 초기 기독교 교회에서 이루어졌다고 자신들이 믿는 것을 그대로 모방한 관습이 많았다. 셰이커교는 남녀가 평등하다고 보았으며, 아프리카계 미국인을 신자로 받아들였다.

영국에서 신성 모독죄로 잠시 투옥되었던 앤 리는 1774년 박해를 피해 남편과 7명의 추종자와 함께 뉴욕시로 향했다. 그녀는 뉴욕에서 하녀로 일했다. 얼마 뒤 그들은 나중에 워터블리트Watervliet라고 불리게 될 뉴욕 북부의 한 지역으로 이사했다. 그들은 서서히 개종자들을 모으기 시작했다. 1781~1783년 리는 매사추세츠주와 코네티컷주를 돌아다니면서 설교를 해 추종자들을 모으는 놀라운 일을 감행했다. 이일을 하면서 그녀는 반역, 음란, 신성 모독, 마법을 비롯한 온갖 죄목으로 고발당했다. 동료 선교사들은 다리에서 내던져지거나 몽둥이찜질을 당했다. 훗날 셰이커교 역사가들은 이들을 스페인 종교 재판 때 고문을 한 이들에 빗대어 "토르케마다의 사도들Disciples of Torquemada"이라고 불렀다.[36] 이런 극단적인 반발은 어느 정도는 셰이커교가 결혼 관계를 파탄 내거나, 재산을 빼앗거나, 정부 돈을 빼먹을지 모른다는 두려움에서 비롯되었다. 어떤 이들은 셰이커교의 평화주의에 분개하거나, 그들이 영국 스파이라고 의심했다.[37]

1784년 앤 리가 사망한 뒤 셰이커교는 그녀의 주요 추종자 두 사람이 이끌었다. 1794년경에는 30~90명으로 이루어진 10개 공동체가 5개 주에 자리를 잡았다. 각 공동체는 남녀 2명씩인 장로들이 이끌었다. 이 이른바 "가족"은 셰이커교의 사회 활동과 경제 활동의 기본 단위였다. 셰이커교는 수가 많았던 적이 한 번도 없었으며(1840년 3608명으로 가장 많았다), 1900년경에는 855명까지 줄어들었다.[38]

셰이커교는 질서, 조화, 실용을 강조했으며 그들의 공동체는 조용하고 평온하다고 알려졌다. 종교 활동에는 일주일에 12번 모여 독특한 춤을 추면서 하는 행진이 포함되어 있었다. 셰이커교도 중에는 80세 넘게 산 사람들이 많았다. 1900년 80세 이상인 신도의 비율이 6퍼센트였다는 연구 결과까지 있다. 당시 미국 인구 중 그 나이에 다다른 사람은 겨우 0.5퍼센트에 불과했다(애초에 더 건강한 사람들이 셰이커교에 들어왔을 가능성이 있긴 하다).[39]

셰이커교는 개인 재산을 허용하지 않았다. 하지만 브룩팜처럼 구성원에게 개성을 발휘할 수 있게 했다. 신자들은 자신의 재능을 갈고 닦고, 개인끼리 친밀한 우정을 쌓고, 스스로 선택을 할 수 있었다. 셰이커교는 맹목적인 복종을 요구하지 않고 자율성을 중시했다.

같은 "가족"에 속한 구성원은 밭과 가게에서 함께 일하고, 함께 식사하고, 심지어 대개 4명씩 생활하는 "내실"의 공용 침대에서 함께 자는 등 다붓하게 생활했다. 구성원 사이에 아주 가까운 관계가 형성될 때가 많아서 사적으로 매우 애착을 갖고 있었음을 보여주는 편지를 많이 남겼다.[40] 물론 연애는 엄격하게 금지되어 거의 하기가 불가능했다. 남녀는 계단에서 서로 지나치는 것조차 허용되지 않았다. 많은 셰이커교 건물은 아예 남성용과 여성용 계단을 따로 만들었다. 남녀 사이에는 악수마저 금지되었다. 결혼한 부부는 흔히 서로 다른 "가족"으로 보내어 지내게 했다.

셰이커교 공동체가 거둔 상당한 경제적 성공이 그들의 이타심 및 단결과 무관하다고 보는 이들이 많다. 그러나 셰이커교가 이 방면에서 출중했던 것은 바로 공동체 정신과 관습 덕분이었다. 19세기 후반 셰이커교 공동체의 경제 활동을 분석한 한 연구에 따르면, 재산을 공동 소유하고 개인의 노력에 따로 보상하지 않았음에도 셰이커교 공동체는 농업과 제조업 모두에서 공동체가 아닌 방식으로 운영되는 비슷한 규모의 기업들과 비슷하거나 더 나은 성과를 올렸다고 한다.[41] 이러한 생산성은 셰이커교 공동체 생활의 많은 특징에서 비롯되었다.

다른 모든 인류 집단처럼 셰이커교 공동체 역시 분업을 했다. 여성은 집안일, 남성은 밭일과 기계를 다루는 일을 주로 맡았다. 구성원은 어떤 일을 하고 어떤 전문성을 갖출지 스스로 선택했고, 개인별 차이를 받아들였기에 개인별 생산성 차이도 상당한 수준까지 용인했다. 노동자의 생산성을 조사한 연구에 따르면, 한 여성 신자는 1년에 보닛을 겨우 90개 만든 반면 다른 여성 신자는 730개를 만들었다고 한다.[42] 셰이커교 공동체는 일할 동기를 부여하는 데 어려움을 겪지 않았다. 그들은 공동체 주민의 타고난 협동심에 의지했고, 거기에 공통 이념이 한몫했다. 구성원이 서로 의지하고 늘 가까이 붙어 지냈으므로, 공동 목표와 신앙뿐 아니라 동료의 압력과 공개적인 망신도 근면이라는 규범을 유지하는 데 기여했다.

셰이커교 공동체 아이들은 14세까지 학교에 다녔다(소년은 겨울, 소녀는 여름에). 그런데 셰이커교는 기존 교육에 의구심을 품고 실용적인 기술과 재주를 배우는 데 초점을 맞추었다. 물론 셰이커교 공동체 내에서 아이가 태어나는 일은 결코 없었다. 하지만 아이들이 유입되는 경로가 있었다. 경제 사정이나 개인 사정 또는 수련을 이유로 부모나 보호자가 위탁하는 아이들, 고아나 홈리스 아이들, 부모와 함께 합류한 아이들이 있었다. 금욕이 강요되므로 당연히 젊은이들은 대부분 성년이 되자마자 공동체를 떠났다. 1880~1900년에 성년이 되어 떠나지 않은 아이는 5.7퍼센트에 불과했다는 연구 결과가 있다. 반면에 성인은 같은 기간에 28.7퍼센트가 남아 있었다.[43]

금욕 생활 강요에 따른 약화와 더불어 많은 셰이커교 공동체는 화재와 침수 같은 재앙을 겪은 뒤 흩어졌다. 작은 공동체가 이런 재난에 취약하다는 점을 잘 보여주는 사례다. 또한 셰이커교 운동은 외부의 더 큰 사회가 점점 더 매력적으로 보임에 따라 동력을 잃었다. 19세기 들어 사회 전반에서 경제적 성공과 자기 결정의 기회가 갈수록 늘어남에 따라 셰이커교 생활방식의 매력은 더욱더 줄어들었다. 종교사가 C. 올린 러셀C. Allyn Russell은 이렇게 썼다. "'세상'은 셰이커교도들에게 이렇게 말하는 듯했다. '너희가 무엇을 할 수 있든 간에 내가 더 잘 할 수 있어.'"[44] 또 사회 전반이 정신질환자를 더 인간적으로 대하고 남녀를 더 평등하게 대하기 시작했다. 셰이커교가 오래전부터 취한 태도를 따라 하고 있었다. 1968년 셰이커교도는 뉴햄프셔주 캔터베리와 메인주 새버스데이레이크 두 공동체에 겨우 19명이 남아 있었고 구성원은 모두 여성이었다. 1960년대에 그들을 인터뷰한 자료들은 종파의 쇠락 앞에서도 그들이 놀라울 만치 평온했음을 보여준다. 그들은 끝날 때도 처음 시작할 때 못지않게 용감하게 대처해야 한다고 믿었다.[45]

금욕 관습이 없었더라면 셰이커교 운동은 아마 널리 퍼졌을 것이다. 협력, 우정, 개인 정체성, 온건한 계층 구조 등 "사회성 모둠"의 아주 많은 특징을 포용했다는 점을 고려할 때 그렇다. 금욕은 현실 세계를 거부함을 명확하게 보여준다. 금욕 생활방식은 사회생활을 조직하는 다른 모든 방식에서 크게 벗어날 뿐 아니라 본질적으로 스스로를 재생산할 수 없음을 의미하기 때문이다. 그렇기에 역설적으로 셰이커교는 외부 세계와 연결이 필요했다. 이 운동은 외부에서 새로 들어오는 입회자들이 있어야만 유지되었기 때문이다.[46]

키부츠: 자발적 민주 공동체

공동체 운동을 창시하려는 시도는 20세기에도 지속되었다. 이스라엘의 키부츠("집단"을 뜻하는 히브리어)는 80명에서 2000명에 이르는 사람들이 함께 생활하면서 일하는 자발적인 민주 공동체다. 키부츠는 사회생활 분야에서 이루어진 자연 실험의 또 한 가지 사례다. 최초의 키부츠는 1910년 팔레스타인에서 설립되었으며, 2009년경에는 이스라엘 전역에 267개의 키부츠가 운영되고 있었다. 키부츠는 이스라엘 유대인 인구의 2.1퍼센트를 차지하지만 전국 농산물 생산량의 40퍼센트, 산업 생산량의 7퍼센트를 차지한다.[47] 키부츠는 현실과 사회 상황에 맞추어 기꺼이 이념을 수정하는 구성원들의 실용주의적 태도와 경제적 성공에 힘입어 오래도록 유지되어왔다.

20세기 전반기에 키부츠 구성원들은 시오니즘, 사회주의, 인본주의의 가치에 토대를 둔 이념에 강하게 경도된 채 완전히 새로운 뭔가를 창조하고자 시도했다.[48] 키부츠 설립자들은 외부 환경의 변화가 인간의 행동과 본성에 깊은 변화를 일으킬 수 있다고 믿었다. 19세기 미국에서 이루어진 공동체 운동들처럼 그들 역시 사회를 개조하겠다는 욕구를 품었다. 그러나 이윽고 대다수 키부츠는 새로운 유형의 개인과 사회를 창조하겠다는 이런 엄청난 목표, 자신들이 여태껏 이루어본 적 없는 목표로부터 등을 돌렸다.

키부츠에 활기를 불어넣은 원리들은 다른 공동체들에 있었던 것과 비슷하다. 협력, 공동체의 자급자족, 노동과 재산의 공유, 평등주의다. 초기 키부츠에서는 모든 유형의 일에 동등한 가치를 부여하고 직접 민주주의를 실천했다(공무를 돌아가면서 맡았다). 그러나 이런 평등주의 특징들은 지난 세기를 거치는 동안 살아남지 못했다. 초기 키부츠의 가장 두드러진 목표는 공동 육아를 중심으로 한 급진적인 새로운 가족 구조였다. 부모들은 작은 공동 주택에 거주했고, 아이들은 약 6~20명씩 또래끼리 "베트 옐라딤bet yeladim"이라는 작은 집에서 따로 먹고 자고 씻으며 생활했다. 아이들은 오후에 한두 시간만 생물학 부모와 만났다.[49] 이 방식 역시 살아남지 못했다.

키부츠 운동이 이 방식을 채택한 이유 중 하나는 동유럽 유대인 문화의 주류였던 가부장제patriarchy(부권제) 가족 체제를 바꾸기 위함이었다. 공동 육아의 목표는 여성을 가사 부담에서 해방시켜 남성과 동등한 사회경제적 지위에 올려놓는 한편, 남성의 육아 활동 기여도를 높이는 데 있었다. 초기 키부츠에서 여성은 남성과 평등하며, 힘든 육

체노동을 하고, 겸손하며, 연애를 하찮게 여기는 모습으로 그려졌다.[50]

공동 육아 개념은 키부츠에만 있었던 것이 아니다. 고대부터 바람직한 사회 파괴의 사례로 시도되곤 했다. 플라톤은 공동 육아를 하면 아이들이 모든 남성을 아버지로 대우할 것이고, 따라서 더 존경할 것이라고 믿었다.[51] 공산주의 사회 또한 공동 육아를 주창했다. 가족은 가족 단위 소속감을 함양하므로 국가 이념에 위협이 된다고 보았기 때문이다. 전체주의totalitarianism 이념은 가족보다 정당이나 국가에 충성하는 자세를 우선시할 것을 요구한다. 자유주의 정치 이론도 가족이 평등 사회의 장애물이라는 문제를 붙들고 씨름해왔다(예컨대 육아와 가정생활은 일반적으로 여성에게 더 큰 제약을 가하기 때문이다).[52]

그러나 부모와 자녀의 유대를 근본적으로 재편하거나 최소화하려는 시도는 유지된 사례가 거의 없었다.[53] 가벼운 형태의 공동 육아는 대개 친족 육아alloparental care라는 라는 형태로 전 세계 모든 문화에서 나타난다(7장에서 살펴보겠지만 다른 몇몇 포유류 종에서도 나타난다). 친척들이 육아 의무를 분담하는 것이다. 유아들을 따로 공동 침실에서 재우는 방식(키부츠가 처음에 시도했던 것 같은 방식)은 극히 드물다. 1971년 세계 183개 사회를 조사한 결과에 따르면 그런 체제가 유지된 곳은 전혀 없었다.[54]

많은 유토피아 공동체에서처럼 키부츠에서도 대체로 어른들이 어떤 일을 중요하게 여기느냐가 육아 방식의 동기가 되었다. 남녀를 진정으로 평등하게 대하고자 한다면, 아이와 아이의 발달에 어떤 영향이 미치는지 상관없이 공동 육아가 반드시 필요하다고 여길 수 있다. 역사가 스티븐 민츠Steven Mintz는 미국인의 유년기를 개괄한《헉스의 뗏목Huck's Raft》에서 고아원과 양육비 지원 등 미국의 아동 복지 분야에서 이루어진 혁신은 주로 성인의 관심사에서 거의 다 비롯되었다고 했다. 무엇이 아이들에게 최선인지에 관한 확신은 철학과 실용 면에서 부차적이었다.[55] 공동체는 몇몇 핵심 측면에서는 혁신적일지 모르지만 아이들과 관련된 문제는 대체로 성인의 규칙에 따라 풀어나간다. 내가 아는 한 아이들의 욕구와 관심사가 어떤 유토피아 공동체의 주된 설립 동기였던 사례는 전혀 없었다(놀라운 학교를 운영하고 아이들에게 친절한 곳이 있었음에도 그렇다). 유토피아 공동체 설립은 적어도 한 가지 측면에서는 성관계와 비슷해 보인다. 즉 어른의 만족을 지향한다.

키부츠 생활의 다양한 측면은 1950년대 이후로 해체되기 시작했다. 젠더 구분과 배우자 간 유대 관계(그리고 부모와 자녀 간 유대 관계)는 없애기가 쉽지 않았다. 가족은 서서히 강력한 중심 단위로 다시 등장했고, 남녀 양쪽에서 나온 자료들은 외모와 매력이 다시금 인간관계의 중요한 요소로 받아들여졌음을 시사한다. 결혼 역시 다시 중요해졌다. 젠더를 토대로 한 분업(남성은 생산 업무, 여성은 서비스 업무)은 점점 심해졌고, 많은 키부츠는 아이들을 핵가족 집으로 돌려보냈다.[56]

처음에 키부츠 아이들은 다른 환경에서 자란 또래들보다 어머니에게 애착을 갖는 비율이 더 낮았고, 이 점은 공동체 육아 방식을 따르는 여성들의 주된 걱정거리 중 하나였다.[57] 키부츠에서 아기를 대하는 어머니와 아버지의 행동 차이도 결국 다른 문화들에서 보이는 양상으로 돌아갔다. 어머니가 아버지보다 아기에게 애정 표현을 더 하고, 아기와 깔깔거리며 대화를 나누고 아기를 안아주는 등 돌보는 행동을 할 때가 더 많았다.[58] 급진적인 반가족주의로부터 강력한 가족주의로 향하는 전환은 1970년대에 대체로 완결되었다.[59] 여성의 여성성과 모성애는 "자연스러운 욕구"라는 관점과 그에 따른 논리 전개는 젠더 관계의 구조와 가족의 역할 변화에서 주된 역할을 했다.

공동 육아는 아이들에게 몇 가지 혜택을 제공했다. 키부츠에서 자란 아이들과 도시에서 자란 아이들을 비교했더니, 전자가 사회적 놀이 기술을 더 갖추었고, 더 긍정적인 자세로 사회적 놀이에 참여했고, 협동 놀이에 더 많은 시간을 보냈고, 집단의 모임에서 경쟁심을 덜 드러냈다.[60] 그러나 공동 육아의 더 흥미로운 결과 중 하나는 또래 사이에 결혼하는 사례가 거의 없었다는 것이다. 키부츠에서 어릴 때 함께 지낸 기간이 더 길수록 서로 성적 접촉을 회피할 확률이 더 높았다. 이 발견은 이른바 "웨스터마크 효과Westermarck effect"를 뒷받침하는 증거다. 1891년 핀란드 인류학자 에드워드 웨스터마크Edvard Westermarck(에드바르드 베스테르마르크)가 내놓은 심리학 가설이다. 그는 유년기의 공동 거주가 친족 단서 역할을 한다고 주장했다(사람들은 함께 자랐는지 여부에 근거해 형제자매를 결정한다는 것이다). 이 친족 감각은 2가지 효과를 낳았다. 혈연관계가 없는 또래들 사이에 근친상간 금기가 형성되었고, 그들 사이에 이타심이 증가했다.[61]

따라서 21세기에 들어설 즈음에는 따로 아이들을 함께 재우는 등의 방식은 대체로 사라졌고, 육아 기능은 대부분 가정으로, 주로 여성에게로 돌아갔다. 심리학자 오라 아비저Ora Aviezer 연구진은 이렇게 썼다.

공동 교육은 실패라고 볼 수 있다. 기본 사회 단위로서 가족은 키부츠에서 폐지되지 않았다. 반대로 가족주의 추세는 전보다 더 강해져갔고, 키부츠 부모는 자기 자녀를 기를 권리를 되찾았다. 공동 교육은 새로운 유형의 인간을 배출하지 못했으며, 키부츠에서 자란 어른과 다른 곳에서 자란 어른 사이의 차이점은 미미했다.[62]

키부츠는 공동 육아를 포기했을 뿐 아니라 이윽고 일부 다른 특징까지 버리게 되었다. 1970년대에는 허드렛일을 사적인 영역으로 이전했고, 공동 식당과 공동 세탁소를 없앴다.[63] 그리고 1990년대 이래로 대다수 키부츠는 공평하게 공유하는 경제 모형과도 작별하고 있었다. 2004년경에는 온전히 공평하게 공유하는 곳이 15퍼센트에 불과했다.[64] 19세기 미국의 공동체들처럼 이런 유토피아 시도들 역시 자신들이 속한 사회의 규범을 채택하는 쪽으로 회귀했다.

키부츠는 사회를 통째로 재구성하는 데 실패했다. 심지어 젠더 역할조차 바꿀 수 없었다. 어느 정도는 젠더 역할이 너무나 깊이, 키부츠가 뒤엎으려고 시도한 다른 어떤 특징보다 더 깊이 뿌리박혀 있었기 때문이다.[65] 그러나 내가 볼 때 애초에 가장 비현실적이었던 것은 어른과 아이의 애착 관계를 끊으려는 시도였다. 뒤에서 더 자세히 살펴보겠지만 가까운 가족의 사랑은 "사회성 모둠"의 가장 중요한 특징 중 하나다. 그리고 이런 목가적이면서 협력하는 공동체의 구성원들조차 모든 사람을 동등하게 대우하지 않았다. 한 실험에서는 키부츠 주민이 다른 키부츠 주민과 짝을 이룰 때는 협력하는 행동을 보이지만 도시 주민과 짝을 이룰 때는 그렇지 않다고 나왔다. 이는 심리적으로 내집단 편애가 아주 강하다는 것을 보여준다.[66] 키부츠 운동의 개척자들은 자신들이 자란 유럽 도시 문화를 거부하는 데는 성공했지만 "사회성 모둠"에 순응하는 것은 불가피해 보였다.

이런 관찰 사례들의 밑바탕에는 우리 종에게서 진화한 심리학 및 사회학 요소들이 있다. 인류학자 라이어널 타이거Lionel Tiger와 조지프 셰퍼Joseph Shepher는 키부츠가 특정한 전통 형태의 사회 조직으로 되돌아간 것을 설명하기 위해 "생명문법biogrammar"이라는 개념을 제시했다.[67] 그들은 언어학자 노엄 촘스키가 개괄한 보편 문법 개념을 자신들이 "바이오그램biogram"이라고 이름 붙인 것과 조합했다. 바이오그램은 유전자에 새겨져 있고 진화를 통해 다듬어진 동물 사회생활의 기본 유형을 말한다. 우리의 청사진 개념과 매우 비슷하다.

현대의 다른 공동체 실험들처럼 키부츠 실험도 역사 사례를 문헌으로 접하는 것이 아니라 현재 방문해 살펴볼 수 있는 사례에 기대는 사치를 누리게 해준다. 우리는 이런 노력을 실시간으로 관찰할 수 있다. 그러나 더 중요한 점은 키부츠라는 의도한 공동체의 사례가 "사회성 모듬"이라는 중요한 특성과 이 핵심 조직 원리로부터 너무 많이 벗어날 때 생기는 어려움을 재조명한다는 것이다. 나는 키부츠가 생존할 수 있었던 것은 바로 보편적이면서 필수적인 사회생활의 이 중요한 특징들을 구현했기 때문이라고 본다.

월든 투: 스키너의 유토피아 공동체

1848년 소로가 월든호수로 이주한 지 정확히 1세기 뒤에 하버드대학교 심리학자 B. F. 스키너B. F. Skinner는 유토피아 소설 《월든 투Walden Two》를 출간했다. 소설은 스키너의 행동주의behaviorism 이론을 구현한 약 1000명이 사는 허구의 시골 공동체를 묘사한다. 행동주의는 인간의 행동이, 설령 전부 다는 아니지만 주로 환경의 산물이라는 개념이다. 스키너는 인간의 생각과 감정이나 유전자는 중요하지 않다고 하면서, 조건형성conditioning(조건화)을 통해 인간을 특정한 방식으로 행동하게 만들 수 있다고 주장했다.[68]

조건형성으로 개가 자극(메트로놈 소리)을 받으면 먹이를 기대하면서 침을 흘리도록 한 러시아 심리학자 이반 파블로프Ivan Pavlov의 유명한 실험을 아마 들어보았을 것이다. 스키너는 개나 쥐나 비둘기의 행동을 환경 변화를 통해 제어할 수 있으므로, 사람의 행동 역시 사회 환경을 변화시켜 형성할 수 있으리라 생각했다. 그는 자유 의지가 대다수 사람의 짐작보다 훨씬 더 제한되어 있으며, 거의 모든 형태의 사회 조성이 가능하다고 믿었다. "[유토피아를] 제대로 세우면 알아서 굴러갈 것이다."[69]

스키너는 2차 세계대전이 끝나고 참전 군인들이 돌아올 무렵에 《월든 투》를 쓰기 시작했다. 그는 이렇게 간파했다. "그들이 십자군 전사의 정신을 포기하고 돌아와 미국의 낡고 경직된 삶에 매몰되어야 한다니 정말 안타깝기 그지없다. 일자리를 얻고, 결혼하고, 집을 빌리고, 할부로 자동차를 사고, 자녀를 한두 명 키우는 삶 말이다." 그는 대안을 제시했다. "그들은 19세기 공동체의 주민들이 했듯이 새로운 삶의 방식을 탐구해야 한다." 스키너는 브룩팜 같은 이전의 많은 시도가 실패했음을 잘 알고 있었지만 "오늘날의 젊은이들은 더 운이 좋은 편이다"라고 생각했다.[70] 전후의 경제 호황과 그 이후 문화 보수주의가 판치던 시기에 《월든 투》는 거의 팔리지 않았다. 하지만 1960년대에 판매 부수가 늘어나기 시작해 1970년대에 이르자 연간 25만 부씩 팔려 나갔다.[71]

스키너는 소로가 주창한 자급자족하는 단순한 삶을 염두에 두고서 자신의 허구적인 유토피아에 "월든 투"라는 이름을 붙였다. 그러나 둘은 그저 이름만 비슷할 뿐이었다. 원래의 월든은 주민이 1명뿐이었던 반면 스키너는 공동체 생활을 위한 지침을 제공하고자 했다. 《월든 투》의 화자는 여러 사람과 함께 어느 유토피아 공동체를 방문한 심리학 교수 버리스Burris다. 이곳에서 방문자들은 T. E. 프레이저T. E. Frazier를 만나 공동체가 어떻게 돌아가는지 설명을 듣는다. 이 공동체는 "행동공학behavioral engineering"을 토대로 삶의 전략들을 끊임없이 시험하고 있다. 프레이저는 예전의 공동체들이 지나치게 경직되었기에 실패했다고 말하면서 그런 실패를 피하려면 행동공학이 중요하다고 주장한다. 공동체의 운영은 계획자–관리자planner-manager 조직이 맡고 있으며, 이 조직은 전문가이면서 임명직인 두 위원으로 이루어져 있다. 한 사람은 계획자고 다른 한 사람은 관리자로, 둘은 오로지 공동체를 위해 결정을 내린다. 월든 투의 주민은 하루에 약 4시간만 일하고, 점수제에 따라 일을 선택하며, 아이들을 공동으로 키운다. 이들은 핵가족을 버리고, 성관계에 느긋한 태도를 보인다(15~16세 소녀가 아기를 갖는 것이 지극히 자연스럽다는 생각을 포함해). 버리스 교수는 결국 이 공동체에 들어가기로 결심한다.

　스키너가 이 소설을 쓴 목적은 이런 관습을 옹호하기 위해서가 아니었다(비록 월든 투의 관습 중 상당수는 당시 존재하던 의도한 공동체들의 관습과 비슷했지만). 집단 규모에서 평범한 사람들이 행동과학behavioral science을 자신의 삶을 개선하는 데 적용할 수 있다는 신념을 보란 듯이 펼치기 위해서였다. 프레이저는 이렇게 말한다. "중요한 점은 우리가 주민들에게 개선할 여지가 있는지를 늘 염두에 두고서 모든 습관과 관습을 보라고 장려한다는 겁니다. 모든 것에 늘 실험하는 태도를 가지라는 거죠. 그런 태도만 있으면 됩니다."[72] 이 책의 비판자들은 스키너의 관점이 유토피아보다는 디스토피아에 가까우며, 행동주의 원리의 실행이 "핵물리학과 생화학을 합친 것보다 더 심각한 재앙을 일으키며 서구 문명의 본질을 바꿔놓을" 수 있다고 우려했다.[73] 이런 면에서 스키너의 책은 사회과학을 포함한 과학이 인류에게 혜택보다 해악을 끼칠 것이라는 끝없는 논쟁에 합류했다.

스키너는 진짜 공동체 설립의 지침으로 삼으라는 의도로 이 소설을 쓰지 않았다. 그렇지만 《월든 투》에 묘사된 가상 사회에 영감받아 수십 곳에 실제 공동체가 설립되었다.[74] 그중 가장 성공적이고 오래 존속해온 2곳은 버지니아주의 트윈오크스Twin Oaks와 멕시코의 로스오르코네스Los Horcones다.

1967년에 설립되어 지금까지 유지되고 있는 트윈오크스의 창립자 8명은 처음 모임을 가졌을 때 《월든 투》의 책장을 죽 넘기면서 자신들이 지침으로 삼을 개념들을 찾았다.[75] 설립한 뒤로 5년 동안 구성원들은 노동 점수제labor-point system와 긍정적 피드백의 활용을 비롯해 《월든 투》와 유사한 많은 체제, 구조, 정책을 구현했다. 그러나 이제는 전형적인 양상처럼 보일 텐데, 예상한 대로 작동하는 것은 전혀 없는 듯했다. 원래 계획의 와해는 핏케언섬에서 일어난 사건보다 덜 폭력적이면서 덜 극적이었지만 그에 못지않게 명확했다.

트윈오크스에서 벌어진 우리에게 친숙한 논쟁 중 하나는 공동 육아 방식이었다. 이 방식은 1967년부터 1994년까지 계속 오락가락했다. 공동 설립자인 캣 킨케이드Kat Kinkade는 이것이 실행 불가능하다고 결론지었다. 주된 이유는 "부모가 아이와 함께하고 싶어 하고, 아이에게 끌리며" "가족 개념에서 너무 급진적으로 이탈"하기 때문이라고 보았다.[76] 이 좌절을 겪은 뒤 공동체는 다양한 육아 방식을 시도했다가 포기하기를 반복한 끝에 마침내 지금까지 계속 쓰고 있는 모형을 채택했다. 바로 부모가 자녀와 더 오랜 시간을 보낼 수 있도록 허용하고, 홈

스쿨을 할지 공립학교에 보낼지 부모가 결정하도록 하는 방식이다.

사람들은 자기 삶의 다른 측면들 또한 스스로 관리하고 싶어 했다. 소설에서 묘사된 계획자-관리자 운영 체제는 금방 와해되었다. 공동체 구성원들은 의사 결정 과정에 참여하기를 기대하면서 합류했기 때문이다. 킨케이드는 이렇게 회상했다. "그들은 이렇게 말하곤 했어요. '내가 다른 쪽으로 결정 내리고 싶어 했을지는 모르겠다. 그 결정 자체는 괜찮았다. 다만 그 결정에 나도 참여하고 싶었다.'"[77] 창립 시기에 공동체 구성원이었던 잉그리드 코마Ingrid Komar는 1983년 쓴 글에서 "정부의 범위를 놓고 구성원들 사이에 벌어진 의견 차이"를 시기별로 죽 적었다.[78] 공동체는 이윽고 민주적인 형태의 정부를 받아들였고, 킨케이드는 이 정부를 "매우 절충주의적이고 매우 산만했으며 … 사사건건 심한 갈등을 불러일으켰다"라고 요약했다.[79] 섀클턴의 남극 탐험대가 살아남는 데 핵심 역할을 한 평등주의식 합의와 온화한 권위의 균형은 트윈오크스에서는 찾기 어려웠다.

초창기에 트윈오크스는 계속 위태위태했다. 한 해가 시작될 때 인구의 약 4분의 1은 그해가 끝날 무렵이면 떠나고 새로 들어온 사람들로 바뀌어 있었다.[80] 이처럼 바뀌는 주민의 비율이 높기에 트윈오크스에서는 사회관계가 계속 빠르게 재편되면서 공동체 운영에 필요한 사회적 단결과 협력에 지장을 주었다.[81] 잉그리드 코마는 이런 혼란의 실질적이면서 피부에 와 닿는 결과를 잘 포착했다.

여기에 거의 언제나 뒤따르는 우정의 파탄으로 남은 이들은 가슴이 찢어지고, 떠난 이들이 머물 때 독특하게 기여한 부분은 모방하기 어려울 때가 많다. 누군가 떠날 때마다 공동체는 사기가 저하되고 신념 체계에

도 의구심을 불러일으키는 경향이 있다.[82]

지속적인(비록 변치 않는 것은 아니지만) 우정은 성공에 대단히 중요하다.

트윈오크스는 월든 투에 영감받은 계획을 실행하는 데 실패했을 뿐 아니라, 명확한 공동체 구조를 확립하기까지 수십 년 동안 온갖 평지풍파를 겪었다. 여러 해 동안 혼란스러운 시행착오를 겪은 뒤 트윈오크스(현재 주민은 약 100명이다)가 결국 채택한 체제는 월든 투와 닮은 구석이 거의 없다. 이런 의미에서 보면 공동체 지향 실험이라는 스키너의 핵심 의제는 굳게 고수한 셈이다. 그리고 그렇게 해서 나온 사회 질서는 주민 회전율이 높은 다른 공동체들의 사회 질서와 비슷하다. 주민은 공동 숙소에 살면서 공동으로 일한다(노동 시간은 주당 42시간이다). 각자는 소득을 발생시키는 일(트윈오크스 두부, 트윈오크스 해먹, 트윈오크스 종묘 등)과 집안일(요리, 텃밭 가꾸기, 수리, 육아 등)을 한다. 개인 물품을 제외한 모든 재산은 공유한다.

또 하나의 성공한 《월든 투》 공동체는 1973년 멕시코에 설립된 로스오르코네스(스페인어로 "기둥들"이라는 뜻이다)다. 주민은 약 30명이다. 스키너는 로스오르코네스가 자신이 《월든 투》에서 묘사한 "공학적 유토피아"에 가장 가깝다고 했다.[83] 주민들은 이렇게 말했다. "우리는 스키너의 소설이 아니라 … 그 소설의 토대인 과학에 근거한 공동체다."[84] 로스오르코네스의 주민들은 《응용행동분석저널Journal of Applied Behavior Analysis》에 논문을 발표하고, 정기 집단 토론(사실상 자신들이 하는 모든 일에 관해)을 하는 등 행동주의를 중심으로 생활했다.[85] 트윈오크스의 캣 킨케이드는 로스오르코네스를 방문했을 때, 이

곳의 품행 바른 아이들이 "당신의 자녀가 성장해서 되기를 원하는 바로 그런 유형의 사람들"이라고 했다. "그리고 그들은 자신들이 행동주의를 통해 그렇게 했다고 … 따라서 행동주의가 좋다고 생각한다."[86]

《월든 투》에 묘사된 대로 로스오르코네스 주민은 공동 육아를 하고, "도덕 훈련" 형태의 교육을 실시하고, 일종의 노동 점수제labor-credit system를 운영했다. 브룩팜과 마찬가지로 이 공동체는 학교를 설립해 이웃한 도시 에르모실로Hermosillo에서 오는 학생들을 받아들여 수익을 올렸다. 트윈오크스처럼 이곳 주민들은 모든 재산을(심지어 옷까지) 공유했고 협력, 평등, 평화주의 원칙을 받아들였다. 로스오르코네스도 처음에는 계획자-관리자 체제를 택했지만 결국 "개인통치personocracy"를 채택했다. "모든 구성원의 참여를 촉진"하고 "모두가 이용할 수 있는 긍정적인 강화의 양을 늘리고자 하는" 독창적인 체제다.[87] 또 로스오르코네스에는 《월든 투》에 등장하는 프레이저와 매우 흡사한 카리스마를 타고난 리더가 있었다.

대부분 완전히 실패로 끝난 다른 많은 《월든 투》 공동체보다 로스오르코네스가 더 잘 유지되어온 이유는 무엇일까? 주된 이유는 뛰어난 리더들 덕분에 설립 당시부터 끈끈한 관계가 유지되었다는 것이다. 트윈오크스의 특징인 피상적이면서 덧없는 인간관계와 달리, 로스오르코네스 구성원들은 처음부터 깊고 안정된 사회적 유대 관계를 맺고 있었다(그리고 이 관계가 계속 유지되었다). 설립자 중 4명은 공동체를 설립하기 전에 이미 부부였고, 다른 몇 명은 앞서 여러 해 동안 함께 긴밀하게 교육 사업을 해왔다. 또 이 공동체는 느슨한 입회 기준을 통해서가 아니라, 출산과 가까운 친지 및 친구를 서서히 받아들이는 방식을 결합해 성장했다.

1960년대 미국 도시 공동체들

공동체 운동은 긴 세월 동안 융성하다가 수그러드는 양상을 되풀이해왔다. 그런데 유독 1965년부터 1975년까지 미국에서 유례없는 수준으로 활기를 띠었다. 연간 2000곳이 넘는 공동체가 설립되었다. 베트남전쟁에 대한 반발, 1960년대의 독특했던 청년 문화와 소외감, 여성들이 새롭게 누리게 된(여성 운동과 피임약의 발명에 따른) 자유, 심지어공동체에 합류한 사람들이 굶주리지 않도록 해줄 연방 식료품구매권법food stamp law의 제정에 이르기까지, 이 현상을 설명해줄 법한 몇 가지 역사 요인이 있다. 그렇긴 해도 어느 시점이든 간에 지역 공동체에들어간 주민은 미국 인구의 0.1퍼센트를 넘지 않았다.

1974년 사회학자 벤저민 자블로키Benjamin Zablocki는 미국의 대표적인 도시 공동체 60곳을 골라 20년 동안 추적 조사하는 연구를 시작했다(시골 공동체 60곳도 조사했다).[88] 이 도시 공동체들(뉴욕, 보스턴, 미니애폴리스-세인트폴, 애틀랜타, 휴스턴, 로스앤젤레스에 있었던)은 규모가 성인 5명에서 67명까지 다양했고(평균 13.4명), 저마다 다른 이념적목표를 고수했다.[89] 앞서 수백 년 동안 출몰한 공동체들처럼 이 공동체의 구성원들 역시 자신들이 새로운 신념과 도덕적 확신이라고 여긴 것을 정립하고 구현하고자 애썼다. 그들 대부분은 미국에서 앞서 어떤공동체 건설 노력이 있었는지 몰랐다. 그랬기에 오랫동안 존재했던 관행을 자신들도 모르게 되풀이하고 있었다.[90]

구성원은 종교, 직업, 결혼 여부, 나이, 출신 배경이 다양했다. 하지만 대부분 백인에다 교육받은 사람들이었다. 평균 나이 25세, 남성54퍼센트, 독신자 72퍼센트, 대학 졸업자 50퍼센트였다. 대부분은 자신이 정체되어 있다는 생각, 목적의식 부재, 사회로부터 소외감 등을 이유로 공동체에 합류했다. 그들의 삶은 으레 이런 식으로 묘사되었다. "뭔가가 빠져 있었다. 인생에서 중요한 뭔가를 접한 적이 없었다." "생활은 안락했지만 밋밋했다. 극도로 지루했고, 뭔가 빠져 있는 것이 분명했다."[91] 하지만 그들의 소외와 단절 수준을 정량화해 더 큰 규모의 미국인 집단과 비교했더니 공동체에 합류한 이들이 경제와 정치에서 소외를 덜 느낀 것으로 드러났다. 그럼에도 그들은 자신의 삶이 무의미하다고 더 깊이 자각하거나 더 예민하게 받아들인 듯했다. 그래서 대다수 공동체 합류자는 의미를 찾고 있었고, "세계를 자신이 관리할 수 있는 크기로 축소하려는" 욕망을 품고 있었다.[92] 일부 주장과 달리 그들은 사회적 일탈 행위를 할 기회를 추구하고 있지 않았다.

공동체에 합류한 이유는 제각각이었지만, 거의 모든 구성원의 주된 동기는 공유하는 가치에 근거해 합의된 공동체를 발전시키겠다는 것이었다. 합류자들은 자신의 동기를 이런 식으로 설명했다.

나는 지금까지 겪어왔고 앞으로도 계속 겪을 개인적 변화를 지지해줄 것으로 보이는 이들과 함께 사는 쪽을 택했다. 정치적 견해와 개인적 견해가 일치하고, 자신들의 삶에 내가 창의적으로 참여하는 것을 허용하는 이들과 함께 살고 싶었다.

우리는 대학교에서 유일한 히피 또는 괴짜였고, 더불어 살면서 일종의 협력 집단을 이루고 싶었기 때문에 함께 살기를 원했다.[93]

10년 뒤 인터뷰했을 때도 자신의 경험을 젊음의 혈기나 어리석음으로 치부한 이들은 10퍼센트가 되지 않았다. 대부분은 공동체 경험이 자신의 성인 정체성 형성에 핵심 역할을 했다고 느꼈다.

앞서 살펴본 다른 많은 공동체와 마찬가지로 이 공동체들 역시 주민들이 버는 임금, 집세, 기부금 등 무엇이든 간에 외부 세계와 기능적 상호작용을 통해 자금이 유입되지 않는다면 살아남을 수 없었다. 이런 공동체가 직면한 과제는 대체로 외부 문제가 아니라 내부 문제였다. 한 연구는 이렇게 결론지었다. "적대적인 이웃이나 도시 계획 위원회 때문에 쫓겨난 공동체보다 아무도 접시를 닦으려 하지 않아서 무너진 공동체가 훨씬 더 많았다."[94]

사실 접시 설거지는 대개 이루어졌다. 그러나 이 도시 공동체들은 젠더별 업무량이 심하게 차이가 났다. 여성이 요리, 청소, 육아를 더 많이 맡았고(여성은 자기 자녀가 아닌 아이들을 돌보는 데 주당 1.5시간을 썼다), 남성은 집 유지 보수와 "이념 메시지를 전파하는 일"(주당 4.9시간)을 더 많이 맡았다.[95] 형태는 조금씩 다르지만 젠더 분업은 우리가 살펴본 모든 의도한 공동체들에서 나타난다. 이는 비교 우위라는 고전적인 개념을 반영한다. 남녀가 서로 다른 일(무엇이든 간에)을 분담한 뒤 각자 일에서 전문성을 갈고닦아 업무 효율을 높임으로써 서로를 보완하는 것이다.

리더십은 온건한 계층 구조와 더불어 흔히 공동체의 성공적인 운영과 존속에 결정적인 역할을 했다. 한 공동체에서는 카리스마 있는 리더가 건축 일을 한 경험이 전혀 없는 히피 남성 10명을 이끌고서 미흡한 장비와 안 좋은 날씨 가운데서 하루에 1채라는 놀라운 속도로 오두막을 지었다. 구성원들은 이 녹초로 만드는 작업 속도에 분개하기보다는 그것을 가치 있는 영적 훈련이라고 여겼다.[96]

이 연구에서 공동체들의 주민 회전율은 매우 높았다. 트윈오크스보다 더 높았다. 이 연구는 1974년에 시작했는데 1976년까지 남아 있던 주민은 약 3분의 1에 불과했다. 사람들이 떠난 주된 이유는 공동체 구성원들에게 "사랑받는다"는 느낌을 받지 못했다는 것이다. 처음에 조사한 공동체 60곳 중에서 1년 뒤 48곳(80퍼센트)이 살아남았고, 2년 뒤에는 38곳(63퍼센트)이 남아 있었다. 입회 조건이 더 엄격하거나 임시 거주 기간을 거친 뒤 받아들이는 공동체가 더 오래 존속하는 경향을 보였다. 이 공동체들 중 77퍼센트는 내부 문제(이념 분열, 리더십 논란, 성적 긴장 등)로 붕괴했고, 23퍼센트는 외부 문제(법적 문제나 화재를 비롯한 재난 등)로 무너졌다.[97]

이 시기의 공동체들은 마약에 찌들고 난교를 벌이고 범법 행위가 난무하던 곳이라는 왜곡된 주장이 가끔 제기되지만 그런 모습과는 거리가 멀었다. 이런 집단의 구성원은 덜 극단적이 되라는 규범의 압력을 받았다. 마약을 한다고 말하는 사람의 비율은 86퍼센트에서 42퍼센트로 줄었고, 공공장소에서 나체 노출 사례는 40퍼센트에서 32퍼센트로, 한 번에 2명 이상과 성관계를 맺는 비율은 24퍼센트에서 12퍼센트로, 폭동에 가담한 사례는 22퍼센트에서 3퍼센트로 줄었다. 반전 시위 참가 사례도 57퍼센트에서 9퍼센트로 줄었다.[98] 이 연구에서 주민 중 42퍼센트는 공동체의 다른 구성원과 성관계를 맺지 않았고(외부인과 성관계를 가진 이들은 있었다), 성관계를 맺은 이들 중 71퍼센트는 한 사람과만 맺었다. 집단혼group marriage이나 다수와 성관계를 맺는 사례는 1퍼센트 미만이었다.

이 공동체들에서 집단 응집력은 대개 두 포괄적인 요인에 따라 결정된다. 바로 "이념ideology"과 "구조structure"다. 여기서 구조란 집단 내 계층 구조뿐 아니라 사회관계 패턴(우정이 호혜적인지, 공통의 친구를 가진 이들은 얼마나 되는지 등)까지 아울러 뜻한다. 두 요인 모두 중요하다. 사회학자 스티븐 베이시Stephen Vaisey는 도시 공동체들을 분석해 어느 집단이 게마인샤프트(공동사회) 의식, 다시 말해 집단 자아감 또는 자연스러운 소속감을 더 잘 생성할 수 있는지 알아보았다. 집단 구성원의 이 "우리라는 느낌we-feeling"(동료 의식)은 어느 정도까지 우정 같은 구조 요인에서 비롯되고, 어느 정도까지 구성원 간 이념 공유에서 비롯될까?

이 공동체들에 관한 자료가 아주 상세하기에 우리는 "사회 연결망"이라고 알려진 것 속에서 개인들이 실제로 이루는 사회적 연결 양상을 지도화하고 분석할 수 있다(사회 연결망은 뒤에서 더 사례를 들어 설명할 것이다). 베이시는 공동체 주민들에게 자유 시간을 누구와 함께 보내고, 누구와 일하고, 누구와 성관계하고, 누구에게 사랑의 감정을 느끼고, 누구를 싫어하는지 등 인간관계에 관한 다양한 질문을 했다. 베이시는 사회 구조의 특정한 측면들 자체만으로는 도시 공동체에서 소속감을 불러일으키기에 충분하지 않다고 지적했다. 그런데 그는 공통된 도덕적 이해(통일된 신념 집합과 공동 목적의식)가 대단히 중요하다는 것을 알아냈다.[99]

1970년대의 이 공동체들에서 우리는 다시 한 번 "사회성 모둠"의 여러 표현 형태들(우정의 유지, 온건한 계층 구조의 존재, 개인 정체성의 존중 등)과 집단의 성공에서 "사회성 모둠"이 하는 중요한 역할을 확인한다.

이제 지금까지와는 좀 다른 의도한 공동체의 마지막 사례를 살펴볼 차례다. 이 공동체는 나머지 세계와 물리적으로 고립되어 있고, 더 최근에 설립되었다. 그렇기에 과학자들이 사회 연결망의 형태로 거주자들의 사회 구조를 상세히 지도로 작성할 기회를 제공해왔다.

극지의 과학자들: 남극 기지 공동체

남극대륙의 겨울 기지는 너무 고립되어 있어서 오랫동안 우주여행의 모형으로 쓰였다.[100] 1902년 한 탐험가는 일지에 이렇게 썼다. "나는 우리가 지구가 아니라 달 표면에 서 있다고 쉽게 상상할 수 있었다. 모든 것이 아주 고요하고 죽어 있고 얼어 있고 비현실적이었다."[101] 섀클턴 탐험대에 관한 책을 쓴 저널리스트 앨프리드 랜싱Alfred Lansing은 "극지의 밤보다 더 완벽하게 황량한 것은 결코 없다"라고 주장했다. "빙하기로 회귀다. 온기, 생명, 움직임이 전혀 없다."[102]

인간이 지리적 남극점South Pole에 처음 다다른 것은 1911년이었다. 1956년에는 이곳에 영구 기지가 세워졌으며, 해마다 새로운 사람들이 기지로 와서 머물렀다. 거의 즉시 기지를 관리하는 과학자들과 군 당국은 기지의 원활한 운영과 관련이 있는 심리 및 사회 특징들을 조사하기 시작했다.[103] 아이러니하게도 원래 사람이 없던 이 대륙은 사회를 연구할 가치 있는 실험실을 제공했다.

남극대륙에는 여러 나라가 자체 기지를 운영하고 있으며 기지들은 서로 멀리 떨어져 있다. 1956년 미 해군이 설치한 미국 기지는 남극점에 있다. 최초로 남극점에 다다른 유명한 탐험가들의 이름을 따서 아문센-스콧 남극점 기지Amundsen-Scott South Pole Station라고 이름을 붙였다. 이 시설에는 많은 조립식 건물이 들어 있는 상징적인 지오데식 돔geodesic dome(폭 50미터에 높이 18.5미터)이 있었지만, 2003년 대폭 개보수가 이루어지면서 사라졌다. 기지는 현재 미국국립과학재단 National Science Foundation이 운영하고 있는데, 주로 천체물리학과 기상학을 비롯한 연구 목적으로 쓰인다. 여름(10~2월)에는 많으면 100명까지 거주한다. 그러나 겨울에는 대개 약 30명(조난자 집단에서 공동체에 이르기까지 우리가 지금까지 살펴본 인간 집단의 전형적인 규모)이 거주한다.[104] 약 8개월 반 동안 그들은 바깥 세계와 단절된다.

3월에서 9월까지 이어지는 남극의 겨울 동안 남극점에는 햇빛이 전혀 들지 않는다. 사방이 끝없이 눈으로 덮여 있지만 사실 남극은 사막이며 강수량은 거의 0에 가깝다. 그러나 눈 폭풍을 몰고 오는 강풍이 휘몰아치며, 폭풍이 지나고 나면 불도저로 건물 입구에 쌓인 눈 더미를 치워야 한다. 그것으로 부족하다는 듯이 기지는 해발 2840미터에 있다. 새로 오는 사람들에게 고산병을 일으킬 만한 높이다. 게다가 응급 구조가 불가능하다. 겨울에는 남극점까지 비행하기가 거의 불가능하며, 가장 가까운 미국 기지인 맥머도 기지McMurdo Station는 1335킬로미터 떨어져 있다.

지난 수십 년 사이에 과거에는 이용할 수 없었던 도구들을 써서 집단을 연구하는 일이 점점 가능해져왔다(안타깝게 이 도구들은 역사 사례에는 적용하기 어렵다). 예를 들어 사회 연결망 분석이라고 알려진 것을 통해 사회적 유대 관계를 수학적으로 상세히 파악해 지도로 표현하는 기법은 집단의 형성 과정과 기능을 이해하는 데 매우 유용하다. 나는 남극점에 스스로 고립된 과학자 집단의 사례를 조사함으로써 이런 도구들의 용도를 소개하고자 한다. 의도한 공동체와 관련해 우리가 살펴볼 마지막 자연 실험 사례다.

여기서 미리 몇 가지 단서를 달아두어야겠다. 공동체에 가입하거나 배를 타고 항해하는 사람들과 마찬가지로 남극대륙에 가는 쪽을 택한 이들 역시 인간 집단을 대표하는 표본이 아니다. 스스로 가는 쪽을 택한 그들은 후원 기관, 군 당국, 심리학자 등으로부터 적합한지 여부를 검사받고 지원을 받는다. 또 남극 기지에 맞는 재능, 능력, 전문성을 지녔는지 고려해 선발된다. 이 점은 다른 모든 고립된 공동체에는 없는 장점이다. 그리고 언제 "구조"될지 미리 정해져 있다. 이는《파리대왕》식의 무정부 상태가 출현하는 것을 막는 방파제 역할을 한다.

남극점에서 겨울을 보내는 이들은 두 범주로 나뉜다. 지원 인력(기지의 일상 운영을 맡고 있는 배관공, 전기공, 기계공, 요리사, 기술자 등)과 연구 과학자다. 전자는 "트레이드trade", 후자는 "비커beaker"라고 불린다. 이 구분은 남극 기지가 세워질 때부터 존속해왔다.[105] 동계 대원들은 합숙 훈련을 2개월 거친 뒤 10월에 남극대륙으로 가서 13개월을 지내고 나서 다음 해 11월에 떠난다. 여름에는 다른 이들이 오가지만 겨울에는 기지로 오거나 기지에서 떠나는 사람이 전혀 없이 이 대원들만 생활한다.

겨울에 남극점에서 지내는 이들은 수면 장애, 저산소증, 고산병, 다양한 내분비계 및 면역계 이상을 겪을 수 있다. "멍한 눈long eye" 또는 "남극대륙 응시Antarctic stare"라고 불리는 가벼운 최면 상태와 인지 장애에 빠지기도 한다. 그러나 대원들은 사실상 신체 스트레스보다 사회 및 심리 스트레스가 더 힘들다고 말하며, 우울증은 심각한 문제를 일으킬 수 있다.[106] 한 과학자는 "창문, 사생활, 살아 있는 동식물, 태양, 숨 쉴 습한 공기, 여행할 자유, 온갖 소문이 득실대는 고립된 오지를 떠날 자유"가 없다고 한탄했다.[107]

조난자 집단처럼 이런 작고 고립된 집단에서는 통상적인 계층 구조가 깨질 수 있다. 요리사가 선임 장교보다 지위가 더 높을 수 있고, 무선 기술자가 뛰어난 과학자보다 더 권위 있을 수 있다. 오랜 경력을 쌓은 과학자와 군 장교는 이런 상황을 받아들이기 힘들 수 있다. 하지만 집단의 모든 구성원이 함께 일을 해결하고 융통성 있게 권한을 행사하는 것이 모두의 행복에 중요하다.

1960년대에 남극대륙 사회 연구가 시작될 무렵부터 과학자들은 이 집단의 가능한 모든 사회적 유대를 조사하기 시작했다. 예를 들어 초기에 월동대원들에게 한 설문 조사지에는 반세기 뒤인 현재 우리 연구실에서 묻는 것과 비슷한 질문들이 들어 있었다. "지난 몇 달 동안 가장 가까이 지낸 친구(친구들)는 누구였습니까?" "필요할 때 남들을 위해 가장 인상 깊은 리더십을 발휘한 사람 또는 사람들은 누구였습니까?" "별도의 작은 기지에서 겨울을 함께 지낼 대원들을 뽑는 일을 맡게 된다면 이 기지에서 가장 먼저 뽑고 싶은 5명은 누구입니까?"[108]

우리는 이런 기초 질문들을 통해 얻은 자료를 토대로 집단 구성원들의 상호작용을 사회 연결망의 형태로 나타낼 수 있다. 그런 뒤 이 연결망을 시각화하고 수학적으로 분석할 수 있다. 사회학자 제프리 C. 존슨Jeffrey C. Johnson 연구진은 1990년대에 서로 다른 세 월동대의 자료를 모았다. 첫 번째 해(A년)에는 대원이 28명(남성 19명, 여성 9명)이었고, 두 번째 해(B년)에는 27명(남성 20명, 여성 7명), 세 번째 해(C년)에는 22명(남성 18명, 여성 4명)이었다.[109] 기지 의사는 매달 15일에 대원들에게 설문 조사를 해서 대원들 간 상호작용의 범위를 평가하고, 각 집단에서 대원들이 누구를 리더라고 여기는지 파악했다.

한 집단 구성원들 간 가능한 모든 유대를 근본적으로 평가하는 것을 "사회중심 연구sociocentric study"라고 하며, 도표 [3-1] 같은 이미지

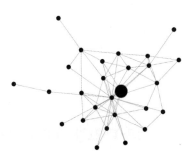

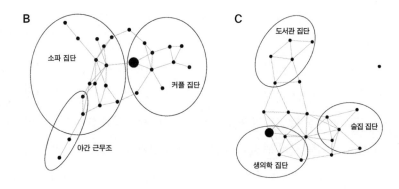

3 - 1 │ 남극 기지 대원들의 사회 연결망

미국 남극 기지의 과학자들과 지원 인력으로 구성된 세 월동대 집단의 사회 연결
망을 나타낸 이미지다. A, B, C는 서로 다른 해를 가리킨다. 사람들(노드, 연결점)
과 그들의 주된 우정 관계(연결)가 나와 있다. 각 집단에서 가장 큰 점은 관리자다.
A년에 관리자는 전체 연결망의 중심에 놓인 반면, B년과 C년에는 한 하위집단에
속해 있다. A년에는 하위집단이 전혀 관찰되지 않았다. B년과 C년에는 세 하위집
단(각각 이름을 붙였다)이 파악되었다. 이 이미지에서 대원들의 정성적인 하위집
단 배치 양상은 더 형식적인 수학 알고리즘을 토대로 한 집단 배치와 정확히 들어
맞지는 않는다.

를 결과로 내놓는다. 흥미롭게도 이런 남극 집단의 사회 구조는 우리 연구실이 조사한 미국 대학생, 탄자니아 수렵채집인, 매사추세츠 소도시 주민, 온두라스와 인도의 마을 주민, 전 세계 기업들의 직원에게서 나타나는 사회 구조와 비슷했다(더 자세한 내용은 8장 참조).

남극 기지의 다양한 사회 연결망

이런 연결망 다이어그램 또는 지도가 무슨 의미인지 설명하기 위해 잠시 네트워크과학network science의 기본 사항 몇 가지를 살펴보기로 하자.

유한한 집단(남극 기지, 조난자 집단, 기업, 학교, 마을, 국가)의 각 개인은 다이어그램에서 원 또는 "노드node"로 표시한다. 두 사람 사이 연결(두 친구, 두 직장 동료, 두 친척, 두 배우자)은 선 또는 "경계선edge"으로 나타낸다. 사람들 사이 연결 관계는 "이름 생성기name generator"라는 것을 써서 사람들에게 질문을 해 알아낸다. "자유 시간에 누구와 보냅니까?" "중요한 문제를 누구와 의논합니까?" 같은 질문을 할 수 있다. 또 연구자는 사람들에게 누구에게 돈을 빌리거나 빌려주겠는지 묻거나 가까운 친구, 형제자매, 직장 동료, 성관계 상대가 누구인지 묻는다.[110] 때로 연구자는 사람들에게 돈이나 가치 있는 뭔가를 건넨 뒤 다른 사람에게 익명으로 선물하라고 할 수 있다. 사람들이 대개 전혀 모르는 사람이나 싫어하는 사람에게는 선물하지 않는다고 가정할 때, 선물을 받은 당사자는 주목할 만한 사회적 연결을 알려준다.

물론 사람들 간 유대를 측정하는 더 직접적인 방법은 그들을 관찰하는 것이다. 우리는 학교 카페에 앉아서 누가 누구와 자리를 함께하는지 지켜볼 수 있다. 유행병학자 마르셀 살라테Marcel Salathe, 정치학자 데이비드 레이저David Lazer, 사회학자 마크 패처키Mark Pachucki 등은 학생들에게 작은 무선 추적기 같은 장치를 달아 누가 누구 가까이에서 얼마나 오래 머물렀는지 파악했다(7장에서 살펴보겠지만 이 방법은 유인원과 코끼리의 상호작용 지도를 작성하는 데도 쓴다).[111] 또한 연구자들은 특정한 지점에 비디오카메라를 설치한 뒤 사람들의 상호작용과 만남을 추적할 수 있다. 이메일 사용량이나 전화 통화량, SNS(소셜 네트워크 서비스) 데이터를 써서 사회적 유대를 파악할 수도 있다. 또 직장에서 소속 부서에 관한 자료나 장비를 함께 쓰는 직원들에 관한 자료도 이용할 수 있다. 예를 들어 남극에서는 일할 때 매일 3인용 스노모빌을 함께 타는 이들이 있다.[112]

연구자들은 표적 집단의 구성원 간 유대에 관한 정보를 모으고 정리해 연결망을 그리고 수학적으로 분석할 수 있다. 연결망의 모양은 "구성architecture" 또는 "위상topology"이라고 하는데, 사회적 상호작용이 이루어지는 모든 공동체의 기본 특성이다.[113] 모양은 다양한 방식으로 시각화할 수 있다. 하지만 어떤 방식으로 그리든 이 모양을 결정하는 연결들의 실제 패턴은 동일하다.

이유는 이렇다. 바닥에 단추 100개가 흩어져 있고 단추들을 연결할 수 있는 400가닥의 실이 있다고 하자. 이제 단추 2개를 무작위로 집어서 실 1가닥으로 연결한 뒤 원래 위치에 그대로 내려놓는다. 실이 남지 않을 때까지 무작위로 단추를 2개씩 집어 연결하는 과정을 반복한다. 그러면 어떤 단추들은 우연히 자주 집는 바람에 많은 실이 연결된다. 반면에 어떤 단추는 단 1가닥만 연결된다. 또 우연히 실이 전혀 연결되지 않은 단추도 있다. 어떤 단추들은 서로 묶여 한 집단을 이루고, 다른 집단들과는 전혀 연결되어 있지 않을 수 있다. 이런 독립 집단들(연결되지 않은 단추 1개 역시 독립 집단이다)을 연결망의 "구성 요소 component"라고 한다.

끈들이 단추에 꽉 묶여 있다고 해보자. 단추 하나를 집어 올리면 이 단추와 직접 또는 간접으로 연결된 단추들(한 구성 요소를 이루는 단추들)이 모두 따라 올라온다. 다른 구성 요소들은 바닥에 그대로 있다. 이제 중요한 내용이 하나 나온다. 이 집어 올린 단추와 끈의 집합을 바닥의 다른 곳에 내려놓으면 처음과 겉모습이 달라진다. 하지만 각 단추와 다른 단추들의 상관관계 위치는 전과 동일하다. 연결망 내에서 이 위치는 변하지 않는다. 다시 말해 단추들의 위상(이 연결망의 고유한 특성)은 서로 연결된 단추들의 집합을 얼마나 여러 번 집었다가 놓든 간에 동일하다.

예컨대 단추들끼리 연결된 실이 최대한 겹치지 않도록 해(털실 뭉치를 풀어 탁자 위에 펼쳐놓는 것과 비슷하다) 구조를 산뜻하게 보여주는 알고리즘을 써서 연결망을 그릴 수 있다(또는 바닥에 펼쳐놓을 수 있다). 시각화 소프트웨어는 가장 많이 연결된 단추를 중앙에 놓고 가장 적게 연결된 단추를 가장자리에 놓아 기본 위상을 나타내준다. 그러나 다시 한 번 말하는데 알고리즘은 동일한 연결망을 다양한 방식으로 그릴 수 있지만, 연결망을 어떻게 그리든 간에 그것이 근본적으로 동일한 대상임을 이해하는 것이 중요하다.

연결망 확인법과 시각적 표현법을 알았으니 이제 남극 과학자들에게로 돌아가자. 그들의 연결망을 나타낸 지도는 무엇을 말하고 있을까? 세 월동대 집단은 통합 양상과 전체 집단 내에 식별할 수 있는 하위집단이 있는지 여부에 따라 다소 차이를 보였다.

"클리크clique"(파벌) 또는 "연결망 군집network community"이라고
도 하는 하위집단은 위에서 말한 독립 집단(구성 요소)과 다르다. 하위
집단은 구성원들 간에 고도로 연결되어 있지만 전체 집단의 다른 구성
원들과 완전히 격리되지는 않은 노드 집합이다. 또 세 월동대 집단은
구조적 위치와 리더의 역할에서도 차이를 보였다.

도표 [3-1]을 보면 A년은 중심부core와 주변부periphery 구조를 지
닌 단일한 집단이며 하위집단이 전혀 없음을 알 수 있다. B년은 다소
응집된 형태의 전체 집단 내에 하위집단이 보인다. 이해에 10명(비커
와 트레이드가 섞인)은 주방에서 자주 함께 시간을 보내 소파 집단couch
group이라고 불리게 되었다. 또 야간 근무조인 3명도 긴밀한 클리크를
형성한 하위집단이었다. 마지막으로 커플 4쌍이 있었는데, 그들 중 일
부는 이미 이전 겨울에도 남극대륙에서 함께 보낸 적이 있었기에 사전
에 연결을 이룬 이들이었다. C년은 클리크들이 더 뚜렷이 보인다. B년
보다 더 고립된 유형의 하위집단 3개가 존재한다. C년의 클리크들 명
칭은 비디오를 함께 보기 위해 모인 장소에서 따왔다.

월동대원들이 파악한 리더(또는 관리자) 역시 구조상 서로 다른 위
치에 있었다. A년에는 리더가 모든 사람이 속한 연결망의 중심 가까이
에 있다. B년에는 클리크 중 하나에 있지만, 여전히 전체 집단의 한가
운데에 있다. C년에는 클리크 중 하나의 중심 가까이에 있다. A년은 원
활히 돌아가는 소집단에서 가장 전형적으로 나타나는 패턴이다. 새클
턴 대원들의 연결망을 지도로 작성할 수 있다면 이런 패턴이 나올 것
이라고 나는 추측한다. 반면에 유혈 참사가 벌어지기 전 핏케언섬 사
람들의 패턴은 C년과 비슷했을지 모른다.

집단에는 "도구형instrumental" 리더와 "표현형expressive" 리더가 둘 다 존재할 수 있다. 전자는 실질적인 목표나 과제에 초점을 맞추고, 후자는 집단의 단결을 도모하는 일을 한다. 이미 우리는 플레처 크리스천이 뛰어난 도구형 리더임을 살펴보았지만(바운티호에서 반란을 주도해 성공했다), 그는 핏케언섬에 상륙한 뒤 반란자들 간 갈등을 해소할 수가 없었다. 뛰어난 리더는 집단 갈등을 최소화하고, 말썽꾼이 집단의 화합에 문제를 일으키기 전에 대처하고, 일이 일정대로 이루어지도록 하고, 위기 상황에서 합리적인 결정을 내리고, 갈등에 능수능란하게 대처하고, 의사소통을 촉진하는 데 기여해야 한다. 때로는 한 사람이 도구형 기능과 표현형 기능을 다 할 수 없는 경우가 있다. 많은 사회에 전쟁을 일으키는 리더(장군)와 평화를 불러오는 리더(외교관)가 모두 존재하는 것은 바로 이 때문이다.

C년의 집단은 더 파편화해 있을 뿐 아니라 쉽게 알아볼 수 있는 말썽꾼들이 존재했다. 악의와 반목이 사회 구조에 어떤 역할을 하는지는 8장에서 다룰 예정이다. 여기서는 이 집단이 단절, 험담, 회피, 의심이라는 악순환에 빠졌고, 이 모든 것이 갈등과 분열을 더욱 부채질했다는 말만 하고 넘어가기로 하자.[114] 사실 고립된 환경에서 집단은 대인관계에 악영향을 미치는 "끊임없는 험담"이라는 문제에 시달린다.[115] 1990년대부터 이루어진 제프리 C. 존슨의 연구는 몇몇 사람이 리더 역할을 하기 위해 경쟁했다는 것도 보여준다. 마지막으로 C년의 월동대가 겪은 주요 문제점 중 하나는 지나친 술 소비량이었던 듯하다. 술은 사회 화합을 늘 위협하는 요인이다.

하위집단 구조에서 눈에 띄게 차이가 나타나긴 하지만 우정과 협력 상호작용이 구축되도록 이끄는 몇 가지 일관된 원리가 작용한다.

사람들의 집합과 그들의 연결은 다양한 방식으로 구성될 수 있지만 실제 삶이 거기에 제약을 가한다. 남극 기지 과학자들이든 다른 어떤 인간 집단이든 도표 [3-2]와 같은 모양의 연결망은 자연스럽게 형성되지는 못한다. 이런 연결망은 너무나 규칙적이다(각각 다른 방식으로). 예를 들어 이 세 사례에서 각 연결망의 모든 사람(도표 [3-2]의 A와 B에서 바깥 가장자리에 있는 이들을 제외한 모든 사람)은 동일한 수의 사회적 연결을 지닌다(각각 3, 8, 11개). 이와 반대로 도표 [3-1]의 세 월동대는 연결망은 서로 다르지만 몇 가지 핵심 속성을 공통으로 지닌다(중심부와 주변부 구조를 지니고, 각자가 지닌 사회적 연결의 수가 저마다 다르다는 것 등).

앞서 말했듯이 B년은 어느 정도는 구성원들 간 사전 연결에서 비롯된 클리크, 즉 커플 하위집단이 있었다. 연결망의 이 하위 구조가 예전 상호작용과 관련이 있다는 사실은 3가지를 보여준다.

첫째, 연결망은 정적이지 않으며 우정은 생기고 깨진다(8장 참조). 연결은 확립되기까지 대개 시간이 걸리고, 유대의 강도는 지속 시간과 관련이 있을 때가 많다.

둘째, 연결을 촉발하는 조건이 중요하다. 낯선 이들로 이루어진 집단(해군 신병들, 대학생들, 순례자들, 유람선 승객들 등)은 합동 도전 과제나 공통 경험에 직면할 때 적어도 한동안은 관계에서 어색함이 줄어들고 새로운 연결에 열린 태도를 드러낸다. 모두가 똑같이 새로운 경험을 하는 동일 운명체다. 대학 입학 첫 주에는 옆에 앉은 모르는 사람이 "안녕, 난 니컬러스야"라고 자신을 소개하면서 대화를 시작하는 것이 정상이다. 그러나 몇 달이 지난 뒤에 누가 그렇게 한다면 오싹할 수 있다.

A

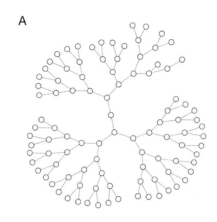

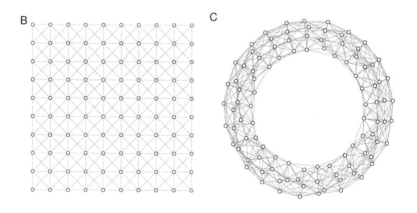

B   C

---

3 - 2 | 부자연스러운 사회 연결망

이런 구조를 지닌 사회 연결망은 원리적으로 가능하며 때로 고안되기도 한다. 그러나 자연적으로 나타나지는 않는다. 노드는 개인이고 선은 사회적 연결을 가리킨다. (A) 1명이 2명과 연결되는 식으로(가장자리 제외) 100명이 전화망처럼 배치된다. (B) 1명이 8명과 연결되는 격자 형태로(가장자리 제외) 100명이 배치된다. (C) 1명이 11명과 연결되는 이른바 이웃 구조neighborhood structure를 지닌 고리형 연결망으로 100명이 배치된다

셋째, 시간이 흐르면서 연결망이 펼쳐지는 양상은 집단이 얼마나 단합하거나 단합에 실패하는지와 관련이 있다. 남극대륙의 다른 월동 대들을 조사한 한 연구에서는 연결이 어떻게 형성되는지를 정성적으로 기술했다. 당연한 일이지만 이 규모의 집단에서 연결은 대개 두 사람씩 쌍쌍으로 이루어지기 시작하며, 처음에는 공통 과제나 관심사(기상학이나 음악)에 토대를 둔다. 브룩팜 주민과 섀클턴 탐험대 사례에서 보았듯이 게임과 노래 같은 집단 활동은 집단에 오래전부터 전해 내려온 관습이나 공통된 종교 이념이 없을 때 특히 중요하다.[116]

공동체는 어떻게 성공하는가

1918년 사회학자 막스 베버는 사람들이 현대 생활의 대폭 확대된 규모에 보이는 반응과 이런 세상에 느끼는 환멸을 설명하면서 이렇게 간파했다. "궁극적이고 가장 숭고한 가치는 공공 생활을 떠나서 신비로운 삶의 초월주의 세계나 직접적이고 사적인 인간관계의 형제애 속에서 안식처를 찾았다."[117] 아노미와 의심은 오로지 신뢰와 깊은 실제 접촉을 통해서만 치유할 수 있다. 공동체에 합류하는 이들은 게마인샤프트(공동사회), 즉 사적인 상호작용에서 비롯하는 집단 정체성group identity 의식과 유대감을 추구한다. 그들은 규모의 축소를 통한 진정성을 추구한다.

새로운 공동체를 설립하려는 의도된 노력은 우리 종의 사회성을 규명하고 "사회성 모둠"의 중요성을 입증하는 일련의 자연 실험 사례들을 제공해왔다. 물론 이런 노력은 새 유형의 사회를 빚어내는 데 성공하지 못했다. 몇 년 못 가 사라진 공동체조차 많았다. 그러나 이런 시도는 우정, 협력, 온건한 계층 구조, 내집단 편애 등 우리 사회생활의 시대를 초월한 특징들을 잘 보여주었다.

"사회성 모둠"이 반드시 필요하다는 점을 받아들인 새 공동체들은 그렇지 않은 공동체들보다 더 오래갔다. 예를 들어 브룩팜과 셰이커교는 사람들이 어떤 유형의 사회로든 틀에 부어 찍어낼 수 있는 교체 가능하고 획일적인 무리가 아니라는 개념을 진지하게 받아들였다. 그들은 사람들이 각자 존중받을 가치가 있는 개성과 인격을 지닌 존재라고 보았다. 집단 정체성과 개성 간 균형 잡기는 사회 체제가 성공할 수 있는 열쇠다. 저마다 다른 개인들의 다양성을(그리고 더 나아가 그들의 재산권까지) 더 많이 허용한다면, 이런 개인들을 사회와 어떻게 조화시킬 것인지가 도전 과제가 되었다. 개인이 스스로 경쟁적 이기심을 억누를 수 있도록 사회를 구축해야 했다. 이를 위해서는 협력 본능을 장려해 활용하고, 우정과 집단 소속감을 함양하는 노력이 대단히 중요했다. 아울러 의도하지 않은 공동체처럼 의도한 공동체 역시 뛰어난 리더십이 중요했다.

다양한 유토피아 공동체들은 성관계에 서로 모순된 접근법을 취했다. 어떤 공동체는 집단 구성원 간 성적 상호작용을 강조했다. 반면에 셰이커교 같은 공동체는 철저한 금욕을 요구했다. 그러나 양쪽 전략 모두 기존 결혼 제도를 뒤엎고 짝을 이룬 두 사람의 깊은 사적 연결을 약화하려는 공통된 목표를 지니고 있었다. 이런 전략들의 목표는 집단 전체가 하나로 연결되어 있다는 느낌을 함양하는 것이었다. 키부츠가 그랬듯이 많은 공동체가 공동 육아를 통해 핵가족을 와해시키고 부모와 자녀의 주거 공간을 분리하려 시도한 것도 같은 이유에서다.

그러나 우리가 살펴본 대로 이런 시도는 거의 언제나 실패했다. 우리 종에게 미리 새겨져 있는 사랑 본능을 뒤엎으려 했기 때문이다.

진화의 청사진에서 벗어나려는 이런 시도는 실패할 운명을 맞이할 것처럼 보이지만, 청사진을 엄격히 따른다고 해서 반드시 성공이 보장되는 것은 아니다. 외부에서 작용하는 힘 역시 중요하다. 자연재해, 화재, 경제 및 환경의 제약(심지어 술의 이용 가능성까지) 같은 위협은 잘 확립된 공동체조차 아주 효과적으로 파괴할 수 있다.

요컨대 비록 개별 상황은 다양하지만 두 유형의 거대한 힘이 새로운 사회를 만들려는 공동체주의자들의 꿈을 성공으로 이끌거나 무너뜨리는 역할을 한다. 바로 타고난 생물학 본성의 압력과 외부 환경의 압력이다. 우리 내부의 청사진이 밀어붙이고 더 나아가 우리 주변의 힘들이 끌어당기기에 "사회성 모둠"을 버리기는 쉽지가 않다. 아니 실현 가능하지가 않다.

우리의 자연스러운 사회상을 더 깊이 탐구하기 전에, 이제 연구실에서 만든 부자연스러운 사회상을 살펴보기로 하자. 실제 사람들로 인공 사회를 만드는 이런 실험은 인간이 어떤 유형의 사회 세계를 만들 수 있고 만들어야 하는지에 관한 엄청난 통찰과 통제력을 제공한다.

4장

인공 공동체

상상 가능한 모든 세계

크라우드소싱이 사회과학에 불러온 혁신

2005년 기업 아마존은 수천 명이 건당 몇 센트를 받고 자사 웹사이트를 개선하는 사소한 일(중복된 제품 목록을 찾아내거나 제품 설명이 맞는지 검토하는 일 등)을 할 수 있게 해주는 소프트웨어를 개발했다. 사람들은 자신이 원하는 시간에 자기 집의 자기 컴퓨터 앞에 앉아 접속해 원하는 시간만큼 일할 수 있었다. 이 시스템은 업무를 분배하고, 일하는 사람들이 입력한 내용을 취합하고, 대가를 지불했다.

아마존은 자체 문제를 해결하자, 남들이 이 플랫폼을 써서 인력을 고용해 업무를 볼 수 있도록 대가를 받고 빌려주었다. 그리하여 자사용 발명품을 수익 창출 수단으로 바꾸었다. 이 서비스에는 "아마존 메커니컬 터크Amazon Mechanical Turk"라는 이름이 붙었다. 18세기 오스트리아 황제의 궁전에서 첫선을 보인 체스 두는 기계의 이름을 땄다.

시계태엽 장치로 움직이는 터번을 두른 모습의 기계 인간이 체스를 두는, 나무로 만든 장치였다. 하지만 이 자동인형은 사기였다. 사실은 키가 아주 작은 체스 마스터가 안에 들어가서 움직였다. 이 자동인형은 뛰어난 실력으로 나폴레옹 보나파르트Napoleon Bonaparte와 벤저민 프랭클린Benjamin Franklin을 이겨 그들의 감탄을 자아냈다.[1] 아마존 메커니컬 터크 시스템은 실제로는 사람이 일하지만 기계인 양 흉내를 낸다는 점에서 그 자동인형과 비슷하다. 이 시스템은 인간에게는 쉽지만 컴퓨터에게는 어려운 일(손으로 쓴 문서를 컴퓨터에 입력하는 일 등)을 아주 잘한다. 그래서 이 플랫폼에 고용주들이 올리는 일을 HIT라고 부른다. "인간 지능 업무human-intelligence task"라는 뜻이다.

전 세계에서 50만 명이 넘는 사람이 터크 노동자 또는 "터커Turker"로 등록해 있다. 어느 시점에든 약 2만 명이 활동하고 있는 그들은 대개 1건에 몇 분쯤 걸리는 사소한 일들을 수십 건씩 하면서 시간당 약 6달러를 번다. 예를 들어 한 기업은 이 플랫폼을 써서 5만 명을 고용해 이미지 1400만 장에 내용 설명 붙이는 일을 했다. 컴퓨터의 이미지 인식 훈련에 필요한 데이터베이스를 만들기 위해서였다.[2] 인간이 맡은 일을 다 하고 난 뒤에는 실제 기계가 그 일을 떠맡을 수 있었다.

아마존 메커니컬 터크를 비롯해 지난 10년 사이에 도입된 크라우드소싱crowdsourcing 플랫폼들은 사업뿐 아니라 과학에까지 혁신을 불러일으켜왔다. 과학자들은 이런 플랫폼을 써서 데이터를 얻고(천체 사진에 찍힌 은하, 생화학 사진에 찍힌 단백질, 위성사진에 찍힌 정글 밑 고대 유적 등), 마케팅과 과학용 설문 조사를 하고, 사회과학 실험 대상자를 구한다. 우리 연구실은 이런 플랫폼을 일찍부터 채택해 2008년경부터 실험을 했다.

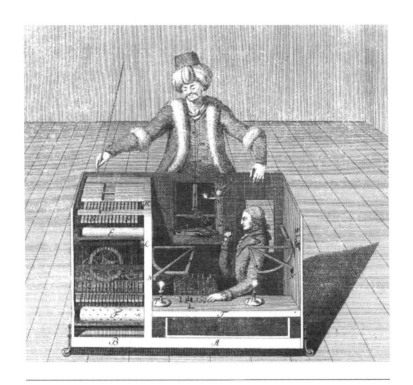

4 - 1 | 메커니컬 터크

체스 두는 자동인형인 메커니컬 터크Mechanical Turk의 모습을 담은 1789년 동판화
다. 이 자동인형은 사실 기계가 아니었다. 키가 아주 작은 체스 마스터가 안에 숨
어 있었다.

이처럼 다양한 실험 대상자를 대규모로 모집할 수 있게 된 덕분
에 사회과학은 여러모로 변화를 겪었다. 처음에는 터커를 연구 대상자
로 삼은 학술 논문이 겨우 연간 몇 편 나오는 수준이었지만 지금은연
간 1000편 넘게 나오고 있다.[3] 과학자들은 부유한 국가의 대학생들을
기껏해야 100명쯤 모아 실험해야 하는 상황에 더 이상 얽매여 있지 않
다. 더 폭넓게 인류를 대변하는 수천 명을 대상으로 실험할 수 있다. 연

령과 국적과 배경이 아주 다양한 이들이다. 그리고 다양한 상황(이를 테면 협력을 요구하는 사회적 딜레마에 처하거나 위험을 평가할 때 등)에서 터커가 행동하는 방식이 연구실에 불러놓은 실험 대상자가 하는 행동 과 동일함을 밝힌 연구 결과가 많다.[4] 즉 터커는 정상적이면서 인간적 인 방식으로 행동하는 진짜 사람들이다.

브레드보드 실험: 축소판 사회 만들기

남극 기지의 세 과학자 집단이나 20개 조난자 집단, 더 나아가 60개 공동체 같은 표본들을 토대로 확신 있는 추론을 하기란 어렵다. 이런 집 단 하나당 수백 명이라고 가정해도 문제가 해결되지는 않는다. 우리 가 관심을 기울이는 특징들은 엄밀하게 말해 집단 내 개인의 특성이 아니라 집단 자체의 특성이다. 그렇기에 우리는 정말로 무엇이 중요 한지 더 확신을 얻으려면 많은 집단을 서로 비교해야 한다.

　게다가 우연한 공동체든 의도한 공동체든 간에 자연 실험에서는 우리가 관심 갖는 특성에 영향을 미칠지 모를 모든 요인을 통제할 수 가 없다. 난파선 생존자들이나 폴리네시아 정착자들이 이용할 수 있는 자원을 지정할 수 있었을까? 누가 어떤 공동체를 선택할지 알 수 있었 을까? 집단 수를 그냥 늘리는 것만으로는 부족하다. 우리는 인류를 더 대표할 만한 실험 대상자들을 모아 직접 집단을 꾸리고 싶다. 그러면 이상적일 것이다. 그렇기에 실제 실험을 수행할 때 우리는 TV 제작자 처럼 대규모로 사회 집단의 구성, 조직, 상호작용을 조작할 수 있어야 한다. 그럼으로써 지금까지 살펴본 자연 실험 너머까지 나아갈 필요가 있다.

그렇게 하고자 우리 연구실은 터커들을 실험 대상자로 삼아 임시 인공 축소판 사회를 만드는 소프트웨어를 개발했다. 우리는 이 소프트웨어를 "브레드보드Breadboard"라고 부른다. 예전에 새내기 공학자들이 전자 부품들을 끼워서 전기 회로를 실험하던 나무로 된 판(빵보드)의 이름을 땄다(어릴 때 해본 기억이 나는 사람이 많을 것이다). 그러나 우리가 조작하는 부품은 실험 대상자들 사이의 상호작용 구조(우리가 실험 대상자들을 집어넣는 사회 연결망의 위상)와 상호작용의 성격(예를 들어 실험 대상자들을 서로 협력하게 할지 여부나 그들에게 주변 환경에 관한 정보를 얼마나 제공할지 여부) 같은 변수들이다. 또 우리는 실험 대상자가 얼마나 "부유한지" 또는 "가난한지" 같은 개인 속성을 바꿀 수 있다(인공 사회에서 쓸 실제 돈을 제공함으로써). 브레드보드는 기업의 직원들, 교실의 학생들, 설문 조사 기업이 관리하는 평범한 시민 수천 명으로 구성된 평가단 등 다른 대상자들로 실험할 때도 쓸 수 있다.

그다지 혁신적으로 안 들릴지 모르지만 매우 혁신적이다. 심리학을 제외한 사회학, 경제학, 인류학, 정치학 등 사회과학 분야의 기존 연구 대부분은 자연과학에서 흔히 하는 대조 실험controlled experiment(제어 실험)이 아니라 관찰 연구였다. 1969년 사회학자 모리스 젤디치 Morris Zelditch는 좀 과장한 회의 어린 목소리로 이렇게 물었다. "군대를 연구실에서 실제로 연구할 수 있을까?"[5] 반세기 뒤인 지금은 "예"라고 답할 수 있다. 지난 몇 년 사이에 수천 명, 때로는 수백만 명에 이르는 사람들을 대상으로 온라인에서 실험이 수행되어왔다. 우리 브레드보드 실험에만 2만 5000명 이상이 참여했다.

785명을 40개 집단으로 나누어 실시한 주요 실험에서 우리는 터커플을 모아 (무작위의) 특정한 구조를 지닌 사회 연결망에 (무작위로) 집어넣었다. 이 구조는 컬러 도판 [0-1]에 나와 있다. 우리는 현실에서 사람들이 맺는 유대의 수로 알려진 값을 모방해 각 참가자에게 1개에서 6개까지 사회적 연결을 할당했다. 그리고 각 집단의 구성원들은 제각기 다른 이웃 집합을 지니고 있었다.

우리는 공공재를 만드는 도전 과제를 재현한 상황을 개발하고자 했다. 등대나 우물처럼 사람들이 협력해 만들고 공동으로 혜택을 보는 것을 만드는 상황이다. 각 개인뿐 아니라 집단 전체에 도움을 주며 각자가 기여한 몫 이상으로 혜택을 얻는 뭔가를 만들려면 모두가 힘을 보태야 하고 어느 정도 희생을 해야 한다.

우리 실험에서는 참가자들에게 게임이 끝났을 때 진짜 현금으로 교환할 전표를 주었다. 게임은 여러 번 반복했다. 각 게임 때 참가자는 돈을 그냥 갖고 있거나 이웃에게 기부할 수 있었다. 이웃에게 기부하면 우리는 받은 이웃에게 그 액수만큼 돈을 더 얹어주었다. 즉 누군가가 조금 희생하면 이웃은 더 큰 혜택을 입었다. 이 게임을 여러 번 하자 호혜성이 강력한 규범으로 자리 잡았다. 즉 이번 회에 이웃에게 관용을 베풀면 다음 회에 이웃은 당신에게 보답할 가능성이 높다. 그러면 다음 회에 당신은 다시 보답할 수 있을 것이고, 그럼으로써 양쪽은 반복해서 혜택을 보게 될 것이다.

물론 이기적인 관점에서 볼 때 가장 나은 상황은 당신은 이웃에게 기부하지 않지만 이웃은 당신에게 기부하는 것이다. 자신이 돕지 않고서 혜택을 볼 수 있다면 남들이 등대 짓는 것을 말릴 이유가 어디 있겠는가? 그러나 모두가 그렇게 행동한다면 집단은 풍비박산 날 것이다. 아무도 협력하지 않을 것이고, 아무도 공공재의 생산과 유지에 힘을 보태지 않을 것이다.

그리고 우리 실험은 그렇다는 것을 확인했다. 처음 사회적 연결을 할당했을 때 사람들은 대개 남들에게 관용을 베풀고 협력하기 시작했다. 그러나 새로 할당된 "친구들"이 기여하지 않으려 할 때가 있었다. 학술 용어로 그들을 "배신자defector"라고 한다. 사람들은 배신자에게 이용당하고 싶어 하지 않았다. 참가자들이 처음에 할당된 연결을 바꾸는 것은 허용되지 않았다. 그래서 누군가가 배신하면 이웃들이 이용당하는 것을 피할 방법은 오로지 자신들도 배신하는 것(관용 베푸는 행동을 포기하는 것)뿐이었다. 우리는 이 실험에서 배신이 우리가 만든 사회를 장악하는 것을 보았다. 참가자들이 상호작용할 상대를 고를 권한을 지니지 않은(따라서 우리가 할당한 친구 집단에 갇혀 있는) 경직된(그리고 리더가 없는) 사회 세계에서 사람들은 협력을 중단했다.[6]

그러나 다른 참가자 집단을 대상으로 한 다른 실험에서는 누구와 상호작용할지를 고를 권한을 얼마간 부여했다. 매번 새 게임을 할 때마다 참가자들은 협력할지 배신할지 선택할 수 있었을 뿐 아니라, 누구와 유대를 맺거나 끊을지도 선택할 수 있었다. 당연히 사람들은 협력하는 좋은 사람과 유대를 형성하고 배신하는 비열한 사람과 유대를 끊는 쪽을 택했다. 사회적 유대에 어느 정도 유동성을 허용하고 우정 선택권을 어느 정도 제공하는 것만으로 이 모든 차이가 나타났다. 이런 사회에서는 협력이 존속했고, 사람들은 서로에게 친절했다. 또 우리는 협력하는 사람들이 못되게 굴고 남을 이용해 먹는 이웃을 피해 서로 뭉쳐서 클리크를 형성한다는 것을 알았다. 즉 사회적 연결을 바꿀 가능성만 있어도 공동체를 더 낫게 만들 수 있다.

흔히 사람들은 친절함 같은 성격 형질이 고정되어 있다고 생각한다. 그러나 집단을 대상으로 한 우리 연구는 전혀 그렇지 않다고 시사한다. 이타성이나 착취성은 사회 세계가 어떻게 구성되느냐에 따라 크게 달라질 수 있다. 따라서 동일한 사람들을 이쪽 사회 세계나 저쪽 사회 세계로 할당해 그들을 서로에게 정말 관대하게 만들 수도 있고, 정말 비열하거나 냉담하게 만들 수도 있다. 중요한 점은 이것이 협력 성향은 개인뿐 아니라 집단의 특성이기도 함을 시사한다는 것이다. 협력은 우정 유대 형성을 관장하는 규칙에 달려 있다. 개인이나 집단이 어떤 신념을 지니거나 지지하든 간에, 그저 어느 연결망 구조에 끼워지느냐에 따라서 선한 사람이 나쁜 짓을 할 수도 있고, 나쁜 사람이 선한 행동을 할 수도 있다. 이것은 그저 "나쁜" 사람들과 연결되어 있느냐의 문제만이 아니다. 사회적 연결의 수와 패턴 또한 중요하다.[7] 협력과 사회 연결망 같은 "사회성 모듬"의 여러 특성은 함께 작용한다.

도움이 될 비유를 하나 들어보자. 탄소 원자들을 특정한 방식으로 연결하면 흑연이 된다. 연필심을 만들기 알맞은 부드럽고 검은 물질이다. 그러나 같은 탄소 원자들을 다른 식으로 연결하면 보석을 만들기에 알맞은 단단하면서 투명하고 멋진 다이아몬드가 된다. 여기서 핵심 개념은 2가지다. 첫째, 부드러움과 검음, 단단함과 투명함이라는 속성들이 탄소 원자의 속성이 아니라는 것이다. 이것들은 탄소 원자 집단의 속성이다. 둘째, 이 속성들은 탄소 원자들이 연결되는 방식에 따라 정해진다는 것이다. 사회 집단과 마찬가지다. 각 부분에는 없는 특성을 전체가 지니는 이 현상을 "창발emergence"이라고 하며, 이런 특성을 "창발성emergent property"이라고 한다. 사람들을 이렇게 연결하면 서로에게 잘한다. 저렇게 연결하면 서로에게 잘못한다.

우리는 또 다른 실험에서는 1529명을 90개 집단으로 나눈 뒤 사람들이 새 친구와 유대를 형성할 수 있는 비율을 다르게 함으로써, 사회적 유동성이 정확히 어느 정도일 때 협력이 최대화하는지 조사했다. 흥미롭게 사회적 유동성과 협력성은 포물선 관계를 보였다(도표 [4-2] 참조).[8] 경직성이 너무 크거나 유동성이 너무 크면 집단의 협력에 최적 상태가 아니다. 위에서 말했듯이 연결이 너무 경직되어 있으면 사람들은 협력할 동기를 잃을 수 있다. 착취하는 이웃이 있는데 관계를 끊을 수 없다면 자신의 이타 행동을 포기하는 것이 유일한 대응책이다. 그리고 당신이 아무리 나쁘게 행동해도 협력하는 이웃들에게서 벗어날 수 없다면 당신 역시 협력하려는 유혹을 느낄지 모른다. 정반대로 사람들의 연결이 너무나 자주 바뀌는 상황이라면 마찬가지로 당신(그리고 그들)은 협력하려는 동기를 잃을 수 있다. 다음 순간에 이웃들이 떠난다면 그들에게 투자하고 친절하게 대할 이유가 전혀 없다. 우리는 트윈오크스 공동체에서 이 개념이 실현되는 것을 이미 보았다. 훨씬 안정된 로스오르코네스에 비해 트윈오크스는 주민 회전율이 높았다.

또 다른 실험에서는 협력의 혜택이 비용보다 어느 정도 커야 사람들이 기꺼이 협력할지를 알아보기 위해 48개 축소판 사회를 만들었다(총인원은 1163명). 특히 우리는 혜택과 비용의 비가 사회적 연결의 수와 어떻게 관련되는지 알고 싶었다. 사람들이 더 많이 연결되어 있을수록 분명히 협력하려는 동기가 더 강함이 드러났다.[9] 더 나아가 우리는 협력의 비용/혜택 비cost/benefit ratio(비용-편익 비율)가 평균적으로 개인이 상호작용하는 친구들의 수를 초월해야 함을 보여줌으로써 정량화까지 할 수 있었다. 사회 집단에서 협력이 출현하려면 한 사람이 2명과 연결되어 있을 때는 혜택이 비용의 2배, 4명과 연결되어 있을 때는 4배여야 하는 식으로 늘어난다. 이는 이치에 맞는다. 협력은 집

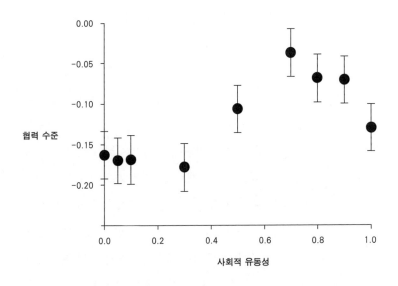

4 - 2 | 상호작용 비율 조작이 집단 내 협력 수준에 미치는 영향

이 그래프는 실험으로 조성한 사회 연결망 집단에서 사회적 유동성(가로축), 즉 유대가 재형성될 수 있는 비율(불가능: 0, 항상 가능: 1)과 참가자들의 협력 정도(세로축) 사이의 관계를 나타낸다. 사회적 유동성이 거의 또는 전혀 없을 때(즉 늘 같은 이웃끼리 있을 때) 협력은 약하다. 마찬가지로 사회적 유동성이 아주 클 때(즉 이웃이 매우 자주 바뀔 때)도 협력은 약하다. 집단 내 최대 협력은 유동성이 중간일 때 이루어진다.

단이 클수록 더 어려워지므로 협력할 가치가 있을 만큼 보상이 주어져야 한다.

또 우리는 집단 내 부의 분포가 협력에 어떻게 영향을 미치는지 연구했다. 참가자 1462명을 무작위로 80개 집단으로 나눈 뒤 실제 돈을 소액씩 나눠주었다.[10] 우리는 각 집단을 서로 다른 환경에 놓았다. 어떤 집단은 처음에 부를 완전히 평등하게 했고, 어떤 집단은 약하게 불평등한 상황, 또 어떤 집단은 심하게 불평등한 상황에 두었다. 불평등한 환경에서는 참가자들을 무작위로 부자나 빈자에 할당했다(게임 할 돈을 상대적으로 더 많이 또는 더 적게 제공했다).

우리는 각 집단이 전체로 얼마나 많은 부를 생성할 수 있는지, 구성원들이 서로 얼마나 협력하고 다정한지 살펴보았다. 원리적으로 불평등 자체는 집단의 성취를 좀먹을 수 있다. 그런데 우리는 실제로는 그렇지 않다는 것을 알았다. 진짜 위협은 부의 가시화인 듯했다. 남들이 돈을 얼마나 지니고 있는지를 실제로 볼 수 있을 때 집단의 단결력은 약해지고, 사람들은 덜 협력하고, 덜 다정해지며, 결국 힘을 모아 집단의 행복을 증진하는 활동을 덜 하게 된다. 예를 들어 사람들이 돈을 드러내 보이도록 한 축소판 사회에서는 협력하는 수준이 약 절반에 불과했다. 이 실험은 그토록 많은 유토피아 공동체가 단순하면서 통일된 옷차림을 하고 재산을 공유하도록 하는 한 가지 이유를 알려준다. 지위 차이를 평등화하는 동시에 겉으로 드러나지 않게 해 협력과 우정 유대를 강화하기 위해서다.

우리 연구실에서(그리고 전 세계 다른 연구실들에서) 실제 사람들을 대상으로 한 이런 실험은 앞에서 살펴본 우연한 공동체와 의도한 공동체의 자연 실험을 보완한다. 연구실 환경에서는 인과관계를 훨씬 더 확신할 수 있으며(예를 들어 우정 유대의 패턴은 협력 수준의 원인이며, 그 반대가 아니라는 것), "사회성 모둠"의 나머지 측면들은 그대로 놔둔 채 특정한 측면만 살펴볼 수도 있다. 완벽한 연구 방법은 결코 없다. 사람들은 실험실 환경보다 실제 삶에서 더 다양하게 반응할 수 있기 때문이다. 그래도 이런 인위적인 상황에서 사람들은 지극히 인간적인 방식으로 행동한다. 바로 "사회성 모둠"의 규칙들에 부합하는 유형의 사회 질서를 만든다.

대규모 온라인 게임 속 사회생활

새로 구성한 사회와 "사회성 모둠"의 특징들에 관한 온라인 자료를 풍부하게 제공하는 또 한 가지 원천은 수십만 명이 이용하는 대규모 다중 사용자 온라인 게임massively multiplayer online game, MMOG이다. 이런 게임의 이용자는 대개 생생한 맞춤 3차원 아바타를 채택한다. 개인 정체성을 더 많이 담을 수 있도록 아바타 모습 선택에 쓰이는 항목은 엄청나게 많다. 예를 들어 〈세컨드 라이프Second Life〉의 가상 세계에서 이용자는 150가지 변수를 조작해 눈 색깔부터 발 크기, 성별까지 모든 것을 바꿀 수 있다.[11] 게임은 여러 달 동안 진행되며 이용자는 소유물, 힘, 돈, 심지어 반려동물까지 얻을 수 있다. 〈월드 오브 워크래프트World of Warcraft〉〈시티 오브 히어로즈City of Heroes〉〈에버퀘스트EverQuest〉〈세컨드 라이프〉 같은 게임들은 사회적 상호작용의 가능성을 전제하거나 심지어 상호작용이 필요하며, 이용자는 과제를 수행하거나 물품을 거래하거나 우정을 맺거나 경쟁하거나 전쟁을 벌이기 위해 함께 집단을 형성한다.

한 예로 2016년에는 매달 전 세계에서 적어도 500만 명이 〈월드 오브 워크래프트〉를 했다.[12] 이 게임을 하는 사람은 노르웨이나 뉴질랜드의 인구보다 많다. 이용자는 괴물이나 적을 물리치고 자원을 획득하기 위해 대개 "길드guild"라는 집단을 형성한다. 이용자 30만 명을 조사한 연구에 따르면 길드 규모는 3명에서 257명까지 다양했지만 평균약 17명이었다(그리고 길드의 90퍼센트는 인원이 35명 이하였다).[13] 이는조난자 집단이나 도시 공동체의 규모와 비슷하다. 3000개가 넘는 길드가 관찰되었다. 비록 길드는 단명했지만(약 25퍼센트는 1개월 이내에 해산했다) 큰 길드일수록 더 오래 존속했다(도시 공동체와 마찬가지다).
적당한 수준의 계층 구조 역시 집단 유지에 도움을 주었다. 마지막으
로 사회 연결망 구조 또한 중요한 역할을 했다. 유대 밀도가 더 높고 더
잘 연결된 길드일수록 더 오래 유지되었다. 모두 "사회성 모듬"의 중요
한 특징들이다.

45개국 게이머 약 1000명을 대상으로 한 설문 조사에서 그들은
게임 내에서 실제로 "좋은 친구"(평균 7명)를 사귀었다고 답했다. 게이
머 중 절반은 온라인 친구가 현실 친구나 마찬가지라고 믿었고, 거의
절반은 집안 문제, 직장 문제, 성 문제 같은 민감한 문제를 그들과 의논
한다고 답했다.[14]

온라인 상호작용에서 우리는 여전히 지극히 인간적인 방식으로
행동한다. 우리는 디지털 세계로 넘어갈 때 협력, 우정, 내집단 편애를
가져간다. 예를 들어 사람들은 전형적인 인종 편견을 그대로 따르는
경향을 보인다. 한 연구에서는 가상 세계의 아바타들이 간단한 부탁을
하는 다른 인종의 아바타를 기꺼이 도우러 나서는지 조사했다. 피부가
검은 아바타가 하는 부탁은 외면받을 가능성이 훨씬 높다고 나왔다.[15]
또 아바타는 현실 세계에 부합하는 젠더 규범을 따른다. 예를 들어 가
상 세계에서 (아바타 소유자의 실제 성별에 상관없이) 남성 아바타들은
여성 아바타들보다 서로 개인 간 거리가 더 멀다.[16] 이런 온라인 상호
작용이 너무나 현실적이어서 사회불안장애social anxiety disorder 같은
심리 문제를 게임으로 치료하자는 제안까지 나왔다.[17] 필라델피아 드
렉설대학교의 치료사들은 〈세컨드 라이프〉의 가상 세계에 개인 상담
실을 만들어 환자와 상담을 했다. 결국 환자들은 더 폭넓은 가상 세계
에서 사회적 상호작용을 할 수 있게 되었다(가상 술집에서 낯선 이와 대

화를 시작하거나 가상 회의실에서 발표하는 일 등).

온라인 게임 〈파르두스Pardus〉 이용자 30만 명을 조사한 연구에 따르면 사람들은 온라인 세계에서나 현실 세계에서나 매우 비슷한 방식으로 사회적 상호작용을 했다. 원리적으로 게임 내에서는 새로운 방식으로 상호작용할 수 있었음에도 그들은 그렇게 하지 않는 쪽을 택했다.[18] 〈파르두스〉의 사회 연결망은 몇몇 표준 특성을 잘 따랐다. 게임 내에서 친구 수는 평균 9.8명이었다. 현실 세계의 친구 수보다 많은데, 이 게임에서는 연결이 서로 아는 사이라는 개념에 더 가깝기 때문이다. "이행성transitivity"은 0.25였다. 한 사람의 친구들이 서로 친구일 확률이 25퍼센트라는 뜻이다. 현실 세계의 확률과 동일하다. "내 친구의 적은 내 적이다"라는 현상도 관찰되었다. 사회 연결망의 이런 속성들은 8장에서 다시 살펴보겠다. 여기서는 자유로운 온라인 세계에서조차 사람들이 대체로 기본적인 사회 행동을 재현한다는 사실을 언급하고 넘어가기로 하자.

조개껍데기의 모양은 얼마나 다양할까

우연한 공동체, 의도한 공동체, 인공 공동체에서 우리는 무엇을 배울 수 있을까? 이 모든 사례는 사회가 제 기능을 하는 데 필요한 속성들이 무엇인지를 보여준다. 그리하여 "사회성 모둠"의 기본 측면들을 부각시킨다.

그러나 각 사례는 나름의 한계를 지닌다. 예를 들어 남극 기지 과학자들은 건강하며 자기 의지에 따라 멀쩡한 상태로 오지에 들어간다.

반면에 난파선 생존자들은 그렇지 않다. 한편 이 과학자들과 조난자들은 확실히 고립되어 있고, 사회적 상호작용은 외부 세계의 개입이 전혀 없는 상태에서 이루어질 수 있다. 그런데 도시 공동체나 브룩팜 같은 공동체는 그렇지가 않다. 그들은 훨씬 덜 고립된 채 "현실 세계"와 아주 가까이 있었다. 대체로 항구적 존속을 염두에 두었던 19세기와 20세기의 공동체와 달리 남극 기지와 인터넷 게임 세상의 집단은 존속 기간이 한정되어 있다. 이와 반대로 새클턴 탐험대와 조난자 집단 같은 우연한 집단은 언제까지 유지될지 모르는 상태에서 활동했다(정도 차이는 있지만). 마지막으로 우리는 현대의 과학적 방법을 써서 남극 기지, 도시 공동체, 온라인 실험 환경의 사회적 상호작용을 연구할 수 있지만, 우리가 살펴본 상황 중에는 이런 방법을 적용하기가 쉽지 않은 사례도 있다.

솔직히 말해 우리 실험들 역시 나름 한계를 지닌다. 부자연스럽거나 너무 단순할 수 있다. 그러나 바로 이것이 실험의 요점이다. 과학자는 인간의 당뇨병에 관해 뭔가 통찰을 얻기 위해 실험실에서 고도로 통제된 먹이를 먹이면서 근친 교배 쥐의 췌장을 조사한다. 실험은 현실을 단순화한다. 하지만 연구자들은 관심을 가진 변수를 고르고 조작할 수 있으며, 자연 세계의 협소한 개별 특징에 초점을 맞출 수 있고, 살펴보는 변수를 제어할 수 있다. 그럼으로써 과학자들은 무엇이 실제로 다른 무엇의 원인인지를 확실하게 추론하고 설명할 수 있다.

우리는 이 모든 사례를 연구함으로써 사람들이 고립되어 있을 때 어떤 사회를 구성하는지, 사회 집단이 어떤 기능을 하는지를 많이 밝혀낼 수 있다. 이런 연구들은 서로 보완적이며, 각기 다른 사회 속성을 탐구할 수 있게 한다.

그런데 이 모든 사례를 종합해 일목요연하게 파악하려면 어떻게 해야 할까? 모든 삼각형이 서로 닮은 것과 좀 비슷하게 모든 사회를 아우르는 어떤 일반 형태가 과연 있을까? 이런 사회 집단들을 관찰해 얻은 것들을 종합할 방법이 있을까?

조개껍데기 모양을 연구한 사례로 이 주제를 다루어보기로 하자. 이 접근법은 인간 사회가 취할 수 있다고 상상할 수 있는 모든 형태를 상상할 수 있게 한다. 그리하여 그런 사회 형태들 중 실제로 출현한 형태가 왜 이토록 적은지, 출현한 모든 사회에서 사회 규칙들이 왜 이토록 일관되는지, "사회성 모둠"이 왜 이토록 보편적으로 나타나는지 이해하는 데 도움을 준다.

1966년 고생물학자 데이비드 라우프David Raup는 조개껍데기 감김의 기하학적 분석이라는 아주 모호한 주제를 다룬 논문을 발표했다. 조개껍데기의 모양에 관한 일반 이론을 개발하려는 시도였다.[19] 난해하고 전문적인 주제지만 이 접근법은 많은 과학 문제에 유용하게 적용 가능하다는 사실이 드러났다. 우리 문제에도 그렇다.

라우프는 상호 연관된 문제들의 집합을 탐구했다. 첫째, 그는 자연에서 발견되는 조개껍데기의 다양성을 연구했다. 둘째, 그는 조개껍데기의 모양을 일반화해 공식으로 제시하고 기술할 방법이 있는지 조사했다. 그러면 자연에 존재하지 않는 것까지 포함해 가능한 모든 모양을 수학적으로 요약할 수 있을 터였다. 마지막으로, 그는 이 가능한 모양 중에서 소수만이 실제로 존재한다는 사실을 어떻게 설명할 수 있을지 고심했다. 가능한 조개껍데기 모양들의 범위를 제약하는 요인들이 있을까?

라우프의 연구는 그가 "이론형태학theoretical morphology"이라고 이름 붙인 더 폭넓은 노력의 일부였다(형태학은 생물의 형태와 구조를 연구하는 학문이다).[20] 가능한 조개껍데기 모양이 무수히 많다고 생각할지 모르지만, 실제로는 특정한 유형의 조개껍데기들만 출현한다는 사실이 밝혀졌다. 이 점은 우리가 관찰할 수 있는 조개껍데기 모양에 어떤 제약이 있는 것 아닐까 하는 의문을 불러일으킨다. 우리는 가능한 모양과 실제 모양의 범위를 수학적으로 배열할 수 있으며, 이 모양들의 스펙트럼을 "형태공간morphospace"이라고 한다.

조개껍데기 모양의 수학 모형화는 사실 라우프의 연구보다 훨씬 오래전부터 이루어졌다. 적어도 1838년 한 영국 성직자의 분석으로까지 거슬러 올라간다. 라우프는 이 전통을 이어받아 단 3가지 매개변수를 지정함으로써 "가능한 모든 조개껍데기들의 세계"를 일반화할 수 있었다. 세 매개변수는 "크기size, 감김coiling, 신장elongation"이다. "크기"는 조개껍데기의 안쪽을 따라 들어갈 때(조개껍데기가 감길 때) 조개껍데기 단면(동물이 들어가 있는 공간)의 지름이 증가하는 비율을 가리킨다. 터널의 입구로 들어간다고 상상해보자. 터널이 원통 모양이라면 계속 들어가도 크기는 전혀 달라지지 않을 것이다. 터널이 원뿔 모양이라면 들어갈수록 좁아질 것이다. "감김"은 축을 따라갈 때 조개껍데기가 감기는 비율을 가리킨다. 느슨하게 감긴 두루마리와 팽팽하게 감긴 두루마리를 떠올려보라. "신장"은 감김 자체가 축을 따라갈 때 변하는 비율을 가리킨다. 즉 조개껍데기가 길쭉한 형태인지 납작한 형태인지를 뜻한다. 용수철 모양의 슬링키Slinky 장난감이 탁자 위에 잘 감겨 놓여 있을 때와 죽 늘어나 있을 때를 생각해보라.[21] 이 매개변수들의 값을 조금만 바꾸어도 가리비가 앵무조개로 바뀔 수 있다. 따라서 모든 조개껍데기는 하나의 방정식으로 나타낼 수 있다.[22]

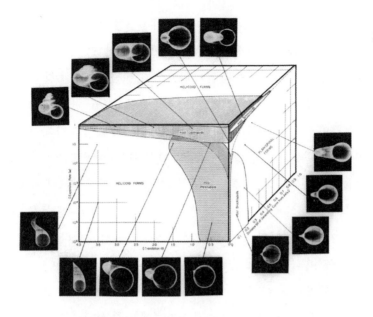

4 - 3 | 라우프의 조개껍데기 형태공간

이 입체의 세 축은 조개껍데기마다 달라질 수 있는 세 매개변수를 규정하며, 이 변수들의 값에 따라 상상할 수 있는 모든 조개껍데기 모양들로 이루어진 형태공간이 생긴다. "크기"는 조개껍데기 안을 통과해 나아갈 때 조개껍데기의 단면(동물이 들어가 있는 공간)이 커지는 비율이다. "감김"은 축을 따라 조개껍데기가 감기는 비율이다. "신장"은 축을 따라갈 때 감김 자체가 변하는 비율이다. 신장에 따라 조개껍데기가 길쭉한지 납작한지 정해진다. 검은 배경 속 이미지는 각 지점에 어떤 모양의 조개껍데기가 있는지를 보여준다. 형태공간 중 일부(회색으로 표시한 영역)만이 실제 조개껍데기가 존재하는 곳이다. 나머지 영역에서는 그 어떤 조개껍데기도 출현한 적 없다.

다음으로 중요한 점은 이 세 매개변수(크기, 감김, 신장)가 가능한 모든 조개껍데기를 배열할 수 있는 3차원 공간(형태공간)을 규정한다는 것이다(라우프의 논문에서 인용한 그림 [4-3] 참조). 진화생물학자 리처드 도킨스Richard Dawkins는 형태공간의 개념을 설명할 때 가능한 모든 형태의 동물들이 죽 진열되어 있는 박물관에 비유했다.[23] 모든 동물은 자신을 가장 닮은 동물들 옆에 놓여 있다. 전시실은 모든 방향(좌우, 앞뒤, 아래위)으로 한없이 뻗어 있고, 각 방향으로 조금씩 다른 모습의 동물들이 죽 늘어서 있다. 예를 들어 초식동물 전시실의 한쪽 통로를 따라가면 동물들의 목 길이가 조금씩 늘어나다가 이윽고 기린만큼 긴 동물이 나올 것이다. 그 통로와 교차하는 통로를 따라 걸으면 목 길이는 똑같은 대신에 털 무늬나 다른 어떤 특징이 조금씩 다른 동물들이 죽 이어질 것이다. 위나 아래로 향하면 동물의 몸집이 달라질 수 있다. 형태공간이 꼭 3차원에 한정될 이유는 없다.

형태공간을 규정하는 연구는 더 심오한 두 번째 발견으로 이어진다. 라우프의 형태공간은 가능한 조개껍데기 중 실제로 출현한 것은 극히 적다는 사실을 보여주었다. 우리는 가능한 모든 조개껍데기들이 들어갈 수 있는 형태공간에서 현실 세계에 존재하는 조개껍데기들이 차지하는 부분이 아주 작다는 것을 알 수 있다. 나머지 빈 공간은 사막, 생명이 없는 텅 빈 구역이다. 이 공간에서 잘 규정된 작은 영역만이 점유되어 있는(조개껍데기를 지닌 동물과 다른 온갖 동물들이 들어 있는) 이유를 알아내는 것이 진화생물학의 주된 도전 과제 중 하나가 되어 왔다.

다른 분야들에서도 동일한 수수께끼를 찾아볼 수 있다. 과학자들은 동물 세계에서 뼈대에 관해 알려진 사항들을 토대로 삼아 가능한 모든 뼈대의 행렬을 만들고자 시도해왔다.[24] 물리학자 스티븐 울프램 Stephen Wolfram은 "가능한 모든 잎의 세계"를 만들었다.[25] 가능한 모든 꽃의 세계를 정량화할 방법을 살펴본 연구진도 있는데, 그들은 상상할

4 - 4 │ 진짜 모래시계, 쓸모없는 모래시계, 불가능한 모래시계

모래시계의 목을 얼마나 누르냐에 따라, 즉 목의 지름을 기술하는 매개변수에 따라 규정되는 3가지 모래시계. 너무 세게 누르면 모래시계는 제 기능을 하지 못한다(가운데). 더 세게 누르면 결국 불가능한 모양이 된다(오른쪽).

수 있는 모든 꽃 유형의 3분의 1만이 진화한 듯하며 나머지 3분의 2는 구조적으로 불가능하거나 명백히 부적응적임을 보여주었다.[26]

이 개념을 이해하기 위해 모래시계를 생각해보자(그림 [4-4]). 중앙이 얼마나 잘록한지가 하나의 매개변수로 정해진다고 하자. 모래시계의 두 영역(윗부분과 아랫부분) 사이가 살짝만 눌려 있다면 모래는 아래로 떨어질 것이고 모래시계는 시간을 잰다는 목적을 수행할 수 있다. 얼마나 누르느냐에 따라 모래가 떨어지는 속도는 달라질 것이다. 그러나 꽉 눌러서 양쪽 영역 사이의 통로가 막힌다면 모래는 흐를 수 없다. 이런 모래시계는 존재할 수 있지만 쓸모가 없을 테니 만들어지지 않을 것이다. 마지막으로 유리를 더욱 세게 누르면 두 영역이 아예 분리될 것이다. 이런 모래시계는 불합리할 것이다. 위쪽 영역이 고정되어 있지 않으므로 이 형태는 구조적으로 불가능하다. 이런 모래시계는 만들 수가 없다. 너무 많이 누르면 존재할 수 없는, 아예 모래시계라고 할 수 없는 형태가 나올 것이다.

조개껍데기로 돌아가자. 라우프의 형태공간은 왜 이렇게 빈 곳이 많을까? 가능한 설명이 최소한 3가지 있다. 첫째, 조개껍데기의 일부 형태는 출현시킬 만한 돌연변이가 아예 생길 수 없어서 진화하지 못했을지 모른다. 즉 유전적으로 불가능했다(또는 거의 불가능했다). 모래시계 비유로 돌아가자면 이용 가능한 투명한 유리가 없고 불투명한 유리만 있다면 모래시계(시간 재는 일을 하는 도구) 자체를 만들 수 없을 것이다. 둘째, 일부 조개껍데기 형태는 지금까지 지구에 존재했던 모든 환경에 적응하지 못했기에 진화하지 않았을 수 있다. 즉 너무 약해서 아예 생존할 수 없었다. 목이 꽉 막혀 시계로서는 무용지물인 모래시계와 비슷하다. 따라서 만들 이유가 없을 것이다. 셋째, 일부 조개껍데기 형태는 물리학과 화학의 법칙에 위배되기 때문에 진화하지 못했을 수 있다. 위아래가 완전히 분리되어 모래가 흐르기는커녕 아예 세울 수가 없는 모래시계에 해당한다.

세 번째 설명은 물리적 제약이 특정한 조개껍데기의 출현을 막았을 수 있다는 의미다. 예를 들어 두껍질조개류bivalve shell(이매패류)의 조개껍데기는 잘 기능하는 이음매를 가지려면 껍데기가 특정한 모양을 지녀야 하고 특정한 수학 특성(예컨대 "겹치지 않는 마주나기")을 충족시켜야 하므로, 이런 제약을 충족하지 못하는 조개껍데기는 아예 존재할 수 없다.[27] 또는 가능한 모든 눈송이들의 세계를 생각해보자. 눈송이는 생물학 대상이 아니라 물리 대상이지만 논의를 위해 그 점은 제쳐두기로 하자. 눈송이의 모서리 개수가 3개, 4개, 5개, 6개, 7개 등 제각각이라고 하자. 우리는 수학 모형으로 그런 모양들을 만들 수 있다. 그러나 물 분자의 특성과 관련 있는 근본적인 물리적 제약 때문에 모서리가 6개인 눈송이만 만들어질 수 있다. 따라서 형태공간의 다른 영역들에서 모서리가 4개나 5개인 눈송이를 찾지 못한다고 해서, 그런 유형의 눈송이들이 제 역할을 못 해서 생기지 않는다는 의미는 아니다. 그저 물리적으로 가능하지 않다는 의미일 뿐이다.[28]

형태공간의 이처럼 많은 영역이 비어 있는 이유에 관한 처음 2가지 설명은 자연선택과 변이라는 생물학 사고의 두 흐름을 깔끔하게 구분한다. 첫 번째 설명은 특정 유형의 조개껍데기들은 그런 형태가 발생할 만큼 근본적인 유전 변이가 충분한 적이 없었기 때문에 존재하지 않는다는 것이다. 이를 "유전 가용성 논증genetic-availability argument"이라고 한다.[29] 이것은 불투명한 모래시계 개념에 해당한다. 두 번째 설명은 조개껍데기가 형태공간의 그런 영역들을 탐사할 필요가 전혀 없었다는 것이다. 즉 그런 유형의 조개껍데기를 선호하는 환경 압력이 전혀 없었다는 말이다. 이를 "선택 또는 적응 논증selection or adaptationist argument"이라고 한다. 가능한 모든 환경을 고려할 때 이런 유형의 조개껍데기들은 그저 성공하지 못한 것들이라고 할 수 있다. 이는 목을 꽉 누른 모래시계 개념에 해당한다.

이제 이 개념을 조개껍데기 바깥에 적용해 동물이 실제로 형태공간 중에서 얼마나 미미한 영역만을 차지하고 있는지 알아보자. 지금까지 어떤 동물에게서도 바퀴를 이용하는 이동 수단이나 일종의 열기구 형태로 공기를 가열해 비행하는 수단이 진화한 적 없다는 점을 생각해보자.[30] 우리에게는 이런 수단을 지닌 생물이 있다는 개념 자체가 터무니없어 보인다. 그러나 이런 대안 체제(발 대신 바퀴가 달린 동물이나 날개 대신 공기주머니가 달린 새)가 과연 불가능할까? 자연선택이 빚어낼 수 있는 현상이 대단히 다양하다는 점(생물 전기 배터리, 산 분사기, 빛을 구부리는 렌즈, 물속에서 떠 있게 하는 부레, 거대한 건물 크기만 한 동물 등 기이한 구조들)을 생각할 때, 바퀴의 부재가 과연 근본적인 한계를 반영하는 것인지 의문이 들 수밖에 없다.

그러면 두 번째 설명이 타당할 수 있지 않을까? 이용 가능한 다른 대안들보다 바퀴로 이동하는 쪽이 더 유리한 환경이 전혀 없었을 수 있지 않을까? 도로가 없는 울퉁불퉁한 자연 지형을 돌아다닐 때는 바퀴보다 발이 훨씬 편하다. 대체로 발은 덜 미끄러지고 장애물을 넘기 더 쉽기 때문이다. 이것이 적응 논증, 즉 바퀴가 기능상 효용성을 띠는 환경이 결코 없었다는 주장이다. 사실 그리스와 튀르키예의 고지대에는 바퀴 달린 수레보다 당나귀로 다니는 것이 더 편한 마을이 아직 많으며, 미군이 걸어 다니는 로봇을 개발하고 있는 것도 같은 이유에서다.[31]

유전 가용성 논증은 소수의 생물학자가 지지하고 있다. 리처드 도킨스는 이렇게 썼다. "그들은 박물관의 드넓은 공간이 자연선택을 영구히 막고 있다고 느낀다. 자연선택은 특정한 통로의 문을 열심히 두드리고 있을지 모르지만 결코 들어갈 수 없다. 그저 필요한 돌연변이가 일어날 수 없어서다."[32] 반면에 적응주의 관점인 적응 논증은 특정한 형태만이 물리적으로 가능하며, 더 중요하게는 적응 가치를 지니기 때문에 생물이 특정한 형태를 취한다고 본다. 생물학자 대다수는 이 견해를 따른다.

우리 사례에서는 특정 유형의 사회 조직social organization(개인 간, 집단 간 관계 패턴-옮긴이)만이 인간을 비롯한 포유류가 물리 환경, 생물 환경, 사회 환경에 대처하는 데 도움을 줄지 모른다. 특정 유형의 사회 조직만이 이치에 맞는다. 그것이 바로 "사회성 모둠"이다.

가능한 사회 유형은 얼마나 될까

형태공간 개념과 그중 일부만이 들어차 있는 이유를 설명한 이론들은 사회 질서의 핵심 측면들이 되풀이해 나타난다는 우리의 관찰 결과를 이해하는 데 매우 유용하다. 라우프가 조개껍데기를 대상으로 했던 것처럼 이론상 존재 가능한 모든 사회 배열, 가능한 모든 사회들의 세계를 보여주는 대규모 다차원 격자에다 다양한 동물 종이 구성할 법한 사회 체제들을 배열할 수 있다고 상상해보자. 또는 인간 사회의 범위 내에서 우리가 같은 일을 한다고 상상해보자. 그런 다음 다양한 동물 종의 사회들, 또는 (더 범위를 좁혀) 우리 종의 사회들을 종합해 살펴볼 수 있다. 우리 종의 사회에는 조난자 공동체, 과학 기지 대원들, 온라인 실험 집단뿐 아니라 오지 정착촌, 수도원, 교도소, 기숙학교, 원자력 잠수함, 매몰된 광부들, 우주 거주 실험 등이 포함된다. 1만 년 전 농업혁명보다 앞서 우리 종이 형성한 유형의 사회를 닮은 현대 수렵채집 사회도 포함할 수 있다. 이렇게 해보면 이 모든 환경에서 출현한 인류의 사회 조직이 정말로 대단히 비슷하다는 사실이 확연히 드러날 것이다.

그러자면 먼저 라우프의 세 매개변수처럼 핵심 축을 규정해야 한다. 한 가지 중요한 축은 가상 사회의 "규모"일 수 있다. 가까운 친구가 아니라고 해도 집단 내에서 실제로 잘 아는 사람들의 수를 규모라고 정의할 수 있다. 이 값은 0명(우리가 상상한 사회에서 누구도 서로를 알지 못한다는 의미)에서 2000명(각자 2000명을 잘 알 때)에 이를 수 있다.

현실에서는 대개 가까운 사람은 약 4~5명, 잘 아는 사람은 약 150명이다. 후자는 모습이 보이지 않으면 근황을 물을 만큼 친숙한 사람들이라고 정의되며, 이 숫자를 "던바의 수Dunbar's number"라고 한다.[33]

사회의 "협력성" 또는 집단 내 "폭력성"이라는 척도는 또 다른 축이 될 수 있다. 이 척도는 두 사람이 공공재 게임을 할 때 서로 협력할 확률로 정량화할 수 있을 것이다(범위는 0~100퍼센트로 100은 가장 협력한다는 의미). 실제 인간 사회에서 이 확률은 대개 약 65퍼센트다. 힘을 모아 보상받을 가능성이 있는 일을 할 상황이 벌어졌을 때 사람들 중 약 3분의 2는 낯선 이들과 협력하는 성향을 보인다는 의미다. 그러나 협력 행동의 범위는 사회에 따라 다소 다를 수 있다(9장 참조).[34]

세 번째 축은 사회적 유대의 구조와 관련 있는 것을 택할 수 있다. 예를 들어 누군가가 지닌 "연결의 수"나 누군가의 친구들이 서로끼리 친구일 가능성(이를 연결망에서 "이행성"이라고 하며, 범위는 0~100퍼센트다)을 척도로 삼을 수 있다. 또는 "계층 구조"나 어떤 핵심 자원의 "분배 평등성"을 세 번째 축의 매개변수로 삼을 수 있다.

일단 축들을 골라 규정하고 나면 우리의 모든 사례(그리고 사실상 알려진 모든 사회)를 이 3차원(또는 그 이상의 차원)을 지닌 공간에 넣을 수 있다. 그러고 나면 기본적으로 현실 세계의 사회에 출현한 사회 조성이 극히 적다는 사실을 알게 될 것이다.

1999년 인류학자 리 크롱크Lee Cronk는 "민족지 초공간 ethnographic hyperspace"이라는 것을 고안했다. 자신이 인간 사회를 기술한다고 본 여러 변수의 가능한 모든 조합을 포괄하는 공간이다. 우리가 말하는 사회적 형태공간의 일종이다. 그는 "사회성 모둠"처럼 여느 사회의 핵심 특징일 법한 속성들뿐 아니라 장신구 종류와 다양한 도구 같은 더 문화적인 특징에 해당하는 많은 속성들도 포함시켰다. 그는 800곳이 넘는 문화의 특징들을 포괄적으로 조사한 유명한 "인간 관계 영역 파일Human Relations Area Files"을 이용했다. 이런 사회들의 사회, 정치, 경제, 종교, 번식 등 수십 가지 관습을 통일된 기술자descriptor를 써서 체계화했다. 자신의 계산을 토대로 그는 이런 가능한 조합이 상상할 수 없을 만치 많을 것이며(아마 1.2×10^{53}가지), 그중 인류학자들이 관찰한 것은 아주 미미한 수준이라고 추정했다.[35]

인류학자 잭 소여Jack Sawyer와 로버트 A. 러바인Robert A. Levine은 더 앞서 1966년에 비슷한 분석을 했다. 라우프가 조개껍데기 문제에 매달리기 시작한 다음해였다. 그들은 다양한 500가지 인류 문화를 9가지 변수로 요약할 수 있다고 결론지었다. 사회정치 계층화(경직된 계급제부터 완전한 평등주의까지), 생계 유지 방식(농업, 목축, 수렵채집), 일부다처제 허용 여부 등이었다. 그들 역시 이 변수들의 가능한 조합이 1억 가지가 넘지만 역사상 인류가 탐사한 것은 극히 일부에 불과하다고 결론지었다.[36]

1장에서 살펴봤듯이 문화인류학자 도널드 브라운은 "보편인"이라고 부른 가상의 부족을 기술하려고 시도했다. 보편인은 모든 인간 사회가 공유하는 특징들을 지니고 있었다. "사회성 모둠"을 토대로 삼도록 미리 정해진 사회라는 우리 개념과 비슷한 유형의 기본 사회 질서를 지닌 집단이다. 그는 이 사회가 험담, 음악, 금기, 주술 신앙, 통과의례, 남성의 공격성, 특별 행사 때의 멋진 연설 등 여러 특징을 지닐 것이라고 했다.[37] 그는 인류 문화가 서로 다른 점보다 비슷한 점이 더 많다고 결론지었다.

사실 객관적인 평가 척도가 없다면 우리는 우리의 차이점이 실제보다 더 크다고 스스로 믿을 수 있기에 이런 훈련이 필요하다. 인류 문화의 형태공간을 정의하고 가장 적절한 축을 규정할 수 없다면, 인간 집단들이 서로 얼마나 다른지 닮았는지 어떻게 알 수 있겠는가? 형태 공간에 사회들을 배열하면 사회적이 되는 방식의 범위가 대단히 좁다는 것을 알게 된다. 이는 우리가 유사하다는 사실을 더욱 강화한다. 그리고 우리가 지닌 공통된 인간성을 선명하게 드러내준다.

SF 속 상상 사회는 특별할까

SF 작가는 전혀 다른("외계"라고 말하고 싶은) 사회 조성을 상상하는 일을 인류학자보다 더 잘해왔다. 상상할 수 있지만 실제로는 본 적 없는 유형들을 탐구하는 일이다. 이런 상상한 사회 체제들은 형태공간에서 실제 사회들이 점유하고 있는 영역에 가깝거나 먼 영역 모두에 위치할 수 있다. 그리고 정상 범위에서 너무 멀리 떨어져 있는 사회는 정육면체 조개껍데기나 바퀴 달린 동물만큼 기이하면서 불가능해 보일 수 있다.[38]

SF 작가들은 때로 일부러 사람들을 극단적인 조건에 놓은 뒤 그들이 어떻게 반응할지를 상상한다. 수백 세대 동안 우주선에 갇힌 채 살아간다면 인간 사회는 어떻게 될까? 여성이 남성 없이 아이를 낳을 수 있다면 사회 조직은 어떻게 변할까? 사랑이나 우정이 없는 사회는 어떤 모습일까? 사회 불평등이나 계층 구조가 세습되거나 아주 극단적이 되면 어떻게 될까?

그러나 상상력을 가장 극한까지 뻗어서 구상한 대안 사회들조차 놀라울 만치 평범하다. 국가의 출산 통제, 사상이나 감정 억압, 엄격한 계급제를 유지하는 개미 군체 같은 사회 등 디스토피아를 가리키는 표준 수식어들이 있다. 사실 SF 작가들은 진정으로 비현실적인 디스토피아 사회를 묘사하려고 시도할 때 사람을 사회성 곤충에 비유해 개미, 말벌, 흰개미termite에 가깝게 만든다. 물론 이는 인간에게서 근본적으로 벗어나는 것이다. 악몽이 아니라면 말이다.

반면에 유토피아 버전에서는 사람들이 평화롭고 안전하고 건강한 세상에서 자유롭게 산다고 상상한다. 그러나 이런 이야기들에는 현실 세계에서 빠져 있는, 작가들이 유토피아에서 갈망하는 듯한 한 요소가 포함되어 있다. 바로 개인들 간의 특별한 종류의 관계다.[39] 허구의 유토피아 사회는 대개 "사회성 모둠"을 지니는 것이 특징이지만 여기에 일종의 공감이나 신뢰가 추가된다. 이는 때때로 사람들 간 텔레파시 연결이라는 극단적인 비전으로 설명된다.

그래서 행복한 가정은 모두 똑같지만 불행한 가정은 모두 나름의 이유로 불행하다는《안나 카레니나Anna Karenina》원리를 입증하듯이, 유토피아 세계들은 놀라울 만치 비슷하지만 모든 디스토피아 사회들은 저마다 독특하게 디스토피아적인 듯하다. 이는 엔트로피entropy를 이해하는 고전적인 방식과 일치한다. 뭔가가 작동하는 방식보다 고장 나는 방식이 더 다양하고, 자연은 질서 있는 상태보다 무질서한 상태가 더 많고, 사회 조직은 잘 돌아가는 형태보다 잘 돌아가지 않는 형태가 더 많다. 그럼에도 SF 속 우주는 놀라울 만치 즉각 알아볼 수 있는 모습을 계속 유지하고 있다.

1895년 H. G. 웰스H. G. Wells가 발표한 소설《타임머신The Time Machine》은 SF와 대중문화에 한 이정표가 되었다("타임머신"이란 용어를 대중문화에 도입함으로써).[40] 이 획기적인 작품은 시간 여행뿐 아니라 새로운 사회 조성 또한 탐구한다. 소설은 겉으로는 평온해 보이는 세계에서 한 인간 집단이 다른 인간 집단을 식량 자원으로 지배하고 있음을 드러낸다. 올더스 헉슬리Aldous Huxley는 1932년 내놓은 디스토피아 소설《멋진 신세계Brave New World》에서 충격적일 만치 계층화한 사회를 제시했다. 조지 오웰George Orwell도 1949년 마찬가지로 디스토피아 세계를 그린 고전 소설《1984Nineteen Eighty-Four》를 발표했다. 로버트 하인라인Robert Heinlein이 1941년 발표하고 1964년 책으로 정식 출간한 소설《하늘의 고아들Orphans of the Sky》도 그렇다.[41]

샬럿 퍼킨스 길먼Charlotte Perkins Gilman은 1915년 소설《허랜드 Herland》에서 남성이 없는 사회를 그렸다.[42] 중요한 것은 그녀의 페미니스트식 전제가 아니다. 길먼이 갈등과 경쟁이 전혀 없고 극도로 높은 수준의 협력과 사회 평등이 이루어지는 사회, 따라서 "사회성 모둠"의 협력과 온건한 계층 구조 요소를 갖춘 사회를 창안했다는 것이다. 허랜드 주민은 "전쟁을 전혀 하지 않았다." "왕, 사제, 귀족은 없었다. 그들은 자매였고 함께 자랐다. 경쟁이 아니라 단합된 행동을 하면서."[43] 그러나 길먼이 창조한 유토피아도 다른 측면들에서는 현실 세계와 비슷하다. 예를 들어 그녀의 소설 속 인물들은 저마다 독특한 성격과 정체성을 지닌 사람들로 분화해 있다.[44]

개인 정체성이라는 주제는 로이스 로리Lois Lowry가 1993년 출간한 소설《기억 전달자The Giver》에서도 탐구한다. 미국의 많은 중고등학생과 학부모에게 잘 알려진 이 소설은 "커뮤니티Community"(우리가 3장에서 살펴본 공동체 사회를 떠올리게 한다)라는 미래 사회에 사는 11세 소년 조너스Jonas의 삶을 따라간다.[45] 커뮤니티는 무엇보다 "동일성"

이 특징이다. 일종의 개성 제거인데 어느 정도는 개인 기억 삭제로 이루어진다. 사회는 동일성을 증진하고자 세심하게 설계되어왔다. 유전 공학으로 모두 똑같은 외모를 지니고, 똑같이 행동하도록 교육받는다. "사회성 모둠"의 개인 정체성 요소는 (부정적인) 극단으로 치닫는다. 가족은 삶의 물질 욕구를 지원하지만 친밀감은 갖지 않도록 엄격하게 규제된다. 사회관계는 존재하지만 덤덤하다. 모든 불편한 기억은 제거되기 때문이다.

러디어드 키플링Rudyard Kipling의 고전 단편소설 〈A.B.C.만큼 쉬운As Easy as A.B.C.〉(1912)은 에리얼 통제 위원회Ariel Board of Control, A.B.C.가 지배하는 2065년 세계가 배경이다.[46] 키플링은 이 대안 사회를 그릴 때 인간 사회의 바탕에 놓인 기본 구조 자체를 거부하는 쪽을 택했다. 소설에서 집단을 형성하는 행위는 "군중 만들기" 범죄에 해당하며, 개인은 독립과 사생활 보호를 최우선 가치로 삼는다. 옛 시대인 군중과 민주 통치("군중 통치") 시대는 암흑기, 사람들이 함께 모여 유행시킨 전염병들에 시달린 시기라고 본다. 물질 욕구는 A.B.C.가 충족해주므로 사람들은 모일 필요 없이 살아갈 수 있다.

재미나고 방대한 문학 작품 가운데서 유명한 SF 중 아주 일부만 골라 소개했다. 하지만 이 소설들은 몇 가지 핵심을 잘 보여준다. 첫째, "사회성 모둠"을 위반하는 것("사회성 모둠"의 어느 한 요소를 한쪽 극단까지 밀고 나가는 것)은 대체로 디스토피아로 보이거나 적어도 불편해 보인다. 나는 초협력이 특징인 허랜드에서 살고 싶어 할지 잘 모르겠다. 내가 남자여서가 아니다. 내 욕구를 그렇게까지 집단 욕구에 복종시키고 싶지 않아서다. 둘째, 이런 허구의 세계에서도 사회는 여전히 우리가 알아볼 수 있는 특징들을 지닌다(독자인 우리가 좋아할 만한 특징을 제시해야 하기 때문이다). 셋째, 이런 사례들(특히 형태공간에서 인류 사회가 실제로 점유하고 있는 영역에서 멀리 떨어진 사회들)은 우리 사회들이 서로 얼마나 비슷하며 우리 종이 실제로 차지하고 있는 범위가 얼마나 좁은지 잘 보여준다. 개미 군체 사회를 대안으로 삼아 대비해보면 모든 인간 사회는 지극히 친숙해 보인다.

인간 환경의 가장 중요한 특징, 다른 인간의 존재

여기서 우리가 말하는 문화적 보편성, 그러니까 "사회성 모둠"은 자연 선택을 통해 빚어지고 어느 정도 우리 유전자에 새겨져 있는 사회 조직 관련 형질들에 초점을 맞춘다. 우리는 보편적이든 아니든 간에 유전자에 새겨지지 않고 오로지 문화의 산물인 형질은 살펴보지 않는다 (예를 들어 특정 유형의 신체 장식이나 특정 신 숭배와 관련된 유전자는 전혀 없다). 그러나 이 사실을 고려하더라도 "사회성 모둠"의 각 특징이 다양한 환경과 사회에서 발현되는 범위는 상대적으로 제한적이다. 이는 이 범위 바깥에 놓인 사회가 현실에서 실현 불가능함을 시사한다. 우리가 "사회성 모둠"의 8가지 구성 요소에 토대를 둔 8차원 형태공간을 만든다면 현재 지구의 모든 사회는 이 형태공간의 작은 영역을 차지할 것이다. 예를 들어 사랑, 우정, 협력, 개인 정체성 등이 없으면서 제 기능을 하는 사회는 찾지 못할 것이다.

왜 그럴까? 조개껍데기처럼 인간 역시 이 이론 공간의 일부만 탐사하도록 제약되어 있을까? 우리는 어떤 유형의 사회를 만들도록 본래부터 제약되어 있을까? 아니, 더 낙관적으로 말해 허용되어 있을까?

인간 사회의 청사진, 진화의 기준선은 무엇일까? 어떤 식으로든 인간이 자신의 개인 자아를 뛰어넘는 것은 자연스러운 일일까?

이런 질문들에 답할 때 우리는 신중해야 한다. 인간사에 관한 모든 보편적인 것이 유전과 관련 있는 것은 아니며, 모든 다양성이 문화에서 기원하는 것도 아니다. 그러면 너무 단순할 테니까. 코카콜라의 세계적 인기를 생각해보자. 이것은 진화로 다듬어진 우리 종의 단것 선호 성향에 어느 정도 의존한다. 그렇기는 하지만 청량음료의 보편성은 유전자나 생물학의 산물이 아니라 2차 세계대전 때 미군의 취향에 뿌리를 둔 일련의 사건들 그리고 현대 자본주의, 세계화, 제품 브랜딩의 작동 방식과 관련이 있다.[47]

거꾸로 문화와 행동의 다양성은 환경에 유연하게 반응하고, 사회 학습에 참여하고, 문화를 만드는 인간의 타고난 능력("사회성 모둠"의 일부인 능력)에서 기인할 수 있다. 이런 다양성은 거꾸로 문화적 긴요성보다 우리 유전자와 더 관련이 있을 법한 근본적 보편성을 은폐할 수 있다. 진화심리학자 존 투비John Tooby와 레다 코스미데스Leda Cosmides는 이 개념의 기발한 설명을 제시한다. 그들은 외계인이 인간을 주크박스로 대체한다는 사고 실험을 제안한다. 각 주크박스는 수천 곡을 담고 있으며 언제 어디에 있느냐에 따라 특정한 곡을 연주할 능력이 있다. 이제 우리는 주크박스들이 세계 서로 다른 지역에서 다른 시간에 다른 곡을 연주하는 것을 관찰한다. 가까이 있는 주크박스들끼리는 연주하는 곡이 비슷하다. 그러나 이런 집단 간 변이와 집단 내 공통성 모두 문화 작용과는 아무 관련이 없다.[48] 이것은 인간이 환경에 유연하게(그러나 예측 가능하게) 반응하는 타고난 능력을 지닐 수 있음을 설명하는 방법이다.

사실 다양한 장소에 사는 사람들 간 다양성은 우리 예상보다 적을지 모른다. 한 가지 아주 중요한 측면에서 모든 인간은 동일한 "환경"을 경험하기 때문이다. 마치 외계인이 모든 주크박스를 다소 비슷한 환경에다 서로 가까이 배치해 모든 주크박스가 비록 똑같지는 않지만 아주 비슷한 곡을 연주하는 것과 같다. 동물 종은 다양한 위협에 직면할 수 있다. 그러나 인간에게 가장 큰 위협은 포식자나 다른 절박한 환경 요인이 아니라 바로 "다른 인간"이다.

인간 환경의 가장 중요한 특징이 다른 인간이라면 이 특징은 극지방에서 적도에 이르기까지 모든 물리 환경과 생물 환경에서 동일하다. 그리고 우리 종은 여기에 적응해왔다. 따라서 인간이 이런 식으로 적응한다면 사회 조직은 놀라울 만치 비슷한 사회 구조로 수렴할 수 있다.[49] 이는 "사회성 모둠"의 적응주의식 설명이다. 우리가 공통된 인간성을 지니는 것은 우리가 늘 우리 종의 구성원들과 함께 살았고, 바로 이 어쩔 수 없는 상황에 대처하기 위해 진화했기 때문이다.

이 관점에서 보면 유전자가 자체 근원에서 멀리 떨어진 곳까지 영향을 미치기 위해 우리 몸 바깥에서 작용하게 되었음을 우리는 알게 된다. 불꽃놀이의 불꽃이 쏘아 올린 지점에서 멀리 떨어진 곳에서 터지듯이, 유전자 자체보다 훨씬 높은 층위에서 사회를 형성하는 데 기여하는 듯하다.

유전자는 서로 협력하고, 친구가 되고, 남의 아이를 돌보고, 남의 개성을 존중하고, 짝을 사랑하는 인간 성향에 영향을 미침으로써 이렇게 하는 것일 수 있다. 그렇기에 서로 놀라울 만치 달라 보이는 전 세계의 인류 문화는 새로운 사회를 만들 기회가 다시 생길 때마다 동일한 핵심 패턴을 반복해 드러낸다. 부족 군장국가chiefdom와 현대 민족

국가 같은 정치 단위의 사회 조직과 기능조차 오랜 옛날로부터 전해온 이 유산에 접목되어 있으며, 더 소규모 집단에 적용되어온 이 조직화 원리들을 준수해야 한다. "사회성 모듬"을 폐기하려고 들면서 단기간에 창안하거나 의도적으로 설계하거나 전혀 새로운 형태로 구성한 사회 체제는 유기적으로 진화한 사회 체제와 달리 제대로 기능할 수가 없다.

2부

사랑, 우정, 관계

BLUEPRINT

THE EVOLUTIONARY ORIGINS
OF A GOOD SOCIETY

5장

사랑이 이긴다

하나뿐인 짝, 여럿인 짝

BLUEPRINT

THE EVOLUTIONARY ORIGINS
OF A GOOD SOCIETY

입맞춤은 보편적인 행동일까

몇 년 전까지만 해도 나는 연애 감정이나 성애의 표현 방식으로 자발적으로 이루어지는 입맞춤이 모든 인류가 자연스럽게 즐기는 행동이라는 생각을 줄곧 품고 있었다. 그런데 너무 순진한 생각이었음이 드러났다. 민족지학자 앙리 주노Henri Junod는 남아프리카의 총가족 Tsonga은 분명히 그렇지 않다고 말한다.

유럽인들이 채택한 그 관습을 보았을 때 그들은 비웃으면서 말했다. "저 사람들 좀 봐! 서로 빨고 있어! 서로 더럽게 침을 빨아먹어!" 그들은 부부 사이에도 결코 입을 맞추지 않았다.[1]

사실을 더 똑바로 알았어야 했다. 나는 인류학자들이 "민족중심주의"라고 부르는 고전적인 함정에 빠져 자기 문화에서 통용되는 것이 다른 문화들에서도 통용된다고 잘못 가정했다. 입맞춤이 우리 문화에서 너무나 규범적이기에 다른 문화에서는 다르게 여길 수 있다는 생각을 나는 결코 해본 적이 없었다. 실제로 나는 입맞춤이 이상하다고 여기는 사람을 한 번도 만난 적이 없었던 듯하다. 그랬으니 연애-성애 입맞춤romantic-sexual kissing이 결코 보편적이 아니라는 사실을 알고 놀랄 수밖에 없었다.[2]

내게 가장 친숙한 문화(유럽, 중동, 인도)는 공교롭게 입맞춤을 즐기는 곳들이다. 일부 집단은 입맞춤을 신비하다고 여기기까지 한다. 3000여 년 전 성립한 한 힌두교 경전에는 입맞춤이 상대의 영혼을 "들이마시는" 행위라고 나온다.[3] 전 세계를 대상으로 한 비교문화 설문 조사에 따르면 168개 문화 중 46퍼센트에만 입맞춤이 존재한다고 밝혀졌다.[4] 입맞춤은 중동과 아시아에서 가장 흔하고, 아프리카와 남아메리카와 중앙아메리카에서 가장 드물다. 사하라 이남 아프리카, 아마존, 뉴기니섬의 수렵채집인이나 농경 부족을 잘 아는 민족지학자 중연애-성애 입맞춤을 목격했다고 기록한 사람은 아무도 없었다.[5]

입맞춤에 왜 이런 지역 차이와 비교문화 차이가 나타나는지는 이해하기 힘들다. 침팬지와 보노보bonobo 역시 입맞춤 비슷한 행동을 하는 것이 관찰되어왔기 때문이다. 또 입맞춤이 상대의 건강, 유전 화합성, 흥분 상태에 관한 가치 있는 생물학 정보를 전달할 수 있다는 증거가 있기 때문이다. 이 모두는 입맞춤이 진화에서 기원했고 쓸모 있는 기능을 함을 시사한다.[6] 따라서 우리는 입맞춤이 타고나는 행동이지만 일부 사례에서 문화적으로 억제되어왔을 가능성을 고려할 필요가 있다. 그러나 입맞춤이 다양한 지역에서 독자적으로 되풀이해 억제되어왔다는 것은 좀 믿기 어려운 면이 있다. 그렇다면 입맞춤은 그저 어떤 지역에서는 나타나고 어떤 지역에서는 나타나지 않는 또 하나의 문화 관습일 뿐일까?

입맞춤을 하지 않는 사회에서는 연애-성애 입맞춤에 대한 불신, 놀림, 혐오가 놀라울 만치 흔하다.[7] 1940년대에 브라질 중부에서 타피라페족Tapirapé과 함께 지낸 인류학자 찰스 워글리Charles Wagley는 이렇게 말했다.

타피라페족 부부는 애정을 과시하지만 입맞춤은 모르는 듯하다. 내가 입맞춤을 어떻게 하는지 설명하자 그들은 육체적 애정을 과시하는 것 치고는 이상한 방식이고 … 좀 역겹다고 했다. … 부부는 대화할 때 서로 나란히 서서 남편은 아내의 어깨를 감싸고 아내는 남편의 엉덩이에 손을 대고 있곤 한다.[8]

하지만 증거의 부재를 부재의 증거라고 가정하지 않는 것이 중요하다. 또 워글리는 여성이 오르가슴을 느낀다는 증거를 전혀 찾아내지 못했다. 그의 (남성) 정보원들은 자기네 언어에는 그것을 가리키는 단어조차 없다고 했다.[9] 이 인류학자와 정보원들의 젠더가 성애 행동을 개괄하는 데 영향을 미쳤음은 분명하다. 이 사회에서 여성 오르가슴이 존재하지 않을 가능성은 거의 없어 보인다(그리고 조사 대상자들이 상대가 설령 최고의 인류학자라고 해도 자기 삶의 내밀한 면까지 시시콜콜 털어놓고 싶어 하지는 않았으리라 가정할 이유는 충분하다). 그리고 이 점을 숨겼다면 입맞춤 역시 드러나지 않게 하고 있지 않았을까? 아마 그랬을 것이다.

분명히 연애 상호작용 행위의 몇몇 측면은 그런 행위와 거리가 먼 사람들로서는 헤아리기 어려우며, 개인과 집단 간에 엄청난 다양성이 존재한다. 이런 차이에도 불구하고 연애-성애 사랑에 보편적인 뭔가가 있을까?

인간 조건의 가장 큰 수수께끼 중 하나인, 다른 사람과 단순히 성관계만이 아니라 사랑하는 관계를 맺으려는 충동의 토대는 무엇일까? 진화 관점에서 인간이 짝을 갈망하는 이유를 설명하기는 쉽다. 그러나 짝에게 특별한 애착을 느끼는 이유는 뭘까? 왜 사랑을 느끼는 것일까? 사랑하고, 소유하고, 성관계하려는 충동을 이해하려면 인간의 연애-성애 상호작용의 다양성과 그 핵심에 한결같이 놓여 있는 것이 무엇인지(그런 것이 있다면) 살펴볼 필요가 있다.

입맞춤을 넘어서서 성이나 결혼과 관련된 많은 규범과 관습은 전 세계에서 다양하다. 그러나 다른 특징들은 그렇지 않다. 오르가슴의 생리학 같은 틀림없이 보편적이고 불변인 특징들은 우리 종의 진화한 생물학과 심리학에서 비롯된다. 이런 보편적인 특징 중 한 가지 핵심이 바로 "짝결속pair-bonding" 맺기 성향이다. 이는 짝과 강한 사회적 애착 관계를 형성하려는 생물학 충동으로, 연구를 통해 점점 밝혀지고 있는 분자와 신경 메커니즘이 주도하는 충동이다. 진화는 이 작업을 할 원료를 문화에 제공하며, 짝짓기 체계mating system는 이 토대 위에 구축된다. 그리고 11장에서 살펴보겠지만 짝짓기 체계는 거꾸로 진화를 일으킬 수 있다(예를 들어 사촌 간 결혼을 금지하는 일부 문화 규칙은 자손의 생존에 영향을 미친다).

결혼 규범은 또 다른 방식으로 진화한 생물학에 토대를 둔다. 인간은 집단 규범에 따르도록 진화했으며, 따라서 사회 학습 및 협력과 관련된 우리 진화의 다른 측면 또한 결혼을 지지하는 역할을 한다. 일반적으로 사람들은 내집단의 문화 규칙(어떤 규칙이든 상관없이)에 순응할 때 만족스럽고 편안하고 행복하기 때문이다.

이제 사람들 사이의 연애-성애 사랑, 더 학술적으로 말하자면 "짝짓기 행동mating behavior"의 다양성과 보편성을 모두 살펴보기로 하자. 사람과 다른 동물 종 사이의 공통점을 탐구하려는 내 의도를 생각할 때 이 정도 용어는 너그럽게 받아들여주기 바란다.

일부일처제는 언제 생겼을까

결혼의 형태는 사회에 따라 다양하다. 오늘날 가장 흔한 유형인 이성 일부일처제heterosexual monogamy뿐 아니라 일부다처제polygyny와 일처다부제polyandry도 있다. 물론 많은 사회에는 동성 결혼homosexual marriage을 비롯한 다른 유형의 결속도 존재한다. 저명한 인류학자 E. E. 에번스-프리처드E. E. Evans-Pritchard는 수단 누에르족Nuer의 풍습을 이렇게 설명했다. 아이를 낳지 못하는 여성은 다른 여성과 결혼해 아이를 갖는 것이 허용되며(두 번째 여성이 남성의 정자를 받음으로써), 아이의 "아버지"라고 불리고 재산을 물려받고 물려주는 것을 포함해 남성의 역할을 할 수 있었다.[10]

그러나 이 모든 다양성의 밑바탕에는 진정으로 보편적인 뭔가가 있다. 바로 성애 관계에 있는 사람 사이의 특별한 유대감이다. 우리 종의 과거 진화에 뿌리를 둔 인간의 연애 능력은 다른 동물들도 공통으로 지닌 짝결속을 형성하는 오래된 성향에서 비롯되었다. 분명히 말하지만 내가 여기서 초점을 맞추는 것은. 단지 인류가 수천 년에 걸쳐 보여온 성 관습이나 더 나아가 결혼 체계만이 아니라, 우리 종이 채택한 전반적인 짝짓기 전략이다. 이 전략이야말로 수많은 문화 관습과 개인 특이성을 빚어내는 공통 토대다.

대부분의 사람은 짝에게 느끼는 감정적 애착을 당연하게 여긴다. 그런 한편으로 인류가 저지르는 많은 단혼제monogamy(일부일처제) 위반 사례에도 초점을 맞추고 싶은 마음이 든다. 짝을 여러 명 갈아치우거나, 헌신해야 마땅하다고 여겨지는 짝이 아닌 상대와 바람을 피우거나, 일부 사회에서 복혼제polygamy를 채택하고 있다는 사실에 말이다. 그러나 이런 변이 양상에 초점을 맞추는 것은 3000미터 고원에 서서 3300미터와 3100미터인 두 산의 공통점은 무시한 채 차이점에 초점을 맞추는 것이나 다름없다. 현실은 인간이 자신의 짝을 사랑하고 짝과 관계를 유지하는 독특한 능력을 공통으로 지닌다는 것이다.

결혼 풍습을 이해하는 일은 복잡하다. 문화 규범(문화가 입맞춤을 우스꽝스럽다고 여기는가?)과 진화 토대(입맞춤은 생물학에서 비롯하는가?)를 구분해야 하는데, 이 구분은 설령 불가능하지는 않다고 할지라도 매우 어려울 때가 많다. 또 다른 난제는 결혼 풍습이 여러 측면에서 지리와 시간에 따라 엄청난 변이를 보인다는 점이다. 예를 들어 선사 시대와 역사 시대 내내 일부다처제는 성쇠를 거듭해왔다. 약 400만 년 전에 살았던 오스트랄로피테쿠스 같은 사람과hominids(인간, 오랑우탄, 고릴라, 침팬지, 보노보를 포함하는 영장류의 한 과. '대형 유인원류'라고도 한다-옮긴이) 조상들은 일부다처제였을 가능성이 높다. 이렇게 추정하는 한 가지 이유는 남성이 여성보다 더 크다는 것이다. 이 체격 차이는 남성이 여러 짝을 얻거나 짝들을 지키기 위해 서로 경쟁했거나, 여성이 몸집이 더 큰 남성을 선호했음을 시사한다. 그러나 기나긴 세월을 거치면서 인류는 호모 사피엔스Homo sapiens로 진화했으며(아마 30만 년 전), 현격한 지위 차이 없이 비교적 평등한 소규모 집단을 이루어 돌아다니면서 식량을 찾는 수렵채집인 생활방식을 채택했다. 이 초기 인류는 대체로 일부일처제를 택했다. 이렇게 전환한 이유는 복잡하지만 식량 자원의 변화 같은 여러 환경 압력에 적응한 결과라고 여겨진다. 이 문제는 뒤에서 더 상세히 다루겠다. 그리고 이 행동 전환에는 배란 은폐(발정기 숨김), 유년기 연장, 폐경 등 생리 변화가 동반되었다.

또 다른 전환은 약 1만 년 전 농업혁명과 함께 시작되었을 가능성이 높다. 이 전환은 약 5000년 전 민족국가가 등장한 이래로도 계속 이어졌다(민족국가와 함께 출현한 대규모 사회경제 불평등과 더불어). 일부다처제가 다시 흔해진 것이다.[11] 이 전환은 진화의 압력 때문이 아니라 역사와 문화의 힘이 가하는 압력 때문이었다. 그러다가 마지막으로 더 최근 들어 일부일처제가 다시 규범으로 복귀했다. 이번 역시 문화의 힘 때문이었다. 먼저 서양에서 시작되어(약 2000년 전) 지난 수백 년 사이에 전 세계로 퍼졌다(일부일처제가 계속 존속했던 지역들도 있긴 했다). 이런 전환 단계들 각각은 우리의 생물학 특성과 문화 관습을 형성해왔으며, 양쪽을 분리하기란 쉽지 않다.

인류의 짝짓기 관습을 둘러싸고 학자들 사이에 얼마나 격렬한 논쟁과 혼란이 벌어지는지는 논문 제목에 드러나 있다. 〈일부일처제의 미스터리The Mystery of Monogamy〉〈일부일처제 결혼의 수수께끼The Puzzle of Monogamous Marriage〉 같은 제목이 그렇다.[12] 다양한 생물학 관점이 제시되어 있긴 하지만 우리 종이 채택한 짝짓기 전략은 설명하기가 쉽지 않으며, 심지어 인간은 다른 영장류보다 조류와 공통점이 더 많은 듯하다(6장 참조).

많은 종의 진화 과정에서 처음에 부모는 자녀(새끼)와 특별한 유대감을 느끼게 되었다. 우리 종에게는 사랑의 감정이 포함되었다. 자녀를 향한 이 감정이 나중에 짝결속감 쪽으로 용도 변경되었을 수 있다. 인간이 욕정 차원을 넘어서 짝에게 갖는 특별한 감정 말이다. 이 전용 과정은 종종 "굴절적응exaptation"으로 설명된다. 굴절적응은 처음에 특정한 목적을 위해 진화한 형질이 나중에 다른 목적에 쓰이게 되는 선적응preadaptation(전적응) 진화다. 조류의 깃털이 고전적인 사례다. 깃털은 처음에 일종의 단열재로 진화했다가 나중에 비행에 쓰이게 되었을 것이다.[13]

연구자들은 인간을 포함한 사람과의 종들에게서 짝결속 행동의 궁극 원인과 근접 원인을 찾기 위해 많은 노력을 쏟고 있다. 이 문제들은 아직 과학적으로 제대로 이해되어 있지 않은 상태다. 입맞춤을 포함한 짝짓기 행동은 미래 짝의 냄새를 감지하려는 욕구 같은 여러 가지 직접적인 생물학 힘에 좌우되는 것일 수 있다. 그러나 이런 현상들의 궁극 원인은 진화적으로 말해 인간이 특정한 상대를 다른 사람보다 짝으로 더 선호하는 이유, 그리고 사람들을 식별하거나 누군가에게 특히 애착을 느끼는 능력이 진화한 이유와 관련이 있다.

진화 역사에서 보면 인간은 먼저 자녀를 사랑하도록 진화했고, 이어서 짝을 사랑하고, 그 뒤에 생물학 친족, 그다음에는 배우자 친족, 이어서 친구와 집단에 애정을 느끼는 쪽으로 진화한 듯하다. 나는 우리가 더욱 많은 사람에게 애착을 느끼는 종이 되어가는 장기 전환 과정의 중간에 있는 것 아닐까 하는 생각이 종종 든다. 성 상대가 아닌 다른 이들과의 인간관계를 이해하려면 먼저 성애와 연애 연결에서 시작해야 한다. 이 유대가 진화 과정에서 다른 모든 유형의 유대보다 앞서 나타났기 때문이다. 짝 사랑은 이 청사진의 핵심 요소다.

지금까지 이야기를 요약하면서 아주 일반적인 연대표를 제시하면 이렇다. 우리 조상은 약 30만 년 전까지는 일부다처제였고 그 이후부터 약 1만 년 전까지는 주로 일부일처제였다. 이어서 약 2000년 전까지는 다시 일부다처제였다가 그 뒤로는 또다시 일부일처제를 채택했다. 물론 예외 사례가 많고 연대 또한 대략이지만 전반적인 양상은 이러했다. 이제 시간을 거슬러 올라가서 인간의 짝짓기 행동을 살펴보기로 하자.

왜 일부다처제 대신 일부일처제가 주류가 되었나

결혼 체계는 짝 선택, 번식 행동, 결혼 생활의 의무, 배우자에 대한 애정 등을 규정하는 사회 규범, 신념, 제도를 말한다. 이런 문화 관습은 허용 가능한 배우자의 수와 유형, 새 가정을 꾸리는 방식, 배우자끼리 서로에게 할 수 있는 기대, 사별이나 이혼에 따른 재산 처분, 더 나아가 결혼식 비용을 누가 댈지까지 지정할 수 있다. 결혼 생활은 모든 사회에서 사회, 경제, 성, 규범 면에서 기대를 동반하며, 대부분의 사회에서 어느 정도 가부장제와 짝을 이룬다.[14]

세계, 비교문화, 역사(또는 선사 시대) 관점에서 보면 일부일처제에 본질적이라고 할 만한 측면은 아무것도 없다. 현재 주류인 유럽식 일부일처제는 그저 결혼 체계 중 하나일 뿐이다. 우리는 때로 이런 점들을 간과하기가 쉽지 않다. 사회과학은 역사상 많은 편견을 밑

바탕에 깔고 있었다. 이런 편견은 가정생활의 주요 특징들을 무시한 채 미국 대학생(고전적인 실험 대상자)의 심리가 세계 어디에서나 적용될 수 있다고 가정하는 등의 결과를 낳았다. 이 사실을 인정하려고 현대 사회과학자들은 "위어드WEIRD"라는 약어를 채택했다. "서양의 Western, 교양 있는educated, 산업 국가의industrialized, 부유한rich, 민주적인democratic" 사람들을 기준으로 삼아왔다는 뜻이다. 사회과학이 기술해온 사회가 인류 문화 중 소수만 대변하며, 가상의 "평균인" 사람과 전혀 다른 이들로 이루어져 있다는 것이다.[15] 사실 인류 사회의 약 85퍼센트는 어느 시기에 일부다처제를 허용했으며, 일부다처제는 지금도 주로 아프리카와 아시아를 비롯한 전 세계 41개국에서 합법이거나 적어도 일부 계층에서 일반적으로 용인되고 있다.[16] 그리고 2000~2010년 실시한 한 설문 조사에 따르면, 복혼제가 인정되는 35개국 중 26개국에서 15~49세 여성 중 10~53퍼센트가 복혼 관계를 맺고 있었다.[17]

인류학과 역사 기록상 일부일처제를 시행한 소수 사회는 양극단에 놓인 2가지 큰 범주로 나뉜다. 한쪽 극단에는 힘겨운 생태 환경에서 살면서 남성들 간 지위 차이가 거의 없는 소규모 사회들이 있다. 다른 쪽 극단에는 고대 그리스와 로마처럼 가장 크고 가장 성공한 사회 중 일부가 속해 있다. "생태로 강요된" 일부일처제는 환경이 대안을 쉽사리 허용하지 않을 때 채택된다. 먹을 것이 전혀 없어서 체중을 잃는 사람에 비유할 수 있다. 고대 그리스와 로마에서처럼 "문화로 강요된" 일부일처제는 규범으로 채택된다. 이는 아름다움이나 건강을 이유로 마른 몸을 원해 체중을 줄이기로 선택한 사람에 비유할 수 있다. 문화로 강요된 일부일처제는 현재 주류가 되어 있다.

전 세계에서 일부일처제의 우세는 추가 흔들리는 방향을 반영한다. 우리 플라이스토세Pleistocene(홍적세. 약 258만 년 전~1만 1700년 전-옮긴이) 조상들은 비교적 평등한 사회를 이루었다. 어느 정도는 소유물이 상대적으로 거의 없는 수렵채집 생활을 했기 때문일 것이다(집단의 모든 사람이 소유물이 전혀 없다면 평등해질 수밖에 없다). 그러나 약 1만 년 전 농경이 출현하고 뒤이어 도시가 등장하면서 불평등과 상당한 지위 차이가 발생했다. 수천 년 사이에 통치자가 엄청난 부와 처첩을 모을 수 있는 왕국이 세워짐에 따라 상당한 수준의 불평등이 꽤 빠르게 자리 잡았다. 어떤 남성은 둘 이상의 아내를 지닐 만큼 부와 지위를 얻은 반면 배우자를 얻지 못하는 남성도 있었을 것이다.

《구약성경》에는 일부다처제가 자주 언급되는데 솔로몬 왕은 아내가 700명에 첩이 300명이었다고 한다.[18] 힌두교의 신 크리슈나는 아내가 1만 6108명이었다고 한다.[19] 일부다처제는 유럽인과 접촉하기 전 아메리카대륙을 포함해 거의 전 세계에서 시행되었다. 아주 최근까지 일부다처제는 동아시아 대부분 지역에서 규범이었으며 수천 년 동안 지속되어왔다.

약 기원전 1000~기원전 600년경 그리스 도시국가들은 더 평등하고 민주적인 사회를 구축하는 광범위한 혁신의 일환으로 일부일처제 법을 도입했다. 이는 역설적으로 인류를 조상인 수렵채집인 상태로 되돌리는 결정이었다.[20] 로마는 복혼제를 막는 다양한 법을 제정해 이 관습을 더 확장했다.[21] 도덕적 타락과 제국의 위세 약화를 고심하던 아우구스투스 황제는 기원전 18년~서기 9년 사이에 남성의 결혼을 장려하는 일련의 법 개혁을 단행했다. 이제 유부남은 등록된 매춘부와만 혼외정사를 할 수 있었고, 미혼 남성은 유산을 받는 데 제약이 따랐으며, 이혼 절차를 법률로 정했고(여러 번 결혼하는 연속 일부일처제serial monogamy를 꺼리도록), 유부남이 첩을 갖는 것은 금지되었으며, 첩이 낳은 자녀는 유산을 받지 못하게 되었다. 아우구스투스 이후의 로마 황제들은 이런 법을 더 강화했다. 이처럼 고대 그리스와 로마에서 일부일처제가 법 규범으로 서서히 자리를 잡으면서 일부다처제는 야만스러운 풍습으로 비치게 되었다. 물론 남녀 모두 온갖 방식으로 이 기준을 어기곤 했다.

로마제국이 팽창함에 따라 일부일처제는 유럽 전역으로 퍼졌고, 제국이 몰락한 뒤에는 기독교가 이 규범을 전파했다. 그러나 법 규범과 실제 풍습은 다를 때가 많았으며, 성 일부다처제sexual polygyny가 어느 정도 제약은 받았으나 완전히 사라지지는 않았음을 한 번 더 강조해둔다. 훨씬 뒤 유럽에서 일어난 산업혁명은 법 일부일처제legal monogamy에서 문화 일부일처제cultural monogamy로 진화를 더욱 부추겼다. 남성이나 여성이 오로지 배우자 1명하고만 독점으로 번식 관계를 맺었고 대다수 유럽인이 이 규범을 내면화했다.[22] 더 뒤에는 일본(1880년), 중국(1953년), 인도(1955년)가 일부다처제 금지법을 제정해 실시했다.

우리 종이 선사 시대와 역사 시대에 걸쳐 오랫동안 유지했던 복혼제와 전혀 어울리지 않는 일부일처제 법과 규범이 이토록 널리 퍼진 이유는 무엇일까? 무엇보다 일부다처제는 설령 아주 약한 수준으로 이루어지더라도 많은 남성이 짝을 얻지 못할 수 있다. 그래서 남성들은 이 제도를 좋아하지 않는다. 도표 [5-1]처럼 지위 차이가 상당히 나는 남녀 100명씩으로 이루어진 사회가 있다고 하자.[23] 그중 지위가 높은 남성 60명이 여성 60명과 결혼한다고 하자. 그리고 이들 중 일부,

남성 수	아내 수	여성 수
40	0	0
35	1	35
15	2	30
5	3	15
5	4	20
합계:100명		합계:100명

이를테면 상위 25명이 두 번째 아내를 얻고, 상위 10명은 세 번째 아내, 상위 5명은 네 번째 아내를 얻는다고 하자. 일부다처제가 관습인 사회에서 이런 수준으로 아내를 더 얻는 일은 드물지 않다. 이런 결혼이 이루어질 때 남성 60명 중 35명(58퍼센트)은 아내가 1명씩이다. 지위가 상위 10퍼센트인 남성들만 2명이 넘는 여성과 결혼을 하며, 어떤 남성은 최대 4명의 아내를 얻는다. 그런데 이 말은 남성 중 40퍼센트는 아내를 얻을 수 없다는 의미다. 거꾸로 여성 중 65퍼센트는 다른 1명 이상의 여성과 남편(그리고 전체 가족)을 공유해야 한다는 의미다. 미혼 남성 못지않게 많은 사람이 이를 불만스러워한다.

형질인류학자 조지프 헨릭Joseph Henrich 연구진은 문화 일부일처제가 널리 퍼진 이유가 어느 정도는 이 제도를 채택한 집단이 다른 집단들보다 경쟁 우위에 놓이기 때문이라고 주장한다.[24] 배우자가 없는 남성들은 자기 집단 내에서 폭력을 휘두르거나 다른 집단을 습격해 갈등을 유발했다.[25] 일부일처제를 채택한 정치 체제, 국가, 종교는 이런 유형의 폭력 발생률이 더 낮았고, 자기네 자원을 내부로나 외부로나 더 생산적으로 배분할 수 있었다. 이 관점에서 보면 일부일처 결혼과 관련된 현대의 규범과 제도는 집단 간 경쟁 및 집단 내 혜택이라는 힘에 대응해 일종의 진화 과정을 통해 형성되어온 셈이다.

집단 내 혜택 측면에 대해 헨릭은 이렇게 주장한다. "지위가 낮은 미혼 남성들은 이런 미래를 부정하면서 위험을 감수한 채 지위 상승이나 성관계 추구 행동을 하기가 더 쉽다. 그 결과 살인, 도둑질, 강간, 사회 혼란, 납치(특히 여성의 납치), 성 노예, 매춘의 비율이 더 높아질 것이다."[26] 실제로 오늘날 인도와 중국 등에서는 여아를 낙태시키는 풍습 때문에 이와 비슷한 일들이 벌어지고 있다. 이런 행위가 성인 성비 왜곡을 초래해 남성 수가 많아지고, 결국에는 결혼하지 못하는 남성 수가 더 많아졌다. 그 결과 폭력이 더 늘고 수명(남성)이 더 짧아졌다.[27] 우리는 핏케언섬에서 소규모로 이런 일이 벌어진 사례를 보았다. 모든 남성에게 배우자를 얻을 기회를 제공한다는 것은 지위가 낮은 남성이 더 위험을 회피하고, 미래 지향적이 되고, 집단 내에서 덜 폭력적이 되고, 자녀를 키우는 일에 더 관심을 갖게 될 수 있음을 의미한다. 지위가 높은 남성은 아내를 더 얻고자 애쓰는 대신에 부를 쌓고 자녀를 돌보는 쪽으로 장기 투자를 할 수 있게 된다.

성 평등주의의 한 형태로서 문화 일부일처제가 확산된 것이 민주주의와 정치 평등의 출현에 기여했을 수 있다는 증거가 있다.[28] 역사상 유럽에서 보편적인 일부일처 결혼은 민주주의 제도보다 앞서 출현했으며, 양성평등 사상이 부상할 무대 또한 마련한 듯하다.[29] 현대 세계의 국가 간 데이터 분석 결과도 문화 일부일처제의 힘과 민주적 권리및 시민 자유의 범위 사이에 상관관계가 있음을 보여준다.

일부일처 결혼의 법제화와 문화 규범화는 필연적인 것이 아니다

(유익하다고 주장할 수 있긴 하지만). 이 제도는 특정한 시간과 장소에서 출현했다. 연구자들은 아주 많은 문화를 조사함으로써 이 규범이 얼마나 허약한지 정량화할 수 있다. 역사와 인류학 기록을 토대로 1231개 사회를 폭넓게 조사한(그중 176개 사회를 집중 조사한) 결과를 보면 일부다처제는 84퍼센트, 일처다부제는 1퍼센트, 일부일처제는 15퍼센트의 사회에서 나타났다.[30]

언뜻 보면 인류 결혼 체계의 이런 다양성은 인간 짝짓기의 밑바탕에 어떤 보편적 특징이 있을 것이라는 모든 주장에 의문을 제기하는 듯하다. 이제 하드자족Hadza, 투르카나족Turkana, 타피라페족, 나족Na이라는 3개 대륙 4개 부족을 대상으로 서로 전혀 다른 결혼 체계와 거기에 동반되는 문화 관습을 더 자세히 살펴보기로 하자. 번식 짝과 맺는 관계라는 측면에서 인간에게서 진화한 핵심 형질들은 무엇이며, 이 형질들은 사회 질서에서 어떤 역할을 할까? 짝짓기 행동에서 우리 모두가 공통으로 지닌 것은 무엇일까?

수렵채집인 하드자족의 일부일처제

"섹시함." "열심히 일함." "나만 바라봄." "이해심 많고 다정함." "나쁜 말을 하지 않음." "아이들을 좋아함."

데이트 사이트에 올린 자기소개처럼 들릴지 모르지만, 이 말들은 동아프리카 탄자니아의 유서 깊은 수렵채집인 부족인 하드자족의 짝 선호 취향을 나타낸다. 우리 연구실은 인류학자 코런 아피셀라Coren Apicella, 프랭크 말로Frank Marlowe와 함께 이들을 조사했다. 하드자족은 사바나 숲에 살면서 약 1만 년 전까지 모든 인류가 그랬던 것처럼 떠돌아다니면서 식량을 찾는다. 전통 방식으로 살아가는 하드자족은 이제 약 1000명에 불과하다. 사실 이 소수조차 2만 년 전과 똑같은 삶을 살고 있다고 말하면 부정확하다. 그들은 기성품 옷과 쇠 화살촉을 구해 쓰고 현대화한 사람들과 접촉하기 때문이다. 그래도 인류학자들은 그들이 대부분의 측면에서 과거에 인류가 살았던 방식에 근접한 삶을 살아가고 있다고 믿는다. 그리고 하드자족은 인류의 조상들이 어떤 결혼 행동을 했을지 강력한 시사점을 제공한다.

하드자족은 약 30명이 작고 유동적인 야영지에서 지내며, 6~8주마다 해당 지역의 식량 자원이 다 떨어질 때쯤 다른 곳으로 야영지를 옮긴다. 이렇게 계속 돌아다니기 때문에 이들은 영구 주거지가 전혀 없으며 때로는 그냥 별 아래에서 잠을 잔다. 야영지에서 분쟁이 일어나면 그냥 서로 갈라서 다른 야영지에 합류하거나 새 야영지를 꾸린다. 하드자족은 수렵과 채집으로 식량을 구하며, 지난 소유물이 거의 없고, 지구에서 가장 독특하고 가장 오래된 언어 중 하나를 쓴다.[31] 이들은 지극히 평등주의며 성인들 사이에 지위 차이가 거의 없다(남녀 사이 역시 마찬가지다). 누군가가 야영지로 가져오는 식량은 모두가 공유한다. 이 공유는 어느 정도는 잠재적인 문화 가치를 반영하지만, 냉장이나 보존 기술이 없으므로 먹어 치우지 않는다면 다 썩어서 버려야 한다는 사실에서도 기인한다. 또 공유는 운 나쁜 가족이 굶주릴 위험을 줄여주므로 일종의 문화로 규정한 보험 정책 역할을 한다.

하드자족에게 결혼은 간단명료한 일이며, 현대 미국인도 그들이 하는 사랑과 결혼의 윤곽을 쉽게 알아볼 수 있다. 하드자족 젊은 여성은 대개 17~18세가 되면 짝을 찾는데 보통 2~4년 연상인 남성을 고른다. 두 사람은 신중하고 짧은 구혼 기간을 거친 뒤 성관계로 결실을 맺은 다음 같은 잠자리에서 함께 자기 시작할 것이다. 결혼은 중매를 거치지 않으며 젊은 연인들은 짝을 자유롭게 선택하지만 대개 부모의 허락을 구한다. 결혼식은 없지만 자신들뿐 아니라 남들 역시 결혼했다고 간주한다. 인류학자 프랭크 말로는 좀 절제하는 어투로 이렇게 설명했다. "여성의 선택이 결혼으로 이어지는 주된 요인인 듯하다. 젊은 독신 남성들은 상대방이 어떤 여성이든 기꺼이 결혼하려는 듯하기 때문이다."[32] 그러나 2명 이상의 남성이 같은 여성의 마음을 얻으려고 경쟁한다면 문제가 생길 수 있다. "이런 일이 생길 때 폭력적이거나 심지어 치명적인 충돌이 빚어질 수 있다. 이런 위험 때문에 때로 다른 사람들이 끼어들어서 여성에게 양쪽을 놓고 계속 저울질하지 말고 한쪽을 택하라고 당부하지만, 젊은 여성들은 결혼하기 전에 다 둘러보고 싶어 하는 듯하다."[33]

다시 말해 하드자족은 대부분의 측면에서 "위어드" 사회의 현대인과 같은 기준들로 배우자로 삼을 만한지 따지는 듯하다. 프랭크 말로는 하드자족 성인 85명을 꼼꼼하게 인터뷰하면서 이렇게 물었다. "남편[또는 아내]를 찾는다면 어떤 부류의 남성[또는 여성]을 원합니까? 또 그 점이 왜 중요하다고 생각합니까?" 그는 나온 답을 모아 도표 [5-2]와 같이 7가지 범주로 묶었다. 성격, 외모, 식량 구하기, 정절, 번식력, 지능, 젊음이다. 하드자족 남녀는 선호 기준이 지극히 비슷했다. 가장 자주 언급된 바람직한 형질은 성격이었다. 여기에는 상대를 때리지 않는 것이 포함되었다(대략 남성의 58퍼센트, 여성의 53퍼센트가 이 점이 중요하다고 말했다). 다른 상세한 연구에서 인류학자 코런 아피셀라는 응답자들에게 트레이드오프trade-off(상충 관계. 어느 하나를 얻으면 반

5 - 2 | 하드자족이 중시하는 배우자의 형질

성격	외모	식량 구하기	정절	번식력	지능	젊음
좋음	아담함	사냥을 잘함	한눈팔지 않음	아이를 낳을 수 있음	지적임	젊음
상냥함	날씬함	식량을 구해 올 수 있음	집에 있음	아이를 갖고 싶어 함	생각을 함	
때리지 않음	체격이 좋음	열심히 일함	평판이 좋음	아이를 밸 것임	영리함	
마음이 통함	몸집이 큼	물을 구해 옴	나를 좋아함	많은 아이를 낳을 것임		
다정함	젖가슴이 큼	장작을 구해 옴	가정에 충실함			
이해심 많음	잘생김	어떻게든 먹일 것임	나만 바라봄			
점잖음	이가 튼튼함	멀리 돌아다 닐 수 있음				
신중함	생식기가 좋음	일을 도울 수 있음				
말이 통함	멋짐	요리함				
싸우지 않음	성적 매력이 있음					
인간성 좋음	얼굴이 예쁨					
착함						
아이들을 좋아함						
나쁜 말 안 함						
사람들과 잘 지냄						
나쁜 짓 안 함						
마음이 끌림						

드시 다른 것을 잃는 관계 또는 어느 한쪽이 증가하면 반드시 다른 쪽은 줄어드는 관계-옮긴이) 선택을 해달라고 요청했다. 그녀는 하드자족 남녀 120명에게 매력 있게 생긴 짝이 좋은지, 식량을 잘 구하는 짝이 좋은지 물었다. 매력 있게 생긴 짝이 좋다는 대답은 6.3퍼센트에 불과했다. 마찬가지로 신체 매력과 좋은 부모 자질 중에서 고르라고 하자 매력을 고른 쪽은 9.1퍼센트에 불과했다.[34]

그렇긴 해도 하드자족 남녀에게 외모는 중요하며, 다른 지역 사람들처럼 하드자족 역시 실제로 매력의 정도(대칭, 목소리, 허리-엉덩이 비율 등)에 따라 사람들을 차별한다. 남성은 42퍼센트, 여성은 41퍼센트가 매력을 바람직한 형질로 꼽았다.[35] 그리고 하드자족 여성은 남성의 매력보다 식량 구하는 능력에 훨씬 더 관심을 보였고, 남성의 지능을 높이 살 가능성이 훨씬 높았다. 남성은 여성의 번식력에 훨씬 더 관심을 보였다.

하드자족은 일부일처제가 규범이며, 아내를 동시에 2명 거느린 남성은 약 4퍼센트에 불과하다. 그러나 아내가 2명일 때 관계는 불안정하다. 하드자족 여성은 대개 남편이 두 번째 아내를 얻거나 바람을 피우기만 해도 남편을 떠날 것이다. 남성의 65퍼센트와 여성의 38퍼센트는 누군가가 아내를 2명 얻는다고 해도 아무 문제 없다고 말하지만 실제로는 그런 사례가 거의 없다. 프랭크 말로는 이렇게 말했다. "많은 남성이 내게 이혼 사유를 말할 때 아내가 떠나서라고 했다. 아내가 왜 떠났느냐고 물으면 많은 남성은 몹시 당혹스러워하면서, 심지어 일부는 처량한 표정까지 지으면서 왜 떠났는지 모른다고 답했다. 그러나 전 아내가 떠나기 전에 지금 아내와 사귀기 시작했느냐고 물으면 그렇다고 답할 때가 많았다. 그런데도 희한하게 그들은 이런 말을 되풀이했다. '왜 떠났는지 모르겠어요.' 그들은 이혼할 생각이 전혀 없었다. 그냥 두 번째 아내를 원했을 뿐이었다."[36]

그러나 그들의 아내는 그런 관계를 전혀 원치 않았기에 떠났다. 스스로 식량을 구할 수 있고 남들이 야영지로 가져온 것을 함께 나누어 먹으므로 이혼해도 생계 걱정은 할 필요가 없었을 것이다. 때로 남편이 한동안 다른 여성과 지낸 뒤 돌아오면(아내는 소문으로 이 사실을 알게 될 수 있다) 아내는 결혼 생활을 끝내기로 결정했을 뿐 아니라 이미 다른 남성과 지내고 있기도 했다. 사실 하드자족 여성은 남편을 2명 가질 생각마저 기꺼이 한다(여성 중 19퍼센트는 그래도 괜찮다고 생각했다. 반면에 그래도 괜찮다고 생각하는 남성은 아무도 없었다). 그렇지만 하드자족 사회에서 일처다부제는 한 번도 관찰된 적이 없다. 따라서 하드자족 중 복혼제(일부다처제, 일처다부제, 집단혼) 결혼 관계를 맺은 남녀는 거의 없다.

대체로 하드자족의 약 20퍼센트만 평생 해로하며 대다수는 생애를 통틀어 배우자를 두세 명 둔다. 남녀 모두 성적 질투심을 뚜렷하게 드러낸다. 배우자의 불륜을 알게 되면 남성 중 38퍼센트는 불륜 남성을 죽이려 할 것이라고 말했고, 여성 중 26퍼센트는 불륜 여성과 싸울 것이라고 말했다. 혼외정사는 자녀를 둘러싼 다툼과 더불어 하드자족의 주된 이혼 사유다. "아내가 성관계를 거부한다"는 이혼 사유 목록에서 가장 마지막에 등장한다.

하드자족 남성은 더 뛰어난 사냥꾼일수록 더 젊은 여성과 결혼할수 있으며, 따라서 번식 성공률이 더 높은 듯하다.[37] 그러나 그렇다고 그들이 동시에 두 아내를 갖거나 평생에 걸쳐 아내를 더 많이 얻을 가능성이 더 높은 것은 아니다. 식량을 공유하므로 남편이 식량을 잘 구해 온들 별다른 혜택을 볼 일이 없는데 왜 사냥 능력이 여성에게 이토록 중요한지를 놓고 인류학자들은 격렬한 논쟁을 벌이고 있다.[38]

한 가지 가능성 있는 설명은 좋은 사냥꾼이라는 특성이 여성들이 짝을 평가할 때 가치를 두는 건강과 지능 같은 다른 특성들의 표지라는 것이다. 그렇다면 유능한 사냥꾼은 값비싼 신호 전달(뛰어난 스키나 기타 실력처럼 잘하기가 쉽지 않고 그 자체로 반드시 유용하다고 할 수 없지만, 자신이 어떤 특성과 능력을 지녔는지 전달하는 메시지 역할을 하는 것)의 한 형태인 셈이다.

또 다른 설명은 여성이 가장 취약한 시기에 남편의 식량 공급 능력의 혜택을 실제로 본다는 것이다. 이를테면 임신하거나 아기를 키우고 있는 시기가 그렇다. 대체로 식량 구하는 일에 하드자족 남성은 하루 5.7시간, 여성은 4.2시간을 쓴다. 야영지로 가져오는 평균 총열량은 여성이 더 많다(57퍼센트 대 43퍼센트).[39] 그러나 여성이 임신하거나 수유를 할 때는 남편이 구해 오는 열량이 더 많아져 역전이 일어난다. 따라서 번식 기간 같은 중요한 시기에 여성은 마침내 식량 조달 책임을 맡은 남성으로부터 혜택을 볼 수 있다. 실제로 임신 여성과 수유 여성의 식량 욕구는 다른 대다수 동물과 달리 인간이 짝결속 애착을 형성하는 한 가지 이유로 제시되어왔다. 남녀 모두 이 식량 공급 행동으로부터 혜택을 볼 수 있고, 따라서 그들의 자녀는 생존할 가능성이 더 높다. 이처럼 서로 애착을 느끼는 부모의 자녀가 생존 가능성이 더 높기에 진화 과정에서 이런 애착 행동이 선호되었을 것이고, 우리 종의 심리 또한 거기에 맞게 진화했을 것이다.

프랭크 말로가 하드자족이 야영지로 가져오는 식량을 꼼꼼히 조사하니, 첫돌이 안 된 아기가 있는 부부는 가족이 소비하는 열량의

69퍼센트를 남성이 공급하는 것으로 드러났다. 게다가 남성은 숨길 수 있는 작은 크기의 식량(하드자족이 좋아하는 꿀 등)을 찾으면 때로 몰래 가져와 가족끼리만 먹는다는 사실이 밝혀졌다. 이런 관찰을 하기 위해 말로는 야영지 한가운데 앉아 사람들이 가져오는 모든 식량의 무게를 재자고 했다. 하드자족은 외부인인 그가 그렇게 하도록 기꺼이 허락했다. 그는 이렇게 말했다. "남들이 보지 못하는 것은 공유할 필요가 없다. 좀 큰 야영지에서는 사람들이 컴컴해질 때까지 밖에서 기다렸다가 내게 슬쩍 식량의 무게를 재라고 신호를 보냈다. 남모르게 말이다. 하드자족 남성들은 자신의 오두막에 몰래 음식을 들일 때면 가족에게 먹이고 싶어서 그런다고 내게 말했다."[40]

지금의 어떤 사회도 우리의 오래된 과거를 정확히 대변하지는 못한다. 하지만 하드자족의 결혼 생활을 보여주는 이런 관찰 결과들은 "사회성 모둠"의 일부인 강한 짝결속감이 어디에서 기원하는지를 시사한다. 이 애착을 없애고자 애쓴 19세기와 20세기의 공동체들은 하드자족에게 먼저 자문을 구했더라면 실망스러운 결과를 겪지 않았을지 모른다. 드물게 평등한 환경에서조차 핵가족은 항구적인 특징으로 남아 있으며, 부부는 서로와 자녀를 강하게 선호하는 것이 분명하다.

하드자족에게서 이런 애착 감정이 유지되는 것은 이치에 맞는다. 남성 쪽에서는 여성이 자신에게 애착을 느낀다면(자신에게 사랑을 느낀다면) 그녀를 배우자로 얻을 수 있다. 여성 역시 마찬가지다. 자신에게 애착을 느끼는 남성은 아이 키우는 일에, 특히 자신이 취약한 시기에 도움을 줄 것이기 때문이다. 하드자족 여성은 남성 손을 빌리지 않고서 아이를 키울 수 있는 환경과 생활방식을 갖추고 있다. 그러나 이런 상황에서도 도움을 줄 남편이 있다면 더 효율적이고 안전하게 아이를 키울 수 있다.

이런 하드자족의 감성과 관찰 결과는 우리 종이 어떤 진화 과정을 거쳤을지 실마리를 제공한다. 이 식량 공급 행동은 짝결속감과 함께 진화했을 가능성이 높다. 한 가지 중요한 진화적 도전 과제에 대처하기 때문이다. 바로 이 질문이다. "남성이 자기 자녀가 아닐 수 있는 아이들을 먹이는 일을 도와야 할 이유가 있을까?" 여성은 아버지임이 확실함을 보여줌으로써(짝결속을 형성함으로써) 남편이 자녀에게 더 확실하게 투자하도록 만들 수 있다. 다시 말해 여성은 이렇게 말하고 있다. "내가 당신을 사랑한다는 것을 알면 당신은 이 아이가 당신 자식이라고 확신할 수 있어." 이렇듯 상호 애착은 한 가지 진화의 수수께끼를 해결한다. 본질상 하드자족 연구는 남녀 모두의 진화심리가 사랑을 지원(도움)과 맞교환하는 것임을 알려준다.

유목민 투르카나족의 일부다처제

동식물을 길들이고 농업혁명으로 부의 축적과 경제 불평등의 토대가 마련된 뒤 우리 조상의 삶은 어떻게 바뀌었을까? 하드자족이 사는 곳에서 북쪽으로 약 800킬로미터 떨어진 동아프리카지구대의 일부인 케냐 북서부에는 투르카나족이 산다. 인구 약 25만 명인 투르카나족은 일부다처제를 택했다. 하드자족과 달리 투르카나족은 결혼을 개인 간 약속이 아니라 가족 간 계약으로 대한다. 결혼 상대를 고를 때 꽤 견고하게 유지되는 경제 계층을 중시한다. 그래서 부유한 여성은 부유한 남성과 결혼한다. 21세기 "위어드" 사람인 우리의 시선에 그들의 결혼 관습은 하드자족보다 덜 낭만적이고 훨씬 더 실용주의적으로 비친다. 이유가 뭘까?

투르카나족이 사는 지역은 고온 건조하다. 물이 너무 부족해 오로지 식수로만 쓴다. 씻는 일은 동물 지방이나 심지어 동물 똥을 몸에 문지르는 것으로 대신한다. 투르카나족은 유목민이다. 가축을 몰고 넓은 곳을 떠돌아다닌다. 하드자족처럼 식량과 물을 찾아 연간 8곳 이상 야영지를 옮겨 다닌다. 비가 거의 내리지 않고 언제 내릴지도 불확실한 이 혹독한 환경에서 가축 떼를 몰고 다니려면 엄청난 양의 노동이 필요하다. 남녀 모두 5세 때부터 가축 돌보는 일에 힘을 보탠다. 남성이 이끄는 확대 가족 단위로 가축(소, 낙타, 양, 염소 등)을 몰고 돌아다니면서 야영을 하며, 가축은 낮에는 풀어놓아 풀을 뜯기고 밤에는 한 우리에 몰아넣는다. 일손을 보탤 수 있도록 남녀 모두 최대한 자녀를 많이 낳으려 한다.

투르카나족의 결혼 풍습은 이 힘겨운 생활방식과 관련이 있다.[41] 투르카나족의 전통 결혼은 대개 단계별로 진행된다. 남녀는 무도회장, 결혼식장, 우물에서 마주치며 이때 서로 눈이 맞을 수 있다.[42] 남성이나 그의 부모(또는 유부남이라면 기존 아내)가 젊은 여성을 좋은 신붓감이라고 판단하면 남성은 자신의 아버지와 친척들로부터 승인을 받는 절차에 들어간다. 이 승인은 중요하다. 신붓값bride-wealth, bride-price을 모으려면 친척들에게 기대야 하기 때문이다. 신붓값은 신랑 집안이 신부 아버지에게 약조한 재물을 지불하는, 결혼에 동반되는 경제 교환의 사례다(지참금과 반대다).[43] 투르카나족에게 이 값은 가축 150마리에 달할 수 있다(오늘날 미국에서조차 적은 수가 아니다).

결혼 상대를 정한 뒤 남성은 결혼 허락을 받기 위해 신부 아버지와 협상해야 한다. 이때 신붓값과 관련한 복잡한 문제를 결정한다. 일단 신붓값 합의가 이루어지면 신부는 남성을 따라 신랑집으로 오고 가축은 신붓집으로 넘겨진다. 결혼식은 양쪽 집안 친척들이 다 모인 가운데 진행되며 소 잡는 의식을 거행하면서 절정에 이른다. 결혼식에는 대개 걸어서 하루 거리에 있는 모든 성인이 참석하며, 전 세계 결혼식이 그렇듯이 춤, 잔치, 수다, 미혼 하객들 간 눈 맞춤이 곁들여진다.

필요한 조건이 너무 부담스럽다고 느낄 수 있다. 구혼자는 신붓값을 모으려면 집안의 도움을 받아야 한다(그래서 나중에 갚아야 할 의무가 생긴다). 가축을 모으는 데는 몇 달이 걸리기도 한다. 너무나 고역스러운 일이라 결혼이 이루어진다는 것 자체가 놀라울 정도다. 한 인류학자는 이렇게 썼다.

한 삼촌은 이쪽으로 65~80킬로미터 떨어진 곳에 살고, 아버지의 사촌이나 친한 친구, 대부 등은 또 다른 방향으로 그만큼 가야 만날 수 있다. 구혼자에게는 매우 힘들고 감정적으로 심란해지는 … 시기다. 신붓값을 다 모을 때쯤에는 몸과 마음이 사실상 녹초가 된다. 그런 뒤에도 골치 아픈 일은 계속된다. 건네는 과정을 감독하고 실제로 넘기는 가축 수를 조금이나마 줄여보겠다고 장인과 줄다리기를 해야 하기 때문이다.[44]

아주 많은 회의, 의례, 이동, 경제 교환이 수반되는 이 과정은 하드자족의 상대적으로 격식을 차리지 않는 개인 접근 방식과 대조된다. 투르카나족 문화에 자산(가축)이 존재한다는 점이 상황을 훨씬 더 복잡하게 만드는 듯하다.[45]

전통적으로 투르카나족은 족외혼exogamy을 한다. 자기 씨족 clan(조상이 같은 혈연 공동체-옮긴이)이 아닌 사람과 결혼을 한다는 뜻이다. 결혼은 집안 간 관계를 굳히는 한 방편이기에 투르카나족은 같은 집안에서 아내를 구하는 것은 무의미하다고 믿는다(두 번째 아내 역시 마찬가지다). 그래서 투르카나족의 결혼 풍습은 개인의 사회 연결을 넓히는 역할을 한다. 가뭄이나 질병 같은 뜻하지 않은 재해로 가축을 다 잃은 남성(과 그의 가족)은 사회적 상호작용망에 의지할 수 있다. 그리고 이 인맥은 결혼 유대를 통해 굳건해진다.

투르카나족의 결혼은 결합 생산joint production(공동 생산)과 매우 흡사하다(그리고 하드자족 부부보다 갈라서기가 더 어렵다). 그래서 남녀 모두 친척들과 화목하기 위해 노력하며, 부부의 선택에 모든 사람이 관여한다. 아버지는 신붓감이 "게으른 사람" "말대꾸하는 사람" "마녀" 집안(반사회적이거나 집단에 순응하지 않는 것으로 비치는 사람들) 출신이라는 판단이 들면 아들이 선택한 상대를 거부할 것이다. 기존 아내 역시 자기 목소리를 내며 새 신붓감을 꼼꼼히 살펴볼 것이다. 한 인류학자는 이렇게 묘사했다.

그녀는 자신들의 항구적인 동반자이자 동료 일꾼이 될 것이다. 그녀가 일을 잘하지 못한다면 가족 협력망에 부담을 줄 것이다. … 그래서 남성이 늘 살펴보는, 그리고 특히 그의 어머니와 아내들이 살펴보는 좋은 아내의 기준에는 다음과 같은 것들이 꼭 포함된다고 남녀 모두 내게 말했다. "아칼레냐나akalenyana" 즉 나쁘고 게으른 일꾼이 아니어야 한다. 젖을 짜고 물을 길어오고, 전반적으로 가축을 제대로 돌볼 수 있어야 한다. 울타리와 오두막을 잘 지을 수 있어야 한다. 그릇을 잘 만들고 구슬 꿰기를 잘할 수 있어야 한다. 둘째로 헐뜯고 악담하는 혀를 지니고 있지 않아야 하며, 마녀가 아니어야 하고, 성격이 쾌활해야 한다.[46]

아울러 번식력을 가치 있게 여기며, 젊은 여성은 종종 이 능력을 드러내고 결혼을 보장받으려는 의도로 아이를 밴다. 그러나 불임은 정당한 이혼 사유가 되지 못하며, 불임인 아내는 남편의 다른 아내가 낳은 아이를 키우는 일을 도울 것이다.[47]

그런데 실상을 보면 젊은 여성은 구혼자를 퇴짜놓을 수 있고, 종종 그렇게 한다. 투르카나족은 딸이나 자매에게 원치 않는 남성과 결혼하라고 강요하지 않는다. 젊은 남녀는 흔히 임신하도록 성관계를 가져 결혼을 허락하라고 각자 부모에게 강요한다. 심지어 남성이 신부를 강제로 데려가기까지 한다. 때로는 여성이 강제로 데려가라고 모의하기도 한다. 이런 사례들에서도 신붓값은 지불되는 듯하다. 하지만 아마 액수가 더 적거나 좀 지체되어 지불될 것이다.

투르카나족(또 하드자족 같은 많은 수렵채집 집단)의 젊은이들은 몸의 많은 에너지 수요를 충족시킬 만큼 식량을 충분히 구하지 못하는 문제에 직면해 있다. 이는 사실 우리 조상들의 생활 조건이다. 그 결과 대개 남녀 모두 10대 말에야 성적으로 성숙한다(반면에 최근 수십 년 사이에 선진국에서는 영양 상태가 나아지면서 사춘기가 더 빨라져왔다). 사춘기가 늦은 데다 남성이 부를 많이 쌓아야 하고, 남성들이 더 적은 여성들을 놓고 경쟁해야 하는(일부다처제여서) 탓에 초혼 연령은 꽤 늦다. 여성은 평균 22.4세, 남성은 32.6세다.[48]

남편과 아내의 이 나이 차이는 남성이 필요한 신붓값을 댈 가축을 모으는 데 약 10년이 걸리기 때문이다. 이 나이 차이는 아내를 1명씩 더 얻을 때마다 다시 약 10년씩 늘어난다. 그래서 남성은 약 62세에 약 22세의 네 번째 아내를 맞이한다.[49] 아내를 더 얻는 대신에 아들들이 결혼할 수 있도록 돕는 쪽으로 재산을 쓰는 나이 든 남성은 "선한 마음 씨"를 지녔다는 평판을 얻는다. 또 투르카나족은 형이 결혼한 뒤에 동생이 결혼하는 관습이 있다. 그래서 형이 있는 남성은 대개 35세를 훌쩍 넘길 때까지 결혼을 미룬다. 그러다 보니 아예 결혼을 못 하는 사례도 있다.[50] 형이 결혼할 때까지 기다려야 하기에, 특히 형이 그사이에 집안 재산을 말아먹기라도 한다면 결혼에 심각한 지장이 생긴다.

1996년 투르카나족 남성들을 조사한 연구에서 따르면 30퍼센트가 전통 유목 생활을 포기하고 떠났고, 8퍼센트는 결혼하기 전에 사망했다.[51] 떠나는 남성의 비율은 오늘날 미국에서 일부다처제를 유지하는 모르몬교에서 나타나는 비율(한 공동체에서 소년과 젊은 남성 수백 명이 떠나기도 한다)과 비슷하다.[52] 마지막으로 투르카나족 남성 중 약 1퍼센트는 "여성을 혐오한다"라고 말하며, "자신이 여자라고 생각하는 남자"라는 말을 남들로부터 들었다. 대체로 동성애 성향의 남성에 해당한다. 당연히 이 남성들 중 결혼하는 사람은 거의 없다. 물론 신붓감 중 상당수는 일부다처제 남성들에게 가므로 미혼 남성 비율은 전반적으로 높다.

이 양상은 여성의 번식 기회에 어떤 영향을 미칠까? 그에 따른 대가를 치른다. 20세 여성은 60세 남성과 결혼하면 40세 남성과 결혼할 때보다 자녀를 두세 명 덜 낳는다. 이는 어느 정도는 나이 든 남성이 더 빨리 죽기 때문에 아내의 번식 활동 햇수가 더 짧고(나중에 재혼한다고 해도), 남성의 번식 능력이 늙으면서 감퇴하기 때문이다.[53]

아내 간 갈등은 일부다처 가정에서 흔한데 진화심리학자와 일부다처제를 따르는 사람들에게는 결코 놀랄 일이 아니다. 투르카나족은 안전망을 넓히기 위해 다른 집안에서 아내를 고르므로 대개 자매 일부다처제sororal polygyny는 택하지 않는다. 자매 일부다처제는 아내들이 친자매나 사촌 자매인 경우다. 아내들이 친족일 때 가정을 공유하고 협조하기가 더 쉬울 수 있다. 혈족을 돕는 진화한 성향 때문이기도 하고, 자매가 서로를 사랑하고 이미 함께 산 경험이 있다는 명백한 사실 때문이기도 하다. 자매 일부다처제에서 아내들은 나이가 더 비슷하고 수가 더 적은 경향이 있다. 따라서 자원 경쟁이 더 줄어들고 갈등 또한 적어진다. 이런 자매 일부다처제는 아메리카 문화들에서 특히 흔하다. 하지만 일반적인 일부다처제는 아프리카에서 흔한 경향이 있다. 비자매 일부다처제 문화 69곳의 민족지 자료 조사에 따르면 아내들 간 관계가 조화롭다고 말할 수 있는 사회는 단 한 곳도 없었다.[54] 상세한 민족지 연구들은 일부다처 가정의 스트레스와 두려움을 잘 보여준다. 이를테면 아내는 다른 아내가 자기 자녀에게 땅이나 다른 재산을 물려주기 위해 자녀를 독살하지 않을까 걱정한다.[55] 이 모든 스트레스는 문화 일부일처제가 출현하는 또 다른 이유를 제공한다.[56]

하드자족과 전통 결혼 패턴이 다르지만 투르카나족 남녀 역시 대개 짝에게 애정을 보인다. 구애 의식, 질투, 우연을 가장한 의도된 임신이 그렇다는 사실을 말해준다. 그들은 자신의 마음이 가는 상대를 택한다. 투르카나족을 장기간 관찰한 저명한 민족지학자들인 데이비드 맥두걸David MacDougall과 주디스 맥두걸Judith MacDougall이 1982년 제작한 다큐멘터리 〈아내들 사이의 아내A Wife Among Wives〉에서 로랑Lorang이라는 투르카나족 남성은 이렇게 말한다. "요즘 여자들은 옛 관습을 따르지 않아요. 부모의 충고를 그냥 흘려들어요. 어떤 남자가 신붓값을 가져와도 거절해요. 누군가가 신붓값을 들고 나타날 때까지 기다리라고 부모가 아무리 말해봤자 듣지를 않아요. 게다가 그런 남자가 나타나도 퇴짜를 놓아요. 그냥 자기 마음대로 해요. 그리고 직접 고른 남자친구를 따라가죠."[57]

야날Yanal이라는 투르카나족 여성은 왜 젊은 여성이 아버지 말을 따르지 않는지 질문을 받자 이렇게 답했다. "자기감정에 충실하니까요. 속에서 반항을 하는 거죠. … 그녀는 나이 든 남자든 젊은 남자든 늙은 남자든 구혼을 거부할 수 있어요. 가축 한 마리 없는 젊은 사냥꾼과 눈이 맞아서 떠날 수 있죠. 결혼을 거부하면서요."[58] 투르카나족은 나쁜 남자는 설령 부자라 해도 좋은 남편이 되지 못하리란 것을 안다. 맥두걸 부부가 제작한 또 다른 다큐멘터리인 〈결혼식 낙타들The Wedding Camels〉에서 아카이Akai라는 여성은 이렇게 말했다. "언제든 거절할 수 있어요. 부자고 멋진 남자라고 해도요. 여자가 가난한 남자를 택했는데 마음이 바뀌지 않는다면 부모가 고른 남자를 거부할 수 있어요. 애인과 함께 달아나 산속에서 살 수 있죠. 가족의 말을 외면할 수 있어요. … 마음이 원하지 않는다면요."[59]

한 어머니와 여러 아버지 사회

하드자족과 투르카나족의 뚜렷이 대조되는 결혼 풍습은 부의 축적과 지위 불평등의 가능성을 동반하는 농업혁명이 왜 일부다처제의 복귀를 부추겼을지 단서를 제공한다. 그런데 더 희귀한 결혼 체계들이 존재한다. 이 체계들 역시 인간의 연애 상호작용을 결정하는 문화의 역할뿐 아니라 인간 짝짓기 행동의 주요 특징들을 밝히는 데 기여한다.

일부다처제와 반대로 한 여성이 2명 이상의 남성과 결혼하는 일처다부제는 더 드문 결혼 형태다. 아프리카에는 렐레족Lele과 마사이족Maasai 등 일처다부제 문화가 일부 있지만 대륙 전체로 보면 드물다. 일처다부제는 대개 히말라야 지역이나 인도와 아메리카대륙의 일부 지역에서 흔하다. 투르카나족의 일부다처제와 마찬가지로 일처다부제도 더 폭넓은 경제 요소들과 결합된 불가피한 환경 상황에 대한 문화 적응처럼 보인다.

일처다부제가 이루어지는 곳에서는 대개 형제가 한 여성과 결혼한다. 자매 일부다처제의 거울상인 형제 일처다부제fraternal polyandry다. 그리고 한 사회 내에서 일부일처제와 일부다처제 등 다른 결혼 유형들과 공존하는 패턴을 보인다. 가장 어린 남편은 가능한 상황이 되면 이혼한 뒤 따로 결혼해 아내를 얻는다. 일처다부제는 남성 2명 이상이 있어야 가정을 유지할 수 있는 생태 환경에서 나타날 가능성이 특히 높다. 예를 들어 남성 1명은 식구들을 먹여 살리기 위해 멀리 돌아다니고, 다른 1명은 집을 지켜야 하는 경우가 그렇다. 땅이 부족한 히말라야 지역에서는 형제들 모두가 한 여성과 결혼하면, 형제들이 땅을 나누어 가져 수확량이 먹고살 수 없을 만치 줄어드는 상황을 피할 수 있다. 아이 1명을 키우는 데 어른이 여러 해에 걸쳐 힘겹게 일해야 하는 혹독한 생태 환경에서는 3명 이상의 부모가 협력해 아이들을 키우는 쪽이 각자 아이 1명씩을 키우는 쪽보다 아이들이 잘 자랄 확률이 높다. 어쨌거나 아이는 여성이 출산할 수 있는 만큼만 생기므로, 일처다부제는 일종의 문화 산아 제한이나 터울 조절 전략이 된다. 아이러니하게도 남성의 관점에서 볼 때 그렇다. 이런 다양한 생태 제약에 대한 해결책은 형제들이 힘을 모으는 것이다.

일처다부제가 시행되는 일부 문화는 남녀가 일대일로 성관계를 맺어 아이가 잉태된다는 생물학 현실과 조화시키기 어려운 부계에 관한 신념 체계를 지니고 있다. 친아버지genitor가 1명이라는 개념, 단일 부계single paternity 원리를 인류는 적어도 기원전 500년 전부터 이해하고 있었다. 대다수 문화는 현대 과학이 밝혀내기 훨씬 전부터 이 개념을 이해했다. 그러나 아마존 유역의 많은 문화와 세계 각지의 몇몇 문화는 아이가 여러 아버지를 갖는다고 믿는다. 인류학자 스티븐 베커먼 Stephen Beckerman과 폴 밸런타인Paul Valentine은 이 주제를 다룬 책에서 "공동 부계partible paternity" 신념을 지닌 문화 10여 곳을 기술했다. 이 문화들은 서로 언어가 전혀 다르고 아주 멀리 떨어져 있다. 따라서 공동 부계 개념은 어떤 "병리학적" 현상을 반영하는 고립된 사건에서 비롯된 것도 아니고, 이웃 집단을 단순히 모방한 것도 아닌 듯하다.[60] 이처럼 여러 성공한 문화들에서 이런 비슷한 신념 체계가 존재한다는 것은 공동 부계 개념이 자녀를 돌보고 내부 갈등을 피할 수 있는, 제 기능을 하는 사회와 양립 불가능하지 않음을 시사한다.

공동 부계를 믿는 문화에서는 아기를 낳는 데 여성이 중요한 역할을 한다는 것을 대개 부정하며, 여성을 그저 아이 담는 그릇이나 다름없다고 본다. 눈덩이처럼 정액이 쌓여 아기가 생긴다고 보는 문화도 있다. 어떤 문화에서는 임신이 이루어지려면 남성들이 육체적 대가를 치러야 한다고 여긴다. 일부 남성은 기력이 다할 만큼 성관계를 반복해 에너지를 쏟아야 아기가 만들어진다고 말한다.

물론 대다수 인간 집단에서는 아기의 생물학 아버지가 누구인지 파악하는 것이 사회 조직의 근본 구성 목적 중 하나다. 부계 확실성

paternity certainty(부성 확실성, 친자 확인)과 우리 종의 남성이 그런 확실성을 얻기 쉽도록 돕는 사회 과정과 생물학 과정(불행히도 여성을 격리하고 추방하는 문화와 종교 관습을 포함해)은 인류 진화에서 중요한 역할을 해왔다. 부계 확실성은 젠더에 근거한 분업, 식량 공유, 장기간 육아와 더불어 우리의 사람과 조상이 우리 종으로 진화하는 데 중요한 측면을 담당했다(6장 참조).

이 논리에 따르면 분만 전후의 취약한 시기에 남성은 여성에게 식량을 공급하지만(하드자족 사례처럼) 남의 자녀가 아니라 자기 자녀의 생존에 기여한다고 확신할 수 있는 만큼만 그렇게 한다. 진화적으로 볼 때 이 말은 여성이 식량과 지원을 받기 위해 남성에게 부계 확실성을 제공한다는 뜻이다. 진화의 도구라는 차원에서 짝결속을 기반으로 한 일부일처제와 여성의 사랑은 아이가 자기 자녀라는 남성의 확신을 강화해 아버지로서 아이에게 투자하도록 부추기는 진정한 신호 역할을 할 수 있다.

어떤 학자들은 우리 종의 일부 구성원이 아기가 어떻게 생기는가에 관해 다른 견해를 지니고 있었다면 식량 공급이 어떻게 짝결속의 기원에 관여할 수 있었는지 의문을 제기한다. 인간은 언제나 남녀가 일대일로 번식한다는 점을 분명히 이해하고 있었을까? 남성은 언제나 다른 남성들을 부계 확실성에 대한 위협으로 간주했을까? 이런 의문을 품는 것은 논리적으로 보일 수 있다. 그러나 이것은 본질적인 문제가 아니다. 인류 문화는 한없이 다양해질 수 있고, 몇몇 문화에서 아이가 진정으로 여러 아버지를 지닐 수 있다고 믿는다고 한들 놀랄 필요는 없다. 이런 문화의 남성들은 여성이 임신 전과 임신 중에 여러 남성과 성관계를 맺어도 덜 심란해한다.

찰스 워글리가 타피라페족(앞에서 소개한 입맞춤을 혐오스러워한 부족)에게서 관찰한 사례를 보자.

한 차례의 성관계로는 임신에 부족하다고 여겼다. 성관계는 계속해야 했다. 남성은 "아기의 살을 만들려면" 정액을 더욱더 제공해야 했다. 내가 우리나라에서는 여성이 한 차례 성관계를 한 뒤 임신한다면서 한 번으로 충분하다는 말을 조심스럽게 하자 그들은 나를 비웃었다. 어쨌든 성관계는 임신 중에도 계속되어야 했지만 꼭 같은 남성이 할 필요는 없었다. 그러나 임신 중인 여성과 성관계한 남성은 모두 단지 아이의 사회학적 아버지가 아니라 친아버지라고 여겨졌다. 그래서 때로는 아이에게 친아버지가 두세 명 있었다. 1명은 당시 해당 여성의 짝이라고 공개적으로 알려져 있었기에 "체로푸cheropu"(아버지)라고 불렸다. 다른 남성들은 소문으로 알려졌다. … 그러나 상황이 아주 복잡해질 수도 있었다. 한 여성이 여러 남성(네댓 명 또는 그 이상)과 성관계했음이 알려지자 이 아이는 "너무 많은 아버지"를 갖게 되었다.[61]

"너무 많은 아버지"는 위어드 사회에서 자란 우리 같은 이들에게는 흥미로운 개념이다. 타피라페족 같은 사회의 아이들은 여러 명의 친아버지 또는 생물학 아버지biological father와 1명의 아버지 또는 사회 아버지social father를 가진다고 볼 수 있다. 아이에게 생물학 아버지는 1명이지만 사회 아버지(대부, 양아버지, 의붓아버지, "삼촌"이라고 부르는 지인과 후견인 등)는 여러 명일 수 있다는 우리의 견해와 정반대된다.

파라과이의 아체족Aché 사회에서는 여성이 출산하기 전 한 해 동안 성관계를 가진 남성은 누구나 아버지라고 간주할 수 있으며, 주아버지primary father라고 여겨지는 사람을 제외한 이 부아버지secondary father들은 아이의 삶에 중요한 역할을 할 수 있다.[62] 이런 문화들에서 부부계secondary paternity는 실제로 흔히 협상을 통해 정해진다. 여성은 누군가를 부아버지라고 주장하거나 그럴 가능성이 있는 사람의 신원을 숨길 수 있으며, 남성은 이 명칭을 받아들이거나 거부할 수 있기 때문이다. 미국을 비롯한 산업화한 민주 국가의 대다수 지역에서도 여성은 누군가를 자신이 낳은 아기의 아버지라고 선언하며, 이 선언은 대개 받아들여진다. 그러나 유전 연구를 통해 우리는 그중 1~2퍼센트는 부계 지정이 잘못되었음을 안다. 여성이 계속 함께한 남성이나 아버지라고 선언한 남성이 아버지가 아닌 사례다.[63]

여러 아버지라는 신념 체계는 전 세계 여성이 때로 2명 이상의 남성과 성관계를 갖는다는 사실을 인정할 때 더 납득이 간다. 인류 진화 과정에서 여성의 번식계에 동시에 여러 남성의 정액이 들어 있는 사례는 드물지 않았던 듯하다(정자의 생물학 단서를 고려할 때). 그리고 공동 부계 신념이 우세한 쪽이 여성과 아이의 생존에 유리할 때가 많다(여성이 2명 이상에게서 지원을 받을 수 있으므로).[64] 아체족 아이 227명을 10년 동안 추적 조사한 연구에 따르면 10세까지 살 확률이 아버지가 1명인 아이는 70퍼센트, 아버지가 2명 이상인 아이는 85퍼센트였다.[65] 이 차이는 여러 아버지가 여성에게 식량을 공급한 것 같은 사회 요인과 관련이 있을 수 있으며, 인류학자들은 이 이론을 지지하는 증거들을 쌓아왔다. 그렇지만 짝을 더 많이 끌어들이는 여성이 적응도가 더 높고(이를테면 더 아름답고 더 건강한 아이를 낳는 등) 이런 여성의 좋은 유전자가 아이의 생존에 기여할 수 있다는 점 또한 분명하다. 어느 쪽이 맞는지 우리는 확실히 알 수는 없지만, 공동 부계가 아이의 장래에

해를 끼치지 않는다는 점은 비교적 확신할 수 있다.[66]

따라서 짝결속 진화의 토대를 제공하는 남성의 식량 공급 가설과 공동 부계 사이에는 긴장이 엿보인다. 대체 왜 대다수 사회는 부계에 매우 관심을 보이는 반면(대개 남성은 아이가 자신의 유전적 자녀임을 알 때만 여성과 아이에게 식량을 제공할 것이다) 몇몇 사회는 생물학 부계에 거의 관심을 보이지 않는 것일까?

우리는 이런 개념들을 더 여성 중심 관점에서 바라볼 수 있다.[67] 앞서 살펴보았듯이 양쪽 관습(유전 부계에 많은 관심을 갖는 것과 별로 개의치 않는 것) 모두 여성에게는 좋을 수 있다. 연구자들은 방법론상 문제 때문에 이 가능성을 간과했을 수 있다. 우리는 가장 전통적인 생활방식(접촉하기 어려운 부족이나 현대성에 영향을 덜 받은 부족의 생활방식)을 알아보려면 옛 연구 자료에 종종 의지해야 한다. 그런데 이런 연구 대부분은 남성이 수행해왔다. 그리고 역사적으로 남성 인류학자들은 여성의 삶에 관심을 덜 기울이거나, 정보 제공자로부터 여성의 삶에 관해 알아낼 수 없거나, 둘 다였다. 과학자들이 남성들에게 지나치게 초점을 맞춘 탓에 여성들에게 피해를 주는 일은 예사였다.

공동 부계 신념 체계의 존재와 남성의 식량 공급이 짝결속에 중요하다는 개념 사이의 긴장을 해소할 수 있는 또 한 가지 방법은 인류 진화에서 문화의 역할에 관해 더 확장된 관점을 채택하는 것이다. 인간은 유전적으로 다양한 형태의 문화를 만드는 성향이 있으며, 문화 자체를 만드는 능력이 우리 종의 유전자에 미리 새겨져 있다고 본다면 우리는 문화의 다양성을 더 관대하게 바라볼 수 있다. 설령 우리의 생물학에 반하는 듯한 풍습조차 말이다. 이처럼 관점을 달리하면 많은 문화 풍습이 힘든 상황에서 생존을 돕는다는 것을 알 수 있다. 문화적 동물이 되고(어떤 신념, 풍습, 기술을 지니든 간에) 사회 학습과 사회 교육을 하는 우리 능력은 "사회성 모둠"의 중요한 일부다.

끝으로 이런 특이한 부계 신념 체계를 인간 생물학과 일치시키려고 할 때, 초기 인류가 훨씬 더 제한된 인지 능력과 문화 능력을 지녔던 시기에 남성의 식량 공급과 짝결속이 진화했다는 사실을 간과해서는 안 된다. 아기가 어떻게 생기는지에 관해 인간이 의식적으로 인지하고 있는 모든 문화 층위들은 오래전 자리 잡은 근본 성향에 나중에 추가된 것들이다.

남편과 아버지가 없는 나족 사회

마지막으로 내가 알고 있는 가장 급진적이면서 복잡한 유형의 인간 짝짓기 풍습 중 하나를 살펴보자. 타피라페족의 여러 아버지는 히말라야 나족納族(모쒀족摩梭族)의 풍습에 비하면 아무것도 아니다.

대부분의 사회는 젊음의 자유분방한 사랑에 최소한 어느 정도 우려를 표명한다. 사랑 때문에 괴로워하는 연인과 도피하고자 한 불행한 줄리엣(또는 같은 행동을 하는 투르카나족 여성)은 우리의 마음을 휘저어놓는 전형적인 이미지다. 공감과 걱정을 둘 다 불러일으키기 때문이다. 이 이미지가 지닌 힘은 어느 정도는 10대의 정열이 아마 공동체를 조직하는 최선의 방법이 아니라는 논란의 여지가 없어 보이는 현실로부터 나온다. 그러나 히말라야 나족은 억제되지 않는 10대의 성욕을 놓고 그런 걱정을 거의 하지 않는다. 반대로 나족 성인이 흔히 걱정하는 것은 로미오가 실제로 지속적인 사랑에 빠질 가능성이다.

나족 사회만큼 현대 서양인이 결혼이라고 부르는 것에 관심이 없는 사회는 찾기 어렵다. 인구가 약 3~4만 명인 나족은 티베트 인근 산악 지대에서 농사를 지으며 산다. 인류학자 카이 후아Cai Hua는 2001년《아버지나 남편 없는 사회A Society Without Fathers or Husbands》라는 제목 자체가 많은 것을 설명하는 책을 출간했다. 그러나 나족의 유별난 성 풍습은 2000년 전부터 중국 문헌에 기록되어 있었다. 마르코 폴로Marco Polo 역시 나족을 기록할 가치가 있다고 여겼다. "[이 왕국의] 주민들은 남들이 자기 아내와 성관계를 가졌을 때 아내가 자발적으로 한 행위라면 모욕당했다고 여기지 않는다. 그럴 경우 불행이 아니라 대박이라고 여긴다."[68]

나족 가정은 모계제다. 여성은 어머니, 자매, 형제, 외삼촌과 함께 산다. 따라서 대다수 문화와 달리 기본적으로 가정의 모든 구성원은 같은 혈족이다. 친척이 아닌 외부인 남성을 가정에 받아들이는 일은 아주 드물다. 그러나 남성들은 자주 가정을 방문해 여성들과 성관계를 한다. 사실 여성이 성관계를 하러 다른 집에 가는 것은 안 좋게 여겨진다. 나족은 이것을 "안개 속에서 좌충우돌하며 씨를 뿌리는" 짓에 비유한다.

나족 사회 사람들은 자신의 생물학 아버지가 누구인지 알지 못하고 관심도 갖지 않는다. 카이 후아는 끈덕지게 탐문했지만 이 문제에 관심 있는 사람은 전혀 찾지 못했다. 아이가 친아버지인 남성을 닮을 수 있음을 인지하기는 하지만 대개 부계는 아무 상관 없다고 본다. 친아버지라고 해서 특별한 권리나 의무를 갖지는 않기 때문이다.[69]

나족은 여성이 아기를 낳으려면 남성과 성관계가 필요함을 안다. 그러나 땅에 묻힌 씨처럼 아기가 여성 몸에 이미 들어 있으며 남성의 정액으로 "물을 주기"만 하면 된다고 믿는다. 그들은 이렇게 말한다. "하늘에서 비가 내리지 않으면 땅에서 풀이 자라지 않죠."[70] 그들은 누가 물을 주는지는 아무 상관 없다고 느낀다. 물론 아기가 어떻게 생기는가에 관한 이 신념은 앞서 살펴본 것처럼 아기를 만드는 데 정액이 대단히 중요한 역할을 한다고 믿는 아마존 유역 문화들의 관점과 정반대다. 이 신념 체계는 나족 사회 남성이 자신의 생물학 자녀에게 아무런 의무를 지지 않는 반면, 공동 부계 사회에서는 친아버지라고 여겨지는 남성이 의무를 지는 이유도 설명해준다.

나족은 "성관계할 때 여성은 아기를 갖는 것이 목적이지만, 남성은 즐기는 동시에 일종의 자선 행위를 하는 것이 목적이다"라고 설명한다. 물론 민족지 기록에 따르면 여성 또한 성행위를 즐기며 누구와 성관계를 할지 스스로 결정하는 것이 분명하다. 나족은 성관계가 양쪽 당사자의 절대적 동의 아래 이루어져야 함을 강조하기 때문이다.[71] 모든 사회처럼 나족 사회 역시 근친상간 금기를 지킨다. 또 카이 후아가 "성적 환기sexual evocation"라고 부르는 것을 반대하는 엄격한 규범을 지닌다. 즉 "같은 혈족의 남성이 있는 자리에서 성애 관계나 감정 관계나 정서 관계를 언급하는 것, 그리고 성관계에 관해 에둘러 말하는 것"은 철저히 금기시된다.[72]

나족의 성애 관계에는 몇 가지 유형이 있다. 카이 후아는 "양상modality"이라고 했다. 가장 흔한 유형은 "나나 세세nana sese" 즉 "은밀한 방문"이다. 남성이 밤에 여성의 집을 방문하는(그리고 동이 트기 전에 떠나는) 형태다. 남성은 여성의 집에서 식사를 하지 않으며 다른 사람들과 만나지 않으려 애쓴다. 카이 후아의 조사에 따르면 많은 나족 여성이(남성도 마찬가지로) 평생에 걸쳐 수십 명, 많으면 100명에 이르는 남성과 성관계를 갖는다. 이런 관계에 있는 이들은 서로를 "아시아 acia"라고 부른다. 대강 "애인"이라는 뜻이다. 이 관계는 진지하지 않고 가볍다는 점이 특징이다. 카이 후아는 이렇게 썼다. "두 아시아 사이의 말다툼은 대개 심하게 진행되지 않는다. 그들은 자신들의 성생활만 의논하기 때문이다. 그들은 일상의 걱정거리를 놓고 언쟁을 벌이는 법이 없다." "따라서 관계는 사소한 일로 끝장난다."[73] 아시아는 "서로에게 낯선 사람으로 남아 있는" 연인이다.[74] 어느 정도 매력 있는 여성은 자기 마을, 더 나아가 이웃 마을의 같은 또래 모든 남성과 잠을 자는 일이 드물지 않다. 이 관계는 거의 오로지 성관계만 하는 유형이다.

현대의 가벼운 만남hookup 문화나 온라인 데이트 서비스와 마찬가지로 이 활동은 특정한 문화 규범을 따른다. 젊은 남성은 어둠이 깔린 뒤 자신이 아는 상대를 찾아 외출하며, 흔히 여성 집의 벽을 기어오른다. 때로는 서너 명이 동시에 한 여성의 문 앞에 와서 자신을 고르라고 설득한다. 거절당해도 대개 기분 나빠하지 않는다. "언제나 내일 다시 시도할" 수 있기 때문이다. 아니면 다른 집으로 갈 수 있다.

아시아가 되기 전에 남녀는 대개 먼저 서로를 알아가고 눈을 맞추는 과정을 거친다. 한쪽이 미리 계획해 방문할 약속을 잡으려 할 때 대화는 꽤 직설적으로 이루어지며, 남성이든 여성이든 먼저 말을 꺼낼 수 있다. 대화는 이런 식으로 전개된다.

여성: 오늘 밤 우리 집에 와.
남성: 당신 어머니는 좀 무서운데.
여성: 뭐라고 안 하실 거야. 한밤중에 몰래 와.
남성: 알았어.[75]

나족 여성은 짝 고르는 기준으로 "가장 중요한 것이 외모고, 그다음으로 유머 감각, 쾌활함, 장난기, 용기, 일하는 능력, 마지막으로 친절함과 아량"이라고 말한다. 나족 남성은 아시아를 고르는 기준으로 "미모, … 신체 매력, 애교, 말솜씨, 예의 바름, 사람들에게 친절함"을 꼽았다.[76] 미모(그리고 젊음)를 우선시한다는 것은 여성이 30세에 다다르면 방문하는 남성이 훨씬 드물어지며, 매력이 없거나 장애가 있는 여성을 방문하는 남성은 전혀 없을 수 있다는 뜻이다. 그러나 정사는 더 나이가 들 때까지 계속된다(남성은 대개 60세쯤에 여성을 방문하는 일을 그만두고, 여성은 약 50세에 남성을 맞이하는 일을 그만둔다). 여성이 나이가 들면 3명쯤의 남성만 정기적으로 방문하며, 그들은 대개 벽을 기어오르기보다는 문을 두드린다.

두 번째 유형의 성애 관계는 "게피에 세세gepie sese"라고 부르는 "공공연한 방문"이다. 이 관계를 맺은 남성은 여성 집에 공공연히 방문하며, 집안 식구들을 만나고, 함께 식사를 하는 것이 허락된다(주제넘게 행동하지는 말아야 한다). 이런 짝은 처음에는 언제나 은밀한 방문 관계로 시작한다. 그런 뒤 "서로 감정이 깊어지면 서로에 대한 감정과 '사랑'이 지속되기를 바라는 상징으로 허리띠를 교환"하고 공공연한 방문을 시작한다.[77] 이 유형의 관계는 몇 달, 몇 년, 수십 년 동안 지속될 수 있지만 어느 한쪽이 끝내기로 결심하면 즉시 끝난다. 대개 공공연한 관계는 한 번에 한 사람하고만 맺는다. 아시아와 달리 게피에 세세 관계에 있는 남성은 밤이 오기 전에 방문해 다음 날 아침 식사를 한 뒤 떠난다. 이 관계를 맺은 남녀는 서로에게 (공개적인) 성 독점권 또는 성 특권을 기대한다. 그들은 둘만 관계를 맺을 것이라고 알리지만 이 규범을 어긴다고 해서 공개적인 제재를 받지는 않는다. 어느 쪽이든 상대에게 발각되지 않는 한 은밀한 방문을 할 수 있다. 대신에 발각되면 둘의 관계는 끝난 것으로 간주된다. 카이 후아는 여기에서 성적 질투심이 나타난다고 보았다. 애인이 아시아와 함께 잠자리하는 광경을 보면 남성은 종종 그 아시아를 공격하기 때문이다(늘 그렇지는 않다). 이 관계 유형은 성관계와 사랑 둘 다 보여준다.

성애 관계의 세 번째 유형은 "티 드지ti dzi" 즉 "동거"다.[78] 티 드지 관계에서는 대개 남성이 여성의 집으로 들어가 남녀가 함께 산다. 이 관계가 형성되려면 먼저 은밀한 방문이나 공공연한 방문을 거쳐야 한다. 사회는 이들을 "친밀한 친구"라고 간주하며, 서로 친족이라거나 결혼했다고 보지는 않는다. 동거는 대개 기존 가정에 경제 생산을 담당할 남성 구성원이 거의 없을 때만 나타난다. 개인 선호의 반영이라기보다는 어쩔 수 없는 상황에 대응하는 것에 가깝다. 또 이 관계는 독점적이지 않으며 한쪽이 마음만 먹으면 언제든 갑자기 끝날 수 있다. 많은 경우 동거인들은 결국 성 상대라기보다 남매처럼 행동하게 된다. 카이 후아는 나족의 동거가 관습상 의미의 결혼이 아니라고 결론지었다. 이 관계는 성관계와 때로 사랑을 동반하긴 하지만 주로 일과 관련이 있다.

이와 아주 비슷한 네 번째 유형이 있긴 한데 극히 드물며 여성 쪽에 일종의 신붓값을 주는 형태다. 후아는 이를 "결혼"이라고 부른다.

1989년 카이 후아는 몇몇 마을을 표본 조사해 이런 성애 관계 양상들이 출현하는 비율을 알아냈다. 주민 중 85퍼센트 이상이 "은밀한 방문"이나 "공공연한 방문"만 했다.[79] 나족의 생활방식은 거듭된 폐지 시도에도 살아남았다. 1950년 이래로 중국 공산당 정부는 여러 차례에 걸쳐 나족의 풍습을 개혁하려고 시도했다. 이런 풍습이 노동 의욕을 떨어뜨리고, "생산 수단"을 파괴하고, 부도덕을 부추긴다고 우려해서였다(고대 로마의 아우구스투스 황제가 우려한 내용과 판박이다. 정반대로 여성이 많은 짝을 지닌다는 점이 다를 뿐이다). 그러나 이런 개혁 시도는 대부분 실패했다.

대체로 나족에게는 성적 질투심이 드문 듯하다. 위에서 말했듯이 아예 없지는 않지만 말이다. 나족은 여러 명과 관계하는 것을 용인하므로 질투심은 불필요한 듯하다. 남성이 아시아 관계에 있는 짝이 다른 남성들과 잠자리를 같이 하는 데 불만을 드러내면, 마을 사람들은 어리석다고 조롱하며 심지어 수치스러운 짓이라고 본다. 그들은 이렇게 말할 것이다. "가서 다른 사람이랑 하면 되잖아? 옆 마을에는 여자가 더 많아."[80]

그러나 나족에게 사랑이 아예 없지는 않다. 짝끼리는 서로 사랑의 감정을 표현한다. 사랑에 빠지는 바람에 사회 규범을 어기고 함께 달아나 둘만 살아가는 이들에 대한 이야기가 나돈다. 나족 사회에서는 정절과 독점이 "금지된" 욕망이기에 어길 때 더욱 짜릿함을 느낀다고 카이 후아는 주장한다.

나족은 왜 결혼 제도가 아니라 방문 제도를 택한 것일까? 대다수 사회에서 결혼은 비유로든 문자 그대로든 다른 사람을 소유할 수 있게 한다. 결혼 서약은 "존중하고 지키며" "당신만을" 등의 말로 이런 독점을 승인하며, 결혼한 부부는 대개 한 지붕 아래 살면서 서로에게 성적으로나 경제적으로 이런저런 기대를 품는다. 미국의 몇몇 주에서는 여전히 발기 불능이 공식 이혼 사유다.[81] 그러나 나족에게는 이 모두가 들어맞지 않는다. 짝들은 성과 경제의 독점 주장 같은 것은 전혀 하지 않은 채 각자 따로 독립해 살아가기 때문이다.

카이 후아는 인간이 몇 가지 기본 욕구(그리고 내가 보기에 생물학적으로 뿌리내린 욕구)를 지니는데, 그중 2가지가 자기만의 짝 소유 욕구와 여러 짝 만나기 욕구라고 결론짓는다. 이 서로 모순되는 듯한 두 충동을 한 집단 내에서 조화시키기란 쉽지 않다. 해결 방안은 사실상 2가지밖에 없다. 다양성을 즐기지 못하고 소유하거나, 소유하지 않고 다양성을 즐기는 것이다.[82] 진화 역사로 보면 더 강한 힘은 애착임이 드러났다. 게다가 제도 측면에서 보면 사회는 양쪽을 다 충족할 수 없다. 나족은 소유하지 않고 다양성을 즐기는 쪽을 택해(아마 유일한 사례일 것이다) 이 난제를 해결한 듯하다.

그러나 이 선택은 쉽지 않다. 짝을 소유하고 짝에게 애착과 사랑의 감정을 품으려는 우리의 욕망, 오랜 과거로부터 내려와 깊이 뿌리내린 이 욕망을 억누르려면 정교한 문화 체계를 구축해야 한다. 아이들의 놀이를 억제하는 바이닝족처럼 나족은 "법적으로 소유한다"는 측면에서 거의 모든 문화와 전혀 공감대가 없는 문화를 유지하기 위해 열심히 노력해야 한다.

이 말에 놀랄 이유는 전혀 없다. 현대 서구 문화에서 다자 간 연애 polyamory에 대한 관심이 최근 부활하고 있는 것을 생각해보라. 옹호자들은 성애와 연애 상대가 여럿인 것이 인간의 "자연스러운" 상태를 반영한다고 주장한다(앞서 살펴보았듯이 이 신념은 비교문화 증거에 부합하지 않는다). 그러나 이른바 자유연애free love를 관리하는 데도 마찬가지로 복잡한 규칙과 규제의 집합이 필요하다. 《뉴욕타임스》에는 이런 기사가 실렸다. "일부일처제 관계보다 비일부일처제 관계에 더 많은 규칙이 존재한다."[83]

따라서 나족은 이 희귀한 형태의 문화를 구축하기 위해 우리 종의 다른 탁월한 형질 중 하나를 이용한다. 바로 협력하고 공유하는 능력이다. 나족은 이 능력을 짝 추구 분야에 적용한다. 그리고 생활방식을 창안하고 그 속에서 의미와 일관성을 찾아내는 인간의 능력도 활용한다. 요컨대 "사회성 모둠"의 일부인 사회 학습과 문화 전달 능력은 종으로서 우리가 지닌 적응력의 중요한 측면일뿐더러 짝 결합 충동에 다양한 결혼 풍습을 덧씌울 수 있는 우리 능력의 일부다.

그럼에도, 공식 제도는 이런 인간의 욕구(자기 짝을 사랑하고 소유하려는 욕구)를 완전히 없앨 수 없다. 이 욕구가 인간 본성의 가장 근본적인 측면에서 기원하기 때문이다. 사람들은 모든 사회에서 모든 유형의 규범을 위반한다. 따라서 나족 사회는 "은밀한 방문"만으로 완벽하게 잘 돌아갈 수 있는데도 "공공연한 방문"을 제도적으로 허용함으로써 소유 욕구를 얼마간 충족할 수 있게 한다. 게다가 나족 사회에서도 "사랑의 불길에 휩싸여" 단지 방문하는 데 만족하지 못하고 여러 짝과 자는 일에도 관심 없이, 서로를 온전히 소유하고자 사랑의 도피를 감행하는 연인들이 있다.[84] 이는 많은 사회가 이혼을 허용하거나 남성이 첩을 갖도록 허용하는 등의 융통성을 발휘하는 것, 즉 짝 바꾸기를 허용하는 결혼 제도를 마련한 것에 상응한다.

많은 이들은 나족의 매우 특이한 성 풍습이 결혼의 보편성을 반증하는 사례라고 주장해왔다. 일부일처제에 생물학 토대 따위는 전혀 없다는 것이다. 그러나 변이가 존재한다고 해서 우리 종에게 어떤 핵심 성향이 전혀 없다는 의미는 아니다. 과학자인 우리는 나누는 일 못지않게 묶는 일도 한다. 즉 변이를 찾는 일을 할 뿐 아니라 공통점을 찾는 일도 한다. 우리 인간의 청사진은 우리 현실의 완성본이 아니라 초안이다. 나족이 이런 관계 구조를 지니게 된 기본 동기는 여러 짝을 만나고 싶은 인간의 기본 욕구며, 결혼 제도의 근본 동기 역시 짝을 소유하려는 기본 욕구다. 나족의 예외 사례는 애착 욕구만큼 깊고 근본적인 우리 인간성의 또 다른 측면인 짝결속 욕구가 어떤 수단을 동원하든 결코 완전히 억누르거나 대체할 수 없는 본성임을 입증한다. 심지어 이 연결을 끊을 목적으로 고안된 고도로 정교한 문화 규칙들로도 그런 일은 불가능하다.

중매는 사랑일까

중국, 인도, 인도네시아, 나이지리아 등 세계의 많은 나라에서는 결혼의 상당한 비율이, 때로는 대부분이 중매로 이루어진다. 대부분의 서구화한 세계에서는 연애가 결혼의 전제 조건인 반면, 아시아와 아프리카의 많은 지역에서는 연애가 실용적이지 않거나 불필요하거나 심지어 위험하다고까지 여긴다.

그러나 이런 문화들 역시 대부분 연애를 인정한다. 예를 들어 오늘날 인도에서 연애결혼love match 비율은 최소 5퍼센트는 된다.[85] 더 중요한 점은 중매결혼arranged marriage이 주류인 나라들에서조차, 설령 결혼 전 연애는 수상쩍은 눈초리로 바라보지만, 결혼 후 사랑은 결혼의 자연스럽고 지극히 바라마지 않는 결과라고 여긴다는 것이다.

가족이 신문 결혼 광고란에 광고를 내어 맺어진 인도인 부부 산디아Sandhya(29세)와 앙쿠르Ankur(31세)의 사례를 보자. 그들은 겨우 몇 시간 동안 가족 동반 맞선을 본 뒤 수백 명의 하객이 모인 가운데 10일간 인도 전통 결혼식을 올렸다.[86] 부부는 2014년 한 대중 잡지 칼럼니

스트에게 서로 모르는 사이에서 시작된 이 연애를 설명했다.

둘만 개인적으로 만나기 전에 얼마나 대화를 나누었나요?

산디아: 2시간쯤요. 저이는 내가 마음에 들어서 자기 부모님께 관심이
        있다고 말했어요. 그러자 저이 부모님께서 우리 부모님께 연락
        하셨죠. … [나중에] 우리는 15분쯤 맞선을 봤어요. 좀 당혹스
        러웠어요. 왜냐하면….

앙쿠르: 온 가족이 함께하는 자리니까요. 사실 개인적으로 이야기를 나
        눌 상황이 아니죠.

산디아: 저이는 내가 말할 때 너무 수줍어했어요. 그런데 다음 날 저이
        부모님께서 아들이 나랑 결혼하고 싶어 한다고 전화하셨어요.
        우리 부모님은 이런 식이었죠. "너도 괜찮니?" 나는 대답했죠.
        "좋아요!" 그렇게 결혼했어요! 지금은 날마다 사랑에 푹 빠져
        있는 기분이고요.

중매결혼을 한 또 다른 여성은 《타임스오브인디아Times of India》
기사에서 겨우 한 달 전에 남편이 된 낯선 사람과 사랑에 빠졌다는 것
을 알아차린 순간을 이렇게 묘사했다.

밤 10시쯤 집에 가는 데 차가 고장 났어요. 남편한테 전화해 상황을 알렸
죠. 대화할 때 그가 걱정하는 걸 느낄 수 있었는데, 15분도 안 되어 현장에
도착해 깜짝 놀랐어요. 내가 무사한지 몹시 걱정한 나머지 오자마자 나를
꼭 안아주었어요. 바로 그날 난 남편과 사랑에 빠져버렸죠.[87]

중매결혼 부부들을 조사한 여러 연구는 사랑의 출현을 자극하는 핵심 요인이 상대방이 자신에게 헌신하는 느낌이라는 견해를 뒷받침한다.[88] 희망으로 가득한 위 일화들에서 한 가지 중요한 측면은 단지 정욕이 아니라 사랑과 애착에 초점을 맞추고 있다는 것이다. 물론 자기 노출self-disclosure(자기 개방), 다정함, 친밀한 신체 접촉 등 중매결혼에서(그리고 다른 유형의 결혼에서) 부부의 사랑이 깊어지는 데 기여하는 요인은 더 있다. 그러나 핵심 역할을 하는 요인은 헌신이다. 한 설문 조사에서 중매결혼을 한 이들은 이런 식으로 표현했다. "사랑은 절대적인 헌신에서 시작하며, 그것이 내 가슴과 머리의 장벽을 허물기 시작할 때 기쁨과 만족과 평화의 감정이 끓어오를 수 있다."

중매결혼에서 사랑의 상대적인 양을 절대적으로 확실하게 파악하려면 배우자를 스스로 찾는 쪽이나 부모가 골라주는 쪽으로 사람들을 무작위로 할당해 실험해야 할 것이다. 이는 명백히 불가능하다. 그러나 실험이 아닌 현실 세계 조건에서 설문 조사로 얻은 결과도 유용하다. 이 조사 결과들은 대체로 중매결혼이 연애결혼보다 만족도가 낮지 않으며, 때로는 더 높다는 것을 보여준다.[89] 결혼 기간이 평균 10년인 부부들에게 서로를 얼마나 열렬히 사랑하는지 점수를 매겨달라고 했더니 중매결혼 부부와 서양식 연애결혼 부부 사이에 통계상으로 아무런 유의미한 차이가 없었다.[90] 또 한 소규모 연구에서는 출신 배경이 아주 다양한 중매결혼 부부들에게 애정 수준을 1점에서 10점까지 점수로 매겨달라고 했다. 결혼할 시점에는 3.9점이었는데 20년 뒤에는 8.5점으로 나왔다.[91]

결혼의 유형이 어떻든 간에 사랑은 결혼의 핵심 요소다. 한 연구진은 중매결혼을 포함해 다양한 결혼 풍습을 지닌 전 세계 6개 대륙

33개국 9474명을 대상으로 설문 조사를 실시했다. 그 결과 "상호 매력 (서로 끌림)/사랑"이 배우자를 고려할 때 첫 번째 또는 두 번째로 가장 중요하게 여기는 속성이라는 응답이 일관되게 나왔다.[92]

지금까지 우리는 문화와 생태가 어떻게 결혼 유형을 빚어낼 수 있는지 살펴보았다. 예를 들어 비교적 평등주의 사회인 하드자족은 일부일처제다. 이는 어느 정도는 여성이 식량 공급을 남성에게 덜 의존하기 때문이다. 반면에 일부다처제인 투르카나족 사회에서는 소(가축)의 소유권이 불평등과 지위 차이를 낳고, 이 차이는 특정한 남성들에게 이점을 제공한다. 그리고 투르카나족에게 결혼은 유목 생활의 요구 조건에 적합한 노동 단위를 생산하는 기능을 한다. 일부다처제는 이 모든 조건에 들어맞는다.

그러나 우리는 가장 강한 생태의 힘이나 문화의 힘조차 인간관계의 한 가지 핵심 특징을 이기는 사례가 거의 없다는 사실을 살펴보았다. 결혼공포증에 가까운 태도를 보이는 나족마저 그렇다. 이 특징(우리 종의 한 가지 핵심 특징)은 성애 관계에 있는 짝 사이의 결속이다. 우리 인류가 영장류 조상에게 물려받은 것이 확실하고, 모든 문화의 모든 결혼 유형에서 나타나며, 사람들이 사랑이라고 경험하는, 짝에게 느끼는 각별한 애착 말이다. 자신의 짝을 사랑하려는 이 충동은 언제 어디서나 보편적이다.

6장

왜 서로 끌리는가

사랑의 진화

BLUEPRINT

THE EVOLUTIONARY ORIGINS
OF A GOOD SOCIETY

초원들쥐가 우울증에 빠진 이유는?

설치류가 짝짓기에 얼마나 관심이 있는지 평가하는 실험실 표준검사를 보자. 수컷은 천장에서 암컷이 떨어지기를 기대하면서 열심히 레버를 눌러댈 것이다. 쥐는 기본적으로 이렇게 생각한다. "저기 암컷이 있네, 대박!" 그러나 다른 설치류인 초원들쥐prairie vole, Microtus ochrogaster(프레리들쥐, 프레리밭쥐) 수컷은 좀 더 분별력을 보이며 이렇게 생각한다. "저 암컷이 누구지?" 초원들쥐는 모든 암컷이 아니라 특정한 암컷에게서 긍정적인 자극을 받는 듯하다. 그뿐 아니라 초원들쥐는 짝에게서 떼어놓으면 우울증에 해당하는 호르몬 변화와 행동 변화를 보인다. 다른 암컷을 대신 옆에 갖다 놓아봤자 이런 증상은 줄어들지 않는다. 자신의 짝이 있어야만 나아진다.

또 다른 실험에서는 초원들쥐의 꼬리를 묶어 공중에 매달아놓고 반응을 살폈다. 아마 예상대로라면 짝결속을 맺고 있는 초원들쥐든 맺지 않은 초원들쥐든 모두 몸부림칠 것이다. 그런데 실험 결과 유대 관계를 맺은 짝을 잃어버린 초원들쥐는 우울한 것처럼 행동했다(나는 "비통해한다"는 표현을 쓰고 싶다). 그리고 몸부림치지 않았다.[1] 게다가 "과부가 된" 암컷은 새 짝을 사귀는 일이 거의 없다.[2]

    "짝결속"과 "사회 일부일처제social monogamy"라는 용어는 흔히 동의어로 쓰이지만 정확히 똑같지는 않다. 짝결속은 애착의 지각과 감정을 반영하는 내면 상태. 사회 일부일처제는 겉으로 보이는 모습, 즉 행동이다.[3] 사람으로 치면 "사랑하는 것"과 "함께 사는 것"의 차이라고 할 수 있다. 동물의 암수가 그저 짝짓기만 원한다면 수정이 이루어진 뒤에는 함께 붙어 다닐 필요가 없다. 하지만 짝결속을 이룬 동물들은 함께 붙어 다닌다. 짝결속은 복혼제 동물 종에서도 존재할 수 있다. 고릴라는 수컷 한 마리가 암컷 몇 마리와 끈끈한 관계를 맺고 있다. 여기서 핵심은 독점이 아니라 애착이다.[4]

    따라서 동물(우리 종만이 아니라)의 짝결속은 언제나 독점은 아니지만, 얼마 동안 유지되는 안정되고 상호 의존하는 성애 관계를 의미한다. 여기에는 행동과 심리 면에서, 때로는 인지 면에서, 그리고 (사람에게서는) 감정 면에서 애착이 동반된다.[5] 비록 영장류에게조차 특이한 관행이지만 동물계 전체로 보면 이런 짝결속을 맺는 것이 인간만은 아니다. 가장 명확하게 표현하자면 짝결속은 짝의 정체성에 무관심하지 않다는 뜻이다.

    인간이 짝과 단지 성관계나 번식만 하는 것이 아니라 사랑을 하는 이유를 이해하려면 로마 황제가 일부일처제 사회 질서를 구축한 시점보다 훨씬 더 먼 과거로 거슬러 올라가야 한다. 자연선택을 통해 우리는 애착과 사랑 능력을 갖추게 되었고, 이 능력은 의식적 사고 및 감정 경험 능력과 결합해 짝결속 능력의 토대를 이룬다.

동물과 인간의 짝결속 생물학 탐구는 "사회성 모둠"을 논의하는 우리 이야기에서 한 전환점을 이룬다. 지금까지 우리는 조난자 집단, 지역 공동체, 소규모 사회의 짝 관계 등에 관해 살펴봤다. 이제부터는 인간 집단을 이렇게 사회문화적으로 기술하는 차원을 넘어서, 진화 자체가 사회 행동을 어떻게 빚어내왔으며, 유전과 생리가 이 방면으로 실제로 어떻게 작동하는지 이해해보도록 하자.

단독생활 종에게서 진화한 짝결속과 일부일처제

일부일처제든 일부다처제든 일처다부제든 동성애든 간에 지속적이면서 감정적인 성애 관계가 존재한다는 것이야말로 우리 종과 다른 대다수 동물의 성 행동을 구분하는 핵심 특징이다.[6] 인간 짝결속의 궁극적인 진화 기원과 목적을 이해하려면 한 걸음 물러나 동물들의 번식 전략을 더 폭넓게 살펴볼 필요가 있다.

예를 들어 사회 일부일처제는 조류에게서는 매우 흔하지만(조류 종의 90퍼센트는 사회 일부일처제며 거의 짝과 평생을 함께한다) 포유류에게서는 드물다. 한 포괄적인 연구에서는 포유류 2545종을 번식 방식에 따라 3가지 사회 체제로 분류했다. 단독생활 체제solitary system에 속한 암컷은 독자적으로 먹이를 찾으며 짝짓기를 할 때만 수컷과 만난다. 치타와 아르마딜로 등 포유류 종의 68퍼센트가 여기에 속한다. 집단생활 체제group-living system에 속한 번식기 암컷은 1마리 이상의 수컷과 영역을 공유한다. 사슴과 박쥐를 포함해 포유류 종의 23퍼센트가 여기에 속한다. 그리고 일부일처 체제monogamous system에서는 암수가 한 차례 번식기보다 더 오래 같은 영역에서 함께 산다. 올빼미원숭이와 작은발톱수달을 포함해 포유류 종의 약 9퍼센트가 해당한다. 영장류 종은 29퍼센트만 일부일처제다.[7]

과학자들은 먼 과거에 포유류 종들이 언제 어떻게 갈라졌는지 탐구한다. 이를 통해 이런 짝짓기 패턴이 진화한 시기를 추정하고 사회 일부일처제가 얼마나 자주 독자적으로 출현했는지 파악할 수 있다. 생물학자들은 동물의 해부학 특징 또는 생리 특징의 기원을 이해하고자 할 때 으레 이 분지branching 양상을 분석한다. 같은 접근법을 짝짓기 행동 연구에도 쓸 수 있다.

모든 포유류의 공통 조상은 최소 9000만 년 전에 살았던 설치류처럼 생긴 동물인 듯하다. 이 동물의 암컷은 홀로 살았고, 수컷의 영역은 서너 암컷의 서식 영역에 걸쳐 있었다.[8] 포유류 계통수phylogenetic tree의 각 가지도 기원할 무렵에 같은 양상을 보였다. 사회 일부일처제와 짝결속은 이런 단독생활 체제에서 기원했다.

한 학파는 자연선택이 수컷의 육아 행동을 선호한 결과로 다양한 종들에게서 사회 일부일처제가 발달했다고 본다(5장에서 인간 남성의 식량 공급이라는 문제로 이를 살펴봤다). 긴팔원숭이gibbon, 늑대, 들쥐, 독수리, 인간 등 짝결속을 형성하는 종은 단지 함께 지내는 데만 그치지 않는다. 그들은 흔히 함께 새끼를 키운다. 진화 관점에서 볼 때 어느 시점부터 단순히 새끼를 더 많이 낳기보다 수컷이 새끼 키우는 일을 돕는 편이 더 효과가 있게 된 것이 틀림없다. 수컷은 오로지 자기 새끼가 살아남도록 도우려고 할 것이므로 짝인 암컷이 자신하고만 짝짓기를 하도록 확실히 할 필요가 있었다. 그러나 과학자들은 어느 종이 어느 조상 종으로부터 진화했는지를 고려하면 육아가 사회 일부일처제의 원인이 아니라 결과일 가능성이 높다고 판단했다. 일반적으로 진화 역사에서 볼 때 동물 수컷은 먼저 특정한 암컷과 짝결속을 맺게 되었고, 그 이후에 새끼 키우는 일을 돕게 된 듯하다.[9] 따라서 육아가 짝 사이에 애착을 형성하는 원동력이라고 보는 것이 논리적으로 타당해 보일지라도 실제로는 정반대였을 가능성이 높다.

이런 포유류의 짝결속을 다른 식으로는 설명할 수 없을까? 한 가지 흥미로운 단서는 진화 기록상 일부일처제가 거의 언제나 (집단생활이 아니라) 단독생활을 하는 종으로부터 출현한다는 사실이다. 과학자들은 일부 포유류 종의 암컷이 먹이를 찾아 돌아다니는 영역을 서서히 넓혔거나 자기 영역에 다른 암컷이 들어오는 것을 점점 용납하지 않게 되었으리라 추측한다(아마 자원 경쟁 때문에). 어느 쪽이든 간에 암컷의 서식 영역은 더 넓어졌다. 그 결과 수컷은 암컷을 찾기가 훨씬 어려워졌고 한 번에 2마리 이상 지키기도 어려워졌을 것이다. 따라서 암수가 서로 비교적 독점으로 장기간 유대를 이루어 번식하는 쪽이 더 효율성이 높아졌을 것이고, 그 종에게서 이러한 행동 패턴이 진화했을 것이다. 이 개념을 뒷받침하는 또 다른 증거는 면적당 개체 밀도다. 짝을 지어 생활하는 종은 밀도가 1제곱킬로미터당 평균 15마리로 상당히 낮은 반면, 단독생활을 하는 종은 1제곱킬로미터당 156마리로 약 10배 더 높다. 이처럼 낮은 개체군 밀도, 자원 경쟁, 암컷 간 사회 불관용이라는 조건에서는 개별 암컷을 지키는 것(그리고 궁극적으로 그 암컷에게 특별한 애착을 갖게 되는 것)이 수컷의 최적 번식 전략이었을 가능성이 높다.(생물학적 분산biological dispersal 이론에 근거한 설명이다-옮긴이)

일부일처제가 단독생활을 하는 조상 종에게서 진화한 사례는 많다. 우리가 아는 한 포유류에서만 최소 61번 진화했다. 이런 진화가 나름의 목적에 봉사하기에 동물 계통수의 다양한 가지들에서 독자적으로 출현한 것이다. 이는 "수렴 진화convergent evolution"의 한 예다. 유전적으로 서로 거리가 멀고 흔히 사는 지역까지 멀리 떨어져 있는 생물들에게서 서로 독자적으로 비슷한 형질이 진화하는 현상을 가리킨다.

그러나 비록 짝결속이 다른 많은 종의 짝짓기 문제를 해결하지만 인간에게서 짝결속이 어떤 진화 메커니즘을 통해 출현했는지는 아직 모호한 부분이 많다. 그럼에도 요점은 (우리 종을 포함해) 동물이 상호작용하는 방식과 관련된 이 사회 행동이 우리 유전자에 새겨져 있으며, 자연선택으로 빚어진다는 것이다.

인간의 짝결속은 집단생활에서 진화했다

대형 유인원류great apes(사람과) 중에서 일부일처제로 짝을 짓는 종은 인간뿐이다(이른바 소형 유인원류lesser apes인 긴팔원숭이에 속한 종들은 일부일처제다).[10] 그리고 영장류 중 수컷이 새끼에게 상당한 투자를 하는 사례 역시 드물다. 인간에게는 이런 투자가 정상이지만 모든 아프리카 유인원은 집단생활을 하고 일부다처제다. 사람과의 공통 조상들은 이들과 비슷한 방식으로 살았을 가능성이 높다. 우리 종으로 이어지는 영장류 계통에서 사회생활의 근본적인 변화는 단독생활에서 불안정한 집단생활로 처음 옮겨간 영장류 조상이 등장하면서 일어났을 것이다. 이윽고 그들은 안정된 일부다처제 집단을 이루어 살게 되었다. 바로 이런 조건에서 짝결속이 출현했다.

집단생활을 하면서 암컷과 수컷은 서로 쉽게 만날 수 있었다. 하지만 근친 교배의 가능성 등 번식에서 해결해야 할 과제 또한 맞닥뜨렸다. 종이 근친 교배를 피하면서 사회생활의 혜택을 얻는 한 가지 방법은 성별에 따른 분산sex-based dispersal 방식으로 진화하는 것이다. 한쪽 성(대개 수컷)의 구성원들은 원래 살던 고향 집단을 떠나는 반면, 다른 쪽 성의 구성원들은 그 집단에 그대로 남아 있는 식이다(이 습성은 영장류에게서 널리 관찰된다). 이렇게 한쪽 성은 떠나고 다른 쪽 성은 남음으로써 유전적으로 혈연관계에 있는 개체들로 이루어진 비교적 고정된 집단이 형성된다(예를 들어 암컷들과 그들의 몇 세대에 걸친 주로 암컷들로 이루어진 자손 집단). 또 이 패턴은 혈연 선택kin selection이 출현할 무대를 마련한다. 혈연 선택은 개체가 자신과 실제로 혈연관계가 있다는 이유로 상당한 위험이나 희생을 무릅쓰면서 자기 집단의 구성원을 돕는 진화 전략이다. "사회성 모둠"의 또 다른 일부인 호혜 협력은 집단생활의 명백한 이점 중 하나로, 영장류 종에게서 애초에 집단생활이 왜 출현했는지를 설명하는 데 도움이 된다.

짝결속은 집단생활이 이미 자리를 잡은 뒤에 출현한 듯하다. 영장류 217종의 계통수를 재구성한 자료가 그렇다는 것을 말해준다. 이런 일이 영장류 계통수의 다양한 가지들에서 1600만 년 전부터 450만 년 전까지 서로 전혀 다른 시기에 여러 번 일어났다. 이렇듯 영장류의 짝결속은 단독생활을 하는 종에게서 출현한 것이 아니라는 점에서 다른 포유류 종들의 짝결속과 진화 기원이 달랐다.[11]

인간의 짝결속과 일부일처제는 우리의 먼 사람과 조상의 일부다처제 집단생활 사회 체제로부터 나왔을 가능성이 높다. 이 일부다처제 조상에게서 나왔음을 시사하는 증거 중 하나는 인간의 "성 이형성

sexual dimorphism"이다. 남성은 평균 키가 여성보다 상당히 크다. 이는 남성이 여성을 놓고 서로 경쟁했으며 몸집이 큰 남성이 더 많은 여성과 짝을 지을 수 있었고(또는 여성이 나름의 이유로 몸집이 더 큰 남성을 선호했고), 그 결과 큰 몸집을 빚어내는 유전자가 후대로 전달되었다는 개념과 들어맞는다. 물론 실제 이야기는 이보다 더 복잡하다. 더 최근의 진화 역사를 보면 인류는 점점 더 "동형성monomorphism"을 띠어왔다(남녀의 신체가 비슷해져왔다). 이 변화는 수십만 년 전 우리의 특정한 사람과 종인 호모 사피엔스가 출현하면서 일부일처제를 향한 진화의 압력이 강해져왔음을 시사한다.

　　인류에게서 가장 성 이형성을 보이는 형질은 상체 근력이다. 이 힘이 센 남성은 싸울 때 유리했을 것이고, 그 결과 짝과 자녀를 더 많이 얻었을 것으로 여겨진다. 고릴라가 좋은 사례다.[12] 그러나 송곳니 크기 같은 형질들에서는 전반적으로 성 이형성이 감소해왔다. 남성의 송곳니는 덜 드라큘라처럼 보이게 되었다. 싸우는 데 유용한 몸집과 근력의 적응상 이점이 시간이 흐르면서 줄어들어왔음을 시사하는 변화다. 어떤 이들은 무기라는 (먼 옛날의) 문화 발명이 커다란 송곳니의 이점을 없앴다고 본다. 손에 쥔 돌은 입안의 치아보다 우월했다. 이를 "무기 대체 가설weapons-replacement hypothesis"이라고 한다. 그러나 남성의 송곳니 크기 감소는 화석 기록에 도구가 처음 등장한 시기보다 먼저 일어났다.[13] 그리고 무기를 이용할 수 있게 된 뒤로도 큰 몸집과 큰 송곳니는 싸울 때 여전히 유용할 수 있었다(적어도 총기가 발명되기 전까지는 그랬다. 화약은 몸집에 상관없이 모든 사람을 근본적으로 평등하게 만들었다).[14]

　　이런 관찰 사례들은 인간에게서 상체 이형성이 유지되는 것(치아

같은 형질들의 이형성은 약해졌지만)을 남성들의 직접 경쟁만으로는 다 설명할 수 없음을 시사한다. 그렇다면 달리 무엇으로 설명할 수 있을까? 형질인류학자 코런 아피셸라는 진화적으로 볼 때 상체 근력의 이형성이 어느 정도는 여성들 때문에 유지되어왔다고 주장한다. 예를 들어 여성이 뛰어난 사냥꾼인 남성을 더 선호한다면, 그리고 상체 근력이 사냥에 유리하다면 남성들 간 경쟁보다는 여성들의 욕구와 선택이 이 이형성 유지의 근원일 수 있다. 다시 말해 이 이형성을 띤 형질은 여전히 이점을 제공한다. 그리고 대다수 문화에서 이성애 여성이 흔히 넓은 어깨에 매력을 느끼는 이유를 설명해줄지 모른다. 그리고 아피셸라는 하드자족 남성들의 사냥 성공률과 관련이 있는 형질인 상체 근력이 번식에 유리한 결과를 가져온다는 것을 밝혀냈다.[15] 요컨대 여성의 선택, 남성의 식량 공급, 사회 일부일처제, 신체 이형성은 모두 서로 연관된 듯하다.

그렇다면 영장류 종에게서 집단생활이 먼저 출현한 이유와 집단생활이 제공하는 이점에 상관없이, 증거로 볼 때 우리 조상들이 더 난잡하고, 아마 일부다처제고, 협력 가능성이 높은 사회 구조를 이미 지니고 있었다면 짝결속으로 전환은 어떻게 이루어진 것일까? 앞서 논의한 포유류의 일부일처제에 대한 고전적인 설명(암컷들이 멀리 분산되는 바람에 수컷이 어쩔 수 없이 한 암컷과 유대를 맺어야 한다는 관점)은 동물들이 무리를 지어 사는 체제에서는 들어맞지 않는다. 뭔가 다른 메커니즘이 있어야 한다.[16]

암컷의 선물 선호가 수컷을 길들였다

우리가 지금까지 살펴본 개념 중 상당수는 수컷이 자신을 위해(다른 수컷들이 짝짓기를 못 하게 암컷을 지키거나 암컷에게 먹이를 공급하고 짝짓기 기회를 얻는 것 등), 짝을 위해(암컷이 새끼를 돌볼 때 암컷을 포식자로부터 보호하거나 암컷에게 먹이를 공급하는 것 등), 새끼를 위해(잡아먹히거나 굶어 죽지 않게 하는 것 등) 하는 일과 관련된 수컷의 행동에 초점을 맞추고 있다.[17] 그러나 암컷은 진화 이야기에서 수동적인 역할을 맡고 있지 않다. 사례를 하나 들자면 암컷은 "까다롭게 고르기choosiness"라고 알려진 경호원 선택권을 행사한다.[18] 그리고 암수는 일반적으로 진화의 궤적에 동등하게 영향을 미쳐야 한다.

집단 내 지배 계층은 일부일처제를 뒤엎는 듯이 보일 것이다. 우리의 사람과 조상 집단에서 특정 남성들은 함께 지내는 여성들과 짝짓기할 기회를 더 많이 누리기 위해 다른 남성들을 지배함으로써 이 방향으로 진화를 더욱 부추기기 때문이다. 그런데 진화심리학자 세르게이 가브릴레츠Sergey Gavrilets는 집단생활을 하던 우리 조상들에게서는 역설적으로 이런 지배 계층 구조가 여성의 선택권을 늘려서 짝결속에 기여할 수 있다고 본다.[19] 본질상 이 체제에서 "패배자" 남성들, 즉 여성 짝을 얻는 경쟁에서 밀려난 지위 낮은 남성들은 짝을 얻기 위해 다른 전략을 개발해야 했다. 낮은 지위의 남성들이 높은 지위의 남성들보다 수가 더 많다는 수학적 현실을 고려할 때, 이런 남성들이 지배권을 놓고 다른 남성들과 싸우기보다는 여성에게 자원을 공급하는 편이 더 효과가 있도록 자연선택이 이루어질 수 있다. 물론 그런들 높은 지위의 남성은 낮은 지위의 남성과 싸워서 짝짓기 기회를 빼앗을 수 있다. 그럼으로써 낮은 지위의 남성이 여성에게 한 투자를 무위로 만들 수 있다. 그렇긴 해도 일부 종(예를 들어 고릴라, 코끼리물범, 붉은사슴)의 우두머리 수컷이 싸움에 몰두하고 있을 때 옆에서 지켜보던 더 약한 수컷들은 그 소동을 틈타 암컷과 짝짓기를 할 수 있다. 그런 소동이 없다면 불가능할 이 전략을 동물학자들은 "몰래 교미자 전략sneaky-fucker strategy"이라고 부른다.[20]

그런데 여기서 주목할 점이 하나 있다. 암컷이 수컷의 결투보다 선물을 더 선호하게 된다면 진화 기간 전체로 볼 때 낮은 지위의 수컷이 높은 지위의 수컷을 이길 수 있다는 것이다. 수컷의 성공이 비신체 특징에 토대를 두는 한 암컷의 선호는 수컷에게 "우위"라고 여겨지는 것을 바꾼다. 이런 시나리오에서는 수컷의 먹이 공급과 암컷의 신뢰가 자기 강화 방식으로 공진화할 수 있다. 궁극적으로 가브릴레츠 모형은 우리의 사람과 남성 조상들(소수의 최고 지위 남성들을 제외한 조상들)이 식량을 공급해 짝을 확보하게 되었고, 여성은 식량 공급을 유도하기 위해 짝에게 매우 높은 수준의 정절을 지키는 쪽으로 진화했다고 말한다. 인간의 뇌 크기가 커지고 임신과 수유가 더 많은 부담을 주면서 식량 공급이 매력적인 전략이 된 것은 타당하다. 이 근력에서 돌봄으로 전환은 위에서 말했듯이 남녀 간 몸집과 근력의 이형성이 줄어들어왔다는 증거와도 들어맞는다.

이런 분석 방식은 여성이 완전히 정숙할 것이라고 예측하지 않는다. 그보다는 여성과 남성의 짝결속 강도가 좋은 유전자(아마 최고 지위의 남성이 공급할)와 더 나은 식량과 돌봄(주로 낮은 지위의 남성이 공급할) 간 균형에 달려 있을 것이라고 본다. 이 진화 과정은 일단 시작되자 더욱더 많은 여성이 덜 공격적인 남성과 번식을 하게 되면서 일종의

"자기 길들이기self-domestication"로 이어졌을 것이다(이 주제는 10장에서 다시 살펴보겠다). 그 결과 인간은 대부분 정숙한 여성들이 대부분 식량을 잘 공급하는 남성들과 짝결속을 형성해 집단생활을 하는 종이 되었을 것이다.[21] 마침내 우리는 애착과 사랑의 진화로 나아가는 길에 들어서게 되었다.

인간의 해부 구조와 마찬가지로 인간의 사회 체제(일부일처제와 집단생활 등)도 우리 유전자에 작용하는 자연선택의 대상이다. 따라서 우리 유전자는 몸만이 아니라 사회에까지 영향을 미친다고 볼 수 있다. 우리 종에게 짝결속으로의 전환은 하나의 돌파구가 된 생물학 적응(우리 종에게 획기적인 전환점)이었다. 그리고 지금도 여전히 우리의 가장 핵심 사회 제도 중 하나인 결혼의 토대로서 어디에나 존재한다.

그러나 앞서 살펴보았듯이 우리 종을 결정적으로 구분하는 특징은 일처다부제, 일부다처제, 동성애, 독신주의celibacy를 비롯한 짝짓기 행동의 진정한 다양성이다. 고릴라 종의 모든 구성원은 일부다처제를 채택했다고 말할 수 있다(짝이 하나뿐인 수컷은 암컷들을 모으는 일을 이제 막 시작한 것일 뿐이며, 짝이 아예 없는 수컷은 더 강한 수컷들에게 밀려난 상태일 뿐이다). 하지만 우리 종은 결코 그렇지 않다.

인류 짝짓기 체제의 다양성은 적어도 어느 정도는 생태 제약의 결과다. 그렇지만 고도로 정교한 우리 뇌를 고려할 때 이 다양성은 또한 우리의 사회 행동이 고정된 형태로 설치되어 있다기보다는 다채로운 형태로 표현되도록 프로그래밍되어 있음을 반영한다. 더 나아가 다양한 방식으로 친밀한 애착을 구현하기 위해 기본 청사진을 수정할 수 있는 이 능력은 진화가 이끄는 대로 고유하고 발전한 문화를 만들어서 유지하는 우리 능력을 어김없이 반영한다(11장에서 다시 살펴본다). 우리의 다양한 결혼 체제는 "사회성 모둠"의 핵심 요소인 사회 학습 능력을 반영한다. 우리는 짝을 향한 애착이라는 심오한 진리 위에 융통성 있게 문화를 덧씌울 수 있다.

암컷의 전략, 수컷의 전략

앞서 살펴보았듯이 포유류 암수는 일반적으로 다양한 방식으로 짝결속을 맺으며, 그중 일부는 너무나 상투적으로 보일 수 있다. 그렇지만 간단히 살펴보고 넘어가기로 하자. 생리 비용 측면에서 볼 때 수컷이 정자 생산에 투입하는 자원보다 암컷이 난자 생산에 투입하는 자원이 훨씬 더 많다. 게다가 생산량이 난자는 유한한 반면에 정자는 사실상 거의 무한하다. 생식 세포 생산에서 나타나는 이런 투자 차이는 이어지는 번식 과정에서 더 벌어진다. 육아의 모든 단계에서 암컷이 훨씬 더 많은 투자를 하기 때문이다. 또한 암컷은 임신과 수유 기간에 포식자와 식량 부족에 더 취약하다. 나아가 암컷의 평생 번식 능력은 출산 가능한 새끼 수로 제한된다.

예를 들어 피임을 전혀 하지 않는 하드자족 같은 자연 번식 집단에서조차 여성은 아무리 많아봤자 약 12명까지밖에 낳지 못한다.[22] 반면에 남성이 낳을 수 있는 자녀 수는 수백 명에 달할 수 있다. 제국의 통치자들이 이를 잘 보여준다. 그래서 "성 독재자sexual despot"라는 말까지 생겨났다. 칭기즈 칸과 형제들은 너무나 많은 자손을 두어서 오늘날 세계 인구 200명 중 1명은 그들의 후손일 정도다(중앙아시아에서는 거의 12명에 1명꼴이다).[23] 게다가 출산 가능한 여성 중 대부분은 자녀를 낳은 반면에 인류 역사를 통틀어 많은 남성은 아예 번식 기회조차 얻지 못했다.

이런 차이가 있기에 포유류 암컷은 대개 짝을 고를 때 수컷보다 더 까다로워서 유전자가 더 낫거나 자원이 더 많은 수컷을 으레 선호한다. 수컷도 좋은 유전자를 바라지만 짝의 절대적인 번식 능력과 육아 능력에 더 관심을 갖는 여유를 부릴 수 있다.

수컷들 간 지위 차이가 심한 몇몇 동물 종에서는 암수 모두 일부다처제 결합을 선호할 수 있으며, 이는 진화 역사에 걸쳐 자기 강화 피드백 고리를 형성할 수 있다. 즉 수컷들의 지위 차이가 더 심해지고 암컷들의 지위 선호 역시 더 강해져 일부다처제가 강화된다. 번식이 가로막힐 위기에 처한 수컷들은 짝을 얻기 위해 더 위험하고 심지어 폭력적인 행동까지 불사하면서 미래는 없다는 식으로 이 상황에 나름 합리적으로 대응할 수 있다. 이를 앞에서 말한 "몰래 교미자 전략"과 반대되는 "미친놈 전략crazy-bastard strategy"이라고 한다. 따라서 수컷들 간 지위 차이를 평준화(최상위 수컷과 최하위 수컷이 별로 다르지 않다는 의미)하는 생태 요인(인간에게는 문화 요인)이 진화 역사에 걸쳐서 수컷을 덜 폭력적으로 만드는 쪽으로 수컷의 행동을 변화시킬 수 있다.[24] 이 말은 헷갈리게 들릴 수 있는데, 동물이 때로 진화의 도전 과제에 특이 반응을 일으킬 수 있고, 우리가 인간에 관해 아는 한 행동 측면에서 우리 종이 유달리 융통성이 있기 때문이다.

인간은 남녀 모두 유연한 짝짓기 전략을 진화시켜왔다. 이 전략은 한편으로는 장기 짝결속과 그 관계를 지탱하는 생물 장치와 심리 장치를 기반으로 삼으며, 다른 한편으로는 단기 성관계를 기반으로 삼는다. 우리의 진화한 심리는, 먼 과거에 우리 종이 직면한 다양한 생태 압

력과 진화 압력에 토대를 둔, 서로 경쟁 관계에 있는 이 2가지 조상 전략을 모두 반영한다.[25]

행동유전학: 인간의 모든 행동 형질은 유전된다

지난 50년 동안 행동유전학behavior genetics 분야에서 일하는 과학자들은 유전자가 인간 행동을 빚어낸다는 증거를 많이 모아왔다. 유전학과 유전 연구는 유전형genotype(유전 형질. 유전자와 그 변이체)이 표현형phenotype(발현 형질. 생물의 겉모습과 기능)을 어떻게 빚어내는지를 궁금해하면서 시작되었다. 그러나 표현형은 이윽고 겉모습 차원을 넘어서 뇌가 작동하는 방식과 궁극적으로 인간의 성격과 행동까지 포함하는 유전자의 모든 발현 형태라고 여겨지게 되었다. 행동유전학자들은 쌍둥이를 조사하고 DNA의 작은 변이를 분석하는 등 다양한 기법을 써서 유전체genome(게놈) 전체가 그리고 특히 특정 유전자가 신경증, 의사 결정, 다정함 같은 복잡한 표현형을 설명하는 데 도움이 되는지를 탐구해왔다.

유전자가 행동에 아주 폭넓고 강력한 영향을 미치기에 2000년 심리학자 에릭 터크하이머Eric Turkheimer는 행동유전학의 "제1법칙"을 이렇게 제시했다. "인간의 모든 행동 형질behavioral trait은 유전된다."[26] 한 놀라운 연구에서는 2748건의 연구 논문을 종합 분석했다. 쌍둥이 1400만 쌍과 인간 형질 1만 7804가지를 분석한 것과 같았다. 이 연구는 거의 모든 행동 영역에서 유전 결정 요인이 관여한다고 결론지었다.[27] 요컨대 유전자와 환경은 종교 성향에서부터 위험 회피에 이르기까지 수많은 형질을 사람들이 어느 정도로 드러내는지를 결정하는 데 똑같이 중요하다.

그렇지만 어떤 복잡한 행동 형질(또는 어떤 표현형)에 실제로 어느 유전자가 중요한지를 파악하는 일은 어려울 수 있다. 자동차를 전혀 본 적이 없으면서 자동차가 어떻게 달리는지를 알아내려고 시도하는 것과 비슷할 수 있다. 시동키가 없이는 차가 달리지 않으며, 키가 있는 차가 달린다는 것은 알아차릴 수 있다. 하지만 이것이 시동키가 차가 달릴지 여부를 결정한다거나 시동키가 자동차 작동의 "원인"이라는 의미는 아니다. 자동차는 움직이려면 협력해야 하는 많은 부품들로 이루어져 있다.

물론 어떤 표현형은 정말 단순하다. 고등학교 생물학 시간에 배운 내용을 기억할지 모르겠다. 헤모글로빈 유전자의 변이체들은 서로 다른 종류의 헤모글로빈을 만드는 암호를 지니고 있으며, 일부 변이체는 낫모양적혈구빈혈sickle-cell anemia(겸형적혈구빈혈)을 일으킨다. 이는 유전자가 작동하는 방식을 보여주는 고전적인 사례다. 유전자 하나가 표현형 하나의 암호를 담고 있기 때문이다. 이 사례에서는 유전자 하나가 헤모글로빈이 정상인지 낫 모양인지를 결정한다. 그러나 인간 표현형 대다수는 훨씬 더 복잡한 양상을 띤다. 예를 들어 사람 키는 수십 가지 유전자의 상호작용에 따라 정해진다. 슬롯머신에 회전하는 롤러가 100개 들어 있다고 상상해보라. 잭팟이 나오려면 모든 롤러가 정확히 들어맞아야 하며, 다른 식으로 배열되면 더 적은 상금이 나온다. 각 롤러 조합마다 조금씩 다른 결과를 내놓으므로 매번 슬롯머신을 작동시킬 때 어떤 결과가 나올지를 예측하기란 극도로 어렵다.

따라서 유전자의 영향을 구분하기란 쉽지 않다. 유전자가 표현형에 영향을 미칠 수 있는 방식이 많기 때문이다. 행동은 더욱 그렇다. 게다가 많은 유전자가 하나의 표현형에 영향을 미칠 수 있을 뿐 아니라 (이 형질은 다유전자성polygenic이 된다) 거꾸로 한 유전자가 여러 표현형에 영향을 미칠 수 있어서 상황이 더욱 복잡해진다. 한 예로 비만에 영향을 미치는 유전자는 콜레스테롤을 처리하는 능력에도 영향을 미칠 수 있다. 이런 사례를 "다면발현pleiotropy"이라고 한다.

이렇게 복잡하기 그지없으므로 과학자들이 유전자를 이야기할 때 좀 축약 표현을 쓴다는 점을 이해하는 것이 중요하다. 과학자가 어떤 형질을 "빚어내는for" 한 유전자 또는 여러 유전자가 있다고 말할 때, 이 말은 어떤 유전형의 여러 변이가 어떤 표현형의 여러 변이에 대응한다는 의미다. 반드시 특정 유전자가 전적으로 특정 표현형을 빚어낸다는 뜻이 아니다. 한 예로 신경전달물질neurotransmitter 도파민 dopamine의 수용체를 만드는 명령문을 지닌 DRD4라는 유전자가 있다. (논란을 불러일으키는) 일부 연구는 이 유전자의 변이체들(한 유전자의 변이체들을 "대립유전자allele"라고 한다)이 새로운 경험 추구하기나, 새로운 곳으로 이사하기나, ADHD(주의력결핍과잉행동장애)를 일으킬 가능성이 다소 높다고 시사한다.[28] 따라서 우리는 이 유전자가 이런 행동들의 원인(비록 유일한 원인은 아니지만)이라고 말할 수 있다. 그러나 이 말은 ADHD를 "빚어내는" 특정한 유전자가 있다고 주장하는 것과는 전혀 다르다. 변이는 기능(예를 들어 도파민이 하는 일)을 이해하는 데 도움을 준다. 하지만 문제는 모든 사람이 도파민 체계를 지니고 있다는 것이다. 유전자가 어떻게 작용하는지 이해하는 또 한 가지 방법은 한 종의 구성원들이 아니라 종들 사이의 유전자를 비교하는 것이다. 한 종에게서 특정한 형질을 만드는 유전 암호를 지닌 새 유전자가 발견되었을 때 다른 종들(아마 비슷한 종들)에게서는 이 유전자와 형질이 둘 다 없다는 것이 드러난다면 이 형질을 설명하는 데 유전학이 중요한 역할을 한다고 볼 수 있다.

자연선택은 우리 사회를 포함해 인간의 모든 것을 이해하는 데 필수다. 신체 형질과 마찬가지로 행동 형질에서도 "적자생존survival of the fittest"을 통한 진화가 작동한다. 한 생물의 후손들은 세대마다 우연한 돌연변이로 생존과 번식의 가능성을 높이거나 낮출 수 있는 작은 유전 변화를 지니게 된다(이 변화는 중립적일 수도 있다). 바로 이 부분에서 자연선택이 개입한다. 생물이 존재하는 환경은 자연스레 어떤 개체들은 선호하지만 다른 개체들은 선호하지 않으며, 선호되는 개체들은 자손을 더 많이 남길 것이다. 환경은 마치 동물 육종가처럼 행동하면서 누가 번식할지를 선택해 몇 세대에 걸쳐 선택된 형질을 변형시킨다. 그러나 진화는 나아가는 방향을 알지 못한다. 원대한 목표도 없고, 완결도 없다. 유전자, 개체, 종은 미래에 어떤 형질이 유용할지, 또는 어떤 형질이 나중에 이루어질 변형의 무대가 될지 예측할 방법이 전혀 없다. 유전자는 생물 체계가 정보를 저장하고 전달하는 방식일 뿐이다.

개별 유전자가 미치는 영향도 구분하기가 쉽지 않다. 유전자는 확률적으로 작용하기 때문이다. 다시 말해 유전 암호는 모든 컴퓨터에서 똑같은 방식으로 작동하는 단순한 컴퓨터 프로그램과 다르다. 유전형과 표현형이 일대일로 대응하는 사례는 거의 없다. 대신에 특정한 유전자는 평균적으로 다른 행동들보다 특정한 행동을 더 일으키게 한다. 흡연이 평균적으로 폐암에 걸릴 확률을 상당히 높이지만 확실하게 폐암에 걸리게 하는 것은 아니라는 점과 비슷하다.

유전자가 처한 환경 역시 언제나 똑같지는 않다. 유전 정보는 기본적으로 개인의 평생에 걸쳐서 변하지 않지만 인간의 물리 환경과 사회문화 환경은 가변성이 매우 크다. 그 결과 유전자는 맥락에 따라서 개인에게 전혀 다른 효과를 일으킬 수 있다. 자동차 비유로 돌아가서 바퀴가 깊은 진흙 속에 빠져 있다면 아무리 시동키를 돌리고 가속 페달을 밟아봤자 차는 움직이지 않을 것이다.

유전자는 다양한 수준에서 환경의 영향을 받을 수 있다. 세포핵의 생화학 환경은 유전자가 단백질로 번역되는 양상에 영향을 미칠 수 있다. 세포핵 바깥의 세포 환경은 이 단백질이 어떻게 운반되고 어떻게 기능을 수행하는지에 영향을 미칠 수 있다. 몸속 환경은 이 단백질 분자들과 상호작용하는 물질의 가용성에 영향을 미칠 수 있다. 그리고 몸 바깥의 물리 환경(비나 햇빛 등)과 사회 환경(친구나 적에게 둘러싸여 있는 것 등)도 유전자가 발현하거나 활성화하는 양상을 변화시킬 수 있다. 또 동일한 유전자가 이 환경에서는 이 표현형을 빚어내고 저 환경에서는 저 표현형을 빚어낼 수 있다. 하지만 대개 과학자들은 먼저 유전자와 표현형을 살펴서 양쪽이 뭔가 관계가 있는지 알아본다. 관계가 있다면 측정 가능한 환경 요인들에 따라 이 관계가 달라지는지, 달라진다면 어떻게 달라지는지 탐구할 수 있다.[29]

유전자와 환경의 상호작용이 종으로서 우리의 진화만이 아니라 개체로서 우리의 삶 또한 빚어낸다는 사실이 점점 명확하게 드러나고 있다. 유전자와 살아가는 세계 중 어느 쪽이 인간의 운명에 더 큰 영향을 미칠까, 하는 질문을 던질 때 사람들은 세계가 유전자와 별개라고 암묵적으로 가정한다. 그러나 이 가정은 몇 가지 방식으로 반박할 수 있다. 유전자는 사람들이 특정한 환경을 추구하도록 이끌 수 있다. 예를 들어 자신이 유전적으로 추위를 잘 탄다고 느낀다면 따뜻한 기후에서 사는 쪽을 택할 수 있다. 더 나아가 유전자는 사람들이 환경을 창조하고 다듬도록 이끌 수 있다. 예컨대 사회생활 측면에서 유전자는 누군가가 친구를 많이 사귈지 거의 안 사귈지를 결정하는 데 도움을 준다. 그리고 개인의 유전자는 다른 이들이 살아가는 환경의 근본적인 일부분이다(10장 참조). 즉 한 사람의 유전자는 다른 이들의 삶에 영향을 미칠 수 있다.

유전자 실험: 문란한 종을 일부일처제 종으로 바꾸기

진화 역사에 걸쳐 다른 동물들에게서 짝결속이 출현한 양상은 자연선택이 인간의 짝짓기 행동(그리고 집단생활)과 관련이 있음을 잘 보여준다. 그러나 이 현상의 실제 해부, 생리, 유전 토대를 찾아내는 일은 다른 문제다. 이 문제를 더 깊이 탐구하는 신경과학자 래리 영Larry Young 같은 이들은 작은 들쥐vole(밭쥐)에게 눈을 돌렸다. 초원들쥐는 본래 일부일처제다(적어도 대다수는 그렇다). 반면에 가까운 친척인 목초지 들쥐meadow vole, Microtus pennsylvanicus(아메리카밭쥐)와 저산지들쥐 montane vole, Microtus montanus(저산대밭쥐)는 문란하게 짝짓기를 한다.

호르몬인 옥시토신oxytocin과 바소프레신vasopressin을 포함한 많은 신경전달물질은 초원들쥐의 짝결속 정도를 조절한다고 알려져 있다.[30] 일부일처제인 초원들쥐는 복혼제인 목초지들쥐보다 뇌 앞쪽(앞뇌) 부위에 바소프레신 수용체의 수가 더 많다. 생쥐와 마모셋 종들 역시 일부일처제 종과 친척인 복혼제 종을 비교할 때 바소프레신 수용체가 비슷한 양상을 보인다.[31] 게다가 같은 들쥐 종 내에서조차 바소프

레신 수용체가 더 많거나 더 적절한 위치에 있는 개체들은 더 강한 짝 결속을 보인다.[32]

옥시토신과 바소프레신은 포유류에게서 많은 기능을 한다. 옥시토신은 출산 때 자궁 수축을 자극하고 출산 직후 젖 분비를 촉진한다고 알려져 있으며, 어미와 새끼 간 일종의 상호 피드백 애정 고리를 조절한다. 옥시토신이 더 많이 분비될수록 어미는 새끼 및 짝과 감정적으로 더 연결된다. 옥시토신 농도는 어느 정도는 다른 개체들의 행동에 따라 조절된다(이 현상은 종 사이에서도 일어날 수 있다. 개와 주인은 서로의 눈을 바라볼 때 옥시토신 농도가 증가한다).[33] 바소프레신은 발기와 사정, 공격성, 영역 수호, 냄새 표지 남기기 등 수컷의 전형적인 몇몇 기능에 관여한다.[34] 하지만 두 호르몬은 암수 모두에게서 일을 한다.

들쥐는 짝결속을 맺을 때 짝 인지(냄새 등)와 보상(교미와 관련된 것 등) 관련 신경 경로neural pathway들이 옥시토신과 바소프레신 경로와 함께 활성화하는 듯하다. 그래서 두 자극이 연결되어 짝 선호가 빚어진다. 바로 이것이 들쥐가 짝을 인식하는 방식이자 이유다. 일부일처제가 아닌 종에게 앞뇌의 바소프레신 경로와 수용체가 없다는 것은 짝의 냄새와 성 보상이라는 선택 관계가 이루어지지 않으며, 따라서 이 동물이 짝결속을 형성할 수 없다는 것을 의미한다. 분명히 말하지만 여기에는 도파민과 아편유사제opioid(보상 체계에 관여) 등 다른 여러 호르몬과 신경전달물질 또한 관여하며, 다른 신경 회로neural circuit(기억 관련 경로 등) 역시 관여한다. 실제로 사람을 대상으로 한 몇몇 연구는 다양한 호르몬 혼합물이 우리 종에게서 다양한 관계 양상을 빚어내는 것일 수 있음을 시사한다.[35]

우리는 이 호르몬 생리가 불변이라고 가정할지 모른다. 그러나 래리 영 연구진은 독특한 실험에서 한 유전자(바소프레신 수용체 중 하나를 만드는 Avpr1a 유전자)의 발현을 조작해 문란한 들쥐 종을 본질상 일부일처제로 만들 수 있다는 것을 보여주었다.[36] 연구진은 일부일처제 초원들쥐가 가진 이 유전자를 문란한 목초지들쥐에게 집어넣었다. 목초지들쥐의 앞뇌에서 발현되는 바소프레신 수용체의 양을 늘리기 위해서였다. 그런 뒤 유전자가 변형되어 새로운 짝결속 신경 회로를 지니게 된 목초지들쥐 수컷을 대상으로 "짝 선호 검사Partner Preference Test, PPT"라는 표준 애정 검사를 수행했다. 자신의 짝을 선호하는지, "상응하는 자극 가치를 지닌 새 암컷"을 선호하는지 파악하는 검사였다. 두 암컷과 보내는 시간을 측정해보니 유전자 변형 목초지들쥐 수컷은 자기 짝을 훨씬 더 선호했다. 대조군인 이 문란한 종의 원래 개체는 그렇지 않았다.

이런 연구는 한 가지 유전자 또는 몇 가지 유전자가 종의 짝결속 행동을 통제할 수 있음을 보여준다. 진화 사건이 일어날 때처럼 실험을 통해 특정 유전자의 발현 방식을 바꾸면 목초지들쥐의 사회 행동에 심오한 변화가 일어나 일부일처제가 될 수 있다.[37]

그러나 우리는 유전자나 유전자 집단이 단독으로 작용하는 것이 아님을 잊지 말아야 한다. 이 실험에서 일으킨 유전자 변형은 다른 많은 유전자들과 기존 신경 회로들, 생물학 및 사회생태 요인들과 함께 작용해 효과를 일으켰다. 한 유전자의 변이체가 다른 유전자들의 변이체 활동에 효과를 미치는 현상을 "상위작용epistasis"(상위성)이라고 한다. 어떤 사람이 일찍 머리가 세는 유전자를 물려받았지만(나처럼) 더 일찍 완전히 대머리가 되는 유전자를 함께 물려받았다면(나는 아니다) 일찍 머리가 세는 유전자는 발현되지 않을 수 있다. 들쥐 사례를 보면 바소프레신 수용체 유전자의 변화가 이 효과를 일으키는 데 핵심 역할을 했다. 하지만 유전자 변화가 이 효과의 유일한 원인은 아니며, 이 효과가 일어날 충분조건도 아니다. 설령 결정적인 역할을 한다고 한들 Avpr1a 유전자는 홀로 작용하는 것이 아니다. 이는 자동차 시동을 걸기 위해 키를 꽂아 돌리는 것이 자동차를 움직이는 데 필요한 전부라고 생각하는 것과 비슷하다. 자동차를 움직이는 것은 시동키의 작용과 차의 다른 모든 기능 및 구조 간의 조화다.

일부일처제는 육아 활동, 특히 수컷의 육아 활동 증가와 관련이 있다. 진화생물학자 호피 혹스트라Hopi Hoekstra 연구진은 사슴쥐deer mouse, Peromyscus maniculatus와 올드필드쥐oldfield mouse, Peromyscus polionotus라는 가까운 친척이면서 각각 문란한 형태와 일부일처제인 두 생쥐 종을 대상으로 육아 행동의 유전 토대 및 그것과 일부일처제의 관계를 살펴보았다. 이 생쥐 종들의 상호 교배와 유전자 염기 서열 분석genetic sequencing을 활용해 연구진은 육아에 관여하는 12가지 유전체 영역을 파악할 수 있었다(여기서도 바소프레신 유전자가 중요한 역할을 한다는 것이 드러났다). 수컷이나 암컷 어느 한쪽에게서만 발현되는 유전자도 있고, 양쪽에서 다 발현되는 유전자도 있었다. 이런 결과는 육아가 암수 양쪽에서 독자적으로 서로 다른 유전 경로를 통해 진화했음을 시사했다. 품어주고 둥지를 짓는 등 암수 양쪽에서 비슷한 행동으로 표현됨에도 말이다. 요컨대 이 실험들은 이런 종들에게서 육아 행동이 유전 토대를 지니며, 이 토대는 암컷과 수컷이 다르고, 유전자 및 행동과 관련된 변화는 문란한 종보다 일부일처제 종의 수컷에게서 더 자주 나타난다는 것을 보여주었다.[38]

인간 짝결속(과 육아 행동)의 유전학은 아직 유아기에 있다. 인간의 짝결속은 들쥐나 생쥐보다 훨씬 더 복잡할 것이 틀림없다. 나는 들쥐 연구 결과와 똑같은 과정(신경해부학, 생리학, 유전학 측면에서)이 사람에게서 일어난다는 의미는 아니라는 점을 강조하고 싶다. 비슷한 과정임에는 분명할 테지만 말이다.

이런 단서가 붙긴 해도 몇몇 연구진은 영장류 연구로 얻은 짝결속 척도를 써서 인간의 짝결속과 관련된 유전자를 찾아왔다. 그들은 쌍둥이와 그 배우자 2186명을 연구해 들쥐 수컷이 지닌 것과 비슷한 대립유전자 334allele 334라는 바소프레신 수용체 유전자의 특정 변이체가 남성의 짝결속 행동 감소와 관련이 있음을 밝혀냈다.[39] 이 특정 변이체가 없는 남성은 배우자에게 긍정적인 감정을 더 강하게 품으며 결혼 생활에서 드러나는 문제가 더 적었다. 이 대립유전자를 전혀 지니지 않은 남성은 약 15퍼센트가 결혼 위기를 겪은 반면, 이 유전자를 쌍으로 지닌 남성은 34퍼센트가 결혼 위기를 겪었다고 대답했다(2배 더 높았다). 또한 이 유전자 변이체를 지닌 남성의 배우자는 결혼 만족도가 더 낮다고 답했다. 마치 한 사람의 유전자가 다른 사람의 생각과 감정에 영향을 미치는 듯했다. 유전자가 인간관계에 영향을 미친다는 이 중요한 개념은 뒤에서 다시 살펴보기로 하자.

사람에게서 바소프레신 수용체 유전자 발현과 다른 표현형들 사이에는 연관성이 존재할 수 있다. 첫 성 경험 연령, 자폐증, 심지어 흥미롭게도 이타심까지 다양한 표현형이 연관된다.[40] 이는 짝결속의 진화가 다른 사회 행동의 진화와 병렬적으로 또는 순차적으로 연결되어 있다는 개념을 더욱 뒷받침한다.

자녀 사랑 이후에 짝 사랑이 진화했다

앞서 말했듯이 옥시토신은 번식의 신체 부위뿐 아니라 뇌 부위(새끼와 형성하는 유대 등)까지 관련이 있다. 예를 들어 쥐는 자기 새끼를 남의 새끼와 구분하지 못한다. 그런데 구분할 필요가 없다. 쥐 새끼는 움직이지 못하므로 어미는 새끼가 있는 위치만 알면 된다. 반면에 양은 태어나자마자 걸을 수 있으므로 어미는 여러 새끼가 모여 있는 큰 무리에서 냄새로 자기 새끼를 식별할 필요가 있다.[41] 옥시토신은 이 과정에 관여한다. 양에게 옥시토신을 투여하면 자기 새끼가 아닌 다른 새끼 양과 유대를 유도할 수 있다.

옥시토신의 이런 신경학 기능은 진화를 거치면서 새끼를 식별하고 돌보는 차원을 넘어서 다른 목적으로 전용된 듯하다. 모든 포유류 종이 공유하는 어미-새끼 유대와 관련된 메커니즘은 특정 포유류 종들에게서(우리 종을 포함한) 변형되어 암컷이 새끼에게 갖는 감정을 짝에게도 갖게 되었다. 암컷은 성의 여러 측면을 이용해 이 유대를 확립하거나 유지한다. 새끼를 바라볼 때든 짝을 바라볼 때든 암컷의 뇌에서는 동일한 신경 회로가 활성화한다.[42]

옥시토신은 암컷이 새끼를 낳을 때 분비되어 분만을 촉진한다. 여러 가지 일을 하지만 그중에서 특히 자궁벽의 민무늬근 수축을 돕는다. 사실 자연의 경이로운 묘책 중 하나는 태어난 새끼가 처음 젖을 빨 때 옥시토신 분비가 촉진되어 태반이 나온 뒤 자궁 혈관을 수축시킨다는 것이다. 이는 어미를 사망에 이르게 해 새끼의 생존 확률을 대폭 낮출 수 있는 출혈을 막는 데 기여한다. 옥시토신은 불안도 줄인다. 그런데 이 점을 생각해보자. 마주 보고 하는 성관계(다른 영장류는 거의 하지 않는 자세다) 때 더 쉽게 일어나는 인간 젖가슴의 자극도 옥시토신 분비를 일으킨다. 이성 간 마주 보고 하는 성관계가 어머니-아기의 유대 경로를 활성화할 가능성이 높다는 뜻이다. 진화적으로 말해 이는 다른 영장류보다 인간의 젖가슴이 큰 이유를 설명해줄 뿐 아니라, 마찬가지로 영장류 중 유별난 특징인 수유기가 아닐 때도 젖가슴이 큰 이유도 설명해줄 수 있을 것이다.

과학자들은 음경의 질 자극 역시 비슷한 유대 경로를 촉진할 수 있다고 추측한다. 이는 진화생물학의 또 다른 수수께끼를 설명하는 데 도움을 줄 수 있다. 인간의 음경이 영장류 사촌들의 음경보다 상대적으로 큰 이유 말이다. 예를 들어 고릴라의 음경은 길이가 약 4센티미터에 불과하다.[43] 래리 영은 사람 음경이 출산 과정을 시뮬레이션하는(모의 실험하는) 방식으로 질을 자극하기 때문에 필요한 것보다 더 크게 진화했을 수 있다고 주장한다. 인간이 흔히 마주 보고 성관계를 한다는 독특한 사실과 결부시켜볼 때, 여성은 이 옥시토신 호르몬 분비 경험을 하는 맥락을 기억하고서 원래 어머니-아기 결속을 촉진하도록 진화한 생리 경험 집합을 성 접촉과 연관시킬 수 있다.[44] 이러한 옥시토신 반사는 여성이 특정 남성에게 각인imprinting되는 동안 일어나며, 이는 짝결속을 뒷받침한다.

남성 쪽 짝결속의 유전 기원 이야기는 훨씬 더 추측에 근거한다. 래리 영은 남성이 짝에게 느끼는 유대와 사랑이 원래 영역 수호를 위해 진화한 신경 경로의 굴절적응일 수 있다고 주장해왔다. 동물 수컷은 흔히 영역을 파악하고 표시하고 지킨다. 이런 행동은 영역을 기억하고 거기에 애착을 느끼는 능력을 비롯한 다양한 적응 형질을 동반한다. 영은 수컷의 뇌에서 암컷이 영역 개념의 연장선일 수 있다고 말

한다.[45]

오해하지 않도록 덧붙이자면, 래리 영은 사람이 의식적으로 이렇게 연관 짓는다거나, 여성이 남성의 소유물이라거나, 이것이 남성의 사랑과 짝결속의 진화에 관여하는 유일한 요인이라는 의미로 말한 것이 결코 아니다.

아무튼 남성이 여성에게 갖는 유대감이 영역 감각과 얼마나 결부되어 있는지는 우리 종에게서 벌어지는 폭력의 특정한 측면들을 통해 잘 드러난다.

소규모 사회에서는 여성을 놓고 전쟁을 벌이는 일이 많았으며, 현대에도 전쟁을 부추기는 선전 포스터에 여성을 지키자는 투의 호소문이 적히곤 했다. 2차 세계대전 때 독일에서 소련군이 저질렀고, 1971년 방글라데시 독립 전쟁 때 파키스탄군이 저질렀던 대량 강간 행위는 남성의 영역성과 성 행동의 진화적 융합을 기괴한 형태로 보여준 사례라고 할 수 있다.

진화를 토대로 한 인간 행동 설명은 확실하게 입증하기 어려우며, 과학자들이 "그저 그런 이야기just-so story"라고 말하는 것이 되기 쉽다. 우리는 이런 이론 중 어느 것이 인간 짝결속의 생리를 가장 잘 설명하는지 알지 못한다. 그러나 인류 진화 과정에서 유전, 호르몬, 해부학 측면의 많은 복잡한 변화가 결합해 성과 사랑에 대해 우리가 생각하고 느끼고 행동하는 방식을 빚어냈고, 그럼으로써 우리의 문화와 도덕 관습의 토대를 형성했다는 점은 분명하다.

유전자가 짝을 고르는 3가지 방법

우리 유전자는 짝을 향한 일반적인 애착뿐 아니라 특정한 짝 선택에서도 역할을 한다. 자연선택의 관점에서 보면 놀랄 이유가 없다. 짝 선택은 번식 성공률과 각 세대가 다음 세대에 물려주는 유전 물질genetic material의 유형에 영향을 미치기 때문이다. 유전자가 짝 선택에 어떤 역할을 한다는 것이 드러났다는 사실 자체는 진화가 "사회성 모둠"의 이 핵심 부분을 빚어내왔다는 주장을 더욱 뒷받침한다.

사람은 매력, 건강, 종교, 정치 견해 등 여러 면에서 대체로 부부끼리 닮는다. 이 유사성 중에는 부부가 서로의 종교로 개종하거나 음식 취향을 받아들이는 널리 관찰된 경향에서 비롯되는 것들이 일부 있다. 그러나 유사성 대부분은 애초에 비슷한 사람과 결혼을 하는 경향인 동질혼homogamy에서 비롯된다. 이를 "동류 교배assortative mating"라고 한다. 동류 교배는 가변 형질(종교 등)이나 불변 형질(개인의 키나 민족 등)을 중심으로 이루어질 수 있다. 혼란스럽게도 인간은 때로 특정한 형질에서는 "정반대에 끌림opposites attract" 경향 또한 드러낸다.[46]

1세기 전 둘 다 진화생물학자이자 통계학자인 로널드 A. 피셔Ronald A. Fisher와 수얼 라이트Sewall Wright는 부부가 겉보기에서(즉 표현형 차원에서) 서로 닮으면 유전적으로도 서로 닮을 것이라는 개념을 각자 독자적으로 제시했다.[47] 대다수 표현형은 많은 유전자의 협력으로 생겨나므로 "동류 교배"나 "이류 교배disassortative mating"는 부부 사이에 유전체 내의 수천 군데에서 유전 상관genetic correlation을 일으킬 수 있다.

진화는 실제로 자신과 비슷한 사람과 짝을 짓는 쪽을 선호하도록 사람들을 빚어냈을 수 있다. 이런 일이 일어날 수 있는 방법은 2가지다. 첫 번째 방법인 "좋은 유전자 가설good-genes hypothesis"은 동물이 다윈 적응도를 높여주는 단일 유전자 또는 다수 유전자의 대립유전자(변이체)와 짝을 짓는 쪽을 택하도록 진화했다고 본다.[48] 모든 개체는 "최고의" 유전자를 지닌 짝을 찾는다. 서로 짝 선택을 하는 일부일처제 종에서 "더 나은" 대립유전자를 지닌 개체들끼리 서로 짝을 짓는 쪽을 택할 수 있고, 나머지 "더 안 좋은" 대립유전자를 지닌 개체들은 마찬가지로 자신들끼리 동류 교배를 할 수 있다.[49] 근력이 이점을 제공하고, 따라서 짝을 고를 때 선호된다고 가정해보자. 그러면 힘센 사람은 다른 힘센 사람과 짝을 짓는 쪽을 선호할 것이다. 그편이 자녀의 적응도를 최대화할 것이기 때문이다. 그러면 남은 허약한 사람은 다른 허약한 사람과 짝을 짓게 될 것이다. 힘센 사람과 허약한 사람 모두 힘센 짝을 선호하겠지만 선택은 상호적이므로 근력을 기준으로 동류 교배가 나타날 것이다. 이런 과정의 산물로 짝 사이에 유전자 유사성이 나타날 것이다.

두 번째 방법인 "유전 유사성 이론genetic-similarity theory"은 사람들이 유전적으로 비슷한 사람을 가장 나은 짝으로 선호한다고 본다.[50] 이 가설에 따르면 한 쌍이 지닌 유전자의 유사성은 개체가 홀로 있을 때는 이용하지 못할 이점을 제공할 수 있다.[51] 힘센 사람과 짝을 지어봤자 얻는 혜택이 전혀 없는 반면에, 동일한 수준의 근력을 지닌 사람과 번식을 하는 쪽이 효율성 혜택과 적응도 이점fitness advantage을 가져다준다고 가정해보자. 특정한 음식을 좋아하고 특정한 온도에서 추위를 느끼게 하는 유전자를 지녔다면 비슷한 형질을 지닌 사람과 짝을 맺을 때 이런 도전 과제들에 더 효율적으로 대처할 수 있다. 두 사람은

같은 음식을 원할 것이고, 침실 온도를 놓고 말다툼할 필요도 없을 것이다.[52]

그런데 유전자가 짝 선택에서 역할을 할 수 있는 또 다른 방법이 있다. 이를 "적합성 유전자 가설compatible-genes hypothesis"이라고 한다. 이 방법은 앞선 두 방법과 달리 자신과 다른 사람과 짝을 짓는 이류 교배를 동반한다. 개인은 짝지었을 때 적응도가 높아지는 서로 대조되는 유전자 변이체를 지닌 상대와 짝을 짓는 쪽을 선택할 수 있다. 이 이론은 "이형접합자 우월heterozygote advantage"이라는 개념과 일맥상통한다. 예를 들어 큰 키 유전자와 작은 키 유전자가 뒤섞인 상태가 최적일 수 있다. 큰 키는 포식자의 주의를 더 끌 수 있고, 작은 키는 사냥하는 데 비효율적일 수 있다. 그러므로 양쪽 유전자가 혼합되어 나오는 중간 키가 가장 나을 수 있다.

짝 선택을 유전이나 우리의 진화 역사가 주로 또는 심지어 완전히 좌우한다는 주장은 터무니없을 것이다. 우리는 문화와 인생 경험으로 길러낸 자신의 의식적 욕구, 관심, 편견의 중요성을 무시할 수 없다. 그렇긴 하지만 일련의 유전 과정들도 짝 선택에 영향을 미친다. 과학자들은 인간을 포함한 다양한 종에게서 위에서 살펴본 3가지 메커니즘이 다 작용한다는 증거를 찾아냈다. 동류 교배는 많은 동물에게서 몸집, 성격 등 겉으로 드러나는 형질을 기술할 때 잘 들어맞는다.[53] 이류 교배는 면역 기능 등 뚜렷이 드러나지 않는 형질을 기술하는 데 알맞다.[54]

인간에게서 이류 교배 방식으로 짝 선택을 하는 쪽으로 진화가 이루어진 영역이 무엇일지 생각해보자. 면역 세포의 표면에 있는 이른바 HLAhuman leukocyte antigen(조직 적합성 항원, 인간 백혈구 항원) 단백질은 감염에 맞서 싸우는 일을 한다. 또 냄새, 친족 파악, 임신에도 관여하는 듯하다. 면역계로서는 이런 단백질을 아주 다양하게 지니고 있다면 아주 많고 다양한 병원체에 맞서 싸우는 데 유리하다. 따라서 HLA 유전자는 이형접합성heterozygosity일 때가 가장 좋다. 즉 이 유전자 암호의 두 사본이 서로 다른 단백질 변이체를 만드는 쪽이 유리하다. HLA 유전자는 사람 이외의 동물에게서는 MHCmajor histocompatibility complex(주조직 적합성 복합체) 유전자라고 한다.

가까운 친척끼리 짝을 짓는다면 자녀는 HLA 유전자들의 두 사본을 똑같은 형태로 지니는 동형접합성homozygosity일 가능성이 높으며, 그러면 최적 상태가 아니다. 따라서 친척이 아니면서 모든 HLA 유전자들의 두 사본이 서로 다를 가능성이 높은 사람과 번식을 하는 편이 유리하다. 그리고 사람은 HLA 유전자가 다른 사람을 짝으로 선택하는 능력을 어떻게든 지니고 있을 수 있다.[55]

다른 사람이 지닌 HLA 유전자의 가시적인 지표 같은 것이 전혀 없는데 어떻게 그럴 수 있을까? 한 가지 방법은 냄새를 이용하는 것이다. 많은 동물은 후각 신호를 써서 다른 MHC 유전자를 지닌 상대를 짝으로 고른다. 인간 역시 그렇다는 증거가 어느 정도 있다. 이를 검사하는 실험이 1995년 처음으로 이루어졌다.[56] 여성 49명에게 남성 44명이 이틀 동안 입고 잔 티셔츠의 냄새를 맡게 하고 체취를 평가해달라고 했다. 평균적으로 여성은 자신과 다른 HLA 유전자를 지닌 남성의 냄새를 더 마음에 들어 했다. 또 그런 남성의 티셔츠 냄새는 가장 최근에 사귄 짝의 냄새를 떠올리게 할 가능성이 더 높았다.[57] 몇몇 후속 연구에서도 비슷한 결과가 나왔다. 이렇게 HLA의 활동으로 생기는 냄새를 근거로 짝을 고르는 것이 짝 선택 과정에서 작은 역할을 할 뿐이라는 점을 나는 강조하고 싶다. 그러나 생물학이 이 방면으로 중요한 역할을 한다는 점은 분명한 듯하다.[58]

막후에서 이런 과정이 작용하고 있기에 우리는 부부의 HLA 유전형이 다소 다를 것이라고 예상할 수 있다.[59] 그러나 다양한 방법론상 이유로 정말 그런지 확인하기란 쉽지 않다. 예를 들어 사람들은 인종 배경이 비슷한 사람을 짝으로 고르는 경향이 있다. 따라서 이 공통 유산만으로도 비슷한 HLA 유전자 변이체들을 지니게 될 것이다. 이 가능성을 통제하려면 인종 집단 내 결합에 초점을 맞추어 배경을 같게 한 뒤 변이체가 유사한지 다른지를 살펴보아야 한다. 후터파Hutterite 공동체를 대상으로 조사해보니 5가지 HLA 유전자에서 이류 교배가 일어난다는 증거가 나왔다. 그러나 아마존의 한 고립된 부족을 조사해보자 부부의 HLA 유전자 차이가 무작위로 짝을 짓는다고 할 때와 다르지 않은 수준이었다.[60]

특정 체취를 지닌 짝 선호가 HLA 체계와만 관련 있는 것이 아닐 수도 있다. 냄새는 다른 근거들로 짝의 수준과 적합성에 관한 정보를 전달할지 모른다. 그리고 냄새 선호의 또 다른 경로는 각인이라는 형태를 취할 수 있다. 즉 부모, 특히 자신과 성별이 다른 쪽 부모의 냄새를 일찍 접한 결과로 특정 냄새를 선호할 수 있다.[61] 이는 다른 짝이 아니라 비슷한 짝을 선택하도록 부추기므로 진화가 번식을 빚어내는 한 가지 메커니즘을 제공할 수 있다. 유전자는 사람의 태도(공격성, 위험 회피 등)와 행동(알코올중독, 이타심, 방랑벽 등)에 관여한다. 그리고 비슷한 가치를 지닌 부부가 더 행복한 경향이 있다. 그러므로 이런 유전자들에서 유사성을 지닌 부부는 번식에 더 성공할 수 있다.[62] 사람들이 후각이나 다른 단서들을 통해 다른 사람의 유전형을 어떤 식으로든 간

파할 수 있다면 이는 우리 종에서 동류 교배가 유지되는 메커니즘이 될 수 있다. 특히 여성은 냄새를 남성의 아주 중요한 신체 특징이라고 흔히 평가한다. 때로는 외모보다 더 중요하게 여긴다.[63]

정치학자 로즈 맥더모트Rose McDermott, 더스틴 팅글리Dustin Tingley, 피터 헤이트미Peter Hatemi는 정치 이념에 토대를 둔 동류 교배가 어느 정도는 후각 단서를 통해 작동할 수 있음을 보여주었다. 그들은 사람들이 비슷한 정치 성향을 지닌 사람의 냄새를 선호한다는 것을 발견했다! 이러한 선호는 미약하지만 알아볼 수 있는 수준으로 나타났다. 이 실험에서는 125명에게 누구인지 모를 21명의 냄새를 맡고 평가해달라고 했다. 21명은 정치 스펙트럼의 양쪽 극단에 있는 사람들이었다. 그들의 체취 표본을 얻은 뒤(겨드랑이에 24시간 동안 거즈 패드를 붙이고 지내도록 했다) 실험 참가자들에게 냄새를 맡고 얼마나 마음에 드는지 평가하도록 했다.

실험 참가자들은 이성의 냄새를 눈에 띄게 더 선호했다. 그런데 놀랍게도 정치 이념이 비슷한 사람들의 냄새 역시 더 선호했다. 이 실험 참가자들이 한 정성 평가 중 일부는 놀라웠다.

한 참가자는 연구원에게 "내가 맡아본 최고의 향수"라면서 나중에 향수병을 집에 가져가도 되는지 물었다. 그 병에는 평가자와 비슷한 이념을 지닌 남성의 체취가 담겨 있었다. 그녀에 앞서서 이념이 정반대인 다른 사람도 동일한 표본의 냄새를 맡았다. 그 참가자는 병의 내용물이 "상했다"라면서 바꾸어달라고 했다.[64]

분명히 말하지만 어느 특정 정당의 당원에게 해당하는 유전자(또는 냄새) 같은 것은 전혀 없다. 그러나 과학자들은 생존에 영향을 미칠지 모를 더 근본적이면서 생물학적으로 관련 있는 형질들에 관한 유전 편향이 있다고 믿는다. 부모의 말에 순종하거나 권위를 존중하는 "보수" 성향 같은 것이 그렇다. 현대 사회에서 이런 유전자는 개인이 새로운 것, 전통, 사생활 보호 등에 얼마나 관심 있는지에 영향을 미쳐 정당 가입과 정치 신념에 관여할 수 있다. 정치 신념이 비슷한 사람의 체취에 더 끌리는 것은 아주 먼 옛날에 번식 성공을 최대화하도록 고안된 과정의 잔재일 것이다.

우리 연구실에서는 두 집단에서 친척이 아닌 이성애자 1683쌍의 자료와 100만 개가 넘는 유전자자리locus(유전자좌. 특정 유전자가 염색체에서 차지하는 특수하고 고정된 위치. 복수형은 'loci'다-옮긴이) 검사 결과를 활용해 단지 HLA 유전자만이 아니라 유전체 전체에 걸쳐 유전형 동류 교배가 일어나는지 이류 교배가 일어나는지 살폈다.[65] 또 우리 데이터 중 일부를 인위로 짝을 지어(낯선 이성애자들의 쌍) 비교 집합을 구성했다. 이를 통해 동일 집단 내에서 동류 교배가 무작위 짝짓기와 얼마나 차이 나는지 측정할 수 있었다. 우리는 우연히 나타나리라 예상되는 것보다 동류 교배나 이류 교배에서 더 많이 나타나는 유전자자리를 유전체 전체에서 수백 곳 발견했다.[66]

이어서 우리는 인류 진화에서 동류 교배가 어떤 역할을 했는지 알아내기 위해 몇 가지 추가 분석을 했다. 우리는 사람 유전체에서 짝 사이에 비슷한 경향을 보이는 영역들이 지난 3만 년 사이에 더 빨리 진화해왔는지를 조사했다. 동류 교배가 적응도 이점을 제공한다면 그러하리라 예상되기 때문이다. 그리고 짝 사이에 중간 수준의 동류 교배를 보이는 유전자자리 역시 동류 교배를 전혀 보이지 않거나 이류 교배를 보이는 유전자자리보다 더 빨리 진화하는 것으로 드러났다. 다시 말해 동류 교배의 뭔가가 인간의 적응도를 높일 수 있으며, 따라서 관련된 유전자 변이체들이 더 널리 퍼지도록 할 수 있다.

분석해보니 표본 집단에서 참가자들이 대체로 유전적으로 10촌에 해당하는 짝을 고른다는 것이 드러났다(실제로는 친척이 아니다). 대규모 아이슬란드 집단을 대상으로 한 다른 연구에서는 8~10촌 수준인 부부들에게서 나온 자녀가 가장 많았다. 더 가까운 친척(4촌 등) 부부는 생존한 자녀의 수가 더 적었으며, 유사성이 너무 적은 부부 역시 마찬가지였다.[67]

이런 연구들은 유전자가 개인의 매력뿐 아니라 특정한 짝의 선택에까지 영향을 미친다는 개념을 뒷받침한다. 개인 차원에서만 그런 것이 아니다. 자신이 선택한 짝이 자신의 생존 확률, 자기 자녀의 생존 확률, 궁극적으로 자기 유전자가 후대로 전달될 확률에 영향을 미친다. 그러므로 유전자는 사람들을 서로 맺어주는 일에서 뭔가 역할을 하려고 음모를 꾸밀 가능성이 높다.

짝 사랑을 넘어 모르는 사람 사랑으로

일부일처제는 일종의 근본적인 평등주의처럼 비칠 수 있다. 모두가 동일한 수의 짝을 지니니까. 그리고 우리가 살펴본 짝결속과 관련 과정들이 일단 인류에게서 진화하자 우리 종의 사회생활 방면에서 진화적으로 많은 후속 발전이 촉진되었다.

짝결속은 짝 사이에서 자녀 양육 노력의 공유와 분업을 토대로 한 육아 방식이 발달하기 위한 "선적응" 역할을 했을 가능성이 높다. 선적응은 어떤 형질이 궁극적으로 원래 진화한 목적이 아닌 다른 목적에 이용되는 현상이다(예를 들어 특정 어류 종의 팔다리 모양 지느러미는 육상 생활을 위한 선적응 형질 역할을 했다). 아이를 키우는 비용이 상대적으로 많이 든다는 점을 생각할 때 공동 육아는 인류에게 매우 유용하다. 다른 영장류에 비해 사람은 태어날 때 뇌가 더 크고 성숙하기까지 오래 걸리기 때문이다. 부모 사이의 짝결속은 자녀가 아버지를 신뢰할 수 있다고 인지하도록 했다(어릴 때 주변에 오래 머물기 때문이다). 또 거꾸로 아버지가 자녀를 신뢰할 수 있다고 인지하도록 했다. 이것 역시 급진적인 진화적 발달로 다른 동물에게서는 드물다.

이런 상호 인지와 지속적인 애착은 남녀 양성과 여러 세대의 사람들로 구성된 새로운 유형의 가족 구조로 나아갈 길을 닦았다. 이 더 큰 집단에서 친족 인지는 친척 육아 같은 행동을 포함해 집단 내 협력의 진화를 더욱 촉진했다. 친척 육아는 어른들이 자기 자녀가 아닌 아이들을 돌보는 일에 협력하고 투자하는 것이다. 나아가 이 모두는 집단 내에서 더 평등한 관계와 협력이 이루어질 무대를 마련했다. 사람과에 속하는 집단들의 많은 구성원은 유전으로나 번식으로나 서로 밀접한 관계에 있으면서 공존했을 가능성이 높았기 때문이다.

하지만 일단 협력이 인간 행동 목록의 일부가 되자 결국에는 집단 내에서 남과 굳이 유전으로 관련이 있을 필요성이 줄어들었을 것이다. 수렵채집인 무리(하드자족 같은)에서 사회적 연결 대다수는 친족 간에 이루어지지 않는다. 여러 유전 연구에 따르면 인간 집단 내에서 이런 연결 배치는 최소한 3만 년간 이어져왔다.[68]

사실 다른 영장류에 비해 우리 종의 사회 조직에서 독특한 점은 친척이 아닌 많은 사람과 어울려 산다는 것이다. 정확하게 말하자면 인류는 다수의 남성과 다수의 여성으로 이루어진 집단 속에서 산다. 그리고 짝결속을 이루므로 엄밀하게 말하자면 다가구 집단multifamily group이다. 게다가 다른 영장류의 가정과 달리 인간의 가정은 모계나 부계 친척들과 함께 지낼 필요가 없으며, 이 집단에서 저 집단으로 옮겨 다닐 수 있다. 그래서 이른바 다지역 거주multi-local residence 패턴을 보인다.

우리 사회 체제가 가진 이런 특징들의 기원은 복잡하다. 하지만 한 가지 경로는 짝결속과 부모의 육아 공동 투자가 더 많은 양성평등을 가져왔다는 것이다. 특히 주거와 관련한 의사 결정 측면에서 그렇다. 어머니와 아버지 모두 자기 친족과 사는 쪽을 선택할 수 있었다(아마 서로 다른 시기에). 긴 세월에 걸쳐 모든 집단의 많은 구성원이 이런 선택을 한 결과 주로 친족이 아닌 이들로 구성된 잘 섞인 집단이 나왔을 것이다. 요컨대 수렵채집인의 임시 거주지에서 드러나는 구성원 간 미미한 근연도relatedness는 자기 친족과 시간을 보내고자 하는 남녀로부터 자연스럽게 출현했다.[69] 따라서 짝결속과 공동 육아는 친척이 아닌 개인들 간의 협력과 우정이 출현할 무대를 마련한다.

주로 비친족으로 이루어진 이런 집단 내에서 사람들은 친척이 아닌 친구를 사귀게 될 수 있었다. 이 주제는 8장과 9장에서 살펴볼 것이다. 감정과 애착의 범위는 확장될 수 있었다. 인간 집단에서 협력의 중요한 유형인 식량 공유를 생각해보자. 식량을 남들과 공유하려면 (구한 자리에서 그냥 함께 먹는 것만이 아니라) 여기서 저기로 옮길 수 있어야 한다. 따라서 공유 목적으로 식량을 모으는 일은 아마 두발보행 bipedalism과 공진화했을 것이다. 두발보행은 손을 해방시켰고, 그 결과 식량을 자신의 짝과 자녀에게 가져갈 수 있었다.[70] 이 행동이 짝결속을 맺은 영장류라는 배경 아래 출현하자 식량 공유는 더 폭넓게 이루어질 수 있었다. 남는 식량은 대개 친척이 아닌 주변의 개인들끼리 주고받았다. 게다가 영장류들의 식량 공유라는 기존 습성은 또 다른 선적응 형질이었다. 개인들은 주변 사람들과 기꺼이 나누어 먹었다.[71]

이처럼 짝결속과 원시 가족proto-family의 출현은 근본적으로 집단 생활과 관련된 더 폭넓은 특징들이 발달하고 "사회성 모둠"의 다른 측면들이 등장하는 데 핵심이 되었다.

이제 짝, 자녀, 친족에 대한 애착과 애정을 넘어 친구와 집단을 향한 애착과 애정이 어떻게 생겨나 진화해왔는지 살펴보기로 하자.

7장

무엇을 위해 사귀는가

우정의 진화

BLUEPRINT

THE EVOLUTIONARY ORIGINS
OF A GOOD SOCIETY

◊
◊
◊
◊

제인 구달과 니콜라 테슬라,
동물 친구와 사랑에 빠지다

다른 종들도 우리처럼, 그리고 우리보다 더 일찍부터 사랑하는 능력
을 지니고 있음을 보여주었다. 우리의 원초적이면서 확고부동한 능력
인 우정 맺는 능력 역시 마찬가지다. 영장류학자 제인 구달은 가장 놀
라운 일화 한 가지를 들려준다. 구달은 자신과 친구가 될 첫 침팬지인
데이비드 그레이비어드David Greybeard를 뒤쫓느라 몇 시간 동안 울창
한 숲을 헤맨 뒤 이루어진 감동적인 만남의 순간을 이렇게 묘사한다.

나는 확신한다, 때때로 그가 나를 기다렸다고. … 여기저기가 찢기고
엉망이 된 채 헐떡거리며 가시덤불에서 기어 나올 때면, 앉아서 내 쪽을
돌아보고 있는 그의 모습이 자주 보였다. 내가 나타나면 그는 다시 일

어나 터벅터벅 걸어갔다.

어느 날 수정같이 맑은 물이 졸졸 흐르는 개울가에서 그의 옆에 앉아 있을 때였다. 잘 익은 붉은야자 열매가 땅에 떨어져 있는 것이 보였다. 나는 열매를 집어 손바닥에 올려서 그에게 내밀었다. 그는 고개를 돌려 외면했다. 내가 손을 더 가까이 내밀자 그는 열매를 쳐다본 뒤 나를 쳐다보고는 열매를 집었다. 그러면서 내 손을 부드럽게 꼭 쥐었다. 내가 가만히 있자 그는 손을 놓고는 열매를 내려다보더니 땅에 버렸다.

그 순간에 그가 나를 안심시키려는 의도로 그런 행동을 했다는 것은 과학 지식이 전혀 없어도 알 수 있다. 그의 손가락의 부드러운 압력은 내 지성이 아니라 더 원초적인 감정 통로를 통해 내게 말을 건넸다. 각자 따로 진화하는 기나긴 세월 동안 쌓였던 인간과 침팬지 사이의 장벽은 그 몇 초 동안 무너져버렸다. 여태껏 내가 가장 바라던 수준을 훨씬 넘어선 보상이었다.[1]

사회적 연결의 욕구는 종을 뛰어넘어 친구를 만들 수 있을 만치 강하다.[2]

뛰어난 과학자 니콜라 테슬라Nikola Tesla가 비둘기와 맺은 관계를 생각해보자. 테슬라는 자신의 생활공간을 비둘기의 마음에 들도록 꾸몄다. 책상 위에는 여기저기 비둘기의 잠자리를 마련했고, 창틀에는 씨를 뿌려두었고, 창문은 늘 조금 열어두었다. 뉴욕 세인트레지스호텔에 있는 그의 방에 새가 너무 많이 드나드는 바람에 주변에서 항의가 쏟아지자, 관리업체는 비둘기에게 모이를 주지 말라며 싫다면 떠나라고 했다. 테슬라는 후자를 택했다.[3]

테슬라는 금욕주의 삶을 살았고 거의 홀로 지냈다. 하지만 비둘기와 우정이 그의 감정에서 빈틈과 연결 갈망을 채워주었다. 1929년 인터뷰 때 그는 이렇게 설명했다.

결혼을 하지 않아서 일에 너무 많은 희생을 치른다는 생각이 가끔 들어요. 그래서 더 이상 젊지 않은 나의 모든 애정을 깃털 달린 종족에게 아낌없이 쏟아붓기로 마음먹었죠. 나는 후대의 삶에 도움이 된다면 어떻게 살든 만족해요. 그렇지만 집 없고 굶주리거나 아픈 새들을 돌보는 일은 내 인생의 기쁨이에요. 나의 유일한 여가 활동이죠.[4]

테슬라는 좋아하는 새가 죽었을 때의 비참한 기분을 애절하게 표현했다. "내 삶에서 뭔가가 사라진 것 같다. 내 삶이 끝났다는 것을 알았다."[5] 몇 달 뒤 그는 86세를 일기로 사망했다. 테슬라의 슬픔과 반려동물이 죽은 뒤 자신의 죽음이 가까워졌다고 느낄 수 있었다는 사실은 사람 부부에게서(그리고 몇몇 동물 종에게서) 널리 나타나는 "과부 효과" 또는 "상심에 따른 죽음"이라는 현상과 들어맞는다.[6] 인간에게 애착은(반려동물을 향한 애착까지 포함해) 몸과 마음을 건강하게 해주며, 때로 사랑하는 상대를 잃으면 죽음마저 초래할 만큼 너무나 근본적이고 유익하다.

동물 사회와 인간 사회의 유사성이 말해주는 것

미국 가정의 약 3분의 2가 반려동물을 키우며, 반려동물에 들어가는 돈은 연간 총 600억 달러가 넘는다.[7] 동물들은 받은 만큼 주인에게 되돌려준다. 반려동물은 흔히 사람 친구와 동일한 방식으로 사람에게 영향을 준다. 사람의 스트레스 반응을 조사한 한 실험에서는 얼음물에 손을 담갔다가 아려서 빼기 전까지 얼마나 오래 버틸 수 있는지 측정했다. 그런데 이 실험을 할 때 반려동물이 옆에 있으면 거의 배우자나 친구가 옆에 있을 때만큼 생리 스트레스가 줄어든다는 사실이 밝혀졌다.[8] 더 일반적으로 말해 사람은 사회적 연결이 더 많을수록 통증을 더 잘 참는다. 연결 상대가 동물이라도 마찬가지다.[9]

반려동물은 함께 기르는 사람들 사이의 관계도 돈독하게 한다. 어떤 가정이 개를 기른다는 것을 알면 이 개는 공통 관심사, 유머, 이야기의 끊임없는 원천이 되며, 사람들은 다른 많은 화제를 꺼내거나 떠올려야 한다는 압박이나 기대에 시달리지 않아도 된다. 반려동물은 사람들 간 상호작용을 부추기며, 더 나아가 공감 수준까지 높일 수 있다. 자폐아에게는 기니피그와 하는 놀이 치료가 도움이 되며, 상이군인에게는 말타기 치료가 심리 증상을 완화하는 것으로 드러났다.[10] 중독, 정신질환, 트라우마 후유증에 시달리는 퇴역 군인들은 로스앤젤레스의 서레너티파크앵무새보호지역Serenity Park Parrot Sanctuary에서 유기된 금강앵무macaw, 코카투cockatoo(관앵무) 등 여러 앵무새와 강한 유대를 형성한다.[11]

사람과 반려동물 쌍의 관계를 상징적으로 보여주는 사례는 아주 오래전부터 있었다. 고대 그리스 영웅 오디세우스Odysseús와 그의 충성스러운 개 아르고스Argos부터 동화《샬롯의 거미줄Charlotte's Web》(1952)에 나오는 펀Fern과 그녀의 유명한 돼지 윌버Wilbur에 이르기까지 다양하다. 알렉산드로스 대왕은 어릴 때 아버지의 지시를 거부하고 사나운 말인 부케팔로스Bucephalus를 길들이려고 시도했다. 말이 자기 그림자를 보면 흥분한다는 것을 알아차린 알렉산드로스는 말을 태양 쪽으로 돌려세워 그림자를 못 보게 해 안심시켰다. 이처럼 폭력과 지배가 아니라 위로와 지원 행위로부터 시작된 둘의 관계는 평생토록 이어졌다.[12] 역대 미국 대통령의 반려동물 중 상당수는 널리 이름이 알려졌다. 프랭클린 루스벨트Franklin Delano Roosevelt 대통령의 반려견인 스코틀랜드테리어 팔라Fala는 그와 함께 국제회의에 참석했다. 역사가들과 정치 평론가들이 나중에 "팔라 연설"이라고 이름 붙인 연설을 할 때 루스벨트는 공화당원들이 "내 개를 비방하는 발언"을 한다고 거세게 비난했다.[13] 팔라는 루스벨트 옆에 묻혔으며 워싱턴D.C.의 프랭클린델러노루스벨트기념관Franklin Delano Roosevelt Memorial에 동상까지 세워졌다.

우리가 동물에게 보이는 애정과 다정한 태도는 인간이 지닌 사랑, 우정, 이타심의 능력에 관해 많은 것을 말해준다. 나는 다른 생물들과 맺는 이 연결 능력이 우리 인간성의 한 증표라고 주장하고자 한다. 이 주장을 상세히 다루기 전에 나는 먼저 동물에게 초점을 맞추려 한다. 우리의 반려동물(새, 개, 말 등)은 아주 사회적인 존재일 때가 많으며, 특히 그들과 연결하려는 우리 시도에 호응하는 능력을 지닌 듯하다. 그런데 침팬지, 코끼리, 고래 같은 야생동물은 우리와 함께 사는 종들보다 우리의 사회적 자아에 관해 더 깊은 통찰을 제공한다. 인간은 우정을 맺음으로써 가계도family tree를 넘어 훨씬 더 광범위한 사회 연결망을 구성한다. 이때 우리는 이 다른 종들의 선례를 교훈 삼는 방식으로, 따라서 자연선택이 빚어내온 방식으로 행동한다.

실제로 코끼리와 고래는 수렴 진화를 통해 서로 독자적으로 우리와 비슷하게 우정 맺는 능력을 갖추었다. 앞서 살펴보았듯이 수렴 진화는 유연관계가 없는 종들이 서로 전혀 별개의 진화 경로로 동일한 특징을 갖추는 현상을 말한다. 새와 박쥐가 모두 비행 능력을 갖추는 쪽으로 진화하고, 문어와 인간이 비슷한 구조의 눈을 지니는 쪽으로 진화한 사례가 그렇다.

이와 같은 유사성은 무엇을 말해주는 걸까? 바로 이러한 특징들 (비행, 시각, 우정 등)이 너무나 유용한 능력이자, 필연으로 보일 만큼 환경이 제공하는 기회에 너무나 잘 들어맞게 갖추어진 능력임을 알려준다. 아울러 동물 사회의 존재는 우리가 지닌 사회성의 다양한 측면이 대단히 중요하다는 사실을 한층 더 강력하게 뒷받침해준다. 따라서 동물과 우리가 어떤 공통점을 지니는지를 살펴본다면, 우리 인간이 어떤 공통점을 지니는지 더 잘 이해할 수 있다.

동물 연구의 새 장을 연
침팬지 그레이비어드와 구달의 우정

동물과 관계를 발전시키면 과학자는 사회적 종의 기본 구성단위를 이해하는 데 도움을 얻을 수 있다. 과학자가 자연 서식지에서 동물 무리에 직접 들어가 관찰을 하려면 대개 창의적이면서 비용이 많이 드는 실험 절차가 필요하다. 실은 동물 애호가들이 오래전부터 알고 있던 것들을 과학자들이 확인하는 데 왜 그토록 오랜 시간이 걸릴까? 이유 중 하나는 인간이 야생에서 눈에 띄지 않고 안전하게 지내면서 동물과 자연스럽게 상호작용하기가 매우 어렵기 때문이다.

날거나 헤엄치는 동물이라면 더더욱 어렵다. 어떤 과학자들은 수

생 포유류의 사회적 상호작용을 살펴보기 위해 깊이 잠수한다. 환경
운동가이자 기상학자 크리스티앙 물렉Christian Moullec처럼 하늘을 날
아 따라간 이들도 있다. 그는 기러기의 행동을 이해하고자 스웨덴에
서 독일까지 조종석이 열려 있는 느리게 나는 작은 항공기를 타고 약
2000킬로미터를 기러기 떼와 함께 날았다.[14]

그러나 동물의 사회생활을 과학적으로 이해하려는 노력은 땅
위에서 먼저 시작되었다. 특히 침팬지가 대상이었다. 제인 구달은
1960년 7월 어머니와 함께 중앙아프리카 탕가니카호Lake Tanganyika
동쪽 연안에 도착했다(안전을 염려한 정부 당국의 요청에 따라 어머니와
동행했다 - 옮긴이). 그때 나이 겨우 26세였다. 탄자니아 곰베강국립공
원Gombe Stream National Park의 울창한 밀림 속 배로만 들어갈 수 있는
곳에 야영지를 차렸다. 그녀는 훗날 세계에서 가장 존경받는 영장류학
자 중 한 사람이 되었다. 하지만 당시에는 대학 학위도 없고 오지 숲에
서 산 경험도 전무한 상태에서 보급품 약간만 갖고 들어갔다. 그렇지
만 의욕은 차고 넘쳤다. 그로부터 1986년까지 26년 동안 그녀는 침팬
지들과 함께 살면서 이 종의 약 50마리와 가까운 관계를 구축했다. 첫
책 제목도 《내 친구 야생 침팬지My Friends the Wild Chimpanzees》였다.

곰베에서 처음 몇 주 동안 구달은 이 영장류가 사라지는 뒷모습을
언뜻언뜻 보기만 했다. 그들은 그녀가 미처 다가가기도 전에 빽빽한
식물 사이로 사라져버렸다. "몇 주가 흐르는 동안 침팬지들은 계속 달
아났고 나는 좌절하곤 했다."[15] 그러다가 그녀가 데이비드 그레이비어
드라고 이름 붙인 침팬지와 만난 뒤로 모든 것이 바뀌었다. 그녀는 이
커다란 수컷과 친구가 되었다(그리고 더욱 중요한 점은 이 수컷이 그녀와
친구가 되었다는 것이다). 구달은 처음에 그레이비어드가 자기 캠프 근

처에서 풀잎을 도구 삼아 거의 1시간 동안 흰개미 둥지에서 흰개미를 낚아 먹는 모습을 지켜보았다(영장류가 도구를 쓴다는 이 관찰 결과 자체가 놀라운 발견이었다).[16] 그레이비어드는 거의 매일 구달의 야영지에 찾아오기 시작했다.

세월이 흐른 뒤 구달은 그가 특별했던 이유를 이렇게 설명했다.

무엇보다 그는 두려움을 떨치고 내가 가까이 다가가도록 허락한 최초의 침팬지였어요. 그리고 그는 숲에서 내가 이 마법의 세계로 들어갈 수 있도록 도와주었죠. 데이비드가 달아나지 않고 내 곁에 앉아 있는 모습을 본 다른 침팬지들은 서서히 이런 생각이 들었을 겁니다. "흠, 무서워할 필요가 없다는 거군." 그는 훌륭하고 따뜻한 성품을 지니고 있었어요. 그래서 다른 침팬지들에게 진정으로 사랑받았죠. 더 지위가 낮은 침팬지들은 보호해달라고 그를 찾곤 했어요. 그는 지위가 그다지 높지 않았지만 지위가 아주 높은 골리앗Goliath과 친구 사이였습니다. 그리고 그에게는 자기만의 특별한 뭔가가 있었어요. 그는 얼굴이 아주 잘생겼고, 두 눈 사이가 시원하게 떨어져 있었으며, 이름 그대로 아름다운 회색 턱수염이 나 있었죠.[17]

그레이비어드는 구달을 계속 찾아왔다. 대체로 그녀가 곁에 있을 때 즐거워하는 듯했다. 하지만 직접 접촉은 절대로 먼저 시도하지 않았다. 그러던 어느 날 구달이 손을 뻗어 "최소한 1분 동안" 그의 털을 골라준 일을 계기로 모든 것이 바뀌었다.[18] 이후로 구달과 그레이비어드는 상호작용을 하는 차원을 넘어 행동으로 의사소통을 하면서 갈수록 돈독한 관계를 쌓아갔다.

7 - 1 | 침팬지의 털을 골라주는 제인 구달

구달은 그가 결국에는 죽음을 맞이하리라는 생각을 하면서 이렇
게 썼다. "내가 처음 사귄 침팬지인 데이비드 그레이비어드를 더 이상
볼 수 없는 날이 오면 정말 슬플 것이다. 나에게 그는 그냥 침팬지가 아
니라 진짜 친구다. 나는 그와 긴밀한 접촉을 하면서 인간과 유인원 간
유대, 상호 신뢰와 존중에 근거한 유대, 어떤 의미에서는 우정에 근거
한 유대를 확립했다."[19] 1968년 데이비드 그레이비어드가 폐렴으로
죽자 구달은 이렇게 썼다. "내게 그토록 소중한 침팬지는 없었기에 나
는 그를 위해 애도했다."[20]

동물행동학 분야에서 구달이 한 가장 큰 기여 중 하나는 매우 전
위적인avant-garde 방식으로 연구하는 대상을 관찰하고 대상과 상호작
용했다는 점이다(사진 [7-1] 참조). 초기 영장류학자들은 연구 대상에

게 밋밋하게 숫자를 붙여 불렀다. 반면에 구달은 그들에게 이름을 붙였다. 또한 다른 학자들은 단순한 행동 법칙을 적용해 동물의 행동을 설명했다. 반면에 구달은 복잡성과 개성을 고려했다. 무엇보다 구달은 상호작용을 환영하고 적극 추구하면서 침팬지 무리의 일부가 되었다. 반면에 다른 연구자들은 상호작용을 피하면서 대상을 멀리서 관찰했다.

곰베에서 첫해는 실패와 좌절의 연속이었다. 하지만 이윽고 구달은 침팬지의 소리와 행동을 흉내 내면서 그들 사이를 평온하게 돌아다닐 수 있게 되었다.[21] 어떤 행동이 공격 행동을 촉발할 가능성이 있는지를 알아차린 그녀는 더 안전하고 더 우호적인 종 간 관계를 구축했다. 구달은 각 침팬지를 구별하고 성격을 파악하는 차원을 넘어서 침팬지 공동체의 사회 동역학을 파악하는 일에 나섰다. 구달이 침팬지의 털을 골라주는 유명한 사진을 본 사람이라면 그녀가 그들과 얼마나 친하며 그들의 사회적 상호작용을 얼마나 잘 이해하고 있는지 즉시 알아차린다.[22]

동물은 어떻게 친구를 사귈까

동물행동학자가 동물의 행동을 우정과 관련지어 평가하려 할 때 주요 과제는 "어떨 때 친구라고 볼 수 있느냐"다.[23] 한 가지 단순한 접근법은 두 동물이 함께 지내는 시간의 양을 토대로 둘의 연관 지수 association index를 계산하는 것이다. 일주일 동안 드문드문 관찰했을 때 부부가 4시간 동안 함께 있고, 남편 홀로 6시간 동안 있고, 아내 홀로 10시간 동안 있었다면 연관 지수는 4/(4+6+10)=0.20이 된다. 다시 말해 남편과 아내는 자기 시간의 약 20퍼센트를 함께 보낸다. 또 우리는 이 값을 동물 쌍에게서 얻은 값과 비교해볼 수 있다. 이 전략은 인간 집단에서 우정을 확인할 때 가장 널리 쓰이는 방법 하나와 비슷하다. 남극 기지 대원들 연구에서 살펴봤듯이 자유 시간을 누구와 보내는지 알아보는 방법이다.

많은 동물 친구들은 친척 간이기도 하다. 여기에는 흔히 형제자매, 이모, 사촌, 심지어 할머니까지 포함된다. 사실 인간을 제외한 동물, 특히 수명이 긴 동물에게서는 모계 친족인지 여부가 우정 유대가 지속될지 여부의 좋은 예측 지표다. 암컷이 본래 속한 무리를 떠나는 경향이 있어서 이런 결속을 유지하기가 더 어려운 침팬지와 돌고래에게서도 이 사실은 마찬가지다.[24] 그럼에도 현장 관찰 연구들에 따르면 침팬지와 개코원숭이baboon 같은 동물은, 특히 모계 친족이 주위에 없을 때 최소 하나 이상의 친척이 아닌 개체와 지속적인 우정 관계를 형성한다.[25] 그리고 친척이 아닌 수컷 돌고래 사이의 우정 관계는 수십 년 동안 지속될 수 있다.[26]

자연선택이 단지 친족 간 사회적 유대뿐 아니라 전반적인 사회적 유대 형성을 선호했을 수 있다고 시사하는 증거가 갈수록 늘어나고 있다. 비록 인간이 비친족과 우정을 맺는 정도 측면에서 유별나긴 하지만 우리만 그런 것이 아니다. 인간이 어떻게 왜 친구를 사귀는지 더 자세히 살펴볼 토대를 마련한다는 차원에서 영장류, 코끼리, 고래가 어떻게 친구를 사귀는지 먼저 살펴보기로 하자.

영장류의 우정 나누기

영장류primates는 원래 나무 위 생활에 알맞게 진화한 몸을 지니고 있다. 원근을 잘 파악할 수 있도록 두 눈이 정면을 향해 있고 팔, 다리, 손가락, 발가락이 매우 유연하다. 현생 영장류 200여 종은 두 아목으로 나뉜다. 여우원숭이lemur 등이 속한 원원류prosimians와 더 지능이 높은 진원류anthropoids다. 진원류는 다시 원숭이monkey와 유인원ape으로 나뉜다. 끝으로 유인원은 긴팔원숭이과(소형 유인원류)와 사람과(대형 유인원류)로 나뉜다. 그리고 사람과에 오랑우탄, 고릴라, 침팬지, 보노보, 인간이 속한다.

인간으로 이어지는 진화 계통에서 유인원이 갈라져 나간 시점보다 약 2000만 년 먼저 구세계원숭이old-world monkey(긴꼬리원숭이)가 갈라져 나갔다. 그래서 원숭이는 영장류가 아닌 다른 포유류와 비슷한 점이 더 많다. 예를 들어 대다수 원숭이 종은 꼬리가 있는 반면에 유인원(또는 사람과)은 꼬리가 없다. 인간 이외의 유인원(고릴라, 침팬지, 보노보, 오랑우탄, 긴팔원숭이)은 동일한 기본 신체 구조, 상당한 지능, 비슷한 행동(도구 사용 등) 측면에서 인간과 더 가깝다. 또 그들은 고유한 학습 행동을 독특하게 반복하는 패턴을 보여준다. 이는 그들이 문화를 지니고 있을 수 있다는 말을 좀 멋지게 표현한 것이다. 고릴라, 침팬지, 오랑우탄은 어느 정도 언어 능력을 지니고 있으며, 이 3종 모두 사람에게 수화를 배울 수 있고 나름의 단어를 창안하기까지 한다.[27] 물론 이족보행 덕분에 자유로워진 손으로 도구를 쓰고 식량을 운반할 수 있는 인간(그리고 이들의 사람과 조상)은 더 큰 뇌, 더 뛰어난 지능과 언어와 문화를 지닌다.

다른 영장류 연구가 매우 흥미진진한 이유 중 하나는 짝결속을 다룰 때 살펴보았듯이 그들에게서 우리 자신을(우리의 감정, 인지, 도덕성, 사회생활까지) 알아볼 수 있기 때문이다. 물론 종마다 다르기는 하다. 침팬지는 비교적 평등주의고, 고릴라는 더 독재주의다. 개코원숭이는 수컷이 본래 있던 무리를 떠나고, 침팬지는 암컷이 떠난다. 긴팔원숭이는 짝결속을 구축하는 반면, 보노보는 그렇지 않다. 이 모든 사례를 종합해보면 이런 차이 중 상당수는 각 종이 진화 과정에서 직면한 생태 환경과 관련이 있음이 드러난다.

해부 형질과 행동 형질이 영장류 종에 따라 아주 다양하므로 사회조직이 다르다고 해서 놀랄 이유는 없다. 전형적인 집단 규모도 종에 따라 4마리에서 35마리까지 다양하다. 평균은 9마리다. 규모가 제각기 다르지만 이런 집단 내에서 우리는 털 골라주기나 놀이를 통해 사회적 상호작용이 얼마나 이루어지는지를 정량화할 수 있다. 예를 들어 4마리로 이루어진 집단에서 개체를 쌍쌍이 연결할 때 가능한 연결 수number of tie는 6가지다($4 \times 3/2=6$). 이 결속이 다 관찰된다면 우리는 집단의 결속 밀도density of tie가 100퍼센트며 연결망이 포화되었다고 말한다. 집단 규모가 다양한 영장류 30종을 조사한 연구에 따르면 평균 결속 밀도는 75퍼센트였지만 범위는 종에 따라 49퍼센트에서 93퍼센트까지 다양했다.[28]

영장류의 이런 높은 결속 밀도와 대체로 작은 집단 규모를 결부시키면, 한 개체의 관점에서 볼 때 집단 내 다른 모든 개체는 연결망에서 친구(한 단계 거리)거나 친구의 친구(두 단계 거리)다. 그렇긴 해도 집단 규모가 커질수록 특정 개체가 나머지 다른 개체들보다 연결되는 수가 더 많아지는 것은 불가피하다. 이런 인기 있는 허브hub 개체의 존재는

7 - 2 | 사회 행동을 하는 침팬지 수컷들

우간다 응고고Ngogo에서 침팬지 수컷들이 3가지 사회 행동에 참여하고 있다. 왼쪽 위부터 털 골라주기, 고기 나누기, 영역 경계 순찰하기.

영장류 사회 조직의 한 가지 핵심 특징이다. 마지막으로 연결 수뿐 아니라 결속 강도strength of tie 역시 개체마다 다르다. 모든 개체가 집단의 모든 구성원에게 똑같이 주의를 기울이는 종은 없다.

침팬지는 많으면 160마리까지 모여 큰 무리를 이룬다. 하지만 쪼개졌다 합쳐졌다 하는 약 10마리로 구성된 더 작고 가변성 있는 무리를 이루어 지내는 시간이 대부분이다. 이런 유연한 집단 구성 현상을 "분열-융합 동역학fission-fusion dynamics"이라고 한다. 침팬지 사회에서 수컷은 대개 태어난 집단에 머물고, 암컷은 11세쯤 되면 집단을 떠

	1992	1993	1994	1995	1996	1997	1998	1999	2000	2001	2002
벨			릭	릭		릭	릭	★			
									퍼	퍼	퍼
비	미스	미스	미스	▲							
	포	포	포	▲							
캐스			포스	포스	포스	포스	포스	포스	▲		
초		루	루	루							
딜	곰	곰	곰	곰	곰	곰		곰	▲		
				퍼			퍼	퍼	▲		
팬											
포스호***		허	허		허	★					
			캐스	캐스	캐스	캐스	캐스	캐스	★		
				곰	곰	곰	곰	곰		곰	★
기트				▲							
곰	딜	딜	딜	딜	딜	딜		딜	★		
				포스	포스	포스	포스	포스		포스	▲
				나	나		나		나		▲
고이							▲				
허	벤	벤	벤			▲					
		포스	포스		포스	▲					
루					★				▲		
미스	비	비	비	★							
	포	포	포	★							
나	-	-	-	곰	곰		곰		곰		
							딜	딜	★		
퍼							벤	벤		벤	
									벨	벨	벨
포	비	비	비	▲							
	미스	미스	미스	▲							
릭				벨	벨		벨	벨	▲		
서	-	-	-	-	-	-					
벤	허	허	허								
					루		루	루	★		
							퍼	퍼		퍼	

7 - 3 | 침팬지 성체 암컷의 우정

침팬지 성체 암컷 19마리의 주요 우정의 시작과 끝. 숫자는 연도, 글자는 각 암컷 이름, 검은 막대는 해당 연도에 나눈 우정 관계다. 각 침팬지는 전체 기간에 걸쳐 친구를 1마리 이상 가질 수 있다. 예컨대 곰Gom은 딜Dil, 포스Fos, 나Nar와 친구다. 그러나 고이Goy와 서Sir는 친구가 목격된 적이 없다. 회색 막대는 친구 쌍이 반드시 많은 시간을 함께 보낸 것이 아닌 연도를 나타낸다. 별은 친구의 사망이나 이주, 삼각형은 침팬지 자신의 사망이나 이주를 나타낸다.

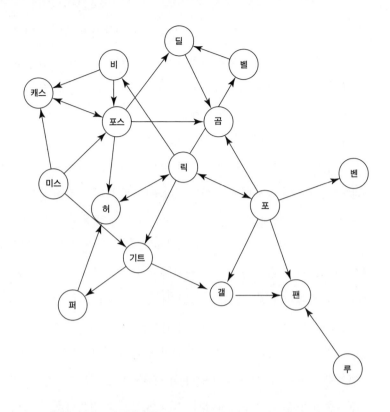

7 - 4 | 침팬지 암컷의 우정망

침팬지 쌍들 사이의 지속적인 우정으로부터 생기는 암컷 16마리의 연결망. 릭Ric은 중앙에 있으며, 오가는 많은 우정 관계를 맺고 있다(화살표 방향은 예를 들어 자신이 누군가의 털을 골라주거나 누군가가 자신의 털을 골라주는 것을 가리킨다). 루Lou는 변두리에 있고, 친구가 팬Fan 1마리뿐이다.

나 다른 집단에 합류한다. 영장류학자 존 미타니John Mitani는 우간다의 약 150마리로 이루어진 침팬지 집단을 대상으로 누가 누구와 고기를 나누고, 누구의 털을 골라주고, 누구와 함께 영역 순찰을 하는지를 조사해 친척이 아닌 수컷들 사이의 장기 유대 관계를 파악했다(사진 [7-

2] 참조).[29] 사람과 마찬가지로 유대는 친척들 사이에서 형성될 가능성이 더 높았다. 그러나 실제로는 비친족 수컷 간 유대가 더 많았다. 수컷 중 4분의 3은 친척이 아닌 개체와 가장 가깝고 가장 오래가는 우정 관계를 이루었으며, 10년 넘게 지속되는 우정도 있었다.[30]

대개 침팬지 암컷은 생애 대부분을, 아마 50년 중 약 40년을 비친족들과 산다. 코트디부아르의 침팬지 성체 암컷 19마리로 이루어진 집단을 10년 동안 상세히 조사했다. 그들이 수컷보다 우정을 형성할 가능성이 낮기는 했다. 하지만 일단 형성된 우정은 더 돈독할 수 있었고, 수컷보다 친족이 아닌 개체와 친구가 될 확률이 더 높았다. 암컷 대다수(84퍼센트)는 몇 년 동안 지속되다가 친구가 죽거나 사라질 때야 끝나는 우정 관계가 최소 하나는 있었다(도표 [7-3] 참조).[31] 예를 들어 포스Fos라는 침팬지는 가까운 친구가 3마리 있었다. 캐스Cas, 곰Gom, 허Her였다. 이 친구들은 모두 죽음을 맞이했다. 이 우정에서 비롯된 사회 연결망은 도표 [7-4]에 나와 있다. 개코원숭이도 우정 양상이 침팬지와 비슷하며, 우정 결속은 침팬지보다 보노보가 더 강하다.[32]

인기 있는 개체의 존재 이유: 온건한 계층 구조와 리더십

각 침팬지는 친구를 선택함으로써 스스로 사회 연결망을 짠다. 그러나 개체들은 자신들이 집단으로 만드는 연결망 내에서 차지하는 위치가 서로 다르다. 위에서 이야기한 허브 개체와 관련된 문제 때문이다. 특정 개체가 많은 수의 사회적 결속을 맺으면서 연결망 한가운데에 위치할 때 일종의 리더십이 출현할 수 있다. 도표 [7-4]에서 포스Fos와 릭Ric을 벤Ven과 루Lou와 비교해보면 알 수 있다.

놀이터에서 노는 아이들을 지켜본 사람이라면 모든 아이가 똑같이 친구를 사귈 수 있는 것은 아님을 안다. 남들보다 더 친구를 원하는 아이도 있고, 이 욕구에 따른 행동을 더 잘하는 아이도 있으며, 친구를 더 잘 끌어들이는 아이도 있다. 사회성 포유류는 지위를 추구한다. 즉 힘 있거나, 매력 있거나, 인기 있는 개체와 친구가 되는 데 관심이 있다. 이런 호감 가는 개체는 다른 호감 가는 개체와 연결되는 경향이 있다. 이런 개체들끼리 서로를 친구로 고르기 때문이다. 어느 정도는 이결과로 덜 인기 있는 개체는 덜 인기 있는 개체와 친구가 된다. 이런 유형의 정렬sorting은 지위 기반 사회를 빚어낸다. 이러한 사회에서 개체는 자신과 사회적 지위와 특징이 비슷한 이들과 어울리게 된다.

사회 연결망 분석에서는 이를 "차수 동류성degree assortativity"이라고 한다. 여기서 차수는 사회적 연결의 수를 말하며, 동류성은 서로 닮은 개체들을 우선해서 연결하는 정렬을 가리킨다. 비슷한 연결 수를 지닌 개체들이 연결되는 경향은 인간을 포함한 영장류 사회 연결망의 일반 특징이다. 침팬지, 개코원숭이, 보닛원숭이bonnet macaque, 울보카푸친wedge-capped capuchin 같은 영장류 종들을 분석해보니 70개 집단 중 68개 집단이 차수 동류성을 보이는 것으로 드러났다.[33]

특히 주목할 점은 이 성향이 연결망 일반의 전형적인 수학적 특성이 아니라는 것이다. 예를 들어 뉴런(신경 세포), 유전자, 컴퓨터의 연결망은 정반대다. 인기 있는 노드가 인기 없는 많은 노드와 연결되는 경향을 보인다. 이를 "차수 이류성degree disassortativity"이라고 한다. 시카고 오헤어국제공항이나 덴버국제공항 같은 허브 공항은 다른 모든 큰 공항과 연결되어 있지만 연결 대부분은 더 작은 공항들과 이어져 있으며, 작은 공항들은 다른 작은 공항들이 아니라 주로 허브 공항과 연결되어 있다. 코네티컷주 뉴헤이븐공항에서 뉴햄프셔주 레버넌공항으로 직접 날아갈 수는 없다.

리더 위치에 있는 인기 많은 개체가 순전히 이기적인 이유로 차수 동류성 계층 구조를 조장한다고 가정할 수 있지만, 사실 리더는 일종의 사회 경찰 기능을 할 수 있다. 온건한 계층 구조는 집단의 모든 구성원이 협력하고, 유익한 활동을 조직하고, 생존할 기회를 더 많이 창출함으로써 더 동등한 조건에서 경쟁이 이루어지게 할 수 있다.

진화생물학자 제시카 플랙Jessica Flack 연구진은 조지아주 로런스빌 근처 예키스국립영장류연구소Yerkes National Primate Research Center의 돼지꼬리원숭이pig-tailed macaque 84마리로 이루어진 집단의 연결망 구조를 조작했다.[34] 그들은 먼저 원숭이가 누구와 놀고 누구의 털을 골라주는지를 토대로 연결을 파악했다. 무리의 리더는 평온한 시점에 소리 없이 상대를 향해 이빨을 히죽 드러내는 횟수를 통해 파악했다. 사람의 웃음과 비슷한 이 표정은 이 종에게서는 복종한다는 뜻이다(사진 [7-5] 참조). 그런 뒤 연구진은 가장 지위가 높은 개체를 전략적으로 빼냈다. 연구진은 이 과정을 "녹아웃knock out"이라고 불렀다. 그렇게 교란한 사회 연결망을 대조군과 비교했다.

지위가 높은 개체를 빼내자 혼란이 일어났다. 갈등과 공격의 횟수가 치솟았다. 이 분석은 리더가 집단 전체의 상호작용에 어떤 영향을 미치는지를 알려준다. 리더를 제거하자 무리에서는 털 골라주기와 놀이가 전반적으로 줄어들었다(컬러 도판 [0-2]에서 a와 c, d와 f를 비교해보면 뚜렷이 드러난다). 즉 원숭이들은 연결이 끊기는 양상을 보였다. 이

7 - 5 | 원숭이의 "웃음"

는 안정된 리더십이 리더와 하급자들 사이뿐 아니라 하급자들 사이의 평화로운 상호작용을 촉진한다는 것을 시사한다. 인기 있는 리더의 존재는 집단 전체의 사회 질서를 촉진하는 듯하다.[35] 그리고 이런 상호작용은 이로운 상호 부조 기회를 조성한다. 이 점을 생각하면 개체들이 계층 구조에 관심을 기울이고 그것을 존중하는 쪽으로 진화가 이루어지는 것을 자연선택이 선호하는 이유를 쉽게 알 수 있다.

무리의 리더를 제거하자 연결망의 가장자리와 중심에 있는 개체들은 권력을 차지하기 위해 애썼고, 그 결과 많은 갈등이 빚어졌다. 반면에 리더가 있을 때는 갈등이 더 적었고, 지위가 높은 원숭이와 낮은 원숭이 사이의 연결이 더 많았다. 리더가 지위 추구자들 간 갈등에 단호하게 개입하고 사회적 연결을 조정했기 때문에 실제 차수 동류성은 더 낮았다. 마찬가지로 중요한 점은 개체들이 리더의 존재를 받아들이고, 갈등이 생기면 리더가 개입할 가능성이 높음을 안다는 것이다. 따라서 리더의 존재 덕분에 사회적으로 고립된 하급자도 다른 지위 추구자들의 보복 위협을 받지 않은 채 집단의 더 인기 있는 구성원에게 접근할 수 있었다. 이처럼 이 연구는 리더가 갈등과 위협에 근거한 지위 추구를 억제한다는 것을 보여주었다. 마지막으로 리더라는 형태의 사회적 허브가 없을 때 원숭이들은 친구가 더 적었을 뿐 아니라 친구의 친구 역시 더 적었다. 따라서 리더를 제거하자 이런 간접 연결을 통해 정보와 행동을 전파하기가 더 어려워졌다. 이런 현상은 좋은 행동과 나쁜 행동 둘 다에서 일어난다. 그러나 리더십의 또 한 가지 특징은 폭력 같은 나쁜 행동이 퍼지지 못하게 단호하게 막는 경향이 있다는 것이다.

차수 동류성이 거의 보편적으로 출현한 데는 자연선택이 어떤 역할을 했을 가능성이 높다. 그런데 이 체제가 갈등을 줄이는 것 외에 다른 방면으로는 어떤 혜택을 줄까? 차수 동류성은 감염병 확산을 늦출 가능성이 있다. 수학적으로 볼 때 사람들이 인기에 따라 서로 연결되는 쪽이 유행병 전파 위험이 적다. 이 점을 이해하는 데 가장 좋은 방법은 사회 연결망이 위에서 말한 공항 연결망처럼 차수 이류성을 지닌다고 가정해보는 것이다. 이는 바퀴의 축과 살처럼 아주 인기 있는 한두 명이 집단의 다른 모든 사람과 연결되어 있는 체제다. 이런 상황에서 연결망의 어느 한 사람이 감염될 경우 질병은 단 두 단계만 건너뛰면 집단의 모든 사람에게 퍼질 수 있다. 첫 감염자는 허브인 사람과 직접 연결되어 있고 이 허브를 통해 다른 모든 이들이 감염된다. 이 원리는 반대로도 적용된다. 이제 동일한 집단이 차수 동류성을 보이는 형태로 조직되어 있다고 가정해보자. 이 경우 일반적으로 감염병을 연결망의 일부 영역으로 제한하는 데 도움이 된다. 이를테면 사회 연결망의 변두리에 가두는 식이다.[36] 이런 집단 면역은 각 개인이 갖추고 있는 면역계 능력인 개인 면역과 완전히 차원이 다르다.

집단 내에서 우정 관계가 조직되는 방식은 집단 전체와 모든 구성원 각자에게 정말 중요하다. 다이아몬드와 흑연에 다시 비유하자면 동일한 사람들을 다르게 배치함으로써 전혀 다른 특성이 나타난다. 사람을 비롯한 동물 대부분은 질병과 불화의 확산을 최소화하는 사회 조직에 분명히 혜택을 본다. 우리의 사회 연결망은 바로 이런 혜택을 제공한다. 그리고 이 특성은 전 세계 모든 인간 집단에서 보편적으로 찾아볼 수 있다. 나아가 이 특성은 영장류 종에게서만 나타나는 것이 아니다.

코끼리의 우정 만들기

영장류는 우리와 같은 진화 계통에 속해 있기에 다른 영장류 종에게서 우리와 비슷하거나 시기상 더 앞선 사회 행동과 우정의 형태를 찾아낸다고 한들 그다지 놀랄 이유는 없을 것이다. 그런데 코끼리 역시 동물의 왕국에서 가장 두드러지고 오래 지속되는 우정을 보여준다. 침팬지 데이비드 그레이비어드처럼 그들도 이 능력을 사람에게까지 확장할 수 있다.

동물행동학자 조이스 풀Joyce Poole은 아프리카코끼리Loxodonta africana 사회를 관찰하면서 오랜 세월을 보냈다. 한번은 오랫동안 떠나 있다가 그들이 너무나 보고 싶어서 돌아갔다. 새로 태어난 딸 셀렝게이Selengei를 비롯한 가족과 함께였다.

코끼리들이 우리와 2미터가 채 안 되는 곳까지 다가왔을 때 비Vee가 걸음을 멈추었다. 비는 꼼짝하지 않고 있다가 문득 입을 쩍 벌리더니 깊고 우렁차게 목청껏 우르릉거리는 소리를 내뿜었다. 그러자 그녀 가족의 다른 코끼리들이 그녀 곁으로 우르르 달려왔다. 우리 차창 가에 모인 그들은 코를 한껏 뻗은 채 우르릉거리는 소리, 나팔 소리, 비명 소리의 불협화음을 내질렀다. 그 소리에 귀가 먹먹해지고 몸이 부르르 떨렸다. 그들은 대소변을 쏟아내고 서로 몸을 비벼댔으며, 얼굴에는 관자샘에서 나온 분비물이 줄줄 흘러내렸다.

코끼리 자신들 외에 코끼리의 가슴과 마음에서 무슨 일이 벌어지고 있는지 누가 알 수 있을까? 우리가 겪은 이 일은 대개 가족에게만 하는 격한 환영 의식이었다. … 오랫동안 떨어졌다가 다시 만난 가족에게. 나는 그토록 오랫동안 헤어져 있다가 다른 새롭지만 친숙한 냄새들과 함께 돌아온 나를 그들이 기억하고 있었으리라 추측할 수 있을 따름이다. 남동생, 어머니, 그리고 내가 팔에 안고서 그들에게 내밀어 보여준 어린 딸의 냄새를 말이다.[37]

코끼리의 사회 조직에 관해 우리가 아는 내용 대부분은 두 야생종인 아프리카코끼리와 아시아코끼리Elephas maximus를 수십 년 동안 연구한 결과에서 비롯한다. 아프리카코끼리 중 케냐 암보셀리국립공원Amboseli National Park에 사는 1200마리가 넘는 집단은 1972년부터 연구되어왔다.[38] 케냐 삼부루국립보호지역Samburu National Reserve의 아프리카코끼리 집단도 계속 연구 중이다. 아시아코끼리 중에서는 스리랑카 우다왈라위국립공원Udawalawe National Park에 사는 약 1000마리로 이루어진 집단이 계속 연구되고 있다.[39]

코끼리는 많은 영장류처럼 감정, 공감, 이타심을 드러낸다. 기력을 잃거나 다치거나 포식을 비롯한 위협에 직면한 다른 코끼리를 돕는다. 코끼리는 때로 자기 종의 구성원뿐 아니라 다친 사람도 돕는다. 사람이 다친 동물을 보살피는 것과 비슷하다. 조이스 풀은 이렇게 설명한다.

> 코끼리는 다른 동물들을 분류하는 나름의 범주를 지닌 듯하다. 그들은 포식자나 청소동물scavenger인 종을 유달리 싫어한다. 코끼리를 위협하지 않는 포식자나 코끼리 사체를 먹지 않는 청소동물이라고 해도 그렇다. 예를 들어 얼룩말 사체를 먹고 있는 자칼이나 독수리 무리와 마주치면 대개 쫓아버리거나 적어도 머리를 흔들어댄다. 내가 볼 때 불쾌함을 드러내는 듯하다.[40]

풀을 비롯한 연구자들은 코끼리가 연민과 우정을 드러내는 모습도 무수히 관찰했다.

> 다른 코끼리들이 움직이지 못하는 코끼리의 양쪽에 서서 일으켜 세우는 모습을 많이 보았다. … 블라디미르Vladimir는 병에 걸려서 거의 절뚝거리며 걸어야 했는데 … 몇몇 젊은 수컷들이 그를 돌보는 듯했다. 앨버트Albert는 매일 그의 곁에 있었다. 습지까지 그의 느린 속도에 맞추어서 걸어갔다. 그런 뒤 다른 수컷이 그 일을 떠맡았다. 마치 블라디

미르가 아프고 도움이 필요하다는 사실을 이해하는 듯했다.[41]

　　조이스 풀은 이런 호의와 이타 행동을 설명하는 그럴싸한 진화 이론이 있음을 안다. 코끼리는 그저 자기네 유전자의 생존 기회를 높이기 위해 자기 씨족의 구성원을 돕는 성향을 타고난다는 이론이다. "그러나 이 이론이 옳다면 코끼리가 다친 코끼리와 다친 사람을 돕는 반면, 우리가 아는 한 다른 종은 돕지 않는 이유는 무엇일까?"[42] 이 의문은 단순한 혈연 선택을 넘어서 진화한 능력 집합이 있음을 시사한다. 코끼리는 이타 행위에 관해 나름의 견해를 형성하고 판단을 내리는 듯하다. 사람에게 실제로 언제 도움이 필요한지 그들은 안다.

　　또 한편으로는 코끼리의 이타심과 연민이 의식적 공감이나 이해에서 나오는 것이 아니라 그저 본능이 과잉 일반화해 다른 종에게까지 확장되어서 나오는 것이라고 주장할 수 있다. 우리 종에게서 비슷한 감정 확장 양상을 볼 수 있다. 아이가 사로잡은 무당벌레를 의인화anthropomorphosis해 보살피는 사례가 그렇다. 아이는 무당벌레가 지루해하지 않도록 보금자리를 잘 꾸며주며, 춥다고 바깥으로 내보내지 않으려 한다. 또 우리는 다른 사회성 동물들에게서 이런 사례를 본다. 위험에 처한 사람을 돕는다고 잘 알려진 돌고래가 그렇다.[43] 그렇긴 해도 내가 볼 때 선한 행동을 하도록 진화한 성향의 이 과잉 적용을 사회성이 불완전함을 암시하는 증거라고 간주하기는 어려울 듯하다.

　　코끼리 사회는 성별 분리sex segregation(성별 격리) 사회, 가모장제matriarchy(모권제) 사회, 다층multitier 사회(더 작은 집단들이 더 큰 집단 속에 둥지를 튼다는 의미)다. 코끼리 수컷은 태어난 집단을 떠나 생애 대부분을 홀로 지내거나 다른 성체 수컷들과 작은 무리를 이루어 돌아다닌다. 위 인용문에 등장하는 블라디미르와 앨버트가 그런 사례다. 수컷은 번식기에만 암컷 무리에 합류한다. 소규모 무리를 이룬 수컷들은 무리 내에서만 긴밀한 상호작용을 하고 다른 무리와는 거의 상호작용을 하지 않는다. 고립된 채 방랑하는 수컷들과 안정된 암컷 집단이라는 이런 유형의 조직은 영장류 종들의 사회와 확연히 다르다(흥미롭게도 코끼리의 이 조직 구조는 고래의 조직 구조와 같다).

암컷들의 핵심 집단core group과 주기적으로 찾아오는 외톨이 수컷은 전통 사회 구조를 이룬다. 현재 아랍에미리트 사막에 남아 있는 700만 년 전 코끼리 발자국 화석은 마이오세Miocene(중신세. 약 2300만 년 전~533만 년 전)에 이미 이 코끼리 특유의 사회 구조가 존재했음을 시사한다(컬러 도판 [0-3] 참조). 이 화석에는 코끼리 14마리가 걸어간 발자국이 뚜렷하다. 같은 방향으로 나아간 13마리는 한 무리를 이룬 암컷들과 새끼들이며, 홀로 돌아다니는 커다란 수컷이 그들과 엇갈려서 걸어갔다.[44] 이 먼 옛날의 집단은 규모조차 오늘날의 무리와 동일하다. 이 사회 조직 양상은 6만 년 전 매머드 화석 중 대부분이 암컷이 아니라 수컷인 이유를 설명해주는 듯하다. 유용한 지식을 갖춘 모계 족장의 인도 없이 홀로 돌아다니는 수컷은 틈새나 구멍 같은 위험한 곳을 돌아다닐 가능성이 더 높았다. 게다가 빠지거나 갇혔을 때 도와줄 동료도 없었다.[45]

각 모계 가족 집단family group(핵심 집단)은 대개 약 10마리며, 가까운 친척 관계인 암컷들과 그 새끼들로 구성된다.[46] 가족 집단의 구성원은 이주, 먹기, 마시기, 휴식 등 거의 모든 것을 함께, 때로 합심해서 한다. 예를 들어 조이스 풀은 자신이 좋아하는 코끼리 버지니아Virginia에게 종종 〈어메이징 그레이스Amazing Grace〉를 불러주었다. 그러면 코끼리는 가족과 함께 길게는 10분까지 멈춰 서서 귀를 기울이곤 했다. "호박색 눈을 천천히 감았다 뜨면서 코끝을 씰룩거렸다."[47] 이 집단의 구성원들은 흔히 서로 접촉하고 냄새를 맡는 행동으로 위로하고 환영한다. 가족 집단은 이주하다가 새끼들이 쉴 때면 함께 기다리고, 어느 새끼가 괴로워하는 소리를 내면 몇몇 구성원이 큰 소리로 다른 구성원들에게 알리면서 도우러 달려간다. 실제로 성체는 때로 남의 새끼를 훈육하며, 새끼는 어미가 아닌 다른 암컷의 젖을 빨기도 한다. 사람의 이모, 언니, 할머니가 아이를 돌보듯이 코끼리는 서로 협력하면서 친척 육아를 한다.

과학자들은 두 동물 개체가 유전적으로 서로 얼마나 가까운지를 "근연도 계수coefficient of relatedness" r로 나타낸다. 대략 말하자면 공통으로 지닌(대개 공통 조상에서 유래했기에 지닌) 유전자 변이체의 비율을 가리킨다. 일란성 쌍둥이는 r이 1.0이며, 서로 혈연관계가 없는 이들은 r이 0에 가깝다. 암컷들이 대부분 태어난 집단 내에 머무르는 이유도 있고 해서 코끼리 핵심 집단 구성원 사이의 평균 유전 근연도는 약 0.2다. 이모와 조카 사이 정도에 해당한다.[48] 파라과이의 수렵채집 부족인 아체족처럼 비슷한 규모의 자연 발생 인간 집단은 r이 0.05다(6촌 사이 정도에 해당한다).[49] 코끼리 암컷은 유전적으로 가까운 개체들과 사는 쪽을 선호한다. 그리고 관찰 자료와 유전 자료 모두 더 강한 결속은 대부분 모계 친족 사이에서 이루어진다고 시사한다.[50] 그러나 코끼리 역시 침팬지와 사람처럼 친족관계가 전혀 아닌 개체들끼리 우정을 맺는다. 이는 코끼리의 사회적 상호작용과 지원이 친족 사이에서만 이루어지는 것이 아님을 말해준다.

최근 수십 년 사이에 통탄할 수준의 밀렵이 자행되면서 코끼리 사회에 큰 혼란이 빚어졌다. 모계 족장이 살육당해 더 이상 무리를 이끌 리더가 없을 때 더욱 그랬다. 그 결과 케냐 삼부루국립보호지역의 핵심 집단 중 약 5분의 1은 서로 유연관계가 깊지 않은 개체들로 이루어져 있다. 이 가슴 아픈 "자연" 실험은 코끼리가 친족과 살아가는 쪽을 선호하지만, 그들의 사회 조직에 반드시 친족관계가 필요하지는 않음을 시사한다.[51]

코끼리 집단은 무척 자주 쪼개졌다가 다시 모이곤 한다(이를테면 먹이가 얼마나 많은지에 따라). 이 때문에 코끼리 사회는 영장류 사회보다 재결합이 중요하다. 그래서 코끼리 종에게서는 개체 간 사회적 유대 강도를 반영하는 형태로 정교한 환영 행동이 진화했다. 우리가 오랫동안 알고 지낸 사람과는 그냥 악수를 나누지만 한동안 보지 못했던 가까운 친구를 만나면 껴안거나 심지어 눈물까지 흘리는 것과 비슷하다. 코끼리는 단순히 서로의 입으로 코를 뻗어서 인사를 나눌 수도 있다. 아마 사람들이 서로 뺨을 맞대는 행동에 해당할 듯하다. 그러나 앞서 조이스 풀이 묘사한 감동적인 의식처럼 오랫동안 헤어졌다가 만난 가족과 유대 집단은 놀라울 만치 극적인 행동으로 서로를 환영한다.[52] 이 환영의 강도가 친밀한 수준뿐 아니라 헤어져 있던 기간을 반영한다는 사실을 볼 때 코끼리는 시간 감각을 지닌 듯하다. 이런 환영 인사는 사람의 눈에도 놀라울 만치 친숙하다(풀이 언급한 대소변 배설은 제외하고). 나는 국제공항 터미널 입국장에서 눈에 띄게 재회의 기쁨을 표현하는 이들이 떠오른다.

아프리카 사바나 코끼리들은 주기적으로 모여서 "단계tier"라고 부르는 여러 수준의 집단화를 이룬다. 가장 낮은 1단계는 암컷 1마리와 이 암컷의 새끼들로 구성된다. 2단계에서는 서로 친척인 암컷들이

"가족 집단(핵심 집단)"을 이룬다. 지금까지 논의한 집단이 이에 속한다. 케냐 암보셀리국립공원의 코끼리들은 55개 핵심 집단을 이루어 사는데 일부 큰 핵심 집단은 암컷들과 새끼들 약 17마리로 이루어져 있다. 이 2단계 집단들이 모여서 "유대 집단bond group"이라는 3단계 범주를 이룬다. 대개 상당한 친족관계에 있는 코끼리들이다. 유대 집단은 여러 주 동안 몇 제곱킬로미터의 면적에서 먹이 찾기 활동을 조직할 수 있다. 한 코끼리는 수십 년 동안 같은 핵심 집단 및 유대 집단에 속해 있을 수 있는데, 어느 정도는 이 집단들이 기본적으로 친족관계를 토대로 하기 때문이다.[53] 유대 집단들이 모여서 4단계에 해당하는 "씨족 집단clan group"을 이루는데 이 단계 또한 중요한 기능을 수행하는 듯하다.[54]

진화적으로 어떤 이점이 있기에 코끼리는 이런 계층 조직, 특히 씨족 단계까지 포함하는 다층 조직 구축에 필요한 인지 능력을 갖추는 쪽으로 진화한 것일까? 앞서 살펴보았듯이 낮은 사회 단계는 포식자 방어, 효율적인 먹이 구하기, 친척 육아 등의 혜택을 제공할 수 있다. 이런 혜택들은 모두 핵심 집단과 유대 집단까지는 뚜렷이 나타난다. 그러나 씨족 단계에서는 이런 행동을 찾아보기 어렵다.[55] 일부 과학자는 학습 기회를 높이고 정보를 공유하기 위해 이처럼 대규모 수준의 통합 노력을 한다고 가정한다.[56] 이는 코끼리에게 일종의 문화 교환과 보전의 기회를 제공할 수 있다. 또 다른 설명은 코끼리가 적합한 짝을 찾는 데 도움을 준다는 것이다. 이런 형태의 사회 조직을 구축할 능력이 있고 이런 조직을 존중하고 유지한다면 뭔가 혜택을 누릴 가능성이 높다.

그러나 씨족 단계가 아무런 뚜렷한 목적 없이 그저 사회 행동의 일종의 "고삐 풀린runaway" 성향을 나타내는 것일 수 있다(사람들이 고등학교 동문끼리 다시 모이면 엄청나게 흥분하는 것처럼). 진화가 그리 꼼꼼하지 않다는 점을 고려할 때 너무 반사회적인 쪽보다 지나치게 사회적인 쪽이 아마 더 나을 것이다. 큰 씨족을 이룰 때 진화적으로 불리한 점이 없을지 모른다.

사람은 더 높은 단계의 집단을 이루는 목적이 한층 명확하다. 예를 들어 우리는 마을, 부족, 국가 사이에 군사 동맹과 교역 동맹을 맺는다. 비록 우리가 국가 수준의 사회적 복잡성에 대처할 수 있도록 진화하지 않았음은 분명하지만 말이다. 온라인 백과사전 위키피디아 Wikipedia는 수많은 사람의 자발적인 협력으로 관리 유지되고 있다. 이런 대규모 협력은 우리 종의 과거 진화 과정에서 필요했기 때문이 아니라, 원래 훨씬 더 작은 집단에서 이루어진 정보 공유와 식량 공유 관련 협력이 고삐 풀린 형태로 뻗어나갔기 때문이다.

언제나 그렇듯이 환경은 사회 조직에 영향을 미친다. 스리랑카의 아시아코끼리(600만 년 전 아프리카코끼리와 갈라진 종)는 먹이가 더 한결같이 존재하는 더 울창한 숲에 살며, 천적이 전혀 없다(인간을 제외하고). 아시아코끼리는 아프리카코끼리보다 더 작은 무리를 이루며, 모계 친족끼리 사는 경향이 더 강하다. 또 아프리카코끼리 같은 여러 단계의 사회 집단을 형성하지 않을 수 있다.[57] 두 종의 사회 연결망 지도는 이 현상들을 잘 보여준다(도표 [7-6] 참조). 아프리카코끼리는 아시아코끼리보다 사회적으로 더 직접 접촉하고 더 상호 연결된 양상을 띠며, 집단 내 어느 코끼리하고든 두 단계만 건너면 연결된다. 이 체제는 문화 지식을 간직하는 데 유용하다. 반면에 일부 아시아코끼리는 한 집단(약 100마리로 이루어진 집단) 내의 다른 코끼리와 최대 4단계나 떨

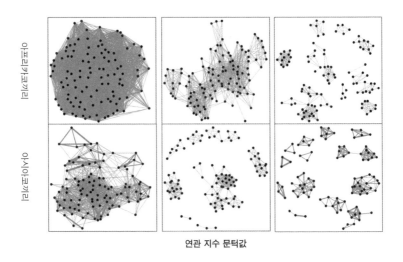

연관 지수 문턱값

7 - 6 | 코끼리 사회 연결망 붕괴의 양상

코끼리 사회 연결망. 각 점(노드)은 코끼리, 선은 관계다. 선이 굵을수록 더 강한
관계를 맺고 있다. 아시아코끼리 연결망(아랫줄)은 아프리카코끼리 연결망(윗줄)
보다 상호 연결이 더 적으며 강한 결속 또한 더 적다. 그래서 아시아코끼리 연결
망은 실제 사회적 결속이라고 간주하는 기준인 연관 지수 문턱값association-index
threshold을 높여가면서 결속을 차례로 제거할 때 훨씬 더 빨리 조각난다. 왼쪽에서
오른쪽으로 갈수록 연관 지수 문턱값이 높다(즉 더 오래 함께 지내야 결속으로 간주
한다는 뜻이다).

어져 있다.

그렇지만 컬러 도판 [0-2]의 윗줄 왼쪽 그림과 도표 [7-6]의 윗줄
가운데 그림을 비교해보면 코끼리와 영장류의 연결망이 유사함을 알
아차릴 것이다. 8장에서 살펴보겠지만 인간의 사회 연결망 역시 비슷
하다. 한 종에게서 일단 우정 개념이 뿌리를 내리면 이 방면으로 최적
의 사회 조직화를 이루는 기본 방식은 하나뿐일 수 있다.

고래의 친구 사귀기

인간 연결망에 관한 자료를 모으는 일은 정말로 어렵다. 그래서 좌절을 느낄 때마다 나는 고래 연구자인 헬 화이트헤드Hal Whitehead와 데이비드 루소David Lusseau 연구진을 떠올린다. 그들은 나와 비슷한 자료를 모으지만 물속에서 그리고 차디차고 위험한 조건에서 그 일을 해야 한다. 아울러 나는 진저 로저스Ginger Rogers의 생애를 떠올린다. 그녀는 프레드 아스테어Fred Astaire와 모든 춤을 똑같이 추었다. 뒤편에서 하이힐을 신은 채로 했다는 점만 달랐다.(배우 겸 무용가인 진저 로저스와 프레드 아스테어는 1933년부터 1939년까지 9편의 뮤지컬 영화에 함께 출연해 유명해졌다-옮긴이)

코끼리는 거대한 육상 초식동물이고 향유고래sperm whale(향고래, 말향고래)는 거대한 수생 육식동물이지만 둘은 비슷한 점이 많다. 향유고래 암컷들은 유전 혈연관계에 있는 약 12마리가 안정된 무리를 이루어 살아간다. 같은 무리의 고래들은 흔히 오후에 잠수를 멈추고 몇 시간 동안 함께 지낸다. 이때 "코더coda"라는 독특한 소리를 내면서 과학자들이 "애무caress"라고 표현하는 접촉 행동을 서로 한다. 또 코끼리처럼 둘 이상의 가족 집단이 한동안 함께 다니면서 서로 조직을 이루어 먹이를 찾고, 복잡한 음향 신호를 이용해 몇 킬로미터에 걸쳐 움직임과 행동을 서로 맞춘다. 한 가족 집단의 성체들은 깊이 잠수할 때 새끼가 홀로 수면 근처에 머무는 시간을 최소화하기 위해 서로 시간 차이를 둔다. 일종의 공동 육아다.[58] 또 성체들은 다친 식구를 돌보려고 애쓴다. 실제로 역사상 고래잡이들은 고래의 이 성향을 이용해왔다. 고래, 특히 어린 고래에게 상처를 입힌 뒤 도우러 오는 암컷 성체들을 잡았다. 또 어떤 고래가 작살을 맞으면 다른 고래들은 줄을 물어뜯어 끊으려고 애쓴다.

동물행동학 분야에서 흔히 그렇듯이 향유고래 수컷의 사회 조직은 훨씬 덜 알려져 있다. 코끼리 수컷처럼 고래 수컷은 홀로 또는 수컷끼리 작은 무리를 이루어 비교적 외톨이 생활을 한다. 번식기를 제외하고 자신이 태어난 가족 집단을 떠나 멀리 돌아다닌다.

또 코끼리와 많은 영장류처럼 고래는 살 수 있는 곳은 다 들어가기에 살아가는 환경이 복잡다단하다. 위 종들은 모두 수명이 길고 새끼를 적게 낳아 잘 돌보는 경향이 있다. 이 두 현상은 번식 연령을 지난 나이 많은 개체가 생태 지식과 사회 지식의 보고 역할을 할 수 있다는 점과 관련이 있다. 예를 들어 폐경기에 든 고래는 먹이가 적은 시기에 먹이 탐색을 이끈다고 알려져 있다.[59] 사람 역시 긴 수명 덕분에 사회 학습에 필요한 조건들을 갖추었을 수 있다. 더 어린 친족을 돌보고 그들을 비롯한 집단 구성원에게 지식을 전하는 능력 덕분에 번식기가 지난 개체는 여전히 집단에 도움이 된다.

범고래orca와 큰돌고래bottlenose dolphin(병코돌고래) 등 다른 고래류 또한 자기 종 내에서 친척이 아닌 개체들끼리 장기간 우정을 맺는다. 계속되는 돌고래 연구를 통해 그들의 사회 연결망, 학습, 도구 사용, 문화의 복잡함이 점점 밝혀지고 있다. 돌고래의 연결망은 유인원과 코끼리의 연결망과 비슷하며, 유사한 수학적 특성을 지닌다. 도표 [7-7]은 뉴질랜드 남섬 서남단에 있는 피오르인 다우트풀사운드Doubtful Sound에서 큰돌고래 성체 64마리의 사회적 상호작용을 여러 해 동안 관찰해 얻은 연결망이다. 각 돌고래는 평균 다른 개체 5마리와 연결되어 있었다. 사람과 비슷한 수준이었다. 돌고래 집단은 "이행성"

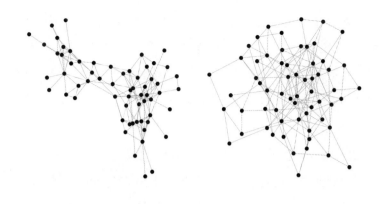

7 - 7 | 돌고래 우정 연결망

왼쪽은 돌고래 64마리의 실제 연결망으로, 각 개체는 평균 5마리와 연결되어 있다. 오른쪽은 시각적·수학적으로 비교할 수 있도록 동일한 수의 노드와 결속을 토대로 무작위로 구성한 연결망이다. 실제 연결망에서는 소수 개체가 많은 연결 수를 지니며(그래서 사회적 허브 개체가 된다), 나머지 다른 개체들은 한두 마리와만 연결되어 있다.

도 사람과 매우 비슷했다. 한 돌고래의 친구 2마리가 서로 친구일 확률은 평균 30퍼센트였다(사람은 집단에 따라 대개 15~40퍼센트다).[60] 게다가 돌고래들은 연결망 내 위치가 다양하며, 일부 개체는 허브 역할을 했다(가장 연결이 많은 개체는 연결 수가 12개였다).[61] 비친족 간 지속적인 우정은 흔했다.[62] 예를 들어 호주 남동부 포트스티븐스Port Stephens 연안의 큰돌고래 모집단에서 성체 10~20마리로 이루어진 하위집단들 내 두 개체 간 평균 유전 근연도는 0.06~0.09(4~6촌에 해당한다)로 코끼리 및 인간 수렵채집인 집단과 비슷한 수준이었다.[63]

대다수 종에서 비친족 암컷과 수컷은 성적 접촉과 무관한 의미 있는 결속을 이루는 일이 거의 없다. 그러나 돌고래, 거두고래pilot whale,

범고래, 보노보, 개코원숭이, 그리고 당연히 사람에게서는 암수 사이에 정신적 교감을 나누는 형태의 상호작용을 종종 볼 수 있다. 포트스 티븐스 돌고래 무리에서 암컷은 우정 결속을 통해 연결된 짝짓기 상대를 자신의 수컷 친척에게 소개한다. 이는 언니나 누나, 오빠나 형이 10대 동생의 데이트 상대가 적합한지 살펴보는 것과 그리 다르지 않다. 그리고 유용한 정보는 성별에 상관없이 동물 친구들 사이에서 확실히 전달될 수 있다. 범고래도 사회 학습과 짝 찾기 증진을 위한 더 큰 집단 형성 등 이런 특징 중 상당수를 보여준다.[64]

인간만이 특별하다는 오만에서 벗어나자

인간의 청사진을 이해하고자 다른 동물들의 우정, 협력, 사회 학습 같은 형질을 탐구하다 보면 이야기가 의미론 쪽으로 흘러가기 쉽다. 이런 형질이 정말로 존재할까, 아니면 우리가 그저 의인화하는 것에 불과할까? 침팬지는 정말로 서로를 위로하거나 환영할까? 코끼리는 정말로 친구를 보고서 기뻐할까? 고래는 정말로 함께 새끼들을 돌볼까? 동일한 의문이 동물의 개성, 사회, 문화를 이야기할 때도 제기된다. 이런 현상들은 객관적일까, 아니면 우리가 바위에서 사람 얼굴을 보는 것처럼 우리 마음을 투영한 것에 불과할까?

일부 비판자는 동물의 우정이라는 용어 자체가 해당 동물의 경험이나 동물 간 연결의 실제 기능보다 관찰하는 사람의 경험을 반영하는 것이라고 주장한다(내가 보기에는 잘못된 견해다). 또 어떤 이들은 영장류조차 미래라는 개념을 갖고 있지 않기 때문에 동물의 우정이라는 개념 자체가 잘못된 것이라고 주장한다. 동물은 특정한 개체와 나중에 사회적 상호작용을 할 것이라는 기대를 하지 않으며, 친구의 호혜 행동을 필요로 하거나 원하게 될 미래 시간이라는 개념을 이해하지 못한다는 것이다. 게다가 친구라고 서로에게 (어떤 명시적인 방식으로) 선언하는 능력은커녕 친구라는 개념을 이해할 고도의 능력도 갖추지 못했다고 본다.[65]

그러나 과연 이런 능력이 있어야 우정을 맺을 수 있을까? 이것은 우리가 우리의 동물 형제자매에게 갖다 붙이는 기나긴 유보와 단서 조항 목록의 일부다. 갓난아기, 발달장애인, 기억 손상자 등 마찬가지로 질문에 말로 답할 수 없는 사람들에게는 갖다 붙일 꿈조차 꾸지 않을 목록 말이다. 우리는 거의 모든 사람이 우정을 맺을 수 있다고 본다. 미래라는 개념을 희미하게만 이해하거나 우정을 명확하게 이해하지 못하는 이들까지 우정을 맺을 수 있다고 여긴다. 그러면서 동물의 우정에 대해서는 까다롭게 따지는 태도가 내게는 오만함으로 비친다.

그러나 이것이 단지 개념 문제만은 아니다. 방법론 문제도 있다. 연구자들은 동물에게 서로 친구냐고 그냥 물어볼 수가 없다. 대신에 다른 방법들을 써서 비번식 사회적 연결인지 식별해야 한다. 동물 간 유대는 확실하게 파악하기가 어려울 수 있다. 시간의 흐름에 따라 일어나는 일이고, 다양한 행동 범주(서로 털을 골라주는가, 먹이를 나누는가, 방어할 때 힘을 모으는가, 같은 시간과 장소에 함께 있는가?)를 포함할 수 있기 때문이다. 그래서 심리학자 데이비드 프리맥David Premack은 "러시아 소설 문제Russian-novel problem"라는 것을 제시했다. 두 동물(또는 두 인간)의 이력을 살펴볼 때 무엇이 무엇의 원인인지 알기 어려울 때가 많다는 것이다. 둘이 아주 오랫동안 아주 다양한 방식으로 상호작용해왔고, 여러 사건을 서로 다르게 기억하며, 이런 주관적인 경험에 따라 각자 행동할 수 있기 때문이다.[66]

영장류학자 로버트 세이퍼스Robert Seyfarth와 도로시 체니Dorothy Cheney처럼 나도 동물의 풍부한 사회생활을 인정하기를 주저하는 것이야말로 잘못된 태도라고 믿는다.[67] 내가 볼 때 사람들이 동물과 거리를 두고 싶어 하는 것은 우리 종의 일부 구성원이 동물을 지독히 학대한다는 사실이 수치스럽기 때문일 수 있다. 사회비평가 매슈 스컬리 Matthew Scully는 명저《지배Dominion》에서 이렇게 주장한다.

동물이 우리와 전혀 다른 존재라고 깎아내리기는 쉽다. 난잡하고 덜 합리적인 방식으로 욕구와 본능에 따라 행동하고, 우리 반려동물처럼 먹이와 관심만 갈구하고, 농장 여물통에 고개를 들이미느라 야단법석을 떨어대고, 야생에서 짝과 영역과 지위를 놓고 서로 싸움박질하는 존재라고. 그러나 자신이 이런 세계와 완전히 동떨어져 있다고 생각하는 사람은 자기 일상생활을 더 자세히 들여다볼 필요가 있다. 여전히 모든 사람의 삶을 특징 짓는 몸의 투쟁과 상처와 갈망을 말이다.[68]

동물 역시 우리처럼 철학자 제러미 벤담Jeremy Bentham이 말한 "두 군주two sovereign masters", 쾌락과 고통의 지배를 받는다. 우리 인간이라고 해서 그리 특별하지 않다.

사실 비판자들의 단서 조항을 물리치기는 어렵지 않다. 우리가 "잘 가요"라고 말하는 유일한 종이며 다른 종들은 특별한 작별 의식을 전혀 하지 않는 듯하다는 것은 사실이다.[69] 그러나 우리가 "안녕하세요"라고 말하고 특별한 환영 행동을 하는 유일한 종은 아니다. 사실 미래 예견은 우정 결속을 형성하고 유지하는 데 절대적으로 필요한 능력이 아니다. 과거를 기억할 인지 능력만 있으면 된다. 다른 동물들이 미래 예측 능력을 지니는지가 불분명할지라도, 많은 종이 기억을 하고 시간 감각까지 지닌다는 데는 의문의 여지가 없다. 나는 집에서 이런 사례를 볼 수 있다. 우리 집 닥스훈트 반려견인 루디Rudy는 아내가 우편물을 가지러 잠시 문밖에 나갔다가 들어올 때면 가볍게 맞이하지만 오후 내내 외출했다가 돌아오면 격하게 환영 인사를 한다. 앞서 살펴본 코끼리가 떨어져 있던 기간에 따라 보이는 환영 행동의 차이와 마찬가지다.

다음으로 다양한 동물 종 내에서 우정을 맺게 하는 추진력은 그들의 행동에 영향을 미치는 일종의 암묵 지식이나 본능으로 볼 수 있다. 새가 먹이를 감추거나 노래하는 행동에서부터 우리 종의 6개월 된 아기가 도덕 판단을 하고 8개월 된 아기가 낭떠러지를 피해 기어가는 능력에 이르기까지 모두 소유자가 명시적으로 기술할 수 없는 유형의 지식이라고 할 수 있다.[70] 동물은 사람처럼 우정 본능을 지닐 수 있다.

동물 우정의 또 다른 강력한 증거는 두 동물 사이의 관계에 관한 이른바 제3자 지식에서 나온다. 즉 동물 A는 자신과 동물 B의 관계를 알고, 자신과 동물 C의 관계를 알 뿐 아니라, B와 C의 관계에 관해서도 뭔가를 안다. 가장 진화했다는 의미에서 우리 자신과 우리의 가장 가까운 영장류 종의 관계에서 나타나는 이 인지는 "마음 이론"을 반영한다. 남의 마음 상태를 상상하고 그 상태가 자신의 마음 상태와 다를 수 있음을 인식하는 능력 말이다.

사실 일부 종은 "마음 이론"만이 아니라 명백하게 "관계 이론"을 진화시켰다. 이는 진화적 이점이다. 다른 개체들 간 관계를 인지하면 그들의 사회 행동을 예측하는 데 도움이 된다. 이런 지식의 가장 기본 유형은 한 동물이 다른 두 동물에 대한 자신의 지위뿐 아니라 다른 두 동물의 상대적 우열 또한 알 때다. 이 중요한 능력은 널리 퍼져 있다. 하이에나, 사자, 말, 돌고래, 영장류뿐 아니라 어류와 조류에게까지 나타난다. 갈등을 겪는 꼬리감는원숭이capuchin monkey(카푸친원숭이)는 상대보다 지위가 더 높다고 알고 있는 동맹자를 찾아 나서며, 상대보다 자신과 더 가까운 관계라고 알고 있는 동맹자를 찾는다.[71] 두 침팬지가 싸웠는데 지켜보던 다른 침팬지가 진 쪽을 위로한다면 이 행동으로 싸운 두 개체가 화해할 수 있지만, 지켜보던 개체가 공격자와 친구일 때만 그렇다.[72] 이 세 침팬지 모두 둘이 특별한 유대를 맺고 있다는 것이 무슨 의미인지 이해한다.

집단 협력이라는 요구 조건은 사실상 우정 진화의 궁극적인 추진력일 수 있다. 야생동물들은 시간이 흐르는 동안 재화(먹이 등)와 서비스(털 골라주기, 지원, 보호 등)를 교환해 서로 도울 수 있다. 유감스럽게도 연구실 실험은 대개 재화를 즉각적인 교환의 매개체로 삼는 거래 방식을 취한다("내 수수께끼를 풀면 바나나를 줄게."). 따라서 우리는 자연환경에서 동물 우정을 완전히 포착하지 못할 수 있다. 그렇긴 해도 우리는 침팬지 같은 많은 동물이 특정한 개체와 재화 및 서비스를 교환해 상황에 맞는 협력을, 다시 말해 즉각적인 팃포탯 주고받기tit-for-tat reciprocity를 한다는 것을 안다. 동물의 우정을 이런 식으로 설명하는 가설을 "당면 욕구 가설current-needs hypothesis"이라고 한다.(팃포탯은 이전에 상대가 한 행동을 이번에 자신이 그대로 따라 하는 것으로, 상대가 이전에 협력했다면 이번에 협력하고 협력하지 않았다면 협력하지 않는 전략이다-옮긴이)

하지만 이 가설은 장기간 유지되는 안정된 우정을 설명하지 못한다. 오늘 서로 털을 골라주는 침팬지들은 몇 주 동안 동맹을 맺어 서로를 지켜주고, 몇 년 동안 먹이를 공유할 가능성이 훨씬 높다. 연구실에서는 이런 활동을 재현하기가 어렵다. 영장류학자들은 감정이 야생에서 더 장기적인 상호작용 가운데 일어나는 이런 교환의 인지 회계 장부 역할을 할 수 있다고 가정한다. 우리는 남이 우리에게 잘해줄수록 그만큼 좋은 감정을 갖게 되며, 이 감정의 대차대조표를 작성해 지난 상호작용을 기억한다. 이 더 장기적인 관점 덕분에 우리는 단기 불균형을 받아들일 수 있다. "최근에 나한테 뭘 해줬지?"라는 단순한 교환 차원을 넘어설 수 있다. 이런 관점은 영장류 사회에 흔한 더 큰 규모의 동맹을 촉진한다.

분명히 우리는 우정이라는 용어를 사람에게만 적용되도록 아주 좁게 정의할 수 있다. 그러나 그런 정의는 과학적으로 쓸모가 없으며, 상황을 더 명쾌하게 만들기보다는 더 불분명하게 만드는 쪽으로 인간과 다른 동물들을 분리한다. 나는 동물에게 우정이 존재한다고 말한다고 해서 의인화하는 것이라고 보지 않는다. 다른 과학자들도 이 견해를 받아들인다. 영장류학자 조앤 실크Joan Silk는 이렇게 주장한다.

우정은 꺼리는 단어다. 많은 영장류학자들은 연구하는 동물에 관해 동료들과 대화할 때는 이 단어를 자유롭게 쓰지만 논문에는 쓰기를 주저해왔다. 학문적으로 이 용어를 쓸 때는 이탤릭체로 표기해 어쩔 수 없이 쓴다는 의사를 드러내야 한다고 느낀다. 그래야 마치 의인화를 했다거나 엄밀함이 부족하다는 비난을 피할 수 있는 듯이 말이다.[73]

지난 몇 년 사이에 경쟁, 갈등, 조작, 강요, 기만, 심지어 (또 다른 의인화 용어들인) 납치, 강간, 살해, 동족 섭식 같은 주제들에 엄청나게 많은 주의를 기울여 동물 사회의 부정적인 측면("붉게 물든 이빨과 발톱")에 압도적으로 관심을 쏟는 듯한 태도에 반발하는 분위기가 점점 확산되어왔다. 동물들의 사랑, 우정, 이타심, 협력, 교육에도 주의를 기울여야 마땅하다. 이런 형질들은 "사회성 모듬"의 핵심에 놓인다. 인간이 성공한 종이 될 수 있도록 해주고, 몰락하지 않게 막아주는 형질들이다.

다른 동물들에게서 나타나는 이 형질들을 이해한다면 우리 종에게서 이 형질들이 진화한 기원과 목적을 밝히는 데 큰 도움이 된다. 코끼리와 돌고래조차 친구를 사귈 수 있다면, 모든 사람이 서로 대단히 공통점이 많다는 사실은 더욱더 분명해진다.

누가 가깝고 누가 먼지 어떻게 알아낼까

지금까지 우리는 동물이 사회적 연결을 이룰 때 일가친척을 구별할 수 있다고 당연시했다. 그런데 그들은 어떻게 친족을 구별하며 왜 그렇게 할까? 그리고 이 능력은 종 내에서 우정의 진화와 개체 간 우정 결속 형성에 어떤 역할을 했을까?

많은 동물은 자기 종의 구성원을 세 범주로 분류할 수 있다. 친족(근연도가 저마다 다르다), 친숙한 비친족, 낯선 존재다.[74] "친족 인지kin recognition" 또는 "친족 탐지kin detection"는 친족과 번식을 피하고 누구에게 호의를 베풀어야 하는지 아는 능력이 진화적으로 유용했기 때문에 출현했다. 친족 선호는 놀이, 모임, 공격, 방어 등 다른 방면에서도 나타날 수 있다. 친족 인지가 이루어지려면 자신의 친족 지위에 관한 단서를 드러내야 하고, 이런 단서를 탐지하고 근연도를 계산할 인지 알고리즘과 신경 메커니즘을 갖추어야 한다. "친족 차별kin discrimination"이라는 후속 과정은 친족과 비친족을 다르게 대하는 행동을 말한다.[75]

진화 관점에서 볼 때 친족이 행동에 중요한 한 가지 근본 이유는 진화생물학자 W. D. 해밀턴W. D. Hamilton이 1964년 도입한 "포괄 적응도inclusive fitness"라는 고전적인 개념과 관련이 있다. 그는 다윈에게까지 거슬러 올라가는 한 가지 수수께끼에 매달렸다. 동물이 자신에게 돌아오는 혜택이 전혀 없음에도 위험을 무릅쓰고 남을 도우려 하는 이유가 무엇일까? 이런 행동은 동물계 전체에 퍼져 있지만, 오로지 개체의 번식과 생존만을 토대로 하는 다윈 적응도라는 당시 모형으로는 설명하기가 어려웠다. 한 예로 먹잇감인 개체가 역겨운 맛을 지닌다고 한들 아무런 혜택을 보지 못한다면(이미 잡아먹혔기 때문에) 포식자에게 쓴맛을 안겨주는 물질을 따로 만들기 위해 굳이 에너지를 쓸 필요가 있을까? 또 다가오는 포식자를 보고서 경보를 울리는 동물은 왜 그런 짓을 할까? 그런 행동은 포식자의 주의를 자신에게 돌리게 하므로 자기 자신의 생존을 위태롭게 만드는 듯하다. 더 나아가 (가슴 뭉클한 야생동물 동영상에서 증거를 종종 볼 수 있듯이) 코끼리는 왜 자기 종의 고아가 된 새끼를 돌볼까? 해밀턴은 이렇게 간파했다. "자연선택이 오로지 고전 모형만을 따른다면 종은 암수의 결합과 육아 이외의 다른 긍정적인 사회 행동을 전혀 드러내지 않을 것이다."[76] 그러나 교미와 육아 외의 사회적 상호작용 또한 아주 많다.

해밀턴은 다윈의 개체 적응도 개념을 확장한 포괄 적응도라는 이론적 해법을 제시했다. 진화적 혜택이 개체 수준을 넘어선다는 개념이었다. 그는 친족인 개체들은 많은 유전자를 공통으로 지니므로 개체는 친족을 통해 자기 유전자를 간접적으로 후대에 전달할 수 있다고 주장했다. 개체는 자신의 생존과 번식이나 친족의 생존과 번식에 기여하는 행동으로 다윈주의식 이익을 도모한다는 설명이다.[77]

해밀턴의 규칙은 부등식으로 나타낼 수 있다. rB−C〉0. 여기서 C는 이타 행동을 하는 개체가 치르는 비용이다(자신의 생존과 번식을 위태롭게 한다는 의미). B는 수혜자가 받는 혜택이고, r은 두 개체 간 근연도 계수다(0에서 1까지). 이 개념은 설령 개체에게는 해로울지라도 친족이 받는 혜택이 충분히 높다면 이타 행동의 유전자가 진화할 것이라고 말한다. 해밀턴은 친족을 위해 자신을 희생하는 문제를 이렇게 요약했다.

행동이 엄밀하게 유전형에 따라 결정되는 우리 모형 생물들의 세계에서는 어떤 한 사람을 구하기 위해 자신의 목숨을 희생할 준비가 된 사람은 전혀 없겠지만, 형제 2명이나 이복형제 4명, 사촌 8명 이상을 구할 수 있을 때는 누구나 자신을 희생할 것이라고 예상된다.[78]

이 기본 개념은 다양하게 변형되어왔다.[79] 도움을 주는 이와 받는 이의 번식 가치를 고려해 수정한 버전 또한 있다. 나이 많은 사람이 더 젊은 사람을 위해 목숨을 희생하는 편이 그 반대보다 더 합리적일 것이라는 뜻이다. 2011년 후쿠시마 원자력 발전소 재앙 때 실제로 이런 가슴 아픈 일이 벌어졌다. 노인들이 다른 이들을 위해 치명적인 방사

선에 노출되는 일에 자원했다.[80]

친족 인지가 출현한 또 다른 진화적 이유는 너무 가까운 친족과 번식을 피해야 할 필요가 있기 때문이다. 이런 교배를 통해 나온 자녀는 생존에 불리하다는 사실이 잘 알려져 있었기 때문이다.[81] 두 목표(친족 돕기와 근친 교배 피하기)를 달성해야 하므로, 동물이 친족과 비친족을 구별할 수 있는 어떤 방법을 틀림없이 지니고 있을 것이라는 주장이 오래전부터 있었다. 그러나 다양한 분류군에 걸쳐서 이런 일이 이루어지는 메커니즘은 아직 완전히 밝혀지지 않은 상태다.[82]

가장 알아보기 쉬운 메커니즘은 공간 분포일 것이다. 활동 범위가 넓지 않은 동물로서는 가까이에 있는 자기 종의 구성원을 배려하는 것이 좋은 접근법이 될 수 있다. 이 규칙만 따르면 된다. "여기에 있는 동물에게 잘하라." 그 동물은 친족일 가능성이 높다. 그러나 후손들이 서로 너무 가까이 모여 있으면 근친 교배가 일어날 것이다. 두 목표 사이의 이 긴장을 해결할 한 가지 방법은 성별에 따른 분산 전략을 채택하는 것일 수 있다. 코끼리와 고래에게서 보았듯이 암컷이 남고 수컷이 떠나거나, 침팬지에게서 보았듯이 수컷이 남고 암컷이 떠날 수 있다. 그러면 모든 구성원은 자기 집단 출신이 아닌(그리고 대체로 친척 관계가 아닌) 이성과 짝짓기를 하게 될 것이고, 모든 동물은 자기 집단의 모든 구성원(절묘한 체제에 따라 대체로 사실상 친척 관계인)에게 잘 대한다. 이런 습성은 동물계에 널리 퍼져 있다. 이 시나리오에 따르면 동물은 개체까지 알아볼 필요 없이 장소만 인식하면 되기 때문이다. 많은 조류는 자기 새끼가 아니라 둥지 자리를 인지한다. 조류학자들은 알과 새끼를 몰래 꺼내는 방법을 써서 그렇다는 것을 알아냈다.[83] 또 이 시나리오는 활동 범위가 더 넓은 종은 덜 이타적일 것임을 시사한다. 돌아다니다가 마주치는 자기 종의 개체는 친척 관계라는 확신이 덜 들 것이기 때문이다.

그러나 이주하는 초식동물과 둥지를 짓지 않는 새처럼 한곳에서 생활하지 않는 동물은 어떨까? 개체를 식별하는 다른 수단이 필요할 것이다. 몇몇 조류 종은 독특한 노래를 불러서 같은 종의 구성원뿐 아니라 개체까지 식별할 수 있다. 별 특징 없는 넓은 곳에 수천 마리씩 내려앉곤 하는 바닷새 무리에서 자기 짝(또는 둥지)을 찾기란 지극히 어려울 수 있다. 임금펭귄king penguin과 황제펭귄emperor penguin 두 종에게는 더욱 난제다. 이들은 둥지를 아예 짓지 않기 때문이다. 이들은 알과 새끼를 자기 두 발 위에 올려놓은 채로 돌아다니며, 남극대륙의 매서운 바람을 견디고 온기를 유지하기 위해 1제곱미터 면적에 10마리가 있을 만치 촘촘하게 모여 지낸다. 따라서 가족이 서로를 식별하는 나름의 방법이 있어야만 한다. 이들은 개체 수준의 음향 인식을 통해 서로를 알아본다.[84]

물론 개체가 신호를 보내고 탐지할 수 있는 것만으로는 부족하다. 이 신호를 알아보고 특정한 개체와 연관 짓는 방법을 갖추어야 한다. 신체 접촉이 이 연관을 이루는 주된 방법이다. 펭귄, 코끼리, 양 등 다양한 종의 어미와 새끼는 후각, 시각, 촉각, 청각 등 다양한 감각 단서를 써서 새끼가 나온 순간부터 서로를 인지한다. 사람의 아기도 태어났을 때 어머니의 목소리를 인지할 수 있다.[85] 동물은 장기간 긴밀하게 접촉한 개체나 아주 어릴 때부터 함께 있던 개체를 대개 친족관계라고 더 확신하게 된다. 요컨대 동물의 형제자매들은 태어날 때부터 인지한 개체들과 짝짓기를 회피하는 성향이 발달해 서로 짝짓기를 피한다. 이는 늦게 태어난 쪽이 형제자매를 더 잘 구별할 것이라는 의미다. 늦게 태어난 개체는 태어날 때부터 죽 형제자매들을 접하면서 자랄 것이므로 형제자매를 식별한 경험이 더 많을 것이다. 사람도 어릴 때 늘 접하면 서 지낸 이들은 자라서 서로에게 성적 매력을 덜 느낀다(키부츠 사례에서 보았다). 거꾸로 생물학적으로 유연관계가 있는 사람들이 서로 떨어져 자랐다가 어른이 되어 만나면 서로에게 압도적인(그리고 대개 매우달갑지 않은) 신체적 매력을 느낀다는 증거가 있다.[86]

장소와 개체의 신원뿐 아니라 표현형 일치phenotype matching도 친족 인지에 쓰이는 더 복잡한 메커니즘일 수 있다. 생물은 남들이 자신과 얼마나 비슷한지를 평가한다. 예를 들어 개체는 형제자매나 어미의 냄새나 소리를 일종의 견본으로 삼을 수 있다. 누군가의 냄새나 소리가 어미와 비슷하다면 적어도 조금이나마 자신과 친족관계가 있는 것이 틀림없다는 식이다. 따라서 이 개체와는 짝짓기를 하면 안 되지만 도움은 주어야 한다. 몇몇 생물 종들은 실제로 스스로 맞춰보기를 해서 같은 종의 구성원들이 자신과 얼마나 닮았는지를 알아차리는 듯하다.[87]

사람의 친족 인지의 신경학적 및 유전학적 토대는 이해가 덜 되어 있다. 그러나 우리가 생물학 친족 인지 능력을 지니고 있다는 점은 분명하다. 대다수 사람은 가까운 친족과 성관계를 갖는다는 생각을 꺼림칙해한다. 그리고 사람은 자신과 무관한 두 사람을 보았을 때 둘이 형제자매인지 여부를 대개 알아볼 수 있다.[88] 게다가 사람은 친족관계에 대해 생각을 많이 한다. 친족을 착각한 사례는 소포클레스에서부터 세익스피어에 이르기까지 무수한 신화, 연극, 오페라, 소설, 이야기의 주제가 되어왔다.

짝에서 친구로, 친구에서 사회로

우정은 개체 사이의 지속적이면서 감정적인 결속으로 정의되며, 이는 짝끼리의 짝결속에 상응한다. 이 개체 수준의 항구성에 상응하는 집단 수준의 항구성이 있다. 지금까지 우리가 살펴본 사회적 종에서 개체는 늘 오고 간다. 개체는 태어나고 죽는다. 우정은 시작과 끝이 있다. 그러나 종의 사회 조직 전체는 계속 남아 있다. 연결망이 유지되려면 집단 내 사회적 결속이 어느 정도 회전율을 보일 필요가 있는 듯하다.[89]

이는 배의 널빤지를 교체하는 것과 비슷하다. 배를 계속 띄우려면 낡은 널빤지를 계속 갈아야 한다. 하지만 사회 연결망의 위상 구조처럼 배의 전체 구조 또한 고정되어 있다. 널빤지를 모조리 교체해도 달라지지 않는다.[90] 즉 사회 연결망의 구조(모든 쌍방 간 우정 결속과 우리 안의 유전자에서 비롯되는 구조)는 우리 종의 한 특징이다. 놀랍게도 이 창발 구조는 다른 사회성 포유류들 역시 지니고 있으며, 그렇다는 것은 이 구조가 문화에 상관없이 모든 인류가 지닌 근본 속성임을 여실히 보여준다.

문어가 우리와 같은 눈 구조를 지닐 수 있다면, 코끼리는 우리와 같은 우정 맺기 능력을 지닐 수 있다. 영장류, 코끼리, 고래는 "사회성 모둠"의 요소들을 지니고 있다. 약 7500만 년 전 공통 조상에서 갈라졌지만 환경이 부과한 도전 과제에 대처하기 위해 독자적으로 수렴 진화를 통해 이런 형질들을 갖추었기 때문이다. 처음에 환경의 도전 과제는 외부에서 주어졌다. 그러나 이런 동물들이 구축한 사회 집단은 마침내 자기 환경의 특징이 되었고, 그리하여 사회 행동을 더욱 다듬고 강화했다. 사회 집단 속에서 살아가면 살아갈수록 동물들은 사회생활을 더 잘하는 쪽으로 진화한다. 그렇긴 하지만 동물계에서 우정은 드물다.

인간의 우정 맺는 성향은 자연선택을 통해 빚어져왔으며, 우리 DNA에 새겨져 있다. 동물 종에게서 우정은 상호 부조와 사회 학습이라는 대단히 유용한 목적을 수행한다. 그리고 개체를 초월해 시간과 공간으로 정보를 전달하는 지속성을 띤 문화를 구축하는 능력의 토대가 된다. 그리고 인간 심리의 더 많은 측면들이 우정과 관련 있다. 친구와 어울릴 때 느끼는 기쁨과 따스함, 친구에게 느끼는 의무감 등이 그렇다.

또 이는 우리 종에게서 우정이 어떤 역할을 하는지 더 깊이 살펴볼 필요가 있음을 시사한다. 우리가 모여 구성하는 우정 결속의 연결망은 도덕 감정이 출현할 무대를 마련한다. 양심의 가책은 근본적으로 사람들이 특히 친족이 아닌 이들과 어떻게 상호작용하는가와 관련 있다. 이런 이들과 맺는 관계에서 친족 유대와 포괄 적응도의 냉정한 계산은 충분한 지침이 되지 못한다.

나는 인간의 미덕 대부분은 사회적 미덕이라고 주장하고 싶다. 우리는 사랑, 정의, 다정함에 관심이 많은 종이다. 그런 만큼 사람들이 남들에게 이런 미덕을 어떻게 발휘하는지에 관심을 쏟는다. 당신이 자기 자신을 사랑하는지, 자기 자신에게 신경 쓰는지, 자기 자신에게 다정한지에는 아무도 관심이 없다. 사람들은 당신이 이런 속성들을 남들에게 베푸는지 여부에 관심을 기울인다. 그러므로 우정은 도덕성의 든든한 버팀목이 되어준다.

8장

어떻게 서로 연결되는가

관계의 진화

BLUEPRINT

THE EVOLUTIONARY ORIGINS
OF A GOOD SOCIETY

$$\diamond \atop \diamond \atop \diamond$$

왜 우리는 다른 사람을 위해 목숨까지 버릴까

2012년 7월 12일 콜로라도주 오로라Aurora의 한 극장에서 총기 난사 사건이 벌어져 12명의 희생자가 나왔다. 사망자 중 20대인 젊은 남성 3명은 자기 몸을 방패로 삼아 다른 이들을 보호했다.[1] 난사가 시작되자 존 블렁크Jon Blunk는 사귄 지 9개월째인 여자친구 잰슨 영Jansen Young을 바닥에 엎드리게 한 뒤 자기 몸으로 그녀를 가렸다. 알렉스 티브스Alex Teves도 사귄 지 1년 된 여자친구 어맨다 린드그렌Amanda Lindgren에게 똑같이 했다. 그리고 매트 매퀸Matt McQuinn은 난사가 계속되는 와중에 여자친구 서맨사 욜러Samantha Yowler 앞에서 총알을 가로막았다. 세 여성은 모두 살아남았다.

린드그렌은 당시 상황을 이렇게 묘사했다. "나는 처음에 무슨 일이 벌어지고 있는지 너무나 혼란스러웠어요. … 하지만 알렉스는 망설이지조차 않는 것 같았어요. 나는 무슨 일이 벌어지는지 몰라 잠시 그냥 자리에 앉아 있었어요. 그러자 그가 나를 끌어내리더니 내 머리를 감싸면서 말했죠. '쉬. 가만히 있어. 괜찮아. 쉬. 그냥 가만히 있으면 돼.' 그래서 난 시키는 대로 가만히 있었어요."[2] 마찬가지로 블렁크는 영을 의자 밑으로 밀어 넣었다. 영은 이렇게 회고했다. "그는 나를 콘크리트 좌석 쪽으로 밀어붙이고는 자기 몸으로 나를 가렸어요. 나는 거의 상자 안에 들어간 거나 다름없었어요."[3] 총격 사건이 끝난 뒤 영은 마지막으로 극장을 빠져나왔다. 마침내 일어섰을 때 그녀는 블렁크가 "완전히 푹 젖어" 있음을 알아차렸다. 그녀는 무슨 일이 벌어졌는지 도저히 믿기지 않았다. "그녀는 누군가가 물풍선을 던진 것이 틀림없다고 스스로를 납득시키려 애썼다."[4]

사람들은 짝과 자녀와 친척을 위해 자기 목숨을 희생한다.[5] 진화 관점에서 볼 때 지금까지 살펴본 혈연 선택을 비롯한 여러 과정을 생각하면 놀랄 일은 아니다. 비록 오로라 같은 사례는 무척 감동스럽지만 말이다. 그런데 또한 사람은 친구를 위해 자기 목숨을 던진다. 이는 훨씬 더 설명하기 어렵다. 물론 전쟁터에서는 친척이 아닌 누군가를 위해 자신의 목숨을 희생하는 일이 일어난다. 하지만 군인은 공동의 적에 맞서 서로를 위해 희생하도록 훈련받는다. 놀라운 사실은 사람이 때로 친구를 위해, 즉 친척이 아니면서 보호하도록 훈련도 받지 않은 친구를 위해 이런 영웅적 희생을 한다는 것이다.

이 정서는《신약성경》에 잘 포착되어 있다. "사람이 친구를 위해 자기 목숨을 버리면 이보다 더 큰 사랑이 없나니."[6] 오바마 대통령은 2016년 1월 재비언 돕슨Zaevion Dobson을 추모하는 자리에서 이 구절을 인용했다. 테네시주 녹스빌Knoxville에 살던 15세 소년 돕슨은 총탄으로부터 친구 3명을 지켰다. 그와 친구들이 현관에 앉아 있을 때 누군가 마구 총을 쏘아댔다. 친구인 소녀 3명은 살아남았고 재비언은 사망했다.[7] 이런 희생 행위는 남성에게서 더 흔하다. 그런데 2015년 7월 17세 소녀 리베카 타운센드Rebecca Townsend는 친구인 벤 안Ben Arne을 달려오는 자동차 앞에서 밀어낸 뒤 사망했다. 나중에 벤은 이렇게 말했다. "리베카가 나를 밀치면서 빨리 피하라고 말하는 모습이 마지막으로 기억나요."[8] 나중에 리베카의 가족은 이 사건 2년 전 그녀가 쓴 버킷 리스트를 발견했다. "빗속에서 키스하기, 스페인 여행하기, 사람 목숨 구하기."[9]

친구는 콩팥을 기증하거나 전시 포로수용소에서 식량을 나누는 등 다른 의미 있는 희생도 한다.[10] 우리는 사람들이 서로에게 느낄 수 있는 극도의 애착이 성애 상대나 친족에게만 한정된 것이 아님을 알 수 있다. 우정은 강력하다. 실제로 내 친구인 하버드대학교 심리학 교수이자 《행복에 걸려 비틀거리다Stumbling on Happiness》의 저자 대니얼 길버트Daniel Gilbert는 우정이 결혼 생활보다 더 중요한, 행복의 주요 결정 요인이라고 주장한다.[11]

사람에게 우정이란 어떤 관계일까

우리는 지금까지 친족과 친족 기반 이타주의, 짝짓기와 짝결속, 엄격한 교환 관계에 주로 초점을 맞추었다. 우정은 개인 간 상호작용의 네 번째 유형이다. 우리는 우정을 공식적으로 이렇게 정의할 수 있다. "특히 필요한 시점에 비대칭으로 제공될 수 있는 상호 애정과 상호 부조를 동반하는, 대개 친척이 아닌 개인 간의 대체로 자발적인 장기적 관계." 대다수 사회에서 가까운 친구들은 친척이 아닌 개인 간 교환 기반 관계에 관한 관습(우리가 "팃포탯" 행동이라고 부를 만한 것) 중 상당수를 위반한다. 명시적인 조건부 교환 또는 상호 교환("네가 내 등을 긁어주면 나도 네 등을 긁어주겠다.")은 신뢰가 부족하고 우정 관계가 약하거나 존재하지 않을 때 볼 수 있는 협력과 호의의 유형이다.

우리는 친구가 과거에 우리를 위해 뭔가를 했거나 미래에 우리에게 뭔가를 해줄 것이라고 기대하기 때문이 아니라, 친구가 도움이 필요하기에 반응한다. 게다가 진정한 우정은 서로를 위해 무엇을 할 수 있는지(상호 부조나 유용성)가 아니라, 서로를 어떻게 느끼는지(상호 호의나 끈끈한 정)에 토대를 둔다.

친구 사이 관계는 친밀감, 애정, 신뢰 등 여러 가지 주요 감정이 드러난다는 점이 특징이다.[12] 친밀감은 상대를 친구로 여기는지 그리고 도움을 줄지 여부에 대단히 중요하지만 친족을 식별할 때는 필요 없다. 그리고 굳이 성관계를 갖거나 함께 아이를 키우지 않아도 친구에게는 얼마든지 특별한 감정을 느낄 수 있다.[13] 누군가에게 친밀감을 느낀다는 것은 자기 동일시를 할 때 상대를 일부 포함시킨다는 뜻이다. 친구라면 친구에게 이익이 되는 것이 자신에게도 이익이 된다고 인식한다. 친구가 행복하면 나 역시 기쁘다. 과학자는 실험 참가자들에게 자신과 친구를 각각 원이라고 가정하고서 가깝다고 여길수록 두 원이 더 겹치도록 그려달라고 요청해 우정의 이 측면을 측정할 수 있다(도표 [8-1]).[14]

사람들은 시간 집중 투자 행동, 독점 행동, 솔직한 감정 표현, 취약성 수용(이를테면 친구가 선한 의도로 하는 짓임을 이해하기에 친구의 놀림

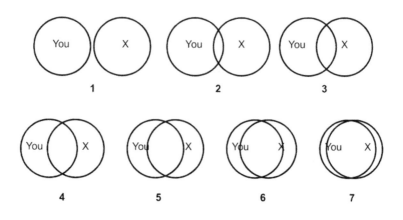

---

8 - 1 │ 자기 평가 척도에서 남을 포함시키는 정도

친구 사이의 사회적 친밀함을 측정하는 이 척도를 쓸 때는 실험 참가자들에게 자
신(you)과 상대(×)의 관계를 가장 잘 나타내는 2개의 원을 그려달라고 요청한다.
우정이 강할수록 두 원은 더 겹친다.

을 받아주는 식)을 통해 우정을 보여주거나 우정의 증거를 찾는다. 독점
행동은 많은 사람을 대상으로는 펼치기가 쉽지 않은 행동이다. 친구와
시간을 보내거나 사적인 이야기가 담긴 편지를 쓰는 것이 좋은 사례
다. 이런 행동은 대상을 확장할 수 없고, 거짓으로 꾸며내기가 어렵기
때문이다.

전 세계에서 공통으로 나타나는 우정의 특징

인류학자 대니얼 흐루슈카Daniel Hruschka는 전 세계를 대표하는 문화
60곳을 표본으로 삼아 우정의 핵심 특징들이 널리 퍼져 있음을 보여

주었다.[15] 이 문화 중에서 우정의 개념이나 관습이 없는 곳은 전무했다. 더 넓게 400곳의 문화를 표본 조사한 사례에서는 우정이 없을 가능성이 있는 문화가 겨우 7곳에 불과했다. 그중 5곳은 극도로 집단주의 사회였고, 사회 통합에 위협이 된다고 여겨서 긴밀한 우정을 적극적으로 막았다. 우정 차단은 3장에서 살펴본 일부 공동체가 연애 관계를 대하는 접근법을 떠올리게 한다. 이런 공동체는 집단의 단합을 도모하기 위해 누구와든 성관계를 갖도록 허용하거나 아니면 아예 금지하거나 둘 중 한쪽 극단을 취했다. 마찬가지로 전체주의 체제에서는 모든 사람을 "동무comrade"나 친구라고 부른다. 공정을 기하기 위해 말하자면 (더 탄복할 만한) 키부츠에서조차 주민들은 공동체의 어떤 구성원에게 종종 "하베림haverim"이라는 히브리어 단어를 쓴다. "친구"라는 뜻이다. 게다가 우정은 전체주의 사회에서도 흔하다. 그러나 소수의 가까운 친구를 사귀고자 하는 자연스러운 충동을 억누르려면 강력한 문화적 덧씌우기가 필요하다는 점을 유념하자. 바이닝족이 아이들의 놀이를 막기 위해 엄청난 노력을 기울여야 하는 것처럼 말이다. 우정은 보편적이다.

또 우정은 문화 사이에 비슷한 점이 매우 많아 보이는 경향이 있다. 표 [8-2]에서 보듯이 60개 문화를 조사한 결과 상호 부조와 긍정적 감정이 각각 93퍼센트와 78퍼센트의 사회에서 나타났다. 그리고 어떤 사회에서도 이런 특징을 부정하지 않았다(즉 상호 부조나 애정이 우정의 일부일 리 없다고 말한 사회는 전혀 없었다). 71퍼센트의 사회는 친구들끼리 교환에서 팃포탯 회계를 하지 않는다고 명시적으로 말했다. 물론 일부일처제 사례와 마찬가지로(일부에게 일부일처제는 엄밀한 현실이라기보다 열망하는 목표에 더 가깝다) 이상적인 우정 유형과 실제 우정의

특징	확인된 비율	부정한 비율
행동		
상호 부조	93	0
선물 주기	60	0
시작 의례	40	4
자기 노출	33	10
허물없이 대함	28	0
잦은 어울림	18	55
신체 접촉	18	0
감정		
긍정적 감정	78	0
질투	0	0
회계		
팃포탯	12	71
도움 필요	53	0
형성과 유지		
대등함	30	78
자발성	18	64
사생활	5	66

경험이나 관습 사이에는 차이가 있다.

유사점이 많긴 하지만 우정의 특징 중에는 다른 사회들에서는 흔한 반면에 미국에서는 드문 것이 있다. 신체 접촉 유지하기와 공식 서약 행사 같은 것들이다. 2005년 조지 W. 부시George Walker Bush 대통령이 사우디아라비아의 압둘라Abdullah 왕세자와 공개석상에서 손을 맞잡고 있자 많은 미국인이 이상하다고 생각했다. 하지만 그들은 친구라는 신호를 보내는 중이었다.[16] 반면에 우정의 몇몇 측면은 다른 문화들에서는 흔치 않지만 서구 사회에서는 매우 중요하다고 여긴다. 개인 정보를 스스로 밝히는 행동(자기 노출)은 미국에서는 전형적이지만 표본 조사한 문화들에서는 33퍼센트에서만 확인되었다. 그리고 10퍼센트는 이것을 우정의 특징이 아니라고 답했다. 미국인 우정의 한 가지 전형적인 측면인 잦은 어울림은 이 사회 표본들 중 18퍼센트에서만 나타났으며, 55퍼센트는 친구끼리 굳이 많은 시간을 함께 보낼 필요는 없다고 명확히 말했다.

우정이 표현되는 방식에는 다른 문화 차이들도 있다. 사회 중 28퍼센트에서는 친구들이 다른 사람들 앞에서 서로 자유롭게 행동해(허물없이 대해) 친밀함을 공개적으로 과시할 수 있다. 말리의 어민 부족인 보조족Bozo은 친구들끼리 상대방 부모의 성기에 관한 음담패설을 늘어놓는다.[17] 그리스에서 남성 친구들은 딸딸이만 치고 있다고 서로를 끊임없이 노골적으로(그리고 내게 묻는다면 지겹도록) 구박한다. 이런 인간 행동들은 취약성 수용이나 신뢰의 지표라고 볼 수 있다. 다른 일부 영장류에게서도 비슷한 행동을 찾아볼 수 있다. 예를 들어 몇몇 꼬리감는원숭이 집단은 입에 손가락 넣기 놀이를 한다. 한 원숭이가 친구의 입에 손가락을 하나 넣으면 친구는 꺼내지 못하게 손가락을 물지만 다칠 정도로 세게 물지는 않는다.[18]

또 흐루슈카는 불확실성이 가득한 상황과 가변성이 특징인 환경에서 우정이 협력과 상호 부조를 고취하는 사회관계 체제로서 진화했을 수도 있다고 본다.[19] 공식 제도가 상대적으로 미비한 상황에서 우정은 예기치 않은 좌절에 맞서는 일종의 보험이다. 우리 연구실은 이 개념을 연구하고 있다. 우리는 공중보건 사업을 수행 중이다. 2015년 온두라스 서부에서 2만 4812명을 대상으로 시작했다. 우리의 주요 목표는 어머니와 아이의 건강 개선이다. 그러나 우리는 공식 제도(방문 간호사, 보건소, 경찰서, 신용협동조합 등)의 도입이 우정을 대신하거나 적어도 우정의 의미와 역할을 변형시킬지 여부도 조사하고 있다. 예를 들어 영구적이거나 공식적인 건강 조언과 의료의 원천 제공은 사회적 결속이 변할 수 있고 우정의 중요성이 약해질 수 있다는 의미다. 친구들의 한 핵심 집단이 온전히 보전되는 반면 다른 친구들은 사라질 수 있다. 사실 이는 개발도상국에서 이루어지는 공중보건 조치의 인정받지 못하는 부작용(그리고 현대화 전반의 부작용)일 수 있다. 공식 제도의 도입은 전통적인 우정 결속을 약화시킬 수 있다. 이는 공동체 설립에서 게젤샤프트(이익사회)냐 게마인샤프트(공동사회)냐를 놓고 벌이는 줄다리기다.

이런 현상은 개발도상국 환경에서만 벌어지는 일이 아니다. 미국의 중산층보다 노동 계층 사람들은 육아, 정신적 조언, 자동차와 집 수리, 현금 선물이나 대출 같은 실질적인 도움을 친구와 이웃에게 더 의존한다. 그렇기에 그들은 공동체에 더 뿌리를 내리고 공동체에 더 강하게 묶인다. 반면에 더 부유한 미국인들은 치료사, 직장 동료와 멘토, 법률과 금융 자문가 같은 공식 제도의 지원을 받는 경향이 있다. 공동체의 친구에게 덜 의지하기에 이들은 더 높은 지리 이동성을 누릴 수 있다.[20] 이런 점에서 현대성에 오래 휩쓸리면 친구를 사귀려는 자연스러운 성향이 줄어들 수 있다.

사람이 우정 맺는 성향을 타고난다는 또 다른 증거는 문화에 상관없이 비슷한 발달 경로를 거친다는 것이다. 우정을 처음 맺는 단계인 생후 5~9세에 아이는 함께 하는 활동이나 피상적인 보상("재랑 같이 레고 놀이 할래.")에 초점을 맞춘다.[21] 9세쯤 되면 아이는 성실과 신뢰 같은 더 추상적인 우정 개념으로 넘어가며 친구의 의리와 허물을 인식한다. 3단계인 사춘기 때는 기대가 더욱 추상화 양상을 띠면서 헌신, 공감, 애정에 초점을 맞출 수 있게 된다. 청년층은 친구만이 아니라 관계 자체 때문에 우정을 키운다고 말한다. 물론 문화는 이 모두에 강력한 영향을 미칠 수 있으며 운동팀, 동호회, 성인식(일부 전통 사회에서 이루어진다) 같은 제도는 문화로 지정된 방식으로 우정을 강화하거나 촉진할 수 있다.

친구를 사귀려는 충동이 너무 강렬해 흔히 많은 아이가 복잡한 방식으로 즐겁게 상호작용하는 상상 속 친구를 사귀곤 한다. 심지어 상상 속 친구의 감정을 상하지 않게 하려고 애쓰는 아이까지 있다. 한 연구에 따르면 7세 무렵 아이 중 63퍼센트는 상상 속 친구가 있다.[22] 아이들은 이런 상상 속 친구를 "데릭은 구십한 살이고 키가 60센티미터밖에 안 되지만 '곰을 때려잡을' 수 있어"부터 "베인터는 '빛 속에서 사는' 보이지 않는 친구야" "헤카는 세 살이고 아주 작아서 보이지 않지만 '말이 엄청 많고' 가끔 '심술'을 부려"에 이르기까지 다양하게 묘사한다. 아내의 어릴 적 상상 속 친구들(톡토와 R)은 아내에게 너무나 소중한 존재여서 수십 년이 지난 뒤 나와 언쟁을 벌일 때면 아내는 그들을 불러 중재를 해달라고 농담을 한다.

우정은 친족관계만큼 강한 유대를 보일 수 있다. 한 실험에서는 사람들에게 고통스러운 자세를 140초 동안 취하고 있으면 보상을 주겠다고 했다. 그러자 가족(형제자매나 부모)을 위해서는 132초, 사촌을 위해서는 평균 107초를 버텼다. 또 아동 자선 활동 돕기 목적으로는 103초를 버텼다. 그럼 절친을 위해서는 어떨까? 123초를 버텼다.[23]

은행가 역설: 인간에게 우정이 진화한 이유

두 사람이 교환할 수 있는 재화와 서비스가 다양하고, 도움이 필요한 시점이 불확실하고, 보답이 이루어지는 데 오랜 세월이 걸린다면 팃포탯 회계를 하기가 어렵다. 그러나 진화적으로 볼 때 우정은 바로 이런 경우를 위한 것이며 그래서 가치가 있다. 전 세계에서 누가 진짜 친구인지 알아보는 공통된 방법은 두 사람이 서로 보답을 기대하지 않은 채 상대에게 뭔가를 주는지 보는 것이다. 친구라고 여기는 사람이 보답을 기대한다고 노골적으로 말하면 사실상 우정이 없다는 징표로 받아들여진다. 물론 이 말이 실제로 적용되는 정도는 개인, 문화, 환경에 따라 다소 달라질 가능성이 있다. 그러나 우정은 언제나 교환의 기대조차 느슨하게 만든다.[24]

탄자니아, 수단, 우간다 등에서 사회 연결망 지도 작성 연구를 해온 우리 연구실은 이 점을 이용해 익명으로 선물을 줌으로써 우정 관계를 파악해왔다. 예를 들어 하드자족에게 꿀은 나무를 힘들게 기어올라 벌에 쏘이면서 벌집을 땅에 떨어뜨려 얻는 아주 귀중한 음식이다. 우리는 하드자족 사람들이 누구에게 익명의 선물을 주는지 알고 싶어 그들에게 꿀을 주면서 받을 사람을 골라달라고 했다(이를 통해 중요한 사회관계 지도를 작성할 수 있었는데 대부분 비친족이었다). 우리는 벌이 윙윙거리는 나무를 기어오르는 대신 창고형 대형 할인점 코스트코에서 꿀 스틱을 구입해 여행 가방에 담아 탄자니아로 가져갔다.

사람은 친구를 사귀고 이 관계를 뒷받침하는 감정 기구emotional apparatus를 지닌다(우리 종의 성애 관계에서 애착과 사랑의 감정이 동반되는 것과 비슷하다). 이 사실은 팃포탯 주고받기라는 단순한 모형이 사회

생활의 이타심과 우정을 온전히 설명하지 못하며 설명할 수도 없다는 증거다. 그런데 사람에게서 이 감정 기구는 왜 진화했을까? 진화심리학자 존 투비와 레다 코스미데스는 이 우정 능력을 우리 종이 진화하면서 일종의 "은행가 역설banker's paradox"에 대처한 결과라고 본다. 이 개념은 자원이 가장 필요한 사람들이 은행가가 대출을 가장 꺼리는 사람들이라는 역설을 말한다.[25] 마찬가지로 우리 수렵채집인 조상은 가장 도움이 필요했을 때 갚지 못할 것이라고 여겨져 남들로부터 가장 도움을 받기 어려웠을 수 있다. 우정은 바로 이런 상황에 대처하기 위해 진화했을 수 있다.

힘든 상황에서 누구에게 도움을 줄지 판단을 내리는 데 필요한 인지 적응 형질은 분명 사람들이 미래에 부채를 갚을 능력이나 의지가 있는지 여부에 초점이 맞추어져 있을 것이다. 다시 말해 우리는 개인의 신용 위험도를 판단할 수 있어야 할 것이다. 그 사람은 진정으로 당신의 친구였을까? 도움을 받은 당사자가 영구 장애를 입거나 이민 가거나 사망한다면 그 사람에게 투자한 자원은 그냥 사라지는 셈이 된다. 그러나 일시적인 문제라면(예를 들어 해변에 안전하게 서서 물에 빠진 누군가에게 나뭇가지를 내민다면) 당신은 좋은 투자를 하는 셈이고 좋은 친구를 사귀게 될 것이다. 이러한 교환의 유동적인 마음속 회계를 허용하는 시스템은 매우 가치 있었을 것이다. 다른 사람에게 도움이 필요할 때 그리고 이 도움에 많은 비용이 들지 않을 때 남을 돕는 능력과 이런 연결을 추적하는 능력의 진화는 진화적으로 말해 관련된 모든 이들에게 유용할 것이다.

투비와 코스미데스는 수렵채집 사회에서 감염, 부상, 식량 부족, 나쁜 날씨, 불운, 다른 집단의 공격이 계속 위협을 가하면서 이런 능력의 진화에 중요한 영향을 미쳤다고 주장한다. 그들은 이렇게 말했다.

> 도움을 못 받으면 죽을 수 있는, 삶이 위협받는 상황에서 도움을 이끌어
> 내는 능력은 건강하고 안전하고 풍족할 때 사회적 교환 관계를 구축하
> 는 능력보다 훨씬 더 중요한 선택 효과를 가져올 수 있다. 그러나 선택
> 은 자신에게 도움이 가장 필요할 때 남들이 자신을 저버리는 의사 결정
> 규칙을 선호하는 듯했을 것이다. 이 반복되는 곤경은 우리 조상들에게
> 중대한 적응 문제가 되었다. 누가 해결책을 찾아낼 수 있다면 이 해결
> 책이 강하게 선호될 그런 문제였다.[26]

개인이 이 곤경에서 빠져나오는 방법은 친구, 특히 자신에게 헌신
하는 친구를 사귀는 것이었다. 힘든 시기에, 특히 주고받기조차 불가
능한 시기에 유용한 우정을 맺는 능력이야말로 우정 맺기가 우리 종에
게 이토록 가치 있는 적응 형질인 이유다. 게다가 우정은 긴 시간에 걸
친 회계를 해야 하므로 우리 각자는 심리 면에서 자신이 대체 불가능
한 존재라는 인식을 갖추는 쪽으로 진화했다. 이때 개성이 대단히 중
요하다. 자신이 낯선 이들에게는 별 특징 없는 존재지만 친구에게는
대신할 수 없는 존재라는 사실은 "사회성 모둠"의 또 다른 핵심 요소인
개성(개인 정체성)과 우정 사이에 심오한 연결이 있음을 시사한다.

그런데 힘든 시기에 그냥 친족에게 의지할 수는 없었을까? 그럴
수 없었던 몇 가지 이유가 있다. 친족은 때로 집안의 자원(부모의 관심
과 유산 등)을 놓고 경쟁하는데 친구는 그렇지 않다. 더 중요한 점은 큰
먹이를 사냥하고 지역을 안전하게 돌아다니는 일 같은 집단 과제는 친
족끼리만 해결하기 어려운 수준의 집단 규모가 필요할 수 있다는 것이

다. 또 직계 가족은 특정한 상황 대처에 필요한 기술, 지식, 능력의 범위가 미흡할 수 있다. 식구들끼리 유전자와 특징이 매우 비슷하다면 더욱 그렇다. 비친족 연결이야말로 새로운 착상이나 다른 자원을 접할 수 있는 유일한 방법일지 모른다. 따라서 비친족 결속은 우리 종의 문화를 창조하고 유지하는 능력의 출현에 특히 중요한 역할을 했을 수 있다(11장에서 더 자세히 살펴보겠다). 이 능력은 우리의 생존에 대단히 중요할 뿐 아니라 "사회성 모둠"의 일부다.

은행가 역설 딜레마가 우리 종의 진화 경관이 지닌 특징이라면 우리는 신용을 더 많이 이용할 수 있게 해줄 다양한 적응 형질을 갖추는 쪽으로 진화했으리라 예상할 수 있다. 우정 능력에 발맞추어 사람은 개성을 인정받고 높이 평가받고자 하는 욕망, 더 나아가 사회생활에서 자신의 특수한 지위를 위협하는 양상이 전개될 때 질투하려는(그리고 아마 앙갚음하려는) 욕구를 지닐지 모른다. 누군가를 "대체 불가능"이라고 말하는 것은 흔한 유형의 찬사다. 그리고 우리 종의 많은 심리 현상은 우리가 개성을 충분히 인정받는 작은 집단 형성하기를 좋아하는 듯하다는 사실을 포함해, 사회적 대체 가능성의 위협이라는 속성을 반영한다. 따라서 역설적으로 개성은 사회 집단의 형성 그리고 전체가 부분들로부터 출현하는 양상에 중요하다.

이 관점에서 보면 현대 시장 경제 속에 사는 많은 이들이 느끼는 소외감은 나름 일리가 있다. 사람들은 공식 제도와 관료제가 낳는 익명성을 불편하게 느낄 때가 많다. 우리 종의 진화 역사에서 접한 적 없는 수준의 빈도와 규모로 낯선 이들과 늘 노골적으로 조건부 교환을 하면서 살아가야 한다면 비참한 기분이 드는 것은 당연할 것이다. 우리 종에게서 진화한 심리는 이런 교환을 자신이 주변 사람들과 대단히 피상적으로, 심지어 무의미하게 얽혀 있으며, 갑자기 불행이 닥쳤을 때 매우 취약할 수 있다는 표지라고 읽는다. 친구가 없다면 우리는 무방비 상태로 벌거벗은 느낌을 받는다.

우정의 유전학: 유전자가 우리를 연결한다

우정이 타고난 성향임을 보여주는 최종 증거(문화적 보편성, 발달의 일관성, 진화적 합리성)는 사회적 상호작용의 유전학을 연구한 최근 자료들에서 나온다. 유전자가 우정 결속의 형성, 속성, 구조에 관여한다는 증거다.[27] 우리 연구실은 일란성 쌍둥이 307쌍과 이란성 쌍둥이 248쌍의 우정 양상을 비교했다. 도표 [8-3]에서 보듯이 일란성 쌍둥이는 이란성 쌍둥이보다 연결망 구조가 더 비슷하다. 이는 우리가 만드는 사회 연결망에 유전자가 어떤 역할을 함을 말해준다.[28]

　생각해보면 그리 놀랄 일이 아니다. 어떤 이들은 태어날 때부터 수줍음이 많고, 어떤 이들은 본래 사교적이다. 우리는 사귀는 친구 수의 차이 중 46퍼센트를 유전자로 설명할 수 있음을 알았다. 또 이행성 차이 중 47퍼센트가 유전자로 설명 가능함을 밝혀냈다. 예를 들어 베티, 수, 제인으로 이루어진 집단에서 수가 제인과 친구인지 여부는 수의 유전자와 제인의 유전자뿐 아니라 베티의 유전자에도 달려 있다. 어떻게 그럴 수 있을까? 두 사람이 친구인지 여부가 어떻게 제3자의 유전자에 달려 있을 수 있을까? 우리는 사람들이 친구를 소개하는 경향이 서로 다르다는 점이 이유라고 본다. 베티는 자기 주변에 사회 구조social fabric를 짜는 사람일 수 있다.

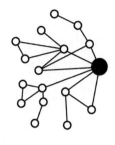
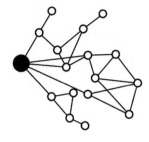

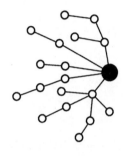
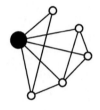

8 - 3 | 일란성 쌍둥이와 이란성 쌍둥이의 사회 연결망 구조

위쪽 두 도표는 일란성 쌍둥이, 아래쪽 두 도표는 (동성) 이란성 쌍둥이의 사회 연결망 구조다. 검은 원은 각 쌍둥이, 흰 원은 그들의 친구, 선은 사람들 사이의 우정 관계를 나타낸다. 각 이란성 쌍둥이의 연결망(아래)보다 각 일란성 쌍둥이의 연결망(위)이 더 비슷하다는 사실(시각적으로든 정량적으로든)은 명백하다. 이는 우정 연결망이 어느 정도 유전 토대를 지닌다는 개념과 들어맞는다. 유전자가 아무 역할을 하지 않는다면 일란성 쌍둥이의 연결망은 이란성 쌍둥이의 연결망과 별 차이가 없을 것이다.

　　이는 놀라운 발견이었다. 이 발견을 계기로 나는 동료인 정치학자 제임스 파울러James Fowler와 함께 사람들이 사회 "생태 지위niche"(생물이 특정한 환경 조건에 맞추어 살아가는 방식 - 옮긴이)를 구축하기 위해 자기 주변의 사회 환경에 어떻게 영향을 미치는지 연구하기 시작했다.

굴을 파는 토끼, 둥지를 짓는 새, 주변 흙의 성질을 바꾸는 지렁이, 주변으로 화학 물질을 분비해 더 증식하기 좋은 곳으로 만드는 세균 등 생물학에는 이런 생태 지위 구축을 다룬 문헌이 아주 많다. 우리는 사람들이 자신에게 혜택을 주는 방식으로, 그리고 과거에 우리 종의 진화에 영향을 미쳤을 수 있는 방식으로 자신의 사회 환경을 바꾸어 일종의 사회 생태 지위를 구축하는 것 아닐까 추정했다(이 개념은 10장에서 다시 살펴보겠다).

유유상종은 과학이다

유전자는 연결망 구조뿐 아니라 사람들이 특정한 친구를 선택하는 방식에 영향을 미칠 수 있다. 진화가 우리 종에게서 특정한 짝을 고르는 취향을 다듬어왔듯이 말이다. 진화 관점에서 보자면 이 까다로운 선택은 다른 요인들뿐 아니라 기존 친구를 통해 다듬어질 것이다. 예를 들어 당신은 당신의 욕구와 의도를 파악하는 능력이나 당신을 특별한 사람으로 여기는지 여부를 토대로 친구를 고를 수 있다. 또 당신과 동일한 것을 원하는 사람이나 당신에게 부수적인 혜택(좋은 길을 찾거나 식량이 있는 곳을 아는 것 등)을 제공할 수 있는 사람을 친구로 고를 수 있다. 투비와 코스미데스는 이렇게 주장한다.

당신과 동일한 것에 가치를 두는 사람은 지역 세계를 당신에게 이로운 형태로 변화시키는 일을 계속할 것이다. 이런 사람은 세계를 자신에게 적합하도록 만들기 위해 행동하는데 이에 따른 부수적인 결과로 당신에게도 혜택이 돌아온다. 쉽게 찾아볼 수 있는 현대의 사소한 사례를 들어보자. 같은 음악을 좋아하거나 냉난방 온도를 당신이 싫어하는 쪽에 맞추지 않는 룸메이트가 그렇다. 조상 대대로 … 믿을 만한 호혜 관계지만 당신과 취향이 크게 다른 사람보다 당신의 적들이 두려워하는 사람이나 감당할 수 없을 만치 많은 구애자가 몰리는 사람이 친구로 사귈 가치가 더 높을 수 있다.[29]

비슷한 사람을 친구로 고르는 또 다른 근거가 있다. 어떤 환경이 생존에 적합한지 평가하는 일은 위험할 수 있다(예를 들어 어떤 환경이 치명적인 곳임이 드러난다면 당신이 이 사실을 알아차릴 즈음에는 이미 때가 늦었을 수 있다). 그래서 사람은 이 탐색 기능을 효율적으로 수행하는 방편으로 비슷한 사람들끼리 어울리려는 욕구를 갖추는 쪽으로 진화했다. 이는 아주 다양한 환경에서 살아가는 종에게 특히 유용하다. 그러나 환경의 수용력은 이 전략에 제약을 가한다. 자원이 매우 한정되어 있다면 특정한 지역에서 사는 사람들은 모두 똑같은 행동을 할 수가 없다(예를 들어 나무가 거의 없는 곳이라면 모든 사람이 목조 주택에서 살 수는 없으며, 망고 공급량이 딸린다면 모두가 망고만 먹고 살기는 불가능하다). 따라서 같은 종의 비슷한 구성원을 피하는 것이 합리적인 전략일 때도 있을 것이다.

이런 이유로 사람은 대개 "동종 선호homophily"(동종애. "닮은 것 사랑"이라는 그리스어에서 유래한 말) 성향을 보인다. 닮은 사람과 어울리려는 욕구다. 일부 속성에서는 이 성향이 "이종 선호heterophily"(이종애. "상반되는 것에 끌림"이라는 뜻) 성향과 공존할 수 있다.[30] 당신은 음악과 실내 온도 쪽으로는 취향이 같은 룸메이트를 원할지 모른다. 하지만 수학 숙제를 도와줄 사람을 원한다는 측면에서는 당신과 다른 사람을 구하는 편이 더 나을 수 있다.

친구들은 명백히 드러나지 않는 미묘한 방식으로 표현형이 서로 닮을 수 있다. 심리학자 탈리아 휘틀리Thalia Wheatley는 동료인 캐롤라인 파킨슨Carolyn Parkinson, 애덤 클라인바움Adam Kleinbaum과 함께 중요한 연구를 했다. 그들은 대학원생 279명으로 구성된 자연 형성 사회 연결망에 속한 42명의 친구 집단을 대상으로 뇌 반응 양상을 조사했다. 실험 참가자들은 fMRI(기능성자기공명영상) 스캐너 안에서 동일한 짧은 동영상 14편을 시청했다(감상적인 음악 동영상, 웃음을 자아내는 코미디, 정치 논쟁을 담은 동영상 등). 연구진은 참가자가 각 동영상을 시청할 때 뇌의 다양한 영역에서 혈류량이 어떻게 변하는지 측정했다.[31] 친구들은 같은 자극에 유달리 비슷한 반응을 보였다. 따라서 신경학적으로 보자면 친구들은 주변 세계를 지각하고 해석하고 거기에 반응하는 양상이 서로 비슷하다. 심지어 비슷한 동영상을 볼 때 일어나는 뇌 혈류량 변화 패턴을 토대로 누가 누구와 친구인지까지 예측할 수 있었다!

친구는 단지 표현형 수준에서만이 아니라 유전형 수준에서 서로 닮을 수 있다.[32] 이렇게 보는 이유는 4가지다. 첫째, 유전형이 비슷하다는 것은 그저 친구들이 같은 지역 출신임을 반영하는 것일 수 있다. 그리스인이 다른 그리스인을 친구로 선택한다면 우리는 두 그리스인 친구가 같은 유전자 변이체를 지닌다고 해서 놀랄 이유가 없다. 드넓은 세계에서 같은 지역 출신이니까. 둘째, 사람은 적극적으로 나서서 비슷한 유전형을 지닌 사람을 친구로 고른다. 운동선수가 다른 운동선수와 함께 돌아다니는 쪽을 선호한다면 그들이 수축 속도가 빠른 근섬유나 지구력과 관련된 ACE 유전자 변이체 등 특정한 "운동선수 유전자" 변이체를 공동으로 지닌다고 해서 놀랄 필요 없다.[33] 셋째, 유전적으로 비슷한 사람들은 동일한 환경을 선호할 수 있다. 예를 들어 고지대 마라톤을 좋아하고 그럴 수 있는 몸을 지닌 사람은 같은 스포츠를 즐기려고 산에 오르는 사람을 만날 가능성이 높을 것이다. 그러니 당신과 새로 사귄 친구가 혈액에서 적은 산소를 더 효율적으로 이용할 수 있게 해주는 동일한 유전자 변이체를 지니고 있다고 해서 놀랄 필요는 없을 것이다. 마지막으로 넷째, 비슷한 특징을 지닌 사람들은 같은 지역에 사는 제3자에게 선택될 수 있다. 예를 들어 음악학교는 음악 재능이 유달리 뛰어난 이들을 입학시킬 것이고, 학생들은 서로 친구가 될 것이므로, 이 학생들이 SLC6A4 유전자 등 음악 능력과 관련 있는 유전자 변이체를 공통으로 지닌다고 해서 놀랄 필요는 없을 것이다. 이 유전자는 음악 기억 및 합창과 관련이 있다.[34] 물론 이 4가지 이유는 상호배타적이지 않다.

친구들의 유전형이 서로 다를 이유는 이보다 더 적다. 첫째, 서로 다른 형질을 지닌 개인들 간의 상호작용을 부추길 법한 특정한 환경이 존재할 수 있다. 예컨대 리더는 서로 다른 기술을 지닌 사람들을 모아 집단을 구성할 수 있다. 그리스 신화에서 이아손Iason이 노를 잘 젓는 사람들과 더불어 시력이 아주 뛰어나 방향을 잘 찾는 사람이 최소한 1명 포함되도록 아르고호Argo 선원들을 고르는 장면을 생각해보라. 둘째, 사람들이 적극적으로 자신과 다른 유형의 사람을 친구로 사귀려고 노력할 가능성이다. 선사 시대에 커다란 초식동물을 사냥하려면 빨리 달리는 사람, 창 잘 던지는 사람, 추적술이 뛰어난 사람 등 다양한 기술을 지닌 사람들이 필요했을 것이다.

중요한 점은 이 모든 과정이 동시에 작용할 수 있으며, 사람이 동종 선호와 이종 선호의 적절한 조합을 통해 여러 수준의 상승효과(시너지)와 전문화를 낳는 아주 다양한 형질을 토대로 친구와 환경을 선택할 수 있다는 것이다. 그러나 전반적으로 보면 균형이 유유상종, 즉 동종 선호 쪽으로 뚜렷하게 기울어 있다.[35] 우리 연구실에서는 이 양상을 정량적으로 파악하는 연구를 했다. 우리는 1367개 우정 쌍 중 하나 이상을 이루고 있는 1932명을 대상으로 46만 6608개의 유전자자리를 분석해 친구들이 유전적으로 서로 얼마나 닮았는지 파악했다.[36] 6장에서 논의한 부부 쌍 분석 연구에서처럼, 우리는 친구들이 같은 집단에 속한 서로 모르는 사람들에 비해 유전적으로 상당히 더 비슷한 경향이 있음을 알아냈다. 이 효과는 근연도 계수로 따지면 대략 10촌에 해당했다. 즉 실제 유연관계에 있지 않은 이들로 이루어진 집단에서 친구를 고르도록 할 때 사람들이 미미한 수준이기는 하지만 분명히 유전적으로 닮은 사람을 선호한다는 사실을 알 수 있다. 더 나아가 우리는 임의의 두 사람이 유전형 면에서 서로 얼마나 비슷한지를 측정해 둘이 친구가 될 가능성이 얼마나 되는지 예측할 수 있다.[37]

이런 과정들은 우리에게 무엇을 말해주는 걸까? 사람에게서 친족 인지(친족 탐지)의 작용 범위가 더 확대되었음을 의미할 수 있다.[38] 다시 말해 친구는 (친족처럼) 진정한 유연관계는 아니지만 기능상 유연관계일 수 있다. 자신과 비슷한 방식으로 환경을 지각하거나 환경에 대처할 것 같은 사람과 기능적으로 연관된 사회적 결속을 형성하면 의도하거나 우연한 혜택을 양쪽 모두 볼 수 있다. 친구 중 한쪽이 추위를 느끼는 상황에서 다른 한쪽도 추위를 느껴 불을 피운다면 둘 다 이득이다. 바로 여기가 자연선택이 개입하는 지점이다. 우리가 선택한 친구가 우리의 생존 가능성에 영향을 미친다. 그러므로 자연선택은 우정 선택에 영향을 끼친다.

유전자의 인도를 받는 우정 선호는 오래전 인류가 다른 이들보다 친족을 선호하도록 진화한 방식에서 기원했을 가능성이 있다. 당신에게 사촌이 10명 있지만 함께 시간을 보낼 수 있는 사람은 몇 명에 불과하다고 치자. 아울러 집단을 형성하는 것이 당신의 생존에 이롭다고 하자. 이럴 때는 유전자를 가장 많이 공유하는 사촌을 고르는 쪽이 이치에 맞을 것이다. 인간은 유전 수준에서 자신과 더 비슷한 사촌을 식별하는 방법을 갖추는 쪽으로 진화했을 것이다. 그런 뒤에 사촌을 더 선호하도록 진화한 이 과정은 앞서 논의한 "굴절적응" 과정을 거쳐 친족이 아닌 사람에게까지 확대 적용되었을 것이다.[39] 이에 따라 당신은 사람들 중에서 먼 친척처럼 여겨지는 사람을 자연스럽게 친구로 고르게 될 것이다.

우리의 분석 결과는 우정이 생존에 유리하다는 개념을 뒷받침하는 추가 통찰을 안겨주었다. 우리는 돌연변이율을 토대로 한 유전체 분석 기법을 도입했다. 이를 통해 전반적으로 유전체 전체에 걸쳐 친구와 공통으로 지니는 경향이 있는 유전형이 다른 유전형들보다 더 최근(지난 3만 년 동안)에 자연선택 받았을 가능성이 더 높음을 발견했다. 언어 능력 관련 유전자(언어에 중요한 역할을 할지 모를 FOXP2 같은 유전자)가 있다고 치자. 그리고 단지 그르렁거리는 차원을 넘어 실제로 말을 하는 능력을 제공하는 돌연변이를 지닌 최초의 초기 인류를 상상해보자. 이 사람이 자신과 비슷한 돌연변이를 지닌 사람과 친구가 되어 서로 대화를 나눌 수 있다면 언어의 진화적 이점(상당히 많다)은 더욱 강화될 것이다. 반면에 이런 친구가 없다면 이 돌연변이는 별 쓸모가 없어 결국 집단에서 사라졌을 것이다. 다른 유전자들의 변이체(이를테면 감염 예방이나 협력 주고받기 관련 변이체)의 적응도 이점 역시 서로 연결된 사람들에게 똑같이 존재하느냐(또는 없느냐)에 따라 영향받을 수 있다.

친구 사이의 유전형 상관관계가 긍정적인 선택을 받는 듯하다는 (즉 선택 빈도가 증가하는 듯하다는) 이 사실은 다른 이들의 유전자가 한 개인의 유전자 적응도 이점에 영향을 미칠 수 있음을 시사한다. 인류의 진화 환경은 물리 상황(햇빛, 고도 등)과 생물 상황(포식자, 병원체 등)으로만 한정되지 않는다. 인간의 사회 상황 또한 포함한다.[40] 이런 연구 결과들은 사회적 상호작용이 우리 종의 진화를 유도한다는 또 다른 증거다.

인류가 친족이 아닌 사람들과 잦은 사회적 상호작용을 시작한 바로 그 시기에 역설적으로 우정에서 동종 선호 편향이 진화했을 가능성이 있다. 이를테면 직계 친족의 비율이 얼마 안 될 만큼 무리가 커지거나 사람들이 더 널리 퍼지기 시작하면서 태어난 집단을 떠나 낯선 이들과 더 자주 상호작용을 하게 되었을 때가 그렇다.[41] 일단 상호작용하는 이들이 반드시 친족일 것이라고 기대할 수 없게 되면, 혜택을 제공하거나 진화 관점에서 볼 때 적응도를 강화해줄 만한 유전적으로 비슷한 사람과 연결을 이룰 다른 방법을 개발해야 했을 것이다.

우정과 인간관계의 유전 선호와 효과는 해밀턴의 혈연 선택 개념 너머까지 확장될 수 있으며, 우정을 토대로 한 개인들로 구성된 집단에 자연선택이 작용할 방법을 제공할 수 있다.[42] 자신과 유전자의 50퍼센트를 공유하는 형제자매 2명을 구하기 위해 목숨을 희생한다면, 5퍼센트를 공유하는 친구 20명을 위해 희생하지 못할 이유 또한 없지 않을까? 앞서 다룬 혈연 선택 원리는 그저 개인 간 유전 유사성이 어느 정도인지와 관련 있을 뿐이다. 이 유사성이 실제로 친족이라서 생기는지 여부와는 관련이 없다.

우정에서 사회 연결망으로

지금까지 우정을 설명하면서 우리는 주로 사람들의 쌍이 서로를 어떻게 선택하는지, 사람들이 친구일 때 어떻게 상호작용하는지, 자연선택이 우정의 보편성에 어떤 역할을 해왔는지에 초점을 맞추었다.

그런데 집단의 각 개인이 친구를 고를 때 집단 자체는 저절로 하나의 사회 연결망으로 조직된다. 모든 인간 집단이 그렇다. 놀라운 점은 그 결과로 나온 사회 연결망들이 전 세계에 걸쳐 대단히 비슷하다는 사실이다. 보편적인 것은 우정을 이루려는 성향만이 아니다. 사람들이 자연스럽게 더 넓은 연결망을 구성하는 방식 역시 그렇다. 이런 자연 연결망은 인공 연결망(군대 지휘 계통이나 기업 조직도 등)에 없는 복잡성과 진정한 아름다움을 지닌다. 그리고 연결망의 존재 자체는 "이런 연결망이 어떻게 발달하고, 어떤 규칙의 지배를 받으며, 어떤 목적에 봉사하는가?"라는 의문을 불러일으킨다.

동물의 사회 연결망 지도를 작성할 때와 마찬가지로, 인간의 사회 연결망 지도를 작성하려면 적절한 사회적 연결인지 여부를 어떻게 구별할지 정할 필요가 있다. 어떤 사람을 적절한 사회적 연결이라고 봐야 할까? 특정 개인과 성관계를 갖는 사람? 돈을 빌려주는 사람? 조언을 하는 사람? 찬미자? 때로는 단순히 사람들에게 이른바 "이름 생성기" 질문을 해 알아낼 수 있다. 전형적인 이름 생성기 질문은 이런 것들이다. (1) "개인적이거나 사적인 내용을 믿고 털어놓는 사람은 누구입니까?" (2) "여유 시간을 누구와 보냅니까?" (3) "배우자, 부모, 형제자매를 제외하고 가장 가까운 친구라고 여기는 사람은 누구입니까?"[43]

2009년 우리는 전국에서 표본 추출한 가정들을 대상으로 2가지 주요 이름 생성기 질문(위 질문 중 처음 2가지)을 했다. 그러자 미국인들은 긴밀한 사회적 접촉을 하는 상대가 평균 4.4명이며, 대부분 2.6명에서 6.2명 사이라고 나왔다. 응답자들의 평균값은 친구 2.2명, 배우자 0.76명, 형제자매 0.28명, 직장 동료 0.44명, 이웃 사람 0.30명이었다. 이 값은 수십 년 동안 그다지 변하지 않았으며 전 세계 조사 결과 또한 비슷하다.[44] 사람들은 평균 약 4~5개의 가까운 사회적 결속을 맺는데 대개 배우자, 형제자매 한두 명, 절친 한두 명을 포함한다. 이 값은 개인의 일생 동안 약간 바뀔 수 있다(예를 들어 배우자와 사별 등).

지난 몇 년 동안 우리 연구실은 전 세계의 사회에서 연결망 데이터를 모으기 위해 트렐리스Trellis라는 태블릿 기반 소프트웨어를 개발해왔다. 우리는 이 소프트웨어를 써서 미국, 인도, 온두라스, 탄자니아, 우간다, 수단 등에서 한정된 집단 내의 대면 사회적 상호작용을 지도로 작성했다. 우리가 작성한 연결망 중 일부를 컬러 도판 [0-4]에 실었다.[45] 사람들이 전 세계에서 구축하는 사회 연결망의 시각적 구조와 수학적 구조는 놀라울 만치 비슷하다. 인간의 연결망이 다른 사회성 동물들의 연결망과 비슷하고 우리 유전자가 우정에 관여한다는 점을 생각하면 놀랄 일은 아니다.[46] 현대인의 연결망은 수렵채집인 사회의 연결망과 비슷하다. 이 점도 연결망을 구성하려는 성향이 타고난 본성이라는 주장을 뒷받침한다.[47] 사회 연결망은 "사회성 모둠"의 기본적인 일부며, 이 청사진에서 중요한 역할을 한다.

적의 적은 친구일까

친구를 사귀는 능력은 적을 만드는 능력도 동반한다. 오래전부터 철학자와 과학자는 우리가 뚜렷이 지닌 적대감과 증오 능력을 생각해왔다. 그러나 우정 결속에 상응하는 적대 결속의 양상을 실제로 지도로 작성하는 일은 최근에야 시작되었고 아직 사례가 매우 드물다.

한 연구에서는 3장에서 논의한 도시 공동체들에 사는 주민 129명의 적대 결속을 조사했다.[48] 1969년 이루어진 고전적 연구에서는 수습 수도사 18명을 대상으로 누가 누구를 싫어하는지 정보를 모았다.[49] 한 연구에서는 학교에서 괴롭히는 학생과 표적이 된 학생, 직장에서 도움이 되는 동료와 피해를 주는 동료 사이의 관계 지도를 작성했다.[50] 또 다른 연구는 대규모 다중 사용자 온라인 게임에서 이를테면 가상의 적에게 거는 현상금을 부정적 결속의 척도로 삼아 사회적 상호작용을 살펴보았다.[51]

우리 연구실은 적대적 연결망에 관한 자료가 부족하며, 부정적 결속이 사회 구조에서 중요한 역할을 할 가능성이 있다고 생각했다. 그래서 2013년 이 주제를 포괄적이고 대규모로 연구하기로 결정했다. 개발도상국의 마을은 주민들이 싫어하는 사람을 피하기가 쉽지 않은 비교적 폐쇄된 사회 체제여서 부정적 결속 구조를 평가하는 데 매우 유용한 자연 실험실 역할을 한다. 그래서 우리는 온두라스 서부에서 176개 마을의 성인 2만 4812명을 대상으로 사회 연결망 지도를 작성했다. 우리는 트렐리스 소프트웨어를 써서 응답자들에게 "마을에서 잘 지내지 못하는 사람"을 알려달라고 했다.[52] 나는 "싫어하는 사람이 누구입니까?" "당신의 적은 누구입니까?"처럼 더 콕 찍어서 질문하고 싶었다. 그러나 지역 전문가인 과제 책임자가 그러면 안 된다고 충고했다. 그는 온두라스가 세계에서 연간 살인율이 가장 높은 나라며(인구 10만 명당 86.1건) 주민들이 굳이 위험을 무릅쓰고 그런 질문에 대답하지는 않을 거라고 했다.[53]

우리는 176개 마을 각각에서 따로따로 긍정적인 것과 부정적인 것 양쪽으로 모든 사회적 연결을 파악해 대면 적대 결속을 가장 큰 규모로 상세히 분석했다. 각 마을의 성인은 42명에서 512명 사이였다. 3가지 이름 생성기 문항을 써서 우리는 이들이 친구가 평균 4.3명(형제자매나 배우자 등 친족 결속 포함)이며, 범위는 0~29명임을 알아냈다(대부분은 1~7명이었다).[54] 이 정량 분석에서 친구가 전혀 없다고 말한 사람은 총 2.4퍼센트였다.

좋은 소식은 적대감이 우정보다 훨씬 덜하다는 것이다. 자신이 좋아하지 않는다고 꼽은 상대는 평균 0.7명이었다(여기에는 친족이 포함될 수 있다).[55] 65퍼센트는 싫어하는 사람이 없다고 답했다. 남성은 71퍼센트, 여성은 61퍼센트가 그렇다고 답했다. 이는 여성이 더 까다롭거나(어느 정도는 대체로 여성들이 관계를 가볍게 여기지 않는다고 답했기 때문이다) 그저 예전의 사회적 상호작용을 더 잘 기억하고 있다(내 여동생 카트리나의 주장)는 의미다. 주민이 312명인 마을에 사는 유달리 괄괄한 한 여성은 자신이 잘 지내지 못하는 사람이 16명이라고 답했다. 이 마을에서 그녀를 좋아하지 않는다고 꼽은 사람은 4명이었다. 반면에 그녀는 11명을 친구로 꼽았으며, 그녀를 친구로 꼽은 사람은

13명이었다.

게다가 뒤집어 보면 사람들은 평균 0.6명에게 미움을 받았지만 대다수(64퍼센트)는 어느 누구의 미움도 받지 않았다.[56] 가장 미움받은 사람은 인구가 149명인 마을의 한 여성이었는데 그녀를 적이라고 꼽은 사람이 25명이었다. 그녀 자신은 친구가 4명, 적이 2명이라고 꼽았다. 안타깝게도 그녀를 친구로 꼽은 사람은 1명밖에 없었다.

우정 결속 양상은 모든 마을에 걸쳐 놀라울 만치 일관성을 보였다. 반면에 적대감은 다양한 양상을 보였다. 전체적으로 부정적 결속 비율은 15.6퍼센트였지만 1.1퍼센트에 불과한 마을부터 무려 40퍼센트에 이르는 마을까지 있었다. 이처럼 긍정적 결속의 형성에 영향을 미치는 환경, 사회, 생물학 힘들은 부정적 결속에 영향을 미치는 그런 힘들보다 더 강한 동조 현상을 불러일으킨다. 그런데 우리가 연구한 이 다양한 마을들의 오늘날 지역 환경과 문화는 우정보다 적대감을 빚어내는 데 훨씬 더 큰 역할을 하는 듯했다. 그중 4개 마을의 연결망 지도가 컬러 도판 [0-5]에 실려 있다.

친구끼리 우정을 주고받듯이 적끼리는 적대감을 주고받는다. 그런데 주고받기 비율은 전혀 달라 각각 34퍼센트와 5퍼센트다. 즉 당신이 누군가를 친구라고 부른다면 상대도 당신을 친구라고 부를 가능성이 높다. 하지만 당신이 누군가를 적이라고 부를 때 상대가 당신을 적이라고 부를 가능성은 더 낮다. 이 차이는 사람들이 은밀한 친구보다 은밀한 적을 더 많이 지닌다는 사실을 말해준다. 사람들은 서로 친구라는 말은 공공연히 하지만 서로 적이라고 선포하는 말은 덜 한다.

이런 상세한 자료 덕분에 우리는 사회적 연결에 관한 특정한 오래된 이론들(그리고 상식이 된 개념들)을 정량적으로 살펴볼 기회를 얻었다. 바로 다음과 같은 4가지 원리가 맞는지 여부다.

- 친구의 친구는 내 친구다.
- 친구의 적은 내 적이다.
- 적의 친구는 내 적이다.
- 적의 적은 내 친구다.

이 사회 규칙들은 사회학자 게오르크 지멜Georg Simmel이 19세기 말에 처음 주목하고 1946년 심리학자 프리츠 하이더Fritz Heider, 1956년 심리학자 더윈 카트라이트Dorwin Cartwright와 수학자 프랭크 해러리Frank Harary가 정립한 또 다른 원리로 이어진다.[57] 이를 "균형 이론balance theory"이라고 한다. 특정한 유형의 3자 관계는 균형을 이룬다. 즉 안정되어 있다. 반면에 불균형한, 즉 불안정한 3자 관계도 있다.(도표 [8-4] 참조) 시간이 흐르면 불균형한 3자 관계는 깨지거나(1명이 결속을 끊을 것이다) 관계 중 하나가 바뀔 것이다(예를 들어 예전의 친구가 적의 친구가 된다면 친구를 적으로 여기게 될 것이다).[58]

우정과 적대감은 우리 사회 연결망 내에서 끊임없이 움직인다. 우리는 이런 규모의 집단 자료를 처음으로 활용해, 친구의 친구가 적보다 친구일 가능성이 거의 4배 더 높다고 정량화할 수 있었다. 또한 우리 자료는 두 번째와 세 번째 규칙이 사실임을 확인해주었다. 그러나 적의 적이 친구라고 주장하는 네 번째 규칙이 옳다는 증거는 전혀 찾을 수 없었다. 이 규칙은 논리적이며, 참인 양 보인다. 그러나 착각에 가깝다. 적의 적이 친구일 공산이 큰 이유는 그저 통상적인 집단에는 적보다 친구가 훨씬 더 많아서다. 한 지역에 다른 지역들보다 붉은 새

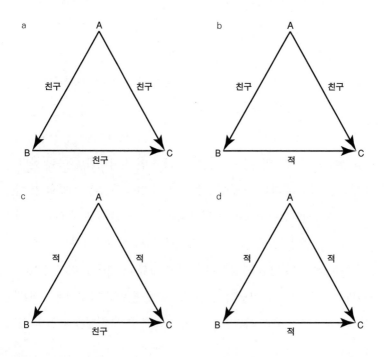

8-4 | 3자 사회 체제에서 균형

세 사람(A, B, C로 표시) 사이에 가능한 4가지 배치를 보여준다. 각 두 사람 사이 관계는 긍정적이거나 부정적일 수 있고, 우정이나 적대감("친구"와 "적"으로 표현)을 동반할 수 있다. 예를 들어 A의 관점에서 보면 도표 a와 c에서 3자 관계는 균형을 이루는 반면에 b와 d에서는 그렇지 않다. 불균형한 3자 관계에서는 결속이 깨지거나 균형을 회복하기 위해 감정가valence가 바뀐다(친구에서 적으로 또는 적에서 친구로).

보다 검은 새가 더 많은지 여부를 알아내려고 시도하는 것과 비슷하다. 일반적으로 검은 새가 붉은 새보다 수가 더 많다. 그러므로 이 지역에 검은 새가 더 많은지 적은지 결론을 내리려면 이 배경 비율을 고려해야 한다. 우정의 빈도가 더 높다는 점을 생각하면 적의 적이 친구일 가능성은 더 낮다. 사실은 적일 가능성이 더 높다.

이는 적과 친구 모두 같은 연결망을 이루는 공동체 내에 모여 있을 가능성이 크다는 점과 관련 있는 듯하다. 우리 분석에서는 세 번째 가능성, 즉 사람들이 단순히 서로 모르는 사이일 가능성이 존재함을 인정했다. 그리고 사람들은 자신이 모르는 사람보다 아는 사람의 적일 가능성이 훨씬 높았다. 친구나 적이 되려면 먼저 상대를 알아야 한다. 이 단순한 관찰 결과는 적을 만드는 과정이 접촉과 앎을 동반할 뿐 아니라, 적이 다른 집단에 속한 사람보다는 자기 집단에 속한 사람일 가능성이 더 높음을 의미한다. 또 우리 연구에서는 누군가가 친구가 더 많을수록 적도 더 많을 가능성이 높다고 나왔다. 대체로 친구가 10명 늘어날 때 적이 1명 늘어났다. 전반적으로 보면 반복 상호작용에서 생겨나는 기본적인 사회 과정은 긍정적 결속과 부정적 결속을 둘 다 빚어냈다.

사람은 왜 내집단을 편애할까: 민족중심주의와 외국인 혐오의 진화

사람들은 친구를 고른 뒤 집단과 연결망을 형성한다. 그리고 이런 집단은 긍정적이거나 부정적인 방식으로 다른 집단들과 상호작용한다. 인류는 진화 과정에서 한 집단의 개인들과 다른 집단의 개인들 간 이런 상호작용을 통해 또 다른 특성을 갖추게 되었다. "사회성 모둠"의 일부인 "내집단 편애" 성향이 그중 하나다.

그런데 왜 애초에 사람들이 외부인들을 다르게 느끼는지 의문이들 수 있다. 왜 사람들은 모든 이들을 좋아하지 않을까? 다른 집단을 미워하지 않으면서 자기 집단을 좋아할 수는 없을까? 민족중심주의와 외국인 혐오라는 이 쌍둥이 성향은 늘 함께 나타나야만 하도록 동일한 과정의 일부로 공진화한 것일까, 아니면 서로 다른 이유로 독자적으로 진화한 것일까?

내집단 선호는 문화적 보편성을 띤다. 1장에서 살펴보았듯이 5세인 아이들조차 무작위로 티셔츠를 입혔을 때 자신과 같은 색깔의 티셔츠를 입은 아이들을 선호할 정도다. 내집단 편애는 너무나 널리 퍼져 있다. 그래서 20세기 들어 이 현상에 흥미를 느낀 실험심리학자들은 이 감정을 얼마나 쉽게 도발할 수 있는지, 그리고 "우리"와 "그들" 사이의 차이를 과연 어디까지 좁힐 수 있는지 알아보고자 했다. 인간이 어떤 사소한 부분까지 차별하는지 이해하려는 일종의 경주가 벌어지면서, 심리학자 앙리 타지펠Henri Tajfel이 1970년대에 창안해낸 "최소 집단 패러다임minimal-group paradigm"[59]을 이용한 새로운 유형의 실험이 등장했다.

이런 실험에서는 거의 아무런 설득 조치 없이 실험 대상자들을 임의로 나누어 서로 다른 집단에 할당했다. 그러자 사람들이 자기 집단 구성원과 다른 집단 구성원을 차별한다는 사실이 드러났다. 이 집단들은 실험 대상자가 클레Klee와 칸딘스키Kandinsky의 추상화 중에서 어느 쪽을 좋아하는지 같은 지극히 사소한 특징들을 토대로 나뉠 수 있었다.

이런 무의미한 기준을 토대로 소속 집단을 할당해 내집단 편애를 이끌어낼 수 있다는 것은 놀라운 발견이었다. 인간이 이런 사소한 사회 범주를 놓고 다른 이들보다 특정한 이들을 더 선호하는 이유는 대체 무엇일까? 나는 이 두 화가 사이에 어떤 타당한 차이가 있다고 가정한다(한 평론가는 클레의 "아이러니하게 굴절된 사실주의는 칸딘스키의 이상주의와 맞지 않았다"라고 썼다).[60] 그러나 (심리학 실험 참가자들을 포함해) 대부분의 사람은 이 차이를 알지 못한다. 도대체 이 차이가 뭐가 중요하다는 것일까? 어쨌든 중요한 역할을 한 것은 분명하다. 최소 집단 실험의 전체 요지는 이렇다. 인간은 논리적 이유가 전혀 없음에도, 더나아가 내집단의 구성원들이 함께한 역사가 전혀 없고 서로 대화조차 나눈 적 없음에도 외집단 구성원들을 차별한다!

타지펠은 아무리 사소하든 간에 범주화가 민족중심주의와 외국인 혐오를 충분히 출현시킬 수 있음을 알았다. 처음에 그는 "사회 정체성social identity"이라는 개념으로 이 행동을 설명할 수 있다고 주장했다.[61] 사람들은 자기 집단을 다른 집단들과 다르게 긍정적으로 보려는 충동에 휩싸였다. 이 주된 충동은 자기 자신을 좋게 보려는 욕구로 비쳤다. 자존감이 어느 정도는 집단 소속감에서 비롯되므로, 이는 곧 자기 집단을 좋게 보려고 한다는 의미였다. 자기 집단 구성원을 더 호의로 대하는 것은 자기 집단을 나아 보이게 하는 데 도움을 준다.

그런데 이런 실험을 통해 애초에 외국인 혐오가 존재한다는 사실보다 우리를 더욱 우울하게 만드는 발견이 이루어졌다. 또 다른 실험에서는 내집단이 얻는 양을 최대화하기보다 두 집단 간 차이를 최대화할 수 있도록 내집단과 외집단의 구성원에게 보상을 다르게 제공할 기회를 주었다. 한 집단이 얻는 만큼 다른 집단이 잃는다는 제로섬zero-sum 심리를 반영한 실험이었다.[62] 사람들은 자기 집단이 얼마나 많이 지니고 있느냐가 아니라, 다른 집단의 구성원에 비해 자기 집단의 구성원이 얼마나 많이 지니고 있느냐를 더 중요하게 여기는 듯하다. 그저 집단 정체성에 충실하다는 것만으로는 이 점을 설명할 수가 없다. 자기 집단이 얼마나 부유한지만이 중요하다면 다른 집단에 비해 어떠한지 여부는 중요하지 않을 것이기 때문이다. 사람들은 절대적 수준뿐 아니라 상대적 수준을 중요시한다. 자기 집단이 얼마나 지녔는지만이 아니라, 다른 집단들에 비해 얼마나 더 지녔는지를 중요하게 여기는 것이 틀림없다.

내집단 편애를 설명하는 또 다른 가설이 있다. 이 편애가 자존감뿐 아니라 자기 이익에 기여할 수 있다는 주장이다. 내집단에 뭔가 보상을 하면 구성원들로부터 더 호의적인 대우를 받으리라 예상할 수 있다. 이는 그저 자신의 내집단이 더 우월하다고 생각하는 것과는 다르다.[63] 내집단 편애를 실천하면 자신에게 실제로 혜택이 돌아올 수 있다. 여러 실험에 따르면 사람들은 자기 집단의 구성원들을 더 좋게 생각한다. 그리고 그들로부터 동일한 대우를 기대하기 때문에 그들에게 특별히 더 잘 대한다. 집단 구성원들은 자신들이 공동 운명체라고 느낀다. 내집단에 더 높은 가치를 부여하는 것은 자기 집단을 돋보이게 하려는 욕구 때문이 아니라 이런 연대감 그리고 상호 부조의 기대 때문이다.

따라서 내집단 편애는 전략적일 수 있다. 동일한 방식으로 대우받으리라 예상하기 때문에 내집단 구성원들을 더 호의로 대하는 것이다. 이를 "상호 운명 통제mutual-fate control"라고 한다. 집단의 모든 구성원이 서로에게 특정한 방식으로 행동하도록 강요할 수 없고 서로 행동에 관해 논의하지 않으면서 서로의 운명에 영향을 미친다는 의미다.[64] 내집단 구성원의 운명이 함께 얽혀 있는 것은 외부인들이 공동으로 그들에게 영향을 미치기 때문만이 아니다. 내부인들이 같은 집단의 일원이라서 서로의 운명에 영향을 주기 때문이기도 하다.

　지속적인 우정과 마찬가지로 집단 정체성은 협력이 호혜적이지 않을 위험에 대한 해결책을 제공한다. 어떤 사람이 당신 집단의 구성원이라는 사실만으로(친구 사이인 것과는 별개로) 당신이 그 사람에게 이타심을 발휘한다면 그 사람 역시 당신에게 기꺼이 보답하고자 할 가능성이 높아질 수 있다.[65] 따라서 상호 부조라는 공통 규범을 지닌 집단에 소속된다는 것 자체가 협력을 부추긴다. 낯선 이들과 한 집단을 이루어도 그렇다. 낯선 사람이 "우리 중 하나"이기만 하면 된다.[66]

집단 간 갈등이 협력으로 바뀌는 순간

또 다른 설명은 내집단 편애를 집단 간 갈등과 관련짓는다(진화적으로든 우리의 일상 경험에서든). 한정된 자원(땅, 식량, 돈, 위신)을 놓고 벌어지는 갈등과 경쟁은 집단 간 적대감과 외집단을 향한 편견과 차별을 불러일으킬 수 있다. 분노의 감정은 자원 경쟁에서 한 집단만이 승리할 수 있을 때 출현할 가능성이 특히 높다. 여러 실험에 따르면 모든 집단에 이익이 되는 목표, 즉 "상위superordinate" 목표가 있어야만 갈등하는 집단 간에 긍정적인 관계가 회복될 수 있다.

　1954년 여름 심리학자 무자퍼 셰리프Muzafer Sherif 연구진은 서로 모르는 소년 22명을 모아 오클라호마주 로버스케이브주립공원Robbers Cave State Park에서 캠핑을 하게 했다. 그곳에 의도적으로 격리된 이 소년들은 신이 나서 즐겁게 생활했다. 하지만 그들이 알아차리지 못하는 가운데 계속 감시가 이루어지고 있었다. 캠핑 리더들이 사실은 심리학 실험에 참가한 관찰자들이었기 때문이다.

소년들은 막 5학년을 마친 상태였다. 모두 하위 중산층lower middle class 프로테스탄트 집안 출신이었다. 그리고 지능, 가족 구조, 학업 역량도 비슷했다. 연구진은 소년들을 키, 능력(운동 능력 등), 인기, 캠핑 경험, 성격을 고려해 편중되지 않도록 두 집단으로 나누었다.[67] 물론 연구진은 소년들이 문화와 동떨어져 있지 않다는 점을 알고 있었다. 난파선 선원이나 남극 과학자처럼 소년들은 이미 문화의 구성원이었다. 한 예로 그들은 모두 야구 하는 법을 알고 있었다.

실험은 3주에 걸쳐 세심하게 3단계로 진행되었다. 첫 단계에서는 두 집단을 서로 다른 구역에서 지내게 했다. 즉 각 집단은 다른 집단이 있다는 것을 몰랐다. 각 집단은 자기 집단에 이글스Eagles와 래틀러스Rattlers라는 이름을 붙였으며, 집단 내 단합과 정체성을 함양하는 활동들을 했다. 단체 티셔츠를 디자인하고, 매점에서 필요한 물품을 고르고, 거의 감독을 받지 않은 채 오늘날 부모라면 가슴이 철렁 내려앉을 법한 모험 가득한 야외 활동을 했다(이를테면 방울뱀이 우글거리는 지역을 통과해 카누 옮기기). 소년들은 나름의 규범을 정했고(아침 기상나팔 등), 공동으로 할 활동을 골랐다(은신처 찾기 등). 이런 일들을 통해 그들은 매우 끈끈한 내집단 유대감을 쌓았다. 내가 어릴 때 뷔위카다섬 소년들과 했던 솔방울 전투도 벌였다. 첫 주 동안 각 집단 구성원들은 깃발, 수영할 수 있는 물웅덩이 같은 물건과 장소를 점점 "우리 것"이라고 부르게 되었다. 각 집단은 나름의 상징을 채택했고, 좋아하는 노래를 정했으며, 리더와 따르는 이들로 이루어진 내부 지위 계층 구조를 발전시켰다.

래틀러스와 이글스 모두 경쟁 놀이를 하려는 욕구를 드러내기 시작하자 연구진은 다음 단계로 두 집단이 갈등을 빚도록 상황을 조성했다. 각 집단의 캠핑 리더는 소년들에게 우연히 가까이에 다른 집단이 캠핑을 와 있다고 알려주었다. 처음에 이글스 중 한 명은 좋게 생각했다. "아마 우린 걔들이랑 친구가 될 수 있을 거고, 그럼 괜히 시비 걸거나 기분 나빠할 일은 없을 거예요." 안타깝게도 이 다정한 감정은 오래가지 못했다. 다음 날 두 집단이 처음으로 만났을 때 바로 이 말을 한 소년이 래틀러 중 한 명을 "게이 새끼Dirty Shirt"라고 부른 것을 계기로 서로를 경멸하는 욕설이 오가기 시작했다.[68]

두 집단은 야구, 줄다리기, 미식축구, 텐트 치기, 보물찾기 같은 제로섬 게임을 하면서 서로 경쟁했다. 두 집단 중 이글스가 좀 약해 보였지만 연구진은 그들이 이기도록 만들었다. 이긴 팀은 상패와 메달뿐아니라 주머니칼(소년들이 몹시 원하던 물건)을 상으로 받았다.

경쟁이 지속될수록 두 집단은 서로를 점점 더 싫어하게 되었다. 갈수록 서로에게 악담을 퍼붓고 조롱하는 말투가 심해졌다(캠핑 리더인 과학자들은 숙소에서 소년들이 하는 말을 몰래 엿들었다). 연구진은 소년들에게 내집단과 외집단이 얼마나 좋은 성격(용감하거나 강인하거나 다정한 성격)이나 나쁜 성격(비열하거나 거만하거나 못되게 구는 성격)을 지녔는지 평가해달라고 요청해 소년들의 태도를 측정했다. 각 집단의 구성원들은 상대 집단의 구성원들을 꼴도 보기 싫다고 하면서 매우 나쁘게 생각했다.

2단계가 끝날 무렵에 연구자들은 원하는 목표를 달성했다. "이제 두 집단은 명백하게 서로 알력을 일으키고 있었다."[69] 셰리프는 이렇게 관찰했다.

서로를 경멸하는 태도는 참가자들이 실험 장소에 왔을 당시 이미 지니고 있던 감정이나 태도의 산물이 아니다. 참가자들의 민족, 종교, 교육을 비롯한 다른 어떤 배경의 산물 또한 아니다. 살면서 경험한 특별한 개인적 좌절의 산물도 아니고 현저한 차별, 신체 능력, 지능 같은 정신 능력, 성격의 산물도 아니다.[70]

그리고 이런 집단 간 적대감은 각 집단 내부에 말다툼과 불화가 존재한다는 사실에도 불구하고 두드러졌다.

실험의 마지막 단계는 현재 적대하는 두 집단이 외집단을 향한 부정적 태도를 버리고 서로 협력할 수 있는지 알아보기 위해 설계되었다. 연구진은 캠핑장 전체에 식수를 공급하는 약 1.6킬로미터 떨어진 언덕 위에 있는 거대한 물탱크를 고장 냈다. 먼저 소년들이 물을 마실 수 있도록 물탱크 옆에 달아놓은 수도꼭지를 막았다. 이어서 주 밸브를 잠그고 커다란 돌들로 덮었다. 그런 다음 소년들을 몇 명씩 나누어 물탱크부터 캠핑장까지 이어지는 배관을 조사하라고 보냈다. 물탱크가 있는 곳까지 갔을 때 소년들은 연구진이 계획한 대로 목이 몹시 마른 상태가 되었다. 소년들은 물을 마시려고 수도꼭지를 틀었지만 물이 나오지 않았다.

그러자 소년들은 협력하기 시작했다. 그들은 근처에서 발견한 사다리(물탱크를 고장 낸 심리학자들이 갖다놓았다)를 걸친 뒤 물탱크 위로 올라가 물이 가득 차 있다는 것을 확인했다. 그런 뒤 함께 힘을 합쳐 물이 다시 나올 수 있게 만들었다. 이 문제 해결에 성공한 뒤로 소년들은 전에는 결코 하지 않았던 방식으로 서로 어울리기 시작했다. 래틀러스와 이글스의 혼합 집단은 함께 도마뱀을 잡고 나무로 호루라기를 만들면서 재미있게 어울렸다. 물탱크 모험이 끝난 뒤 소년들은 서로 협력해 영화(〈보물섬Treasure Island〉)를 고르고 진창에 빠진 트럭(그날 저녁 식사가 실려 있었다)을 끌어냈다. 모두 연구진이 준비해둔 일들이었다. 한 소년은 다른 소년들에게 이렇게 말했다. "우리 20명이면 확실히 끌어낼 수 있어." 그들은 힘을 모았고, 트럭을 끌어내자 서로 다정하게 대화를 나누고 등을 두드리면서 성공을 축하했다. 며칠 뒤 실험이 끝났을 때 대다수 소년은 버스 2대가 아니라 1대에 같이 타고서 돌아가고 싶어 했고, 집단별로 정해진 좌석에 앉는 대신 서로 섞여 앉았다. 그리고 집단 간 우정을 더 정식으로 측정하자 외집단을 향한 부정적인 고정 관념이 줄어들고 집단 간 우정이 강해졌음이 드러났다.

이 실험은 집단들이 공동의 적에 맞서 하나가 될 때 서로를 향한 부정적 태도가 줄어든다는 것을 보여주었다. 외계인의 침략이나 소행성 충돌이 임박했을 때 전 세계가 민족 간 증오심을 억누르게 된다는 SF 속 설정과 비슷하다.[71] 사실 오늘날 미국에서 갈수록 더 험악하고 극단적인 말로 서로를 악마화하는 정치 양극화 현상은 어느 정도는 소련 붕괴와 냉전 종식을 반영하는 것일 수 있다. 나라에 공동의 적이 존재했을 때는 국내 정치에서 서로 간에 좀 더 예의 있게 대했고 비공식적인 단합이 더 잘 이루어졌다.

이런 현상은 일반 원리에 속한다. 공동의 과제 앞에서 집단의 경계는 확장되며, 이에 따라 내집단 편애가 약해지면서 더 큰 규모로 협력이 촉진된다.

인간 양면성의 수수께끼: 다정함과 증오의 이중주

로버스케이브주립공원 실험뿐 아니라 비슷한 맥락의 실험들은 집단 정체성이 갈등의 한 원인일 수 있음을 시사한다. 그러나 정반대일 수도 있다. 즉 집단 간 갈등이 집단 정체성을 낳는 원인일 수 있다.

일찍이 1906년에 사회학자 윌리엄 그레이엄 섬너William Graham Sumner는 내집단 안에서 그리고 내집단과 외집단 사이에서 사랑과 증오 관계가 서로 얽혀 있다고 주장했다. 그는 이렇게 말했다.

> 외부와 전쟁을 하는 위급한 상황이 평화를 만든다. 우리 집단의 내부 불화가 전쟁 수행 능력을 약화시키지 않도록 말이다. … 따라서 전쟁과 평화는 서로 반응하고 서로를 감싸왔다. 한쪽은 집단 내부에서, 다른 한쪽은 집단 간 관계에서다. … 집단을 향한 충성, 집단을 위한 희생, 외부인을 향한 증오와 비난, 집단 내 동포애, 외부를 향한 호전성은 모두 함께 자란다. 동일한 상황의 공동 산물이다.[72]

1세기 뒤 진화론자이자 경제학자인 새뮤얼 볼스Samuel Bowles와 최정규Jung-Kyoo Choi는 수학 모형을 이용해, 과거에 우리 종이 진화할 때 희소 자원을 놓고 벌어진 집단 간 갈등이 사실상 이타주의를 출현시킨 전제 조건이었다고 주장했다. 비록 그런 갈등이 오늘날까지 이타주의의 전제 조건으로 지속되고 있지는 않지만 말이다. 이런 독특한 특징들(이타주의와 민족중심주의, 협력과 내집단 편애)은 서로 결합해 우리 종에게서 진화한 심리의 일부가 되었다.

우리가 인간에게서 목격하는 극단적이고 치명적인 집단 간 갈등,

즉 노골적인 전쟁은 동물에게는 극히 드물다.[73] 따라서 인간이 한편으로는 그토록 다정하고 친절하면서 다른 한편으로는 그토록 증오에 차고 폭력적일 수 있다는 것은 수수께끼다. 이 양면성에 그나마 가까운 성향을 드러내는 좋은 침팬지뿐이다. 따라서 아마 다정함과 증오는 사실상 연관되어 있는 것일지 모른다. 인류 진화의 모형들을 수학적으로 분석한 결과들은 다음과 같은 사실을 알려준다. 과거에 이타주의와 민족중심주의가 둘 다 출현할 조건이 성숙했는데(바로 다음 말이 중요하다) 둘 다 존재할 때만 출현했다.[74] 즉 둘은 서로가 필요했다.

이타주의는 자신을 희생하면서 내집단 구성원을 돕는 것이고, 민족중심주의 또는 지역주의parochialism는 외집단 구성원을 향한 적대감이다. 주기적인 자원 부족(예를 들어 가뭄이나 홍수에 따른)은 현대 수렵채집인 집단에서 갈등의 주요 예측 요인이다. 그리고 석유 같은 자원의 희소성은 지금도 여전히 전쟁의 좋은 예측 지표다. 우리는 플라이스토세(약 250만 년 전부터 1만 년 전까지 이어진 시기)에 기후 변동이 심했고, 이런 환경에서 살았던 우리 조상들은 때때로 희소 자원을 놓고 경쟁해야 했기에 용감하면서 자신을 희생하는 구성원이 있는 집단을 선호했음을 안다. 외집단과 갈등이 벌어지는 상황에서 내집단 이타주의가 있으면 유용했다. 새뮤얼 볼스와 최정규의 모형화는 이타주의와 민족중심주의 둘 다 단독으로 진화할 가능성은 적었지만 함께라면 출현할 수 있었음을 보여준다. 남에게 다정하려면 먼저 "우리"와 "그들"을 구별해야 하는 듯하다.

정치학자 로스 해먼드Ross Hammond와 로버트 액설로드Robert Axelrod 또한 민족중심주의가 "내 등을 긁어주면 나도 네 등을 긁어주겠다" 식의 호혜성과 무관하게 개인 간 협력을 촉진함을 보여주었다

(마찬가지로 단순한 수학 모형을 이용했다).[75] 그들은 심지어 앞서 협력한 이력이 있는지는 모른 채 오로지 집단 구성원인지만 식별할 수 있을 때조차, 다른 집단과는 협력하지 않고 자기 집단 구성원들과만 선택적으로 협력하는 이들이 집단에서 가장 많은 수를 차지함을 알아냈다. 이 분석은 사람들에게 그저 같은 집단이라는 가시적인 표지만 제시해도 내집단 편애와 선택 협력이 출현할 수 있음을 보여준다. 따라서 내집단 편애, 이타주의, 경쟁 사이에 관계가 있다는 증거는 많다.

그러나 나는 수리생물학자 펑 푸Feng Fu와 마틴 노박Martin Nowak 등 공동 연구자들과 함께 수학 모형을 써서 집단 간 경쟁 없이 내집단 편애와 협력이 출현할 수 있는지 조사했다.[76] 그 결과 개인에게 소속 집단을 바꿀 수 있는 능력만 있으면 이런 특성들이 출현할 수 있음이 드러났다. 유동성을 띠는 사회 동역학은 어제의 적을 오늘의 친구로 바꿀 수 있다. 미국 남북전쟁 때 게티즈버그전투Battle of Gettysburg에서 치명상을 입은 남군의 루이스 아미스테드Lewis Armistead 장군의 사례를 보자. 병상에서 죽어가고 있을 때 그는 프리메이슨 단원만이 알아볼 수 있는 비밀 표기를 했다. 동료 단원이 알아차리기를 바라면서. 이 소망은 이루어졌다. 북군 병사인 헨리 빙엄Henry Bingham이 알아보았다. 빙엄은 그를 보호하면서 북군 야전병원으로 옮길 수 있게 조치했다.[77] 공동의 적 없이 그저 한 집단에서 다른 집단으로 옮겨갈 수 있는 가능성만으로, 특정 집단에 소속되는 것을 중시하고 집단 간 경계 짓기에 관심을 쏟도록 사람들의 태도를 바꿔놓을 수 있다.

진화적으로 말해 소속 집단의 유동성은 자기 집단 선호가 출현할 길을 제공할 수 있다. 집단 정체성을 중시하는 태도가 꼭 집단 간 갈등으로부터 출현할 필요는 없다. 다른 집단의 성공적인 행동을 받아들이고 그런 집단에 합류하는 능력에서 나올 수 있다. 역설적이게도 집단 구성원이 자기 집단을 좋아하고 다른 집단을 싫어하는(그리고 집단의 경계와 구성원 자격을 중시하는) 태도는 그저 집단을 바꿀 수 있기만 하면 생겨난다.

증오는 정말로 필요할까

외집단 편파 대우는 아주 어릴 때 나타나기 시작하며, 나이를 먹는다고 그다지 달라지지 않는 듯하다. 이는 집단 구분 능력이 타고나는 것임을 시사한다.[78] 뇌 영상 연구들은 사람의 뇌에 사회적 범주화를 전담하는 영역이 있음을 보여줌으로써 이를 뒷받침하는 증거를 제공한다.[79] 그리고 앞서 살펴보았듯이 최소 규모의 집단에서조차 내집단 편애를 끌어낼 수 있다. 외국인 혐오는 갈등 없이도 출현할 수 있지만 집단 간 갈등은 분명히 다른 집단 혐오를 더 악화시킬 수 있다.

그러나 외집단을 향한 강한 부정적인 감정을 굳이 지니지 않고서 자기 집단에 긍정적인 감정을 갖는 것도 가능하다. 자원은 제로섬 양상을 띨지 모르지만 태도는 그럴 필요가 없다. 몇몇 여론 조사와 실험 결과는 내집단 편애와 외집단 증오가 반드시 상호 연관되어 있을 이유가 없음을 보여준다. 설령 우리 종의 진화 과정에서 내내 상호 연관되면서 지금까지 내려왔다고 해도 그렇다.[80]

사회심리학자 야마기시 도시오山岸俊男, Toshio Yamagishi 연구진은 이렇게 표현한다. 예를 들어 "피부색을 토대로 한 우월감은 다른 피부색을 지닌 사람을 가스실로 보내는 것과 많이 다르다."[81] 심리학자

고든 올포트Gordon Allport는 고전이 된 1954년 저서 《편견The Nature of Prejudice》에서 외집단을 향한 다양한 태도에 같은 지적을 했다. "한쪽 극단에서 보면 외집단은 내집단을 보호하고 내부 충성심을 강화하기 위해 물리쳐야 하는 공동의 적으로 비칠 수 있다. 다른 쪽 극단에서 보면 외집단을 이해하고 관대하게 대하고, 심지어 다양성 때문에 좋아할 수조차 있다."[82]

그렇긴 해도 내집단 친밀감이 실제로 외집단 적대감을 부추길 수 있는 특정한 방식들이 있다. 한 가지는 도덕적 우월감이다. 몇몇 측면에서 사람들은 늘 자기 집단이 다른 어떤 집단보다 더 친절하고 신뢰할 수 있다고 여긴다. 그러므로 내집단 구성원이 그냥 전반적으로 더 낫다고 믿기는 어렵지 않다. 집단들은 비난과 혐오를 주고받는 상태로 지낼 수 있으며, 이런 태도는 회피를 부추기고 따라서 직접 충돌을 줄여 평화를 유지할 수도 있다. 그러나 일단 접촉하고 뒤섞일 수밖에 없는 상황이 되면, 특히 도덕적 우월감이 강할 경우 집단들은 심각한 증오, 노예화, 식민지화, 인종 청소 전쟁으로 빠지기 매우 쉬울 수 있다. 권력에 굶주린 리더는 내집단 정체성이 제공하는 비옥한 토양을 이용해 외집단 증오를 적극적으로 부추겨 외국인 혐오를 키울 수 있다. 상황이 이렇게 전개되도록 조장하기는 어렵지 않다. 대중이 진화적으로 내집단 편애 천성을 갖도록 치우쳐 있기에 사악한 리더는 다른 집단을 손가락질하면서 무엇이든 다 그들 탓이라고 비난할 수 있다.

인종차별과 편견의 가장 악랄한 표현 중에는 내집단 애정이 아니라 외집단 증오의 극단적인 형태가 많다. 그런데 편견은 더 미묘한 양상을 띨 수 있다. 외집단을 향한 강한 부정적인 견해를 지녀서가 아니라, 그들을 향한 긍정적인 견해가 없어서 나타날 때가 있기 때문이다.

차별과 편애는 인간적이고 관대한 감수성(찬탄, 공감, 신뢰, 우정 등)이 내집단 구성원에게만 향하고 외집단 구성원에게는 보류되기 때문에 유지될 수 있다.[83]

이런 관찰 사례들은 한 가지 역설로 이어질 수 있다. 독특함과 개성을 강조하고 이를 토대로 우정을 맺도록 비옥한 토양을 제공하는 사회야말로 사실은 우리의 공통된 인간성을 더 쉽게 알아볼 수 있는 사회일 수 있다는 것이다. 계몽주의 철학자들이 개인의 특별한 가치를 강조하는 동시에 보편적인 인간의 존엄성이라는 개념(물론 처음에는 모든 인간 계급에 적용되지 않았다)을 역설한 것은 결코 우연의 일치가 아니다. 실제로 비교문화 연구 결과들은 내집단 편애와 우리-그들 구별 중시 태도가 자율성을 강조하는 개인주의 사회(사회적 상호 의존성이 덜 두드러진 사회)보다 집단주의 사회(공산주의 사회 등)에서 더 강하다고 시사한다. 후자는 집단 구성원 자격의 중요성을 강조하고 개인을 집단에 복속시킨다.[84] 마찬가지로 개인이 택할 수 있는 정체성이 더 많고 정체성 간 교차가 더 많이 이루어질수록(예컨대 종교가 다른 사람들이 같은 정당에 소속될 수 있는 것 등) 사회는 외부인에게, 따라서 모든 사람에게 더 관용적일 수 있다.

서로 알고, 사랑하고, 좋아하며

인간은 흔히 이원성duality이라는 관점에서 자연 세계를 체계화한다 (이 성향 역시 타고난 것일 수 있다!). 인류학자 클로드 레비스트로스 Claude Lévi-Strauss는 이항 대립(남/녀, 선/악, 뜨거움/차가움, 보수성/진보성, 인간/동물, 몸/영혼, 본성/양육 등)이 인간이 자연 세계의 복잡성을 다루는 가장 단순하면서 가장 널리 퍼진 방식 중 하나라고 간파했다.[85] 당연히 이런 방식의 범주화 성향은 우리와 그들, 친구와 적을 구분함으로써 사회생활에도 똑같이 적용된다.

우정은 근본적인 범주에 속한다. 철학자 랠프 월도 에머슨은 이런 말로 핵심을 꿰뚫는다. "친구란 자연의 걸작이라고 할 만하다."[86] 그러나 과학자들은 우리 종의 삶에서 친구가 하는 역할을 무시하는 경향을 보여왔다. 친족관계와 결혼에 너무 지나치게 초점을 맞추는 바람에 사람들이 친족이 아닌 친구들과 맺는 훨씬 더 많은 관계는 모호한 상태로 방치되어왔다. 또한 어쨌거나 친구는 우리가 이루고 살아가는 사회 집단의 주요 구성원이다.[87]

우정과 내집단 편애는 정말로 보편적인 특성이다. 우정은 전 세계에서 비슷한 속성과 빈도를 보인다. 그 결과 사람들이 형성하는 사회 연결망들 역시 비슷하다. 우정은 명백히 유전 기원을 지니며 전 세계에서 일관된 발달 궤적을 그린다. 그리고 사람들은 어디에서나 더 좋아한다고 느끼는 집단을 형성한다. 설령 집단에 싫어하는 사람이 일부 있다고 한들 그렇다.

이런 인간의 보편성은 주로 우리 종이 공유하는 과거 진화의 산물로서 출현한다. 아주 오래전 힘과 환경이 인간의 마음을 특정한 방식으로 생각하고 행동하도록 빚어냈듯이, 똑같은 힘이 인간이 특정한 방식으로 상호작용하도록 성향을 부여해왔다. 물론 친구의 적절한 선택이나 적절한 내집단(그리고 구성원에게 요구되는 것)이 무엇을 의미하는지는 문화를 통해 끊임없이 다듬어진다.

앞서 살펴보았듯이 이 보편성의 기원을 이해하려면 집단 간 비교나 경쟁을 고려하는 진화의 개념 틀이 필요하다. 이것이 없다면 내집단 편애에 관한 논의는 동어반복이나 일종의 자기충족적 예언에 가까울 것이다. 내집단을 편애하면 사람들은 자기 집단의 구성원에게 친절하게 행동할 것이고, 이런 행동은 다시 내집단의 우월성을 확인시켜주고, 우정의 원천으로서 내집단을 선호하게 만들어줄 것이라는 식이다.

반면에 진화 관점을 취하면 우리는 보편적 정서의 근접 원인만이 아니라 궁극 원인까지 알아차릴 수 있다. 다른 집단의 구성원이 위협이 된다면 그들이 누구인지 알아볼 수 있어야 할 것이다. 그 결과 집단 구성원을 알아보는 인지 도구를 선호하는 쪽으로 진화가 일어날 것이고, 시간이 흐르면서 이는 본능적인 과정이 될 것이다. 그들보다 우리가 더 나은 친구 사이일 가능성이 있다면 우리를 그들과 구별하는 능력을 진화시키는 편이 우리에게 유리할 것이다.

집단으로 생활할 때는 홀로 지내거나 짝하고만 지낼 때와는 다른 도전 과제에 직면한다. 인류는 집단생활을 생존 전략으로 채택했다. 그리고 이 (사회) 환경에서 최대한 성공하기 위해 많은 적응 형질(신체 형질과 본능 행동을 포함해)을 취했으며, 단독생활에 적합한 적응 형질은 버렸다. 이 트레이드오프 결정 덕분에 우리 종은 지리적으로 대단히 넓은 영역으로 진출하고 지구를 지배하는 자리에까지 오를 수 있었다. 등에 물리 환경을 짊어지고 다니는 달팽이처럼, 우리는 어디로 가든 간에 친구와 집단이라는 사회 환경을 짊어지고 간다. 그리고 이 사회적 보호 껍데기로 감쌈으로써 우리는 놀라울 만치 다양한 상황에서 생존할 수 있다. 종으로서 우리는 우정, 협력, 사회 학습에 의지하는 방향으로 진화해왔다. 설령 이 매혹적인 특징들이 경쟁과 폭력의 불길 속에서 태어났다고 해도 그렇다.

7장에서 살펴보았듯이 영장류부터 코끼리까지 다른 사회적 동물들에게도 이런 형질들이 널리 퍼져 있다는 사실은 이런 형질들이 우리 종에게서 진정으로 보편성을 가짐을 입증한다. 동맹을 형성하고 알아보는 능력은 사회적 동물에게는 필수다. 그리고 개체를 친구나 적으로, 자기 집단의 일원이나 외부자로 분류하는 능력은 동맹을 위한 중요한 인지상 전제 조건이다. 이렇게 볼 때 인류의 편향과 편견은 이 다른 방면으로 유용한 능력의 진화한 형태다. 이런 깨달음은 자연적이면 무엇이든 반드시 도덕적이라고 간주하는 오류에 빠지지 말라고 우리에게 다시 한 번 상기시킨다. 외집단 증오는 자연적이면서 잘못된 것일 수 있다. 우리 종은 동맹을 빠르게 감지하고 유지하는 인지 체계를 진화시켰다. 그러나 이 체계는 탈취당하거나 전용되어 사악한 행동의 토대로 쓰일 수 있다.

우리가 대체로 닮지 않은 사람보다 닮은 사람과 어울리기를 좋아하는 것은 맞다. 우리는 친구를 좋아하고 적을 싫어한다. 또 우리 집단을 높이 평가하고 다른 집단을 깔본다. 그러나 더 넓게 보면 우리는 다정하고 친절하다. 그리고 자연선택이 이런 식으로 행동하도록 빚어낸 마음을 지니고 있다. "사회성 모둠"의 이 특징들은 서로 협력한다. 우리가 다른 이들과 협력하고 다른 이들을 가르치고 그들로부터 배울 무대를 마련한다.

우리는 단순히 소 떼처럼 미분화한 집단으로 살아가도록 진화하지 않았다. 우리는 연결망 속에서 알고, 사랑하고, 좋아하게 된 이들과 특별한 관계를 맺으며 살아가도록 진화했다.

3부

유전자, 문화, 진화

BLUEPRINT

THE EVOLUTIONARY ORIGINS
OF A GOOD SOCIETY

9장

사회인이 되는 길

개성, 협력, 학습

BLUEPRINT

THE EVOLUTIONARY ORIGINS
OF A GOOD SOCIETY

돼지가 인간에게 심장 판막을 기증하는 까닭

1960년까지 류머티스열이나 다른 어떤 원인으로 심장 판막에 이상이 생긴 환자는 아무런 치료를 받지 못했다. 그냥 앓다가 사망했다. 사람의 심장에는 판막이 4개 있는데 병에 걸리면 제대로 열리거나 닫히지 않을 수 있다. 어느 쪽이든 당시에는 외과 의사가 환자의 가슴을 절개해 판막이 닫혀 있다면 맹목적으로 손가락으로 쑤셔 틈새를 넓히는 것 말고는 할 수 있는 일이 없었다. 한마디로 TV가 잘 나오지 않을 때 탕탕 두드리는 것이나 효과 면에서 별 다를 바 없는 수술이었다.

따라서 1960년에 외과 의사 앨버트 스타Albert Starr와 항공우주공학자 로웰 에드워즈Lowell Edwards의 인공 심장 판막 발명은 엄청난 발전이었다. 그들의 첫 환자는 33세 여성이었는데 인공 판막 이식 수술을 받은 지 10시간이 지나기 전에 사망했다. 혈액에 공기 방울이 들어

간 것이 원인이었다. 그러나 다음 환자인 52세 트럭 배차원은 10년 넘게 살다가 집에서 페인트칠을 하러 사다리에 올라갔다 떨어지는 바람에 세상을 떠났다.[1] 몇 년 지나지 않아서 수천 명이 인공 심장 판막을 이식받아 더 나은 삶을 살거나 목숨을 구했으며, 인공 판막(다양하게 개선된)은 지금도 널리 쓰이고 있다.

그러나 스타-에드워즈 판막에는 한 가지 문제가 있었다. 외부 물체인 판막을 환자의 혈액에 집어넣자 겉에 피가 엉겨 붙었다. 이 혈전은 떨어져 나가 심장에서 동맥을 통해 뇌나 콩팥으로 옮겨가 뇌졸중이나 콩팥 기능 장애를 일으킬 수 있었다. 이런 일을 막는 데 도움이 되도록 이식 환자들은 여생 동안 항응고제를 투여해야 했다. 그러나 이 약은 심각한 내부 출혈을 일으킬 가능성이 높았다. 이런 출혈은 혈전이나 원래의 심장병만큼 치명적일 수 있었다.

그래서 1964년 알랭 카펜티에Alain Carpentier라는 젊은 프랑스 외과 의사는 더 자연적인 대안을 찾아보기로 결심했다. 사람 시신에서 얻을 수 있는 판막은 많지 않았기에 그는 다양한 동물의 해부 구조를 조사한 뒤 돼지의 심장 판막이 적당하다고 판단했다. 크기와 형태가 우리 종의 것과 비슷했기 때문이다. 그러나 동물 조직을 사람에게 이식하는 데는 다른 문제가 있었다. 외래 조직은 격렬한 면역 반응을 일으켰기 때문이다. 그래서 돼지 판막을 면역학적으로 불활성 상태로 만들어야 했다. 카펜티에는 처음에 수은으로 처리해 불활성화를 시도했지만, 마침내 글루타르알데하이드glutaraldehyde라는 화학 물질로 돼지 조직을 고정시키는 방법을 써서 성공을 거두였다(이 방법은 여전히 쓰이고 있다). 또 카펜티에는 이식할 돼지 판막을 끼우는 테플론Teflon으로 코팅한 금속 틀을 고안했다(금속이 혈액에 직접 닿지 않으므로 문제를 일으키지 않았다). 그는 이 복합 장치를 "생체인공삽입물bioprosthesis"이라고 했다.

카펜티에 연구진은 1965년 처음으로 사람의 대동맥판(대동맥과 좌심실 사이 판막)을 돼지 판막으로 교체하는 데 성공했다. 그리고 한 달 사이에 환자 4명을 더 수술했다.[2] 돼지 판막은 현재 해마다 수만 명의 환자에게 이식되고 있다. 사람과 기증자인 돼지의 심장 해부 구조가 너무나 비슷하기 때문이다.[3]

동물 세계와 인간 세계의 연속성

인간을 비롯해 동물은 대부분 좌우 대칭 체제다(몸 왼쪽과 오른쪽이 대칭을 이룬다). 너무나 기본적인 사실이라 우리는 이 점을 거의 생각조차 하지 않는다. 또 대다수 척추동물은 우리와 놀라울 만치 비슷한 심장, 허파 등의 기관을 지닌다. 때로 이런 유사성이 너무나 명백해 동물을 인간 대역으로 쓸 수 있다. 사람의 해부 구조를 배우기 위해 개구리를 해부하고, 생쥐를 대상으로 약물 검사를 하고, 당뇨병을 치료하기 위해 소의 인슐린을 쓰고, 망가진 심장 판막을 돼지의 판막으로 대체하는 사례들이 그렇다.

1985년 내가 의대생일 때는 개를 수술하면서 해부 구조, 마취법, 수술법을 배웠다. 30년이 흐르는 동안 개로 실습하는 관습은 의대에서 자취를 감추었다. 바람직한 일이다. 그러나 당시에 우리는 일 처리를 엉성하게 했다. 나는 과제인 비장 적출술을 한 뒤(제대로 못했다) 너무나 부끄럽게 쓰레기통에다 개 사체를 쿵 던져 넣은 일을 지금도 기억하고 있다.

사람과 동물은 해부 구조와 생리 기능만 유사한 것이 아니다. 오늘날 전 세계의 연구실에서는 우리 자신의 인지와 감정을 이해하기 위해 개를 이용해(인도적으로) 동물의 인지와 감정을 연구하고 있다. 인간과 동물이 다르다고 보는 엄격한 이분법 논리들은 무수한 동물이 인간과 비슷한 행동을 한다는 사실이 알려지면서 서서히 그러나 확실하게 무너져왔다. 개, 심지어 쥐조차 공감 능력이 있다. 까마귀, 악어, 말벌은 도구를 쓴다. 고릴라는 언어를 쓴다. 침팬지와 코끼리는 우정을 나눈다.

이런 능력들은 우리 자신의 능력과 정확히 똑같지는 않다. 하지만 우리가 더 온전히 동물계와 연속성을 띠고 있음을 알아차릴 때 우리는 놀라고 골치 아파진다. 이 연속성을 인식함으로써 우리가 먹는 동물의 근육을 생각과 감정을 지닌 뇌가 움직인다는 사실을 무시하기가 도덕적으로 점점 더 어려워지고 있다. 우리와 동물 세계 간 장벽이 무너짐에 따라 단지 차이가 나는 차원이 아니라 인간이 우월하고 지배해야 한다는 주장 역시 무너진다.

인간의 사회 행동이 동물과 닮았다는 개념은 새롭지 않다. 예컨대 인류 사회와 개미 사회의 유사성은 고대부터 주목받아왔다. 호메로스의《일리아드》에서 아킬레우스는 떼지어 달려드는 사나운 미르미돈Myrmidons 군대를 지휘했다. 미르미돈은 그리스어로 "개미"를 뜻한다. 개미 사회는 꾸준히 과학 연구와 대중 관심의 대상이 되어왔다. 1960년대에 생물학자 E. O. 윌슨이 획기적인 개미 연구를 한 이래로 특히 그랬다.[4]

그러나 사람은 곤충과 사실상 다른 방식으로 사회적이다.[5] 개미,

벌, 말벌, 흰개미 같은 사회성 곤충의 조직은 극단적인 분업이 이루어지고 군체 내 거의 모든 개체가 불임(가장 중요한 점이다)이라는 측면에서 우리와 다르다. 게다가 군체의 모든 구성원은 클론clone(복제 개체)이며, 따라서 유전적으로 동일하다.[6] 앞서 살펴보았듯이 SF 작가들은 심지어 곤충 사회를 우리 사회와 가장 꺼림칙하게 대조를 이루는 형태로 취급한다.

물론 인류의 사회 행동은 곤충보다는 초기 사람과 종들 및 영장류 사촌들과 공통점이 훨씬 더 많다. 그러나 앞에서 우리는 영장류 이외의 포유류(코끼리와 고래 등)에게서 친구를 사귀는 유사한 방식이 독자적으로 진화해왔음을 살펴보았다. 이토록 서로 거리가 먼 종들이 동일한 기본 방식으로 사회화하는 쪽으로 수렴 진화했다는 사실은 이런 형질들("사회성 모둠")의 패턴이 적응성과 일관성을 지님을 보여준다.

수렴 진화: 우리는 같은 사회 환경 속에서 진화한다

인간과 침팬지의 마지막 공통 조상은 약 600만 년 전에 살았고, 인간과 고래의 공통 조상은 약 7500만 년 전에 살았고, 인간과 코끼리의 공통 조상은 약 8500만 년 전에 살았다(우리가 코끼리보다 고래와 더 가까운 친척이라는 뜻이다).[7] 그러나 우리가 코끼리나 고래와 공유하는 포유류 공통 조상은 사회생활을 하지 않았다. 그러므로 이 모든 종은 사회생활에 필요한 과제들을 해결하고자 각자 독자적으로 비슷한 방법에 도달했다. 앞서 말했듯이 이 과정을 "수렴 진화"라고 한다.

수렴 진화는 서로 전혀 다른 종들이 비슷한 구조나 행동 전략을 개발하는 과정이다. 비행 능력(박쥐와 새) 같은 일반적인 능력에 적용될 수도 있고, 아르마딜로armadillo와 천산갑pangolin처럼 보호 비늘로 덮이고 몸을 공처럼 마는 성향 등 더 구체적인 해부학 형질이나 행동 형질에 적용될 수도 있다. 또 수렴 진화는 초파리와 인간이 비슷한 세포 내 단백질을 시각에 쓰는 것처럼 아주 세밀한 수준에서 일어날 수도 있다.

대개 수렴 진화라는 말은 비슷한 생태 지위를 차지하는 동식물이 비슷한 체제를 갖는 쪽으로 진화하는 것을 가리킨다. 개미핥기anteater와 땅돼지aardvark는 개미집 구멍과 흰개미 둔덕 안으로 집어넣는 유달리 긴 혀를 갖는 쪽으로 진화했다. 반향정위echolocation(반향 위치 측정)는 여러 차례 독자적으로 진화해 박쥐, 돌고래, 심지어 한 땃쥐shrew에게서조차 볼 수 있다.[8] 호주 유대류는 굴 파기, 풀 뜯기, 다른 동물 잡아먹기 등 우리에게 친숙한 생태 지위를 충족하기 위한 체형과 행동을 갖추는 쪽으로 진화했다. 예컨대 캥거루는 사슴, 태즈메이니아데빌Tasmanian devil(태즈메이니아주머니너구리)은 여우, 왈라비wallaby는 토끼, 웜뱃wombat은 다람쥐의 생태 지위를 대신 차지했다. 뉴질랜드를 상징하는 새인 키위kiwi는 털처럼 생긴 깃털, 무거운 뼈, 굴 파기 생활 방식 면에서 세계 다른 지역들에서는 설치류가 차지하는 생태적 역할을 맡고 있다.

아마 수렴 진화의 가장 유명한 사례는 카메라형 눈일 것이다(그림 [9-1]). 사람의 눈은 문어의 눈과 구조가 비슷하다. 7억 5000만 년 전에 살았던 양쪽의 마지막 공통 조상은 아마 피부에 빛의 유무만 검출할 수 있는 아주 단순한 조직만 지니고 있었을 것이다. 그렇게 서로 독자적으로 진화한 구조는 분명히 정확하게 똑같지 않다. 사람과 달리

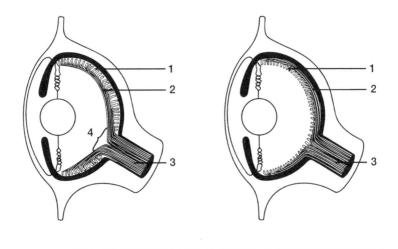

9 - 1 | 척추동물과 문어의 눈 해부 구조

척추동물의 눈(왼쪽)과 문어의 눈(오른쪽)은 서로 완전히 독자적으로 진화했지만
구조 면에서 여러 가지 공통점이 있다. 하지만 몇 가지 차이점도 있다. 망막의 층
들(1과 2)이 다른 식으로 배열되어 있어서 문어의 눈에는 시신경원반(왼쪽 그림의
4)이 없다. 3은 시신경을 가리킨다. 또 그림에는 나와 있지 않지만 문어의 눈에는
각막이 없다.

문어는 눈에 시신경원반optic disk(맹점, 암점)이 없다. 사람의 눈은 망막
에서 빛을 감지하는 세포들이 거꾸로 붙어 있는 반면, 문어의 눈은 정
방향으로 배열되도록 더 합리적인 방식으로 진화했기 때문이다. 또 문
어의 눈에는 각막이 없다. 어느 정도는 척추동물의 눈이 뇌의 일부가
부풀면서 발생하는 반면, 두족류의 눈은 피부에서 안으로 밀려 들어가
면서 발생하기 때문인 듯하다.

눈은 다양한 종들 사이에서 최소 50번 이상 독자적으로 진화했
다. 마치 빛을 보는 것이 필수 불가결한 일인 듯하다. 이런 기이한 수
렴 사례들을 대할 때 일부 과학자들은 "어깨 너머로 그들을 지켜보는

목적론teleology이라는 유령"을 언급한다. 목적론은 진화에 어떤 목적이 있거나 더 나아가 설계자가 있을지 모른다고 시사한다.[9] 과학적으로 말해 진화는 아무런 생각 없이, 그저 우연한 돌연변이와 환경의 변덕에 반응하면서 펼쳐진다. 그러나 수렴 진화는 동물이 왜 지능을 지니는지 같은 다른 심오한 존재론적 질문들을 이해하는 데 도움을 준다. 고생물학자 사이먼 콘웨이 모리스Simon Conway Morris는 생명이 일단 출현하면 환경에 대처하는 데 필요한 해결책으로 불가피하게 지능을 갖추게 될 것이라고 주장한다.[10] "커다란 뇌는 적어도 일부 환경에서는 적응상 유용할 것이며, 우연의 변덕으로 잠깐 솟아올랐다가 조만간 진화 도가니의 혼란 속으로 다시 가라앉지 않는다."[11] 지능은(아마 의식조차) 결국 출현할 수밖에 없다는 뜻이다.

수렴 진화의 증거가 널리 퍼져 있다는 사실은 지구 생명이 처음 출현한 시점으로 돌아가 모든 진화 과정을 다시 시작한다고 해도 같은 형질들을 많이 볼 수 있을 것이라는 의미다. 사실 모리스는 다른 별을 도는 지구와 비슷한 환경의 행성에 사는 생물들 역시 비슷한 형질을 가질 것이라고 주장한다. 외계 행성에는 팔다리, 카메라형 눈, 의사소통 능력, 지능, 사회 조직을 갖춘 우리에게 친숙한 생명체가 우글거릴지 모른다.

모든 과학자가 여기에 동의하지는 않는다. 진화심리학자 스티븐 제이 굴드Stephen Jay Gould는 진화 역사를 다시 시작할 수 있다면 완전히 다른 결과가 나올 것이라는 유명한 주장을 했다. 그는 역사적 우연성과 무작위 사건(약 6000만 년마다 운석이 지구를 강타하면서 일어나는 대량 멸종 같은 사건)이 대단히 중요한 역할을 한다고 강조했다.[12]

이런 견해 차이는 논의하는 수렴의 수준과 얼마간 관련이 있다.

수렴 진화로 절대적으로 동일한 구조가 생겨난다고 우리는 기대하지 말아야 하기 때문이다. 그러나 요점은 비슷한 도전 과제(사회생활 하기 등)에 직면한 동물 종들이 적절하게 비슷한 방식으로 진화하리라는 것이다. 이는 유인원, 코끼리, 고래의 사회생활이 그토록 비슷한 이유를 설명하는 데 도움을 준다.

물론 4장에서 조개껍데기 모양을 논의할 때 살펴보았듯이 진화의 실현 가능한 결과는 한정되어 있다. 진화의 궤적은 환경 자체에 제약된다. 여러 곳에 빛이 있다면 동물은 2곳 이상으로 시선을 향할 것이다. 어둠만이 있다면 그렇지 않을 것이다.

분명히 환경은 자연선택에서 중요한 역할을 한다. 어릴 때 살던 전형적인 그리스 어촌을 떠올릴 때면 나는 이 사실이 생각난다. 나이를 먹고 더 멀리 돌아다니면서 온갖 예기치 않은 지역에서 그리스 어촌처럼 보이는 곳을 발견하고 나는 의아해했다. 스코틀랜드 노바스코샤, 홍콩, 브라질, 캘리포니아에서 밝은 색깔로 칠한 집, 생활 공간 바로 옆에 놓인 배와 그물과 통발, 작은 항구 옆 선술집, 좁고 구불구불한 길 등 너무나 친숙한 풍경이 눈앞에 펼쳐졌다. 마치 모두가 그리스 어촌을 조성하고 싶어 한 듯했다. 그러다가 어촌들이 모두 동일한 기능을 수행하기 때문에 비슷한 구도로 수렴된다는 사실을 깨달았다. 비교적 쉽게 배를 물에 띄우고, 잡은 물고기를 안전하게 보관해 돌아오고, 짜고 습하고 바람이 많은 조건에서 물건들을 잘 보존하고, 바다 옆에서 살아가면서 겪는 위험에 대처하기 위해서다.

생물의 다른 측면들과 마찬가지로 사회 행동도 불가피하며 마찬가지로 수렴한다. 그런데 비슷한 사회생활 유형이 반복 진화하는 이런 유사성은 어떻게 생겨날까? 사회생활의 출현은 또 다른 사회생활이 출현할 무대를 마련한다. 어떤 종이 더 사회적이 될수록 이 종은 더욱더 사회적이 되리라는 의미다. 어떤 동물에게 사회적 상호작용이 자기네 환경의 중요한 특징이 될 때(대개 그렇다) 비사회생활에서 사회생활로 진화하는 전이는 연쇄 피드백 고리를 낳을 수 있다. 사회성 동물은 사회 환경("사회성 모둠"의 특징들을 갖춘 환경)을 조성하기 마련이며, 그러고 나면 자연선택은 이 구체적인 사회 환경에 잘 대처하는 데 최적화한 인지 형질을 비롯한 여러 다른 형질들을 선호하게 된다. 이 피드백 고리는 최적 해결책으로 빠르게 수렴하도록 이끌 수 있다. 달팽이에게 적응과 가장 관련 깊은 환경은 자기 껍데기며, 달팽이가 껍데기를 만들기에 그 안에 자기 미래의 씨앗이 있다고 말하는 것과 비슷하다. 달팽이는 껍데기를 만들고, 진화를 거치면서 껍데기는 달팽이를 빚어낸다.

다시 말해 일단 사회성을 지니는 경로로 들어서면 동물 종들은 비슷한 사회생활 체제로 수렴된다. 어떤 의미에서는 모든 사회성 동물이 정확히 똑같은 환경에 적응했다는 것, 이것이 수렴의 이유일 수 있다. 똑같은 환경이란 자기 종의 다른 구성원들이 존재한다는 사실을 말한다. 그러니까 동물은 자신을 닮은 개체들을 염두에 두면서 그들과 함께 살아가야 한다. 인간과 코끼리가 공통으로 지니는 환경은 우리가 대형 초식동물과 함께 사바나에서 살아간다는 것이 아니다. 그것은 바로 우리가 우리 종의 구성원들과 개인적으로 상호작용하면서 함께 살아간다는 사실이다. 게다가 우리는 어디에 가든 이 너무나 중요한 사회 환경을 가져간다.

따라서 사회 환경은 언제나 우리에게 영향을 미치면서 우리 종의 진화를 빚어낸다. 가장 중요한 선택압selection pressure이 사회 환경이라면 이 압력은 영장류, 코끼리, 고래 등의 포유류들에게 비슷하게 작용할 것이고, 비슷한 결과를 낳을 것이다.

7장과 8장에서 우리는 친구를 맺는 능력이 어떻게 여러 종과 여러 사회에 걸쳐 일관된 수학적 특성을 지닌 특정 유형의 사회 연결망 구조를 빚어내는지 살펴보았다. 이제 "사회성 모둠"의 다른 측면들인 개인 정체성, 협력, 계층 구조, 사회 학습이 어떻게 합쳐져 좋은 사회의 핵심을 이루는 청사진을 형성하는지 살펴보기로 하자.

개인 정체성: 왜 우리는 각자 얼굴이 다를까

우리는 자신을 남들과 구별하고 남들 각자를 식별할 수 있는 능력을 당연하게 여긴다. 하지만 개인 정체성을 지니고 다른 이들(특히 자신의 짝이나 자녀가 아닌 이들)의 정체성을 알아보는 능력은 동물계에서 흔치 않다. 동물들이 각자 독특한 모습, 더 나아가 독특한 개성을 지녀야 하는 이유는 무엇이며, 서로를 구분하는 능력을 갖추어야 하는 이유는 무엇일까?[13]

얼굴 인식은 인류의 사회적·성적 상호작용의 핵심 부분에 속한다.[14] 얼굴을 알아보지 못하는 얼굴인식불능증prosopagnosia(안면인식장애)이 있는 사람은 몹시 불리한 입장에 놓인다.[15] 술집에서 우연히 마주친 옛 남자친구에게 우리가 전에 만난 적 있는지 묻는다고 상상해보라. 어떤 이들은 이런 일을 으레 겪는다. 때로는 심지어 부모까지 잘 알아보지 못한다. 한 환자는 얼굴을 볼 때 꿈을 꾸는 것 같다고 묘사한다. "보는 순간에는 놀라울 만치 생생하지만 시선을 돌리면 몇 초 사이

---

9 - 2 | 사람과 펭귄의 독특한 외모와 개체 정체성

핀란드인처럼 유전적으로 동질적인 집단에서조차 인간은 얼굴이 놀라울 만치 다양하다. 왼쪽(A)은 핀란드 군인 남성 6명의 얼굴인데 각자 뚜렷이 구별된다. 반면에 오른쪽(B) 임금펭귄은 모습이 훨씬 더 균일하다. 임금펭귄은 시각 신호를 이용해 개체를 식별한다고 알려져 있지는 않지만 개체마다 매우 독특한 소리를 내서 서로를 구별한다.

에 사라진다."[16]

그러나 얼굴 인식은 여기서 다루는 문제의 한쪽 측면일 뿐이다. 다른 측면은 얼굴이 서로 분명히 다르다는 사실이다. 인체의 나머지 부위에 비해 얼굴은 유달리 다양하고 독특하다. 우리는 손이나 무릎 사진을 보고 친구를 알아보기는 어렵지만 얼굴 사진을 보면 아주 쉽게 알아본다(사진 [9-2]).[17]

개성을 드러내고 알아보는 능력은 이 능력이 유익할 때 진화한다. 동물이 서로를 알아볼 때 쓰는 특징은 크게 두 유형으로 나눌 수 있다. "단서cue"와 "신호signal"다. 정체성 단서는 각 개체를 구별할 수 있게 해주지만 그 자체로는 생존 이점을 제공하지 않는 표현형 형질이다.

사람의 지문은 저마다 독특해 개인을 식별하는 데 쓸 수 있지만 신호를 보내도록 진화하지 않아 대개 지문을 보고 서로를 식별하지는 않는다.[18] 따라서 눈 속 미세한 혈관들의 독특한 무늬처럼 지문은 그저 가능한 단서일 뿐이다.

반면에 정체성 신호는 동물의 생존을 돕는 동시에 개체 인지를 돕는 표현형 형질이다. 남이 착각해 자신을 공격하거나, 자신의 친절에 보답하지 않거나, 자신과 성관계를 가졌다는 사실을 잊거나, 자신이 자녀임을 알아보지 못하는 일을 원치 않는다면 내가 다른 사람이 아니라 바로 나임을 알릴 어떤 방법이 필요하다.[19] 그러려면 거기에 쓰이는 형질은 뚜렷하게 구별되고 기억할 수 있는 많은 변이를 지녀야 한다.

따라서 예상할 수 있겠지만 얼굴 형질은 우리 몸의 다른 부위보다 다양성이 더 높다. 그리고 얼굴의 모든 세부 사항이 우리 정체성을 알리는 데 유용할 수 있으므로 조합 가능한 형질들이 많을수록 더 유리하다. 모든 얼굴을 독특하게 만들기가 더 쉬워지기 때문이다. 개인들을 식별 가능한 독특한 존재로 만들 수 있으려면 두 눈 사이 거리와 귀 모양에서부터 이마 높이와 광대뼈 각도에 이르기까지 얼굴의 모든 측면은 최대한 다양하게 조합될 수 있어야 한다. 이는 이런 다양한 얼굴 특징들이 다른 사람과 서로 연관성이 없어야 한다는 의미다.[20]

얼굴의 두 형질, 두 눈 사이 거리와 코 너비를 예로 들어보자. 예컨대 만일 두 눈 사이 거리가 넓은 사람이 언제나 코도 넓적하다면 두 형질이 각각 전달하는 정보는 중복될 것이다. 이때 가능한 조합의 수는 넓은 눈과 넓은 코, 좁은 눈과 좁은 코 2가지뿐일 것이다. 독특한 얼굴의 가짓수를 늘린다는 차원에서 보면 이런 특징들 사이에 상관관계가

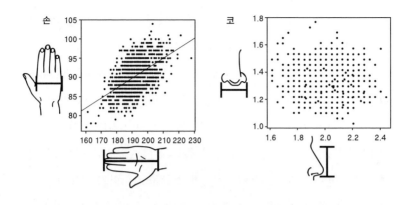

9 - 3 | 얼굴 특징들(코 등)과 얼굴 외 특징들(손 등)의 상관관계

미국 남성 서비스업 종사자들의 표본 집단에서 측정한 손과 코의 길이 및 폭을 비교한 그래프다. 손을 비롯한 신체 부위 대부분은 키가 클수록 더 크며, 당연히 손의 길이와 폭 사이에는 상관관계가 있다. 왼쪽 그래프의 직선은 이 상관관계가 유의미하며 양성임을 가리킨다. 즉 손은 넓을수록 더 길다. 반면에 오른쪽 그래프를 보면 코의 폭과 길이 사이에는 상관관계가 없다(따라서 직선을 그릴 수 없다).

없는 편이 더 나을 것이다. 이럴 때 4가지 조합이 가능해질 것이다. 넓은 눈과 넓은 코, 넓은 눈과 좁은 코, 좁은 눈과 넓은 코, 좁은 눈과 좁은 코다. 이 두 형질 외에 고려할 형질이 훨씬 많을 때 사람 얼굴의 세부 형질들은 조합되어 무수히 많은 외모를 빚어낼 수 있다(도표 [9-3] 참조).[21]

사람 얼굴의 다양성이 너무나 중요하기에 자연선택은 개인이 특별해 보이도록 돕는 희귀한 표현형을 선호할 것이 분명하다. 그 결과 실제로 얼굴 특징을 만드는 유전자들은 변이가 아주 크다. 반대로 췌장 효소 기능처럼 다양해져서는 안 되는 형질을 만드는 유전자는 변이가 더 적다. 즉 모든 췌장은 똑같이 일해야 하는 반면에 모든 얼굴은 달라 보여야 이상적이다.[22] 물론 생물의 개체성(얼굴, 성격, 또는 다른 어떤 속성이든 간에)은 유전자가 아닌 다른 이유에서 나올 수 있다.[23]

사람 얼굴은 또한 남성과 여성, 젊은 사람과 늙은 사람이 다르다. 이는 얼굴의 독특함이 여러 목적을 위해 진화했음을 시사한다. 예를 들어 어머니가 자기 자녀를 알아볼 수 있는 능력이 자녀가 아기일 때는 대단히 중요한 역할을 하지만 자녀가 나이를 먹은 뒤에는 그렇지 않다면, 사람은 발달 초기에는 독특한 얼굴을 지니다가 어른이 되면 모두 비슷비슷한 얼굴을 지닌 쪽으로 진화했을 수 있었다. 마찬가지로 우리는 짝 식별이 매우 중요한 시기인 번식 가능 연령기에만 얼굴이 식별되도록 진화했을 수 있었다.

그러나 우리는 그렇게 진화하지 않았다. 개인의 식별은 평생에 걸쳐 그리고 여러 맥락에서 중요하다. 얼굴의 변이, 얼굴 특징들 사이의 상관관계 부족, 얼굴 특징을 만드는 유전자들의 높은 다양성은 모두 얼굴이 정체성 신호로 쓰인다는 사실을 가리킨다. 이것이 생존 이점을 제공하기 때문이다.[24]

이는 또 한 가지 중요한 개념을 뒷받침한다. 우리가 상호작용하는 방식이 우리 유전자에 침투해 영향을 미친다는 개념이다. 얼굴의 독특함을 요구하고 이 독특함으로부터 혜택을 보는 우리의 사회적 상호작용은 얼굴 유전 암호를 지닌 유전체 영역의 다양성을 유지함으로써, 우리가 어떤 종류의 유전자 변이체를 지닐지에 영향을 미칠 수 있다. 인간의 사회적 상호작용은 긴 진화 역사에 걸쳐 우리의 마음만이 아니라 우리의 몸까지 빚어내왔다.

돌고래는 서로 이름을 부른다

어떤 종이 비친족 간 협력으로 혜택을 볼 수 있다면 개체 식별 능력은 더욱 유용하다. 누가 누구인지 확신할 수 없다면 누가 전에 내게 잘해 주었는지 어떻게 기억할 수 있고, 앞으로 협력할 상대가 누구인지를 어떻게 알 수 있겠는가? 음식을 나누어주지 않았거나 계산할 때 쏙 빠져나갔던 사람을 어떻게 피할 수 있겠는가? 자신과 유전자를 공유하는 친족하고만 상호작용을 한다면 이런 문제는 중요하지 않을 수 있다. 7장에서 살펴본 혈연 선택의 원리에 따라 호혜적이지 않은 상황에서조차 그냥 모든 친척에게 도움을 줄 수 있다. 그러나 비친족 간 협력을 촉진하려면 정체성 확인이 속임수를 줄이는 매우 가치 있는 방법이다.

사회적 복잡성이 증가할수록 종의 각 구성원을 알아보고 기억하는 능력은 점점 더 엄청난 이점이 된다. 친구와 동맹을 유지해야 하고, 적대 관계를 알아보아야 하고, 계층 구조를 유념해야 하기 때문이다.[25] 제인 구달은 곰베강국립공원에서 침팬지를 연구하던 초기부터 이런 인지 능력 사례를 계속 접했다. 침팬지들은 소리로 서로를 식별할 수 있었다.[26] 나중에 실험실에서 이루어진 후속 연구를 통해 유인원이 다양한 신호를 써서 개체를 식별한다는 것이 확인되었다.[27]

한 일련의 탁월한 실험에서는 침팬지 5마리와 붉은털원숭이 rhesus monkey 4마리에게 낯선 동료들의 얼굴 사진을 보여주면서 똑같은 사진끼리 맞추어보게 했다. 두 종 모두 이 과제를 해낼 수 있었다. 침팬지는 같은 사진들을 두 번째로 보여주는 실험에서는 82퍼센트의 정확도로 맞혔다. 또 한 차례 실험은 동물들이 다양한 시각적 방향과 구도에서도 자연에서 하듯이 자기 종의 구성원을 알아볼 수 있음을 보여주었다.[28] 다람쥐원숭이squirrel monkey를 조사한 연구에서는 원숭이 (또는 사람) 얼굴의 친숙함과 사회적 지위에 따라 뇌의 전기 활성 수준이 달라진다는 것이 드러났다.[29] 일부 영장류는 심지어 잘 모르는 개체들의 사진을 보고 누가 누구와 친족인지까지 어느 정도 정확히 맞힐 수 있었다. 우리가 어떤 이들을 처음 보고 두 사람이 형제임을 맞히는 것과 비슷할지 모른다.[30]

코끼리도 개체를 식별한다. 그들은 저주파 소리를 내어 수 킬로미터 떨어져 있는 곳에서 가족 집단과 무리 구성원 사이의 행동을 조율한다. 이런 소리 중에는 사람은 듣지 못하는 주파수 범위(12~35헤르츠)에 속하지만 아주 시끄러운 소리가 있다(116데시벨). 암수가 짝짓기 할 준비가 되었음을 알리는 소리가 그렇다. 또 코끼리는 초저주파 "접촉 소리contact call"를 써서 서로를 식별할 수 있다(이 소리는 때로 인간의 가청 범위까지 올라온다). 일부 나이 많은 암컷 족장matriarch은 100마리가 넘는 코끼리 중에서 예전에 상호작용했던 개체를 알아볼 수 있다.[31]

고래류가 어떻게 서로를 식별하는지는 덜 알려져 있다. 하지만 한 연구에 따르면 스코틀랜드 해역에 사는 큰돌고래 무리의 모든 개체는 각자 마치 이름처럼 고유 휘파람signature whistle을 갖춘다고 한다.[32] 그래서 자신을 부르는 휘파람 소리를 들으면 화답을 했다. 이 고유 휘파람은 항공기 조종사의 호출 부호call sign("관제탑, 여기는 델타 811기.")와 비슷한 기능을 한다. 이런 휘파람이 이름 같은 기능을 한다는 또 다른 증거는 각 돌고래의 의사소통 소리 목록 중 상당수가 고유 휘파람이라는 것이다. 우리가 짧은 이메일을 많이 주고받으면서 매번 자신의 이메일 주소를 꼭 집어넣는 것과 비슷하다. 또 돌고래는 자신의 사회적 짝 이름을 더 자주 반복해서 흉내 냈다. 마찬가지로 우리가 서로 대화할 때 친구의 이름을 계속 언급하는 것과 비슷하다.[33]

거울 검사: 동물은 거울 속 자신을 알아볼까

사회성 동물은 남의 정체성을 알아볼 수 있고, 자신의 정체성을 신호로 알릴 수 있다. 그런데 그들은 또한 자기 자신을 인식하고 자신의 정체성 감각을 지닐 수 있을까? 우리는 매일 아침 거울에서 보는 사람이 자기 자신이라고 당연시한다. 사람은 생후 약 18~24개월에 이 거울의 마법을 부릴 수 있다. 하지만 대다수 사회성 동물은 그러지 못한다.[34]

인간, 유인원, 코끼리, 돌고래에게는 이 "거울 자아 인식mirror self-recognition"(거울 자기 인지) 능력이 있음이 지금까지 일관되게 입증되어 왔다.[35] 동물이 자신의 거울상을 보고서 자신임을 알아보는 양상은 대체로 호기심과 자의식의 수준에 따라 몇 단계로 구분된다. 그런데 몇몇 종은 최종 표시 검사mark test까지 통과할 수 있다. 거울로만 볼 수 있는 신체 부위의 어떤 표시(페인트칠, 스티커 등)를 만지거나 살펴보는 행동이다. 이는 자신을 알아본다는 것을 가리킨다(대개 동물을 마취한 뒤 표시를 한다).

1970년 영장류학자 고든 갤럽 주니어Gordon Gallup Jr.는 침팬지가 거울에 비친 자신을 알아볼 수 있다면, 거울상에 대해 사회적 반응(소리 지르기, 위협하기, 몸 들썩거리기 등)을 덜할 것이고 자기 주도 반응self-directed response(자기 탐구 등)을 더 보일 것이라고 주장했다. 그리고 실

제로 갤럽은 거울 앞에서 하는 이런 자기 주도 행동을 관찰했다

거울 없이는 볼 수 없는 신체 부위의 털을 고르고, 거울을 들여다보면서 이빨 사이에 긴 먹이 찌꺼기를 제거하고, 거울에 항문-생식기 부위를 비추어 보면서 살피고, 거울에 이리저리 비추면서 콧속에 든 이물질을 빼내고, 거울을 보면서 표정을 지어보고, 침방울을 불고, 거울을 들여다 보면서 먹이를 입술로 오물거린다.[36]

후속 연구들은 침팬지에게 자아 인식 능력이 존재함을 확증했으며 오랑우탄, 보노보, 고릴라 같은 다른 대형 유인원들도 그렇다는 것을 알아냈다. 원숭이는 거의 대부분 이 거울 자아 인식 검사를 통과하지 못한다. 앞서 살펴보았듯이 일부 원숭이 종은 자기 종의 구성원을 개별적으로 알아볼 수 있음에도 그렇다.[37] 거울 자아 인식는 역설적이게도 생애 초기에 남들에게 사회적으로 노출되는지 여부에 달려 있는 듯하다. 실험실에서 태어나 격리된 채로 자란 침팬지는 대체로 자아 인식 징후를 보이지 않는다.[38] 실제로 어릴 때 남들을 접해야만 남들과 자신을 구별하고 자기를 인식하는 것인지 모른다.[39]

코코Koko라는 암컷 고릴라는 수화하는 법을 배워 쓰는 것으로 유명했다. 프랜신 패터슨Francine Patterson과 로널드 콘Ronald Cohn은 코코의 의사소통 능력을 활용해 자아 인식 능력을 조사했다. 그들은 코코의 위쪽 잇몸 오른쪽에 검은색 안료를 칠했다. 코코는 거울이 없을 때는 이 부위를 겨우 2번 만졌지만 거울을 보면서는 14번이나 만졌다. 더욱 시사하는 바가 많은 대목은 다음일 것이다. 패터슨이 코코의 거울상을 가리키면서 "저게 누구야?"라고 묻자 코코는 이렇게 대답했다.

"나 저기 코코 좋아 이빨 좋아."[40] 더욱 놀라운 점은 코코의 놀이 친구인 수컷 고릴라 마이클Michael이 거울 검사 때 이마에 찍힌 분홍 표시를 보고 자기 얼굴에 상처가 났다고 생각한다고 신호하면서 스트레스 증상을 보였다는 것이다. 마이클은 수화로 자기 어머니가 밀렵꾼에게 살해당하는 장면을 목격했다고 말했다. 진정한 자아 인식이었다.[41]

그러나 우리는 동물이 진정한 자의식 없이 그저 자신의 반영을 알아보는 것일 가능성을 무시할 수 없다. 예를 들어 운동 감각 일치 kinesthetic matching라는 현상을 통해서다. 아마 동물은 그저 거울을 보면서 자신이 몸을 움직일 때 자신의 거울상은 움직이는 반면, 거울에 보이는 다른 것들을 움직이지 않는다는 사실을 알아차리는 것일 수 있다.[42] 니코Nico라는 아주 단순한 인간형 로봇humanoid robot은 이 개념이 옳다는 증거를 제시한다. 니코는 거울에 비친 자신을 보면서 단순한 수학 프로그램을 써서 자신과 다른 것들의 차이를 구분하는 법을 배울 수 있다. 사회적 이해가 전혀 없이 그렇게 한다. 니코는 움직일 때 거울에서 자신의 반영만 움직이고 다른 것들은 움직이지 않는다는 것을 "학습"했다. 그러나 이 로봇은 표시 검사를 통과하지 못했다. 그리고 시각 자극을 운동 작용과 일치시키는 일이 그렇게 쉽다면 고양이와 개는 왜 거울 검사를 통하지 못할까?[43]

2006년 동물의 사회적 상호작용 이해의 개척자인 프란스 드 발 Frans de Waal은 동료인 조슈아 플로트닉Joshua Plotnik, 다이애나 리스 Diana Reiss와 함께 처음으로 코끼리의 거울 자아 인식 능력을 탐구했다. 뉴욕주 브롱크스동물원Bronx Zoo에 사는 세 코끼리 해피Happy, 맥신Maxine, 패티Patty가 대상이었다.[44] 연구진은 코끼리 우리 속에 거대한 거울을 설치했다. 처음에 거울을 가려놓았을 때 3마리는 거의 관심을 보이지 않았다. 덮개를 벗기자 그들은 갑자기 관심을 보였다. 패티는 가렸을 때는 거울 앞에서 보내는 시간이 겨우 3퍼센트에 불과했지만 이제는 거의 절반을 거울 앞에서 보냈다. 또 코끼리들은 코로 거울 위쪽과 아래쪽을 더듬는 등 거울의 표면과 뒤쪽을 살펴보았다. 심지어 이 거울 벽 위로 기어 올라가 뒤쪽을 살펴보려고 했다. 사육사들은 그 전까지 코끼리들이 우리의 벽 위나 아래를 살펴보려는 모습을 한 번도 본 적이 없었다. 그러니 거울은 분명히 뭔가 달랐다. 거울을 접한 지 4일이 지나자 코끼리들은 서서히 거울상이 다른 동물이 출현한 것이 아니라는 사실을 알아차리는 듯했다.

코끼리들은 상하좌우로 몸을 움직이면서 자신의 거울상이 같은 행동을 하는지 지켜보았고, 아이들이 그러듯이 거울 테두리 안으로 고개를 들이밀거나 밖으로 내밀면서 거울상과 까꿍 놀이를 했다. 또한 침팬지와 마찬가지로 거울을 이용해 원래는 볼 수 없었던 신체 부위를 살펴보았다. 맥신은 거울을 통해 자신의 입 안을 들여다보고 코로 귀를 천천히 앞으로 잡아당기면서 지켜보았다. 그렇지만 거울 검사를 통과한 것은 암컷 코끼리 해피뿐이었다. 해피는 거울상이 해피 자신임을 알아보았다.

1마리만 이 단계를 통과했다는 사실이 실망스러울지 모른다. 하지만 과학자들은 모든 동물에게서 이 행동이 필연성을 띠는지 연구하는 것이 아니다. 그들이 어떤 종의 외적 능력 한계가 어디까지인지 연구하고 있다는 점을 우리는 유념할 필요가 있다. 모든 사람이 아름다운 추상화를 그리거나 레이저물리학을 연구하거나 여러 언어를 구사할 수는 없지만 일부가 그런 일을 할 수 있다는 사실 자체가 중요하다는 개념과 비슷하다.[45]

2001년 브루클린의 뉴욕아쿠아리움New York Aquarium에서는 두 돌고래를 대상으로 자아 인식 실험이 이루어졌다. 돌고래는 자기 몸을 만지거나 가리킬 수 없다. 하지만 과학자들은 돌고래들이 거울 앞에서 몸을 비틀고 돌면서 표시를 한 부위를 살펴보는 행동을 반복하는 것을 관찰했다.[46] 후속 실험에서 돌고래들은 거울 앞에서 입을 벌리고, 공기 방울을 불고, 몸을 뒤집어 헤엄치는 등의 행동을 했다.

유인원, 코끼리, 돌고래 사이의 이런 강한 유사성 발견은 자아를 인식하는 인지 능력 쪽으로 수렴 진화가 일어난다는 설득력 있는 증거가 된다. 신경 해부 구조상 돌고래의 뇌는 사람의 뇌와 전혀 다르지만 이 능력을 진화시켰다.[47] 개인 정체성(개체 정체성)은 "사회성 모둠"의 본질적인 부분이다.

가까운 이의 죽음에 슬퍼하고 애도하는 동물들

정체성과 개체성을 이해할 수 있는 또 다른 방법은 슬픔의 표현을 통해서다. 인간 외 영장류와 코끼리는 가까운 개체의 죽음 앞에서는 슬퍼하지만 특별한 애착 관계가 없는 개체의 죽음에는 슬퍼하지 않는다.

나는 호스피스 의사로 일한 적 있고 25세 때 어머니를 잃었기에 슬픔에 익숙하다. 어머니는 19년 동안 호지킨림프종Hodgkin's lymphoma을 앓다가 47세에 돌아가셨다. 슬픔은 드물고 특별한 감정이다. 알아볼 수 있는 특정한 사람의 상실과 관련되어 있기 때문이다. 사람은 낯선 이에게 화를 낼 수는 있다. 그러나 낯선 이의 죽음에는 대개 슬픔을 느끼지 않는다. 많은 이들은 강렬하면서 아주 고통스럽고 오래 지속되는 슬픔을 흔히 가슴을 쥐어짜고, 어깨를 짓누르고, 얼굴이 쓰라릴 만큼 눈물이 철철 흐르는 신체 감각의 형태로 묘사한다.[48]

슬픔이 생리 면에서 해로우며 심지어 사망 위험까지 높이기 때문에 슬픔에 잠기지 않은 조상들이 슬픔에 잠기는 조상들보다 더 오래 살았다는 증거는 많다. 그렇다면 이 감수성은 어떻게 진화할 수 있었던 것일까?

어떤 사람들은 슬픔이 고통을 줄이기 위해 남들과 연계를 맺도록 동기를 부여한다는 이론을 제시한다. 이 설명은 슬픔이 사회성 종인 인간이 홀로 지내지 않게 막아주기 때문에 적응성을 띤다고 본다. 뜨거운 프라이팬을 만졌을 때 느끼는 통증이 회피 자극으로부터 손을 휙 움츠리게 만들기에 적응성을 띠는 것과 마찬가지다. 이보다 설득력이 좀 떨어지는 이론은, 사람들이 슬픔을 예상함으로써 사랑하는 이들을 살아 있게 하려고 더 열심히 노력하게 되며, 이것이 이점을 제공한다고 본다. 또 슬픔이 슬퍼하는 이들이 보내는 신호라고, 도와달라는 일종의 애원이라고 보는 이론이 있다.

나는 슬픔을 살아 있는 친족과 떨어졌을 때 상심하도록 진화한 심리 체계의 부산물이라고 보는 개념이 가장 설득력 있다고 생각한다. 함께 지내는 편이 적응성을 띠었을 것이기 때문이다. 이 견해에 따르면 슬픔은 사회적 응집력과 관련이 있으며, 우리가 사회적 친밀감을 얻기 위해 치르는 대가다.

죽음에 대한 개인적인 반응이 강력하고 오래 지속되는 경험이었음을 확인해주는 고고학 증거들이 있다. 6000여 년 전으로 거슬러 올라가는 이집트의 유명한 장례 절차가 그런 사례다.[49] 또 고고학자들이 M9라고 부르는 남성은 4000년 전 지금의 베트남 지역에서 30세에 사망했는데, 마비를 일으키는 클리펠파일증후군Klippel-Feil syndrome이라는 선천성 질환을 앓고 있었다. 수천 년 뒤 그의 유골을 발굴한 고고학자들은 그가 "헌신적인 보호자(들)가 장기간 돌보지 않았다면 살아갈 수 없었을 만치 심각한" 장애를 안고 있었다고 추정했다.[50] 그의 팔다리는 위축되었고, 턱은 제대로 움직이지 않았다. 그는 스스로 음식과 물을 구할 수 없었으며, 그의 부족에는 일에 이용하는 동물이 없었으므로 남들이 그를 업고 다녔을 것이 확실하다. 그의 유골에는 학대나 무시의 흔적이 전혀 없었다. 또 뼈에 장기간 눌려서 생긴 자국이나 감염의 흔적이 전혀 없었다. 남들이 그를 계속 씻겨주었음을 시사한다. 이런 사람은 공동체의 도움 없이는 살아남을 수 없었을 것이다. 남들이 식량을 구하러 나갔을 때 보호할 사람, 돌보던 사람들이 지쳤을 때 대신 돌봐줄 사람 등이 없었다면 말이다. 나는 그가 사랑받았다고 결론지어야 한다고 믿는다. 그리고 사망했을 때 집단에서 귀한 사람으로 애도를 받았고 정성껏 매장되었을 가능성이 높아 보인다.

먼 과거에 장애인이 지속적인 도움을 받았음을 보여주는 사례들은 더 있다. 이라크에서는 4만 7000년 전에 살았던 오른팔이 잘리고 몸에 부상의 흔적이 가득한 40세의 네안데르탈인 유골이 발견되었다.[51] 고고학자들이 로미토2Romito 2라고 이름 붙인 지금의 이탈리아 지역에서 1만 1000년 전 사망한 17세 소년은 심한 왜소증을 앓고 있었다.[52] 지금의 플로리다주에서 7500년 전 사망한 15세 소년은 척추갈림증spina bifida이라는 신경 질환으로 몸이 마비되어 있었다(지금은 임신부가 아침 식사 때 엽산을 섭취하는 것만으로 자녀가 이 질환에 걸리지 않게 충분히 예방할 수 있다).[53] 이들이 살아가려면 애정 어린 보살핌이 필요했을 것이고, 아마 이런 애정은 사망한 뒤까지 흔적을 남겼을 것이다.

그리고 이들 중 상당수는 특별한 방식으로 묻혔다. 즉 주변 사람들이 특별한 애착을 품고 있었음을 시사한다. 물론 그렇지 않은 사례들 또한 많다는 점을 언급하지 않을 수 없다. 특별한 감정을 지녔다는 흔적이 전혀 없이 아기와 아이의 시신, 특히 여자아이의 시신을 내버린 고대 매장지는 무수히 많다.

슬픔은 다른 사회성 종들에게서도 찾아볼 수 있다. 가장 유명한 묘사 중 하나는 제인 구달의 책에 실려 있다.

플린트Flint[새끼 침팬지]는 … 발을 멈추더니 가만히 서서 빈 둥지를 내려보았다. … 플로Flo[어미 침팬지]가 죽기 전까지 짧은 기간이지만 함께 지낸 곳이었다. … 그는 잠시 형 피건Figan과 함께 돌아다녔고, 형이 곁에 있을 때는 울적한 마음이 조금 가신 듯했다. 그러다가 갑자기 무리를 떠나 플로가 죽은 곳으로 마구 달려 돌아오더니 더 깊은 슬픔에 잠겼다. 피피Fifi가 찾아왔을 때 플린트는 이미 시름시름 앓고 있었다. 그녀는 그의 털을 골라주면서 함께 가자고 기다렸다. 하지만 그는 따라갈 기력과 의지를 잃은 상태였다. 플린트는 점점 쇠약해졌다. 먹이를 거의 다 거부했고, 그 결과 면역계가 더욱 약해지면서 병에 걸렸다. 내가 마지막으로 보았을 때 플린트는 퀭한 눈에 여위고 극도로 침울한 모습으로 플로가 죽은 곳 가까이 초목 속에 웅크리고 있었다. … 몇 걸음 걷다가 쉬곤 하면서 플로의 시신이 누워 있던 바로 옆까지 마지막으로 힘겨운 여행을 한 뒤였다. 그는 몇 시간 동안 그 자리에 있었다. … 그는 조금 더 다가가려고 애쓰다가 몸을 웅크렸다. 그리고 두 번 다시 움직이지 않았다.[54]

플린트는 어미가 죽은 지 사흘 뒤에 죽었다.

물론 영장류에게서 상실에 따른 깊은 감정과 신체 반응을 관찰하고 기록한 사람이 구달만은 아니었다.[55] 한 연구진은 보츠와나에서 8마리 남짓인 개코원숭이 무리의 대변을 채취해 조사했다. 그 결과 죽은 한 개체와 친족관계가 가장 가까운 암컷들이 글루코코르티코이드glucocorticoid 농도(개코원숭이와 사람의 스트레스 수준을 알려주는 척도 중하나)가 더 높게 나왔다.[56] 더욱 흥미롭게도 이 암컷들은 털 골라주기의 빈도와 털 골라주는 상대 수가 증가할수록 스트레스가 줄어드는 듯했다. 이처럼 상실과 회복 양상은 개코원숭이나 사람이나 비슷해 보인다. 나는 여러 문화에서 여성이 사별의 슬픔을 겪을 때 머리 손질 의식(짧게 자르거나 뽑는 등)을 한다는 생각이 떠오른다. 슬픔에 잠긴 개코원숭이 암컷 중에서 털 골라주기 연결망을 더 넓힌 개체들은 그렇지 않은개체들보다 글루코코르티코이드 농도가 상당히 더 줄어들었다.

고래, 영장류, 코끼리 역시 사람처럼 사랑하던 이의 시신을 단지무생물로서가 아니라 조심스럽게 다루는 듯하다. 한 범고래 어미는 무리의 도움을 받아 죽은 새끼를 사흘 동안 수면에 띄우고 있었다. 한 전문가는 이렇게 묘사했다. "그들은 새끼가 죽었다는 것을 안다. 나는 어미가 슬퍼서 하는 행동이거나 일종의 장례식이 아닐까 생각한다. … 어미는 새끼를 보내고 싶지 않은 것이다."[57] 영장류학자들은 침팬지, 고릴라, 들창코원숭이snub-nosed monkey 암컷이 부패하기 시작한 지 한참 뒤까지 새끼(자기 새끼든 아니든)의 사체를 안고 다니는 광경을 흔히목격한다.[58] 또 마치 장례 의식을 치르듯이 침팬지가 도구를 사용해 사체의 이를 닦아주는 모습을 찍은 영상이 있다.[59] 유대교의 시팅 시바sitting shivah(배우자나 가까운 친척의 죽음을 일주일간 애도하는 의식─옮긴이) 풍습이나 매장할 시신을 씻기는 무슬림의 장례 의식(다른 많은 종교에서 볼 수 있다) 등 인간의 추도 의식과 놀라울 만치 비슷하다.

동물학자 신시아 모스Cynthia Moss는 코끼리가 죽음에 어떤 반응을 보이는지 조사했다. 그녀는 죽은 암컷 족장 에밀리Emily의 뼈를 찾은 코끼리 무리의 행동을 생생하게 묘사했다.

그들은 더 가까이 다가가서 코끝으로 아주 부드럽게 유골을 건드리기 시작했다. 처음에는 가볍게 톡톡 두드리면서 냄새를 맡고 촉감을 느끼더니 더 커다란 뼈를 부드럽게 쓸고 어루만졌다. 에밀리의 딸과 손녀인 유도라Eudora와 엘스페스Elspeth는 비집고 들어와 뼈들을 살피기 시작했다. … 이제 코끼리들은 모두 침묵에 잠겨 있었고, 그들 사이에 눈에 띄게 긴장감이 감돌았다. 유도라는 에밀리의 매끄러운 머리뼈를 쓰다듬으면서 구멍에 코를 집어넣곤 하면서 온통 거기에만 몰두하고 있었다.[60]

동물행동학자 조이스 풀은 회고록《코끼리와 함께 성장하다 Coming of Age with Elephants》에서 한 코끼리 어미가 갓 낳은 죽은 새끼를 비슷하게 지키고 있는 모습을 묘사한다. "그녀는 온통 슬픔에 잠겨 있었다."[61] 풀은 말한다. "코끼리가 의식적 사고와 자의식을 지니고 있다는 점에는 의문의 여지가 없다."[62] 그러면서 코끼리가 슬픔을 겪는다는 사실을 말해주는 또 다른 사례를 든다.

가족은 [제제벨Jezebel의] 유해에 다가가다가 갑자기 걸음을 멈추고는 침묵에 잠겼다. … 그런 뒤 1시간가량 머리뼈, 턱뼈, 다리뼈를 계속 뒤집었다. 그들은 상호작용하지도 소리를 내지도 않은 채 일종의 무아지경에 빠져서 오로지 죽은 코끼리에게만 몰입해 있는 듯했다. 제제벨의 딸인 졸렌Jolene이 가장 몰입해 있는 듯했다. … 어떤 생각, 의식적 사고, 아마 기억을 지니고 있지 않다면 코끼리가 자기 친족의 뼈를 놓고 1시간 동안 침묵에 잠긴 채 서 있을 이유가 어디 있겠는가?[63]

침팬지인 플린트와 플로의 사례처럼 코끼리 중에는 상심 끝에 죽은 사례들이 알려져 있다. 우리에서 살던 한 암컷 족장은 부족원이 출산하다가 죽자 먹기를 거부했고 결국 굶어 죽었다.[64]

코끼리는 사람처럼 일종의 집단 애도 풍습을 지니고 있을지 모른다. 대규모 코끼리 집단들은 비정상적인 놀람 반응, 우울증, 극도의 공격성 등 슬픔과 관련된 증상을 드러냈다.[65] 이런 집단 수준의 정신병리학 증상들은 아프리카 전역에서 만연한 밀렵과 서식지 파괴로 코끼리들이 몰살당하는 일과 관련이 있었던 듯하다. 1900~2005년 사이에 코끼리 수는 1000만 마리에서 겨우 50만 마리로 급감했다.

인간 집단도 전쟁, 노예화, 기근으로 대규모 죽음을 겪고 나면 이후 세대들은 만성 집단 중압감을 느끼며 살아간다. 정신 건강 전문가들은 이런 증상을 "역사적 트라우마historical trauma" 또는 "세대 간 트라우마intergenerational trauma"라고 부른다. 이런 면에서 보자면 코끼리 사회에서 상실과 그에 따른 슬픔의 순수한 크기와 강도는 폭력으로 황폐해진 지역의 생존자들 중 외상후스트레스장애PTSD를 겪는 사람들이 유달리 많은 것과 그리 다르지 않다.[66]

동물은 실제로 협력할 줄 알까

유인원의 사회 행동을 관찰한 거의 모든 기록에는 협력의 증거가 풍부하다. 이 방면으로 가장 큰 영향을 끼친 실험 중 하나는 영장류학자 메러디스 풀런 크로퍼드Meredith Pullen Crawford가 1937년에 한 고전적인 연구다. 그녀는 한 우리에 침팬지 2마리를 넣고서 좀 떨어진 곳에 먹이가 가득한 상자를 두었다.[67] 각 침팬지는 상자에 연결된 밧줄에 접근할 수 있었다. 그러나 상자는 한 침팬지가 끌기에는 너무 무거워 둘이 힘을 합쳐 당겨야만 움직일 수 있었다. 먹이를 먹을 수 있으려면 침팬지들은 동시에 밧줄을 잡아당겨야 했다. 그들은 누가 알려주지 않은 상태에서 스스로 이 일을 해냈다.

크로퍼드 실험 모형(협력해야 각자가 원하는 결과를 얻는 상황을 조성한 모형)은 여러 연구에 반복해 쓰였다. 한 실험에서는 우리를 그물망으로 둘로 분리한 뒤 양쪽에 꼬리감는원숭이를 1마리씩 넣었다. 두 원숭이 앞에는 먹이가 든 컵과 막대가 놓여 있었다. 막대를 잡아당기면 두 컵이 가까이 당겨왔다.[68] 여기서도 장치의 무게를 조절해 두 원숭이가 동시에 막대를 잡아당겨야만 컵이 당겨지도록 했다. 그러자 두 꼬리감는원숭이는 높은 수준의 협력을 보여주었다. 이 협력이 그저 우연히 이루어진 것이 아님을 확인하기 위해 연구진은 불투명한 칸막이를 설치했다. 그러자 양쪽 원숭이가 서로를 볼 수 있을 때 협력을 훨씬 더 잘한다는 것이 드러났다. 이는 각 원숭이가 이 과제에서 상대가 어떤 역할을 하는지 이해하고 시각적 의사소통을 통해 협력을 유지했음을 시사한다.

프란스 드 발 연구진은 크로퍼드의 고전적인 실험 모형을 코끼리

9-4 | 코끼리의 협력 능력 검사 실험

코끼리의 협력 능력을 평가하는 실험 기구를 세 각도에서 보여주는 그림이다. 1은 지상에서 본 모습으로 널빤지에 붙인 먹이 그릇이 보인다. 2는 조감도다. 두 코끼리가 널빤지 10미터 앞쪽에서부터 분리된 통로(1과 2에서 점선으로 표시했다)를 따라 걸어와 밧줄을 잡아당긴다. 3은 옆에서 본 모습이다. 널빤지는 아래쪽에 밧줄을 잡아당기면 미끄러지면서 움직이는 장치가 붙어 있다. 두 코끼리가 밧줄의 양쪽 끝을 동시에 잡아당겨야 널빤지가 그들을 향해 당겨져 먹이를 먹을 수 있도록 고안했다. 한쪽 밧줄만 잡아당기면 이 밧줄은 도르래에서 풀려나갔다.

한 쌍에게 적용했다. 각 코끼리는 서로 분리된 두 통로를 따라 널빤지 앞으로 가서 함께 밧줄을 잡아당겨야 그릇에 담긴 먹이를 먹을 수 있었다(그림 [9-4]).[69] 코끼리들은 어떻게 하면 성공할지 금방 터득했다. 둘 다 동시에 밧줄을 잡아당겨야 한다는 것이다.

하지만 코끼리가 협력이 필요함을 실제로 이해했는지 어떻게 하면 확인할 수 있을까? 코끼리들이 그저 "밧줄을 본다, 밧줄을 잡아당긴다, 먹이를 얻는다"라고만 알아차렸을 뿐, 공동 노력이 필요함을 전혀 인지하지 못한 채 나란히 그런 식으로 행동한 것일 수 있지 않을까? 두 번째 실험에서는 두 코끼리가 통로에 들어가는 시간을 달리했다. 코끼리가 그저 밧줄을 잡아당겨야 한다는 것만 알아냈을 뿐이고, 다른 코끼리가 있어야 하며 동시에 잡아당겨야 한다는 것은 몰랐다면, 먼저 온 코끼리는 오자마자 밧줄을 잡아당기기 시작했을 것이다. 그러나 연구진은 먼저 온 코끼리가 동료가 오기를 기다렸다가 협력이 가능해졌을 때야 비로소 밧줄을 잡아당기는 광경을 목격했다.

그런데 코끼리가 상대의 협력이 성공에 어떤 역할을 하는지는 이해하지 못한 채, 그저 옆에 다른 코끼리가 와서 섰을 때만 밧줄을 잡아당기라고 배웠다면? 연구진은 이 의문을 풀기 위해 세 번째 실험을 준비했다. 이번에는 한 코끼리만 밧줄을 당길 수 있도록 했다. 다른 코끼리의 밧줄은 둘둘 말아 닿지 않는 곳에 두었다. 둘 다 볼 수 있는 곳이었다. 이제 먹이를 얻기는 불가능했다. 먹이를 얻기 위해서는 양쪽의 협력이 반드시 필요하다는 사실을 이해했다면 두 코끼리는 굳이 밧줄을 잡아당기는 헛수고를 하지 않을 터였다. 실제로 한쪽이 밧줄을 잡을 수 없는 상황이 되자 다른 코끼리 역시 밧줄을 잡지 않았다.

일부 코끼리는 심지어 먹이를 얻기 위해 나름의 새로운 전략을 개발하기까지 했다. 한 젊은 암컷은 자기 쪽에 놓인 밧줄을 잡아당기지 않고 그냥 발로 꽉 누르고 있음으로써 97퍼센트의 성공률로 먹이를 먹었다. 밟고 있으면 밧줄이 도르래에서 풀려나가는 것을 막았지만 잡아당기는 일은 다른 코끼리가 다 떠맡게 되었다! 인간 협력 연구에서는 이런 착취 전략을 "배신defection"이라고 부른다. 협력 상대를 이용해먹기 때문이다.

코끼리들이 다양한 전략을 채택했다는 사실은 그들이 실제로 과제의 특성을 이해했으며 단순히 암기 학습을 한 것이 아님을 시사한다. 코끼리들은 또 다른 면에서 초협력super-cooperative 능력을 보여주었다. 그들은 먹이가 불균등하게 배분되어도(한쪽 그릇에 먹이가 더 많이 들어 있어도) 개의치 않았다. 이런 상황에서조차 그들은 계속 협력했다. 이런 상황에서 몹시 분개할 영장류(우리를 포함한)를 좀 부끄럽게 만드는 행동이다.

인간은 왜 이기적 배신자가 아닌 다정한 협력자로 진화했나

우리 종은 처음에는 협력해 다양한 일을 하는 소규모 무리가 서로 느슨하게 연결된 수백 명 규모의 집단이었다. 그런데 지금은 수십억 명이 상호 연결망을 형성하고 있다. 수렵채집 사회에서 민족 국가에 이르기까지 협력은 인류 생활의 핵심 조직 원리다. 오늘날 우리는 투표로 정부를 구성하고, 세금을 내고, 가난한 이들을 돌보고, 대규모 종교 행사에 참석한다. 이 모든 일이 가능한 것은 우리가 전혀 낯선 이들과 협력하려는 의지를 지니고 있기 때문이다.

협력과 이타주의는 오랫동안 과학자들을 당혹스럽게 해왔다. 자연선택이 대체로 이기적인 행동을 선호한다는 점을 고려할 때, 인류가 어떻게 협력하도록 진화했는지 단순하게 설명할 방법이 전혀 없기 때문이다.[70] 한 집단의 모든 구성원은 모두가 기여한다면 더 나을지 모르지만, 각자는 개인적으로 보면 기여하지 않는 편이 더 나을 수 있다. 그 결과 모두가 남들의 노력에 무임승차하려는 동기를 지니기 때문에 집단은 실패한다고 우리는 예상할 수 있다. 그러나 먼 옛날부터 오늘날까지 인류 사회는 다른 동물 세계에서는 찾아볼 수 없는 수준의 협력에 의존해왔다.

협력은 "집단(심지어 2명으로 이루어진 집단까지)의 모든 구성원이 혜택을 보는 결과에 남들이 기여하는지 여부와 관계없이 기여하는 것"이라고 공식 정의된다. 기여하는 이들(협력자)은 그렇게 함으로써 비용을 지불하며(대가를 치르며), 기여하지 않는 이들(배신자나 무임승차자)은 위에서 말한 야비한 코끼리처럼 아무런 비용을 지불하지 않는다(아무런 대가를 치르지 않는다). 배신자는 협력자보다 더 이익을 얻으므로 이 이득이 생존과 번식을 높인다면 진화적으로 유리하다. 그러니 인간뿐 아니라 다른 종들 또한 협력 행동을 이토록 많이 보인다는 것은 의아하다.

협력에 관한 결정은 우리 조상들의 생존과 번식에 지대한 효과를 미쳤을 것이 틀림없다. "식량을 구하러 가는 위험한 사냥대에 참가해야 할까?" "내가 구해 온 식량을 나누어서 내가 덜 가져야 할까?" "거주지가 공격받을 때 내 목숨을 걸고 지켜야 할까?" 이런 질문들에 대한 답은 수십만 년에 걸친 진화와 관련이 있다. 이 논리가 현대 사회, 다시 말해 인간의 번식 능력이 더 이상 물질적 이익과 밀접한 관련이 없는 사회에 어떻게 적용되는지 의아할 수 있다. 그러나 종으로서 우리 역사를 보면 겨우 2세기 전까지 거의 모든 기간에 걸쳐 모든 인류가 늘 죽음의 위기를 겪으면서 살아왔다는 사실을 기억하는 것이 중요하다. 진화적으로 말해 이 역사의 흔적은 지금까지 우리에게 새겨져 있다. 따라서 우리는 이렇게 물어야 한다. "이기적인 배신자가 집단을 장악하고 협력자를 내쫓지 못한 이유는 과연 무엇이었을까?" "왜 오늘날 우리 모두는 이기적이지 않은 것일까?"

한 이론은 가족과 관련짓는다. 자녀를 구하러 얼어붙을 듯한 강으로 뛰어드는 어머니는 분명히 아이에게 혜택을 주기 위해 개인적인 비용(대가)을 치를 것이다(아마 자신의 생명까지 희생할 것이다). 그리고 이런 어머니의 영웅적인 죽음이 있을 때마다 이 행동과 이 행동에 기여하는 유전자는 점점 더 수가 줄어들었을 것이다. 그렇지만 비록 어머니가 죽더라도 그 유전자는 자녀에게서 살아남는다. 7장에서 살펴보았듯이 이 과정을 "혈연 선택"이라고 한다.

그러나 우리의 상호작용 중 대다수는 친족이 아니라 친족관계가 없는 개인 사이에 이루어진다. 경제학자들이 선호하는 질문 하나는 이것이다. "먼 오지의 트럭 휴게소에 홀로 들르는 트럭 운전사는 두 번 다시 볼 가능성이 적은 점원에게 왜 팁을 주는가?" 그런데 트럭 운전사는 거의 언제나 그렇게 한다.[71] 익명성이 판치는 현대 도시의 낯선 이들은 대체로 서로 친절하고 협력하며, 심지어 자연재해 같은 위기 상황에서는 놀라운 수준까지 단결한다. 때때로 이런 충동은 극적인 모습을 띤다. 2001년 9.11 테러가 일어나자 미국 전역의 소방관들이 뉴욕으로 달려오고, 2005년 허리케인 카트리나가 덮쳤을 때는 수많은 평범한 시민들이 낯선 이들을 돕기 위해 루이지애나주와 텍사스주로 차를 몰고 달려간 사례가 그렇다.[72]

따라서 인간의 협력 성향을 혈연 선택의 결과로 설명 가능한 유일한 방법은 아주 오래전 우리 종이 주로 소규모 가족 집단을 이루어 살던 시기에 협력 행동이 진화했으며, 우리 유전자가 이런 협력의 흔적을 아직 지니고 있다고 가정하는 것이다. 그러나 이 설명은 연구자들이 우리 종의 조상들에 가까운 생활방식을 지닌다고 믿는 하드자족 같은 수렵채집인의 사회 연결망을 설명하지 못한다. 앞서 살펴보았듯이 그들의 삶에는 유전적으로 무관한 이들 간의 상호작용과 우정이 넘쳐난다. 가족은 중요하지만 하드자족이 하루에 가족과 보내는 시간은 얼마 안 된다.[73] 그러므로 혈연 선택을 넘어서는 다른 작동 원리가 필요하다.

협력의 진화를 설명하는 꽤 많은 증거를 갖춘 또 다른 이론은 "직접 호혜성direct reciprocity"이다. 이 이론은 시간이 흐르면서 되풀이되는 상호작용을 토대로 삼는다. 기본 개념은 내일 협력을 받으리라는 기대가 오늘 협력하도록 동기를 부여할 수 있다는 것이다. 누군가를 알게 되어 서로 협력 관계를 구축했을 때 둘 다 이득을 본다고 해보자. 이는 상대가 친족이든 아니든 상관없이 이 관계가 계속 유익할 것이라는 신뢰와 기대를 강화한다. 사실 최선의 전략은 누군가와 일단 협력을 시작한 뒤 상대가 하는 행동을 따라 하는 것이다.[74] 상대가 협력하면 다음번에 협력해 상대에게 보상한다. 상대가 배신하면 다음번에 배신해 상대를 벌한다. 이 텃포탯 전략은 널리 퍼져 있으며 효과적이다. 게다가 다음번 협력이 이루어지는 시점은 아주 다양하며, 교환되는 것도 지극히 다양해질 수 있다.

그러나 직접 호혜성은 대규모 인간 협력 이론으로는 문제가 있다. 우리가 누군가와 단 한 번만 상호작용할 때가 종종 있기 때문이다(현대 사회에서는 더욱 그렇다). 직접 호혜성은 트럭 운전사가 팁을 주는 이유, 사람들이 길에서 낯선 이를 위해 비켜주는 이유, 노숙자에게 친절을 베풀고 흡족함("훈훈함")을 느끼는 이유를 설명하지 못한다. 이런 예의 바른 행동은 자신이 반복해 상호작용하는 사람들에게 잘 대하려는 본능, 모두가 서로 되풀이해 상호작용하고 앞으로도 계속 그렇게 하리라 기대되던 시대에 인류에게서 진화한 본능이 흘러넘친 것에 불과할 수 있다.

그런데 사람들이 집단을 이루어 살아가는 토대가 되는 이런 유형의 협력을 설명하는 또 다른 이론이 있다. 바로 "간접 호혜성indirect reciprocity"이다. 이 이론은 집단의 누군가가 상호작용을 지켜보았다가 다른 구성원들에게 알린다고 가정한다. 다시 말해 사람들은 수군거린다. 집단 구성원들이 좋은 이야기든 나쁜 이야기든 주고받을 때 이 대화는 남들의 평판에 영향을 미칠 수 있다. 따라서 사람은 다른 누군가가 나중에 자신에게 잘 대해줄 가능성이 있기 때문에 남에게 친절을 베푼다. 이런 과정의 추상적인 모형을 만드는 과학자들은 자연선택이 평판을 누군가와 협력할지 여부를 판단하는 도구로 삼는 쪽을 선호함을 보여주었다.[75]

직접 호혜성과 간접 호혜성 둘 다 사람들이 서로를 이용해먹지 못하게 막기 때문에 작동한다. 우리는 배신하는 사람과는 상호작용을 중단하거나 애초에 상호작용을 시작하지 않을 수 있다. 두 이론 중 어느 쪽이 옳든 간에 오로지 두 사람의 직접 만남에만 토대를 둔 사회는 아주 높은 수준의 협력을 유지하도록 진화할 수 있을 것이다. 그러나 이런 메커니즘은 집단 규모가 커질수록 효과가 떨어진다. 이런 상황에서는 사기꾼이 사기를 친 뒤 새로운 희생자를 찾아 옮겨갈 수 있으므로 직접 호혜성은 작동하지 않는다. 대규모 집단에는 사기 칠 대상이 많기 때문이다. 또 이런 사회에서는 모든 이의 정보를 전달하고 계속 갱신하기가 더 어려우므로 간접 호혜성이 작동하지 않는다. 사기꾼은 더 규모가 큰 집단에서는 더 쉽게 숨을 수 있다.

게다가 인간의 가장 중요한 활동 중 상당수에는 집단 전체가 필요하다. 누wildebeest를 사냥하거나 침략에 맞서 거주지를 지키는 데는 10명이 필요할 수 있다. 그리고 이런 협력 활동은 공공선public good이라는 모두가 누리는 혜택을 낳는다. 커다란 동물을 잡으면 거주지의 모든 이들이 충분히 고기를 먹을 수 있다. 경쟁 집단을 싸워 물리치면 많은 이들을 보호할 수 있다. 설령 방어에 아무런 도움을 주지 않는 이들이 일부 있다고 한들 말이다. 따라서 혜택은 공동체 전체에 돌아가지만, 비용은 자신의 목숨을 무릅쓰고 공공선에 기여하기로 결심한 이들이 부담하게 된다.

게다가 개인의 동기와 집단의 동기는 충돌할 수 있다. 이런 유형의 문제는 공공선 문제, 공유 자원 문제, 집단행동 문제 등 여러 가지 이름으로 불린다. 사람들은 자기네 가축이 돌아다니는 공동 목초지를 보호하려면 어떻게 협력해야 할까? 모든 사람이 오로지 자기 이익에 따라 행동한다고 가정하는 고전 모형들은 개인의 동기가 집단에 최선인 쪽에 반하기 때문에 땅이 헐벗고, 물고기 씨가 마르고, 공기가 오염될 것이라고 예측한다. 생태학자 개럿 하딘Garrett Hardin은 이를 "공유지의 비극tragedy of the commons"이라고 했다.[76]

개인은 자기 행동의 혜택이 자신에게 돌아오기 때문에 이기적으로 행동하지만 그 비용은 집단 전체에 분담된다. 지금까지 살펴본 호혜성과 협력 개념으로는 이런 유형의 집단 규모 상호작용과 공동 노력을 설명하기가 쉽지 않다.

협력을 유지하려면 무임승차자 처벌이 중요하다

집단이 커질수록 협력을 유지하기는 더 어려워진다.[77] 각 개인이 협력에 기여하는 비율은 점점 줄어든다. 오두막을 짓는 데 두 사람이 필요한데 한 사람이 참여하지 않겠다고 결정하면 지을 수 있을지 여부에까지 큰 영향이 미칠 수 있고, 배신자의 정체는 드러날 수밖에 없다. 그러나 댐을 짓는 데 100명이 필요한데 한 사람이 안 하겠다고 결정해봤자 별 영향을 미치지 않을 가능성이 높다. 이때 무임승차자는 익명으로 남을 수 있고 아마 비용을 치르지 않은 채 건설된 댐의 혜택을 누릴 수 있을 것이다. 그 결과 진화는 대규모 집단일수록 무임승차자가 더 많아지는 쪽을 선호하는 경향을 보인다.

이 난제를 극복하는 한 가지 방법은 사람들을 자신이 속한 큰 모집단 내의 모든 이들과 상호작용하지 않도록 더 작은 사회 연결망 속에 넣는 것이다. 이를 "모집단에 구조 추가하기adding structure to a population"라고 말한다. 협력을 도모할 때 집단 규모가 더 작다고 느끼도록 하면 매우 도움이 된다. 큰 집단에서 뽑은 "특정한" 이들과 친구가 되는 것이다. 더 다채로운 사회 집단들 내에서 두 사람이 강한 유대를 맺을 때 협력은 익명성이 덜하고, 더 집중되며, 활기를 띨 수 있다.[78] 여기서 다시 우리는 게마인샤프트, 즉 공동체의 매력을 본다.

이 문제를 극복하는 두 번째 방법은 무임승차자 처벌을 허용하는 것이다. 그런데 처벌은 누가 할까? 현대 사회에서는 제3자와 복잡한 제도를 통해 협력하도록 압박한다. 우리는 기여(세금 등)를 규정한 법, 법을 집행하는 경찰, 벌을 가하는 법원을 지닌다. 반면에 이런 공식 제도가 없었던 우리 조상의 환경에서는 대신에 사회 규범과 동료 압력이 이 일을 했다.

우리의 과거 진화 역사에서 소집단에는 때로 집단을 대신해 결정을 내리고 처벌을 가하는 리더가 있었겠지만 아마 일반적인 사례는 아니었을 것이다. 지나치게 권위주의인 체제를 경계하는 인간은 처벌할 권한을 독점하려는 지배자를 거부하는 능력을 진화시켜왔다. 그래서 자연스러운 인간 사회는 영장류 사촌들의 사회보다 계층 구조가 훨씬 덜한 양상을 띤다(지극히 평등주의인 하드자족이 그런 사례).[79]

무임승차자 처벌 권한은 예전이나 지금이나 인간 집단에서 더 평등하게 나누어 가진다. 그리고 징벌을 가하려는 욕구는 지극히 보편적이다. 비행기에 탑승하려고 줄을 서 있을 때 누가 새치기를 하면 어떤 기분이 들지 생각해보라. 설령 당신이 다른 줄에 있다고 해도 화가 날 것이다. 당신은 새치기한 사람이 처벌받아야 한다고 생각할 것이고, 심지어 처벌받도록 뭔가 하려는 의향까지 드러낼지 모른다. 적어도 새치기한 사람을 놓고 투덜거리거나 새치기가 아주 무례한 짓이라고 주변의 낯선 사람과 이야기를 주고받을 수 있다. 아니면 더 직접 나설 수 있다.

그런데 왜 당신은 이런 위험을 무릅쓰려 할까? 진화 관점에서 보면 새치기한 사람의 행동에 직접 영향받지 않는데 굳이 참견하는 것은 이치에 맞지 않는다. 제3자에게 피해를 주는 누군가를 처벌하기 위해 개인 비용을 지불하려는 이 의향을 "이타적 처벌altruistic punishment"이라고 한다.[80]

공돈이 생기면 몇 대 몇으로 나눌까

연구자들은 실험실과 현실 세계 모두에서 사람들에게 창의적이고 단순한 게임을 실시해 협력 행동과 처벌 행동을 정량화할 수 있다. 예를 들어 익명의 두 사람에게 경제학자 베르너 귀트Werner Güth 연구진이 1982년 창안한 이른바 "최후통첩 게임ultimatum game"을 하게 한다.[81] 게임 방법은 이렇다. 1번 참가자(제안자)에게 공돈(이를테면 10달러)을 주고서 익명의 상대인 2번 참가자(수령자)에게 얼마를 나누어주고 자신이 얼마를 가질지 결정하라고 한다. 2번 참가자는 이 제안을 받아들이거나 거부할 수 있다. 1번 참가자의 제안을 받아들이면 2번 참가자는 그만큼 돈을 나누어 갖게 된다. 하지만 2번 참가자가 거절하면 두 사람 다 돈을 받지 못한다. 1번 참가자의 행동인 돈을 얼마나 나누어주겠다는 제안은 이타주의 또는 협력의 척도로 삼을 수 있다. 그리고 2번 참가자의 행동은 이타적 처벌에 참여하려는 의향이 어느 정도인지 측정하는 데 쓸 수 있다. 거절은 2번 참가자가 협력하지 않은(불공정하다고 여기는 제안을 한) 낯선 이를 처벌하기 위해 개인적인 비용(한 푼도 얻지 못함)을 지불한다는 의미다.[82] 이 게임은 실제 돈을 갖고 한다. 하지만 익명으로 진행되므로 평판 효과(참가자에게 나중에 일어날 수 있는 상호작용을 걱정하게 만드는 효과)를 전혀 동반하지 않는다. 그리고 대개 한 차례만 진행되므로 호혜성 또한 염두에 둘 필요가 전혀 없다(물론 참가자들이 상호작용을 되풀이하면 협력은 당연히 증가한다).

이 단순한 게임이 창안된 뒤로 이를 변형한 다양한 게임이 생겨났다. 이른바 "독재자 게임dictator game"은 수령자가 행동할 여지를 아예 없앤다. 그저 제안자가 전혀 모르는 상대에게 공돈 중 얼마를 나누어

줄지 정하기만 하면 된다. 이것으로 끝이다. 게임 끝. 그런데 이런 상황에서조차 사람들은 이기적으로 행동하는 일이 거의 없으며, 참가자 대부분은 공돈 중 일부를 나눈다. 그러나 최후통첩 게임과 정반대로 독재자 게임은 제안자가 제안할 때 공정성을 염두에 두는지 거절당할지 여부를 고려하는지 연구자들이 구별할 수 있게 해준다. 독재자 게임에서는 거절당할 가능성을 아예 없애버렸기 때문이다.

고전 경제 이론은 이런 게임들에서 관찰된 행동들을 전혀 설명할 수 없다. 사람들이 합리적이고 이기적이라면 최후통첩 게임이나 독재자 게임의 제안자는 가능한 한 최소한의 돈을 주겠다고 제안해야 하고, 최후통첩 게임의 수령자는 아무리 적은 액수든 받겠다고 해야 한다. 한 푼이라고 해도 아예 못 받는 것보다는 분명히 낫다. 이기심이 독재자 게임에서 사람이 어떤 선택을 할지를 결정하는 유일한 요인이라면 독재자는 한 푼도 주지 않는 쪽을 택할 것이다. 그러나 실제로는 이런 일이 일어나지 않는다는 것을 모두가 안다. 게다가 최후통첩 게임에서 수령자는 자신이 부당한 대우를 받고 있다고 분개하면 제안을 거절할 것이다. 제안자는 이를 알기에 최소 액수보다 많이 제안한다. 공평함을 고려하는 것이다. 예컨대 독재자 게임에서 미국인 참가자들은 대개 95퍼센트 이상이 상대에게 돈을 주며, 절반을 떼어주는 이들이 가장 많다. 평균 제안 액수는 받은 돈의 약 40퍼센트다.[83]

그런데 이런 행동이 얼마나 보편적일까? 오랫동안 50 대 50으로 나누는 것이 전형적이라고 여겨왔다. 적어도 선진국 대학생들은 그렇게 나누었다. 그러다가 1990년대 중반에 인류학자 조지프 헨릭은 페루 남동부 아마존 열대우림에 사는 마치겡가족Machiguenga에게 최후통첩 게임을 시켜보기로 했다. 이들은 시장 경제가 없는 문맹 부족이었다. 놀랍게도 그들은 경제 이론에 훨씬 더 부합하는 방식으로 행동했다. 즉 지극히 이기적으로 행동했다. 15퍼센트를 주겠다고 제안한이들이 가장 많았으며, 주겠다는 돈이 아무리 적어도 그 제안을 거절하는 사람도 거의 없었다.[84]

"마치겡가 특이값Machiguenga outlier"이라고 불리게 된 이 뜻밖의 발견이 이루어지자 사회학자들은 앞다투어 전 세계 오지로 달려갔다(outlier는 아웃라이어, 극단값, 극단치, 이상값, 이상점, 이상치라고도 하며 다른 관찰 결과와 현저히 다른 측정값을 뜻한다. 또한 나머지와 현저하게 다른탁월한 사람을 가리킨다-옮긴이). 곧 인류학자들은 4개 대륙 15개 지역에서 여러 해에 걸쳐 대규모 공동 연구를 시작해 독재자 게임, 최후통첩 게임 등이 펼쳐지는 양상의 일관성과 다양성을 조사했다. 이 세계적인 분석 결과에 따르면 독재자 게임에서 한 푼도 안 주겠다고 한 이들은 5퍼센트에 불과했다. 50 대 50 미만의 어떤 비율로 주겠다고 한사람은 56퍼센트였다. 30퍼센트는 50 대 50을 제안했다. 50퍼센트보다 많이 주겠다고 한 이들도 9퍼센트나 되었다. 마치겡가족처럼 볼리비아의 치마네족Tsimané 역시 적게 제안했는데 평균 26퍼센트였다. 미주리주 시골의 미국인들은 더 관대하게 약 50퍼센트를 제안했다.[85]

또한 과학자들은 이런 비교문화 차이에 기여할 수 있는 문화 요인과 생태 요인을 조사했다. 가장 중요한 발견은 어떤 사회에서든 사람들이 철저하게 이기적이지는 않았지만 사회마다 유의미한 차이가 있으며, 해당 사회가 얼마나 시장 지향적인지 그리고 비친족과 협력이생계에 얼마나 중요한지가 이 차이에서 큰 역할을 한다는 것이었다(양쪽 요인 모두 관대함을 촉진했다).

최후통첩 게임에서도 비슷한 결과가 나왔다. 선진국의 대학생들을 대상으로 한 최후통첩 게임에서는 대개 제안한 비율이 42~48퍼센트였다. 그러나 비교문화 조사에서는 평균 25퍼센트에서 57퍼센트까지 더 다양했다. 얼마까지 제안했을 때 거절하는지도 차이가 컸다. 카자흐인Kazakh 유목민 집단은 10퍼센트가 넘는 제안이라면 모두가 받아들였다. 반면에 파라과이의 농경 부족인 아체족은 최소한 51퍼센트가 되어야 아무도 거절하지 않았다. 인도네시아 렘바타섬Lembata의 수렵채집인 라말레라족Lamalera은 가장 관대한 쪽에 속했다. 인구가 약 1000명인 이들은 바닷가에 살면서 작은 배와 작살로 먼바다에서 고래를 사냥한다. 이렇게 위험하고 힘든 일에는 많은 사람의 높은 협력과 협업이 필요하기 때문에 이들은 가장 협력적인 집단이 되었을 수 있다. 이들은 최후통첩 게임에서 평균 약 57퍼센트를 나누어주겠다고 제안했다.[86] 일반적으로 제안 비율이 높은 문화일수록 거절률이 낮으며, 반대 역시 마찬가지다. 따라서 제안자가 이런 문화에 맞추어 제안하는 것이 지극히 자연스러웠다. 전 세계 사람들은 자신이 어떤 사람을 대하고 있는지 잘 안다.

처벌자의 존재는 협력에 어떤 영향을 미칠까

이제 지금까지 살펴본 두 기본 게임에 제3자(관찰자 또는 처벌자)를 추가해 변형시킬 수 있다. 보상이나 처벌을 할 수 있는 존재다. 여기서도 독재자나 제안자는 공돈(이를테면 10달러)을 받고서 수령자에게 얼마를 제안할지 선택할 수 있다. 하지만 이번에는 관찰자 또한 공돈(이를테면 5달러)을 받으며, 관찰자는 이 돈 중 일부를 써서 제안자를 처벌하는 쪽을 택할 수 있다. 예를 들어 제안자가 수령자에게 이기적으로 행동한다고 판단하면 자기 돈 1달러를 써서 제안자의 돈 2달러를 없앨 수 있다.

최후통첩 게임에 처벌자를 추가하면 상황은 어떻게 달라질까?[87] 처벌은 세계 어디에나 존재하며, 제안자의 제안 액수가 적을수록 제안자를 기꺼이 처벌하려는 이들의 비율이 높아지는 패턴이 모든 사회에서 뚜렷이 나타난다. 전체적으로 처벌자 약 66퍼센트는 제안자가 수령자에게 한 푼도 주지 않겠다고 했을 때 자신의 공돈(각 사회의 하루 임금 절반에 해당하는 금액) 중 20퍼센트를 포기하고 처벌하려는 의향을 드러냈다. 이렇게 할 때 처벌자가 아무런 혜택을 보지 않으며, 사실상 비용을 치러야 한다는 점을 명심하자. 그럼에도 한 푼도 주지 않겠다는 제안자를 처벌하겠다는 사람들이 존재했고 비율은 다양했다. 비율이 가장 낮은 볼리비아 치마네족이 28퍼센트였고, 가장 높은 케냐 농경 부족인 마라골리족Maragoli은 90퍼센트를 넘었다.[88] 그리고 처벌하려는 이들이 많은 문화일수록 사람들이 더 이타적이었다.

과연 무엇이 다양한 문화에서 사람들에게 처벌하려는 동기를 부여할까? 부당한 대우를 받은 쪽에게 보상하려는 것일까, 부당한 대우를 한 쪽을 처벌하려는 것일까? 사람들은 나쁜 행동을 한 쪽을 처벌하기보다는 부당한 대우를 받은 쪽에게 보상하고 정의를 회복하려는 욕구를 더 강하게 드러냈다.[89] 게다가 이타적 처벌은 특정한 희생자를 위해 단기간에 정의를 회복시키지만 더 중요한 역할도 한다. 바로 더 일반적으로 집단 수준에서 협력이 출현하도록 촉진하는 역할이다. 한 실험에서는 일부 사람들에게 사기꾼을 처벌할 권한을 무작위로 부여했다. 그러자 이런 이들이 섞여 있다는 것만으로 집단의 협력 수준이 더 높아지기 시작해 그 상태로 유지되었다. 심지어 처벌자가 실제로 처벌을 할 필요조차 없어졌다.[90] 처벌은 일종의 제도 같은 역할을 한다. 즉 존재 자체로 행동을 바꾼다.

그렇지만 이타적 처벌 역시 협력과 동일한 진화적 문제를 안고 있다. 자연선택은 왜 이 모든 자발적인 보안관들(자기 이익에 해를 끼치는 듯한 방식으로 개인 비용을 지불하는 이들)을 솎아내지 않는 것일까? 진화생물학자 로버트 보이드Robert Boyd와 피터 리처슨Peter Richerson은 처벌자들이 처벌 비용을 분담할 수 있기 때문에 처벌 행동이 진화할 수 있음을 수학적으로 보여주었다.[91] 사기꾼을 처벌할 때 비용을 돌아가면서 지불한다면 처벌자 1명이 치르는 비용은 훨씬 적을 것이고, 집단 내 협력 증가라는 혜택은 이 낮은 비용을 상쇄하고 남을 수 있다.

그런데 애초에 처벌자는 어디에서 왔을까? 처벌이 어떻게 출현할 수 있었는지를 이해하려면 원래의 분석을 더 현실적으로 만들어야 한다. 사람들에게 그저 협력할지 배신할지(친절할지 비열할지) 선택하게 하는 대신에, 상호작용을 할지 여부를 선택하도록 하는 방식이 많은 깨달음을 안겨줄 수 있다.[92] 보이드와 리처슨의 모형에 이른바 "외톨이 전략loner strategy"을 추가하자 이타적 유형들의 진화 순환이 생겨났다. 무임승차자(배신자)는 협력자가 많을 때 정말로 잘나간다. 이용해먹을 이들이 더 많기 때문이다. 그래서 진화가 일어날 때 무임승차자 수는 늘어나는 경향이 있다. 이윽고 무임승차자가 너무 많아지고 협력자는 다 사라지게 된다. 이제 등칠 호구가 아무도 없기에 무임승차자는 대체로 외톨이보다 불리한 입장에 놓인다. 그래서 외톨이가 늘어나기 시작한다. 그러나 시간이 흐르면서 외톨이가 무임승차자를 대부분 대체해감에 따라 협력자가 생존하기가 점점 더 쉬워진다. 그래서 협력이 다시 늘어난다. 그런 뒤 이 순환이 되풀이된다.[93] 각 유형(협력자, 배신자, 외톨이)은 오직 자신의 천적을 물리쳐주는 또 다른 유형과 공진화하기 때문에 생존할 수 있다. 각 유형은 존속하려면 다른 유형이 필요하다. 가위바위보와 비슷하다. 바위는 보에 진다. 보는 가위에 진다. 가위는 바위에 진다. 이 3자 간 순환은 어떤 유형이든 집단에서 완전히 사라지거나 집단을 지배하지 못하게 만든다.

이 과정에는 한 가지 흥미로운 점이 함축되어 있다. 바로 이 과정이 다양성 유지 능력을 지닌다는 것이다. 전멸 직전에 회복될 수 있게 해주는 공진화 환경이 있기에 어떤 유형이든 사라지지 않는다. 오늘은 적응하지 못하는 유형이 내일은 적응할 수 있고, 그 반대도 마찬가지다. 이제 여기에 네 번째 유형을 추가하면 어떤 일이 일어날지 알아보자. 협력자, 배신자, 외톨이에다 처벌자를 추가하자. (위에 설명했듯이) 집단에 외톨이가 존재하면 배신자가 극도로 적어지는 시기가 반드시 나타나게 된다. 이런 상황에서는 외톨이와 배신자 모두보다 처벌자가 더 잘 살아갈 수 있는 수준까지 처벌 비용이 낮아지고, 그러면 이 순환이 되풀이되기 전까지 처벌자는 번성할 기회를 얻는다.[94] 요컨대 기본적으로 사람들에게 사회적 상호작용을 아예 안 할 수 있는 선택권을 주면 처벌 행동이 번성할 가능성 생기며, 그러면 서로 협력하고 상호작용을 하는 이들이 다시 출현할 무대가 마련된다! 다시 말해 외톨이로 사는 것이 가능할 때 오히려 집단의 결속 능력이 더 강화된다.

진화적으로 협력이 출현할 수 있는 조건, 협력의 합리적 토대, 협력의 문화적 보편성을 살펴본 이 모든 연구는 사회생활의 청사진에서 협력이 어떤 역할을 하는지를 말해준다. 인류에게서 협력 행동이 안정되게 나타나고 유전될 수 있음을, 즉 어느 정도는 유전자로 설명될 수 있음을 시사하는 증거들이 갈수록 늘어나고 있다.[95] 물론 문화 간 차이 또한 나타나는데, 주로 생태상 제약이나 특정한 역사적 요인의 산물이다. 결혼 풍습이 문화마다 다른 것과 마찬가지다. 실제 협력과 처벌의 비율은 문화마다 다르다. 하지만 (우리 종에게서 진화한 정의감 및 관계 형성 성향과 더불어) 협력 성향이 존재한다는 사실 자체는 서로 다르지 않다.

동물들의 놀라운 사회 학습 능력

정체성, 우정, 협력 상호작용은 모두 또 다른 목적에 봉사한다. 사회 교육과 사회 학습 능력을, 따라서 문화 능력을 뒷받침한다. 그리고 이 문화 능력은 우리 종에게서 정점에 이르렀다.

동물이 사회 집단을 이루는 한 가지 두드러진 이유는 학습 강화가 일어날 수 있다는 것이다.[96] 사회 학습은 정보 획득 비용이 높을 때 그리고 동료가 신뢰할 수 있는 정보의 원천일 때 단독 학습보다 더 효과적일 수 있다. 혼자 석기 만드는 법을 터득하기 어렵다면 누군가를 흉내 내는 편이 훨씬 낫다. 내가 손을 불에 갖다 댔다가 아파하는 모습을 당신이 본다면 당신은 그 행동을 하지 말아야겠다고 배울 수 있다. 당신은 내가 힘들게 배운 지식을 비용을 거의 들이지 않고 배우는 셈이다. 이처럼 사회 학습은 매우 효율적이다.

상황은 더욱 나아질 수 있다. 교육은 학습을 더 효율적으로 만들 수 있는 독특한 행동이다. 누군가가 확신을 갖고 다른 사람을 가르치려고 한다면 그 사람은 더 쉽게 배울 수 있다. 교육은 공식적으로 이렇게 정의할 수 있다. (1) 주로 또는 오로지 초심자가 있는 상황에서 이루어지고, (2) 교사가 비용을 치르거나 아무런 직접적인 혜택을 얻지 않고, (3) 교육을 받지 않았을 때보다 더 효율적으로 정보나 기술을 습득할 수 있도록 학습자의 능력을 증진하는 행동.[97] 수렵채집 사회에서는 정식 학교가 드물다(또는 아예 없다). 하지만 아주 어릴 때부터 교육이, 그리고 이른바 자연 교육법natural pedagogy이 널리 이루어진다.[98]

교육은 사실상 협력 행동의 일종이며, 동물계에 흔치 않다. 비용이 들기 때문이다. 그럼에도 개미(경험 많은 개미가 어린 개미를 이끌고 데려가는 병렬 주행tandem running을 통해 먹이 위치를 다른 개미에게 가르친다), 미어캣meerkat(위험한 먹이 다루는 법을 다른 미어캣에게 가르친다), 흑백꼬리치레pied babbler(새끼에게 특정한 소리와 먹이를 연관 짓는 법을 가르친다), 영장류, 코끼리 같은 동물들에게서 독자적으로 진화했다.[99] 이런 행동은 다른 이타 행동들처럼 혈연 선택을 통해 진화할 수 있다. 그리고 이미 진화를 통해 남이 무심코 하는 행동을 사회 학습하는 능력을 갖춘 동물은 명시적인 교육을 하는 방향으로 더욱 진화할 준비를 갖춘 듯 보인다.

더 명확히 하자면 "사회성 모둠"의 모든 측면을 드러내지 않는 동물조차 사회 학습을 할 수 있다. 예를 들어 개는 서로 사냥 기술을 배운다. 이 말을 하니 얼마 전 우리 집의 작은 닥스훈트 루디의 일화가 떠오른다. 루디는 7년째 우리와 살고 있었는데 늘 땅에 바짝 달라붙은 채 지냈다. 벌떡 일어나 멀리 내다보는 것 같은 일에는 관심을 보인 적이 전혀 없었다. 어느 날 친구가 우리 집에 와서 함께 식사를 했다. 그런데 친구가 데려온 늙은 비글인 레일라Leila가 어기적거리면서 주방으로 들어오더니 의자 위로 뛰어올랐다. 이어서 식탁 위로 뛰어오르더니 우리가 남긴 음식을 먹기 시작했다. 루디는 레일라의 행동을 유심히 지켜보고 있더니 똑같은 방식으로 식탁 위로 뛰어올라 반쯤 남은 파스타를 게걸스럽게 먹어댔다. 이 학습된 행동은 루디에게 영구히 새겨졌다. 그 뒤로 우리는 식사를 하자마자 재빨리 식탁을 말끔히 치워야 했다.

물론 영장류에게서는 사회 교육과 사회 학습이 훨씬 더 발전된 형태로 나타난다.[100] 어린 침팬지가 견과 깨는 법을 배우는 모습을 묘사한 장면을 보자.

니나Nina는 주변에서 유일하게 구할 수 있는 망치를 써서 견과를 깨려고 시도했다. 망치는 불규칙한 모양의 돌이었다. … 니나가 8분 동안 낑낑거리고 있자 보다 못한 리치Ricci[어미]가 다가왔다. 니나는 즉시 망치를 넘겨주었다. 니나가 앞에서 지켜보는 가운데 리치는 아주 신중하게 견과를 가장 효율적으로 때릴 수 있는 방향이 되도록 망치를 돌렸다. 마치 이 움직임의 의미를 강조하려는 듯 단순하게 방향 돌리는 데 꼬박 1분을 소비했다. 그런 뒤 니나가 지켜보는 가운데 망치로 견과 10개를 깼다(그중 6개는 알맹이만 빼서 니나에게 주었고 나머지 4개는 일부만 깬 상태로 건넸다). 리치가 떠나자 니나는 다시 견과를 깨기 시작했다. 어미가 가르쳐준 것과 똑같이 망치를 쥐고서 15분 만에 4개를 다 깰 수 있었다.[101]

침팬지 9마리를 대상으로 한 연구는 도구 사용 기술이 어떻게 사회 학습될 수 있는지 보여준다.[102] 연구진은 각 침팬지에게 따로따로 빨대와 주스가 담긴 통을 주었다. 그러자 주스를 먹는 기법이 2가지 출현했다. 침팬지 4마리는 사람이 하듯이 빨대를 꽂아서 주스를 빨아먹었다. 다른 5마리는 빨대를 담갔다가 꺼내어 끝에 묻은 주스를 핥아먹었다. 찍었다가 핥아먹는 기법보다 빨아먹는 기법이 50배 이상 더 효율적이지만, 처음에 찍어 핥아먹는 방법을 채택한 침팬지들은 5일이 지나도록 더 효율적인 방법을 스스로 알아내지 못했다. 그런데 빨아먹는 한 침팬지와 함께 지낸 뒤, 찍어 핥아먹는 침팬지 5마리 중 4마리는 더 뛰어난 그 방법으로 바꾸었다. 게다가 학습의 속도와 용이성은 찍어 핥아먹는 침팬지 학생이 빨아먹는 침팬지 교사에게 주의를 기울이는 정도와 밀접한 상관관계를 보였다.

아프리카의 자연 조사 지역(나이지리아의 곰베강국립공원과 아이보리코스트의 타이국립공원Taï National Park 등)에 사는 다양한 침팬지 집단들에서 침팬지가 특정한 기법, 도구, 자세를 써서 개미 둔덕에 막대기를 찔러 넣어 개미를 잡아먹는 방법을 서로 배우는 모습이 관찰되어 왔다.[103] 집단마다 특정한 행동 군집화clustering of behaviors가 존재하며, 그래서 도구 사용 기법이 해당 집단 내에서는 통일되어 있지만 집단 간에는 차이를 보인다. 이는 행동이 사회적으로 퍼진다는 결론을 뒷받침한다. 그리고 이는 문화를 설명하는 또 한 가지 방법이다. 문화란 시간이 흐르면서 개인 사이에 전달되고, 가르치고 배울 수 있으며, 집단마다 독특한 지식이다.[104]

사회 학습의 또 다른 설득력 있는 사례는 인도네시아의 한 사원 주변에 사는 게잡이원숭이crab-eating macaque(게잡이마카크, 긴꼬리마카크long-tailed macaque) 무리가 보여준다. 이들은 탁월한 사업 감각(나는 범죄 감각이라고까지 말하고 싶다)을 보여준다. 이들은 관광객을 뜯어먹는 방법을 서로에게서 배워왔다. 관광객을 덮쳐 모자, 안경, 카메라 등을 훔친 뒤 관광객이 먹이를 주면서 꾀어야만 돌려준다.[105] 유일하다고는 할 수 없지만 매우 유별난 행동이며 분명히 사회적으로 전달되는 행동이다. 이곳에서 원숭이를 연구하는 과학자들은 새로 옮겨온 한 집단이 그들을 지켜보더니 이윽고 자신들 역시 물건을 훔쳐 먹이와 교환할 수 있다는 사실을 배우는 것을 알아냈다. 실제로 이곳에서 이런 도둑질을 연구하던 한 영장류학자도 자신의 연구 일지를 되찾기 위해 뇌물을 주어야 했다.[106]

코끼리의 작물 약탈 행동도 같은 사례다. 마을 주민들은 작물을 약탈하는 코끼리를 보면 공격해 찔러 죽인다. 케냐 암보셀리국립공원에서는 사망한 성체 코끼리 중 65퍼센트가 이렇게 주민들과 충돌로 목숨을 잃는다. 작물을 약탈하다가 죽을 수 있기에 시행착오를 통해서가 아니라 걸리지 않는 법을 아는 코끼리를 흉내 냄으로써 약탈법을 배우는 쪽이 적응 행동이 될 것이다. 실제로 코끼리는 한밤중에, 특히 달빛이 없는 밤에 평소보다 더 큰 무리를 이루어 약탈하는 법을 배운 듯하다. 또한 코끼리는 우리가 효율적인 학습과 관련짓는 특징들을 드러낸다. 코끼리는 더 나이 많거나 더 경험 많은 개체처럼 더 믿음직한 동료의 행동을 더 신뢰하는 듯하다. 그리고 약탈 전략도 여러 번 접하면서 목격한 쪽을 더 신뢰한다.[107]

동물들 사이의 상호작용 구조는 사회 학습의 가능성에 어떻게 영향을 미칠까? 어느 누구도 다른 누구와 연결되어 있지 않은 빈 연결망 null network을 상상해보자. 연결이 없다면 사회 학습은 당연히 가능하지 않다. 여기서 한 단계 더 나아가 쌍쌍이 연결된 이들만이 존재하는 연결망도 사회 학습에는 그다지 효과적이지 않을 것이다. 이제 반대편 극단에 놓인 모두가 모두와 연결된 완전히 포화된 연결망saturated network을 상상해보자. 이 연결망 역시 최적 상태가 아니다. 각 개인이 압도될 만큼 혼란스러운 입력에 노출되고 모두가 수많은 사회적 결속을 유지해야 하기 때문이다. 양쪽 극단 사이 어딘가에 위치한 연결망이 더 나을 것이다. 아마 각 동물이 특정한 방식으로 배치된 약간의 연결을 지닌다면 효과적인 사회 학습이 가능하지 않을까?

사실 "연결망 밀도network density"(가능한 모든 연결 중에서 실제 연결의 비율), "군집 구조community structure"(다른 하위집단의 개체들과 맺는 결속보다 같은 하위집단의 개체들과 맺는 결속이 더 많은 하위집단이 연결망 내에 존재하는 양상), "동종 선호"는 모두 사고나 행동의 확산에, 따라서 문화의 출현에 영향을 미칠 수 있다.[108] 연결된 동료 중 상당수가 특정한 행동을 선호한다면 자신 또한 그 행동을 채택할 가능성이 훨씬 높으며, 위에서 말한 3가지 구조상 특징은 모두 그런 동료를 지닐 확률에 영향을 미친다. 그러나 동종 선호의 역할은 복잡하다. 동종 선호는 한편으로는 학습을 촉진할 수 있다. 동료들이 비슷한 도전 과제에 직면해 적절한 해결책을 알아낸 뒤 서로 공유할 수 있기 때문이다. 반면에 유사성이 너무 심하면 혁신을 억제한다. 따라서 비슷한 이들과 다른 이들이 균형을 이루는 만남이 이상적이다.

코끼리의 작물 약탈 사례로 돌아가보자. 케냐 암보셀리국립공원에서 연관 지수를 써서 코끼리 수컷 58마리의 연결망 지도를 작성한 사례가 있다.[109] 코끼리들은 가장 가까이 지내는 개체와 두 번째로 가까이 지내는 개체가 약탈자일 때 자신도 약탈자일 가능성이 더 높았다. 도표 [9-5]에서 볼 수 있듯이 약탈자들은 서로 연결되어 있을 가능성이 더 높았으며, 비약탈자들 또한 서로 연결되어 있을 가능성이 더 높았다. 약탈 행동은 하위집단마다 달랐으며, 6개 군집 중 한 곳은 약탈자 수가 예상보다 훨씬 적었다. 마치 이 군집에서는 약탈 행동을 안

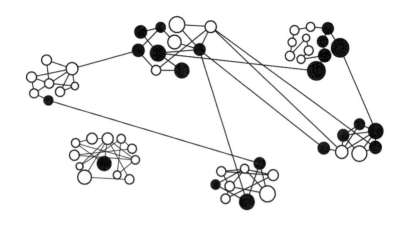

9-5 | 강한 군집 구조와 작물 약탈 행동을 보여주는 수컷 코끼리 연결망

원(노드)은 코끼리 수컷 58마리를 나타내며, 노드의 크기는 수컷의 나이에 비례한다. 직선은 함께 지내는 시간을 토대로 한 사회관계를 나타낸다. 검은색 원은 작물 약탈자, 흰색 원은 비약탈자를 가리킨다. 이 코끼리들은 6개 집단으로 자연스럽게 묶인다. 작물 약탈 행동은 집단마다 다르다.

하는 쪽이 정상인 듯했다.

함께 살아가는 지적인 동물들은 무리 속 더 나이 든 구성원이나 어떤 발견을 한 구성원의 기억과 지식으로부터 혜택을 볼 수 있다. 수원지의 위치에 관한 기억 전달은 가뭄이 닥쳤을 때 코끼리들의 생사를 가를 수 있다.[110] 마찬가지로 여러 해 만에 엘니뇨El Niño가 태평양을 강타해 적도 해역의 먹이가 적어지면 향유고래 무리는 재빨리 수천 킬로미터 떨어진 먹이가 풍부한 해역으로 이주할 것이다. 예전에 엘니뇨를 겪은 적 있는 나이 많은 암컷들이 이 장소를 기억하고 있는 듯하다.[111]

사회성 종은 우정, 협력, 지능, 사회 학습을 통한 지식 전달 등 상호

연관된 속성들의 집합을 갖추는 쪽으로 진화했다.[112] 이런 종에게 지
능은 다른 집단 구성원들의 정체성을 파악하고 사회생활을 할 수 있는
필요조건일 뿐 아니라, 특정한 기억을 떠올리고 서로 가르치고 배우는
능력과 관련이 있을지 모른다.

동물들의 문화는 왜, 얼마나 다양할까

연결망 형성, 협력, 사회 학습 능력에 힘입어 "사회성 모듬"의 또 다른
요소가 출현할 수 있다. 바로 문화를 이루고 유지하는 능력이다. 예를
들어 아프리카 6개 지역(기니의 보수Bossou, 아이보리코스트의 타이, 우간
다의 키발레Kibale와 부동고Budongo, 탄자니아의 곰베와 마할레Mahale)에서
8~38년이라는 장기간에 걸쳐 침팬지를 조사한 연구들은 각 집단이
독특한 문화를 지니고 있음을 보여준다.[113] 도구 사용에서부터 털 골
라주기에 이르기까지 조사한 65가지 행동 가운데 6개 집단 중 일부에
서는 관습이 되어 있지만 다른 집단에는 아예 없는 행동이 최소 39가
지임이 밝혀졌다. 이런 행동은 동물들 사이에 학습되고 전달되었다.
게다가 행동들의 조합 역시 문화마다 독특함을 시사하는 단서들이 있
었다. 이를테면 미국에서 총기 소유와 독실한 신앙심, 채식주의와 마
리화나 합법화 지지가 흔히 함께 나타나는 식과 같다.

　동물의 문화 다양성은 몇 가지 방법으로 설명할 수 있다. 첫째, 이
차이가 유전 때문일 가능성이 있다. 예를 들어 한 조류 종은 목 부위의
후두, 부리 모양, 본능에 영향을 미치는 유전자의 차이로 지역 집단별
로 부르는 노래가 다르거나 독특한 방식으로 도구를 사용할 수 있다.

뉴칼레도니아까마귀New Caledonian crow는 격리해 키워도 여전히 특유의 전형적인(따라서 유전 토대를 지닌) 도구 사용 행동을 보인다.[114] 그리고 일부 침팬지 하위집단은 수십만 년 동안 다른 집단들과 격리되어 있었기에 유전 토대를 지닌 행동 목록이 진화할 시간이 충분했을 것이다. 둘째, 지역 특유의 행동 습성을 (유전자가 아니라) 생태로 설명할 수 있다. 아마 한 지역의 침팬지는 땅에서 자는 습성을 지닌 반면, 다른 지역의 침팬지는 단지 그곳에 표범이 있어서 땅에서 자지 않는 것일 수 있다.

그러나 우리는 이 차이도 진정한 문화에서 나올 가능성이 있다고 설명할 수 있다. 다시 말하는데 문화란 집단의 구성원들이 공유하고 집단에 전형적이며 사회적으로 전달되는, 임의성이나 적응성을 띤 신념, 행동, 인공물의 집합이다. 동물의 어떤 행동 패턴을 문화라고 볼 수 있으려면 그것이 모방 학습이나 교육을 통해 전달된다는 증거가 있어야 한다. 일부에서는 언어와 상징적 사고도 필요하다고 주장하지만 내가 보기에 그런 정의는 너무 인간 중심적이다. 앞서 살펴본 우정의 지나치게 엄격한 기준과 다를 바 없다.

동물 문화 연구는 논쟁으로 가득하다. 실험 수행 역량이 한정되어 있기에 연구자들은 앞서 말한 상호 연관된 설명들을 명확히 구별하기가 쉽지 않다.[115] 우리는 문화 형질이 적응의 산물일 때가 많으므로 생태와 문화 행동 사이에 상관관계가 있을 것이라고 예상한다. 흰개미 둔덕이 있는 지역에서는 침팬지가 막대기를 써서 흰개미를 낚는 방법을 창안하고 전달하지만 흰개미가 없는 지역에서는 그렇지 않은 것처럼 말이다. 그러나 생태 환경별 다양성은 비문화 원인으로 생길 수도 있다. 침팬지는 해당 지역 개미의 무는 성향 때문에 특정한 방식을 이용해 무는 개미를 잡아먹을 수 있으며, 다른 침팬지의 행동을 모방하거나 학습해서가 아니라 개별적으로 시행착오를 거쳐 그렇게 하는 법을 터득하는 것일 수 있다.

유전자와 문화도 상관관계가 있을 수 있다. 조류는 유전적으로 특정한 노래를 부르는 능력을 타고나지만 이 능력이 발휘되려면 남들로부터 노래를 배워야 할 수 있다. 붉은털원숭이를 대상으로 한 실험에 따르면 그들이 다른 원숭이들의 행동을 보고서 뱀이 두려워할 대상임을 배우지만, 그들에게 다른 사물들을 두려워하도록 가르치기는 쉽지 않았다.[116]

또 예전에는 학습했던 행동이 시간이 흐르면서 사실상 유전되는 쪽으로 변할 수 있기에 문제는 더욱 복잡해진다. 이를 "볼드윈 효과 Baldwin effect"라고 하며, 다음과 같은 식으로 진행된다. 어떤 종의 특정 세대에서 일부 개체가 우연히 특정한 행동을 더 쉽게 배울 수 있게 해주는 유전자 변이체를 지니고 태어날 수 있다. 예를 들어 몇몇 새는 어떤 노래의 도입부를 더 잘할 수 있는 뇌를 가져서 다른 새들보다 더 쉽게 그 노래를 배울 수 있다. 이 행동이 적응성을 띤다면(예를 들어 그 노래가 짝을 유혹하는 데 도움을 준다면) 적응도 이점을 제공할 것이며, 이 행동을 배우기 쉽게 해주는 유전자는 집단이 번식할 때 빈도가 증가하고 강화될 것이다. 같은 일이 계속 되풀이된다. 세대마다 이 목표 행동을 가장 쉽게 배울 수 있는 개체는 가장 잘 살아간다. 선천적으로 이 행동을 더욱더 많이 드러내기 때문이다. 첫 음을 내는 타고난 능력을 획득한 개체 중 일부는 이제 그 노래의 기본 선율 단위인 동기motif들을 더 쉽게 부르도록 해주는 다른 유전자 변이체들까지 지니고 태어날 수 있다. 여러 세대가 흐르면서 이 동기를 노래하는 능력 또한 선택되어

선천적이 될 수 있다. 시간이 흐르면 마침내 이 행동 전체(단지 속성만이 아니라)가 유전자에 암호로 새겨지게 된다.[117] 전에는 비유전 행동이었던 것이 이제는 유전자에 암호로 새겨진 행동이 된다.

요컨대 동물 집단들에 공통된 행동(생태나 유전이나 문화 때문에 생긴 행동)을 본성 대 양육 논쟁처럼 명쾌하게 갈라지는 범주로 설명하는 것은 비생산적일 가능성이 높다. 일부 동물은 분명히 문화를 지닌다. 설령 그 문화의 기원은 다양할 수 있다고 해도 그렇다.

동물행동학자들은 관습과 온전한 문화를 구분한다.[118] 문화는 다양한 행동을 포괄하므로 관습보다 더 범위가 넓다. 조류와 포유류가 일종의 학습된 관습(으레 가는 사냥터로 이주하기나 판에 박힌 노래 부르기 등)을 지니는 일은 드물지 않다. 그러나 서로 별개인 다양한 관습들을 종합해 지니는 사례는 드물다. 물론 한 침팬지 집단이 개미 사냥에 쓸 잔가지 준비법에 관한 학습된 특정 관습과 잔가지 사용법에 관한 또 다른 관습을 지닐 수는 있다. 인류의 서로 다른 문화 집단이 푸딩 만들 준비를 하는 법과 먹을 수 있게 요리하는 법에 관해 서로 다르지만 연관된 관습들을 지닐 수 있는 것과 마찬가지다.

이는 동물이 "누적 문화cumulative culture"마저 지닐까 하는 의문을 낳는다. 누적성은 인류 문화의 필수 조건으로, 앞선 혁신을 토대로 삼는 능력을 말한다. 다른 영장류가 이런 능력을 지녔음을 시사하는 단서들이 얼마간 있다. 예를 들어 침팬지는 먼저 돌을 견과를 올려놓고 깨기 위한 모루로 쓰는 법을 창안한 다음, 더 작은 돌들을 써서 모루를 똑바로 세우는 식으로 이 방법을 다듬은 듯하다. 일본원숭이Japanese macaque는 점점 더 복잡하면서 효율적인 방식으로 고구마 씻는 과정을 개발해왔을 수 있다.[119] 그런데 인류는 금속을 녹이는 데서 비행기동체를 만드는 데까지 나아갔다.

또 문화에는 특정한 인지 기구cognitive apparatus가 필요하다. 즉 단순히 관습을 표현하는 동물과 반대로, 문화적 동물은 자신이 행동을 가르치고 배울 수 있음을 인식하는 능력을 지녀야 한다. 침팬지 어미는 이 점을 분명히 이해하고 있다. 몬테소리 교사처럼 필요한 물건들을 새끼가 잡을 수 있는 곳에 꼼꼼히 배치한 뒤 모루를 써서 견과 깨는 법을 새끼에게 차근차근 가르칠 것이다.[120] 그리고 그들은 열정적인 학생이다. 개체 정체성의 존재 인식이 자아 인식의 토대인 것처럼, 이 사회 학습의 가치 인식은 문화의 토대 역할을 한다.

이런 점들에 비추어 보면 앞에서 언급한 6개 지역 침팬지 집단이 사실상 서로 다른 문화를 지니고 있음을 알 수 있다(컬러 도판 [0-6] 참조). 위협을 과시하는 커다란 나뭇가지 잡아당기기 같은 일부 행동은 모든 지역에서 나타나므로 유전 설명을 제외하기가 쉽지 않을 수 있다. 아마 고릴라가 가슴을 쾅쾅 두드리는 행동처럼 이 행동도 타고나는 것일 수 있다. 또는 오래전 어떤 침팬지가 우연히 특정한 상황에서 나뭇가지를 잡아당겼을 때 어떤 식으로든 상대가 이 행동을 위협으로 받아들였고 그래서 자신의 생존에 도움이 됨으로써 시작된 볼드윈 효과의 산물일 수 있다. 그러나 다른 행동들은 지역마다 달랐다. 돌 망치와 돌 모루를 써서 견과를 깨고, 잎을 써서 흰개미를 낚고, 탐침을 써서 물을 빨아들이고, 막대기를 써서 흰개미 둔덕의 입구를 넓히고, 커다란 나뭇잎을 의자로 삼고, 나뭇잎을 수건으로 삼아서 몸을 닦고, 표적을 향해 물건을 던지고, 어린나무를 구부렸다가 탁 놓아 소리를 내어 남들에게 경보를 보내는 행동이 그랬다. 이런 행동들은 모두 서로 멀리 떨어진 이 6개 집단에서 저마다 독특하게 조합된 형태로 출현했다.

중요한 점은 오랑우탄과 꼬리감는원숭이 연구가 보여주듯이 영장류 중에서 침팬지만 문화 능력을 지닌 종이 아니라는 사실이다.[121]

이따금 정말로 운 좋게 연구자들은 침팬지 집단에서 새로운 혁신이 출현하고 채택되는 과정을 관찰한다. 우간다 부동고숲Budongo Forest의 손소Sonso 침팬지 집단은 원래 나뭇잎들을 입으로 질겅질겅 씹어서 뭉친 스펀지를 물이 고인 나무 구멍에 집어넣어 흡수된 물을 빨아먹었다. 그런데 연구자들은 2011년에 이 집단의 우두머리 수컷인 닉Nick이 이끼를 스펀지로 삼아 땅에 난 작은 물구덩이에 고인 물을 흡수해 빨아먹는 것을 보았다. 20년 동안 관찰했지만 한 번도 보지 못한 행동이었다. 이 행동은 닉에게서 우두머리 암컷인 남비Nambi에게로 퍼졌고, 이어서 (6일에 걸쳐 빠르게) 이 집단의 침팬지 27마리 중 다른 6마리에게 퍼졌다. 이 확산은 기존 사회적 연결을 우선순위 삼아 이루어졌다.[122]

혁신의 사회적 전파와 새로운 관습의 출현은 고래류에게서도 관찰되어왔다. 한 혹등고래 집단에서는 1981년 꼬리치기 사냥lobtail feeding이라는 새로운 고기잡이 기술이 등장했다. 혹등고래는 본래 물고기 떼의 밑에서 공기 방울을 뿜어 그물처럼 물고기를 가두어 사냥하는데, 이 기술은 그러기에 앞서 수면을 철썩철썩 치는 방식이었다. 마찬가지로 기존 사회적 연결을 통해 다른 고래들에게로 퍼졌다.[123] 또 다른 흥미로운 사례는 파타고니아 해역에서 30마리로 구성된 범고래 집단이 개발한 독특한 사냥 기법이다. 놀랍게도 5톤에 달하는 몸을 해안까지 끌고 올라와 바다사자를 잡는 기술이었다. 이런 식으로 사냥을 한다고 알려진 범고래는 이 집단뿐이며, 이들은 이 기술을 계속 후대로 물려주고 있다.[124] 동물행동학자 핼 화이트헤드 연구진은 고래에게

9-6 | 풀 귀걸이를 창안한 침팬지 줄리

문화가 있다는 증거를 더 많이 찾아내왔다. 주로 섭식과 음향 신호 전달 관련 행동들이었다.[125]

우리가 동물에게서 보는 문화 관습 대부분은 생존을 강화하는 실용적인 방식들(먹이를 구하는 새로운 방법 등)이다. 그런데 임의성을 띤 듯 보이는 새로운 문화 관습도 있다. 숲 전체를 보호지역으로 삼은 잠비아의 침푼시야생동물고아원트러스트Chimfunshi Wildlife Orphanage Trust에 사는 한 침팬지 무리에서 한쪽 귀에 긴 풀줄기를 꽂고 다니는 아무런 쓸모도 없는 관습이 출현했다. 마치 귀걸이를 하는 것 같았다 (사진 [9-6] 참조). 이는 아무런 실용성이 없는 듯했으며, 따라서 인간 집단의 유행과 비슷했다. 2007년 침팬지 줄리Julie가 창안한 이 관습은 2012년까지 다른 7마리에게로 퍼졌다.[126] 결국 이 집단의 성체 12마리 중 8마리가 이 혁신을 채택했다. 이 전파는 침푼시 4개 집단 중 한 집단에서만 관찰되었다. 각 집단은 서로 동떨어져 있었다.

이 사례를 다루고 있자니 우리 연구실에서 이루어지는 연구 성과를 개발도상국의 공중보건 관습을 바꾸는 일에 응용하는 문제를 놓고 한 친구와 여러 해 동안 벌인 논쟁이 떠오른다.[127] 우리는 온두라스에서 고지대 마을 176곳의 주민 2만 4812명의 사회 연결망 지도를 작성하는 연구를 한 적 있었다. 우리 연구진은 이 기법을 써서 행동 변화의 표적으로 삼을 수 있는 영향력 있는 인물들(연결망 내 위치를 토대로)을 찾아내는 일을 하고 있다. 우리는 구조 측면에서 영향력 있는 이런 인물들의 행동을 바꿀 수 있다면 그들이 사는 마을 전체가 그들을 모방할 것이라고 기대한다. 우리는 수유율을 높이고, 아동 설사 관리 대책을 개선하고, 임신기에 남편의 가사 활동 참여를 높이는 등 유아 사망률을 줄인다고 알려진 방향으로 지역 문화를 바꾸려고 시도 중이다.

그런데 우리 친구인 애덤 글릭Adam Glick은 우리 방법이 효과가 있는지 알아보는 진정한 검사법은 사람들에게 임의적이고 쓸모없는 뭔가를 하게 만드는 것이라고 지적해왔다. "사람들에게 프로펠러 달린 모자를 쓰게 만들 수 있다면 나는 사회 변화를 일으키려는 이 방법이 실제로 작동한다고 믿을 거야." 이 말은 학습된 관습이 아무런 목적이 없는 것일 때 뭔가가 사회 학습된다는 주장이 더욱 타당성을 띤다는 의미다. 많은 이들이 동시에 독자적으로 개인 학습을 통해 쓸모없는 유행을 채택할 가능성은 낮다. 그러나 쓸모없는 관습이 사회 학습을 통해 퍼질 가능성은 높다.[128]

현대 사회에서는 문화 관습이 대체로 당면한 생존을 겨냥하고 있지 않다. 그래서 우리 관습 중 상당수는 임의성을 띨 수 있다. 통신 기술이 발달한 현대 세계에서는 우리 문화 능력이 고삐 풀린 양 줄달음칠 조건이 형성되어 있을지 모른다. 현대 사회에서 패션과 신체 장식의 빠른 변화(전통 사회의 복식과 치장 변화 속도를 훨씬 초월하는 변화)가 좋은 예다.

사회성 동물들이 사회 인간의 존재를 증명한다

생각하는 종으로서 인간은 다른 동물들이 지닌 인간다운 모습과 그렇지 않은 모습에 흥미를 느낀다. 때로는 인간이 다른 동물들과 어떻게 다른지에 초점을 맞춘다. 또 때로는 동일한 것을 관찰하면서 사람이 다른 동물들과 얼마나 비슷한지에 초점을 맞춘다. 나는 차이점과 유사점 모두 우리에게 많은 것을 알려준다고 본다.

앞 장들에서 살펴본 짝결속과 우정뿐 아니라 인간과 특정한 사회성 동물들이 공유하는 "사회성 모둠"의 측면들은 더 있다. 우리는 우리 자신뿐 아니라 남들의 개인 정체성을 드러내고 알아볼 능력을 지니고 있다. 우리의 슬픔을 느끼는 능력이 이 점을 말해준다. 슬픔은 우리 자신이 특별하고 유일하다고 여기는 어떤 개인의 죽음과 관련이 있다. 우리는 친구들과 협력하고 집단 내에서 협력한다. 우리는 때로 사회적 상호작용을 아예 배제하거나 협력하지 않는 이를 처벌하는 것을 포함해 협력을 촉진하는 다양한 행동을 진화시켜왔다. 남들과 연결되고 협력함으로써 우리는 그들로부터 배울 수 있으며 또한 그들을 가르치려는 관심과 의향을 갖는 쪽으로 진화할 조건이 마련된다. 교육은 교사에게 비용을 부담시키지만 반드시 혜택을 주지는 않는다. 그러므로 교육은 사실상 이타주의의 한 형태다. 이 모두는 마지막 기적을 낳는다.

바로 문화 능력이다. 그리고 인간에게 이 능력은 매우 복잡해질 수 있고 누적되는 양상을 띨 수 있다. 우리 모두는 우리 종이 기나긴 세월에 걸쳐 구축하고, 시공간을 넘어 사람 사이에 전달해 지금 우리 곁에 있는 집단 지식의 수혜자다.

인간 집단에서 이 모든 보편적 특징들이 협력하고 서로를 강화하는 덕분에 우리는 성공한 종이 될 수 있다. 또 이런 특징들은 명백히 좋은 것으로 보인다. 사실 우리가 전달 가능한 문화를 지니는 능력을 갖도록 뒷받침하는 "사회성 모둠"의 이런 요소들은 두 번째 대물림 체계를 구축할 토대를 마련한다. 유전 대물림과 나란히 진행되는(그리고 때로 교차하는) 문화 대물림 체계다. 다시 말해 우리는 유전자와 문화 둘 다를 다음 세대로 전달한다. 그리고 둘은 서로 영향을 주고받을 수 있다(이 문제는 11장에서 살펴보기로 하자).

우리와 동물 사회의 유사성은 우리 사회의 구조와 기능에서 핵심 특징이 무엇인지를 밝히는 데 도움을 준다. 우리 사회가 다른 사회성 동물들에게서 나타나는 식별 가능한 형질을 지닌다면, 이 사실 자체는 이런 형질이 우리 종의 근본 속성임이 틀림없다는 개념을 뒷받침한다. 그런데 더욱 중요한 점은, 이 사실이 우리의 공통된 인간성을 강조함으로써 모든 인간 사회에 보편적인 특징들을 전면에 내세운다는 것이다. 역설적이게도 우리가 "사회성 모둠"이라는 측면에서 다른 동물들과 닮았다는 사실이 우리 모두를 하나로 묶는다. 우리가 이 동물들과 더 비슷할수록 우리 모두는 서로서로 더 닮았음이 틀림없을 것이기 때문이다.

10장

원격 조종하는
유전자

BLUEPRINT

THE EVOLUTIONARY ORIGINS
OF A GOOD SOCIETY

바우어새의 화려한 건축물에 담긴 놀라운 비밀

BBC 자연 다큐멘터리 시리즈 〈플래닛 어스Planet Earth〉의 진행자 데이비드 애튼버러David Attenborough에 따르면 태평양 뉴기니섬 서부의 바우어새bowerbird 수컷들은 "실내 장식에 열정"을 지닌 별난 동물이다. 바우어새는 "바우어bower"라는 정교한 구조물을 짓는다. 이 경이로운 건축물은 숲 바닥에 세운 일종의 장식 기둥을 중심으로 세워지며 지름이 최대 1.8미터에 달하는 커다란 원뿔 모양이다. 지탱하는 기둥들과 난초 줄기로 덮은 이엉 지붕까지 갖추고 있다. 새는 그 안을 딱정벌레 날개, 도토리, 검은 열매, 화려한 주황색 꽃 등으로 장식하고, 심지어 이끼를 뜯어다가 꼼꼼하게 "잔디"처럼 깐다. 가장 인상적인 것은 멋지고 풍성한 분홍색 꽃다발이다.

　새 자체는 밋밋하기 그지없다. 깃털은 어중간하게 칙칙한 색깔이 뒤섞여 있다. 애튼버러의 감탄 섞인 설명에 따르면 "[바우어가] 깃털보다 낫다. 극락조bird-of-paradise는 깃털의 모양과 색깔 외에는 지닌 대안이 전혀 없다. 유전자가 준 것을 갖고 뽐내기를 해야 한다. 그러나 바우어새는 선택을 할 수 있다. 파란색보다 분홍색이 암컷을 유혹할 가능성이 더 높다고 판단하면 수컷은 자기 바우어를 분홍색으로 장식할 수 있다."[1]

바우어새는 호주, 뉴기니섬, 인도네시아에 약 20종이 사는데, 저마다 전반적으로 독특한 유형의 바우어를 짓도록 유전자에 새겨져 있다. 그중에는 앞서 말한 장식 기둥 양식maypole style과 길 양편으로 막대 벽을 세운 도로 양식avenue style이 포함된다. 이 놀라운 행동의 진화를 이끄는 주요 추진력은 까다롭게 바우어를 고르는 암컷의 태도다. 그렇지만 수컷은 나름 선택의 여지가 많다. 설령 빨간색 물건보다 초록색 물건을 찾도록 유전 성향이 부여되어 있다고 해도, 수컷은 유전으로 정해진 범위 내에서 자기 환경에서 이용 가능한 재료를 고를 수 있다. 다행히 뉴기니섬 숲에는 아주 다양한 재료들이 있다. 과일, 딱딱한 열매, 균류, 나비, 딱정벌레 날개, 조약돌, 조개껍데기, 꼬투리, 애벌레 배설물, 심지어 근처 캠핑장에 버려진 병마개 같은 사람들이 남긴 쓰레기까지 있다. 조류학자인 리처드 프럼Richard Prum은 한 바우어새가 쉽게 구할 수 있는 하얀 조약돌 대신에 근처 퇴적암 절벽에서 나오는 하얀 화석 조개껍데기를 더 선호한다고 썼다.[2]

조류학자이자 지리학자인 재레드 다이아몬드Jared Diamond는 창의적인 실험을 통해 선택의 여지가 어느 정도인지 조사했다. 각 새는 자기 종 특유의 바우어 유형(막대를 세워 만든 높은 탑이나 풀을 엮어 만든 낮은 탑 등)을 만들어야 한다. 다이아몬드는 여러 바우어새 집단 주위에 여러 색깔의 포커 칩을 흩어놓았다. 그러자 개체마다 선호하는 칩 색깔, 바우어 속 칩 배치 위치, 색깔 섞는 방법이 달랐다. 이 다양성이 출현한 방식은 몇 가지가 있을 수 있다. 바우어새 집단 간 유전 차이나 새들 간 문화 전달 차이 때문이거나, 단순히 각 새의 취향 차이 때문일 수도 있다. 다이아몬드는 어떤 새가 "다른 수컷들이 버리는 딱정벌레 머리만 모아 따로 쌓아놓는" 모습을 관찰했다.[3] 주황색 재료(열매, 꽃, 씨, 균류)를 선호하는 새, 노란색이나 자주색 꽃을 선호하는 새, 나비 날개를 선호하는 새도 있었다.

몇몇 바우어새 종은 입구에서 멀어질수록 더 큰 물체를 놓는 식으로 바우어를 짓는다. 입구에서 볼 때 공간이 더 균일한 평면으로 보이는 착시를 일으키는 기법이다.[4] 이 기법은 짝짓기 성공률에 영향을 미치는 듯하며, 암컷은 수컷이 이 착시를 얼마나 잘 일으키는지 알아볼 수 있다. 우리 종은 14~15세기에 이르러서야 원근법을 적용한 그림을 그릴 수 있었다.

리처드 프럼을 비롯한 조류학자들은 수컷의 바우어 건축 행동과 암컷의 까다로운 고르기 행동이 성적 강압을 예방하기 위해 공진화한 것이라고 주장한다.[5] 예를 들어 도로형 바우어는 암컷이 강제로 교미당할 위험 없이 가까이 다가가 수컷이 꼼꼼하게 꾸민 콜라주, 다채로운 장식, 정교한 춤을 살펴볼 수 있게 해준다. 암컷은 터널처럼 생긴 도로의 한쪽 끝으로 들어가 서서 앞쪽 트인 공간을 통해 안전하게 수컷을 지켜볼 수 있으며, 수컷은 암컷이 허락하지 않는 한 다가갈 수 없다. 수컷이 바우어 뒤쪽으로 들어온다면 암컷은 앞쪽으로 날아가버리면 그만이다. 암컷이 성적 강압, 신체 학대, 강제 교미를 회피하는 쪽을 선호하기 때문에 수컷은 이런 식으로 바우어를 짓도록 진화한 것일 수 있다. 암컷의 이 까다로운 고르기 행동이 암컷이 더 마음에 들어 하는 아름다운 건축물을 짓도록 수컷의 행동을 바꾸었다. 이 진화 사건은 5장과 6장에서 살펴본 식량 공급 전략과 비슷하다. 우리 종의 남성들은 점점 더 몸집이 커지고 공격적으로 행동하는 대신에 여성에게 매력적으로 보이기 위해 사랑과 친절이라는 비폭력 행동을 이용하는 쪽으로 진화한 것일 수 있다.

그러나 내가 볼 때 바우어의 가장 놀라운 점은 이 성 선택sexual selection의 작용이 (공작의 화려한 깃털이나 등에 흰 털이 난 우두머리 고릴라인 실버백silverback 고릴라의 우람한 덩치처럼 몸 안이 아니라) 바우어새의 몸 바깥에서 나타난다는 사실이다. 유전자는 멀리서, 자신이 들어 있는 동물의 몸 너머로 영향을 미칠 수 있다. 미시 세계의 유전 암호는 훨씬 더 상위 차원의 거시 세계를 빚어낼 수 있다

외적 표현형: 몸 바깥 세계까지 바꾸는 유전자

유전자의 효과는 여러 수준에서 이해할 수 있으며, 흔히 과학자가 임의로 어느 수준에 관심을 갖느냐에 따라 달라진다. 유전자가 세포에 어떻게 영향을 미치는지 조사하는 생화학자는 맨 첫 단계의 표현형이 출현하는 과정, 즉 유전자가 상응하는 단백질로 번역되는 과정까지 관찰한 뒤 일을 끝낼 수 있다. 하지만 왜 거기에서 멈추어야 할까? 의학유전학자는 유전자가 단백질에 미치는 영향은 무시한 채 근육 기능이나 뇌 구조나 질병 증상에 어떻게 영향을 미치는지 연구할 수 있다. 동물 전체에 관심을 가지는 동물학자는 여우의 털 색깔이나 들쥐의

일부일처제 행동 등 자신이 관심을 가진 표현형을 연구하기 위해 원하는 방향으로 동물들을 교배할 수 있다. 더 나아가 행동유전학자는 이런 중간 수준을 무시하고 위험 회피나 새로움 추구 같은 복잡한 형질을 살펴볼 수 있다.

그런데 유전자가 단백질에서부터 해부 구조와 생리 기능을 거쳐 행동까지 다양한 수준에서 발현된다면, 한 단계 더 나아가서(물론 아주 멀다는 점은 인정한다) 생물의 몸 바깥에 미치는 영향까지 살펴보지 말라는 법도 없지 않을까? 2005년 나는 정치학자 제임스 파울러와 함께 유전자가 몸 바깥에 미치는 효과, 특히 사회 집단의 구조와 기능에 미치는 효과에 "외적 표현형exophenotype"이라는 이름을 붙였다.[6]

이런 유형의 개념은 진화생물학자 리처드 도킨스가 1982년 출간한 심오한 책《확장된 표현형The Extended Phenotype》에서 처음 제시했다. 도킨스는 "이기적 유전자를 그것의 개념적 감옥인 생물 개체로부터 해방시키는" 것이 이론적으로 가능한 사례를 제시했다.[7] 이 관점에서 보자면 유전적으로 비버는 몸 안에 제 기능을 하는 췌장을 지니게 되어 있는 것과 마찬가지로 몸 바깥에 유용한 댐을 만들도록 되어 있는 것일 수 있다. 도킨스는 이것을 "확장된 표현형"이라고 말하지만 나는 "외적 표현형"이라는 용어를 쓰고 싶다. 이 용어는 생물이 우연의 산물이 아닌 유전자의 인도를 받아 번식과 생존의 가능성을 높이기 위해 자기 주변에 일으키는 변화를 의미한다.[8] 도킨스는 또한 이렇게 경고했다. "나는 어떤 사실을 주장하고 있는 것이 아니라 사실들을 보는 방식을 말하고 있는 것이므로, 독자에게 통상적인 의미의 '증거'를 기대하지 말라고 경고하고 싶었다."[9] 그런데 이런 개념을 뒷받침하는 과학적 증거가 실제로 나오기 시작했다.

어떤 의미에서 우리 종에게 우리가 만드는 사회 세계는 바우어새가 만드는 바우어와 비슷한 외적 표현형이다. 유전자는 생물의 몸과 마음만이 아니라 생물의 주변 세계까지 빚어내는 힘을 지녔다. 이 사실을 이해할 때 인류 사회 체제를 보는 새로운 방식이 눈 앞에 펼쳐진다. 친구, 집단의 조직과 기능, 자신이 속한 사회, 전 세계의 다른 사회를 볼 때 우리 유전자가 미치는 영향을 알아볼 수 있게 된다.

유전자가 키나 몸무게 같은 형질에 영향을 미치는 정확한 메커니즘은 불분명할 때가 많다. 생물의 발달에 평생에 걸쳐 대단히 복잡한 방식으로 환경과 상호작용하고 또 서로 간에 상호작용하는 다수의 유전자가 관여하기 때문이다. 눈 색깔처럼 외부 요인에 영향받지 않는 형질들조차 마찬가지다. 유전자들은 대단히 복잡한 방식으로 작용한다. 예를 들어 파란색 눈을 지닌 사람은 HERC2 유전자에 돌연변이가 있다. 하지만 이 유전자가 직접 홍채를 파란색으로 채우는 단백질을 만드는 암호를 지니거나 멜라닌melanin(피부, 털, 눈이 갈색을 띠게 하는 물질)을 만드는 암호를 지니는 것은 아니다. 대신에 이 유전자의 돌연변이는 OCA2라는 다른 유전자의 발현을 억제해 연쇄 효과를 일으킨다. OCA2는 P 단백질을 만들고, P 단백질은 멜라닌 생산에 관여한다. 즉 HERC2 유전자의 돌연변이는 여러 단계를 거쳐 간접으로 눈의 갈색 색소를 줄여 파란색을 띠게 한다.[10]

너무 지나치게 복잡하게 연결된 "루브 골드버그 장치Rube Goldberg machine"처럼 단순한 유전 변화조차 연쇄 반응을 거쳐 이런저런 효과를 일으킨다.(20세기 초에 미국 만화가 루브 골드버그는 단순한 작업을 일련의 서로 무관한 기구들이 연쇄 반응을 일으켜 간접적이고 비실용적이고 지나치게 복잡한 방식으로 수행하도록 설계한 장치를 작품 속에서 선보였다. 실제로 구현이 불가능한 이 장치는 이후 "혼란스럽고 지나치게 복잡한 체제"를 가리키는 표현으로 의미가 확장되었다-옮긴이) 그리고 당연히 사람들은 이런 유전 연쇄 반응이 몸 안에서 일으키는 일에 초점을 맞추는 경향을 보여왔다. 그러나 HERC2의 효과는 피부 표면에서 멈추지 않는다. 당신의 눈이 파랗다면 앞서 말한 유전자 돌연변이 때문이며, 눈이 파란 유럽인은 주로 약 6000~1만 년 전에 살았던 공통 조상의 후손이다.[11] 이 유전자는 지금 널리 퍼져 있으므로, 아마 파란색 눈의 알려진 불리한 점을 상쇄하고 남을 만큼 어떤 이점을 제공했을 것이다. 파란색 눈은 빛에 더 민감하고, 황반변성macular degeneration과 눈암에 걸릴 위험이 더 높은 등의 단점을 지닌다.[12]

파란색 눈의 이점은 아직 밝혀지지 않았지만 파란색 눈 소유자가 몸 바깥에서 하는 일과 관련이 있는 듯하다. 파란색 눈이 특이해 사람들의 시선을 끌므로 진화 역사에 걸쳐 번식 성공에 기여했다는 이론이 있다.[13] 또 사람들이 눈 색깔과 상관없이 홍채 테두리limbal ring(홍채와 흰자위 사이의 검은 선으로 건강과 젊음의 표지)가 더 두드러진 눈을 선호하며, 눈 색깔이 옅을수록 이 테두리가 더 두드러진다고 보는 이론이 있다.[14] 파란색 눈이 표정을 더 읽기 쉽게 해 의사소통의 정확성을 높인다고 보는 이론도 있다.[15] 그러나 사람들이 파란색 눈에 어떤 식으로 반응하든 간에 파란색 눈의 유전자가 사람들의 반응을 체계적으로 변화시킨다면, 이 유전자는 다른 이들에게 영향을 미쳐 이 표현형을 유리하게 만드는 간접 효과를 몸 바깥에 일으킬 수 있다.

포식자를 물리치는 스컹크나 벌을 끌어들이는 꽃은 자신의 적응도를 개선하기 위해 다른 생물의 행동을 바꾼다. 당신이 말로 남을 설득해 원하는 대로 하게 만들 때마다(아기가 사랑스럽게 옹알거려 어른의

주의를 끌 때처럼) 당신은 우리 유전자에 새겨져 진화한 비슷한 힘을 드러내는 셈이다. 당신의 입은 간접 경로를 통해 당신의 생존에 영향을 미치는 다른 사람의 근육을 통제할 수 있다.

이 개념을 너무 멀리까지 확장하지 않는 것이 중요하다.[16] 몸 바깥의 하향 효과downstream effect를 이야기할 때 한 가지 중요하게 고려해야 할 사항은 유전자가 특정한 외적 표현형의 암호를 지니고 있어야 하며, 이 암호에서 나온 외적 표현형이 번식이나 생존에 영향을 미쳐야 한다는 것이다. 도킨스는 사람들이 짓는 건축물은 확장된 표현형이 아니라고 말한다. 사람은 주거지를 짓는 성향에 영향을 미치는 유전자나 이런 주거지가 얼음으로 만든 둥근 집일지 나뭇가지로 만든 네모난 집일지 암호로 담은 유전자를 갖고 있지 않기 때문이다(적어도 우리가 아는 한 이런 유전자는 없다). 사람이 짓는 집은 달팽이가 분비하는 껍데기나 바우어새가 짓는 바우어와 다르다.[17]

유전자는 인간이 물리 세계를 특정한 방식으로 변화시키게 만드는 암호를 지니고 있지는 않다. 그렇지만 유전자는 우리가 우리 자신을 위해 만드는 사회 세계에 영향을 미친다. 사람들은 환경을 주위 사람들이 더 살 만한 곳 또는 덜 살 만한 곳으로 만든다. 그들이 어떻게 하느냐에 따라서 앞으로의 삶에 영향이 미친다. 게다가 사람들은 다른 이들의 유전자에 영향받는다. 우리는 유전자들의 바다에 살며, 남들의 유전자가 우리 자신의 유전자보다 우리 운명에 더욱 중대한 영향을 미칠 수도 있다.

인류의 사회 질서에 유전자가 어떤 역할을 하는지 사례를 더 살펴보기 위해, 생물이 외적 표현형을 드러내는 여러 가지 방식을 설명해보겠다. 첫째, 유전자는 생물이 자기 주변의 무생물 세계를 조작하는 방식에 영향을 미칠 수 있다. 새는 둥지를 짓는다. 비버는 댐을 짓는다. 거미는 거미집을 짓는다. 모두 동물이 몸 바깥에 있는 천연 재료를 찾아내거나 그것을 가공해 만드는 동물 가공물animal artifact이다.[18] 둘째, 유전자는 생물이 무생물 세계뿐 아니라 주변의 생물 세계를 조작하는 방식에 영향을 미칠 수 있다. 달팽이를 감염시키는 특정한 병원체가 달팽이에게 더 두꺼운 껍데기를 만들도록 하듯이, 기생 생물은 때로 자신이 차지한 숙주의 몸에 변화를 유도한다. 이런 사례에서는 한 생물이 자신이 접촉하고 있는 다른 생물의 몸에(그리고 뒤에서 살펴보겠지만 행동에까지) 영향을 미칠 수 있다. 셋째, 그리고 아마 가장 놀랍겠지만, 유전자는 멀리서 생물에 영향을 미칠 수 있다. 한 생물의 유전형은 물리적으로 접촉하지 않은 채 자기 종이나 다른 종에 속한 개체의 표현형(행동 포함)에 영향을 미칠 수 있다.

사람의 유전자가 사람의 행동에 체계적으로 영향을 미친다면 진화는 우리가 우리 자신을 위해 구축하는 사회생활의 유형과 깊은 관련이 있다. 이 말은 우리 사회의 핵심 특징들이 유전자에 새겨져 있다는 의미다. 우리 조상들은 그들 자신을 위해 사회 생태 지위를 구축했고, 이 생태 지위는 우리 종의 진화 환경의 일부가 됨으로써 거꾸로 오늘날 인류가 지닌 유전자의 유형에 변화를 일으켰다. (친절한) 사람들로 가득한 환경에서는 개인이 친절해지는 쪽이 더욱 유리하다. 이 전체 과정은 전 세계 인류 사회의 핵심을 이루는, 보편적으로 표현되는 "사회성 모둠"에 기여해왔다.

동물 가공물: 거미집은 거미의 입이다

동물 가공물은 동물이 의도한 행동의 결과로 만든 물질 대상이다. 바우어새의 바우어가 한 예다. 모든 표현형이 유전형에 영향받은 변이를 지니듯이, 동물 가공물은 생물이 생존하고 번식할 기회 그리고 관련 유전자 변이체가 증식할 기회를 돕거나 해칠 수 있다. 거미가 먹이를 더 쉽게 잡기 위해 몸 앞쪽에 더 큰 입기관mouthparts(구기)을 갖추는 쪽으로 진화한다면 이는 생존에 영향을 미치는 유전형 변화로부터 생긴 표현형 형질이라고 볼 수 있다. 그러나 몸 바깥에 만드는 거미집 역시 이 점에서는 사실상 아무런 차이가 없다. 거미는 꽁무니에 있는 방적돌기spinneret를 이용해 사실상 먹이를 잡기 위해 입이 닿는 범위를 확장한다. 거미집은 커다란 입과 같으며, 거미집 짓기와 거미집 구조는 자연선택의 통제를 받는다.

이런 가공물이 종의 유전적 조성genetic makeup을 반영한다는 점은 명백하다. 모든 거미가 속한 집단인 거미목Araneae은 다양성이 아주 높아 105개 과, 3만 4000여 종으로 이루어져 있다.[19] 컬러 도판 [0-7]에 나와 있듯이, 왕거미과orb-weaving spider의 종들은 다양한 측면에서 차이를 보이지만 가장 중요한 차이점은 거미집을 짓는 방식과 거미줄을 이루는 단백질의 아미노산 서열이다. 이 다양성은 "적응 방산 adaptive radiation"의 강력한 사례다. 적응 방산은 공통 조상을 가진 생물이 서로 다른 환경 생태 지위를 차지하기 위해(예를 들어 거미들이 서로 다른 종류의 먹이를 잡는 쪽으로 적응하는 식으로) 새로운 형태와 종으로 분화하는 과정을 가리킨다.[20]

동물은 거미줄처럼 자신이 직접 만드는 무생물 물질만으로 가공물을 만드는 것이 아니다. 바우어새 사례에서 보았듯이 진화 과정에서 유전자는 새의 몸에 성적 매력을 지닌 파란 깃털을 추가하거나, 열매에서 짜낸 파란 색소로 바우어를 칠하거나, 심지어 파란색 조약돌을 모아다가 일정한 무늬로 배열하도록 함으로써 자체 번식을 강화할 수 있다. 유전자는 증식 방법을 몇 가지 지니며(서로 다른 종의 관점에서 보았을 때) 그중에는 동물의 몸 안에서 작동하는 것과 몸 바깥에서 작동하는 것이 있다.[21]

동물 가공물을 어떤 유전 변이와 직접 연관 지은 연구 결과는 아직 매우 드물다. 우리는 어느 유전자가 거미집 모양이나 바우어 양식에 관여하는지 대체로 알지 못한다. 그러나 몇몇 예외 사례가 있다. 올드필드쥐는 아주 좋은 사례다.[22] 올드필드쥐와 사슴쥐는 아주 가까운 친척으로 둘 다 굴을 판다. 사슴쥐는 입구에서 조금만 들어가면 둥지가 나오는 단순한 굴을 판다. 반면에 올드필드쥐는 입구에서부터 둥지까지 통로가 더 길고 둥지 뒤쪽에 탈출용 통로까지 판다(그림 [10-1] 참조). 포식자가 앞길로 들어오면 뒷길로 달아난다. 진화생물학자 호피 혹스트라 연구진은 굴 유형이 사회 학습되는 것이 아님을 보여주었다. 연구진은 올드필드쥐와 사슴쥐를 부모의 영향을 받지 못하게 격리해 키운 다음 성체가 되었을 때 건축 재료를 주었다. 각 종은 자기 종 특유의 굴을 팠다.

두 생쥐는 아주 가까운 친척이기에 상호 교배와 번식이 가능하다. 연구진은 그들을 상호 교배시킬 수 있었고, 그 결과 굴 유형이 유전으로 결정된다는 것을 보여주었다. 혹스트라는 유전체의 단 3개 영역에 있는 소규모 유전자 집합이 입구 통로 길이를 결정하고, 또 한 영역에 있는 아마 단 하나일 듯한 유전자가 탈출용 통로를 팔지 여부를 결정

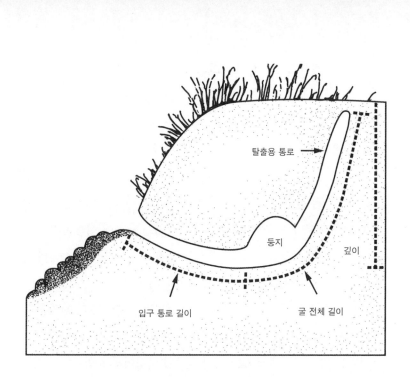

탈출용 통로 →

둥지

깊이

입구 통로 길이

굴 전체 길이

10 - 1 | 전형적인 올드필드쥐 굴의 단면도

올드필드쥐 굴의 주요 물리적 특징(다른 종에게는 없는 탈출 통로를 포함해)이 나타나 있다.

한다는 것을 밝혀냈다! 유전자가 이런 복잡한 행동의 암호를 어떻게 풀어내어 가공물이 나오는가는 수수께끼로 남아 있다. 하지만 이 실험은 유전자가 실제로 동물이 만드는 가공물의 특성을 제어할 수 있으며, 특정한 유전자의 변이가 특정한 가공물의 변이에 상응한다는 것을 보여준다.

기생물과 숙주: 다른 사람의 유전자가
내 행동과 운명을 통제한다

이처럼 유전자가 몸의 안과 바깥 양쪽에서 발현되며 물질세계에까지 작용할 수 있다는 점을 깨닫고 나면, 우리는 기생parasitism과 공생 symbiosis 같은 현상을 다른 관점에서 이해할 수 있다. 물리 환경을 어떤 방법을 써서 자기 이익에 맞게 재배치하는 대신에 생물은 자신의 생물 환경을 재배치할 수 있다. 무생물 물질이 아니라 자기 주변의 살아 있는 조직에 작용하는 방식으로 그렇게 할 수 있다.

특정한 종류의 기생성 흡충fluke에 감염된 달팽이는 더 두꺼운 껍데기를 만든다. 껍데기 표현형이 달팽이 자신의 생리와 유전자에 영향받는다는 것은 분명하다. 그렇지만 숙주인 달팽이의 표현형에서 일어나는 변화 중 적어도 일부는 기생물인 흡충의 적응 형질이라고 볼 수 있다. 흡충의 관점에서 보면 달팽이가 자원을 번식 쪽(흡충에게 혜택이 돌아가지 않는 쪽)이 아니라 생존 쪽(흡충이 혜택을 보는 쪽)으로 더 돌리기를 원하며, 껍데기가 더 두꺼워지면 달팽이와 흡충 둘 다 살아남을 가능성이 더 높아진다.

이를 진주조개가 조개껍데기를 만드는 물질로 모래알을 감싸 진주를 만드는 것과 흡사하게, 숙주가 어떤 식으로든 자신을 보호하려고 껍데기를 만드는 세포를 활성화해 몸속 위협에 대처하고자 다른 식으로 행동하는 것이라고 생각할 수 있다. 그러나 이 생각은 완전히 틀렸을 수도 있다. 즉 이 변화를 이끄는 것은 숙주가 아니라 기생물일 수 있다. 기생물 자신의 이익을 위해 말이다! 흡충의 유전자는 바우어새 유전자가 숲 바닥에서 꼬투리를 조작하는 것과 흡사한 방식으로 달팽이의 껍데기를 만드는 세포를 조작한다.

　기생물이 자신의 생존 가능성을 높이는 방식으로 숙주의 해부학 변화를 유도하는 쪽으로 진화할 때, 우리는 숙주의 표현형이 기생물 유전형의 통제 아래 있다고 말할 수 있다. 전통적인 방식으로 숙주의 관점에서 보면 자신의 구조나 기능에 일어나는 변화를 자신의 환경 탓으로 돌릴 수 있다. 자신이 반응하거나 적응하는 환경에 이제 이 성가신 기생물까지 포함되어 있는 것일 뿐이다. 그러나 기생물의 관점에서 보면 숙주의 몸에 일어나는 이런 변화는 자기 유전자가 일으키는 것이라고 할 수 있다.

그런데 달팽이 흡충은 달팽이 껍데기 두께에만 영향을 미치는 것이 아니다. 달팽이의 행동까지 통제한다. 달팽이는 대개 밝은 곳을 피해 다니는데 흡충은 거꾸로 달팽이가 밝은 곳으로 향하도록 만든다. 그런 다음 흡충은 달팽이의 눈자루eyestalk로 옮겨가 거기에 머물면서 눈자루가 요동치도록 마구 날뛰어 배고픈 새의 주의를 끈다(그렇게 여겨진다). 이 모든 일은 달팽이에게는 안 좋다. 새가 달팽이를 더 쉽게 알아보고 달팽이를 잡아먹을 것이라는 뜻이기 때문이다. 그러나 흡충에게는 좋은 일이다. 자기 한살이의 다음 단계로 넘어가는 데 필요한 새의 소화계로 들어갈 수 있다는 뜻이기 때문이다.

　이 달팽이의 행동 통제는 SF에 나오는 이야기처럼 들린다. 사실 기생 생물이 숙주의 행동(단지 몸만이 아니라)을 바꾸는 쪽으로 진화한 사례는 아주 드물다. 기생 생물 종의 0.5퍼센트도 안 된다.[23] 그러나 과학자들은 점점 더 많은 사례를 찾아내고 있다. 기생 생물인 톡소플라즈마toxoplasma에 감염된 생쥐는 고양이 오줌을 피하는 본성을 잃어버려 고양이에게 잡아먹히며, 그럼으로써 고양이는 이 기생물의 다음 숙주가 된다.[24] 연가시는 숙주인 귀뚜라미를 물로 뛰어들게 해 익사시킬 수 있으며, 그럼으로써 한살이의 다음 단계로 나아간다.[25] 일부 기생 생물은 숙주의 호르몬을 흉내 낸 전혀 이질적인(자신에게) 화학 물질을 분비해 숙주의 행동을 변화시킴으로써 자신의 목적을 이루는 듯하다.[26]

기생 생물이 행동을 통제하는 가장 기괴한 사례 중 하나는 이른바 "좀비" 개미다. 일부 개미 종은 불행하게도 좀비개미곰팡이Ophiocordyceps unilateralis(납작방망이뱀동충하초)에 감염되기 쉽다. 이 곰팡이에 감염된 개미는 특정한 높이까지 식물을 타고 기어오른 뒤 잎 뒷면의 잎맥 부위를 꽉 문다.[27] 그러면 곰팡이는 개미를 죽인 뒤 개미 머리에서 버섯 모양의 자루를 길게 내민다. 이윽고 자루에서 다른 개미들을 감염시킬 수 있는 홀씨가 비 오듯 떨어져 내린다(컬러 도판 [0-8] 참조). 이 현상은 앨프리드 러셀 월리스Alfred Russel Wallace가 처음 관찰했다. 다윈과 동시에 자연선택 이론을 내놓았지만 노력에 비해 훨씬 인정을 못 받은 자연사학자다. 여기서 우리는 신경계가 없는 종(곰팡이)이 신경계를 지닌 종(개미)의 행동을 통제해 개미를 포자 전달 토대로 바꾸는 쪽으로 진화한 사례를 본다. 잎맥을 개미가 문 자국이 남아 있는 잎 화석으로 볼 때 이 곰팡이 표현형은 수천만 년 전부터 존재했다.[28]

그렇다면 사람의 형질과 행동 중에도 사실상 다른 생물이 가진 유전자의 유전 부산물이 있지 않을까?[29] 사람의 재채기가 내가 의대에서 배웠던 것처럼 우리 자신의 이익을 위해 상기도에서 병원체를 내쫓기 위한 것이 아니라 병원체 자체의 이익을 위한 것일 가능성이 있지 않을까? 병원체가 공기를 통해 전파될 수 있도록? 바로 이 병원체가 우리 행동을 조작하는 것일 수 있다. 사람은 재채기가 병원체인 성가신

침입자를 몸 밖으로 내쫓아 우리 건강을 도모하는 행동이라고 생각한다. 그러나 재채기는 병원체가 자신의 전파를 도모하고 적응도를 높이기 위해 우리를 조작하는 행동일 수 있다. 일부 장내 기생충은 자신의 이익을 위해 사람의 생식력을 떨어뜨릴 수 있다.[30]

특정 병원체에 감염되는 사람은 사랑하는 이들이 자신에게 다가와 돌보게끔 행동하는 것일 수 있다(사람의 사랑하고 돌보고 협력하려는 성향을 조작해). 그럼으로써 사람들을 병들게 하는 병원체는 더욱 널리 전파될 수 있다. 병든 사람들이 아기처럼 굴면서 보호자의 도움을 이끌어내는 것은 우연의 일치가 아닐 수 있다.

일부 과학자는 스스로 몸에 상처를 내거나, 땅에 구르거나, 아주 많은 이들이 성상이나 신성한 유물에 입을 맞추는 등 특정한 종교 행동을 하도록 사람들을 부추겨 미생물이 자신의 진화 적응도를 높일 수 있다는 대단히 추측에 근거한 가설까지 제시했다.[31] 미생물은 더 나아가 우리의 집단 형성 욕구를 증진해 우리의 사회생활을 빚어내는 한편으로 자신의 전파를 촉진하는 것인지 모른다.

유전자는 얼마나 멀리까지 효과를 미칠까

지금까지 살펴본 기생 관계는 두 동물(숙주와 기생물)이 서로 직접 접촉했을 때 둘의 적응도와 관련 있는 외적 표현형의 사례를 보여준다.[32] 그런데 두 동물이 실제로 접촉하지 않은 상태에서 한 동물이 같은 종이나 다른 종에 속한 개체의 행동에 되풀이해 영향을 미칠 수도 있다.

동물은 접촉하지 않은 채로 이를테면 냄새 물질을 분비해 다른 동물의 모습과 행동에 영향을 미칠 수 있으며, 냄새뿐 아니라 다양한 수단을 이용하는 동물 의사소통의 많은 측면이 이 범주에 들어간다.[33] 큰가시고기stickleback fish를 대상으로 이루어진 한 탁월한 실험은 물고기의 포식자 회피 행동을 바꾸는(물고기를 기생물의 다음번 필수 숙주인 새에게 더 잡아먹히기 쉽게 만드는 식으로) 기생물에 감염된 물고기를 넣자무리에 있는 다른 물고기들의 포식자 회피 행동이 영향받는다는 것을보여주었다. 감염되지 않은 물고기들임에도 그랬다.[34] 기생 생물은 한개체를 감염시킴으로써 많은 개체의 행동을 통제할 수 있다.

이런 관점에서 보면 살아 있는 세계 전체는 일관성은 없지만 상호작용하는 연결망이라고 볼 수 있다. 이 관점은 나비가 날갯짓을 하면지구 반대편에 태풍을 일으킨다는 개념을 떠올리게 한다. 아마 우리각자는 우리 자신의 유전자만이 아니라 지구에 사는 모든 생물의 유전자를 포함하는 드넓고 복잡한 바다에 떠 있는 것인지 모른다. 물론 모든 각 생물 개체와 그들의 모든 특징과 행동 하나하나를 다 고려한다는 것은 불가능하다. 대신에 우리는 관련성이 있는(유의미한) 외적 표현형에 초점을 맞출 필요가 있다. 생물의 적응도에 직접 영향을 미치고 흡충과 달팽이처럼 특정한 종들의 상호작용에 구체적으로 관여하는 외적 표현형을 이런 것이라고 정의할 수 있다. 이런 식으로 초점을좁히지 않는다면 생물이 세계에 작용하기 위해 하는 모든 행동을 다른모든 생물에게 영향을 미치는 자기 자신의 확장이라고 볼 수 있는 불합리한 상황에 처하게 된다. 동물이 땅에 배설하는 것 같은 평범한 행위조차 그렇게 말하게 될 것이다(비록 의학 용어를 쓰지는 않았지만 우리집 아이들 중 한 명도 이 점을 알아차렸다).[35]

어떻게 하면 이런 식으로 과학적 초점을 맞출 수 있을까? 바로 다음 사실을 중요하게 고려해야 한다. 어떤 표현형이 관련성이 있으려면 (유의미하려면) 이 표현형의 토대가 되는 유전자의 증식에서 차이를 이끌어내야 한다. 유전자의 변이체들은 표현형 효과phenotypic effect의 결과로 집단 내에서 빈도가 증가하거나 줄어들 수 있다. 그런데 어떤 표현형 효과들은 사소해서 다음 세대의 대립유전자 빈도에 아무런 영향을 미치지 않을 수 있다.

이 점을 설명하기 위해 도킨스가 제시한 발자국 사례를 살펴보자. 바닷새의 발자국 모양을 변화시키는 어떤 유전자 돌연변이는 이 새의 생존에, 따라서 이 유전자의 증식에 영향을 미칠 가능성이 높다. 이를테면 새가 젖은 모래 위를 얼마나 쉽게 돌아다닐 수 있는지에 영향을 미칠 수 있다. 또 이 돌연변이는 새가 남기는 발자국의 모양에 불가피하게 영향을 미칠 것이다. 발자국 모양이 이 새의 적응도에 아무런 영향을 미치지 못한다면 이것은 생존과 관련이 없으며, 따라서 우리가 모으는 외적 표현형 후보 집합에서 제외될 수 있다.[36] 반면에 새롭게 변형된 발자국이 새의 생존에 영향을 미친다면(이를테면 포식자가 추적하기 쉽도록 만든다면) 우리는 이 발자국을 새의 생존에 영향을 미치는, 관련성 있는 외적 표현형이라고 여길 것이다. 포식자 또한 진화할 수 있다. 이를테면 더 작은 발자국까지 볼 수 있는 더 뛰어난 시력을 갖출 수 있다. 그러므로 중요한 것은 외적 표현형이 해당 유전자를 집단에서 더 또는 덜 퍼지게 만들 만큼 적응도에 충분한 영향을 미치는지 여부다.

이런 외적 표현형 효과는 종 내에서도 일어날 수 있다. 한 개체가 다른 개체들에게 영향을 미쳐 이 효과가 진화 경로를 바꾸는 새로운 선택압을 생성할 수 있다. 비버는 개울에 댐을 쌓아 연못을 만들며, 이 연못은 비버가 먹이를 찾아다닐 수 있는 물가를 더 넓히고 이곳저곳을 더 안전하게 헤엄치면서 돌아다닐 수 있게 해준다. 따라서 이 연못은 비버의 이빨 크기나 모양 같은 신체 표현형과는 다른 외적 표현형이라고 볼 수 있다. 비버는 연못의 크기와 깊이를 바꿈으로써 연못의 어류와 곤충 등 다른 동물들에게 선택압을 가할 수 있다. 우리에게서도 비슷한 효과가 나타날 수 있다.

비버의 댐 쌓는 행동은 후대 비버들의 신체 부위를 변화시킬 선택압을 가하는 새로운 환경을 빚어낼 수도 있다. 아마 후대 비버들은 이 더 큰 서식지에서 더 오래 잠수해 더 멀리까지 헤엄칠 수 있도록 더 커다란 허파를 갖게 될 것이다. 그리고 더 커진 허파는 댐을 더 크게 쌓은 연못에서만 유리할 수 있으며, 이 때문에 댐 쌓는 행동은 중시될 것이다. 그 결과 비버의 댐 쌓는 능력(외적 표현형)과 더 멀리 헤엄칠 수 있게 해주는 신체 형질(기존 표현형)은 공진화할 수 있다.

당신의 표현형은 다른 사람들의 유전자에 영향받는다

나는 비버의 댐에 적용되는 것과 비슷한 무엇이 인간이 만드는 사회 구조에 적용된다고 생각한다. 유전자 변이체가 외향성 같은 성격 형질을 갖도록 하는 성향을 지녔고, 또 오래전 어떤 인류 조상들이 더 사회성을 발휘하도록 친구들을 부추기고 친구들 간 소개를 주선하는 외향성 사람들이었다면, 그들은 친구들의 적응도에 영향을 미쳤을 것이다. 이는 그들이 지닌 유전자의 하향 효과다. 또 더 사회적인 존재인 그들이 자신과 친구들의 생존을 어떤 식으로든 높였다면(아마 친구들을 모두 모아 더 크고 더 효과적인 사냥 집단을 구성해), 특정한 유형의 집단을 형성하는 이 성향은 외적 표현형이다.

예를 들어 우리 연구진은 수단의 목축민인 니앙가톰족Nyangatom의 연결망 지도를 작성해(컬러 도판 [0-4] 참조), 같은 부족의 이웃들을 습격하는 위험하지만 유익할 수 있는 습격대를 조직하는 행동이 집단의 사회 연결망 구조에 달려 있다는 점을 보여주었다. 사람들은 친구들이 참가하기 때문에 습격대에 참가하며, 습격대의 구성은 그들의 성공 여부와 관련성이 있다.[37] 상호작용이나 의사소통 행동에 영향을 미치는 모든 유전자는 정의상 이 유전자를 지닌 당사자 이외의 사람에게까지 영향을 미치므로, 사회 체제를 빚어내는 유전자라고 잠정적으로 간주할 수 있다.

닭의 사례는 간접 유전자 효과, 따라서 이런 원격 작용하는 사회적 외적 표현형social exophenotype을 이해하는 데 도움을 줄 수 있다. 닭의 깃털 상태는 분명히 표현형이다. 유전자는 새의 깃털에 관여하기 때문이다. 물론 닭의 모이와 햇빛 쬐는 정도 같은 환경 요인도 당연히 관련이 있다. 그런데 닭의 깃털은 환경에 존재하는 또 다른 요소에 영향을 받는다. 바로 다른 닭들의 행동이다. 암탉들은 한 개체의 깃털을 공격적으로 쪼아대어 손상을 입힐 수 있다(일부 닭은 동족 섭식 행위까지 한다). 그래서 예전에 농부들은 이런 일을 예방하기 위해 암탉의 부리를 잘라내는 유감스러운 관행을 따랐다(지금은 대체로 불법이다).

다양한 닭들을 한 우리에서 지내게 하면서 이 개념을 살펴본 실험이 있다. 실험 결과는 깃털의 질이 닭 자신의 유전자만이 아니라 주변 닭들의 유전자의 산물임을 보여주었다.[38] 어떤 유전자는 닭의 깃털을 기형으로 만들 수 있고, 또 어떤 유전자는 닭의 행동을 온순하게 만들 수 있다. 후자일 때 이 개체는 다른 닭들에게 계속 쪼여 원래 좋았던 깃털이 엉망이 될 수 있다. 즉 쪼기 행동을 드러내는 다른 닭들의 성향으로부터 간접 효과가 생겨났다. 사실 이 사례에서는 이런 간접 효과가 더 강했다. 닭의 깃털 상태는 자신의 유전자보다 이웃들의 유전자에 더 의존했다!

생물 개체 내에서 유전자의 효과는 흔히 다른 유전자들의 작용에 의존한다. 유전학자들은 이를 "상위작용"이라고 한다. 앞서 살펴보았듯이 눈을 갈색으로 만드는 유전자는 HERC2 유전자의 특정한 변이체를 지니면 작동하지 않는다. 눈 색깔을 결정하려면 몇몇 유전자가 협력해야 한다. 한 개체 내에는 이런 상호작용이 무수히 많이 일어난다(대머리 유전자를 함께 지니면 흰머리 유전자가 발현되지 않는 것처럼), 한 유전자가 바뀌면 다른 유전자들의 작용에 효과가 미칠 수 있고, 이에 따라 표현형의 발현에 효과가 미칠 수 있다.그런데 닭의 사례에서 살펴보았듯이 이런 효과는 또한 개체 간에 일어날 수 있다. 나는 이를 "사회적 상위작용social epistasis"이라고 부른다. 한 개체에서 유전자들이 일으키는 효과가 다른 개체의 유전자들에 영향을 받을 수 있기 때문이다. 한 닭은 쪼아댈 수 있고 다른 닭은 털갈이를 할 수 있다. 한 비버는 댐을 지을 수 있고, 그러면 다른 비버는 더 오래 숨을 찾는 능력을 활용할 기회를 얻을 수 있다. 이런 사고방식을 추구하다보면 우리는 그토록 오랫동안 진화생물학 사고를 지배했던 기존의 "몸속 유전학within-body genetics"을 실제로 버릴 수 있다. 그리하여 상호작용하는 개체들로 구성된 집단은 서로의 유전자에 영향받는다는 것을 보게 될 수 있다.[39] 이제 다른 개체들의 유전자들은 자신의 진화 과정에서 모든 유전자가 직면해야 하는 환경의 또 다른 특징이 된다.

실제로 유전자는 유용해지고 자연선택의 선호를 받으려면 다른 생물들의 특정한 유전자가 있어야 할 수 있다. 당신이 말하는 능력을 제공하는 유전자 돌연변이를 최초로 지니게 된 사람이라고 상상해보자(이를테면 후두의 해부 구조를 바꾸거나 뇌의 신경 경로를 바꿈으로써). 말하는 능력은 분명히 다유전자성polygenic이며, 우리 종이 30만 년 전 네안데르탈인과 갈라지기 전에 시작된 기나긴 진화 과정의 산물이지만 몇몇 유전자가 사실상 두드러진 역할을 할 수도 있다.[40] 당신이 지구 최초로 말하는 능력을 주는 유전자 돌연변이를 지닌 사람이 되었다고 해보자. 하지만 말을 건네고, 그 말을 이해하고, 아마 화답까지 할 사람이 없다면 이 능력은 거의 무용지물일 것이다. 반면에 대화의 가능성이 실현되는 순간 갑자기 이 돌연변이는 훨씬 더 유리해질 것이고, 시간이 흐르면서 집단으로 퍼질 것이다. 그리고 더 널리 퍼질수록 이 돌연변이는 후대의 개인들에게 더 유용해질 것이다.

언어 능력은 연결망 재화network good에 속한다. 가진 이들이 더 많을수록 가치가 더 높아지는 재화라는 의미다(이 현상을 네트워크 효과network effect라고 한다-옮긴이). 이메일 계정도 연결망 재화다. 당신이 지구에서 유일하게 이메일 계정을 가진 사람이라면 이 계정은 무용지물이다. 그러나 또 다른 누군가가 계정을 갖자마자 계정의 가치는 0을 벗어난다. 그리고 계정을 가진 이들이 늘어날수록 당신의 계정은 점점 더 유용해진다. 우리 사회생활에 영향을 미치는 유전자 역시 마찬가지일 수 있다. 유익한 효과를 내려면 다른 이들에게서 동일하거나 다른 유전자가 필요할 수 있다.

사회적 상위작용은 의사소통 관련 유전자 이외의 유전자들에서 나타날 수 있다. 어떤 유전자는 친구들이 동일한 유전자를 지닐 때 개인에게 더욱 유리하게 작용한다. 면역계를 조절하는 유전자는 주변 사람들의 면역계에 따라 일을 더 잘하거나 못할 수 있다. 당신이 특정한 병원체에 취약한 돌연변이를 지니고 있지만 친구들이 모두 이 병원체에 내성을 가져서 당신에게 옮길 수 없다면 이 돌연변이는 무의미해진다. 이타주의와 호혜 행동 관련 유전자들 모두 마찬가지일 가능성이 높다. 이런 유전자를 지닌 이들과 상호작용하는 사람에게 혜택을 준다.

사회 생태 지위 구축: 사회인으로 가득한 세상 만들기

위에서 논의한 사람 간 간접 유전 효과를 외적 표현형이라고 보려면 또 다른 조건이 충족되어야 한다. 이 표현형을 드러내는 개인의 생존이나 번식에 영향을 미쳐야 한다. 닭 실험에서 쪼는 암탉의 다윈 적응도가 자신이 위협하는 암탉의 깃털 상태에 달려 있다면 후자의 깃털 상태는 외적 표현형이라고 말할 수 있다. 우리 종으로 돌아와 당신의 유전자가 당신이 친구들을 서로 소개하는 성향을 갖게 만들고 이 성향에 따라 당신이 짜는 사회 연결망이 당신의 생존에 영향을 미친다면 이것은 사회적 외적 표현형이다.

　사람은 바우어새가 바우어를 만드는 것만큼 재현 가능하게 사회 연결망을 만든다. 이런 사회적 외적 표현형을 적절히 분석하고자 할 때 종 간 비교를 통해 사회 구조가 어떻게 다양한지 보여줄 다른 인류 종 집합이 있다면 이상적일 것이다. 올드필드쥐와 사슴쥐, 여러 거미 종의 사례에서처럼 말이다. 그러나 우리 종 내에서 벌어지는 일도 유전자가 사회적 외적 표현형에서 어떤 역할을 하는지를 보여줌으로써 이 문제의 이해에 기여할 수 있다.

남보다 친구가 더 많은 이들이 있고 더 적은 이들이 있다는 것은 뻔히 알 수 있는 사실이다. 또 사람들은 친구 취향과 친구 사귀는 능력이 저마다 다르다. 우리 연구실은 유전자가 사람들이 실제로 구성하는 대면 사회 연결망 유형을 설명하는 데 얼마나 도움을 주는지 알아보기 위해 미국 전역의 142개 학교에서 일란성 쌍둥이 1100쌍을 조사했다.[41] 8장에서 살펴보았듯이 사귀는 친구 수 차이 중 약 절반은 유전자 차이로 설명이 가능하다. 이 차이는 시각적으로 보여줄 수 있다. 도표 [10-2]는 대학생 105명(원으로 표시)과 그들 사이의 수백 가지 우정 연결(원들 간 선으로 표시)을 보여주는 사회 연결망 지도다. 각 학생은 평균 6명의 가까운 친구와 연결되어 있다. 그러나 어떤 이들(D 등)은 다른 이들(B 등)보다 친구가 더 많다.

그러나 어떤 두 사람을 구분 짓는 것이 친구 수만은 아니다. 3장에서 살펴보았듯이 종이에 이차원으로 연결망을 그리는 데 쓰는 수학 알고리즘은 연결 수가 더 많은 이들을 그래프의 중심에 놓고 연결 수가 적은 이들을 가장자리에 놓는다. 당신의 친구들이 친구가 많을 때 연결망 전체에서 당신의 연결 수 역시 늘어난다. 친구들이 더 잘 연결되어 있을 때 당신은 사회 연결망의 가장자리를 벗어나 중앙으로 향한다. 그러므로 과학자들은 당신이 더 중심에 놓인다고 말한다. 즉 당신의 중심성은 친구 수만이 아니라 친구들의 친구 수와 이 친구들의 친구 수 등을 죽 세어 정량화할 수 있다. 우리 연구는 유전자가 바로 여기에 영향을 미칠 수 있다는 것을 드러냈다. 연결망에서 중심과 가까운 정도 차이 중 약 3분의 1은 유전자에 따라 정해진다. 도표 [10-2]에서 C와 D의 차이는 이렇게 해서 나온다. 둘 다 친구가 6명이지만 한쪽은

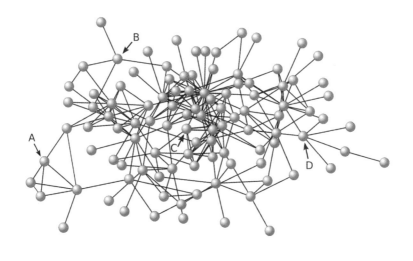

10 - 2 | 연결망 내 위치 차이를 보여주는 대학생들의 우정 연결망

한 기숙사에 사는 대학생 105명 사이에 자연스럽게 형성된 우정 연결망. 각 원(노드)은 학생, 직선(연결)은 상호 우정을 나타낸다. A와 B는 둘 다 친구가 4명이지만, A의 네 친구는 서로를 아는 반면에(그들 사이에 연결) B의 친구들은 그렇지 않다. 즉 A는 B보다 이행성이 더 크다. 또 C와 D는 둘 다 친구가 6명이지만 사회 연결망에서 위치가 전혀 다르다. 즉 C는 D보다 중심성이 더 크다. 이는 C의 친구들역시 친구가 많은 반면에 D의 친구들은 D 외에 친구가 전혀 또는 거의 없다는 점을 반영한다.

중심에, 다른 한쪽은 가장자리에 놓인다.

이 차이가 생길 수 있는 한 가지 방법은 C와 D가 인기 많은 친구에 대한 타고난 취향이 다를 때다. D는 친구가 적은 사람을 친구로 사귀고 싶어 하는 것일 수 있다. 그러면 친구가 자신에게 더 관심을 가질 것이라고 여기기 때문일 수 있다. 반면에 C는 많은 친구를 지닌 친구를 원하는 것인지 모른다. 친구들은 C에게 관심을 덜 쏟을지 모르지만다른 식으로 도움을 줄 수 있다. 친구들이 많은 연결을 통해 자신에게 유용한 정보를 더 잘 전달해줄 수 있다. 어떤 유형의 친구를 고르느냐에 따라 연결망에서 당신의 중심성은 영향받을 것이다.

마지막으로 우리는 유전자의 변이가 사회 연결망 내 위치에 어떻게 영향을 미치는가라는 측면에서도 뭔가를 발견했다. 8장에서 말했듯이 사람들은 친구를 서로에게 소개하는 성향이 다를 수 있다. 비록 사람들이 일부러 소개하든 아니든 간에 사회 연결망이 자연스럽게 이 기능을 수행하긴 한다(예를 들어 당신은 친구들과 시간을 보내곤 하므로 서로 만날 가능성이 더 높다). 그러나 이것이 바로 이행성, 당신의 친구들이 그들끼리도 친구인지를 알려주는 척도임을 기억하자. 도표 [10-2]의 A와 B를 비교해보면 알 수 있다. A의 친구들은 대체로 서로 친구다. 반면에 B의 친구들은 서로 연결되어 있지 않으며 서로 친구가 아니다. 앞서 말했듯이 사회 환경의 이 특징 차이 중 약 절반은 유전자로 설명이 가능하다.

이행성은 당신의 유전자가 다른 이들의 사회생활에 영향을 미칠 수 있음을 시사한다. 생태 지위 구축이라고 하면 우리는 대개 동물이 자신의 물리 환경을 바꾸는 행동을 떠올린다. 비버가 섭식 기회를 높이기 위해 막대기로 댐을 쌓거나, 개미가 곰팡이를 키우기 위해 집을 덮히는 것 같은 행동이다. 그러나 다른 동물들이 물질세계를 조작하듯이 사람은 자기 주변 사회 세계를 조작해 생태 지위를 구축할 수 있다.

앞서 말한 거미 사례로 돌아가보자. 어떤 거미집은 다른 거미집보다 파리를 더 잘 잡으며, 이런 거미집을 만들게 하는 유전자를 지닌 거미는 생존해 이 유전자를 후대로 전달할 가능성이 더 높다. 마찬가지로 인류 조상 중 일부는 자기 주변의 사회 연결망을 더 잘 빚어내 경쟁 집단을 물리치거나 더 큰 먹잇감을 사냥하는 것 같은 집단 활동을 더 잘했을 수 있다. 이런 행동을 하도록 돕는 유전자를 지닌 사람들은 생존할 가능성이 더 높았을 것이다. 그 결과 이로운 유형의 사회 체제를 만드는 성향을 부여하는 유전자와 대립유전자는 증가하고 확산될 것이다. 이런 행동은 다른 개인들만이 아니라 이러한 연결망을 형성하지 않는 친척 종들과 비교할 때 개인(개체)의 생존에 영향을 미칠 수 있었다. 따라서 사회 생태 지위 구축은 적응성을 띠었을 것이다.

야생동물은 어떻게 길들여졌을까: 러시아의 은여우 실험

야생에서 은여우silver fox는 여우 하면 떠오르는 문화 고정 관념에 대체로 들어맞는다. 모습을 잘 드러내지 않고, 영리하고, 심지어 교활하기까지 하다. 포획된 상태에서 은여우는 사람과 접촉을 피하며 사람과 마주칠 때면 대개 달려들어 문다. 그러나 시베리아 세포학유전학 연구소Institute of Cytology and Genetics 외곽의 한 농장에서 키우는 은여우들은 사람과 접촉을 갈망한다. 그들은 사람 얼굴을 핥고, 꼬리를 흔들고, 들어 안아달라고 낑낑거린다. 이 행동 전환은 1958년 소련 생물학자 드미트리 벨랴예프Dmitry Belyaev가 시작한 번식 실험의 산물이다. 벨랴예프와 나중에 합류한 류드밀라 트루트Lyudmila Trut(현재 이 프로젝트의 책임자)는 개과 동물을 수천 년에 걸쳐 길들인 과정을 수십 년으로 압축했다.

길든 동물은 주로 인간 존재를 용인하는 능력을 지닌다는 점에서 야생의 친척과 다르다. 이러한 야생동물에서 길든 동물로 전환은 대개 집단에서 공격성이 없는 개체를 선호하는 선택 과정을 통해 이루어진다. 이 과정에서 동물의 해부 구조, 생리, 행동 면에서 많은 변화가 일어난다. 공격성과 관련된 신경내분비학 변화는 다양한 몸 계통, 특히 사회 행동과 번식 관련 계통에서 일어난다. 이 변화에는 더 작은 이빨, 나긋나긋한 귀, 색소(길들인 아주 많은 고양이, 개, 소, 말에서 나타나는 검은색, 흰색, 갈색의 얼룩덜룩한 털 무늬 등) 같은 해부학 변화가 뒤따른다. 또한 길든 동물은 사람 및 다른 동물들과 더 강한 사회적 용인, 놀고자 하는 성향, 협력을 보여준다.

이런 식으로 변화한 형질들의 집합을 "길들이기 증후군domestication syndrome"이라고 한다. 이 변화 중에는 직접 선택한 표적이 아니라 주된 선택인 공격성 제거의 부산물로 나온 것이 많다. 예를 들어 유순한 성격과 함께 알록달록한 털이나 말린 꼬리가 나타나는 이유는 뚜렷이 밝혀지지 않고 있다(아마 더 작고 말린 꼬리는 사냥이나 싸움에 도움이 되는 몸 균형 잡기에 덜 유용할 것이다). 그런데 바로 이 점이 발달할 때 발현되어 다수의 과정에 영향을 미치는 특정한 조절 유전자들이 이 모든 형질과 관련이 있을 수 있다고 과학자들이 추측하는 한 가지 이유다(앞서 말했지만 유전자 하나는 여러 형질에 영향을 미칠 수 있다). 게다가 사람은 의도적으로 더 유순한 개체를 선택할 때 대개 그 종의 더 어린 개체가 보이는 놀이 같은 형질과 행동을 드러내는 개체를 고른다. 개와 늑대, 고양이와 퓨마(쿠거), 소와 물소, 돼지와 멧돼지를 비교해보면 길든 동물에 비해 야생동물이 더 공격적이고 놀이를 덜 한다는 것을 쉽게 알 수 있다.

늑대를 개로 길들이는 과정은 아마 처음에 특정한 늑대가 우연히 지니게 된 돌연변이로 공격성이 줄어들고 사람의 주거지에 다가오는 것을 덜 두려워하면서 시작되었을 것이다. 앞서 살펴본 선적응의 일종이다. 이런 늑대는 사람의 쓰레기에 접근해 선택상 이점을 얻고 인간이 제공하는 새로운 생태 지위를 차지했다. 두 번째 단계로 인간은 이런 늑대 중 공격성이 덜한 개체를 골라 교배시켜 더욱 길들였을 것이다. 이 과정에서 나긋나긋한 귀, 흔드는 꼬리, 장난치는 성체 등 늑대와 구별되는 개의 다른 형질들이 나왔을 것이다.

벨랴예프와 트루트는 수천 년에 걸친 이 진화 과정을 그냥 우회했다. 먼저 그들은 에스토니아 전역의 모피 농장을 돌아다니면서 평균보다 더 온순한 은여우 수컷 30마리와 암컷 100마리를 꼼꼼하게 골랐다. 그들은 엄격한 선택 지침을 정한 뒤 이 첫 세대의 은여우들로부터 유순함의 기준을 통과한 개체들을 골라 계속 번식시켰다. 매달 연구진은 은여우 새끼들에게 먹이를 주고 다루면서 유순함을 검사했다. 또 커다란 우리 안을 자유롭게 돌아다니도록 했을 때 사람이나 다른 은여우들을 좋아하는지 여부를 관찰해 붙임성을 검사했다.

은여우들이 성적으로 성숙하자 유순함 점수를 매기고 기질에 따라 세 집단으로 나누었다. 만졌을 때 달아나거나 무는 집단, 만져도 참긴 하지만 호의적이거나 긍정적인 반응을 보이지 않는 집단, 접촉을 즐기고 꼬리를 흔들고 낑낑거리는 집단(1등급)이었다.[42] 연구진은 각 세대에서 가장 유순한 집단만을 골라 번식시켰다. 많아야 수컷 5퍼센트와 암컷 20퍼센트만 번식할 수 있었다. 선택 교배를 통해 일어난 몸과 행동의 변화는 대단히 빠르고 극적이었다. 겨우 6세대 뒤에 연구진은 1E 등급이라는 더욱 유순한 범주를 따로 만들었다. "길든 엘리트"로 이루어진 집단이었다. 즉 "사람의 주의를 끌기 위해 낑낑거리고 개처럼 연구자에게 쿵쿵거리고 연구자를 핥는 등 사람과 접촉하기 위해 더 안달하는" 개체들이었다.[43] 겨우 몇 년 사이에 10세대가 지나자 은여우 중 18퍼센트가 이 길든 엘리트 집단에 속했고, 20세대 째에는 35퍼센트, 수십 년 뒤인 30세대 째에는 약 80퍼센트가 속했다.

대다수 길든 동물이 그렇듯이 행동이 변할 때 모습이 함께 변했다. 이 은여우들은 나긋나긋한 귀, 말린 꼬리, 짧은 다리, 암컷을 닮은 머리뼈 특징, 새로운 털 색깔을 지니게 되었다. 마찬가지로 길든 집단은 성적으로 더 일찍 성숙했고, 짝짓기 양상이 달라졌고, 호르몬과 신경화학 과정에 변화가 일어났다. 행동 기질만 보고 선택했는데 이런 변화가 일어났다는 것은 행동을 조절하는 근본 유전 메커니즘이 신체 모습에 영향을 미칠 수 있다는 벨랴예프의 가설을 뒷받침한다. 실제로 이 과정에서 은여우의 유전체에 변화가 일어난 영역은 수천 년 전 개가 길들여질 때 변화가 일어난 영역과 비슷해 보인다.

흥미롭게도 벨랴예프의 개념은 그가 연구를 시작할 당시에 별 인기가 없었다. 그는 자신의 실험을 유전 대물림이 아니라 생리 현상이라고 표현해야 했다.[44] 당시 소련의 교리는 트로핌 리센코Trofim Lysenko가 좌우하고 있었다. 러시아 과학자인 리센코는 멘델Gregor Mendel의 유전 법칙과 다윈의 진화론을 거부했다. 대신에 장바티스트 라마르크Jean-Baptiste Lamarck가 내놓은 것과 비슷한 "획득 형질acquired characteristics" 이론을 주장했다. 부모가 먹이를 잡기 위해 더 빨리 달리는 법을 배우면 자녀가 이 새로운 능력을 물려받아 더 빨리 달린다는 이론이었다. 자연선택과 아무런 관계가 없는 이론이었다.

리센코는 소련 스탈린 시대에 엄청난 정치 권력을 휘둘렀다. 자신의 과학에 맞서는 이들을 비난하고 심지어 처형까지 했다. 1948년 소련 정부는 그의 이론에 반대하는 행위 자체를 불법화했다. 유전학은 "부르주아 사이비과학"이라고 공식 천명되었고, 1960년대 중반까지 사실상 금지되었다. 지극히 정치적인 방식으로 전개된 그의 이론은 "리센코주의Lysenkoism"라고 불리면서 미리 정한 이념적 결론에 도달하도록 과학을 조작하는 행위를 기술하는 데 쓰이게 되었다. 나는 현대 인류 사회생활에서 유전학이 하는 역할을 거부하는 태도가 리센코주의의 일종이라고 믿는다(이 주제는 12장에서 살펴보겠다).

나쁜 침팬지 대 착한 보노보: 동물의 자기 길들이기

벨랴예프의 실험은 사람이 의도된 길들이기를 통해 진화의 방향을 정하고 속도를 높여 종을 더 평화롭고 붙임성 있고 협력하게 만들 수 있음을 확인했다. 그런데 일부 종은 외부 계획 없이 비슷한 변화를 겪을 수 있다. 종 내에서 공격성을 줄이고 다른 유형 성숙juvenilization(유태성숙, 유생 연장, 아동화) 형질의 선택을 선호할 수 있는 일종의 자연 "자기 길들이기"를 통해서다. 일부 연구자는 보노보가 침팬지의 자기 길들이기 버전이며, 더 나아가 사람 역시 이 경로를 따라왔다고 주장한다.[45]

마지막 공통 조상이 약 100만 년 전에 살았던 보노보와 침팬지는 외모 면에서 놀라울 만치 비슷한 점이 많다.[46] 그러나 보노보는 공격성 측면에서 전혀 다른 행동을 하게 되었으며, 작은 이빨과 꼬리 끝의 수북한 하얀 털을 비롯해 "길들이기 증후군"을 시사하는 여러 특징을 지닌다. 보노보 성체는 침팬지보다 번식기가 더 길며, 대개 임신으로 이어지지 않는 이성 간 교미(때로는 동성 간 교미)를 더 많이 한다. 또 더 많이 놀고, 자발적으로 먹이를 교환하는 것 같은 친사회성 행동을 더 많이 한다.[47] 흥미롭게도 보노보의 뇌는 남들의 스트레스를 알아차리는 데 관여하는 뇌 영역에 회백질이 더 많다. 이는 보노보가 침팬지보다 공감을 더 강하게 느낄 수 있음을 시사한다.[48]

반면에 침팬지는 매우 공격적이다. 복잡한 과시 행동으로 경쟁자를 위협하며, 때로는 노골적인 폭력으로 치달아 자기 집단의 일원을 다치게 하거나 죽이기까지 한다. 침팬지 수컷들은 무리 지어 영토를 순찰하며, 경쟁 집단과 싸워 새끼든 성체든 죽일 것이다. 그에 비해 보노보는 놀라울 만치 평화롭다. 보노보의 과시 행동은 더 한정되어 있으며, 달리기와 나뭇가지 잡아당기기 같은 비폭력적 행동을 동반한다. 침팬지와 달리 보노보는 서로의 짝짓기에 간섭하지 않는다. 집단 간 상호작용 또한 덜 공격적이다. 상호작용에 과시 행동으로 경쟁자를 위협하려는 시도가 포함되지만 대체로 노골적인 폭력으로 비화하는 일은 없다.

일부 연구자는 서로 다른 환경 압력을 받아 두 종이 다른 방향으로 밀렸다는 가설을 내놓았다. 비록 두 종이 비슷한 포식 위험에 처해 있었지만 보노보는 자기네 영역에서 고릴라와 경쟁할 필요가 없었고 (보노보는 콩고민주공화국의 한 지역에만 사는 반면에 침팬지는 아프리카대륙 중부의 넓은 지역에 퍼져 있다), 침팬지보다 먹이가 더 풍부했다. 그래서 먹이를 얻기 위해 위험을 무릅쓰려는 충동과 다양한 공격 행동을 과시하려는 충동이 줄어들었을 수 있다.

또 다른 연구자들은 보노보 무리가 서로 힘을 합쳐 집단의 더 공격적인 구성원에 맞서고, 더 나아가 죽임으로써 유전자풀에서 공격성을 띤 개체의 수를 줄였을 수 있다고 주장한다. 또는 앞서 인간과 다른 종들의 사례에서 보았듯이, 암컷이 덜 공격적인(더 협력적인) 수컷과 짝짓는 쪽을 선호하게 되었을 수 있다. 자기 길들이기 과정은 환경 압력에 반응해 자연선택을 통해 추진될 수 있다. 하지만 벨랴예프의 은여우 사례에서 본 대로 동물 자신의 행동도 선택의 속도에 대단히 중요한 역할을 할 수 있다. 자연선택이 험악한 개체를 솎아내기를 기다리는 대신에 한 종의 개체들은 설령 완전히 의도한 것은 아니라고 해도 스스로 직접 솎아내기를 할 수 있다.

우리 종에게서도 이런 과정이 일어났을지 모른다. 암컷의 까다로운 선택과 지나치게 공격적인 개인을 향한 집단 반대(그리고 선사 시대에는 살해)를 통해 말이다. 종으로서 우리는 온건한 계층 구조만 묵인하도록 타고난다. 인류학자 리처드 랭엄Richard Wrangham은 이런 자기 길들이기 과정이 우리 종의 행동과 생물학 특성을 변화시켰다고 주장한다. 실제로 많은 동물 종의 길들이기 과정에서 유전자에 일어난 특유의 변화 양상이 사람에게서 보인다. 많은 비슷한 유전자가 변했다는 점은 인류 또한 자기 길들이기를 해왔다는 가설을 더욱 뒷받침한다.[49]

길들이기는 사람을 더 유순하게 만들 뿐 아니라, 남들에게 더 주의를 기울이게 하는, 따라서 우리 종을 훈련을 더 잘 받아들이고 사회 학습을 하기 알맞게 만드는 신경학적 변화를 촉진할 수 있다. 또 인간은 사람과에 속한 조상들보다 더 유형 성숙화했다juvenilized. 그리고 지난 수천 년 사이에는 공격성 감소 성향이 더욱 가속화하면서 대인 간 갈등이 인류 역사상 가장 낮은 수준까지 대폭 떨어졌다.[50] 구석기 시대에는 고의 폭력으로 사망한 사람이 많으면 인구의 3분의 1까지 이르렀다. 그러나 지금은 가장 폭력적인 사회에서조차 1000명 중 약 1명에 불과하다.[51]

집을 짓는 거미든, 바우어를 짓는 바우어새든, 개미를 통제하는 곰팡이든, 사회 연결망을 짜는 사람이든 간에 동물은 세상에 작용하고 세상을 자신에게 더 맞고 자신의 생존을 강화하는 방식으로 변모시키도록 유전으로 프로그래밍되어 있다. 인간이 만드는 사회 환경은 어느 정도는 우리 유전자의 통제 아래 있다. 그리고 이 사회 환경은 다시 거꾸로 우리에게 영향을 미쳐 몇 가지 방식으로 사회적 존재를 다른 존재보다 더 적합하게 만들고, 이를 뒷받침하는 유전자 변이체를 선택하게 한다. 인간으로서 우리는 스스로를 변화시켜왔다.

진화의 역사를 통틀어 우리 유전자(그리고 우리 친구들의 유전자)는 더 안전하고 더 평화로운 세상을 만들기 위해 열심히 일해온 듯하다.

11장

유전자와 문화는
공진화한다

문화 환경이 진화 경로를 바꾼다

당신이 밭 한 뙈기와 괭이 하나를 가진 농부라면 한 줌의 씨앗을 심느라 하루를 보낼 것이다. 당신이 마구를 채운 노새와 쟁기를 가진 농부라면 좀 더 생산성 있게 하루 일을 할 것이다. 당신이 트랙터와 연료를 가진 농부라면 훨씬 더 생산성이 높을 것이다. 물론 이 시나리오들에서 생산성 증가는 자본(괭이, 노새, 트랙터, 그리고 이를 다루고 사용하는 지식)의 증가와 관련 있다.

이런 혁신을 지켜보는 사람들에게 지식과 기술의 이로운 효과는 대개 명약관화하다. 1931년 한 저널리스트는 트랙터가 자신의 확대 가족에게 가져다준 충격을 이렇게 묘사했다.

해마다 한 달 동안 14명의 "수확 인부들"이 우리[시댁] 대가족에 합류했다. … 그리고 이 인부들은 정말 엄청나게 먹었다! 점심에는 접시에 담긴 각종 채소 요리, 커다란 쟁반에 담긴 덤플링dumpling이나 드레싱을 곁들인 닭고기 요리, 파이와 푸딩이, 저녁에는 파이와 케이크가 줄줄이 이어졌고, 갖가지 보존 식품과 피클이 늘 제공되었다. …

덜커덕거리는 짐마차 소리는 … 불편한 주방에서 땀을 흘리고 있는 여성에게 식욕이 가장 왕성한 남성 20~25명이 먹을 음식을 준비하라는 의미였다. …

이 모두는 이제 옛일이 되었다. 같은 농장(지금은 엄청 더 커졌다는 점만 다르다)에서 시동생은 트랙터를 한두 대 운용한다. 수확기에는 여전히 힘들지만 인력 문제 때문이 아니다. … 고등학생 나이인 시조카가 트랙터를 모는데 꽤 잘한다. 한 대학생은 곡물 창고의 동력 승강기 옆을 지키고 서 있다. 11세 소년은 수확한 밀을 싣고 오는 트럭 위에서 자신이 중요한 일을 맡고 있다며 우쭐해한다. 15년 전 인부 14명과 많은 노새가 했던 일을 한 남성과 동생 2명, 그리고 아이 1명이 하고 있다. …

시부모님은 이 대농장을 일구느라 뼈 빠지게 일했다. 이제 시누이 부부는 그럴 필요가 없다. 40세가 되어도 그들은 쇠약한 모습으로 어깨를 축 늘어뜨린 채 힘겹게 걷지 않을 것이다. 기계가 그런 일을 막아주고 있다.[1]

1850년 이전까지 미국 농장은 노예를 포함해 주로 인력을 썼다. 1850년부터 1892년 트랙터가 발명되기 전까지는 짐 끄는 동물이 주된 동력원이었다. 놀랍게도 트랙터가 말을 대신해 미국 농장에서 더 중요한 동력원이 된 것은 1945년이 되어서였다.[2]

처음에 농민들은 비용이나 낯선 기계 등 몇 가지 이유로 트랙터를 거부했다. 많은 이들은 말이 더 낫다고 느꼈다. "석유는 재배할 수 없지만 말은 먹여 기를 수 있다. 그리고 기존 말을 대신할 새 말을 기를 수 있다." 말은 쓰기가 더 쉬울 수 있었다. "말은 [밭고랑] 끝까지 가면 알아서 몸을 돌려 반대 방향으로 간다."³

그러나 결국 트랙터는 빠르게 말을 대체했다. 그리고 이 전환의 혜택은 주방에서 힘겹게 일하는 여성들이나 밭에서 지치도록 일하는 남성들만 받은 것이 아니었다. 식량의 실질 가격이 하락하면서 모두에게 혜택이 돌아갔다. 당신이 1862년이 아니라 1962년에 태어났다면 더 낮은 가격으로 채소를 구입하고 남는 돈을 자신이 하고 싶은 다른 뭔가를 위해 쓸 수 있었을 것이다. 예컨대 라디오를 사고 재즈를 들을 수 있었을 텐데 이 2가지도 같은 시기에 발명되었다.⁴ 50년 이상 지난 지금은 상황이 더 나아졌다. 미국인은 소득의 9.5퍼센트를 식량 구입에 쓴다. 1962년의 16퍼센트보다 낮고, 1900년의 42퍼센트보다는 훨씬 낮다.⁵ 이런 발전이 이루어지지 않았다면 오늘날 미국의 중위 소득 가정은 주중에 이틀을 식량 구입비를 벌기 위해 일하는 셈이 될 것이다.

이런 식으로 모두에게 혜택을 주면서(그리고 비용을 줄이면서) 작동하는 인간의 발명품은 트랙터 말고도 무수히 많다. 당신이 2만 년 전에 태어나 생존하고 즐기는 데 필요한 일을 하면서 평생을 보낸다고 해보자. 아마 다음과 같은 것들이 당신이 할 수 있는 일이었을 듯하다. 당신은 주로 식량을 찾아다니고, 무리 구성원과 사회 활동을 하고, 세상이 어떻게 돌아가는지 이야기를 꾸며내고, 돌과 뼈와 나무로 사냥 도구나 농기구를 만들고, 아마 북을 두드리거나 뿔피리를 불면서 하루를 보냈을 것이다.

이제 당신이 500년 전에 태어났다고 해보자. 당신은 같은 시간에 훨씬 더 많은 일을 해낼 수 있을 것이다. 앞서 기나긴 세월에 걸쳐 문화와 기술에서 이루어진 성취를 물려받았기 때문이다. 농업과 여기에 동반되는 모든 기술(쟁기, 곡물 창고, 도리깨 등), 이미 길들인 동식물 종들, 도시와 석조물과 도로와 창고와 야금술, 심지어 항해 기술과 기하학과 천문학까지. 이 모든 지식과 물건은 당신의 생득권일 것이다. 그저 이런 것들이 존재하는 시기와 장소에 태어났기 때문이다.[6] 당신은 괭이 대신에 노새를 가질 것이다.

이제 아주 최근에 태어났다고 해보자. 그저 딱 맞는 시대에 딱 맞는 장소에서 태어났기에 당신은 자신의 밭을 갈 상징적인 트랙터를 물려받았다. 당신은 이것을 얻기 위해 돈을 지불할 필요조차 없다. 그냥 이미 존재한다. 앞서 살았던 모든 이들이 창안하고 다양한 방식(구전 전승, 책, 온라인 지식 저장소)으로 기록한 모든 과학과 기술은 배우기만 하면 당신 것이 된다. 전기와 현대 의학, 고속도로와 지도, 청동과 철과 강철뿐 아니라 플라스틱과 나노기술까지 우주에 관한 심오한 지식을 (세계 대부분의 지역에서) 이용할 수 있다. 고등학교에서 미적분을 배운다면 500년 전으로 거슬러 올라가는 순간 지구에서 가장 박식한 수학자가 될 정도로 수학을 많이 아는 셈이다.

때로 지식은 마법처럼 보일 만치 아주 복잡하고 모호한 방식으로 아주 오랜 시간에 걸쳐 누적된다. 뉴기니섬 내륙 저지대의 일라히타 Ilahita 마을에는 탐바란Tambaran이라는 비밀 종파에 속한 이들이 있다. 이들은 정기적으로 "정령의 집spirit house"을 짓는다. 인류학자 도널드 투진Donald Tuzin은 1970년대에 이 건물을 보았는데, 그들이 독창적인 비밀 기술로 아주 깊고 좁은 기둥 구멍을 판다는 사실에 경이로움을 느꼈다. 그는 탄복해 내뱉었다. "대체 누가 이 생각을 해냈을까요?" 그들 중 하나가 동료들을 쳐다보면서 정말로 멍청한 질문이라는 투로 이렇게 말했다. "어느 한 사람이 생각해낸 게 아니에요." 다른 이들도 고개를 끄덕였다. 투진은 이렇게 썼다.

나는 넌지시 운을 띄웠다. "누군가가 생각해낸 건 분명해요. 뜬금없이 그냥 튀어나왔을 리는 없잖아요." 내 대화 상대는 이 개념이 전통으로 내려온 것이라고 설명했다. 평범한 사람이 생각해낸 것이 아니라 옛날부터 있던 것이라고 했다. 그래도 나는 우겼다. "무슨 말인지 압니다. 하지만 언제였든 간에 누군가 발명했을 게 틀림없잖아요!" 이런 식의 말이 두 차례 더 이어지자 한 사람이 짐짓 양보하는 투로 말했다. "그럼 어디 한번 물어보죠. 당신은 이 기술을 발명할 수 있었나요?" "아니요." 나는 덫에 걸린 것을 알았지만 인정해야 했다. "우리도 마찬가지요." 그는 그것으로 끝이라는 투로 말했다.[7]

이것이 바로 "누적 문화"다. 사람들은 인류에게 속한 지식의 축적된 부를 늘리는 일을 끊임없이 하고 있으며, 다음 세대는 대개 이런 부가 더 많아진 세상에서 태어난다. 물론 주기적으로 역전이 일어난다. 로마제국이 붕괴한 뒤 그랬듯이 정보가 사라질 때가 있다(예를 들어 유럽인은 콘크리트 만드는 지식을 잃어버려 어떻게 만드는지 전혀 알지 못한 채로 로마인들이 지은 집에서 700년 동안 살았다). 많은 사회과학자는 이것이야말로 경제 성장의 가장 깊은 원천이라고 믿는다. 세월이 흐를수록 사람들이 쓸 수 있는 문화 자산과 지식 자산은 점점 더 늘어나며, 그 결과 하루에 경작할 수 있는 땅이 늘어난다.[8]

때때로 사람들은 더 이상 수정할 필요 없이 그 자체로 가치 있는 지식이나 산물을 후손에게 물려준다. 내가 즐겨 드는 예 하나는 신화나 비문을 통해 전달되는 경고다. 누군가의 한평생에 일어날 가능성이 아주 낮은 대규모 자연재해를 경고하는 내용 말이다. 일본 도후쿠지방東北地方 해안에는 이른바 지진해일 표석이 군데군데 서 있다. 높이가 3미터에 달하는 것들까지 있는데, 납작하게 깎은 이 표석에는 수만 명의 목숨을 앗아갈 수 있는 지진해일을 피하려면 이 밑으로는 마을을 조성하지 말라거나 지진해일이 들이닥쳤을 때 여기까지 피신하라는 경고문이 새겨져 있다. 아네요시姉吉 마을에는 이런 내용이 새겨진 100년 된 표석이 있다. "이 지점 밑으로는 집을 짓지 마시오!" 지진해일로 약 2만 명이 목숨을 잃은 2011년 동일본 대지진 당시 물은 이 표석의 약 100미터 앞까지 밀려들었다가 멈추었다. 그 아래 있던 모든 것은 완전히 파괴되었다. 이 표석 위쪽에 집을 지은 11가구는 모두 살아남았다.

"그들은 지진해일이 얼마나 무서운지 알았어요. 그래서 우리에게 경고하려고 저 돌을 세운 거예요." 자기 마을의 옛날 주민들을 대변하면서 기무라 도미시게가 한 말이다. 때로 오래된 지혜는 돌이 아니라 단어를 통해 전달된다. 해안에서 거의 6.5킬로미터 떨어진 나미와케신사浪分神社라는 지명이 그렇다. 나미와케는 "파도의 가장자리"라는 뜻인데 1611년 엄청난 지진해일이 이곳까지 밀려들었다.[9] 인도양의 안다만니코바르제도Andaman Nicobar Islands 원주민 사이에서도 땅이 흔들리고 물이 쫙 빠질 때면 더 높은 곳에 있는 숲의 특정한 지점까지 달아나라는 구전 전승이 수천 년 동안 전해지고 있다. 2004년 발생한 대규모 지진해일 때 기술적으로 더 발전한 지역 사회들에서는 수천 명이 목숨을 잃었지만 이 부족들은 모두 살아남았다.[10]

9장에서 살펴보았듯이 몇몇 동물 종은 한정된 형태지만 문화를 지닌다. 그러나 우리 종과 같은 누적 문화, 대대로 이어지는 정교한 형태의 문화는 (유일하지는 않지만) 아주 드물다.[11] 그런데 더욱 놀라운 점은 문화가 우리 삶의 경로에 영향을 미친다는 사실보다 우리 종 전체의 진화 경로를 바꾼다는 사실이다. 인류가 스스로를 위해 만들어 수천 년 동안 구축해온 문화 환경은 자연선택을 일으키는 힘이 되어왔다. 우리의 유전 유산을 바꾸는 힘 말이다.

지금부터 우리가 살펴볼 이 개념은 외적 표현형 개념과 다르다. 외적 표현형에서는 유전자가 가공물(인공물)이나 사회 행동 같은 구체적인 뭔가를 암호화해 생물의 진화에 영향을 미친다. 그러나 문화 쪽에서는 유전자가 우리 종에게 제공하는 것이 다르다. 유전자는 우리에게 뭔가를 융통성 있게 만드는 능력을 제공한다. 비버가 댐을 만들도록 유전적으로 프로그래밍되어 있는 반면, 인간은 소를 길들이도록 유전적으로 프로그래밍되어 있지 않다. 그러나 우리가 소를 길들인다면 길들인 소의 존재 자체가 우리 진화에 영향을 미친다.

유전자-문화 공진화 이론: 때로는 언덕이 산을 움직인다

북극권 툰드라부터 아프리카 사막까지 다양한 서식지에서 생존하는 (툰드라에서는 물범을 사냥하고 사막에서는 우물을 판다) 우리 종의 능력은 생리 적응 형질에 조금밖에 의지하지 않는다. 극지방 사람들이 체온을 보존하기 위해 지방 조직이 더 많고 키가 더 작은 것이 그런 사례이긴 하다. 그러나 우리 종이 전 세계에서 살아갈 수 있는 것은 그보다는 문화 구성 능력에 달려 있다. 카약(배)과 파카(옷) 같은 놀라운 발명품을 낳은 타고난 능력이다. 우리만큼 문화 전통을 만들고 보존하는 능력에 의존하는 종은 없다.

생태학자 피터 리처슨과 인류학자 로버트 보이드는 문화를 "교육, 모방을 비롯한 여러 유형의 사회 전달을 통해 자기 종의 구성원들로부터 획득하는, 개인의 행동에 영향을 미칠 수 있는 정보"라고 정의한다.[12] 이 정의의 한 가지 핵심 요소는 "개인 간 관계"라는 특성이다. 다시 말해 문화는 개인이 아니라 집단의 특성이다. 다른 과학자들은 도구나 미술품 같은 물질 인공물을 더 강조한다. 하지만 당연히 문화 지식이 인공물 창작보다 선행한다.

인류 사회의 청사진을 탐구하기 위해 지금까지 우리는 문화라는 얇은 베니어판의 아래쪽을 살펴보았다. 나는 1장에서 문화가 두 언덕이 각각 높이가 100미터와 300미터인 이유는 설명하지만 둘 다 높이 3000미터의 고원에 놓여 있는 이유는 설명하지 못할 수 있다는 비유로 이야기를 시작했다. 이런 관점에서 보면 문화는 더 근본적인 과정들의 집합 위에 덧씌워진 것이다. 그러나 다양한 문화를 빚어내는 능력(문화를 형성하는 타고난 성향)은 그 자체로 우리 종의 중요한 속성이다. 우리가 진화를 통해 사회적 상호작용, 협력, 학습의 성향을 지니게 되었음을 보여주는 것은 문화가 낳은 산물이 아니라 이 문화 형성 능력 자체다.

그런데 이 문화 베니어판은 단순히 우리가 평생에 걸쳐 하는 행동을 빚어내는 차원을 넘어 더 깊이 침투해 있음이 드러난다. 문화는 실제로 종으로서 우리가 지닌 유전자에 영향을 미칠 수 있다. 마치 낮은 언덕이 아래에 놓여 있는 거대한 산을 움직일 수 있는 것과 같다. 유전자와 문화의 이 상호작용을 "유전자-문화 공진화 이론" 또는 "이중 유전 이론dual-inheritance theory"이라고 한다. 이는 우리가 조상으로부터 유전 정보와 문화 정보를 함께 물려받는 능력을 지님을 가리킨다. 유전자와 문화를 결합한 이 관점의 핵심 요소는 3가지다.

첫째, 앞서 말했듯이 우리의 문화 형성 능력은 그 자체로 자연선택을 통해 빚어지는 적응 형질이다. 문화를 지닌 종은 거의 없으며, 이런 종은 문화 형성을 가능하게 하는 유전자를 지닌 종이다. 우리는 진화를 통해 문화 형성에 필요한 기본 신경 회로와 더불어 인지 및 심리 특징들을 갖추었기에 문화적 동물이 될 수 있다. 수명이 길고 집단생활을 하는 우리는 세대가 겹치고(같은 시간과 장소에 여러 세대가 함께 살아간다) 육아 기간이 긴(발달 기간이 비교적 길다) 생물이기에 문화 발현 능력으로부터 혜택을 볼 수 있고, 따라서 이 능력이 진화했을 가능성이 높다.

둘째, 문화 자체가 자연선택과 비슷한 논리를 따르는 과정을 통해 시간이 흐르면서 진화할 수 있다. 유전자 돌연변이가 질병 내성을 띨 수 있게 하듯이 우연한 발견은 더 나은 도구로 이어질 수 있다. 그리고 뛰어난 개념은 그보다 못한 개념보다 더 나을 수 있다. 그리고 선택될 수 있다. 추가 과정으로(마찬가지로 유전 진화에 비유할 때) "특이한" 문화는 특이한 종과 마찬가지로 관습과 생각의 무작위 표류random drift를 통해 생겨날 수 있다(유전적 표류genetic drift에 빗댄 설명이다. 유전적 표류는 진화의 주요 요인 중 하나로, 진화 과정에서 자녀 세대가 부모 세대로부터 무작위로 선택된 유전 형질을 물려받음으로써 변이 유전자 발현 빈도에 변화가 생기는 현상을 가리킨다. 유리한 형질이 선택되는 자연선택과 달리 유전적 표류는 유불리와 상관없는 중립적 변화다-옮긴이). 그런데 이런 유사점에도 불구하고 문화 진화는 유전 진화가 하듯이 다음 세대 개인들을 향한 수직 전달을 가능하게 할 뿐 아니라, 같은 세대 개인들 간 수평 전달(생각이나 관습)도 가능하게 하는 특성을 지닌다. 또 유전 진화와 달리 문화 진화는 (신민에게 기독교로 개종하라고 촉구한 콘스탄티누스 대제처럼 강력한 통치자를 통해) 명확한 방향성을 띨 수 있다.

셋째, 이 문화 유전 체계 자체가 우리 종의 진화 경관의 한 특징이 되어 우리에게 자연선택의 힘을 가한다.[13] 우리는 유전적으로 창조할 준비가 되어 있는 문화에 유전적으로 반응하도록 진화해왔다. 유전자는 문화에 영향을 미치고 문화는 유전자에 영향을 미친다.

이제 이 세 요소를 자세히 살펴보기로 하자.

지배와 위신: 지위를 획득하는 2가지 방법

일부 과학자들은 인간의 문화 능력이 환경 다양성에 대처하기 위해 진화했다고 믿는다. 더 한결같은 환경에 사는 동물은 서로에게 배우는 능력을 갖출 필요가 없다. 자연선택이 그냥 그들에게 대대로 신뢰할 만하게 작동하는 유용한 본능들을 갖추어줄 수 있다. 반면에 우리 종은 다양성에 대처해야 하고, 이 일을 할 뇌가 필요하다.

인간은 남들이 하는 행동을 따라 하고, 지역 규범을 정해 따르고, 교사가 될 수 있는 지위가 높거나 연륜이 있는 사람들에게 특권을 부여하고, 남들이 주목하는 이들을 따라서 주목하는 등 문화를 위해 구축된 심리 형질들의 집합을 지닌다. 또 우리는 자기 행동에 자신감을 보이는(그 자신감이 타당한지 여부는 떠나) 이들을 주목하도록 진화했다.[14] 이렇듯 우리는 "과잉 모방over-imitation" 성향을 지닌다. 아주 어릴 때부터 아이들은 자신이 가까이에서 지켜보는 어른들의 제멋대로거나 사소하거나 불필요한 행동까지 으레 모방한다. 방향이 틀렸고 어리석게 보일지라도 과잉 모방은 우리 종 문화의 발달과 전달에 근본 역할을 하는 진화 적응 형질이다.[15] 이런 심리행동psychobehavioral 속성 중 일부는 문화를 지닌 다른 동물 종들에게도 존재한다. 뒤에서 살펴보겠지만 다른 개체들로부터 배우는 코끼리가 한 예다.[16]

사회 학습과 문화는 우리 종에게서 "지위status"의 성격을 바꾸어 왔다.[17] 지위는 한 집단 내에서 가치 있거나 경쟁하는 자원을 얻거나 통제하는 상대적 능력이라고 정의할 수 있다. 대다수 동물 종에게서 지위는 대개 "지배dominance"에 상응하며, 어떤 개체가 다른 개체들에게 가할 수 있는 육체적 힘과 "비용" 즉 잠재적 피해로 측정된다(예를 들어 거대한 뿔을 지닌 사슴). 그렇지만 지위는 한 개체가 다른 개체들에게 줄 수 있는 "혜택"으로 측정될 수도 있다(예를 들어 물이 있는 곳으로 자기 무리를 이끄는 암컷 코끼리 족장). 우리는 이것을 "위신prestige"(명망)이라고 한다. 우리 종에게는 누적 문화가 존재하기에 위신은 지위를 획득하는 매우 설득력 있는 방법이 된다. 인간 사회에는 재화와 정보가 너무나 풍부하기 때문이다. 지배 계층 구조dominance hierarchy에서는 하급자가 상급자를 두려워하며 피하려고 애쓴다. 그러나 위신 계층 구조prestige hierarchy에서는 하급자가 상급자에게 끌리며 가까이 다가가려고 애쓴다. 친해지고 지켜보면서 모방하고 그 외의 혜택도 얻고자 한다(예를 들어 강연자의 말을 귀담아듣기 위해 앞자리를 차지하려고 애쓰는 열정적인 청중). 더 가치 있는 지식을 얻은 동물(사람 포함)은 더 인기를 얻을 수 있으므로 학습과 연결망 내 위치의 관계는 쌍방향일 수

있다.[18]

위신 유형 지위에는 좀 다른 방향으로 진화한 심리가 필요하다. 우리의 문화 능력은 진화 과정에서 우리 종의 뇌가 작동하는 방식에 영향을 미쳐왔다. 우리가 위신에 가치를 부여하는 쪽으로 진화했다면 아주 어릴 때부터 그렇게 한다는 흔적이 나타나야 한다. 잘 설계된 실험들은 그렇다는 것을 보여준다.[19] 예를 들어 취학 전 아동들은 인기 없는 어른보다 인기 있는 어른에게서 배우려고 애쓸 가능성이 2배 더 높다. 이 선호는 장난감 조작과 음식 취향을 모방하는 것도 포함한다. 지위가 불안정한 정치가들은 이런 유형의 단서를 이용한다. 남들 눈에 비치는 자신의 위신을 강화하기 위해 자신에게 알랑거리는 대중을 보란 듯이 눈에 잘 띄는 곳에 배치한다.

또 위신은 다른 영역에까지 먹힌다. 한 영역에서 유능하다고 인식되는 사람은 다른 영역들에서도 모범 사례로 여겨지는 일이 흔하다 (뮤지컬 〈지붕 위의 바이올린Fiddler on the Roof〉에 나오는 한 노래에서 테비에Tevye가 간파한 대로다. "당신이 부자일 때 그들은 당신을 정말로 안다고 생각해."). 호스피스 의사로 활동할 때 나는 으레 환자가 삶을 마감하는 순간에 옆에 있었다. 내가 말기 돌봄 치료를 잘했기 때문인지 많은 가족이 내게 신학적 질문을 하곤 했는데, 특히 사후 세계가 있다고 생각하느냐는 질문을 많이 받았다. 나는 좀 어리둥절했다. 한 연구진은 피지의 세 마을 주민을 대상으로 낚시, 얌 재배, 약초에 관한 조언을 얻고자 할 때 누구에게 찾아갈지 물었다. 전문성이 주목받고 인정받는다면 예상할 수 있듯이, 마을에는 각 활동에 최적 모델이라고 여겨지는 이들이 있었다. 그런데 이 마을들에서 위신은 영역 간으로까지 전파되었다. 얌을 잘 안다고 여겨지는 사람은 낚시도 잘 안다고 여겨질 가능성

이 2배 이상 높았다.[20]

　대부분의 종에게서 지배와 위신 간 트레이드오프는 대개 신체 자원에서 인지 자원으로 옮겨가는 쪽으로 나타난다. 다시 말해 종은 어느 한쪽 유형의 지위에 중점을 둘 수 있다(비록 위신 체계를 지닌 종이 거의 없기는 하지만). 인간에게 이 트레이드오프는 문화 내에서 그리고 문화 사이에서 환경에 따라 어느 정도 다양해질 수 있으며, 이는 남녀 모두 마찬가지다. 예를 들어 사망률이 높은 폭력적인 환경에서는 강인한 신체가 자기 자신과 잠재 짝들에게 훨씬 더 가치 있을 수 있다. 우리 종이 진화 과정에서 직면한(그리고 우리의 지리적 분포 범위를 생각할 때 앞으로 계속 직면할) 환경 다양성은 우리가 온건한 계층 구조를 갖추는 데 기여했을지 모른다. 더 한결같은 환경에서 살아온 다른 영장류에게서 나타나는 더 극단적인 유형의 계층 구조가 아니라 위신과 지배가 균형을 이루는 계층 구조 말이다.

　아무튼 두 지위 유형 모두 우리 종에게서 번식 적응도를 높일 수 있다.[21] 남녀 모두에게서 위신의 성적 매력은 중요한 역할을 한다. 위신이 번식 성공과 관련 있다는 증거가 인간이 뭔가를 가르칠 수 있는 사람을 높이 사도록 진화했다는 주장을 뒷받침하기 때문이다.[22] 한 연구에 따르면 미국 여대생들은 지배형 남성보다 위신형 남성을 성관계 상대로 선호했다. 더 장기 관계를 맺을 짝을 찾는 여대생들은 더욱 그랬다.[23] 볼리비아의 수렵채집 부족인 치마네족의 번식 성공 양상 역시 위신이 진화와 관련이 있음을 잘 보여준다.[24] 두 마을의 치마네족 성인 남성들(총 88명)에게 다른 모든 남성들 사진을 하나씩 보여주면서 물리적 충돌이 생겼을 때 이길 것 같은 사람, 갈등이 생겼을 때 많은 이들이 편들어줄 것 같은 사람, 마을 의사 결정에 가장 큰 영향을 미치는 사람, 말을 할 때 가장 존중받는 사람이 누구인지 물었다. 아울러 사냥 실력, 관대함, 아내의 매력 등 여러 가지 다양한 질문도 했다. 조사 결과 위신과 지배 모두 번식 성공과 관련이 있었다. 지배 계층 구조에서 상위 사분위에 드는 남성들은 하위 사분위에 드는 남성들보다 생존 자녀 수가 2.1명 더 많았다. 위신 계층 구조에서 상위 사분위에 드는 남성들은 하위 사분위에 드는 남성들보다 생존 자녀 수가 2.6명 더 많았다. 그리고 양쪽 상위 사분위 남성들의 아내들은 더 매력 있다고 평가되었다. 우리 뇌는 섹시하다. 뇌는 지식을 전달하고 배울 수 있으며, 지식은 우리 문화의 핵심을 이루기 때문이다.

문화는 어떻게 진화할까

다양하면서 때로는 치명적인 환경에 적응하는 능력이 오로지 뇌에만 달려 있는 것은 아니다. 아무리 영리한 사람이라도 커피잔 같은 일상 용품을 만드는 데 필요한 모든 것을 고안할 수는 없다. 커피 재배부터 커피콩 가공, 상점까지 콩 운송, 커피포트용 전기 생산, 플라스틱 컵 제조에 이르기까지 온갖 복잡한 과정이 존재한다.

　하드자족 청년은 나 같으면 며칠 만에 죽을 환경에서 살아남을 수 있다. 인류학자 조지프 헨릭은 이른바 "사라진 유럽 탐험가 파일Lost European Explorer Files"[25]의 예측 가능한 패턴을 기술한다. 동료들과 떨어져 혹독한 환경에서 고립된 유럽 탐험가들 이야기다. 식량은 다 떨어지고, 옷은 넝마가 되고, 도구는 망가지거나 잃어버린다. 그들은 적절한 거주지를 만들 수 없고, 식량과 물을 찾을 수 없다. 지역 동식물의 독성 제거에 필요한 복잡한 재료 준비와 요리 과정을 전혀 알지 못하며, 그래서 잘못 먹고 앓아눕는다. 때로 그들은 식인 행위에 의지한다. 그리고 아주 흔히 그들은 죽음을 맞는다. 여러 해가 지난 뒤 백골, 너덜거리는 일지, 무너진 오두막이 발견될 것이다.

그러나 운이 좋다면 이 고립된 이들은 관대한 원주민으로부터 식량, 주거지, 옷, 약물 같은 필수품을 얻거나 만드는 방법에 관한 정보 등 지역 지식 혜택을 얻는다(앞에서 살펴본 시드니코브호가 난파한 뒤 조난자들이 도움을 받은 사례처럼). 헨릭은 이렇게 썼다. "원주민들은 대개 그런 '적대적인' 환경에서 수백 년 또는 수천 년 동안 생존하고 때로 번성해왔다."[26] 그런 상황에서 생사를 가르는 것은 유전 진화가 아니라 문화다. 유전 변화는 때때로 특정한 환경에 더 잘 적응한 사람들을 출현시킨다(예를 들어 티베트고원의 고지대 주민들에게 나타나는 산소 대사 적응 형질). 하지만 이런 변화는 문화 변화보다 훨씬 느리다.

많은 인류 문화 산물들은 너무나 복잡해 눈의 유전 진화만큼 놀랍게 여겨질 수 있다. 야구아족Yagua 같은 아마존 부족들이 독화살과 바람총blowgun(부는 화살)을 만드는 과정을 고려해보자. 대다수 부족은 식물에서 추출한 주요 활성 성분(대개 쿠라레curare가 쓰인다)뿐 아니라 다른 식물 성분들 그리고 때로는 뱀, 개구리, 개미의 독까지 포함한 여러 성분을 복잡하게 혼합해 화살 독을 제조한다. 수십 가지 성분이 필요할 수 있으며, 제조법은 부족마다 다르다. 준비 과정은 가열하고 식히기, 다른 물질 섞기, 빻거나 짓이기기 같은 특정한 물리 단계를 거치는 등 복잡하다. 심지어 하루 중 재료 채집 시간까지 정해져 있을 수 있고, 이 시간을 지키는 것이 중요한 이유가 있을 수 있다. 이 시간에 특정한 화학 물질이 더 농축되어 들어 있을 수 있다. 성분과 제조법은 실용이나 의례나 상징의 의미를 지닐 수 있지만 사실 민족식물학자 ethnobotanist들은 이 부분을 거의 이해하지 못하고 있다. 어떤 첨가제는 독성을 증가시킬지 모른다. 또 다른 첨가제는 혈액으로 독이 더 빨리 침투하도록 도울 수 있다. 또 독액이 화살촉에 더 잘 묻도록 더 끈끈하게 만드는 성분도 있을 것이다.[27] 일부 성분은 그저 적절히 준비가 되었는지 알리는 표지 역할을 할 수 있다. 이를테면 어떤 물질이 적절히 달구어지면 색깔이 변하도록 하는 식이다. 독 제조 과정만 복잡한 것이 아니다. 화살과 바람총 제작 과정, 필요한 재료를 안전하게 운반하는 과정, 무기 사용법 역시 복잡하기는 마찬가지다![28]

이런 화살을 만드는 당사자들은 흔히 어떤 단계가 왜 필요한지, 그리고 이 지식을 어떻게 획득했는지 설명하지 못한다. 그냥 적절한 재료를 올바른 방식으로 적절한 시간에 맞추어 적절한 순서로 진행해야만 모든 과정이 제대로 이루어진다고만 알 뿐이다. 물론 그들이 과잉 모방 전략에 빠졌을 뿐이고 이런 방법에 실용 가치가 전혀 없을 가능성은 있다.[29]

이처럼 독화살 사냥 같은 일에는 너무나 세세한 수준으로 복잡한 활동들이 동반된다. 따라서 진화 변화를 떠올리게 하는 방식으로 문화 패턴이 여러 세대에 걸쳐 갈고 닦인다(원한다면 "적응한다"라고 말해도 좋다)는 결론을 피할 수가 없다. 사실 인류 문화가 종의 진화와 비슷한 방식으로 "진화할" 수 있다는 개념은 적어도 다윈의 《인간의 유래와 성 선택The Descent of Man, and Selection in Relation to Sex》까지 거슬러 올라간다.[30]

문화는 많은 메커니즘을 통해 진화할 수 있다. 개인과 집단은 돌연변이와 비슷하게 우연을 통해 새로운 착상과 기술을 접할 수 있다.

중립적 변화인 유전적 표류와 비슷하게 이점을 전혀 제공하지 않는 개념이 확고히 자리 잡을 수도 있다(문화마다 서로 다른 다양한 음악 양식이 이런 사례라고 볼 수 있다). 숙주의 복지를 강화하는(아니 최소한 숙주에게 해를 끼치지 않는) 성공한 개념(5장에서 살펴본 일부일처제 등)은 존속 가능성이 더 높을 것이다. 이 개념을 믿는 집단이 덜 유리한 개념을 믿는 집단과 경쟁할 때면 더욱 그렇다.

또한 앞서 말했던 동물의 유전자에 토대를 둔 표현형처럼 문화는 수렴 진화를 보일 수 있다. 낚싯바늘의 형태를 생각해보자. 낚싯바늘은 두 번 이상 독자적으로 발명되었다. 물고기 낚는 법은 몇 가지가 있지만 기본 방법은 오로지 갈고리를 고안하는 것뿐이다. 둘 이상의 지역에서 비슷한 것들이 동시에 출현한다면 대체로 지식의 직접 전달과 무관하게 환경 요인에서 비롯되었다고 할 수 있다.[31] 한편으로 과학자들은 낚싯바늘 디자인에서 관찰한 유사성을 토대로 제조 지식을 전달했을 수 있는 집단 간 상호작용과 정착 역사를 재구성할 수 있다.[32]

이 과정이 어떻게 이루어지는지를 이해하려면 인간 기술의 2가지 기본 특성을 고려해야 한다. 기술은 "기능성functional trait"과 "양식성stylistic trait"을 지닌다. 전자는 기술이 하는 일과 관련된 적응 가치를 지니며, 후자는 기술이 어떻게 보이느냐와 관련된 적응 가치를 지닌다(후자는 적응이라는 관점에서 볼 때 중립이다).[33] 기능성은 사람들이 비슷한 문제에 대처하고 있음을 시사하기 때문에 수렴을 통해 출현하는 경향이 있고, 양식성의 일치는 같은 문화에서 유래했음을 반영하는 경향이 있다.[34]

낚싯바늘 기술은 집단이 바다로 더 널리 퍼져나가야 했던 아시아 태평양 지역에서 가장 폭넓게 연구되어왔다.[35] 오세아니아에서 발견된 가장 오래된 낚싯바늘(동티모르에서 발견되었으며 조개껍데기로 만들어졌다)은 1만 6000~2만 3000년 전 것으로 고도의 항해 기술과 더불어 출현했다. 이 U자 모양 낚싯바늘은 물고기 입의 단단한 부위에 걸어 물고기를 낚으려는 의도로 제작되었다. 발굴지에서는 4만 2000년 전부터 체계적인 어업 활동이 이루어졌다는 증거가 발견되었다. 따라서 낚싯바늘은 그 전부터 쓰였을 가능성이 있다.[36] 또한 고고학자들은 베를린 서부의 한 지역에서 약 1만 2000년 전 것으로 추정되는 매머드 상아로 만든 낚싯바늘을 발견했다.[37] 이 낚싯바늘은 동티모르의 낚싯바늘과 더불어 약 1만~1만 5000년 전 구석기 시대에서 중석기 시대로 넘어가는 시기에 미늘(낚싯바늘 끝 안쪽의 작은 갈고리) 없는 낚싯바늘이 널리 쓰였음을 시사한다.[38]

칠레, 캘리포니아, 폴리네시아 등 환태평양 지역에서 발견된 조개껍데기 낚싯바늘들은 유사한 특징들을 지니고 있었다. 그래서 처음에 고고학자들은 이 기술이 단 한 차례 발명되어 중심 광원에서 빛이 방사하듯이 퍼져나갔을 것이라고 생각했다. 심지어 어떤 이들은 낚싯바늘에 걸린 물고기 자체가 이런 확산에 기여했을 수 있다고 주장했다. 다랑어가 오세아니아에서 낚싯바늘에 걸렸지만 부러뜨리고 달아났다가 아메리카대륙 서부 해안에서 다른 방식으로 잡힌다면, 그곳 사람들에게 뼈아픈 비밀을 드러내 보일 수 있다.[39] 흥미로운 생각이다. 하지만 이런 낚싯바늘은 아주 멀리 떨어진 지역들에서 서로 상당히 다른 시기에 등장했으므로, 공통 디자인은 사실상 독자적 발명과 수렴의 산물일 가능성이 훨씬 높다.[40]

문화 진화는 또 다른 방식으로 유전 진화와 닮았다. 종의 진화와 마찬가지로 집단 규모가 중요하다는 점이 그것이다. 작은 집단은 지식을 잃기가 아주 쉽다. 중요한 정보를 지닌 한 사람이 사망하면 모두가 그 지식을 영구히 잃는다는 의미기 때문이다. 별을 보고 항해하는 법을 아는 유일한 사람이 익사한다면 작은 항해 집단의 남은 구성원들은 사라질 것이다.[41] 페루 아마존의 외딴 부족 타우시로족Taushiro의 구성원이던 아마데오 가르시아 가르시아Amadeo García García는 1999년 형제인 후안Juan이 사망하자 타우시로어를 할 수 있는 마지막 사람이 되었다. 약 20년 뒤 그는 기자에게 이렇게 말했다. "나는 타우시로족입니다. 세상에 나 혼자만 알고 있는 것이 있어요." 말라리아, 노예화 등의 재난에 시달린 끝에 결국 타우시로족은 집단을 유지하지 못할 지경에 이르렀다. 그들의 언어는 아마데오를 비롯한 몇 명이 언어학자들에게 남긴 녹음 자료를 제외하고 완전히 사라졌다.[42] 집단이 더 크면 이런 위험을 막는 데 도움이 된다. 폴리네시아 20개 언어를 대상으로 한 연구는 이를 수학적으로 증명해 보였다. 더 큰 집단일수록 새로운 단어가 출현하는 속도가 빨랐고, 더 작은 집단일수록 단어를 잃는 속도가 빨랐다.[43]

게다가 큰 집단에서는 개인이 불을 피우거나 물을 찾거나 동물을 추적하는 더 나은 기술을 발견하면 대개 주변 사람들이 이 발견을 관찰하고 모방하고 기억한다. 그 결과 큰 집단일수록 사회 학습을 더 잘하고 가치 있는 혁신을 이룰 기회가 많아진다. 사회적 전달이 이루어질 때 오류는 반드시 일어나기 마련이므로 집단은 시간 경과에 따른 정보 상실을 피하려면 계속 정보를 전달해야 한다. 교사와 학생은 복잡한 전통이 계속 살아 있도록 애써야 한다. 더 큰 집단일수록 사회 최고의 구성원들로부터 배우는 아이들이 더 많다는 뜻이며, 이따금 교사를 능가하는 학생이 나온다는 뜻이다.

문화	인구수	총 도구 수	도구 평균 복잡성
말레쿨라	1,100	13	3.2
티코피아	1,500	22	4.7
산타크루즈	3,600	24	4.0
야프	4,791	43	5.0
라우피지	7,400	33	5.0
트로브리안드	8,000	19	4.0
추크	9,200	40	3.8
마누스	13,000	28	6.6
통가	17,500	55	5.4
하와이	275,000	71	6.6

11 - 1 | 오세아니아 10개 문화의 집단 규모, 어획 도구, 도구 복잡성
어획과 항해 도구의 복잡성은 독립된 부품 수에 따라 1에서 16까지 분류했다. 조개를 바위에서 떼어내는 단순한 막대기는 1이고, 미끼 지렛대를 갖춘 여러 부품으로 이루어진 게 덫은 16이다. 도구의 수와 복잡성 모두 집단 규모에 비례한다.

문화 혁신과 복잡성에 집단 규모가 중요한 역할을 한다는 것은 오세아니아의 섬들에서 일어난 자연 실험을 통해 확인할 수 있다. 같은 조상 문화에서 유래한 서로 아주 멀리 떨어져 있지만 비슷한 해양 생태계를 지닌 10개 섬의 전통문화를 대상으로 연구가 이루어졌다. 연구진은 어획 도구의 수와 복잡성을 평가했다(표 [11-1] 참조). 도구는 조개류를 바위에서 떼어내는 데 쓰는 단순한 막대기부터 미끼 단 지렛대를 포함해 16가지 부품으로 이루어진 게 덫에 이르기까지 다양했다. 예상한 대로 큰 집단일수록 도구의 수와 복잡성이 더 늘어났다.[44] 물론 다른 요인들도 중요했다. 움직이는 먹이를 사냥하거나 더 다양한 환경에 대처해야 하는 섬에서는 필요한 도구 수가 더 많았다.[45] 일반적으로 적도에서 남쪽이나 북쪽으로 멀어질수록 날씨와 지형이 더 다양해진다. 이 점을 생각할 때 적도에서 멀어질수록 식량을 구하기가 더 어렵고 힘들어지며, 따라서 적도에서 먼 위도일수록 도구가 복잡해진다는 것이 다른 연구들을 통해 드러났다.[46] 이처럼 문화는 환경 다양성에 대처하는 데 유용하다.

이런 관찰은 실험을 통해 확인되었다. 한 창의적인 실험에서는 남성 366명에게 가상 화살촉이나 낚시 그물 만들기 컴퓨터 게임을 시켰다. 화살촉은 15단계, 그물은 39단계를 거쳐 제작되었다(정해진 순서에 따라). 참가자들은 자기 집단에서 누구를 지켜보고 배울지 고를 수 있었다. 그리고 집단 규모는 2명, 4명, 8명, 16명으로 다양화했다. 집단 규모가 클수록 문화 지식이 더 자주 보존되고, 개선이 더 자주 이루어지고, 도구 복잡성이 더 자주 유지되었다.[47] 문화의 혁신과 보존에는 규모가 중요하다.

마지막으로 문화의 유지와 진화는 개인 간 사회 연결망의 수와 구조 그리고 정보가 얼마나 쉽고 자유롭게 교환되는지에 의존한다. 이는 문화 전달이 집단의 협력과 호의 수준에 달려 있을 수 있다는 의미다.[48] 따라서 "사회성 모둠"의 요소들은 우리 문화 발전 능력의 토대에 놓여 있다.

이는 문화에 관한 마지막이자 역설적인 다음 결론으로 이어진다. 이 안정되고 보편적인 인간의 특징들(협력, 우정, 사회 학습)이 있기에 문화의 경이로운 다양성이 가능해진다. 교육과 학습에 토대를 둔 우리 종의 문화 능력은 "사회성 모둠"의 핵심 부분이다. 설령 문화의 특정 구성 요소들(1장에서 살펴보았듯이 아주 다양하다)은 그렇지 않을지라도 말이다. 복잡한 문화 지식을 유지하려면 규모가 크고 상호 연결된 사상가와 혁신가의 집합이 필요하다. 우리 안에 새겨져 있는 청사진은 문화 진화의 토대다. 인류 사회는 서로 결합해 있고 몇 가지 원칙을 따르면서도 43,252,003,274,489,856,000(4325경 2003조 2744억 8985만 6000)가지 조합이 가능한 루빅큐브Rubik's Cube와 비슷하다.

유전자와 문화의 다양한 공진화 사례

인류가 유전적으로 다른 동물들에 비해 별난 문화 형성 능력을 지니며, 문화 자체는 시간과 장소에 따라 다양해질 수 있고, 이것이 어느 정도는 진화와 비슷한 과정을 통해 이루어진다는 사실을 지금까지 밝혔다. 이제 이 과정에서 유전자와 문화가 어떻게 상호작용하는지 살펴보기로 하자.

문화가 우리 종의 진화에서 역할을 맡기 시작한 것은 농업혁명이 시작되면서였다는 주장이 있다. 하지만 문화의 영향은 아마 현생 인류로 이어지는 조상 계통에서 훨씬 더 일찍부터, 아마 심지어 100만 년 전부터 나타났을 것이다.[49] 역사나 고고학 증거가 없을지라도 화석화한 인간 뼈를 꼼꼼히 조사해 문화가 인체에 미친 영향을 파악하는 방법이 존재한다.[50]

우리는 약 90만 년 전부터 약 50만 년 전까지 기후가 상당히 요동쳤다는 것을 안다. 이 요동은 시간이 흐르면서 어느 한 환경이 아니라 다양한 환경에 대처할 수 있을 만큼 다재다능한 동물에게 유리한 선택압을 빚어냈을 것이다. 사회 학습은 어떤 종이 유전 진화(개체 돌연변이가 형태와 기능의 작은 차이를 낳는다)가 충분히 빨리 대처할 수 없을 만

치 자주 변하는 환경에 직면한 상황에서 특히 적응성을 띤다.[51]

문화가 진화에 미치는 영향을 상세히 연구한 사례들은 흥미진진하다. 180만 년 전쯤(연대는 논란이 있다) 인류는 불을 다루고 이어서 피우는 법을 터득했다. 그 뒤로 인류는 요리를 시작했고 음식의 열량 함량이 상당히 증가했다. 육류와 식물을 가열하면 흡수할 수 있는 영양 성분이 더 늘어나기 때문이다. 이전까지 인류의 치아, 입, 위장은 뼈에 붙은 날고기를 물어뜯어 씹고 잔가지를 질겅질겅 씹어 소화하는 데 적합했지만 일단 요리가 출현하자 새로운 방향으로 진화를 거듭할 수 있었다. 치아는 더 섬세해졌다. 깨물근(여전히 인체에서 가장 강한 근육)은 더 약해졌다(이에 따라 턱 모양이 변했다). 위장은 더 작아졌다(이에 따라 갈비뼈 배치가 달라졌다). 요리 덕분에 에너지를 많이 요구하는 뇌를 지탱할 수 있을 만큼 충분한 에너지를 얻게 되었고, 그 결과 뇌는 점점 더 커졌다.[52]

이처럼 연구자들은 치아와 뼈 화석을 조사해 요리가 언제 시작되었는지를 추정할 수 있다. 이와 마찬가지로 발의 해부 구조를 조사해 동물을 장거리 추적하는 일과 관련 깊은 달리기 행동이 언제 시작되었는지 추정할 수 있다. 인간은 마라톤 선수가 될 능력을 지닌다는 점에서 포유류 중에서 독특하다. 비록 짧은 거리를 달릴 때는 반려동물조차 이길 수 없지만, 우리는 오랜 시간 달리는 데 유용한 온갖 적응 형질을 지니고 있다(지구력에 유용한 느리게 씰룩거리는 근섬유, 장시간 힘을 쓸 때 체온 증가를 조절하는 능력 등).[53]

사하라 이남 아프리카의 수렵채집인은 그저 먼 거리까지 뒤쫓는 것만으로 영양을 잡을 수 있다. 이를 "지구력 사냥persistence hunt"이라고 한다. 사냥감은 사냥꾼이 안 보이는 곳으로 달려 달아난다. 하지만 사냥꾼이 이를테면 8시간 동안 추적해 계속 따라갈 수 있다면, 사냥감은 질주 행동을 반복하다가 결국에는 지쳐 쓰러질 것이고, 사냥꾼은 그냥 다가가 창이나 올가미로 잡을 수 있다. 나는 체질인류학자 댄 리버먼Dan Lieberman이 바로 이 장면을 찍은 동영상을 본 적 있다. 사냥꾼은 커다란 쿠두kudu(영양에 속한 종으로 평소에는 다가가면 위험하다)에게 그냥 걸어가 마시멜로인 양 꼬챙이를 박았다. 사자나 표범이 같은 먹이를 뒤쫓을 때 쓰는 것과 전혀 다른 전략이다.

비록 지구력 달리기가 이런 사냥 방식에서 중요하긴 하지만 필요한 것은 해부 구조의 진화만이 아니다. 인간은 특정한 동물을 사냥감으로 정한 뒤 모습이 보이지 않을 때도 잘 찾아서 추적할 수 있어야 한다. 매번 새 쿠두를 볼 때마다 이번에는 이 개체, 다음에는 저 개체, 이어서 또 다른 개체 하는 식으로 요령 없이 뒤쫓다가는 자신이 먼저 지쳐 쓰러질 것이다. 바로 여기에서 문화가 개입한다. 동물 추적 능력(발자국, 배설물, 부러진 나뭇가지, 행동에 관한 지식을 토대로 한 능력)은 여러 세대에 걸쳐 공들여서 습득하며, 세심하게 가르치고 전달된다(유능한 사냥꾼이 되기까지 여러 해가 걸리는 이유다). 이 문화적 발명이 이루어짐으로써 장거리 달리기에 알맞게 일어난 신체 변화는 적응성과 유용성을 띠게 된다. 오늘날의 과학자들은 화석 기록에 보존된 발의 해부 구조 변화를 토대로 다른 면에서는 쓸모없었을 느리게 장거리를 달리는 능력이 언제 출현했는지, 그리고 추적이라는 문화 행위가 언제 출현했는지까지 추론할 수 있다.[54]

유전자-문화 공진화의 또 한 가지 매우 좋은 사례는 성인들의 젖당 내성lactose tolerance이다.[55] 젖당은 젖의 주요 당 성분이다. 아기는 젖당 분해 효소(유당 분해 효소)인 락테이스lactase(락타아제)를 써서 모유에 든 젖당을 분해할 수 있지만 대개 더 자라면 이 능력을 잃는다. 젖을 떼고 나면 굳이 이 효소가 필요 없기 때문이다. 세계적으로 보면 젖을 소화하는 능력을 지닌 성인은 드물며 대개 동아시아와 아프리카에는 없다. 세계 성인의 약 65퍼센트(북아메리카인과 유럽인 중 상당한 비율을 포함해)는 락테이스를 만들지 않는다.[56] 성인의 젖당 소화 능력은 젖이 안정적으로 공급될 수 있을 때만 진화 이점을 제공한다. 그리고 젖을 생산하는 동물(양, 소, 염소, 낙타)을 길들이고 기르고 젖을 짜는 법에 관한 지식 등 관련된 다양한 문화 특징들이 출현하기 전까지는 이런 이점을 제공하지 않았을 것이다. 젖을 마실 수 있다면 소중한 열량을 얻는 것부터 물이 부족하거나 오염된 시기에 필요한 수분을 얻는 것까지 다양한 이점이 생긴다. 놀랍게도 겨우 지난 3000년에서 9000년 사이에 아프리카, 유럽, 중앙아시아에서 서로 독자적으로 LCT 유전자(락테이스의 유전 암호를 지닌 유전자)에 이 능력을 부여하는 적응 돌연변이가 일어났다.[57] 이 돌연변이는 목축 집단에서 생겼고, 수렵 생활방식을 유지하던 이웃 집단들에서는 나타나지 않았다.

최근에 이런 변화를 부추기는 문화 관습에 반응해 일어난 유전 변화를 살펴볼 수 있는 곳이 있다. 사마바자우족Sama-Bajau은 인도네시아, 말레이시아, 필리핀의 여러 지역에 흩어져 산다. 이들 중 상당수는 평생을 물 위에서 지낸다. 태어나 죽을 때까지 핵가족을 이루어 작은 집배houseboat(선상 가옥)에서 생활하면서 무리를 이룬 집배들을 타고 함께 바다를 다니면서 물고기를 잡아먹으며 산다.[58] 해양 유목민이라고 불리기도 하는 사마바자우족 중 많은 이들은 뛰어난 맨몸 잠수 실력을 지녀 흔히 하루에 5시간을 물속에서 지낸다.[59] 이들이 얼마나 오래전부터 이런 생활양식을 지녔는지 불분명하지만 최소한 1000년은

된 듯하다. 그리고 해상 생활을 하면서 잠수해 식량을 얻는 문화 혁신은 배 건조, 항해, 어획 기술이 있어야 가능했을 것이므로, 현재 이들은 산소 부족에 대처하는 능력을 갖추는 쪽으로 유전자 돌연변이가 일어난 상태다. 이들은 그저 추 몇 개와 일종의 나무 고글만으로 70미터 바다 밑까지 들어가 식량을 구할 수 있다.

한 가지 냉정한 현실은 이런 식으로 잠수해 식량을 구하는 데 더 뛰어난 이들이 자녀를 더 많이 남기는 듯하다는 것이다. 이런 일을 가능하게 한 적응 형질 중 하나는 더 커진 지라다. 이 형질은 PEE10A라는 유전자의 제어를 어느 정도 받는 듯하다.[60] 이 돌연변이와 적응 형질은 사마바자우족에게서만 나타나며 육상 생활을 하는 인근의 비슷한 집단들에는 없다. 큰 지라는 산소를 지닌 적혈구의 창고 역할을 할 수 있다. 잠수를 오래 해 산소가 부족해질 때 이 피를 내뿜어 잠수 능력 향상과 생존에 기여한다. 아주 최근의 역사 시대에 일어났을 가능성이 높은 문화 혁신(행동과 기술 양쪽으로)이 인간 유전자에 영향을 미친 또한 가지 사례다.

정교한 항해 기술과 커다란 카누로 먼바다를 탐험하도록 내몰린 폴리네시아인 조상들은(2장에서 살펴보았다) 바다를 떠도는 동안 굶주리거나 추위에 시달리는 시기에 대처할 능력을 몸이 더 잘 갖추도록 유전자에 선택압을 가했을 수 있다. 이들의 여행은 이른바 "절약 유전자thrifty gene"를 통해 몸의 에너지 요구에 더 효율적으로 대처하도록 선택을 가했을 가능성이 있다(절약 유전자는 식량 부족에 대비해 식량이 풍부한 기간 동안 지방을 축적해놓도록 음식을 효율적으로 수집 처리할 수 있게 해주는 유전자다-옮긴이). 게다가 섬 생활은 지극히 힘들다(사람들에게 낭만적인 환상을 품게 하지만). 험악한 날씨(태풍 등)로 상당 기간 먹을 것이 없는 상태로 버텨야 할 수 있기 때문이다. 원양 항해 때와 비슷한 압박을 받는다. 이런 유전 변화는 수 세기 전 긴 항해와 고립 생활에는 유용한 적응이었다. 하지만 오늘날 절약 유전자는 당뇨병과 비만을 일으키는 원인이다. 현재 폴리네시아인 후손들은 육지에 마을을 이루고 살며 더 안정된 식량 공급원을 구했기 때문이다.[61]

유전자-문화 공진화의 사례는 이 밖에도 많다. 성조 언어(중국어 등) 사용자는 성조 없는 언어 사용자와 다른 적응 환경에 직면한다. 그래서 어떤 연구자들은 이런 언어를 유창하게 하도록 돕는 방식으로 뇌 구조에 영향을 미치는 두 유전자 변이체가 선택되었을 수 있다고 추정한다.[62]

농업과 재료 기술의 혁신도 영향을 미칠 수 있다. 농업의 발명은 인내하는(그리고 작물이 자랄 때까지 기다리는) 능력을 더 적응성 있게 만들고, 이 성향의 토대가 되는 유전자들의 활용에 영향을 미쳤을 가능성이 있다.[63] 게다가 작물 재배는 대개 식단의 녹말 함량을 증가시켜 녹말이 든 음식의 소화를 돕는 아밀레이스amylase(아밀라아제) 같은 효소를 만드는 유전자 변이체들의 적응 경관에 영향을 미친다.[64] 작물의 영향은 더욱 복잡한 양상을 띨 수 있다. 얌 재배가 가능해지자 서아프리카의 숲들은 얌 재배 경작지로 개간되었다. 이는 물웅덩이가 더 늘어나는 의도하지 않은 결과를 낳았고, 물웅덩이는 말라리아를 옮기는 모기가 번식할 좋은 환경이 되었다. 그리고 이 변화는 말라리아에 적응성을 띠는 낫모양적혈구를 선호하는 선택압을 가했다. 이 적혈구는 다른 방향으로는 불리하지만 말라리아에 저항하는 데 도움을 준다. 소와 젖당 내성 사례처럼 농사를 짓지 않는 인근 집단에서는 낫모양적혈구빈혈을 일으키는 유전자 변이체가 그 정도로 증가하지 않았다.[65]

우리 종이 지난 약 7000년에 걸쳐 창안한 사회 질서 유형들(도시, 시장, 현대 통신 등) 역시 분명히 우리에게 자연선택을 가하는 힘이다. 이런 발명들 덕분에 사람들은 낯선 이들과 상호작용하는 경험을 하며, 이 경험은 우리 유전자에 영향을 미칠 가능성이 있다. 예를 들어 종으로서의 우리는 도시에서 살기에 더 영리해지는 중일 수도 있다. 도시 문화가 갈수록 더 복잡하고 자극적이고 까다로운 양상을 띠어가고 있기 때문이다. 또한 우리 종 구성원들이 점점 더 조밀하게 모여 살고 더욱더 먼 도시까지 여행을 다니면서 새로운 종류의 유행병이 출현하고 있다. 그러므로 현재 우리의 면역계(그리고 관련된 생리 형질들)도 달라지는 쪽으로 진화하고 있을 것이 거의 확실하다. 예를 들어 최근 우리 종에게 장티푸스 유행병에 내성을 제공하는 돌연변이가 출현한 것은 지난 수천 년 사이 유럽에서 일어난 도시화와 장거리 교역으로 가능해진 일이다.[66]

아마 놀랄지 모르지만 종교 역시 유전자-문화 공진화 사례를 제공할 수 있다. 한편으로는 종교 개념들을 이해하고 다른 한편으로는 종교 신앙과 관습을 이해할 수 있는 뇌를 만드는 유전자 변이체들이 나란히 공진화할 수 있다. 인류학자 조지프 헨릭은 농업혁명을 통해 가능해진 대다수 대규모 문명의 종교가 더 큰 사회, 낯선 이들과 더 자주 상호작용하는 사회를 조직하는 데 필요한 바로 이런 종류의 도덕 원리(호혜성과 권위의 존중)와 관련이 있는 듯하고 주장했다. 다시 말해 인간에게 사회생활 능력이 진화했고, 그런 다음 더 큰 도시 집단을 형성하는 문화 혁신을 이루었으며, 이에 따라 특정한 유형의 종교가 더 유용해졌고, 그러자 이런 종교를 받아들이기 쉬운 유형이 되도록 유전자와 뇌에 압력이 가해졌다. 반면에 소규모 사회의 종교는 대체로 덜 도덕적이고 더 변덕스러운 신들을 믿으며, 이런 신들을 흔히 자연 세계의 일부로 여긴다.

하드자족은 종교 조직, 리더, 의례가 전혀 없다고 알려진 사회 중 하나다.[67] 인류학자 코런 아피셀라에 따르면, 신을 믿느냐는 질문에 하드자족 중 약 절반은 신이 사람들의 생각을 아는 능력이나 사후에 겪을 일을 결정하는 능력 같은 초자연적인 힘을 지닌다고 믿지 않거나 확신하지 못한다고 답했다. 하드자족은 사후 세계를 믿지 않는다. 그들은 이 질문에 흔히 세속적인 답을 내놓았다. "죽은 뒤에 어떤 일이 일어날까요?"라고 아피셀라 교수가 묻자 그들은 이렇게 답했다. "사람들이 울죠." "그 뒤에는요?" "죽은 사람은 땅에 묻혀요." 그녀가 다시 고집스럽게 "그다음에는 어떤 일이 일어날까요?"라고 묻자 그들은 이렇게 말했다. "음위쇼Mwisho." 스와힐리어로 "끝"이라는 뜻이다.[68]

친족이 아닌 많은 사람이 협력할 수 있게 하는 종교 신앙(불행한 사람이 천국에서 보상받는다는 약속 등), 규칙, 전통, 제도를 지닌 집단은 더 분열되거나 일관되지 못한 이념을 지닌 다른 집단을 이기기가 더 쉽다. 종교는 혈연관계가 아닌 개인들이 협력, 물품 교환, 분업의 범위를 확대할 수 있도록 부차적으로 돕는 문화 속성이다. 그리고 다른 집단과 경쟁에서(그리고 집단 내 갈등 줄이기에) 성공하면 이 결과는 궁극적으로 우리 유전자에 반영될 수 있다. 특정한 유전자 변이체들이 애초에 더 협력하도록 만들어진 환경에서 더 잘나가는 한 그렇다.

일부일처제와 관련된 문화 규범은 인간이 직면한 적응 압력의 변화가 어떤 영향을 미치는지 보여주는 비슷한 사례다. 이 문화 관습은 많은 생물 효과를 일으킬 수 있다. 첫째, 일부일처제는 일종의 사회 수준의 테스토스테론testosterone(생식 기관 발달, 근육과 골격 증대 등에 관여하는 대표적인 남성 호르몬-옮긴이) 억제 프로그램을 제공한다. 일부일처제 사회에서 남성의 테스토스테론 수치는 결혼하면 낮아지고 아이들과 대면 상호작용하면 다시 더 떨어진다. 반면에 일부다처제 사회에서는 결혼 후까지 테스토스테론 수치가 높게 유지되는데, 남성들이 다른 유형의 번식 요구 조건에 놓여 있기 때문이다.[69] 그리고 5장에서 살펴보았듯이 일부일처제는 폭력 및 범죄 감소와 관련이 있다. 아마 이점 역시 어느 정도는 테스토스테론 농도 감소 때문일 것이다. 둘째, 특이하게 유럽에서 고대 말에 도입되어 중세 내내 유지되어온 사촌 간 결혼을 금지하는(어쩔 수 없이 더 폭넓게 사돈 관계를 맺도록 하는) 종교 규칙은 친족 연결망에 의존하는 태도를 줄이고 공식 국가 제도의 출현에 기여했을 수 있다.[70] 그런데 근친혼에 관한 이 문화 규칙은 또 후대로 전달되는 유전자 변이체의 유형에도 영향을 미쳤을 수 있다. 비근친혼으로 태어난 자녀가 생존 가능성이 더 높다는 단순한 이유에서다.[71]

문화가 인류 진화에 미치는 이 온갖 영향만으로 부족하다는 듯, 유전자-문화 공진화의 수학 모형은 문화가 우리 종에게서 협력의 기원을 설명하는 추가 요인일 수 있다고 주장한다. 비록 협력이 반드시 문화가 존재해야 출현할 수 있는 것은 아니지만 말이다(예를 들어 문화가 없는 많은 동물도 협력한다). 앞서 살펴보았듯이 우리 인간은 친족관계가 아닌 개인들이 협력하는 능력을 지닌다는 점에서 독특하다. 그리고 우정 연결망의 존재는 우리 종이 협력이라는 도전 과제를 해결하는 한 가지 방법이다. 호혜성 문화 규범은 집단에서 협력 유지하기라는 도전 과제에 대처하는 또 다른 방법이다. 처벌, 이타주의, 보답에 관한 문화 규범은 이런 것들이 없다면 실패할 상황에서 명백히 협력을 뒷받침할 수 있다.[72] 요컨대 문화 자체가 "사회성 모둠"의 다른 요소들에 의지하지만 문화 또한 "사회성 모둠"의 중요한 요소들을 더욱더 뒷받침한다. 정체성, 우정, 내집단 편애, 협력, 학습과 관련된 관습들을 강조함으로써 그렇게 한다.

근시 인간이 살아남은 이유

현대의 꼼꼼한 분석 결과는 사람 유전체에 있는 약 2만 개의 유전자 중에서 수백 개가 지난 1만-4만 년 동안 강한 충격을 가하는 문화 변화(동물 사육, 도시화, 결혼 규칙 등)에 반응해 갈수록 빠른 속도로 진화해왔음을 시사한다.[73] 유전자 변이체의 이런 변화 중에는 아주 최근에, 겨우 수천 년 사이에 일어난 것이 많다. 그러나 이 분야의 연구는 아직 한창 진행 중이며, 과학자들이 문화 변화와 특정한 유전 반응 간 연결을 확인하려면 더 많은 연구가 필요하다.

인류 문화 누적과 인구 증가 때문에 오늘날 우리 문화가 구체적으로 가하는 선택압은 소집단의 동굴 벽화와 석기 제작 문화에 국한되었던 시절보다 훨씬 더 강하다. 그러나 문화 목록이 증가할수록 우리 환경의 생물과 물리 측면에서 가해지는 선택압의 영향은 오히려 줄어들 수 있다. 문화는 생태계에서 유래하는 선택이 우리 유전자에 일상으로 가하는 힘을 어떻게 줄일 수 있을까?

자연환경의 온도가 계속 오르내린다고 해보자. 이 말은 어떤 시기에는 고온에 대처하는 데 도움을 주는 유전자 변이체가 선택될 것이고, 다른 시기에는 추운 날씨에 유용한 변이체를 선호하는 선택이 일어날 것이라는 의미다. 그러나 인간이 문화 적응 형질을 지닌다면(시원함을 유지하기 위해 동굴을 변형하거나 에어컨을 만들고 온기를 유지하기 위해 옷을 짓거나 난방을 하는 등) 이런 선택의 힘을 사실상 중화할 것이다. 이를 "중화적 생태 지위 구축counteractive niche construction"이라고 한다. 이런 문화 적응 형질 때문에 인간이 경험하는 온도 변화는 덜 중요해질 것이고, 선택의 힘은 약해질 것이다.

예를 들어 티베트고원으로 이주를 선택한 사람들에게 EPAS1이라는 유전자에서 저산소 환경(사마바자우족이 직면한 수중 환경과 완전히 다른 환경)에 대처하는 유전 변화가 나타났다. 이 진화 적응은 지난 3000년 사이에 이루어졌다.[74] 물론 그들에게는 선택의 여지가 없었다. 산소 공급량을 늘릴 문화 방법이 전혀 없었기 때문이다.[75] 이 과정은 앞서 살펴본 락테이스 지속성 사례와 비슷했다. 그러나 저산소 대처 유전자가 이 높은 고도 이주에 반응해 비교적 빠르게 진화하고 있었던 반면, 추위에 대처하는 일과 관련된 유전자를 비롯한 다른 유전자들은 아마 적응할 필요가 없었을지 모른다. 이 방면에서는 새 환경에 대처할 문화 방법을 이미 지니고 있었기 때문이다. 바로 옷과 건물이었다.

문화의 힘은 그 힘이 없었다면 사라졌을 수 있는 유전 문제를 우리 종이 간직하고 있다는 의미가 될 수도 있다.[76] 예를 들어 안경의 발명은 안경이 없었다면 절벽에서 떨어졌거나 사자에게 잡아먹혔을 근시인 사람들(나 같은 사람)을 선택적으로 솎아내는 데 실패하게 만들고 근시 관련 유전자가 존속할 수 있게 만들어, 시간이 흐를수록 사람들을 더 근시로 만드는 데 기여하고 있을 수 있다.[77]

더 분명한 사례를 들자면 낫모양적혈구빈혈 치료에서 이루어진 현대 의학의 발전은 이 비정상 헤모글로빈 유전자의 이환율을 증가시킬 수 있다. 1980년대 초에 내가 의학 공부를 하고 있을 때 동형접합성 낫모양적혈구빈혈을 지닌 환자들은 대개 10대 때 사망했다. 당시 만난 30대 초반의 환자가 보스턴아동병원에서 가장 오래 생존한 환자라는 말을 들었던 기억이 난다. 환자 대부분은 찌그러진 적혈구가 몸의 다양한 부위에서 혈관을 막아 고통스러운 발작이 일어나는 바람에 입원한 아이들이었다. 그들은 대개 사춘기 말에 콩팥 기능 상실이나 감염으로 사망했다. 그러나 의학이 발전한 덕분에 지금은 대부분 성년기까지 생존한다. 현재 이 환자들의 평균 수명은 남성은 42세, 여성은 48세를 넘는다.[78] 환자들은 가정을 꾸려 유전자를 자녀에게 전달할 수 있을 나이까지 살 수 있고, 그 결과 이 비정상 헤모글로빈을 지닌 환자 수는 늘어날 수 있다.[79] 희망은 수명 연장에서 그치지 않는다. 가까운 미래에 우리는 낫모양적혈구빈혈을 앓는 사람을 완치할 효과적인 유전자 요법(또 하나의 현대 문화 혁신!)을 찾아낼 가능성이 높다. 그러면 그들은 정상적인 삶을 살 수 있을 것이다. 그러나 그들의 정자와 난자는 여전히 이 돌연변이를 다음 세대로 물려줄 가능성이 높다.

본성이냐 양육이냐에 답하기

인간 생물학과 인간 문화는 늘 대화를 나누어왔다. 유전자 수준에서만이 아니다. 산업 발전에 따른 사회경제 지위 상승으로 사람들은 영양 상태가 더 좋아지고 키가 더 커졌다(문화 발달의 생물 효과). 그리고 키가 커진 사람들은 집의 천장이 더 높기를 원한다(생물 발달의 문화 효과). 사적지에 있는 아메리카 식민지 시대 집들을 보면 이 사실을 실감

할 수 있다. 침대가 아주 작은 것을 보고 다들 놀라워한다. 또는 완전히 다른 사실을 생각해볼 수 있다. 바로 플라세보placebo(속임약)다. 플라세보 효과는 문화적 믿음, 즉 약의 일반적인 효용성에 관한 믿음이 생리에 영향을 미칠 수 있음을 강력하게 보여준다.[80] 거꾸로 흑사병 유행 같은 생물 현상이 대규모 문화 변화를 일으킬 수도 있다. 이를테면 정치 구조나 종교 신앙에 영향을 미칠 수 있다.

한편 앞서 살펴보았듯이 문화는 유전 수준에서 변화를 촉발할 수 있다. 그리고 이것이 어디에서 멈출지 알기는 쉽지 않다. 우리가 도시 거주, 미래를 대비한 저축, 아편제 투여, 대규모 SNS 참여를 선호하도록 기본 취향과 행동의 변화를 빚어내는 유전자 변이체가 존재할지 모른다고 추정할 수 있다. 또는 민주 사회나 컴퓨터 사회에서 살기를 선호하는 유전자 변이체가 존재할지 모른다. 종교 신앙이 출산을 장려한다면 미래에 우리는 더 종교적이 될지 모른다.[81]

그러나 나로서는 이런 개념들은 받아들이기 어렵다. 유감스럽게도 이는 특정한 생활방식이 긴 시간에 걸쳐 우리 종의 모든 구성원에게 유리한 것이 아니라 일부에게만 유리할 수 있다는 의미기 때문이다. 그럴 경우 특정 집단이 서서히 특정한 이점을 획득할 수 있고, 유전학과 문화 사이에는 긍정적이거나 부정적인 피드백 고리가 형성될 수 있다. 아마 일부 사람들은 정말로 남들보다 현대성에 더 잘 대처할 수 있을지 모른다. 우리가 세계를 형성하기 위해 선택하는 방식이 어느 후손이 살아남을지에 영향을 미친다는 개념은 나를 놀라게 하는 것 못지않게 괴롭게 한다.

그러나 과학의 관점에서 보자면 유전자-문화 공진화 연구는 인간 본성의 사회학 분석과 생물학 분석을 한 지붕 아래 놓는 통합 틀이라는 흥분되는 잠재력을 제공한다. 문화 진화와 유전 진화는 결코 별개로 다루어서는 안 될 것이다. 우리의 문화 능력은 사실 진화를 통해 우리가 지니게 된 것이기 때문이다. "본성이냐 양육이냐?"라는 질문에 대한 답은 간단하다. "둘 다."

일단 문화 전달이 가능해지자 우리 종은 규범을 준수하고 본보기를 모방하고 정보를 전달할 수 있는 뇌를 비롯해, 학습과 교육을 할 수 있는 뇌를 선호하는 환경에 직면했다. 그리고 인류는 갈수록 남들의 지식에 의지하게 됨에 따라 서로 간에 더욱 호의와 친절을 베풀게 되었다. 그리하여 집단 내에서 합리적으로 평화롭게 상호작용하고, 생존하기 위해 문화를 전폭적으로 활용할 수 있었다. 문화는 좋은 사회를 만드는 우리의 진화한 능력에 토대를 두는 한편으로 이 능력을 강화한다. 문화는 인간 집단의 창발성, 즉 부분들이 전체를 구성했을 때 새로이 출현하는 특성이다. 그리고 이 특성은 생각을 보존하고 교환할 수 있는 뇌와 사회 체제를 갖춘 인간에게서 출현한다.[82]

인류 문화는 누적된다. 이는 점점 더 많은 일에 대처할 수 있는 뇌와 사회 체제가 시간이 흐르면서 더욱더 유리해졌음을 뜻한다. 그리고 문화가 우리 진화에 가하는 힘이 지난 1만~4만 년 동안 계속 증가해 왔다는 의미이기도 하다.[83] 일단 교육과 학습을 할 수 있도록 진화하자 인류는 유전 진화와 나란히 나아가는 문화 진화라는 평행 진화 줄기를 개발했다. 이 두 줄기는 많은 시간과 장소에서 반복해 교차한다. 그리고 각 줄기는 서로에게 자신의 표시를 남긴다.

12장

좋은 사회는
얼마나 자연스러운가

BLUEPRINT

THE EVOLUTIONARY ORIGINS
OF A GOOD SOCIETY

사회를 인체에 비유한 오랜 전통

진화는 우리 몸과 마음만이 아니라 우리 사회를 빚어내왔다. 이와 관련된 한 개념, 비록 비유지만 우리 몸과 사회를 연관 짓는 개념은 고대부터 존재했다.[1]

예를 들어 기원전 494년 로마 시민들과 병사들은 혹독한 부채 규정과 갈수록 심해지는 상류층과 하류층 간 권력 비대칭에 견디다 못해 줄지어 로마 밖으로 달아났다. 로마 원로원은 평민 출신 집정관 메네니우스 아그리파Menenius Agrippa에게 불만에 찬 시민들과 대화를 해 그들의 걱정을 달래고 다시 로마로 돌아오도록 설득해달라고 요청했다. 아그리파는 인체의 다양한 부위들 간 관계를 로마 사회의 다양한 부문들 간 상호 의존성의 비유로 생생하게 묘사한 연설을 했다(500년 뒤 로마 역사가 티투스 리비우스Titus Livius Patavinus가 쓴 글에 상세히 나와 있다). 이 연설에서 아그리파는 이런 비유를 들었다. 위가 아무 일도 하지 않은 채 더 힘들게 일하는 신체 부위들의 노동에서 수익만 챙긴다고 본 손, 입, 이는 음모를 꾸몄다.

손은 음식을 입으로 가져가지 않았고, 입은 제공된 음식을 받아먹지 않았고, 이는 들어온 음식을 씹지 않았습니다. 분개한 그들은 위를 굶겨 굴복시키려 했지만 그들 자신이 쇠약해져갔습니다. … 그제야 위가 결코 빈둥거리기만 하는 것이 아니라 영양분을 받은 만큼 피를 통해 몸의 모든 부위로 돌려보내 베풀며, 정맥으로 똑같이 배분하기에 우리가 살아 있고 건강하며, 위가 음식을 소화해주는 덕분에 성숙한다는 사실이 명백히 드러났습니다.[2]

이 "몸으로서의 사회society-as-body"라는 비유는 반복해 나타난다.[3] 일찍이 기원전 1500년경 힌두교 경전《리그베다Rigveda》에는 카스트를 신체 부위에 빗댄 비슷한 비유가 나온다.[4] 플라톤은 기원전 360년경《국가Politeia》에서 사회가 사람들의 영혼 구조를 반영한 세계급 구조를 지니며, 국가와 개인 모두 나름의 적절한 역할을 맡은 몇 가지 부분으로 이루어진 복잡한 전체를 이룬다고 주장한다.[5] 플라톤은 가장 공정하고 질서 있는 국가는 각 신체 부위들이 균형을 이루고 조화롭게 협력하는 개인을 닮은 조직을 갖춘 국가라고 믿었다. 사도 바울은 53년경 코린트인들에게 보낸 서신에서 공동체 내 상호 의존의 중요성을 강조했다("신체 부위는 많으나 몸은 하나"라고 말했다).[6]

아마 이 비유 중 가장 유명한 사례는 철학자 토머스 홉스Thomas Hobbes가 1651년 출간한《리바이어던Leviathan》에 실린 내용일 것이다. 이 책에서 그는 "정치체body politic"라는 개념을 제시했다.[7] 홉스는 사회를 단일하고 구체화된 실체로 상상했고, 이것을 "리바이어던"이라고 불렀다.

> [리바이어던은] 자연 인간보다 훨씬 더 몸집이 크고 힘이 세지만 보호와 방어를 위해 고안된 인공 인간일 뿐이다. 그리고 "군주"는 인공 "영혼"이다. 몸 전체에 생명과 움직임을 불어넣는다. 재판과 집행을 담당하는 "판사"와 다른 "관리"는 인공 "관절"이다. 자연 신체에서와 마찬가지로 군주의 자리에 단단히 연결되어 모든 관절과 구성원이 맡은 일을 수행하게 만드는 "보상"과 "처벌"은 "신경"이다.[8]

《리바이어던》의 유명한 권두화(그림 [12-1])는 국가를 하나의 인체 형태로 재구성한 놀라운 시각적 비유다.[9] 프랑스 화가 아브라함 보스Abraham Bosse는 홉스와 오랜 논의를 거친 뒤 칼과 왕홀을 들고 왕관을 쓴 거인이 도시 풍경을 굽어보며 서 있는 모습을 담은 판화를 만들었다. 리바이어던 위쪽에는 〈욥기〉에 나오는 구절이 적혀 있다. "세상에는 그것과 비할 것이 없으니Non est potestas Super Terram quae Comparetur ei."[10] 인물의 몸통과 팔은 300명이 넘는 흐릿하게 묘사된 작은 사람들로 이루어져 있다. 그들은 모두 안쪽을 향하고 있으며, 거인

---

12 - 1 | 토머스 홉스의 《리바이어던》에 실린 권두화
홉스가 "리바이어던"이라고 부른 사회를 구체화한 이 형태는 그가 생각한 이상적인 국가 모형을 보여준다. 단일하고 강력한 왕의 칙령과 권위가 시민들을 하나로 모아 결속한다.

의 머리만이 실제 인체 특징들을 지니고 있다. 이 그림은 군주를 많은 자연 인간들의 동의로 만들어진 인공 인간이라고 보는 홉스의 견해를 잘 보여준다. "한 사람이 다수의 사람을 대변할 때 그들은 한 사람이 된다. 특히 다수를 이루는 모든 사람의 동의를 얻을 때 그렇다."[11] 홉스는 국가를 "인공 인간일 뿐"이라고 생각했다.

"어떻게 개인들이 모여 전체 사회를 만드는가?"라는 이 오래된 수수께끼의 현대적 이해는 사회의 각 부문을 인체 부위에 대응시키는 식의 단순한 방식과 아무 관련이 없다. 게다가 이런 식으로 계층제를 구상하거나 국가 권력을 옹호하지 않는다. 그러나 앞서 살펴보았듯이 사회 연결망과 협력을 토대로 삼긴 하지만 사람들의 집단이 함께 모인다는 점을 강조하는 것은 비슷하다. 그리고 사회를 아주 대놓고 인체의 소화계나 신경계에 비유하지는 않지만 인류 사회의 토대를 제공하는 청사진을 이해하기 위해 우리는 생물학을 이용해 분석 작업을 해왔다.

인간은 어떻게 자연과 분리되었나

"몸으로서의 사회"라는 수사 어구가 여전히 쓰이고 있지만 우리 종의 유전자가 우리 사회에 나름의 역할을 한다는 주장은 논쟁거리가 되어 왔다. 물론 이 비유의 주된 목적은 사회가 제대로 기능하려면 어떤 이상적인 질서를 지녀야 함을 보여주려는 것이었다. 이 비유는 유기체(생물)와 관련된 뭔가를 가리키는 일이 거의 없었다. 그런데 인간과 인간 행동이 생물학에 얽매여 있고 생물학을 통해 빚어진다는 주장은 역사적으로 철학, 사회과학, 대중 담론에서 논란을 불러일으켜왔다.

사회를 몸에 비유하는 것과, 인체 작동 과정과 동일한 과정으로 작동하는 뭔가로 보는 것은 전혀 다른 문제다.

인간이 자연 및 자연의 힘과 분리되어 있다고 보려는 유혹은 몹시 강력해서 오랫동안 유지되어왔다. 이런 생각은 서양 사상에서는 중세 종교 관념을 통해 강화되었다. 인간을 동물 및 자연 세계의 나머지 모든 것과 별개인 특별한 존재라고 여겼다. 그러나 이는 오늘날 자연 세계에 접근하는 적절한 방식이라고 보기 어려울 듯하다. 사실 19세기 이래로 철학, 과학, 정치 분야에서 인간을 자연 세계에 다시 통합하려는 움직임이 가속되어왔다. 동물권 운동, 기후 변화 논쟁, 심지어 과학자들이 다른 동물에게서 갈수록 더 많이 발견하는 인간과 닮은 형질에서 이런 움직임이 엿보인다.[12] 앞서 살펴보았듯이 코끼리는 친구를 사귄다. 돌고래는 협력한다. 침팬지는 문화가 있다. 우리와 다른 동물 사이의 구분을 깰 때마다 실제로 우리는 스스로를 다른 모든 생물과 동일한 자연 법칙을 적용받는 존재로 돌려놓고 있다. "얼굴을 지닌" 동물(일부 채식주의자의 표현)을 먹는 일을 피하거나, 동물의 질병을 우리 질병에 유추하거나(의학자들이 늘 하는 일), 협력이나 우정 같은 인간 특성이 다른 동물에게 있다고 인정하는 일 등이 그렇다.

농업혁명이 일으킨 근본 변화는 자연과 자연 속 인간의 위치에 관한 인류의 사고방식에 상응하는 변화를 일으켰다. 동식물 길들이기는 인간이 자연 세계를 지배한다는(아니 적어도 관리한다는) 것을 의미했다. 도시화와 자연 경관 변형, 종교 기념물 건축, 그리고 글쓰기와 상업과 기술의 발명은 모두 자연 세계로부터 인류를 더 떼어놓는 역할을 하는 발전이었다. 그 결과 자연 세계는 점점 더 야생적이고 위험한 곳, 억제되고 통제되어야 하는 곳으로 보이게 되었을 것이 틀림없다. 시간이 흐르자 자연을 지배하거나 자연과 의도적으로 결별하는 것이 훌륭한 삶의 원천으로 여겨지게 되었다.

초기 문자 기록 중 하나인 기원전 1800년경 메소포타미아 고대 바빌로니아왕국의 점토판에 새겨진 《길가메시 서사시Epic of Gilgamesh》는 우리 종이 자연에서 어떤 위치에 있는지를 다루었다. 이 점토판은 "엔키두Enkidu의 등장"을 이야기한다. 엔키두는 신들이 반신인 길가메시의 권위에 도전하기 위해 만든 존재다. 엔키두는 자연적인 모든 것을 집약한 존재다. 머리카락은 길게 자라 떡이 져 있고, 야생에서 동물들과 함께 지내고, 풀을 먹고, 농사 같은 것은 전혀 알지 못한다. 거꾸로 길가메시는 개화하고 문명화한 모든 것을 구현한 존재다. 그는 "슬기롭고 말쑥하고 단호한 도시의 목자" 역할을 하며, 인간을 인간이 아닌 것과 물리적으로 가르기 위해 도시 성벽을 짓는다.[13] 인간이 농업을 받아들이고 도시를 건설한 뒤 출현한 다른 종교적 사고방식들 역시 전반적으로 이 인간 대 자연 이분법을 받아들이고 확장했다.[14] 예를 들어 《구약성경》에는 인간이 자연 세계보다 더 높은 위치에 있다는 식의 표현이 가득하다.[15]

또 서양 철학자들은 자연적인 근원으로부터 우리 자신을 억지로 떼어놓기 위해 온갖 이유를 짜냈다. 기원전 350년 아리스토텔레스는 특정한 정치 공동체에서 사람들의 참여 열기가 일찍이 정점에 달한 시기에 《정치학Politiká》을 내놓았다. "키비타스civitas"라는 개념(인간이 정치 생활에 참여할 때 완전한 의미를 성취한다는 개념)은 사람들이 어떻게 자신이 자연과 분리되어 있다고 여기는지를 잘 보여주었다.[16] 아리스토텔레스는 우리 종의 "합리적 원칙"과 "언어 능력"이 인간을 동물계의 다른 존재들보다 더 높은 위치로 올려놓는 한층 더 본질적인 특징이라고 적시했다.

　인간의 우월성 개념이 초기 기독교 사상에 담겨 있긴 하지만, 인간과 자연 세계의 분리를 기독교 교리에 영구히 새기는 데 기여한 것은 13세기 성 토마스 아퀴나스Thomas Aquinas의 신학 저술들이었다.[17] 아퀴나스는 인간을 다른 동물들과 분리하는 것이 영혼이라고 보았다. 그는 《신학대전Summa Theologica》과 《이교도대전Summa contra Gentiles》에서 신은 인간이 자연 세계를 지배하도록 창조했다고 주장함으로써 인간과 자연 사이의 계층 관계를 제시했다.[18]

　그 뒤로 수 세기 동안 이런 견해가 유지되었다. 서양 사상의 다른 전통들도 이 개념을 토대로 삼았다. 어떤 이들은 인간이 다른 동물들에게 없는 감각/경험 능력과 인지/반성 능력을 지닌다는 점을 강조했다. 박식가 프랜시스 베이컨Francis Bacon이 1620년에 처음 주창했던 경험 및 귀납 과학의 초기 형태들("자연철학natural philosophy")은 자연 세계가 인간이 이런 특수한 능력을 사용해 연구하라고 존재한다는 신념에 어느 정도 토대를 두었다. 이런 신념은 인간과 자연의 분리를 더욱 강화했다. 과학혁명(갈릴레오와 뉴턴 같은 17세기 위인들의 연구에 토대를 둔 혁명)은 자연과 우리의 관계에 복잡한 영향을 미쳤다. 몇몇 방식으로 이 혁명은 인간과 자연 세계를 분리하는 차원을 넘어 인간의 자연 세계 오남용을 지지했다. 다음 2가지 변화를 동시에 일으킴으로써 그렇게 했다. 첫째, 과학 탐구의 출현은 자연에서 영적인 본질을 앗아갔다. 둘째, 인간이 과학을 통해 자연 세계를 지배해야 한다는 신념을 부추겼다.[19]

　마찬가지로 17세기 철학자 존 로크John Locke는 인간이 재산을 효과적으로 보호하고 도덕적인 삶을 살려면 자연 상태에서 벗어나 정치적 사회를 이루는 계약을 맺어야 한다고 주장했다. 같은 시기에 철학자 르네 데카르트René Descartes는 이원론 개념을 제시했다. 인간의 마음과 몸은 서로 다른 영역에 있으며, 그 연장선상에서 동물에게는 이성이 없다는 개념이었다.[20] 그리고 18세기에 철학자 이마누엘 칸트Immanuel Kant는 주체성과 이성을 지닌 인간은 독특하게 도덕적 존재라고 규정했다.[21] 이와 대조적으로 철학자 데이비드 흄David Hume은 우리의 이성 능력이나 자연 관찰이 아닌 공감 능력을 토대로 자연 세계와 인간을 구분했다.

그러다가 18세기에 새로운 산업 기술이 출현하면서 서로 긴장 관계에 있는 두 효과를 불러일으켰다. 한편으로 이 새로운 기술은 인간이 자연을 더욱 잘 통제한다는 것을 의미했으며, 많은 사상가는 이것이 도덕적으로 옳다고 생각했다. 다른 한편으로 일부 사상가는 이 지배가 문제가 있으며, 자연이 지닌 순수함을 위협할 수 있다고 보았다. 18세기 중반이 되자 마침내 오랫동안 유지된 분리라는 지적 틀은 상당한 지적 저항에 직면하기 시작했다. 인간이 자연을 존중하고 더 나아가 인간을 직접 자연 내에 위치시키고 자연의 일부로 봐야 한다는 견해가 등장해 경쟁했다. 흄과 동시대인이자 낭만주의의 아버지인 철학자 장자크 루소는 흄과 정반대의 견해를 지녔다. 그는 3장에서 살펴보았듯이 초월주의 철학 속에 자연 세계를 받아들인 랠프 월도 에머슨과 헨리 데이비드 소로 등 19세기 사상가들을 위한 길을 닦았다. 예를 들어 1836년《네이처》에 기고한 글에서 에머슨은 자연이 본질적으로 가치가 있을 뿐 아니라 인간 윤리학의 토대가 되는 특성들을 지닌다고 썼다. 그는 자연에 인간과 맞먹는 수준의 초월적 영성이 존재한다고 했다.[22] 물론 1871년 다윈이《인간의 유래와 성 선택》을 내놓은 것은 이런 배경 하에서였다. 그는 여러 가지 개념을 제시하면서 다른 동물들에게 널리 작용하는 자연선택의 힘이 인간뿐 아니라 인간 행동에까지 적용된다고 주장했다.[23]

또 이 전통에서는 자연을 훌륭한 삶의 원천이라고 보았다. 소로가 쓴《월든》과 시골 공동체 운동에서 이런 견해를 볼 수 있다. 이런 식으로 자연 세계의 본질적인 가치를 인정하는 태도는 당시의 환경 변화와 밀접한 관련이 있다. 1760년대 산업혁명 때 증기 기관의 발전에 힘입어 기계화한 형태의 작업은 인간과 동물의 노동을 서서히 대체하면서 19세기의 사회 발전부터 20세기의 트랙터 개발에 이르기까지 변화를 일으키는 추진력이 되었다. 이런 변화는 즉시 자연과 인간의 관계가 심하게 변질될 것이라는 우려를 불러일으켰다. 초월주의는 자연의 영적 통일성 그리고 회복력을 지닌 아름다움을 찬미했다.[24]

그럼에도 인간이 자연 세계와 분리되어 있다는 견해는 꾸준히 유지되었다. 그리고 이는 현대 과학이 세계에 접근하는 방식에 여전히 반영되어 있다. 진화심리학, 행동유전학, 사회신경과학 같은 몇몇 흥분되는 예외 사례들이 있긴 하지만 일반적으로 사회과학과 생물학은 계속 분리되어 있었다.[25] 의사이자 사회과학자로서 나는 이 과학 분야들 사이의 경계선에서 일하고 있으며, 이 경계선이 대단히 엄중하게 순찰당하고 있다고 단언할 수 있다. 대다수 사람들은 여전히 인간이 특별하다고 생각한다. 그러나 내가 볼 때 인간은 그렇게 특별하지 않다. 그리고 앞서 주장했듯이 역설적으로 우리가 동물에게 느끼는 친밀감은 사실상 우리의 공통된 인간성을 드러낸다.

사회는 과학적으로 설명할 수 없다?

어떤 비판자들은 "사회성 모둠"이 인간의 진화생물학에 토대를 두며, 따라서 우리 종의 보편적 특징이라는 주장이 실증주의, 환원론, 본질론, 결정론(모두 뒤에서 설명할 것이다)의 분위기를 풍긴다고 본다. 일부 분야에서는 이런 용어들을 모욕으로 받아들인다. 심지어 죄악으로 여기는 분야까지 있다. 그러나 사실 이런 비판은 세계를 이해하는 다양한 방식과 관련된 철학적 입장을 보여주는 것일 따름이다.

철학적인 관점에서 이루어지는 이 모든 반대는 한 가지 공통된 근원에서 나온다. 바로 사회 현실이 "우연적contingent" 성격을 지닌다고 비판자들이 타당하게 지적할 수 있어서다. 즉 우리가 사회생활에서 관찰하는 것 상당수가 고려 대상이나 배경의 세부 사항, 역사 시기, 권력 역학과 제도 유형, 심지어 관찰자의 특성(예를 들어 관찰자가 남성인지 여성인지, 부자인지 빈자인지 등)에 따라 달라진다고 타당하게 지적할 수 있다.[26]

사회 현실이 이토록 다양하고 가변적이며, 더 나아가 제대로 관찰하기조차 어려울 수 있다면 자연과학이 으레 쓰는 방법을 써서 연구한다는 것이 가당키나 하겠는가? 일부 비판자들은 사회 세계가 매 순간 달라진다고 주장하기까지 한다. 사회 세계는 같은 물에 두 번 들어갈 수 없는 헤라클레이토스Herakleitos의 강과 같다는 주장이다. 내 동료 한 사람은 심지어 세계 어딘가에서 다자 연애 사례가 단 한 건이라도 발견되면 짝결속이 생물학 토대를 지닌다는 주장이 반증된다고 믿는다. 그러나 인간의 전형적인 사회 행동의 예외 사례들은 오히려 규칙을 증명하는 것일 때가 많다. 히말라야의 나족이 연애 애착을 억압하기 위해 펼치는 특이한 문화적 간계들이 그렇다. 하지만 일부 사회과학자는 이런 비타협적인 태도를 극단까지 밀고 나가 사회 현상을 과학적으로 탐구하는 것은 불가능하며, 기껏해야 "해석"이나 할 수 있을 뿐 결코 진정으로 설명할 수 없다고 주장한다! 내가 보기에 이는 과학을 신학으로 바꾸는 것이며, 가장 강력하게 거부해야 하는 주장이다.

물론 사회과학에서 옳다고 여겼다가 내가 살아온 짧은 기간에 뒤집힌 주장조차 많다는 것은 사실이다. 여성이 평균적으로 수학을 잘못한다는 주장이 한 예다.[27] 더욱 극적인 점은 19세기 사회과학자들이 해결되었다고 본 것 중 상당수가 완전히 폐기되었다는 사실이다. 혐오스러운 노예제를 완고하게 정당화하던 견해들이 그렇다. 아무튼 "배회증drapetomania"이라는 진단명을 만들어낸 것은 19세기 의사들이었다. "노예의 참을 수 없는 탈출 욕구"를 가리키는 말이다.[28]

수정될 가능성이 높은 것은 사회과학만이 아니다. 많은 과학적 주장들 역시 새로운 개념과 발견을 통해 뒤집혀왔다. 사람 세포의 염색체 수, 지구 중심핵의 조성, 태양계 밖 행성의 존재, 다양한 영양소의 건강 위험, 항암 치료의 효과 등이 그렇다.[29] 그러나 과학적 발견이 잠정적이라는 특성을 지닌다고 해서 어떤 객관적인 현실을 관찰하기가 불가능하다는 의미는 아니며, 그런 것을 의미할 수도 없다. 시간이 흐르면서 개별적 믿음은 가설로 정립되며, 많은 검사에 견디고 실험 증거로 뒷받침된 뒤에는 사실로 널리 받아들여진다. 냉철하고 확고한 사실로서다. 자연과학과 마찬가지로 사회과학도 발전한다. 이전의 오류는 현재 그것을 거부할 충분한 근거가 되지 못한다.

특히 사회과학에서는 변하는 것이 세계인지, 아니면 그저 우리의 세계 이해 방식인지를 판단할 필요가 있다. 예를 들어 우리가 사회의 어떤 핵심 측면을 이해하는 방식이 바뀐다고 해서(새로운 통계 방법을 창안하거나 새로운 이론을 개발하고 기존 이론을 폐기한다고 해서) 사회의 같은 측면이 어떤 식으로든 새롭게 변한다는 의미는 아니다. 이런 이해 방식의 변화 중에는 일어나리라고 예상되는 것도 있다. 우리가 우리 종의 사회생활에서 보는 우연성은 사실 우리가 보편적으로 표현할 수 있도록 진화한 우연성이다. 예를 들어 인간이 나머지 영장류들과 다른 점 중 하나는 우리가 채택하는 짝짓기 관습의 다양성이다. 앞서 살펴보았듯이 비록 짝결속을 핵심 관습으로 삼긴 했지만 말이다.

마지막으로 사회생활의 몇몇 측면이 주변 상황에 의지하고 달라질 수 있다고 해서 ("사회성 모둠" 같은) 다른 것들 역시 항구적이지 않다는 의미는 아니다. 유전자가 우리 사회생활을 빚어낸다는 개념을 비판하는 이들은 인간 조건의 현대적 이해에 더 이상 들어맞지 않는 (본성 대 양육이라는 쓸데없는 이분법 논쟁은 말할 필요 없이) 일련의 허수아비 논증straw-man argument을 창안해왔다(허수아비 때리기 오류 또는 허수아비 논증은 상대의 요점을 왜곡한 비슷한 주장을 만들어 그것을 공격해 반박하는 논리적 오류다-옮긴이).

인간과 자연의 통섭을 거부하는 4가지 주장

생물학과 인간 행동의 통합에 이토록 저항하는 이유는 무엇일까? 네 갈래의 사유 흐름이 거기에 기여해왔다.

첫째로 실증주의positivism는 논리와 수학을 검증 가능하고 재현 가능한 방식으로 자연 세계에 적용하는 것을 포함한 과학적 연구를 통해서만 진리를 알 수 있다고 주장한다. 이 입장은 나와 같은 과학자들이 물리 세계 및 생물 세계에서와 똑같이 사회 세계에서 작동하는 일반 규칙이나 법칙을 발견해 사회 현상을 과학적으로 이해할 수 있다는 주장을 펼치는 몇몇 분야에서 혹독한 비판에 직면할 수 있다. 내가 볼 때 과학적 통찰이 완벽하다고 극도로 과신하는 태도와 실증주의를 통째로 거부하는 태도 모두 문제가 있다.

근대에 들어서 사회 현상을 과학적으로 이해할 수 있다는 실증주의 견해를 처음 제시한 사람은 19세기 중반 철학자 오귀스트 콩트 Auguste Comte였다.[30] 비슷한 시기에 사회학의 창시자 중 한 사람인 에밀 뒤르켐도 실증주의를 정립하고 있었다.[31] 그는 사회 현상이 어쨌든 간에 자연 세계의 일부며, 따라서 객관성과 합리성을 강조하는 과학적 방법을 통해 접근할 수 있다는 견해를 취했다.

그러나 사회생활을 어떤 식으로 이해할 것인지를 둘러싼 논쟁은 고대부터 존재했으며, 적어도 플라톤에게까지 거슬러 올라갈 수 있다. 플라톤은 시의 세계관과 철학(당시에는 과학에 가까웠다)의 세계관이 어떻게 다른지 분석했다.[32] 이 논쟁은 세계를 이해하는 가장 좋은 방법이 무엇인지를 둘러싸고 인문학과 과학이 벌이는 끝없는 논쟁 속에서 지금까지 메아리치고 있다. 일부 사상가는 인간의 내면 상태를 결코 과학적으로 검사할 수 없으며 직관적이거나 해석적인 방법, 더 나아가 종교적인 방법을 통해 비과학적으로 이해해야 한다고 주장한다. 강력하게 경험주의를 내세운 일부 과학자들조차 이 견해를 채택했다. 20세기에 행동주의를 옹호한 대표 인물이자 《월든 투》를 쓴 B. F. 스키너는 관찰 가능한 (개인 및 집단) 행동과 정반대로, 내면의 마음 상태는 관찰 불가능하며 정량화할 수 없는 주관적인 것이라는 유명한 추론을 내놓았다.[33] 일부 철학자와 신학자는 물질세계와 정신세계가 분리되어 있다는 오래된 이원론을 지금도 받아들이고 있다.[34] 이원론은 기본적으로 우리가 과학을 이용해 영혼이나 심지어 감정, 생각, 도덕, 아름다움을 온전히 이해할 수 없다고 주장한다. 그러나 영혼이라는 주제는 그 자체로 남아 있지만 감정, 생각, 도덕, 더 나아가 아름다움(그리고 이것들의 진화 기원)은 21세기에 MRI 영상과 행동유전학 등 다양한 기술을 통해 점점 과학적으로 규명되고 있다.[35]

불확정성 원리uncertainty principle로 유명한 20세기 물리학자 베르너 하이젠베르크Werner Heisenberg가 그랬듯이, 실증주의가 세계의 가장 지루한 측면들만을 다루고 과학적으로 알 수 없는 훨씬 더 많고 더 흥미로운 것들을 무시한다는 식으로 실증주의와 그 주장을 희화화하기는 쉽다.[36] 실증주의는 관찰자의 편향과 과학을 이념적이거나 부정한 목적에 유용하는 것 같은 실질적인 문제들을 회피한다는 타당한 비판에 직면할 수 있다. 후자는 결코 사실이 아닌 것을 과학적 "사실"이라고 내놓는 결과를 낳을 수 있다. 20세기 초의 우생학eugenics 운동과 인간을 대상으로 한 야만적인 실험의 역사가 명백한 사례들이다.[37] 과학 연구 역시 인간이 하는 모든 일에 따르기 마련인 온갖 불완전함으로 가득한 인간 활동이다. 그러나 과학 연구자에게 한계가 있다고 해서 세계가 궁극적으로 알 수 없는 것이라는 의미는 아니다.

더 나아가 실증주의를 옹호하는 차원에서, 나는 얼마간이나마 관찰을 하는 편이 관찰을 전혀 하지 않는 것보다 낫다는 것을 당연시한다. 우리 도구가 한정되어 있고 때로(아니 심지어 자주) 실패한다고 해서 어떠한 유용한 목적에도 쓸 수 없다는 의미는 아니다. 갈릴레오가 엉성한 망원경으로 목성의 달, 태양의 흑점, 달의 크레이터를 발견한 이래로 사람들은 오늘날의 기준으로 보면 원시적인 도구를 써서 아주 많은 발견을 해왔다. 과학은 반복 과정이다. 우리는 지상 망원경이라는 더 이전의 불완전한 발명을 건너뛰고 오늘날의 우주 망원경으로 나아갈 수는 없다. 지상 망원경이 인공 조명의 빛공해(광공해)와 대기 간섭 때문에 한계가 있다고 해도 말이다. 지상 망원경을 건너뛴다는 것은 현재 GPS를 지니고 있으니 수많은 사람이 수 세기 동안 사용한 종이 지도가 아무런 쓸모 없었다고 말하는 것과 같다.

둘째로 환원론reductionism이 있다. 사람들의 삶에 유전학이 어떤 역할을 하는지 조사하는 이들은 또 다른 죄악을 저지른다고, 즉 복잡하거나 고차원인 현상을 그 현상의 일부로 환원한다고 흔히 비난받는다. 환원론은 전체가 부분의 합일 뿐 그 이상은 아니라고 가정한다. 사회를 어느 정도 우리 종의 유전자가 빚어내는 보편적인 특징들의 집합이나 더 소규모인 규칙들의 집합("사회성 모듬" 같은 것)으로 환원하려는 노력은 문제가 있는 양 비친다. 이런 노력은 본질상 복잡하고 환원 불가능한 뭔가를 지나치게 단순화하려는 것으로 여겨진다.

환원론은 창발성의 존재를 무시한다. 창발성은 전체가 부분들에는 없는 특성을 지닐 수 있는 과정이다. 탄소 원자들의 집단이 흑연으로 배열되느냐 다이아몬드로 배열되느냐에 따라 다른 특성을 지니는 것이 창발성의 한 예다. 창발성이 자연적으로 표현된 형태 중에는 놀라운 것들이 있다. 아마 가장 인상적인 것은 탄소, 수소, 산소, 질소, 황, 인, 철과 다른 몇 가지 원소들이 결합할 때 생명 자체가 출현한다는 것 아닐까? 그리고 생명은 이런 구성 요소들로 환원할 수 없거나(현재 과학 수준에서는) 이런 구성 요소들에 없는 특성들을 지닌다. 또 하나의 놀라운 사례는 뇌의 뉴런들 간 연결 패턴으로부터 의식이 출현할 수 있다는 것이다. 이런 사례들은 복잡계complex system에서 부분들 사이에 초월적인 상승효과가 일어난다는 것을 말해준다.

물리학자 필립 앤더슨Philip Anderson은 창발성을 논의하면서 환원론적 사고를 통렬하게 비판했다. "모든 것을 단순한 기본 법칙으로 환원하는 능력은 그런 법칙에서 출발해 우주를 재구성하는 능력을 의미하지 않는다."[38] 이 역설처럼 보이는 것은 앤더슨이 "복잡성과 규모의 쌍둥이 난제the twin difficulties of complexity and scale"라고 부르는 것에서 유래한다. 체계는 이 두 축을 따라 확장될 때(물리적 존재들이 모여서 화학적 존재가 되고, 화학적 존재들이 모여서 생물학적 존재가 되고, 생물학적 존재들이 모여서 사회적 존재가 될 때) 새로운 창발성을 획득하며, 이해해야 할 전혀 새로운 접근법, 개념, 법칙도 획득한다.

나는 사실상 사회 질서가 어느 정도 환원론적으로 생물학 원리와 사회 현실들을 참조함으로써 이해할 수 있다고 주장해왔다. 그런 한편으로 나는 우리 사회생활에서 전체론holism(환원론과 정반대)의 중요성과 창발성의 역할도 강조해왔다. 나는 사회라는 주제를 다룰 때 주로 어떻게 전체가 부분들의 합보다 크며, 구성 요소에 없는 나름의 특징을 지니는지 연구하면서 시간을 보냈다. 따라서 우리는 사회생활을 연구할 때 환원론과 전체론을 둘 다 포용해왔다. 사람들의 집단은 각 개인의 형질들의 합을 초월하는 특성을 지닌다. 그리고 집단 현상의 진화 토대를 받아들일 때(설령 그것이 환원론적 행위라고 해도) 우리는 실제로 협력과 사회 연결망 같은 창발성이 어떻게 출현할 수 있는지 알아낼 수 있다.

지난 몇 세기 동안 과학은 대상을 점점 더 작게 세분하면서 이해를 도모해왔다. 이 방식은 대성공을 거두었다. 현재 우리는 물질을 원자로, 이어서 양성자와 전자와 중성자로, 더 나아가 쿼크quark와 글루온gluon 등으로 쪼개어 이해할 수 있다. 생물도 마찬가지로 조직에서 세포, 세포소기관, 이어서 단백질과 아미노산과 DNA에 이르기까지 점점 더 작은 단위로 쪼개질 수 있다. 정반대 접근법은 자연스럽게 이루어지지 않는다. 무슨 일이 일어나는지 이해하기 위해 부분들을 다시 전체로 끼워 맞추는 일은 대개 더 어렵다. 게다가 전체론은 보통 한 과학자나 한 과학 분야의 생애에서 더 나중에 출현한다. 그렇다고 해서 다시 끼워 맞추기가 과학에서 덜 중요하거나 덜 생산적이라는 말은 결코 아니다. 요컨대 나는 사회의 유전 토대에 초점을 맞추는 것이 그저 환원론에만 그치지 않는다고 주장한다. 오히려 반대로 우리 사회생활을 진정 전체론으로 이해할 수 있는 무대도 마련한다.

　우리가 탐구해온 개념을 폄훼하는 셋째 비판은 본질론essentialism이라는 것이다. 본질론은 물질세계(사람과 사회 포함)에 존재하는 것들이 정체성을 지니는 데 필요한 기본 특성 집합을 지닌다는 주장이다. 실증주의처럼 본질론 역시 적어도 플라톤에게까지 거슬러 올라갈 수 있다. 그는 이데아론theory of Ideas 또는 형상론theory of Forms에서 의자들은 저마다 다르지만(식탁 의자, 야외용 의자, 세 발 의자, 안락의자, 사출 좌석 등) 모든 의자는 어떤 공통점, 즉 의자라는 본질을 지닌다고 상세히 설명했다. 본질론은 사물의 개별 사례를 넘어서 본질, 그러니까 변하지 않는 성질을 추론한다.[39] 이런 맥락에서 나는 사회들이 어떤 보편적이면서 본질적인 특성을 공유한다고 주장해왔다. 그러나 1장에서 살펴보았듯이 많은 비판자는 이런 주장을 좋아하지 않는다. 문화의 역할을 평가절하하고 어떤 식으로든 인간이 살아가는 놀라울 만치 다양한 방식을 무시하는 듯 보인다는 것이다. 그렇지만 나는 사회생활의 아주 다양한 것들이 "사회성 모둠"을 중심으로 이루어져 있고, 더 나아가 앞서 살펴보았듯이 "사회성 모둠"을 통해 촉진된다는 생각을 포기하지 않고서도 본질론을 받아들일 수 있다고 생각한다.

넷째로 결정론determinism은 어느 체제(체계)의 상태가 앞선 상태나 상태들을 통해 완전히 고정된다는 주장이다. 이 관점을 취해서 나는 어느 면에서 사회가 인간의 유전자를 통해 유의미하게 결정될 수 있다고 주장한다. 엄격한 "인과 결정론causal determinism"은 어떤 사건이든 자체 원인으로self-caused 생기지 않으며, 어떤 사건이든 아무런 원인 없이 생기지 않는다고 본다. 극단적으로 말하면 자연 세계의 관찰 가능한 모든 특징은 인과론적으로 빅뱅까지 거슬러 올라갈 수 있다![40] 이 입장은 사회 체제에서의 자유 의지 개념이나 예측 개념에 명백히 시사하는 바가 있다.[41] 그러나 생명 현상이 특정한 인간 행동의 흐름을 촉발할 수 있다는(완전히 통제하는 것은 아니지만) 더 한정된(그리고 합리적인) 주장을 생물학적 결정론이라고 덮어놓고 비판하는 일이 종종 일어난다. 내 주장은 이 한정된 쪽이다.

본질론은 인간 본성을 이야기할 때 본성/양육 이분법에서 노골적으로 그리고 암묵적으로 본성 쪽을 편든다. 반면에 결정론은 우리의 행동을 "결정하는" 것이 우리 유전자인지 환경인지 문화인지에 불가지론적agnostic 입장을 취한다. 물론 앞서 살펴보았듯이 현실에서는 이 모두가 중요하다. 그러나 이렇게 중립적 태도를 취함에도 비판자들은 결정론이 더 사악하고, 사회적으로 더 문제가 되는 생물학 형태라고 주장한다.[42] 그런데 인간의 행동이나 사회생활이 다른 어떤 근본 요인이 아니라 유전자에 의존한다고 결론 내리는 것이 왜 본질적으로 더 문제가 있다고 보는 걸까? 사실 행동에 영향을 미치는 비유전 특징(출생 순서, 취학 전 교육, 어릴 때 겪은 트라우마 등 변할 수 없는 것)은 많다.

필연적인 사회를 위한 청사진이 있다는 개념은 명백히 일종의 결정론이다. 그러나 이 문제는 복잡하다. 우리 종의 유전 유산 중 중요한 한 부분은 아이러니하게 우리 생물학에 완전히 얽매이지 않을 수 있는 능력이다! 호모 사피엔스가 생존하고 번성한 놀라울 만치 다양한 서식지와 우리 종의 문화 능력 진화를 생각할 때 지구에서 이보다 더 탄력성을 띠는 생물은 결코 없었다. 우리는 직면하는 온갖 상황에 아주 능란하게 대처하는, 우리 유전자가 빚어낸 일종의 유한한 융통성을 드러내는 진화한 능력(협력, 우정, 사회 학습을 이용하는 능력)을 지니고 있다.

유전자의 역할 중시에 반감을 품는 이유

유전자가 어떤 행동 현상(성격부터 우울증, 회복탄력성, 폭력에 이르기까지)과 관련 있다는 새로운 연구 결과가 나올 때마다 그 결론에는 으레 작은 별표가 따라붙곤 한다.[43] 우리는 이런 말을 듣는다. "유전자는 운명이 아니다. 유전자는 우리 운명을 결정하지도 본질적으로 규정하지도 않는다."

인간 본성을 설명할 때 유전자의 역할을 폄하하라고 훈계받는 이유 중 하나는 이 주장이 논박당하지 않을 때 부추길지 모를 남용을 두려워해서다. 많은 사려 깊은 사람들은 유전자가 인간 행동에 어떤 역할을 한다는 증거를 아예 없애고 싶어 한다. "끔찍한 위험이 기다리고 있다"라고 확신하기 때문이다.[44] 경고의 종이 울려 퍼지고 있다. 이것이 예전의 사악한 우생학을 변호하는 쪽으로 이어질 수 있지 않을까?[45] 현재 지속되고 있는 편협한 견해를 뒷받침하는 데 쓰일 수 있지 않을까? 실제로 지금까지 해롭고 잘못된 여러 생물학적 주장이 많은 시대와 장소에서 인종차별, 여성 혐오, 아동 학대, 식민주의 등 파멸적인 개념을 부추기는 데 악용되어왔다.

그러나 인간 삶에서 유전학이 하는 역할을 무시하려고 애쓰는 비판자들은 다른 문제를 야기한다. 사람들에게 눈앞에 뻔히 보이는 것을 무시하라고 강요한다는 문제 말이다. 그리고 이는 인간의 고통을 줄일 기회를 놓치는 결과를 초래할 수 있다. 무엇보다 인간 행동의 유전 설명을 받아들이면 너무나 많은 사회 문제가 왜 그토록 미친 수준으로 자주 되풀이해 나타나는지 우리 모두 이해하는 데 도움이 된다. 예전에 나는 생물학이 사회생활에 아무런 역할을 하지 않는다고 부정하는 저명한 사회과학자와 대화를 나눈 적이 있었다. 내가 유전학이 범죄 성향에 어떤 역할을 할 수 있다고 믿는지 묻자 그는 이렇게 답했다. "절대 아닙니다." 나는 교도소에 간 범죄자 중 93퍼센트가 남성이며, 과학자들이 인간 이외 영장류에게서 테스토스테론이 공격성에 어떤 역할을 하는지 많은 증거를 밝혀냈다고(예를 들어 침팬지에게서는 공격자 중 92퍼센트와 피해자 중 73퍼센트가 수컷이다) 차분하게 지적했다. 그러자 그는 당황한 듯 보였다.[46]

우생학과 차별을 우려하는 것은 지극히 정당하다. 하지만 우리 사회생활의 과학적 토대를 고집스럽게 의도적으로 무시하는 것은 정당하지 않다. 이 증거를 받아들인다고 해서 무조건 차별로 이어지는 것은 아니다. 거기에다 더 추악한 도덕과 정치 포장이 덧씌워져야 한다. 이런 포장이 씌워지는 것은 공공 정책으로 막을 수 있다.

사실 나는 도덕적으로 나쁜 결과를 피하는 최상의 방법이 과학적 실재scientific reality를 제대로 이해하는 것이라고까지 주장하고 싶다. 물론 과학적 실재가 후속 연구를 통해 수정될 수 있다는 점을 인정하면서 말이다. 이렇게 한다면 가장 인간적인 정책을 수립할 수 있다.[47] 다른 모든 조건이 같다면 우리 종의 진화한 본성을 고려한 정책을 채택하는 편이 더 낫다. 그렇게 할 때 우리는 잘못 알고 시행하는 금지와 억압으로 개인과 사회의 복지에 해를 끼치는 일을 피할 수 있을 것이다. 관습으로 강요되는 일이든 법으로 강요하는 일(난민의 자녀를 부모와 격리하는 기괴한 조치 등)이든 간에 말이다. 사회학자이자 철학자인 에리히 프롬Erich Fromm의 말을 인용하자면, 인간을 단지 "사회 체제의 꼭두각시"로 취급하는 것은 바람직하지도 지속가능하지도 않다.[48] 반대로 우리가 진정으로 우리의 진화한 본성에 대처하기로 결심한다면, 우리는 어떤 중대한 도전 과제에 직면하게 될지 더 잘 알고 그에 따라 사려 깊게 계획을 세울 수 있을 것이다.

"사회성 모둠"(자연선택을 통해 빚어지고 우리 유전자에 새겨진 특성들)의 보편성은 사실일 뿐 아니라 우리 행복의 원천이다. 그리고 이것은 어떤 사회 체제가 인간에게 좋은지 판단하는 능력에 꼭 필요하다. 프롬이 말한 대로다. "인간이 문화 패턴의 반영에 불과하다면 '인간'이라는 개념조차 없을 것이므로 어떤 사회 질서도 인간의 복지라는 관점에서 비판하거나 판단할 수가 없다."[49] 인간이라는 개념이 없다면 인간의 복지라는 개념 또한 없을 것이다.

너무나 오랫동안 많은 이들이 인간 행동의 유전 설명은 고리타분한 것이고 사회 설명이 진보한 것이라는 잘못된 이분법을 고수해왔다. 인간 진화라는 말이 나오면 외면하면서 그런 연구 결과를 지나치게 수정하는 행위는 또 다른 문제를 야기한다. 인간의 삶을 이야기할 때 유전 설명이 아니라 문화 설명을 택한다고 해서 더 관대한 입장을 취하는 것은 아니라는 점이다. 어쨌거나 문화는 노예제, 소수 민족 학살, 이단 심판에 지대한 역할을 해왔다. 인간 삶의 사회 결정 요인이 유전 결정 요인보다 더 낫다고(도덕으로나 과학으로나) 생각할 이유가 어디 있는가? 사실 내가 볼 때 역사적으로 인간을 사회학적으로 바꿀 수 있다는 믿음이야말로 인간의 유전 불변성에 대한 믿음보다 훨씬 더 인류에게 해를 끼쳐왔다. 동성애의 생물학 토대를 아예 부정하면서, 그것이 개인 스스로 통제할 수 있는 생활방식의 선택이며, 따라서 남들의 모욕, 억압, 폭력을 자초할 수 있는 선택이라고 보는 태도의 기나긴 역사가 한 예다.[50]

스탈린, 마오쩌둥, 캄보디아의 폴 포트Pol Pot 같은 독재자 리더들이 지지한 사회공학적 시도들은 수백만 명의 목숨을 앗아갔다. 그들은 유전으로 새겨진 인간 행동과 사회 질서의 근본적이고 보편적인 측면들을 그냥 다 쉽게 없앨 수 있다는 잘못된 믿음을 토대로 그런 짓을 예사로 저질렀다.

예를 들어 스탈린은 "낡은 생산 관계 체계를 힘으로 폐지하고 새로운 체계를 수립할 혁명 정부"를 세우자고 주장했다. "자발적인 발전 과정은 사람들의 의식적인 행동으로, 평화로운 발전은 폭력적인 격변으로, 진화는 혁명으로 대체된다."[51] 스탈린은 인간 본성을 통제하고 조작하는 방법에 관해 많은 생각을 하고 저술을 했다. 리센코주의를(그리고 파블로프 심리학을) 열렬히 지지한 데서 알 수 있듯이 그는 동물의 행동이 전적으로 환경을 통해 결정된다고 믿었고, 따라서 환경을 통제해 행동을 근본적으로 통제할 수 있다고 보았다.[52] 그러나 이 시도는 잘 먹히지 않았다. 역사학자들은 스탈린 때문에 적어도 300만 명

(아마 실제로는 900만 명이 넘었을 것이다)이 목숨을 잃었다고 추정한다. 처형으로 약 80만 명, 강제 노동 수용소에서 170만 명 이상, 소수 민족 이주 정책으로 수십만 명이 사망했다.[53] 마오쩌둥 철학의 한 가지 두드러진 측면은 개인과 집단 수준에서 인간 행동을 조작할 수 있다고 마찬가지로 확신했다는 점이다. 그는 사회 변혁이 "오로지 사람들의 의식, 의지, 행동에 달려" 있기에 국가가 직접 개입해 사람들의 믿음과 행동을 바꾸어야 한다고 보았다.[54] 마오쩌둥은 타고난 공통된 인간 본성이라는 개념에는 별 관심이 없었다.[55]

사람들을 분열시키고 소외시키는 방향으로 유전학을 악용한 지저분한 역사는 꽤 길다. 일부에서는 그저 증거가 사라지기를 바라면서 인간 행동과 사회 조직의 진화 기원에 관한 경험 증거를 아예 무시하는 식으로 대응했다. 그러나 진리가 위험할 수 있다(오해되고 오용되고 잘못된 도덕 전제와 결합함으로써)고 해서 그것을 억눌러야 한다는 의미는 아니다.

나는 인류 유사성의 기원을 찾으려면 우리의 공통된 진화 유산을 조사하는 쪽이 더 나은 길이라고 믿는다. 유전자는 분명히 우리 모두 지니고 있다. 그리고 모든 사람의 DNA는 적어도 99퍼센트가 똑같다. 인간의 과학적 이해는 우리의 공통된 인간성의 깊은 원천을 파악해 사실상 공정함이라는 대의를 함양한다. 지금까지 우리가 이해한 사회의 토대, 다시 말해 우리의 청사진인 "사회성 모둠"은 우리의 유전 차이점이 아니라 유사점과 관련이 있다.

진화의 청사진은 정말로 좋은 것일까

우리는 어떻게 청사진이 좋은 것이라고 말할 수 있을까? 개성, 사랑, 우정, 협력, 학습 등 "사회성 모둠"의 많은 요소는 분명히 만족스러워 보이며, 실제로 좋다. 그러나 철학자 G. E. 무어G. E. Moore는 100년 전 "좋음goodness"을 "만족스러움pleasingness"과 동일시하지 말라고 주장했다. 더 나아가 그는 좋음이 결코 자연스러운 속성이 아니므로 정의할 수 없다고 단언하기에 이르렀다. 내가 보기에는 지나치게 허무주의적 견해다. 그는 이런 개념들을 연구하기 위해 "자연주의적 오류 naturalistic fallacy"라는 용어를 만들었다. 현대 용법에 따르자면 뭔가가 그저 자연스러운 것이라고 해서 좋은 것은 아니라는 주장을 가리키는 개념이다. 출산 때 산모의 사망은 현대 의학의 "인위적" 개입이 없을 때 드물지 않다는 의미에서 자연스럽다. 그러나 아무도 이런 죽음이 좋다고 말하지는 않을 것이다. 마찬가지로 채식주의, 수술, 민족국가는 모두 부자연스러운 것이지만 그렇다고 해서 나쁘거나 바람직하지 않은 것이라는 의미는 아니다.

도덕철학의 오랜 난제 중 하나는 도덕 가치가 근본적으로 어디에서 기원하느냐는 것이다.[56] 인간과 별개로 우주라는 천에 자연스럽게 짜여 있는 것일까?(아니면 일부에서 믿듯이 신의 의지의 표현일까?) 아니면 그저 인간의 창작물일까? 후자라면 도덕성을 그저 특정한 개인이나 집단의 한순간 선호를 반영하는, "우"(야유)와 "와"(환호) 사이의 사소한 시소로 치부하는 상대론의 끝없는 미궁으로 추락하는 일을 어떻게 피할 수 있을까? 아름다움이나 종교에 관한 판단과 아무런 차이가 없지 않을까? 그렇다고 할 때 도덕은 국민 투표나 개인 취향에 맡겨질 것이다.

일부 진화생물학자는 도덕의 내용 자체가 아니라 "도덕적 숙고 moral deliberation" 능력이 진화한 것이라고 주장해왔다(인간에게서 적응도를 강화해온 것이 틀림없기 때문이다).[57] 도덕적 숙고, 심지어 도덕적 갈등은 집단을 하나로 묶는 일종의 사회적 시멘트 기능을 한다. 이런 숙고는 집단 수준의 규범과 다른 사람들의 복지 양쪽을 다 인식하고, 거기에 의존해야 하기 때문이다.

도덕의 기원이라는 주제는 도덕철학의 또 한 가지 유명한 이분법과 관련이 있다. 바로 "존재/당위is/ought" 문제다. 즉 세계가 존재하는 상태와 세계가 어떠하기를 우리가 바라는 상태의 구분이다. 도덕 판단은 암묵적으로 명령을 포함한다. 당위는 우리에게 존재가 하지 않는 방식으로 뭔가를 하라고 지시한다. 또 이 이분법은 도덕을 자연과 분리해 자연 바깥에 놓는다. 존재하지 않거나 존재할 수 없는 상태를 권할 수 있기 때문이다. 불가능할 만치 유토피아적인 공동체가 한 예다. 그러나 다른 철학자들은 인간이 자연 세계의 일부라면 인간의 도덕도 마찬가지로 자연 세계의 일부가 틀림없다고 주장한다.

도덕 판단은 세계를 기술하는 것이 아니라 규정하는 것이다. 그러므로 대개 반증 불가능하며, 따라서 과학적이지 않은 듯 여겨진다. 지구가 편평하다는 주장은 참인지 거짓인지 말할 수 있다. 반면에 살인이 잘못이라는 주장에는 동일한 객관적 진술을 할 수 없다. 그러나 도덕에도 객관적인 뭔가가 있을 듯하다. 데이비드 흄이 주장했듯이 도덕은 비록 더 "기분에 따라 결정되는" 것을 지니긴 하지만 우리가 세상에서 접하는 일의 객관적인 상태와 관련이 있다.[58]

2차 세계대전 이후에 도덕철학에 한 가지 기이한 일이 일어났다.

철학자들은 강제수용소 사진을 보고 그것이 단순히 어떤 사람들은 "우"라고 말하고 다른 사람들(아마 나치 친위대 장교이자 나치 강제수용소 의사였던 요제프 멩겔레Josef Mengele 같은 사람)은 "와"라고 말할 수 있는 사례일 수 없음을 강하게 느꼈다. 그들은 이런 입장들에 판결을 내릴 어떤 토대가 틀림없이 존재할 것이라고 느꼈다. 많은 세속적인 도덕철학자들이 홀로코스트로부터 배운 교훈 중 하나는 2차 세계대전 이전의 도덕관이 너무 낙관적이었다는 사실이었다. 철학자이자 소설가인 아이리스 머독Iris Murdoch의 말을 인용하자면 사람들을 "근본적으로 괜찮은 친구"라고 보는 것이 사실상 불가능해진 듯했다.[59] 전쟁은 도덕의 객관적 토대를 찾으려는 욕구뿐 아니라 인간이 결국에는 사실상 아주 나쁘다는 인식을 촉발했다. 물론 내 견해는 후자가 아니다. 정반대다. 나는 인간이 기본적으로 선하며, 앞서 살펴보았듯이 도덕 체계가 선하다고 간주하는 것들로 가득한 사회를 만들도록 미리 회로가 새겨져 있다고 본다. 사회 청사진은 삶에서 우리가 가치를 두는 좋은것들을 위한 비신학적이면서 인간 독립적인 원천이다.

또 2차 세계대전 이후에 영국 철학자 R. M. 헤어R. M. Hare가 제시한 일련의 개념도 출현했다.[60] 1942년 포로가 된 그는 콰이강을 거슬러 올라가는 긴 행군과 일본군 포로수용소에서 살아남았다. 헤어는 사람들이 자유롭게 가치를 선택한다는 견해를 유지했지만 제약 하에서 그렇게 한다고 주장했다. 누군가의 도덕은 근원을 계속 따져가다 보면 이윽고 객관적인 무엇, 자기 바깥에 있는 무엇이(다시 말해 자연이) 부과한 제약들이라는 토대에 다다를 수밖에 없다. 궁극적으로 도덕 중 적어도 일부는 자연적인 것일 수 있다.

이 논증은 다음과 같은 식으로 전개된다. 누군가가 시계다움이 무엇을 의미하는지 이해한다면(시간을 정확히 알려주는 것) 시계의 기능이 좋은지 나쁜지 말할 위치에 있다고 할 수 있다. 마찬가지로 인간다움이 무엇을 의미하는지 이해한다면 인간 경험이 좋은지 나쁜지 말할 위치에 있을 수 있다. 예를 들어 우리는 사랑할 능력이 부족한 사람은 인간다움이 온전히 발현되지 않는다고 말할 수 있을 것이고, 그런 경험은 나쁘다. 이 관점에서 보면 이러한 자연의 제약과 정의는 한없이 이어지는 도덕의 상대론적 회귀를 막아낼 수 있다.[61] 우리는 사회가 구성원의 행복이나 생존을 증진할 때 좋다고 말할 수 있을 것이다. 바로 이런 것들이 진화와 도덕을 두르고 있는 제약들이다. 사실 이 개념 역시 오래되었다. 적어도 플라톤과 아리스토텔레스에게까지 거슬러 올라간다.

철학자 필리파 풋Philippa Foot은 유명한 도발적인 말을 했다. "도덕철학에서는 식물에 대해 생각해보는 것이 유용하다고 나는 믿는다."[62] 그녀는 "좋은 뿌리"를 가진 나무든 "좋은" 상태에 있는 사람이든 간에 "좋은"의 개념에는 근본적으로 아무런 차이가 없다고 주장했다. 뿌리는 목적, 즉 충족시켜야 하는 논리적 제약을 지니며 이 목적은 뿌리가 좋은지 나쁜지를 결정하는 기준을 설정한다. 예를 들어 인간, 동물, 식물은 모두 생물이다. 이 세 사례 모두에서 우리는 그들이 건강한지 건강하지 못한지, 또는 자기 부류에서 탁월한지 결함이 있는지 말할 수 있다. 이는 우리가 그들의 건강이나 탁월함 등에 기여하는 특징들을 알아볼 수 있다는 뜻이다. 우리는 친절과 용기 같은 인간의 미덕에도 같은 말을 할 수 있다. 이런 가치들은 "자연적인 탁월함"이며 반대는 "자연적인 결점"이다.[63] 풋은 "도덕적 행동은 합리적 행동"이며, 도덕은 우리 종의 본성이 부과한 제약을 통해 결정될 수 있다고 설명했다.

우리 사례에서 합리적이라는 말은 인간들이 사회적으로 살아갈 때가 좋다는 의미다. 그렇게 하라는 압력을 우리가 자연적으로 받고 있기 때문이다. 우리를 온전히 인간답게 만들 수 있는 일인 좋은 사회를 만드는 문제에서 도덕은 우리의 과거 진화의 인도를 받는다. 따라서 "좋은 사회란 무엇인가?"라는 질문에 답하려면 우리는 이렇게 물어야 한다. "어떤 종류의 사회가 우리에게 좋은 사회인가?" "우리는 서로에게 무엇을 필요로 하며, 무엇을 줄 수 있는가?" 여기에 다시 청사진이 답을 제공한다.

심리학자 에이브러햄 매슬로Abraham Maslow가 보여주었듯이, 인간 욕구를 "생존에 필요하고 인간 행동에 동기와 활기를 부여하는 것"이라는 관점에서 체계화하려는 시도는 오래전부터 있었다.[66] 매슬로는 가장 기본 욕구부터 가장 발전된 욕구까지 "생리 욕구" "안전 욕구" "소속 욕구" "존중 욕구" "자아실현 욕구" 순서로 배열했다. 그의 이론을 단순화하면 개인은 한 방향으로 이런 욕구들을 거치면서 나아간다. 따라서 특정한 삶의 경로나 환경에서 개인은 먼저 생리 욕구를 충족한 다음 안전 욕구로 나아가고, 안전 욕구를 충족한 다음 존중 욕구로 나아가는 식이다. 본질적으로 매슬로의 이론은 "인간은 빵만으로는 살 수 없다"라는 것이었다.

예를 들어 우리는 기본 수준에서 음식, 잠, 보금자리, 성관계의 욕구를 지닌다. 일단 이런 욕구가 충족되면 다음 수준으로 넘어간다. 안전 수준에서는 정서와 신체 안전의 욕구를 지닌다. 그런 뒤 우정과 사랑 같은 사회적 소속 욕구를 지닌다. 그다음 단계에서는 인정, 지위, 존경의 욕구를 지닌다. 그리고 매슬로는 우리가 마지막으로 자신의 온전한 잠재력을 실현하려는 욕구를 지닌다고 주장했다. 자기 바깥에 있는 어떤 더 높은 대의에 자신을 헌신해 "자아실현을 함으로써" 의미를 찾으려는 욕구다. 나중에 매슬로는 자신의 개념을 좀 더 확장했다. "초월은 수단이 아니라 목적으로서 자기 자신, 자신에게 중요한 사람들, 인류 전체, 다른 종, 자연, 우주를 염두에 두고 행동하는 인간 의식의 가장 높으면서 가장 포괄적인 수준 또는 전체론적 수준을 가리킨다."[65]

그러나 아마 이 욕구와 동기의 순서는 뒤집혀야 할 것이다. 예를 들어 난파선 생존자들이 음식, 보금자리, 안전의 욕구를 충족시킬 수 있었던 것은 먼저 우정, 협력, 학습의 욕구를 존중하고 거기에 주의를 기울였기 때문이다. 즉 후자는 전자를 충족하기 위한 속성들이었다. 사실 종으로서 인간이 초월 욕구(사회 집단에 갖는 의무감과 이런 이타심에서 나오는 목적의식까지 포함할 수 있다)까지 포함해 이런 고차원의 욕구들을 지니는 쪽으로 진화한 이유는 삶의 기본 욕구를 더 효율적으로 충족할 수 있기 위해서다.

인공 지능과 유전자 편집 기술이 인간 본성을 바꿀까

우리의 사회 청사진을 이해하고 존중하는 태도는 인간에게 자신의 사회 세계에 개입하는 완전히 새로운 힘을 제공하는 급진적인 신기술에 대처하는 데 도움을 준다. 물론 인간은 기존 사회 조직을 교란하는 파괴적 혁신에 계속 대처해야 했다. 예를 들어 도시의 발명은 유랑 생활을 줄이고 인구 밀도를 높여 사회적 상호작용에 영향을 미쳤다. 인간은 이 새로운 생활방식을 사는 개인으로서 그리고 종으로서 반응했고, 아마 그러면서 새로운 능력이 진화했을 것이다(도시가 확산시키는 새로운 유형의 감염병에 대한 내성 등).

　인간이 여행할 수 있는 것보다 더 빨리 의사소통할 수 있는 능력을 제공하는 기술의 발명 역시 사회적 상호작용에 영향을 미쳐왔다. 전신이 발명되기 전까지(봉화와 전서구를 예외로 할 때) 두 사람 간 메시지 전달 속도는 걷거나 말을 타거나 배를 타고 가는 전령의 속도에 맞추어져 있었다. 그러나 전신과 전화가 발명되자 메시지는 사람보다 더 빨리 전달될 수 있었다. 인터넷의 발명은 또 한 번 큰 도약을 가져왔다. 속도가 빨라졌을 뿐 아니라 정보의 전달 양, 대역폭, 검색 가능성까지 대폭 향상되었다. 우리는 아이들을 가르치는 방식에서부터 자신의 기억을 이용하는 방식에 이르기까지(주머니에 인터넷 검색이 가능한 스마트폰이 들어 있기에) 모든 것에서 이런 기술의 영향을 볼 수 있다. 컴퓨터 기기는 우리가 상호작용하는 방식들(특정한 사회적 예의범절)을 보완할 수 있다. 머리 착용 디스플레이Head Mounted Display 안경을 쓰면 다른 사람의 얼굴을 볼 때 누구인지 알려주고 이어서 온라인 약력까지 띄워주어 다가오는 사람이 친구인지 적인지를 더 이상 기억할 필요가 없는 세상에서 산다는 것은 어떤 의미일까? 수십만 년 동안 인류에게 중요했던 것(개인의 정체성을 파악하고 자신에게 이로운지 해로운지 아는 것)을 이제는 기계에 맡길 수 있다는 뜻이다. 이러한 모든 발전은 사회적 상호작용, 사회 조직, 사회 행동에 영향을 끼쳐왔고 앞으로도 그럴 것이다.

　그러나 지금까지 말한 이 모든 기술 중에서 "사회성 모둠"을 근본적으로 바꾼 것은 전혀 없다. 아직까지는 그렇다. 이 사실을 알 수 있는 한 가지 방법은 앞서 살펴보았듯이 인간 사회 연결망의 기본 구조와 인간 협력의 기본 윤곽이 전 세계에서 동일하다는 것이다. 도시에 살지 않는 사람들이든 현대 통신 기술 등을 이용하지 않는 집단이든 똑같다. 수렵채집인이 현대 집단과 어떤 공통된 행동을 보인다면(실제로 그렇다) 그만큼 우리 인간에 관한 매우 심오하면서 근본적인 뭔가가 있다는 의미다. 그러나 지금까지 우리가 발명한 어떤 것보다 더 실질적인 영향을 끼칠 수 있는 2가지 신기술이 있다.

첫 번째 급진적인 기술은 인공 지능artificial intelligence, AI이다. 지금까지 인간이 발명한 기술들과 현대 인공 지능의 한 가지 중요한 차이점은 이전의 모든 기술은 우리를 위해 쓰였다는 것이다. 창이든 인공위성이든 간에 기술은 인간이 지정한 목적을 달성하는 데 쓰이는 수단과 관련 있었다. 그러나 인공 지능은 자신의 목적을 스스로 지정할 가능성, 즉 자신의 "욕망"을 지닐 가능성이 있다.

내게 더욱 놀랍게 다가오는 것은 인공 지능이 실제로 우리의 사회 조직에 영향을 미칠 수 있다는 점이다. 우리는 우리의 사회 체제에 점점 더 기계(자율주행차 등)와 자율 행위자(온라인 봇online bot 등)를 덧붙일 것이다. 이런 기기들은 우리 자신의 노력을 보완하는 데 쓰는 단순한 도구(얼굴 인식 안경 등)가 아니라 인간과 닮은 방식으로 행동할지 모를 기계다. 현재 이런 장치들(감정을 표현하고 단순한 대화를 할 수 있는 반려 로봇이나 잘못된 정보를 퍼뜨리는 온라인 봇 등)은 아직 엉성하다. 그러나 이런 기술 중 상당수는 공평한 경쟁의 장에서 우리와 상호작용한다. 내가 "하이브리드 시스템hybrid systems"이라고 부르는 것 속에서 마치 인간인 양 행동한다.

인간과 기계의 이런 하이브리드 시스템은 사회적 인공 지능의 새로운 세계가 열릴 기회를 제공한다. 우리 연구실은 이런 인공 지능이 집단의 수행 능력에 영향을 끼칠 수 있을 만한 방식들을 몇 가지 실험해왔다. 한 실험에서는 온라인 사람 집단에 아주 단순한(우리가 "멍청한 인공 지능"이라고 부르는 기능만을 갖춘) 봇을 넣은 뒤, 봇이 (지적인) 사람들이 서로 행동을 조율하기 위해 노력할 때 생기는 마찰을 극복하도록 돕는다면 사람들이 더 쉽게 협력할 수 있다는 것을 보여주었다.[66] 또 다른 실험에서는 사람들을 연구실로 불러 4명(사람 3명, 인간형 로봇 1대)씩 조를 짰다. 각 조에 게임(가상 세계에서 철도 건설하기 등)을 푸는 과제를 주는 한편, 로봇에게는 몇 가지 중요한 실수를 저지르고 말로 인정하도록(이런 식이다. "미안, 친구들, 이번에 실수를 했어. 믿기 어려울지 모르겠지만 로봇도 실수를 해.") 프로그램을 짰다.[67] 자신의 실수를 기꺼이 인정하는 이 로봇이 있을 때 사람들이 상호작용하는 방식에 변화가 나타났다. 사람들은 서로 협력을 더 잘하게 되었다.

그리고 자율주행차가 도로에 미칠 영향을 생각해보자. 이런 차량은 주변의 사람이 운전하는 차들과 상호작용할 것이고 충돌 가능성을 줄이는 방식으로 운전하도록 프로그래밍될 것이다.[68] 그러나 얼마 동안 자율주행차 옆에서 운전을 하는 사람은 이런 차가 없었던 때와는 다른 식으로 운전을 하게 될지 모른다. 로봇 차는 직접 접촉하는 운전자들뿐 아니라 상호작용하지 않는 다른 운전자들의 행동까지 바꾸는 일련의 연쇄 혜택을 일으킬 수 있다.[69]

인공 지능의 발전은 또 다른 방면에서 우리의 사회생활에 영향을 미칠 것이다. 2016년 3월 아주 오래된 게임인 바둑에서 세계 챔피언인 이세돌을 소프트웨어 알파고AlphaGo가 이기는 이변이 일어났다. 알파고의 가장 경이로운 특징 중 하나는 스스로 바둑을 배우는 놀라운 능력을 지녔다는 것이 아니라, 기계와 대국을 한 뒤 이세돌이 전에는 상상조차 못 했던 기이하고 멋진 묘수를 알파고가 두는 것을 보고 새로운 것을 배웠다고 말했다는 점이다.[70] 즉 이 인공 지능과 상호작용함으로써 이세돌이 다른 사람들과 상호작용하는 방식에 변화가 생겼다는 것이다. 바둑이라는 게임 사례에서는 이것이 아주 큰 문제는 아니었다. 그러나 기계가 다른 교육 기능을 떠맡는다면 어떻게 될까? "사회성 모듬"의 핵심 부분인 사회 학습에 영향을 미친다면? 이는 SF의 영역이지만 우리는 기계가 우리 아이들에게 언제 어떻게 친절하라고 가르치기를 과연 원할까? 기계의 이타주의 개념은 우리가 지닌 것과 좀 다를 수 있다.

"사회성 모듬"에 영향을 끼칠지 모를 두 번째로 급진적인 기술은 유전자 편집 도구인 크리스퍼CRISPR로 "일정 간격 짧은 회문 반복 서열 집합clustered regularly interspaced short palindromic repeat"을 뜻한다.[71] 이 생물학 기술을 써서 우리는 자신의 유전자를 바꾸고 진화를 유도할 수 있다. 문화 수정(11장에서 살펴보았다)을 통해서가 아니라 무작위적이지 않은 돌연변이와 비자연선택을 동반하는 도구를 써서 더 직접 더 빠르게 의도한 방식으로 그렇게 할 수 있다. 크리스퍼는 우리의 체세포 조직뿐 아니라 더 나아가 인간의 생식 계통(즉 다음 세대를 낳을 정자와 난자)을 수정해 변형된 유전자를 우리 종의 유전자풀에 영구히 도입하는 유전자 요법이 실행될 가능성을 제시한다. 골수에서 피를 만드는 세포를 변형시켜 환자의 낫모양적혈구빈혈을 치료하는 것과 환자의 생식 세포를 바꾸어 후손이 영구히 이 병에 걸리지 않도록 하는 것의 차이다.

물론 생식 계통 유전자 편집과 유도 진화directed evolution를 처음 시도하는 과학자들은 선한 의도로 그렇게 할 가능성이 높다. 그들은 처음에는 유전병을 예방하기 위해 이런 시도를 할 것이다.[72] 여기에 반대할 사람은 거의 없을 것이다. 그런 뒤 그들은 아마 더 간편하게 개량된 방법을 써서 인간을 강화하는 방향으로 나아갈지 모른다. 그러나 이를테면 덜 공감하거나 덜 친절해지는 쪽으로 인간을 수정하는 일 또한 가능할 것이고, 누군가는 그런 쪽을 선택할 수 있을 것이다. 이렇게 변형된 이들로 이루어지거나 이런 이들이 섞여 있는 사회 체제는 어떤 모습일까? 우리는 반려동물이 섞이면 사람들 사이의 상호작용이 어떻게 나아질 수 있는지 안다. 그렇기에 이런 새로운 유형의 사람들이 다른 이들에게 강력한 효과를 미치리라는 것은 상상하기 어렵지 않다. 이런 집단은 얼마나 사회적이고 얼마나 협력할까?

우리는 기계로 또 생물학으로 우리 자신, 그리고 우리 사회를 변형하고 있다. 이런 발전은 "인간은 자연과 정말로 어느 정도까지 분리될 수 있는가?"라는 문제에 다시 관심을 기울이게 할 것이다. 디스토피아식 미래를 피하려면 우리는 새로운 사회 계약을 맺어야 할지 모른다. 이 새로운 계약서에는 이런 혁신들이 "사회성 모둠"을 존중해야 한다고 적힐 것이다.

물론 나 역시 한편으로는 두려운 생각이 든다. 그러나 다른 한편으로는 낙관적으로 본다. 내가 낙관하는 이유는 무엇일까? 바로 "사회성 모둠"이 우리 안에 너무나 깊이 뿌리 박혀 있기 때문이다. 그래서 우발적이든 아니든 간에 현실적으로 가능한 기간 안에 뭔가가 우리 청사진을 수정할 수 있으리라고 보기 어렵기 때문이다.

진화의 궤적은 선함을 향해 휘어져 있다

전 세계를 둘러보면 두려움, 무지, 증오, 폭력이 끊임없이 만연하는 듯 보인다. 또 우리는 인간 집단 간 차이점을 조명하고 강조하면서 끝없이 이어지는 세세한 차이점의 목록을 만들 수 있다. 그러나 악에 초점을 맞추고 차이점을 강조함으로써 사람들을 서로 분리하는 이 비관주의 관점은 중요한 근본적인 통일성을 보지 못하며, 우리가 공통된 인간성을 지닌다는 점을 간과한다. 우리가 지금까지 살펴본 진화사회학 관점은 세계 모든 곳에서 인간이 특정한 유형의 사회를 만들도록 미리 회로가 새겨져 있음을 보여준다. 바로 사랑, 우정, 협력, 학습으로 가득한 사회다.

우리 종이 온갖 단점과 차이점을 지녔지만 대체로 함께 살아가는 데 성공해온 이유를 무엇으로 설명할 수 있을까? 악이 존재하지만 사회 세계가 선한 이유를 어떻게 하면 이해할 수 있을까? 이를 신학에서는 변신론theodicy이라고 부른다. 세상에 온갖 악이 횡횡하는 상황에서 어떻게 신을 정당화할 수 있을지를 논의한다. 나는 이와 비슷하게 내가 "변사회론sociodicy"[73]이라고 부르는 것에 우리가 초점을 맞출 수 있다고 본다. 누구에게나 뻔히 보이는 온갖 결함들이 존재하지만 사회가 가치 있다는 확신을 옹호하는 태도다. 그냥 아무 생각 없이 내뱉는 허황한 낙관론이 아니다. 우리 안에 근본적으로 선한 본성이 존재한다는 사실을 인정하는 낙관론이다.

우리는 인류 역사를 비참한 불행과 기능 장애로 가득한 것으로 보고 싶은 유혹에 빠질 수도 있다. 어느 한 세기나 1000년 단위 기간을 골랐는데 그 시대가 공포로 가득했음을 알아차릴 수도 있다. 18세기에 계몽주의 운동과 철학, 과학 발견이 등장하면서 더 나은 방향으로 극적인 변곡점을 맞이한 것은 사실이다. 삶은 더 길어지고 더 풍요로워지고 더 자유로워지고 더 평화로워졌다.[74] 그러나 더 나은 세상을 만들고자 할 때 우리는 반드시 이런 최근의 역사 발전에만 의지할 필요가 없다. 좋은 사회를 추동하는 더 오래되고 더 강력한 힘들이, 우리 안에 새겨진 힘들이 늘 작동하고 있기 때문이다.

인간은 언제나 경쟁 충동과 협력 충동, 폭력 성향과 관용 성향을 함께 지닌다. 우리 DNA의 이중 나선을 이루는 두 가닥처럼 이 갈등하는 충동들은 서로 꼬여 있다. 우리는 갈등과 증오의 성향을 지닌다. 하지만 사랑, 우정, 협력의 성향 역시 지닌다. 현대 사회는 이 진화의 청사진 위에 낀 문명이라는 녹청일 따름이다.

고원에서 뒤로 물러나 언덕이 아니라 산을 봐야 할 또 한 가지 이유가 있다. 인간 사회를 설명하는 데 진화의 힘보다 역사의 힘이 더 중요하다는 견해가 지닌 주된 위험은 그럴 경우 우리 종의 이야기가 더 허약해진다는 것이다. 역사의 힘을 중심에 두면 우리는 포기하고 싶은 유혹, 선한 사회 질서가 부자연스럽다고 보려는 유혹에 빠질 수 있다. 그러나 우리가 주변에서 보는 좋은(선한) 것들은 애초에 우리를 인간답게 만드는 것의 일부다.

우리는 자신의 본능과 정반대 방향으로 사회를 조작하려는 유혹 앞에서 겸허해야 한다. 다행히 우리는 굳이 그런 권력을 휘두르지 않고 얼마든지 좋은(선한) 삶을 살 수 있다. 우리 진화 역사의 궤적은 길다. 그러나 이 궤적은 "좋음(선함)"을 향해 휘어져 있다.

감사의 말

친구들이 없었다면 이 책을 쓸 수 없었을뿐더러 지금의 나라는 사람 또한 없었을 것이다. 새로운 친구가 있고 아주 오랜 친구가 있지만 모두 내 삶의 깊은 일부가 되어 있다. 이제는 기억으로만 남은 친구도 마찬가지다. 가장 일찍 만난 이들부터 말하면 이렇다. 리사 프랜치스, 디미트리스 디미트렐리아스, 케빈 시핸, 제임스 빌링턴, 나시 사미, 모리스 패너, 앤 스택, 오필리아 달, 베미 젤린, 캐서린 비게리, 레스 비게리, 르네 C. 폭스, 커트 랭글로츠, 메리 레너드, 루시 투스, 코딜리아 다이어, 폴 앨리슨, 다이애나 영, 빌 브라운, 메리 란다조, 오스왈도 모랄레스, 대니얼 길버트, 게리 킹, 제임스 파울러, 더그 멜턴, 마크 패처키, 윈슬로 캐럴, 애덤 글리크, 낸 캐럴, 존 캐럴, 밥 스티븐스, 엘리자베스 앤더슨, 줄리아 애덤스, 한스 반디크.

　이 책을 쓰는 데 도움을 준 연구 조수들에게 감사하고 싶다. 그중에는 하버드대학교와 예일대학교의 대학생과 대학원생이 많다. 교수와 학생으로 처음 만나 열정과 지성으로 나를 고양시켰다. 조지프 브레넌, 케빈 가르시아, 리비 헨리, 앤드루 리, 샘 사우스게이트, 던컨 톰린, 남라사 베다이어, 재커리 우드가 그들이다.

이 책의 원고를 일부(심지어 전부) 읽고 소중하고 중요한 평을 해준 이들에게 감사한다. 덕분에 오류를 바로잡고 생각을 더 발전시킬 수 있었다. 마커스 알렉산더, 도사 아미르, 코런 애피첼러, 디미트리 크리스타키스, 카트리나 크리스타키스, 피터 드완, 브라이언 어프, 펠리스 엘워트, 조지프 헨릭, 헤더 헤잉, 비베카 모리스, 조너선 슐츠, 새뮤얼 스노, 마거릿 트레거가 그들이다.

이 책에서 인용한 내 연구 중에는 예일대학교 인간본성연구소의 뛰어난 연구원들이 기울인 노력의 결과물을 토대로 한 것이 많다. 지난 10년 동안 나는 명석한 대학원생들과 박사 후 연구원들 덕분에 이 책에 실린 연구 과제 중 상당수를 수행할 수 있었다. 펑 푸, 루크 글로와키, 알렉산더 이사코프, 데이비드 김, 아키히로 니시, 제시카 퍼킨스, 히로카스 시라도에게 감사한다. 전 세계의 사회 연결망 지도 작성과 수천 명을 대상으로 한 온라인 실험에서 강력한 효과를 발휘한 소프트웨어 플랫폼 트렐리스와 브레드보드의 개발을 총괄한 마크 맥나이트에게 감사한다. 또 모든 데이터를 탁월하게 관리한 리자 니콜에게 인사를 전한다. 레니 네그론은 초인적인 능력으로 온두라스에서 176개 마을의 주민 2만 4812명을 대상으로 사회 연결망 지도를 작성하는 장기 연구를 총괄했다. 관리뿐 인간관계에서 탁월한 능력을 보여준 그녀에게 진심으로 감사한다. 또 행정 지원을 해준 킴 쿠지나에게 감사한다. 인간본성연구소를 운영하는 톰 키건은 10년 동안 놀라운 판단력, 창의성, 선견지명, 인내심으로 늘 나를 경탄하게 만들었다.

책을 구상할 때 초점을 명확히 짚어준 에이전트 카틴카 맷슨에게 감사의 말을 전한다. 오래 함께한 편집장 트레이시 비하는 논증을 예리하게 다듬는 일부터 인내심을 보여주는 것까지 모든 면에서 경이로운 사람이다. 손을 대기만 하면 모든 것이 나아진다. 또 담당 편집자 트레이시 로와 바버라 재트콜라 덕분에 헛수고를 많이 덜 수 있었다. 이 책에서 인용한 내 연구 중 일부는 빌앤드멀린다게이츠재단Bill and Melinda Gates Foundation, 로버트우드존슨재단Robert Wood Johnson Foundation, 존템플턴재단John Templeton Foundation, 타타 손스Tata Sons Limited, 국립노화연구소National Institute on Aging의 지원을 받았다.

감탄을 자아내는 행동, 놀라운 개성, 따뜻한 애정으로 좋은 삶의 의미를 내게 보여주는 서배스천, 리샌더, 엘레니, 오리엔에게 고맙다는 말을 전한다. 나는 사랑하는 아내 에리카 크리스타키스에게 이 책을 바쳤다. 이 기회를 빌려 아내의 아름다운 마음과 뛰어난 정신 덕분에 이 책이 이루 헤아릴 수 없이 좋아졌다는 말을 다시 전하고 싶다.

자료 출처

아래에 출처를 밝힌 자료를 제외한 모든 자료는 저자에게 권리가 있다.

107쪽 F. E. Raynal, *Wrecked on a Reef, or Twenty Months Among the Auckland Isles* (London: T. Nelson & Sons, 1874).

167쪽 Redrawn from J. C. Johnson, J. S. Boster, and L. A. Palinkas, "Social Roles and the Evolution of Networks in Extreme and Isolated Environments," *Journal of Mathematical Sociology* 27 (2003): 89 – 121.

182쪽 J. F. von Racknitz, *Ueber den Schachspieler des Herrn von Kempelen* (Leipzig und Dresden: J. G. I. Breitkopf, 1789).

197쪽 Figure courtesy of the Society for Sedimentary Geology, from D. M. Raup, A. Michelson, "Theoretical Morphology of the Coiled Shell," *Science* 147 (1965): 1294 – 1295.

199쪽 Figure courtesy of Cavan Huang.

235쪽 F. W. Marlowe, "Mate Preferences Among Hadza Hunter-Gatherers," *Human Nature* 15 (2004): 365 – 376.

316쪽 Photo courtesy of National Geographic Creative.

321쪽 Photos courtesy of John Mitani, from J. C. Mitani, "Male Chimpanzees Form Enduring and Equitable Social Bonds," *Animal Behaviour* 77 (2009): 633 – 640.

322, 323쪽 Redrawn from J. Lehmann and C. Boesch, "Sociality of the Dispersing Sex: The Nature of Social Bonds in West African Female Chimpanzees, *Pan troglodytes*," *Animal Behaviour* 77 (2009): 377 – 387.

338쪽 Figure courtesy of Shermin de Silva, from S. de Silva and G. Wittemyer, "A Comparison of Social Organization in Asian Elephants and African Savannah Elephants," *International Journal of Primatology* 33 (2012): 1125 – 1141.

341쪽 D. Lusseau, "The Emergent Properties of a Dolphin Social Network," *Proceedings of the Royal Society B* 270 (2003): S186 – S188.

362쪽 Figure courtesy of Arthur Aron, from S. Gächter, C. Starmer, and F. Tufano, "Measuring the Closeness of Relationships: A Comprehensive Evaluation of the 'Inclusion of the Other in the Self' Scale," *PLOS ONE* 10 (2015): e0129478.

364쪽 D. J. Hruschka, *Friendship: Development, Ecology, and Evolution of a Relationship* (Berkeley: University of California Press, 2010).

416쪽 Figure courtesy of Cavan Huang.

421쪽 Image courtesy of Michael Sheehan, from M. J. Sheehan and M. W. Nachman, "Morphological and Population Genomic Evidence That Human Faces Have Evolved to Signal Individual Identity," *Nature Communications* 5 (2014): 4800.

423쪽 Redrawn from M. J. Sheehan and M. W. Nachman, "Morphological and Population Genomic Evidence that Human Faces Have Evolved to Signal Individual Identity," *Nature Communications* 5 (2014): 4800.

439쪽 Drawing courtesy of Frans de Waal, from J. M. Plotnik, R. Lair, W. Suphachoksahakun, and F. B. M. de Waal, "Elephants Know When They Need a Helping Trunk in a Cooperative Task," *PNAS: Proceedings of the National Academy of Sciences* 108 (2011): 5116 – 5121.

462쪽 Redrawn from P. I. Chiyo, C. J. Moss, and S. C. Alberts, "The Influence of Life History Milestone and Association Networks on Crop-Raiding Behavior in Male African Elephants," *PLOS ONE* 7 (2012): e31382.

469쪽 Photo courtesy of Edwin van Leeuwen.

485쪽 Redrawn from J. N. Weber, B. K. Peterson, and H. E. Hoekstra, "Discrete Genetic Modules Are Responsible for Complex Burrow Evolution in *Peromyscus* Mice," *Nature* 493 (2013): 402 – 405.

529쪽 Adapted from M. A. Kline and R. Boyd, "Population Size Predicts Technological Complexity in Oceania," *Proceedings of the Royal Society B*

277 (2010): 2559 – 2564.

컬러 도판 0-2 Redrawn from J. C. Flack, M. Girvan, F. B. M. de Waal, and D. C. Krakauer, "Policing Stabilizes Construction of Social Niches in Primates," *Nature* 439 (2006): 426 – 429.

컬러 도판 0-3 Image courtesy of F. Bibi, B. Kraatz, N. Craig, M. Beech, M. Schuster, and A. Hill, "Early Evidence for Complex Social Structure in Proboscidea from a Late Miocene Trackway Site in the United Arab Emirates," *Biology Letters* 8 (2012): 670 – 673.

컬러 도판 0-6 Image courtesy of A. Whiten, S. Smart, and Nature magazine, from A. Whiten et al., "Cultures in Chimpanzees," *Nature* 399 (1999): 682 – 685.

컬러 도판 0-7 Figure courtesy of Todd A. Blackledge, from T. A. Blackledge et al., "Reconstructing Web Evolution and Spider Diversification in the Molecular Era," *PNAS: Proceedings of the National Academy of Sciences* 106 (2009): 5229 – 5234.

컬러 도판 0-8 Photo courtesy of David Hughes.

머리말

1. C. Mackay, *Extraordinary Popular Delusions and the Madness of Crowds* (1841; New York: Farrar, Straus and Giroux, 1932), p. xx.

2. People's Republic of Bangladesh Const. part III, sect. 37; Canadian Charter of Rights and Freedoms sect. 2; Republic of Hungary Const. art. LXIII; Indian Const. art. XIX (1) (b).

3. 예컨대 다음을 참조하라. C. Andris, D. Lee, M. J. Hamilton, M. Martino, C. E. Gunning, and J. A. Selden, "The Rise of Partisanship and Super-Cooperators in the U.S. House of Representatives," *PLOS ONE* 10 (2015): e0123507; E. Saez, "Striking It Richer: The Evolution of Top Incomes in the United States (Updated with 2013 Preliminary Estimates)" (unpublished manuscript, January 25, 2015), https://eml.berkeley.edu/~saez/saez-UStopincomes-2013.pdf.

4. K. E. Steinhauser, N. A. Christakis, E. C. Clipp, M. McNeilly, L. McIntyre, and J. A. Tulsky, "Factors Considered Important at the End of Life by Patients, Family, Physicians, and Other Care Providers," *JAMA* 284 (2000): 2476 – 2482.

5. M. V. Llosa, "The Culture of Liberty," *Foreign Policy*, November 20, 2009, http://foreignpolicy.com/2009/11/20/the-culture-of-liberty/.

6. Darrell Powers, interview, *Band of Brothers*, episode 9, "Why We Fight," first aired October 28, 2001, on HBO.

7. *The Vietnam War*, episode 4, " 'Resolve' (January 1966 – June 1967)," a film by

Ken Burns and Lynn Novick, first aired September 20, 2017, on PBS.

1장

1. M. Fortes, *Social and Psychological Aspects of Education in Taleland* (London: Oxford University Press, 1938), p. 44.
2. M. Martini, "Peer Interactions in Polynesia: A View from the Marquesas," in J. L. Roopnarine, J. E. Johnson, and F. H. Hoper, eds., *Children's Play in Diverse Cultures*, pp. 73 – 103 (Albany: State University of New York Press, 1994), p. 74.
3. B. Whiting, J. Whiting, and R. Longabaugh, *Children of Six Cultures: A Psycho-Cultural Analysis* (Cambridge, MA: Harvard University Press, 1975). 다음을 참조하라. C. P. Edwards, "Children's Play in Cross-Cultural Perspective: A New Look at the Six Culture Study," in F. F. McMahon, D. E. Lytle, and B. Sutton-Smith, eds., *Play: An Interdisciplinary Synthesis* (Lanham, MD: University Press of America, 2005), pp. 81 – 96; D. F. Lancy, *The Anthropology of Childhood: Cherubs, Chattel, and Changelings* (Cambridge: Cambridge University Press, 2008). 다음도 참조하라. E. Christakis, *The Importance of Being Little: What Preschoolers Really Need from Grownups* (New York: Viking, 2016).
4. J. Huizinga, *Homo Ludens: A Study of the Play Element in Culture* (Boston: Beacon Press, 1950): p. 1.
5. Y. Dunham, A. S. Baron, and S. Carey, "Consequences of 'Minimal' Group Affiliations in Children," *Child Development* 82 (2011): 793 – 811. 이 실험에서는 결정적으로 한 집단의 구성원들이 다른 집단의 구성원들과 경쟁하지 않았다. 같은 색깔 티셔츠 선호 효과의 크기는 같은 성별에 대해 아이들이 보이는 선호도의 약 절반 수준이었다. 같은 성별 선호는 주로 여자아이가 다른 여자아이에게 보이는 것으로 밝혀졌다(남자아이는 남자아이든 여자아이든 선호도가 똑같았다).
6. 생후 3개월에 이미 자기 인종의 얼굴을 선호한다. D. Kelly et al., "Three-Month-Olds, but Not Newborns, Prefer Own-Race Faces," *Developmental Science* 8 (2005): F31 – F36. 생후 5개월에는 모국어를 선호하고 외국 말투를 꺼린다. K. D. Kinzler, E. Dupoux, and E. S. Spelke, "The Native Language of Social Cognition," *PNAS: Proceedings of the National Academy of Sciences* 104 (2007): 12577 – 12580.

7. P. Bloom, *Just Babies: The Origins of Good and Evil* (New York: Crown, 2013).

8. J. K. Hamlin, K. Wynn, and P. Bloom, "3-Month-Olds Show a Negativity Bias in Their Social Evaluations," *Developmental Science* 13 (2010): 923 – 929.

9. Y. J. Choi and Y. Luo, "13-Month-Olds' Understanding of Social Interactions," *Psychological Science* 26 (2015): 274 – 283.

10. F. Warneken and M. Tomasello, "Altruistic Helping in Human Infants and Young Chimpanzees," *Science* 311 (2006): 1301 – 1303.

11. 작가 프랭크 화이트Frank White는 이 현상을 포괄적으로 다루면서 "조망 효과 overview effect"라고 불렀다. F. White, *The Overview Effect: Space Exploration and Human Evolution*, 3rd ed. (Reston, VA: American Institute of Aeronautics and Astronautics, 2014). 알렉산드로프와 윌리엄스가 말했다는 이 인용문들은 온라인에 널리 퍼져 있지만 나는 원래 출처를 찾을 수 없었다. 출처를 찾아낸 비슷한 인용문 2개가 있는데 다음과 같다. "즉각적인 전 지구적 의식, 인류 지향, 현재 세계 상황에 대한 강한 불만, 뭔가 행동을 취해야 한다는 충동을 느낀다. 달에서 바라보면 국제 정치가 너무나 사소해 보인다." Edgar Mitchell(아폴로 14호 우주비행사), "Edgar Mitchell's Strange Voyage," *People*, April 8, 1974. "마침내 달에 서서 지구를 돌아보면 모든 차이점과 국가별 특징은 뒤섞여 뭉뚱그려지고, 지구가 진정으로 하나의 세계며, 대체 왜 관대한 사람들처럼 모두가 함께 살아가는 법을 배우지 못하는 걸까 하는 생각이 떠오를 것이다." Frank Borman(아폴로 8호 우주비행사), "Christmas Journey," *Newsweek*, December 23, 1968.

12. D. Keltner and J. Haidt, "Approaching Awe, a Moral, Spiritual, and Aesthetic Emotion," *Cognition and Emotion* 17 (2003): 297 – 314. 물론 우리는 자연만이 아니라 아름다운 음악, 심오한 과학 이론, 심지어 카리스마 넘치는 리더에게서 경외감을 느낄 수 있다.

13. 예를 들어 침팬지는 뇌우가 쏟아질 때 소름이 끼치는 듯하다. J. Marchant, "Awesome Awe: The Emotion That Gives Us Superpowers," *New Scientist*, July 26, 2017.

14. 이름을 지닐 권리는 지극히 보편적이기 때문에 유엔에서도 성문화했다. Office of the United Nations High Commissioner for Human Rights, *Convention on the Rights of the Child, Adopted and opened for signature, ratification and accession by General Assembly resolution 44/25 of 20 November 1989 entry into force 2 September 1990, in accordance with article 49*. 유엔인권

고등판무관사무소의 이《유엔 아동 권리 협약》은 1989년 11월 20일 유엔 총회에서 채택되어 1990년 9월 2일 발효되었다. 아마존의 마치겡가족Machiguenga 같은 극소수 사회는 개인 이름이 없지만 대신에 다른 종류의 식별자descriptor를 사용해 사람을 고유하게 식별한다.

15. J. Fajans, *Work and Play Among the Baining of Papua New Guinea* (Chicago: University of Chicago Press, 1997).

16. 찰스 다윈이 이 용어들을 처음으로 쓴 사람일 수 있다. 다윈은 1857년 J. D. 후커J. D. Hooker에게 보낸 편지에서 이렇게 말했다. "많은 종을 만드는 사람은 '세분론자'고, 종을 적게 만드는 사람은 '종합론자'요." C. Darwin and F. Darwin, *The Life and Letters of Charles Darwin*, vol. 2 (London: John Murray, 1887), day 153. 이 용어들은 다음 논문에서 더 널리 소개되었다. G. G. Simpson, "The Principles of Classification and a Classification of Mammals," *Bulletin of the American Museum of Natural History* 85 (1945): 22 – 24.

17. D. M. Buss, "Human Nature and Culture: An Evolutionary Psychological Perspective," *Journal of Personality* 69 (2001): 955 – 978.

18. C. Geertz, *The Interpretation of Cultures: Selected Essays* (New York: Basic Books, 1973), pp. 40 – 41.

19. S. Pinker, *The Blank Slate: The Modern Denial of Human Nature* (New York: Penguin, 2002).

20. D. E. Brown, *Human Universals* (New York: McGraw-Hill, 1991), pp. 58 – 59, 66 – 67. 문화인류학자 클라이드 클럭혼Clyde Kluckhohn 역시 20세기 중반에 많은 영향을 끼친 글에서 문화적 보편성이 공통된 사회적 상호작용과 환경 맥락에서 나올 가능성을 제시하는 한편, 이를 생물학과 심리학으로도 설명할 수 있을 것이라고 주장했다. C. C. Kluckhohn, "Universal Categories of Culture," in A. L. Kroeber, ed., *Anthropology Today* (Chicago: University of Chicago Press, 1953), pp. 507 – 523.

21. G. P. Murdock, "The Common Denominator of Cultures," in R. Linton, ed., *The Science of Man in a World of Crisis* (New York: Columbia University Press, 1945), pp. 123 – 142.

22. Brown, *Human Universals*, p. 50.

23. Ibid., p. 47.

24. P. Turchin et al., "Quantitative Historical Analysis Uncovers a Single Dimension of Complexity that Structures Global Variation in Human Social

Organization," *PNAS: Proceedings of the National Academy of Sciences* 115 (2018): E144 — E151.

25. P. Ekman, "Facial Expressions," in T. Dalgleish and M. Power, eds., *Handbook of Cognition and Emotion* (Chichester, UK: John Wiley and Sons, 1999), pp. 301 – 320. 다음도 참조하라. G. A. Bryant et al., "The Perception of Spontaneous and Volitional Laughter Across 21 Societies," *Psychological Science* 29 (2018): 1515 – 1525. 물론 (일부 문화에서 일어나듯이) 웃음과 행복을 단절시키는 사례처럼 아주 강한 문화적 압박으로 일부 연결 고리가 끊길 수 있다. 인간의 성격 구조 또한 보편적일 가능성이 있다. R. R. McCrae and P. T. Costa Jr., "Personality Trait Structure as a Human Universal," *American Psychologist* 52 (1997): 509 – 516; S. Yamagata et al., "Is the Genetic Structure of Human Personality Universal? A Cross–Cultural Twin Study from North America, Europe, and Asia," *Journal of Personality and Social Psychology* 90 (2006): 987 – 998.

26. C. Chen, C. Crivelli, O. G. B. Garrod, P. G. Schyns, J. M. Fernandez–Dols, and R. E. Jack, "Distinct Facial Expressions Represent Pain and Pleasure Across Cultures," *PNAS: Proceedings of the National Academy of Sciences* 115 (2018): E10013 – E10021.

27. N. Chomsky, *Syntactic Structures* (Berlin: Mouton de Gruyter, 1957); S. Pinker, *The Language Instinct: How the Mind Creates Language* (New York: Harper Perennial, 1995).

28. P. E. Savage, S. Brown, E. Sakai, and T. E. Currie, "Statistical Universals Reveal the Structures and Functions of Human Music," *PNAS: Proceedings of the National Academy of Sciences* 112 (2015): 8987 – 8992.

29. R. Heinsohn, C. N. Zdenek, R. B. Cunningham, J. A. Endler, and N. E. Langmore, "Tool Assisted Rhythmic Drumming in Palm Cockatoos Shares Elements of Human Instrumental Music," *Science Advances* 3 (2017): e1602399.

30. E. O. Wilson, *The Social Conquest of Earth* (New York: Liveright, 2013).

31. 초월 욕구와 목적의식, 미술과 음악 창작과 감상 능력, 이야기 하기와 듣기 욕구 같은 더 개인 수준에서 발현되는 것들이 이런 특징들을 더욱 뒷받침한다.

32. 어떤 학자들은 이 비유를 그다지 불편해하지 않는다. 다음 책은 유전자로 어떻게 우리 심리의 강점과 약점을 예측할 수 있는지 탐구한다. R. Plomin, *Blueprint:*

How DNA Makes Us Who We Are (Cambridge, MA: MIT Press, 2018). 청사진이
라는 비유를 사용한다는 점에 비추어 볼 때, 나 역시 우리의 문화 능력(진화로 가능
한 능력)을 우리의 사회 질서를 규정하는 것 중 일부로 본다는 사실을 언급해야겠
다. 더 구체적으로 말하자면 나는 우리의 DNA 자체가 아니라 "사회성 모둠"이 좋
은 사회를 만드는 청사진이라고 본다.

33. 집단 간 변이를 유발하는 요인으로는 환경 적응, 중립 표류neutral drift, 인간 집단
   간 번식 격리reproductive isolation, 창시자 효과founder effect 등이 있다. 또 대체로 기
   원 지점에서 멀어질수록 인간 집단들 간에 나타나는 더 폭넓은 유전 차이들이 존
   재한다. L. B. Jorde and S. P. Wooding, "Genetic Variation, Classification, and
   'Race,' " *Nature Genetics* 36 (2004): 528 – 533.

34. A. Quamrul and O. Galor, "The Out-of-Africa Hypothesis, Human Genetic
   Diversity, and Comparative Development," *American Economic Review* 103
   (2013): 1 – 46.

2장

1. *Castaway 2000*, produced by C. Kelley, BBC One, 2000. 2016년 방영된 비슷
   한 생존 리얼리티 쇼 〈에덴Eden〉은 스코틀랜드의 고립된 지역에서 실패한 공동
   체를 보여주었다. Sam Knight, "Reality TV's Wildest Disaster: 'Eden' Aspired
   to Remake Society Altogether. What Could Go Wrong?," *New Yorker*,
   September 4, 2017.

2. R. Copsey, "How *Castaway* Made My Life Hell," *Guardian*, August 11, 2010.

3. J. Kibble-White, "This is What Happens to Make Reality TV," *Off The Telly*,
   November 2004.

4. Copsey, "How *Castaway* Made My Life Hell."

5. G. Martin, "Return to Castaway Island: The Cast of Britain's First Reality TV
   Programme Reunite," *Daily Mail*, July 17, 2010.

6. Copsey, "How *Castaway* Made My Life Hell."

7. R. Shattuck, *The Forbidden Experiment: The Story of the Wild Boy of
   Aveyron* (New York: Farrar, Straus and Giroux, 1980).

8. K. Steel, "Feral and Isolated Children from Herodotus to Akbar to Hesse:
   Heroes, Thinkers, and Friends of Wolves" (presentation, CUNY Brooklyn
   College, April 11, 2016), https://academicworks.cuny.edu/gc_pubs/216/.

9. H. Fast, "The First Men," *Magazine for Science Fiction and Fantasy*, February

1960.

10. 무엇이 "과학"이고 무엇이 아닌지 경계를 정하기는 쉽지 않다. 과학철학자들은 과학을 논의할 때 특정한 방법보다는 사회과학자 로버트 K. 머턴Robert K. Merton이 "조직화된 회의주의organized skepticism"(조직적 회의주의)라고 부른 근본 과정에 더 초점을 맞추기 시작했다. R. K. Merton, *The Sociology of Science: Theoretical and Empirical Investigations* (Chicago: University of Chicago Press, 1973).

11. 군 경력자의 소득은 적어도 10년 동안 약 15퍼센트가 줄었다(백인 남성들의 소득). 이러한 감소는 대략 2년간 군 복무를 하는 동안 이후 진입할 노동 시장 경험을 쌓지 못한다는 사실에서 비롯한다. J. D. Angrist, "Lifetime Earnings and the Vietnam Era Draft Lottery: Evidence from Social Security Administrative Records," *American Economic Review* 80 (1990): 313 - 336. 복권에 당첨된 사람들을 대상으로 부유한 사람이 건강해지는지, 아니면 건강한 사람이 부유해지는지(양쪽 다 맞다) 알아봄으로써 부와 건강 사이 관계를 살펴본 실험 같은 비슷한 자연 실험들이 있다. J. Gardner and A. J. Oswald, "Money and Mental Wellbeing: A Longitudinal Study of Medium-Sized Lottery Wins," *Journal of Health Economics* 26 (2007): 49 - 60.

12. A. Banerjee and L. Iyer, "Colonial Land Tenure, Electoral Competition, and Public Goods in India," in J. Diamond and J. A. Robinson, eds., *Natural Experiments of History* (Cambridge, MA: Belknap Press, 2010), pp. 185 - 220.

13. D. Acemoglu, D. Cantoni, S. Johnson, and J. A. Robinson, "From Ancien Régime to Capitalism: The Spread of the French Revolution as a Natural Experiment," in J. Diamond and J. A. Robinson, eds., *Natural Experiments of History* (Cambridge, MA: Belknap Press, 2010), pp. 221 - 256.

14. A. Duncan, *The Mariner's Chronicle Containing Narratives of the Most Remarkable Disasters at Sea, Such as Shipwrecks, Storms, Fires and Famines* (New Haven, CT: G. W. Gorton, 1834). 다음도 참조하라. M. Gibbs, "Maritime Archaeology and Behavior During Crisis: The Wreck of the VOC Ship *Batavia* (1629)," in R. Torrence and J. Grattan, eds., *Natural Disasters and Cultural Change* (Abingdon, UK: Routledge, 2002), pp. 66 - 86.

15. J. Lichfield, "Shipwrecked and Abandoned: The Story of the Slave Crusoes," *Independent*, February 4, 2007.

16. C. A. Dard, J. G. des Odonais, and P.-R. de Brisson, *Perils and Captivity: Comprising the sufferings of the Picard family after the shipwreck of the*

Medusa, in the year 1816; Narrative of the captivity of M. de Brisson, in the year 1785; Voyage of Madame Godin along the river of the Amazons, in the year 1770, trans. P. Maxwell (Edinburgh: Constable; London: Thomas Hurst, 1827); P. Viaud, *The Shipwreck and Adventures of Monsieur Pierre Viaud* (London: T. Davies, 1771). 위 피에르 비오Pierre Viaud의 모험담을 훨씬 더 축약한 익명의 개요서인 다음 책에서는 식인 행위 내용이 빠져 있다. *Tales of Shipwreck and Peril at Sea* (London: Burns and Lambert, 1858).

17. 안데스산맥 생존자들 이야기는 다음 책을 참조하라. P. P. Read, *Alive: The Story of the Andes Survivors* (New York: J. B. Lippincott, 1974).

18. 역사가 키스 헌트레스Keith Huntress에 따르면 최초의 난파선 생존담 모음집은 다음과 같은 제목으로 1675년 런던에서 출간되었다. *Mr. James Janeway's Legacy to His Friends, Containing Twenty-Seven Famous Instances of God's Providence in and About Sea-Dangers and Deliverances*. K. Huntress, *Narratives of Shipwrecks and Disasters* (Ames: Iowa State University Press, 1974).

19. M. Nash, *The Sydney Cove Shipwreck Survivors Camp*, Flinders University Maritime Archaeology Monograph Series, no. 2 (Adelaide: Flinders University Department of Archaeology, 2006).

20. 우리는 난파 사건은 알고 있지만 생존자들이 사회를 어떻게 재건할 수 있었는지는 모를 때가 많다. 예를 들어 오세아니아 누벨칼레도니(뉴칼레도니아)로 향하던 프랑스 범선 타마리스호Tamaris는 1887년 인도양 크로제제도Crozet Islands에서 난파했다. 선원 13명은 코숑섬Île aux Cochons이라는 춥고 바람 거세고 나무 한 그루 없는 무인도에 상륙했다. 도움이 절실했던 생존자들은 커다란 바닷새의 다리에 구조 요청 쪽지를 매달아 날려 보냈다. 놀랍게도 이 쪽지는 7개월 뒤 약 6500킬로미터 떨어진 호주 남서쪽 항구 도시 프리맨틀Fremantle에서 발견되었다. 그러나 생존자들의 위치는 전혀 파악할 수가 없었다. "The Crozet Islands," *Adelaide Express and Telegraph*, March 21, 1889.

21. 1500~1900년에 몇 척이 난파했는지 추정하고자 나는 (유능한 연구원들과 함께) 2016년 기준으로 렉사이트닷컴Wrecksite.com (https://www.wrecksite.eu)에 올라와 있는 17만 6000건이 넘는 난파 사례 자료를 이용했다. 이 사이트에는 난파뿐 아니라 여러 원인(침몰, 화재, 해상 전투 등)으로 사라진 배들의 목록이 수집되어 있다. 나는 실제로 해안에 가닿지 않은 배들은 제외하고 난파 사례만 집계했다. 물론 1500~1900년 기간 외 사례 역시 제외했다. 이런 조건 아래 8100건이 넘는 난파

사례가 나왔다. 모든 탑승자가 즉시 사망한 끔찍한 재난까지 포함해 육지에 닿은 난파선 사례를 다 모은 결과다. 내 중심 관심사는 육지에서 생존자 공동체를 구성했을 만한 난파 사례였다. 8100건 중 데이터베이스를 활용해 19명 이상이 적어도 60일 동안 육지에서 공동체를 이루었고, 그중 최소 1명이 살아남아 당시 이야기를 들려준 사례를 모두 뽑았다. 이런 사례는 20건으로 모두 생존자가 직접 이야기한 모험담이 남아 있었다. 내가 제외한 흥미로운 사례는 1711년 난파한 자메이카 슬루프호였다. 다음 책에 나와 있는 대로 16명이 4개월 동안 생존했다. Duncan, *The Mariner's Chronicle*, pp. 242 - 275. 아시아 사례는 1건도 찾을 수 없었다. 17, 18, 19세기에 일본 난파선 생존자들이 동남아시아 해안으로 떠밀려온 사례를 24건 찾아내긴 했다. 그러나 해안에 다다른 생존자가 19명 이상인 사례는 3건에 불과했고 그들은 곧 지역 주민을 만나서 일본으로 돌아갔기 때문에 포함시키지 않았다. S. F. Liu, "Shipwreck Salvage and Survivors' Repatriation Networks of the East Asian Rim in the Qing Dynasty," in F. Kayoko, M. Shiro, and A. Reid, eds., *Offshore Asia: Maritime Interactions in Eastern Asia Before Steamships* (Singapore: ISEAS, 2013), pp. 211 - 235. 역사학자 즈비 벤도르 베니테는 중국어 "난파선"으로 검색 가능한 몇몇 일차 자료와 중국 해양 역사서를 조사했는데, 해당 사례는 겨우 몇 건에 불과했고 선원들은 대개 며칠 안에 모두 구조되었다.(Zvi Ben-Dor Benite, personal communication, July 14, 2018).

22. M. Gibbs, "The Archeology of Crisis: Shipwreck Survivor Camps in Australasia," *Historical Archeology* 37 (2003): 128 - 145.

23. F. E. Woods, *Divine Providence: The Wreck and Rescue of the Julia Ann* (Springville, UT: Cedar Fort, 2014), p. 58.

24. Ibid., p. 48.

25. Ibid., pp. 61 - 62.

26. J. G. Lockhart, *Blenden Hall: The True Story of a Shipwreck, a Casting Away, and Life on a Desert Island* (New York: D. Appleton, 1930).

27. Quoted in ibid., pp. 153 - 154. 아들의 이름도 알렉산더 그레이그Alexander M. Greig다.

28. 흥미롭게 비글호HMS Beagle가 세 번째 항해 도중인 1842년 이 난파 지점에 들렀다(다윈은 타지 않았다. 그는 두 번째 항해 때 탔다). S. Harris and H. McKenny, "Preservation Island, Furneaux Group: Two Hundred Years of Vegetation Change," *Papers and Proceedings of the Royal Society of Tasmania* 133, no. 1 (1999): 85 - 101.

29. "Supercargo William Clark's Account," in M. Nash, *Sydney Cove: The History and Archaeology of an Eighteenth-Century Shipwreck* (Hobart, Australia: Navarine, 2009), p. 235.

30. Ibid., p. 237. '친구'라는 표현을 썼다.

31. Ibid., p. 238.

32. "Governor Hunter's Account" (from a letter dated August 15, 1797), in ibid., p. 243.

33. Mr. Webb, "A Journal of the Proceedings of the *Doddington* East Indiaman," in B. Plaisted, ed., *A Journal from Calcutta to England, in the Year, 1750. To Which Are Added, Directions by E. Eliot, for Passing over the Little Desart from Busserah. With a Journal of the Proceedings of the Doddington East-Indiaman*, 2nd ed. (London: T. Kinnersly, 1758), p. 238.

34. 다른 해양 재난 사례들을 대상으로 선원과 승객, 남녀 사이의 갈등과 생존율 차이를 연구한 자료가 있다. B. S. Frey, D. A. Savage, and B. Torgler, "Interaction of Natural Survival Instincts and Internalized Social Norms Exploring the Titanic and Lusitania Disasters," *PNAS: Proceedings of the National Academy of Sciences* 107 (2010): 4862-4865. 해양 재난 사고 18건의 1만 5000명을 대상으로 여성과 아동에게 기사도식 행동을 한 모범 사례를 연구한 자료로는 다음을 보라. M. Elinder and O. Erixson, "Gender, Social Norms, and Survival in Maritime Disasters," *PNAS: Proceedings of the National Academy of Sciences* 109 (2012): 13220-13224. 이 연구자들은 생존에서 여성이 남성보다, 승객이 선장과 선원보다 상당히 불리했음을 밝혀냈다. 또 해양 재난 때 행동을 가장 잘 묘사하는 말은 "각자도생every man for himself"이라고 결론지었다.

35. 체류가 2개월째로 접어들면서 섬을 더 꼼꼼히 탐사한 그들은 이 섬에 앞서 조난한 이들이 있었다는 증거를 찾아냈다. 도딩턴호에는 금과 은이 실려 있었는데 200년 뒤 잠수부들이 난파선을 찾아내 훔쳐 갔다. J. Shaw, "Clive of India's Gold Comes Up for Sale After Legal Settlement," *Independent*, August 27, 2000.

36. 이보다 앞서 도움을 요청하러 떠난 이들이 있었는데 실패했다. 9월 3일에 3명이 이 위험한 임무를 안고 본토로 출항했다. 그들이 탄 작은 배는 육지로 접근하다가 파도에 뒤집혀 1명이 익사했다. 배와 함께 해안에 다다른 나머지 2명은 적대적인 지역 주민들과 마주쳤다. 두 사람은 벌거벗겨진 채 떠나라는 압박을 받았다. 그들은 결국 떠나서 거의 죽기 직전의 상태로 버드섬에 돌아왔다.

37. Webb, "Proceedings of the *Doddington*," p. 268.

38. Ibid., p. 269.

39. 선원들은 상륙한 직후 배에서 보물 상자를 인양했는데, 9월 28일 상자가 망가져 있고 보물 3분의 2가 사라진 것을 발견했다. 누가 그랬는지 알아내기란 불가능했다.

40. G. Dalgarno, "Letter from the Captain," *Otago Witness* (Dunedin, New Zealand), October 28, 1865.

41. 다른 배에 구조된 뒤에도 장교들은 섬에서 창의적인 노력으로 사실상 자신들의 목숨을 구한 선원인 홀딩에게 관대해질 수 없었다. 구조된 뒤 달가노 선장과 스미스는 더 좋은 선실에서 구조한 배의 장교들과 즐겁게 지냈다. 반면에 홀딩은 본래 지위로 떨어져 "앞 갑판 아래 선원실에서 같은 계급의 선원들과 지냈다." J. Druett, *Island of the Lost: Shipwrecked at the Edge of the World* (Chapel Hill, NC: Algonquin Books, 2007), p. 201. 계급 차이가 이 섬에서 인버콜드호 선원들의 운명을 결정지었다. 재주 많은 홀딩은 1933년에 86세를 일기로 캐나다에서 사망했다. 홀딩이 죽기 전에 쓴 인버콜드호 경험담을 나중에 증손녀가 발견해 1997년 책으로 출간했다. M. F. Allen, *Wake of the Invercauld* (Auckland: Exisle Press, 1997). 레날 선장도 달가노 선장이 쓴 사라졌던 기록을 찾아내어 자기 책의 부록으로 실었다. F. E. Raynal, *Wrecked on a Reef, or Twenty Months Among the Auckland Isles* (London: T. Nelson and Sons, 1874).

42. "Captain and Mate," *Otago Witness* (Dunedin, New Zealand), October 28, 1865. 달가노 선장이 너무 가혹하고, 너무 이기적인 사람이라고 판단하지 않도록 주 41에서 소개한 자료에 실린 그의 기록을 인용한다. 배가 침몰할 때 상황이다. "1862년 침수된 어떤 배의 선원들 목숨을 구한 공로로 미국 정부로부터 받은 메달. 같은 해 어떤 영국 배의 선원들 생명을 구한 공로로 영국 정부로부터 받은 망원경까지, 배에 실린 모든 것을 잃어버렸다. 둘 다 선원 형제들을 위해 봉사했다는 기념물로 내가 가장 소중히 여긴 것들이었다."

43. 단서가 붙기는 하지만 인구통계학적 다양성이 집단의 수행 능력에 유익할 수 있음을 시사하는 연구 결과들이 있다. E. Smith and Y. Hou, "Redundant Heterogeneity and Group Performance," *Organization Science* 26 (2014): 37–51.

44. 레날이 쓴 《암초에 난파되다Wrecked on a Reef》는 원래 프랑스어로 출간되었다. 머스그레이브의 책은 다음 제목으로 출간되었다. T. Musgrave, *Castaway on the Auckland Isles: A Narrative of the Wreck of the 'Grafton' and the Escape of the Crew After Twenty Months Suffering* (London: Lockwood, 1866).

45. Musgrave, *Castaway*, p. ix.

46. Raynal, *Wrecked on a Reef*, p. 82.

47. Ibid., pp. 159 – 160.

48. Ibid., p. 152.

49. Druett, *Island of the Lost*, pp. 163 – 164.

50. Musgrave, *Castaway*, p. 129. 다음도 참조하라. A. W. Eden, *Islands of Despair* (London: Andrew Melrose, 1955), p. 101.

51. W. H. Norman and T. Musgrave, *Journals of the Voyage and Proceedings of the HMCS "Victoria" in Search of Shipwrecked People at the Auckland and Other Islands* (Melbourne: F. F. Bailliere, 1866), p. 28.

52. Druett, *Island of the Lost*, p. 248.

53. Ibid., p. 280.

54. S. Sheppard, "Physical Isolation and Failed Socialization on Pitcairn Island: A Warning for the Future?," *Journal of New Zealand and Pacific Studies* 2 (2014): 21 – 38; D. T. Coenen, "Of Pitcairn's Island and American Constitutional Theory," *William and Mary Law Review* 38 (1997): 649 – 675.

55. 반란자들은 다른 4명의 선장 추종자도 나중에 풀어주었다.

56. R. B. Nicolson, *The Pitcairners* (Honolulu: University of Hawaii Press, 1997).

57. T. Lummis, *Life and Death in Eden: Pitcairn Island and the Bounty Mutineers* (Farnham, UK: Ashgate, 1997), p. 46.

58. R. W. Kirk, *Pitcairn Island, the Bounty Mutineers, and Their Descendants: A History* (Jefferson, NC: McFarland, 2008).

59. H. L. Shapiro, *The Pitcairn Islanders* (formerly "The Heritage of the Bounty") (New York: Simon and Schuster, 1968), p. 54.

60. Sheppard, "Physical Isolation."

61. Ibid, p. 31.

62. Teehuteatuaonoa [Jenny], "Account of the Mutineers of the Ship *Bounty*, and Their Descendants at Pitcairn's Island," *Sydney Gazette*, July 17, 1819.

63. Lummis, *Life and Death in Eden*, p. 63.

64. Teehuteatuaonoa, "Account of the Mutineers."

65. Ibid.

66. Lummis, *Life and Death in Eden*, p. 69.

67. *Pitcairn Island Encyclopedia*, s.v. "Pitcairn Islands Study Center: Folger, Mayhew," with text taken from S. Wahlroos, *Mutiny and Romance in the*

South Seas: A Companion to the Bounty Adventure (Salem, MA: Salem House, 1989). 이런 현대화를 가져온 것은 자본주의였다. 42년 뒤 잠시 이 섬을 방문한 뉴질랜드 선원 월터 브로디Walter Brodie도 주민들의 환대와 호의에 마찬가지로 깊은 인상을 받았다. W. Brodie, *Pitcairn's Island and the Islanders in 1850. Together with Extracts from His Private Journal and a Few Hints Upon California: Also, the Reports of All the Commanders of H.M. Ships That Have Touched at the Above Island Since 1800* (London: Whittaker, 1851), pp. 30–32.

68. 이 재판에 대한 개요는 다음을 참조하라. "Six Found Guilty in Pitcairn Sex Offences Trial," *Guardian*, October 25, 2004.

69. J. Diamond, *Collapse: How Societies Choose to Fail or Succeed* (New York: Penguin, 2005).

70. M. Weber, *The Vocation Lectures*, ed. D. S. Owen and T. B. Strong, trans. R. Livingstone (Indianapolis: Hackett, 2004).

71. "Shackleton's Voyage of Endurance," *NOVA*, season 29, episode 6, first aired March 26, 2002, on PBS. 역사가들은 영국 일간지 《더타임스》에 실렸다는 이 구인 광고를 찾아내지 못했다. 그래서 이 광고 이야기가 날조되었다고 생각하는 연구자가 점점 늘어났다. 일부 연구 기관은 이 광고를 찾아내는 사람에게 포상금을 주겠다고까지 말한다.

72. M. T. Fisher and J. Fisher, *Shackleton* (London: Barrie, 1957); R. Huntford, *Shackleton* (New York: Carroll and Graf, 1998).

73. Fisher and Fisher, *Shackleton*, p. 340.

74. Ibid., p. 345.

75. F. Hurley, *The Diaries of Frank Hurley, 1912–1941*, ed. R. Dixon and C. Lee (London: Anthem Press, 2011), p. 24.

76. Fisher and Fisher, *Shackleton*, p. 345. "내 인생에서 가장 행복한 날 중 하나"라고 표현했다.

77. 지리학자 재레드 다이아몬드Jared Diamond와 배리 롤렛Barry Rolett은 왜 이스터 섬Easter Island에서는 숲이 사라진 반면 다른 섬들은 그렇지 않은지를 알아내고자 했다. 물론 이를 위해 시간을 거슬러 올라가 69곳의 폴리네시아 섬들에 주민을 할당하는 대규모 실험을 할 수는 없다. 대신에 그들은 사람들이 다소 무작위로 이 섬들에 정착했다고 가정했다. 그리하여 이 자연 실험으로부터 주민들이 나중에 채택한 이런저런 행동보다는 지리 요인(바람에 날려 온 화산재와 강수량 등)이 삼

림 파괴에 더 중요한 역할을 했다고 결론지었다. J. Diamond, "Intra-Island and Inter-Island Comparisons," in J. Diamond and J. A. Robinson, eds., *Natural Experiments of History* (Cambridge, MA: Belknap Press, 2010), pp. 120 – 141. 다음도 참조하라. Diamond, *Collapse*.

78. P. V. Kirch, "Controlled Comparison and Polynesian Cultural Evolution," in J. Diamond and J. A. Robinson, eds., *Natural Experiments of History* (Cambridge, MA: Belknap Press, 2010), p. 35.

79. M. D. Sahlins, *Social Stratification in Polynesia* (Seattle: University of Washington Press, 1958).

80. Kirch, "Controlled Comparison," pp. 27 – 28.

81. 아마 건조 지대의 지주층은 관개 시설에 힘입어 물과 경작지를 독점하고 민주 주의 제도에 반대할 수 있었을 것이다. J. S. Bentzen, N. Kaarsen, and A. M. Wingender, "Irrigation and Autocracy," *Journal of the European Economic Association* 15 (2017): 1 – 53. 다음도 참조하라. A. Sharma, S. Varma, and D. Joshi, "Social Equity Impacts of Increased Water for Irrigation," in U. A. Amarasinghe and B. R. Sharma, eds., *Strategic Analyses of the National River Linking Project (NRLP) of India, Series 2. Proceedings of the Workshop on Analyses of Hydrological, Social and Ecological Issues of the NRLP* (Colombo, Sri Lanka: International Water Management Institute, 2008).

82. 사회가 인신 공양이나 식인 풍습을 갖도록 부추기는 다른 몇 가지 요인에 대해 서는 다음을 참조하라. B. Schutt, *Cannibalism: A Perfectly Natural History* (Chapel Hill, NC: Algonquin Books, 2017).

83. Liu, "Shipwreck Salvage."

3장

1. H. D. Thoreau, *A Week on the Concord and Merrimack Rivers; Walden, or Life in the Woods; The Maine Woods; Cape Cod*, ed. R. F. Sayre (New York: Literary Classics of the United States, 1985), p. 105.

2. Thoreau, *Walden*, p. 84.

3. Ibid., p. 99.

4. Ibid., p. 102. 소로는 인간의 협력 능력에도 별 인상을 받지 못했다. "통상적으로 가능한 협력은 지나치게 편파적이고 피상적인 것뿐이다. 진정한 협력은 거의 없 기에, 사람에게 들리지 않는 화음처럼 없는 것이나 마찬가지다." Ibid., p. 55.

5. Ibid., p. 128.

6. M. Meltzer, *Henry David Thoreau: A Biography* (Minneapolis: Twenty-First Century Books, 2007).

7. H. D. Thoreau, *Walden and Civil Disobedience: Complete Texts with Introduction, Historical Contexts, Critical Essays* (Boston: Houghton Mifflin, 2000).

8. F. Tönnies, *Community and Society* [originally published as *Gemeinschaft und Gesellschaft*], ed. and trans. C. P. Loomis (East Lansing: Michigan State University Press, 1957). M. Weber, *Economy and Society* [originally published as *Wirtschaft und Gesellschaft*], ed. and trans. G. Roth and C. Wittich (Berkeley: University of California Press, 1978).

9. B. Zablocki, *Alienation and Charisma: A Study of Contemporary American Communes* (New York: Free Press, 1980).

10. D. E. Pitzer, *America's Communal Utopias* (Chapel Hill: University of North Carolina Press, 1997).

11. T. More, *Utopia: Written in Latin by Sir Thomas More, Chancellor of England; Translated into English*, trans. G. Burnet (London: printed for R. Chiswell, 1684).

12. Pitzer, *America's Communal Utopias*, p. 5.

13. C. Nordhoff, *The Communistic Societies of the United States, from Personal Visit and Observation* (New York: Harper and Brothers, 1875). 다음도 참조하라. J. H. Noyes, *History of American Socialisms* (Philadelphia: J. B. Lippincott, 1870); A. F. Tyler, *Freedom's Ferment: Phases of American Social History from the Colonial Period to the Outbreak of the Civil War* (New York: Harper and Row, 1944).

14. E. Green, "Seeking an Escape Hatch from Trump's America," *Atlantic*, January 15, 2017.

15. 1960년대 미국 전역에 규모는 제각기 달랐지만 이런 지역 공동체가 아마 1만 곳은 있었을 것이다. 반면에 한 인구 조사에 따르면 1995년 북아메리카에서 활동하는 이런 집단은 500곳에 불과했다. Pitzer, *America's Communal Utopias* p. 12.

16. A. de Tocqueville, *Democracy in America* [originally published as *De la démocratie en Amérique*], trans. H. Reeve (London: Saunders and Otley, 1838).

17. R. W. Emerson, cited in E. K. Spann, *Brotherly Tomorrows: Movements for a*

Cooperative Society in America, 1820 – 1920 (New York: Columbia University Press, 1989), p. 52.

18. A. R. Schultz and H. A. Pochmann, "George Ripley: Unitarian, Transcendentalist, or Infidel?," *American Literature* 14 (1942): 1 – 19.

19. J. Myerson, "Two Unpublished Reminiscences of Brook Farm," *New England Quarterly* 48 (1975): 253 – 260.

20. George Ripley, cited in Spann, *Brotherly Tomorrows*, p. 56.

21. Myerson, "Two Unpublished Reminiscences."

22. Ibid., p. 256.

23. S. F. Delano, *Brook Farm: The Dark Side of Utopia* (Cambridge, MA: Harvard University Press, 2004), pp. 60 – 76.

24. R. Francis, "The Ideology of Brook Farm," *Studies in the American Renaissance* (1977): 1 – 48.

25. Ibid., p. 11.

26. J. Haidt, *The Righteous Mind: Why Good People Are Divided by Politics and Religion* (New York: Pantheon, 2012), chap. 10.

27. Francis, "Ideology of Brook Farm," pp. 14 – 15.

28. A. E. Russell, *Home Life of the Brook Farm Association* (Boston: Little, Brown, 1900), p. 15.

29. Myerson, "Two Unpublished Reminiscences," p. 259.

30. C. A. Dana, cited in Francis, "Ideology of Brook Farm," p. 8.

31. Russell, *Home Life*, p. 24.

32. Myerson, "Two Unpublished Reminiscences," p. 256.

33. 푸리에의 개념은 자연 세계에서 대칭성과 연속성 법칙, 그리고 다양한 성격과 직업 유형에 따라 고른 1620명의 자족 공동체를 위한, 그가 "팔랑스테르"라고 부른 이상적인 주거지와 관련이 있었다. 푸리에는 여성의 평등과 아동 교육, 동성애와 캐주얼 섹스casual sex(그의 이론에서는 허용되었다)에 관해 대체로 진보적인 생각을 갖고 있었다. C. Fourier, *Theory of Social Organization* (New York: C. P. Somerby, 1876).

34. Russell, *Home Life*, p. 2.

35. Ibid., p. 134.

36. C. A. Russell, "The Rise and Decline of the Shakers," *New York History* 49 (1968): 29 – 55.

37. 셰이커교가 당시에 어떻게 받아들여졌는지는 다음 동시대 자료를 참조하라. V. Rathbun, *An Account of the Matter, Form, and Manner of a New and Strange Religion, Taught and Propagated by a Number of Europeans Living in a Place Called Nisqueunia, in the State of New-York* (Providence, RI: Bennett Wheeler, 1781).

38. W. S. Bainbridge, "Shaker Demographics 1840–1900: An Example of the Use of U.S. Census Enumeration Schedules," *Journal for the Scientific Study of Religion* 21 (1982): 352–365.

39. Ibid.

40. S. J. Stein, *Shaker Experience in America* (New Haven, CT: Yale University Press, 1992).

41. M. M. Cosgel and J. E. Murray, "Productivity of a Commune: The Shakers, 1850–1880," *Journal of Economic History* 58 (1998): 494–510.

42. Stein, *Shaker Experience in America*, pp. 149–154.

43. Bainbridge, "Shaker Demographics."

44. Russell, "Rise and Decline," p. 46.

45. Ibid.

46. 집단 규모는 언제나 생존의 주요 고려 사항이었다. 한 섬의 동물이 창시한 소규모 집단이 멸종에 더 취약하듯이, 공동체를 창시한 소규모 집단 역시 마찬가지다. 아미시파Amish, 후터파Hutterites, 모르몬교Mormons(모두 종교 공동체)는 꽤 오랜 세월 유지되어왔다. 한편으로는 가족 규모가 더 컸기 때문이고, 또 한편으로는 외부 세계와 지속적으로 상호작용했기 때문이다. 그들이 음주를 금한다는 점도 언급할 가치가 있다. 술이 인류 사회 조직을 심각하게 파괴할 수 있다는 말이 놀랍게 들릴지 모른다. 하지만 다양한 자료들(역사상 난파선 사례들뿐 아니라 80년 동안 이어진 하버드 성인 발달 연구 같은 현대의 종단 연구들까지)은 그렇다는 증거를 풍부하게 제공한다. P. Hoehnle, "Community in Transition: Amana's Great Change, 1931–1933," *Annals of Iowa* 60 (2001): 1–34; R. Janzen and M. Stanton, *The Hutterites in North America* (Baltimore: Johns Hopkins University Press, 2010). 술과 관련해서는 예를 들어 다음을 참조하라. G. E. Vaillant, *Aging Well: Surprising Guideposts to a Happier Life from the Landmark Harvard Study of Adult Development* (Boston: Little, Brown, 2003).

47. M. Palgi and S. Reinharz, eds., *One Hundred Years of Kibbutz Life: A Century of Crises and Reinvention* (New Brunswick, NJ: Transaction, 2014), p. 2.

48. B. Beit-Hallahmi and A. I. Rabin, "The Kibbutz as a Social Experiment and as a Child-Rearing Laboratory," *American Psychologist* 32 (1977): 533.

49. D. Lieberman and T. Lobel, "Kinship on the Kibbutz: Co-Residence Duration Predicts Altruism, Personal Sexual Aversions and Moral Attitudes Among Communally Reared Peers," *Evolution and Human Behavior* 33 (2012): 26 – 34.

50. O. Aviezer, M. H. Van IJzendoorn, A. Sagi, and C. Schuengel, " 'Children of the Dream' Revisited: 70 Years of Collective Early Child Care in Israeli Kibbutzim," *Psychological Bulletin* 116 (1994): 99 – 116.

51. Plato, *The Republic*, trans. B. Jowett (New York: Vintage Books, 1991), bk. 5.

52. 다음 책에서 이 개념을 탐구한다. J. Rawls, *A Theory of Justice* (Cambridge, MA: Harvard University Press, 1971). 이 쟁점을 요약한 더 최근 자료는 다음이다. A. L. Alstott, "Is the Family at Odds with Equality? The Legal Implications of Equality for Children," *Southern California Law Review* 82, no. 1 (2008): 1 – 43.

53. 내 대학원생이었던 피터 드원Peter Dewan은 포트힐 커뮤니티Fort Hill Community 또는 라이먼 패밀리Lyman Family라는 공동체 출신이었다. 1960년대부터 활발하게 활동한 공동체로 집단 육아 방식을 택했다. 드원은 함께 자란 또래들에게 성적인 감정이 안 느껴진다는 것을 확인해주었다. 그리고 대리 형제자매들로 이루어진 더 큰 집단에 특별한 친밀감을 품고 있다고 했다. "그 아이들 중 한 명인 내 관점에서 보면 성공이에요. 나는 큰 친족 집단에 속하고, 우리는 서로서로를 돌보고, 더 나아가 서로의 자녀들을 돌보니까요. 안타깝게 우리에게는 이런 유형의 친족 관계를 기술하는 용어가 없어요. 혈연관계와는 달라요. 혈연으로 이어진 친척들과는 늘 친밀감을 느끼니까요. 공동체의 다른 아이들도 자기 혈족에게는 다 그래요. 우리 어머니는 내가 18세가 되었을 때 동생을 낳았는데, 어릴 때 나와 떨어져 지냈다고 몹시 후회하셨죠. 3년 동안 수천 킬로미터 떨어진 곳에서 지내기도 했거든요. 어머니는 다시는 그러지 않겠다고 결심하셨죠. 그런데 정작 나는 그런 생각을 한 번도 해본 적이 없어요. 흥미로운 점은 어머니들은 으레 그런 감정을 느끼는 반면에, 많은 아이들이 아버지와는 결코 강한 친밀감을 느낀 적이 없다는 거예요. 그리고 아버지들 역시 거기에 별로 개의치 않았다는 거고요. 이런 면에서 보면 공동 육아는 실패라고 말할 수 있겠죠. 어느 누구도 그런 육아 방식을 지속하지 못했고, 많은 이들이 후회했으니까요." Peter Dewan, personal communication, August 31, 2017. 이 공동체에 관한 더 자세한 이야기는 다음을 참조하라. R. L.

Levey, "Friendly Fifty on Fort Hill — Better Way for People," *Boston Globe*, December 12, 1967; D. Johnston, "Once-Notorious '60s Commune Evolves into Respectability," *Los Angeles Times*, August 4, 1985.

54. H. Barry and L. M. Paxton, "Infancy and Early Childhood: Cross Cultural Codes," *Ethnology* 10 (1971): 466 – 508.

55. S. Mintz, *Huck's Raft: A History of American Childhood* (Cambridge, MA: Belknap Press, 2004).

56. L. Tiger and J. Shepher, *Women in the Kibbutz* (New York: Harcourt Brace Jovanovich, 1975).

57. 한 연구에 따르면 키부츠 아이들 중 59퍼센트만이 어머니에게 확고한 애착을 갖고 있다고 나왔다. 반면에 낮에만 어린이집에 가 있는 이스라엘 아이들은 75퍼센트가 애착을 갖고 있었다. 이 차이는 아이들끼리만 함께 숙식해 부모가 밤에 아이들을 돌보지 못하고, 낮에도 한정된 시간만 아이들과 접촉하기 때문인 듯하다. 부모와 애착 결핍은 많은 부정적 효과를 낳는다. Aviezer et al., " 'Children of the Dream' Revisited."

58. A. Sagi, M. E. Lamb, R. Shoham, R. Dvir, and K. S. Lewkowicz, "Parent-Infant Interaction in Families on Israeli Kibbutzim," *International Journal of Behavioral Development* 8 (1985): 273 – 284.

59. E. Ben-Rafael, *Crisis and Transformation: The Kibbutz at Century's End* (Albany: State University of New York Press, 1997), p. 62.

60. Aviezer et al., " 'Children of the Dream' Revisited."

61. 또래와 성관계 기피는 1970년대에 이미 알려졌으며 그 뒤로 많은 연구가 이루어져왔다. 예를 들어 다음을 보라. J. Shepher, "Mate Selection Among Second Generation Kibbutz Adolescents and Adults: Incest Avoidance and Negative Imprinting," *Archives of Sexual Behavior* 1 (1971): 293 – 307. 이 가설에 대한 검토는 다음을 참조하라. E. Shor, "The Westermarck Hypothesis and the Israeli Kibbutzim: Reconciling Contrasting Evidence," *Archives of Sexual Behavior* 44 (2015): 1 – 12. 다음도 참조하라. Lieberman and Lobel, "Kinship on the Kibbutz." 이 연구는 함께 거주한 기간이 길수록 서로에게 이타적 동기를 더 강하게 품으며, 같은 유년기 또래들 간 성관계에도 더 도덕적인 태도를 취한다는 것을 보여준다.

62. Aviezer et al., " 'Children of the Dream' Revisited," p. 113.

63. Palgi and Reinharz, *One Hundred Years*.

64. R. Abramitzky, "Lessons from the Kibbutz on the Equality-Incentives Trade-Off," *Journal of Economic Perspectives* 25 (2011): 185 – 207. 이 시기에 키부츠에 닥친 위기를 연구한 경제학자들은 상당한 "두뇌 유출" 문제가 있음을 알아차렸다. 고도로 숙련되고 유능한 사람들은 키부츠를 떠날 가능성이 더 높은 반면 저임금 노동자는 합류할 가능성이 더 높았다. 다음도 참조하라. R. Abramitzky, "The Limits of Equality: Insights from the Israeli Kibbutz," *Quarterly Journal of Economics* 123 (2008): 1111 – 1159.

65. Tiger and Shepher, *Women in the Kibbutz*, p. 14.

66. B. J. Ruffle and R. Sosis, "Cooperation and the In-Group – Out-Group Bias: A Field Test on Israeli Kibbutz Members and City Residents," *Journal of Economic Behavior and Organization* 60 (2006): 147 – 163.

67. 또 그들은 성 역할이 비교적 고정되어 있다는 점을 알고 있음에도 "키부츠 여성들의 삶에 일어난 주요 혁신들이 예상했던 새로운 사회적 양상을 촉발하지 못했다는 사실에 놀랐다"라고 언급했다. 어머니가 자녀와 더 친밀한 관계를 추구하는 것은 단순히 문화적으로 함양되는 것이 아니라 생물학적으로 존재하는 "종 차원에서 어머니와 자녀 간 끌림" 때문이다. Tiger and Shepher, *Women in the Kibbutz*, pp. 6, 272. 다음도 참조하라. L. Tiger and R. Fox, *The Imperial Animal* (New York: Transaction, 1971); M. E. Spiro, *Gender and Culture: Kibbutz Women Revisited* (New York: Transaction, 1979).

68. B. F. Skinner, *Walden Two* (New York: Macmillan, 1948). 1985년 스키너는 소설이 끝난 뒤에 어떻게 되었는지를 등장인물 중 한 사람인 버리스Burris 교수의 입을 통해 마무리 짓는 일종의 종결부를 발표했다. B. F. Skinner, "News from Nowhere, 1984," *Behavior Analyst* 8 (1985): 5 – 14.

69. Skinner, *Walden Two*, p. 194. 또 스키너는 2차 세계대전 때 비둘기를 이용해 미사일을 유도하고, 자기 자녀들(그들을 대상으로 유명한 실험을 했다)이 아닌 다른 아이들을 훈련시키는 데 쓸 유명한 스키너 상자를 판매한다는 등 별 성공을 거두지 못한 아이디어들을 내놓았다. B. F. Skinner, *The Shaping of a Behaviorist* (New York: Knopf, 1979).

70. Skinner, *Shaping of a Behaviorist*, p. 292.

71. D. E. Altus and E. K. Morris, "B. F. Skinner's Utopian Vision: Behind and Beyond *Walden Two*," *Behavior Analyst* 32 (2009): 319 – 335. 《월든 투》는 처음 나왔을 때 연간 약 700부가 팔렸다.

72. Skinner, *Walden Two*, p. 22.

73. J. K. Jessup, "Utopia Bulletin," *Fortune* (October 1948): 191 – 198, cited in Altus and Morris, "B. F. Skinner's Utopian Vision," p. 321.

74. H. Kuhlmann, *Living Walden Two* (Urbana: University of Illinois Press, 2005); E. K. Morris, N. G. Smith, and D. E. Altus, "B. F. Skinner's Contributions to Applied Behavior Analysis," *Behavior Analyst* 28 (2005): 99 – 131; Altus and Morris, "B. F. Skinner's Utopian Vision."

75. Kuhlmann, *Living Walden Two*, p. 92. 다음도 참조하라. T. Jones, "The Other American Dream," *Washington Post Magazine*, November 15, 1998. 트윈오크스의 면적은 이윽고 약 180헥타르까지 늘어나게 된다.

76. Kuhlmann, *Living Walden Two* p. 102.

77. Ibid., p. 98.

78. I. Komar, *Living the Dream: A Documentary Study of Twin Oaks Community* (Norwood, PA: Norwood Editions, 1983), pp. 99 – 101.

79. Kuhlmann, *Living Walden Two*, p. 101.

80. D. Ruth, "The Evolution of Work Organization at Twin Oaks," *Communities: Journal of Cooperative Living* 35 (1975): 58 – 60. 다음도 참조하라. H. Kuhlmann, "The Illusion of Permanence: Work Motivation and Membership Turnover at Twin Oaks Community," in B. Goodwin, ed., *The Philosophy of Utopia: A Special Issue of Critical Review of International Social and Political Philosophy* (London: Frank Cass, 2001), pp. 157 – 171.

81. 높은 회전율이 사회 집단에 끼치는 영향에 관해서는 다음을 참조하라. H. Shirado, F. Fu, J. H. Fowler, and N. A. Christakis, "Quality Versus Quantity of Social Ties in Experimental Cooperative Networks," *Nature Communications* 4 (2013): 2814.

82. Komar, *Living the Dream*, p. 72. 다음도 참조하라. Jones, "The Other American Dream."

83. L. Rohter, "Isolated Desert Community Lives by Skinner's Precepts," *New York Times*, November 7, 1989.

84. Comunidad Los Horcones, "News from Now-Here, 1986: A Response to 'News from Nowhere, 1984,'" *Behavior Analyst* 9 (1986): 129 – 132.

85. 예를 들어 다음을 보라. F. S. Keller, "Goodbye Teacher ..." *Journal of Applied Behavior Analysis* 1 (1968): 79 – 89.

86. Kuhlmann, *Living Walden Two*, p. 190.

87. Ibid., p. 145.

88. Zablocki, *Alienation and Charisma*. 그가 선택한 도시 지역들에는 총 800~1725곳의 공동체가 있었다. 이 도시들의 총인구는 2560만 명이었다. 따라서 인구 10만 명당 약 7곳의 지역 공동체가 존재한 셈이다.

89. S. Vaisey, "Structure, Culture, and Community: The Search for Belonging in 50 Urban Communes," *American Sociological Review* 72 (2007): 851 -873; A. A. Aidala and B. D. Zablocki, "The Communes of the 1970s: Who Joined and Why?," *Marriage and Family Review* 17 (1991): 87 - 116. 평균 규모 13.4명은 에이달라Aidala와 자블로키Zablocki의 자료에서 성인(15세 이상) 수 804명을 60으로 나눈 값이다. 베이시Vaisey의 평균값은 10.4명으로 더 낮았다. 그가 50개 지역 공동체와 다양한 유형의 문항에 답한 응답자만을 분석 대상으로 삼았기 때문일 가능성이 높다.

90. Zablocki, *Alienation and Charisma*, p. 44.

91. Ibid., p. 96.

92. Aidala and Zablocki, "The Communes of the 1970s," p. 112.

93. Ibid., p. 108.

94. D. French and E. French, *Working Communally: Patterns and Possibilities* (New York: Russell Sage Foundation, 1975), p. 89.

95. Zablocki, *Alienation and Charisma*, p. 319.

96. Ibid., p. 124. 60개 공동체 중 1곳의 사례다. 이 공동체들의 리더십 전반에 관해서는 다음을 참조하라. S. L. Carlton-Ford, "Ritual, Collective Effervescence, and Self-Esteem," *Sociological Quarterly* 33 (1992): 365 - 387; J. L. Martin, "Is Power Sexy?," *American Journal of Sociology* 111 (2005): 408 - 446.

97. Zablocki, *Alienation and Charisma*, pp. 127, 153.

98. Ibid., pp. 115 - 118. 에이달라와 자블로키가 〈1970년대의 공동체The Communes of the 1970s〉에서 제시한 이런 행동들의 비율은 좀 다르다. 그들이 도시 지역 공동체에만 초점을 맞추었기 때문일 수 있다. 이런 관습에 어긋나는 행동 비율이 줄어든 것은 분명 어느 정도는 구성원들이 고령화하고, 베트남전쟁과 인권 운동이 막을 내렸기 때문이지, 단지 공동체에 소속되었기 때문만은 아니다.

99. Vaisey, "Structure, Culture, and Community."

100. A. A. Harrison, Y. A. Clearwater, and C. P. McKay, eds., *From Antarctica to Outer Space: Life in Isolation and Confinement* (New York: Springer-Verlag, 1991).

101. 다음 자료에 인용된 에드워드 윌슨Edward Wilson의 일지 내용이다. D. J. Lugg, "The Adaptation of a Small Group to Life on an Isolated Antarctic Station," in O. G. Edholm and E. K. E. Gunderson, eds., *Polar Human Biology* (Chichester UK: William Heinemann, 1973), pp. 401 - 409.

102. A. Lansing, *Endurance: Shackleton's Incredible Voyage* (New York: McGraw-Hill, 1959), p. 51.

103. E. K. E. Gunderson, "Psychological Studies in Antarctica: A Review," in O. G. Edholm and E. K. E. Gunderson, eds., *Polar Human Biology* (Chichester UK: William Heinemann, 1973), pp. 352 - 361.

104. 월동대는 해마다 새로 구성되지만 남극 기지는 행동을 빚어내는 독특한 문화, 역사, 관습을(기상학적 및 물질적 긴급 상황까지) 간직하고 있다. 한 예로 월동대원들은 여름에 일하는 이들을 "관광객"이라고 취급하며, 특별하게 디자인된 옷과 장치를 착용하고, "300클럽Three Hundred Club" 같은 전통을 유지한다. 이 클럽에 속한 남극점 기지 대원들은 섭씨 93도(화씨 200도)의 사우나에 앉아 있다가 장화만 신은 채 섭씨 영하 38도(화씨 영하 100도)인 바깥으로 뛰쳐나가는 전통을 지킨다. S. K. Narula, "On Getting Naked in Antarctica," *Atlantic*, January 7, 2014.

105. 사실 해군 대원과 과학자 간 갈등은 쿡 선장의 배를 비롯한 유럽 탐험대 시절까지 거슬러 올라간다. B. Finney, "Scientists and Seamen," in A. A. Harrison, Y. A. Clearwater, and C. P. McKay, eds., *From Antarctica to Outer Space: Life in Isolation and Confinement* (New York: Springer-Verlag, 1991), pp. 89 - 101. 과학자들은 그런 장기 항해를 마치고 돌아오면 "해군의 노예 상태에서 가까스로 탈출"한 것을 서로 축하했다고 한다. 하버드대학교 식물학자 에이서 그레이Asa Gray가 친구인 지질학자 제임스 드와이트 대너James Dwight Dana에게 쓴 편지에 나오는 말이다. 다음 책에서 인용했다. W. R. Stanton, *The Great United States Exploring Expedition of 1838 - 1842* (Berkeley: University of California Press, 1975), p. 137.

106. 1969~1971년 월동대원들을 대상으로 이루어진 초기 연구에 따르면 72퍼센트가 겨울에 이런저런 증후군을 앓았다고 한다. R. E. Strange and W. J. Klein, "Emotional and Social Adjustment of Recent U.S. Winter-Over Parties in Isolated Antarctic Station," in O. G. Edholm and E.K.E. Gunderson, eds., *Polar Human Biology* (Chichester UK: William Heinemann, 1973), pp. 410 - 416. 그러나 1977년 월동대원 78명을 대상으로 심리측정학 검사를 한 연구에서는 우울증 빈도 증가가 전혀 없다고 나왔다. D. C. Oliver, "Psychological Effects of

Isolation and Confinement of a Winter-Over Group at McMurdo Station, Antarctica," in A. A. Harrison, Y. A. Clearwater, and C. P. McKay, eds., *From Antarctica to Outer Space: Life in Isolation and Confinement* (New York: Springer-Verlag, 1991), pp. 217 – 227. 다음도 참조하라. L. A. Palinkas, "Going to Extremes: The Cultural Context of Stress, Illness, and Coping in Antarctica," *Social Science and Medicine* 35 (1992): 651 – 664.

107. P. E. Cornelius, "Life in Antarctica," in A. A. Harrison, Y. A. Clearwater, and C. P. McKay, eds., *From Antarctica to Outer Space: Life in Isolation and Confinement* (New York: Springer-Verlag, 1991), p. 10.

108. Gunderson, "Psychological Studies in Antarctica," p. 357.

109. J. C. Johnson, J. S. Boster, and L. A. Palinkas, "Social Roles and the Evolution of Networks in Extreme and Isolated Environments," *Journal of Mathematical Sociology* 27 (2003): 89 – 121.

110. P. V. Marsden, "Core Discussion Networks of Americans," *American Sociological Review* 52 (1987): 122 – 131; H. B. Shakya, N. A. Christakis, and J. H. Fowler, "An Exploratory Comparison of Name Generator Content: Data from Rural India," *Social Networks* 48 (2017): 157 – 168.

111. M. C. Pachucki, E. J. Ozer, A. Barrat, and D. Cattuto, "Mental Health and Social Networks in Early Adolescence: A Dynamic Study of Objectively Measured Social Interaction Behaviors," *Social Science and Medicine* 125 (2015): 40 – 50; M. Salathe, M. Kazandjieva, J. W. Lee, P. Levis, M. W. Feldman, and J. H. Jones, "A High-Resolution Human Contact Network for Infectious Disease Transmission," *PNAS: Proceedings of the National Academy of Sciences* 107 (2010): 22020 – 22025; J. P. Onnela, B. N. Waber, A. Pentland, S. Schnorf, and D. Lazer, "Using Sociometers to Quantify Social Interaction Patterns," *Scientific Reports* 4 (2014): 5604.

112. W. M. Smith, "Observations over the Lifetime of a Small Isolated Group: Structure, Danger, Boredom, and Vision," *Psychological Reports* 19 (1966): 475 – 514.

113. 엄밀히 말하자면 연결망은 초차원 대상hyperdimensional object이다. 대개 2차원이나 3차원을 넘어선다. 연결망을 단추와 끈으로 묘사하는 이 방식은 다음에서 가져왔다. N. A. Christakis and J. H. Fowler, *Connected: The Surprising Power of Our Social Networks and How They Shape Our Lives* (New York: Little,

Brown, 2009).

114. 모두 남성만으로 구성된 월동대(1967, 1968, 1969년)를 조사한 연구에서 "심한 언쟁, 위협, 주먹다짐"을 동반하는 분쟁이 해마다 일어났으며, 이런 일이 비커와 트레이드 사이에 벌어질 때가 많았음이 드러났다. K. Natani, J. T. Shurley, and A. T. Joern, "Inter-Personal Relationships, Job Satisfaction, and Subjective Feelings of Competence: Their Influence upon Adaptation to Antarctic Isolation," in O. G. Edholm and E. K. E. Gunderson, eds., *Polar Human Biology* (Chichester UK: William Heinemann, 1973), pp. 384 – 400.

115. Palinkas, "Going to Extremes."

116. 1960년대 후반기 5년 중 어느 한 해에 겨울을 보낸 뉴질랜드인 대원 93명을 조사한 연구에 따르면 40퍼센트가 "노래와 게임"이 중요하다고 여겼다. A. J. W. Taylor, "The Adaptation of New Zealand Research Personnel in the Antarctic," in O. G. Edholm and E. K. E. Gunderson, eds., *Polar Human Biology* (Chichester UK: William Heinemann, 1973), pp. 417 – 429.

117. M. Weber, "Science as Vocation," in *From Max Weber: Essays in Sociology*, ed. and trans. H. H. Gerth and C. Wright Mills (Oxford: Routledge, 1991), p. 155.

4장

1. T. Standage, *The Turk: The Life and Times of the Famous Eighteenth-Century Chess-Playing Machine* (London: Walker Books, 2002).

2. H. Reese and N. Heath, "Inside Amazon's Clickworker Platform," TechRepublic, 2016, https://www.techrepublic.com/article/inside-amazons-clickworker-platform-how-half-a-million-people-are-training-ai-for-pennies-per-task/.

3. J. Bohannon, "Psychologists Grow Increasingly Dependent on Online Research Subjects," *Science*, June 7, 2016.

4. J. J. Horton, D. G. Rand, and R. J. Zeckhauser, "The Online Laboratory: Conducting Experiments in a Real Labor Market," *Experimental Economics* 14 (2011): 399 – 425; E. Snowberg and L. Yariv, "Testing the Waters: Behavior Across Participant Pools" (working paper no. 24781, National Bureau of Economic Research, June 2018).

5. M. Zelditch, "Can You Really Study an Army in the Laboratory?," in A. Etzioni, ed., *Complex Organizations*, 2nd ed. (New York: Holt, Rinehart, and

Winston, 1969) pp. 528 – 539.

6. D. Rand, S. Arbesman, and N. A. Christakis, "Dynamic Social Networks Promote Cooperation in Experiments with Humans," *PNAS: Proceedings of the National Academy of Sciences* 108 (2011): 19193 – 19198.

7. D. G. Rand, M. Nowak, J. H. Fowler, and N. A. Christakis, "Static Network Structure Can Stabilize Human Cooperation," *PNAS: Proceedings of the National Academy of Sciences* 111 (2014): 17093 – 17098.

8. H. Shirado, F. Fu, J. H. Fowler, and N. A. Christakis, "Quality Versus Quantity of Social Ties in Experimental Cooperative Networks," *Nature Communications* 4 (2013): 2814.

9. Rand et al., "Static Network Structure."

10. A. Nishi, H. Shirado, D. G. Rand, and N. A. Christakis, "Inequality and Visibility of Wealth in Experimental Social Networks," *Nature* 526 (2015): 426 – 429.

11. 〈세컨드 라이프〉는 다음을 참조하라. T. Boellstorff, *Coming of Age in Second Life: An Anthropologist Explores the Virtually Human* (Princeton, NJ: Princeton University Press, 2008). 온라인 게임에서 사회적 상호작용은 다음을 참조하라. N. A. Christakis and J. H. Fowler, *Connected: The Surprising Power of Our Social Networks and How They Shape Our Lives* (New York: Little, Brown, 2009).

12. K. McKeand, "Blizzard Says World of Warcraft 10.1 Million Subscriber Statement Was a 'Misquote or Misunderstanding,' " *PCGamesN*, October 5, 2016.

13. N. Ducheneaut, N. Yee, E. Nickell, and R. J. Moore, "The Life and Death of Online Gaming Communities: A Look at Guilds in World of Warcraft," *Proceedings of the SIGCHI Conference on Human Factors in Computing Systems* (New York: ACM, 2007), pp. 839 – 848.

14. H. Cole and M. D. Griffiths, "Social Interactions in Massively Multiplayer Online Role-Playing Games," *CyberPsychology and Behavior* 10 (2007): 575 – 583.

15. P. W. Eastwick and W. L. Gardner, "Is It a Game? Evidence for Social Influence in the Virtual World," *Social Influence* 1 (2008): 1 – 15.

16. N. Yee, J. N. Bailenson, M. Urbanek, F. Chang, and D. Merget, "The Unbearable Likeness of Being Digital: The Persistence of Nonverbal Social

Norms in Online Virtual Environments," *CyberPsychology and Behavior* 10 (2007): 115–121.

17. E. K. Yuen, J. D. Herbert, E. M. Forman, E. M. Goetter, R. Comer, and J. C. Bradley, "Treatment of Social Anxiety Disorder Using Online Virtual Environments in Second Life," *Behavior Therapy* 44 (2013): 51–61.

18. M. Szell, R. Lambiotte, and S. Thurner, "Multirelational Organization of Large-Scale Social Networks in an Online World," *PNAS: Proceedings of the National Academy of Sciences* 107 (2010): 13636–13641.

19. D. M. Raup, "Geometric Analysis of Shell Coiling: General Problems," *Journal of Paleontology* 40 (1966): 1178–1190.

20. D. M. Raup and A. Michelson, "Theoretical Morphology of the Coiled Shell," *Science* 147 (1965): 1294–1295.

21. 사실 라우프는 4번째 매개변수를 포함시켰다. "생성 곡선"의 "모양" 또는 조개껍데기 구멍의 모양을 정하는 변수였다.

22. 라우프 모형의 한계와 실수를 살펴본 후속 연구들이 있다. 일부 학자는 조개류의 발달 과정에서 매개변수들이 바뀌는 개념상의 문제를 안고 있음을 보여주었다. 또 다른 학자들은 라우프의 세 매개변수가 서로 완전히 독립된 것이 아님(의도하지 않은 실수)을 밝혀냈다. 이 점이 중요한 것은 라우프의 형태공간에서 빈 부분들이 생물학적으로 불가능한 것이 아니라 수학적으로 불가능한 것임을 의미할 수 있기 때문이다. 그럼에도 생태학자 버나드 터시Bernard Tursch가 10개(3개가 아니라)의 매개변수를 써서 개발한 더 복잡한 모형 역시 알려진 생물들이 일부만 채우고 있는 조개껍데기 형태공간을 보여준다. B. Tursch, "Spiral Growth: The 'Museum of All Shells' Revisited," *Journal of Molluscan Studies* 63 (1997): 547–554. 또한 터시는 조개껍데기의 최종 형태가 대체로 초기 조건에 따라 정해지며, 초기 조건은 대체로 생물의 유전자에 따라 정해진다고 주장한다.

23. R. Dawkins, *Climbing Mount Improbable* (New York: W. W. Norton, 1996).

24. R. D. K. Thomas and W. E. Reif, "The Skeleton Space: A Finite Set of Organic Designs," *Evolution* 47 (1993): 341–360.

25. S. Wolfram, *A New Kind of Science* (Champaign, IL: Wolfram Media, 2002).

26. G. L. Stebbins, "Natural Selection and the Differentiation of Angiosperm Families," *Evolution* 5 (1951): 299–324.

27. 먹이를 옥죄어서 잡는 뱀이 등 쪽으로 먹이를 감지 않는 이유를 비슷한 방식으로 설명한다. 그런 식으로 등뼈를 구부리기가 물리적으로 불가능해 그런 행동

을 목격할 수 없다는 것이다. D. E. Willard, "Constricting Methods of Snakes," *Copeia* 2 (1977): 379 – 382.

28. 이른바 그래브너-그리피스Gravner-Griffeath 모형은 변의 수를 6개로 고정한 매개변수를 써서 놀라울 만치 다양한 눈송이 모양을 만든다. 이 모형의 매개변수는 7가지다. 이 매개변수의 값을 다양하게 바꿈으로써 온갖 가능한 눈송이들의 세계를 만든다. 이런 수학으로 가능한 모양 중에서 상당수는 실제로 나타난다. 그러나 너무나 불안정해 유지될 수 없는 것들이 있는 듯하다(아주 얇은 십자가 모양의 눈송이 등). M. Krzywinski and J. Lever, "In Silico Flurries: Computing a World of Snowflakes," *Scientific American*, December 23, 2017.

29. "적응도 경관fitness landscape"이라는 것과 관련된 더 복잡한 문제도 있다. 반드시 유전 가용성 자체가 부족해서라기보다는 대다수 생물이 "적응 봉우리adaptive peak"의 꼭대기(설령 이 봉우리가 최적 상태를 가리키지는 않을지라도)에 있기에 이 봉우리에서 저 봉우리로 옮겨가기가 아주 어렵거나 흔치 않다는 것이다. 유전적 표류genetic drift를 통해서나 "적응 고개adaptive ridge"를 건넘으로써만 가능하다.

30. M. LaBarbera, "Why the Wheels Won't Go," *American Naturalist* 121 (1983): 395 – 408.

31. J. Hsu, "Walking Military Robots Stumble Toward Future," *Discover*, December 31, 2015.

32. Dawkins, *Climbing Mount Improbable*, p. 222.

33. R. I. M. Dunbar, "Neocortex Size as a Constraint on Group Size in Primates," *Journal of Human Evolution* 22 (1992): 469 – 493.

34. J. Henrich, R. Boyd, S. Bowles, C. Camerer, E. Fehr, and H. Gintis, eds., *Foundations of Human Sociality: Economic Experiments and Ethnographic Evidence from Fifteen Small-Scale Societies* (Oxford: Oxford University Press, 2004).

35. L. Cronk, *That Complex Whole: Culture and the Evolution of Human Behavior* (Boulder, CO: Westview Press, 1999), p. 21.

36. J. Sawyer and R. A. Levine, "Cultural Dimensions: A Factor Analysis of the World Ethnographic Sample," *American Anthropologist* 68 (1966): 708 – 731. 문화에도 경로 특이성이 존재하며, 생물학이 특정 경로를 따라 막다른 골목으로 종을 이끌 수 있듯이, 역사도 이론적으로는 변할 수 있지만 실제로는 변화 불가능한 관습 집합을 갖는 쪽으로 문화를 이끌 수 있음을 유념하자.

37. D. Brown, *Human Universals* (New York: McGraw-Hill, 1991), pp. 130 – 141.

38. 이처럼 너무 극단적으로 이질적인 사회 세계는 드물다. 저자의 상상력 부족이라 기보다 독자가 소설에서 기대하는 것이 가하는 제약에 저자가 부응할 필요성 때 문에 나타나는 현상이다. 이는 앞서 살펴봤듯이, 주어진 환경 제약이 산출하는 것 과 반대로 진화가 무엇을 산출할 수 있는가 하는 문제와 여러 면에서 비슷하다.

39. B. M. Stableford, "The Sociology of Science Fiction" (PhD diss., University of York, UK, 1978).

40. H. G. Wells, *The Time Machine* (London: William Heinemann, 1895).

41. A. Huxley, *Brave New World* (London: Chatto and Windus, 1932); R. A. Heinlein, *Orphans of the Sky* (New York: G. P. Putnam's Sons, 1964); G. Orwell, *Nineteen Eighty-Four* (London: Secker and Warburg, 1949).

42. C. P. Gilman, *Herland* (New York: Pantheon, 1979). 길먼의《허랜드》가 초협력성 을 주요 특징으로 삼은 유토피아를 상상한 반면, 윌리엄 골딩William Golding의 디 스토피아 소설《파리대왕》은 자치 활동이 야만 상태로 추락하는 충격적인 세계를 상상함으로써 스펙트럼의 정반대 편을 살펴본다. W. Golding, *Lord of the Flies* (New York: Penguin, 1954).

43. Gilman, *Herland*, p. 60. 실제로《허랜드》에서는 비범한 지혜와 고상함을 지닌 여성들이 마을 사원에 거주하는 등 사회 역할이 다소 분화해 있다.

44. 여성들은 이 다양성을 교육과 육아 제도의 산물이라고 본다. "교차 수정cross-fertilization 없이 나타나는 많은 다양성"이 어느 정도는 "각자가 조금씩 지닌 서로 다른 성향을 따르는 세심한 교육과 어느 정도는 돌연변이 법칙" 때문이라고 주장 한다. Gilman, *Herland*, p. 77. 여성들은 비록 단일한 "단위, 자각한 집단"을 이루 면서도 이런 방법으로 각자의 자의식과 독특한 개성을 지닌다.

45. L. Lowry, *The Giver* (New York: Random House, 1993).

46. R. Kipling, R. Jarrell, and E. Bishop, eds., *The Best Short Stories of Rudyard Kipling* (Garden City, NY: Hanover House, 1961).

47. Cronk, *That Complex Whole*, p. 33.

48. J. Tooby and L. Cosmides, "The Psychological Foundation of Culture," in J. H. Barkow, L. Cosmides, and J. Tooby, eds., *The Adapted Mind: Evolutionary Psychology and the Generation of Culture* (Oxford: Oxford University Press, 1992), pp. 19-136.

49. 우리 종은 침팬지 같은 종들에 비해 유전적 유사성genetic similarity이 아주 높다. 주 로 소규모 이주 집단의 창시자 효과 때문이다. 이 점이 우리가 만드는 사회 형태에 제약을 가할 가능성도 있다.

5장

1. H. A. Junod, *Life of a South African Tribe*, vol. 1 (London: Macmillan, 1927), pp. 353 – 354.

2. W. R. Jankowiak, S. L. Volsche, and J. R. Garcia, "Is the Romantic-Sexual Kiss a Near Human Universal?," *American Anthropologist* 117 (2015): 535 – 539. 다음은 이 사실을 짧게 살펴본 더 초기 자료다. I. Eibl-Eibesfeldt, *Love and Hate: The Natural History of Behavior Patterns* (New York: Holt, Rinehart and Winston, 1971), p. 129. 다행히 내가 아는 한 아이들에게 뽀뽀하는 행동은 보편적인 듯하다.

3. E. W. Hopkins, "The Sniff-Kiss in Ancient India," *Journal of the American Oriental Society* 28 (1907): 120 – 134.

4. Jankowiak, Volsche, and Garcia, "Romantic-Sexual Kiss."

5. 그렇지만 북극권 수렵채집인 집단에서는 입맞춤이 아주 흔하다. 또 사회 계층화를 포함한 더 복잡한 사회 체제를 지닌 사회(예를 들어 뚜렷이 구분되는 사회 계층을 지닌 산업 사회)는 평등주의 사회(수렵채집 사회)보다 연애 감정을 담은 입맞춤을 더 자주 한다. 이유는 불확실하다. 더 복잡한 사회에서 나타나는 구강 위생 개선이나 형식화한 감정 표현 행위 강조 같은 요인과 관련이 있을 수 있다.

6. F. B. M. de Waal, "The First Kiss: Foundations of Conflict Resolution Research in Animals," in F. Aureli and F. B. M. de Waal, eds., *Natural Conflict Resolution* (Berkeley: University of California Press, 2000), pp. 15 – 33; R. Wlodarksi and R. I. M. Dunbar, "Examining the Possible Functions of Kissing in Romantic Relationships," *Archives of Sexual Behavior* 42 (2013): 1415 – 1423.

7. 예를 들어 인류학자 브로니스와프 말리노프스키Bronislaw Malinowski는 1929년 출간한 (안타까운 제목의) 고전 《멜라네시아 북서부 야만인들의 성생활》에서 트로브리안드족Trobriand이 입맞춤 행위에 어이없어했다고 썼다. B. Malinowski, *The Sexual Life of Savages in Northwestern Melanesia* (New York: Halcyon House, 1929), p. 331.

8. C. Wagley, *Welcome of Tears: The Tapirapé Indians of Central Brazil* (New York: Oxford University Press, 1977), p. 158.

9. 위글리의 정보원들은 쿤닐링구스cunnilingus(남성이 여성에게 하는 구강성교-옮긴이)도 하지 않는다고 했다. 비록 펠라티오fellatio(여성이 남성에게 하는 구강성교-옮긴이)(드물지 않았다)와 동성애는 한다고 했지만 말이다. 남성 동성애자는 장기간

집단 사냥을 떠날 때 특히 좋은 후보자로 여겨졌고, 동성애 행위는 별로 비난받지 않은 듯하다.

10. E. E. Evans-Pritchard, *Kinship and Marriage Among the Nuer* (Oxford: Clarendon Press, 1901). 다음도 참조하라. G. H. Herdt, *Same Sex, Different Cultures: Gays and Lesbians Across Cultures* (Boulder, CO: Westview Press, 1997).

11. T. A. Kohler et al., "Greater Post-Neolithic Wealth Disparities in Eurasia Than in North America and Mesoamerica," *Nature* 551 (2017): 619 – 622.

12. E. D. Gould, O. Moav, and A. Simhon, "The Mystery of Monogamy," *American Economic Review* 98 (2008): 333 – 357; J. Henrich, R. Boyd, and P. J. Richerson, "The Puzzle of Monogamous Marriage," *Philosophical Transactions of the Royal Society B* 367 (2012): 657 – 669.

13. S. J. Gould and E. S. Vrba, "Exaptation — a Missing Term in the Science of Form," *Paleobiology* 8 (1982): 4 – 15.

14. 인류학의 맥락에서 볼 때 성별과 관련지어 사회를 분류할 수 있는 기본 축은 최소 3가지가 있다. 가부장제 대 가모장제patriarchy versus matriarchy(권력과 의사 결정 권한이 어느 쪽에 있느냐에 따라), 부거제 대 모거제patrilocality versus matrilocality(남편 집안에서 사는지 아내 집안에서 사는지에 따라), 부계제 대 모계제patrilineality versus matrilineality(가계와 재산권을 어느 쪽을 중심으로 삼느냐에 따라)가 그것이다.

15. J. Henrich, S. J. Heine, and A. Norezayan, "The Weirdest People in the World?," *Behavioral and Brain Sciences* 33 (2010): 61 – 135.

16. D. R. White et al., "Rethinking Polygyny: Co-Wives, Codes, and Cultural Systems," *Current Anthropology* 29 (1988): 529 – 572.

17. UN Department of Economic and Social Affairs, *Population Facts,* December 2011, http://www.un.org/en/development/desa/population/publications/pdf/popfacts/PopFacts_2011-1.pdf.

18. 1 Kings 11:3 (New International Version).

19. G. M. Williams, *Handbook of Hindu Mythology* (Oxford: Oxford University Press, 2003), p. 188.

20. K. MacDonald, "The Establishment and Maintenance of Socially Imposed Monogamy in Western Europe," *Politics and the Life Sciences* 14 (1995): 3 – 23; W. Scheidel, "A Peculiar Institution? Greco-Roman Monogamy in Global Context," *History of the Family* 14 (2009): 280 – 291; D. Herlihy, "Biology

and History: The Triumph of Monogamy," *Journal of Interdisciplinary History* 25 (1995): 571 – 583.

21. L. Betzig, "Roman Polygyny," *Ethology and Sociobiology* 13 (1992): 309 – 349.

22. Gould, Moav, and Simhon, "Mystery of Monogamy"; L. Betzig, "Medieval Monogamy," *Journal of Family History* 20 (1995): 181 – 216.

23. 이 수학적 설명은 다음에서 가져왔다. Henrich, Boyd, and Richerson, "Puzzle of Monogamous Marriage."

24. Ibid.

25. 폭력 성향을 지닌 젊은 미혼 남성이 많은 쪽이 유리한 생태 상황(아마 자원 부족이 심한 환경)도 있을 수 있다. 이런 상황에서 집단 간 전쟁은 불가피하거나 집단에 도움이 될 수 있다. 집단 내 폭력과 집단 간 폭력의 균형과 자원의 상대적 희소성은 일부일처제의 출현을 이끄는 복잡하지만 중요한 요인일 가능성이 높다.

26. Henrich, Boyd, and Richerson, "Puzzle of Monogamous Marriage," p. 660.

27. T. Hesketh and Z. W. Xing, "Abnormal Sex Ratios in Human Populations," *PNAS: Proceedings of the National Academy of Sciences* 103 (2006): 13271 – 13275; T. Hesketh, L. Lu, and Z. W. Xing, "The Consequences of Son Preference and Sex-Selective Abortion in China and Other Asian Countries," *Canadian Medical Association Journal* 183 (2011): 1374 – 1377; L. Jin, F. Elwert, J. Freese, and N. A. Christakis, "Preliminary Evidence Regarding the Hypothesis That the Sex Ratio at Sexual Maturity May Affect Longevity in Men," *Demography* 47 (2010): 579 – 586.

28. MacDonald, "Establishment and Maintenance"; Scheidel, "Peculiar Institution"; Herlihy, "Biology and History."

29. A. Korotayev and D. Bondarenko, "Polygyny and Democracy: A Cross Cultural Comparison," *Cross-Cultural Research* 34 (2000): 190 – 208; R. McDermott and J. Cowden, "Polygyny and Violence Against Women," *Emory Law Journal* 64 (2015): 1767 – 1814.

30. Henrich, Boyd, and Richerson, "Puzzle of Monogamous Marriage." 인간의 행동을 이야기할 때면 늘 그렇듯이, 문화 규범이 어떻든 간에 한 사회의 모든 구성원이 동일한 성 취향이나 동일한 짝 욕구를 지닌다는 가정을 피하는 것이 중요하다.

31. F. W. Marlowe, *The Hadza: Hunter-Gatherers of Tanzania* (Berkeley: University of California Press, 2010).

32. R. Sear and F. W. Marlowe, "How Universal Are Human Mate Choices? Size Doesn't Matter When Hadza Foragers Are Choosing a Mate," *Biology Letters* 5 (2009): 606-609.

33. F. W. Marlowe, "Mate Preferences Among Hadza Hunter-Gatherers," *Human Nature* 15 (2004): 365-376.

34. C. L. Apicella, A. N. Crittenden, and V. A. Tobolsky, "Hunter-Gatherer Males Are More Risk-Seeking Than Females, Even in Late Childhood," *Evolution and Human Behavior* 38 (2017): 592-603.

35. A. Little, C. L. Apicella, and F. W. Marlowe, "Preferences for Symmetry in Human Faces in Two Cultures: Data from the UK and the Hadza, an Isolated Group of Hunter-Gatherers," *Proceedings of the Royal Society B* 274 (2007): 3113-3117; C. L. Apicella, A. C. Little, and F. W. Marlowe, "Facial Averageness and Attractiveness in an Isolated Population of Hunter-Gatherers," *Perception* 36 (2007): 1813-1820; C. L. Apicella and D. R. Feinberg, "Voice Pitch Alters Mate-Choice-Relevant Perception in Hunter-Gatherers," *Proceedings of the Royal Society B* 276 (2009): 1077-1082; F. W. Marlowe, C. L. Apicella, and D. Reed, "Men's Preferences for Women's Profile Waist-to-Hip Ratio in Two Societies," *Evolution and Human Behavior* 26 (2005): 458-468. 다음도 참조하라. D. M. Buss and M. Barnes, "Preferences in Human Mate Selection," *Journal of Personality and Social Psychology* 50 (1986): 559-570.

36. F. W. Marlowe, "Mate Preferences Among Hadza Hunter-Gatherers," p. 374.

37. C. L. Apicella, "Upper Body Strength Predicts Hunting Reputation and Reproductive Success in Hadza Hunter-Gatherers," *Evolution and Human Behavior* 35 (2014): 508-518.

38. K. Hawkes, J. O'Connell, and N. G. Blurton Jones, "Hunting and Nuclear Families: Some Lessons from the Hadza About Men's Work," *Current Anthropology* 42 (2001): 681-709.

39. F. W. Marlowe, "A Critical Period for Provisioning by Hadza Men: Implications for Pair-Bonding," *Evolution and Human Behavior* 24 (2003): 217-229.

40. Ibid., pp. 224-225. 식량 공급 이론에 걸맞게 가정에 의붓자식이 있는 남성들은 이런 시도를 덜한다고 말로는 말했다.

41. R. Dyson-Hudson, D. Meekers, and N. Dyson-Hudson, "Children of the

Dancing Ground, Children of the House: Costs and Benefits of Marriage Rules (South Turkana, Kenya)," *Journal of Anthropological Research* 54 (1998): 19–47.

42. P. H. Gulliver, *A Preliminary Survey of the Turkana*, Communications from the School of African Studies, n.s., no. 26 (Cape Town: University of Cape Town, 1951), p. 199.

43. 일반적으로 신부 집안이 신랑 집안에 지불하는 신부 지참금dowry 사회(신붓값을 내는 사회와 정반대 사회)는 일부일처제, 부계제, 족내혼endogamy(한 집단 내 결혼) 사회일 가능성이 더 높다.

44. Gulliver, *Preliminary Survey*, p. 206.

45. 어느 면에서 보면 신붓값 교환은 적응성(융통성)이 있다. 가뭄이 극심할 때 남성들은 필요한 신붓값을 모을 수 없어서 식량 사정이 다시 나아질 때까지 결혼을 미루기 때문이다(따라서 출산도 미루어질 가능성이 높다). 투르카나족이 이런 변동 가능성의 이로움을 실제로 인지하는지는 불분명하다.

46. Gulliver, *Preliminary Survey*, p. 199.

47. Ibid., pp. 198–199. 1951년 수행된 투르카나족의 결혼에 관한 이 고전적 연구에 따르면 이러한 형질(출산력)이 배우자에게 반드시 필요하다고 답한 사람은 아무도 없었다. 다음 연구에 따르면 첫아이 중 50퍼센트는 혼전 임신이다. Dyson-Hudson, Meekers, and Dyson-Hudson, "Children of the Dancing Ground," p. 26.

48. Ibid. 남성은 대개 17세에 사춘기에 다다른다. "아부 아코운abu akoun" 즉 "고환이 무르익는" 시기라고 한다. 초혼 연령은 여성이 22.4(±5.2)세, 남성이 32.6(±7.2)세다.

49. Ibid.

50. R. Dyson-Hudson and D. Meekers, "Universality of African Marriage Reconsidered: Evidence from Turkana Males," *Ethnology* 35 (1996): 301–320. 머리말에서 소개한 할아버지 니컬러스 C. 크리스타키스는 당신의 젊은 시절 이야기를 들려주었다. 할아버지는 10대 때인 1910년 고아가 되었는데 누나가 몇 명 있었다. 당시 그리스는 신부 지참금 사회였기에 할아버지는 누나들 지참금을 벌어 다 시집보내고 난 뒤, 자신은 35세가 되어서야 비로소 결혼할 수 있었다고 말씀하셨다.

51. Ibid.

52. 미국 유타주 당국에 따르면 일부다처제를 택한 모르몬교의 한 종파인 근본주의예

수그리스도후기성도교회Fundamentalist Church of Jesus Christ of Latter-Day Saints, FLDS 가 부모로부터 떼어내어 공동체 밖으로 내쫓은 10대 소년이 1000명에 달했다. 소년들은 흔히 홀로 알아서 살아가야 했다. 이 종파 측에서는 그들을 "비행 소년"이라고 했다. 하지만 유타주 당국은 종파의 더 나이 많은 권력자들이 어린 소녀들을 아내로 차지하기 위해 소년들을 내쫓은 것이라고 주장했다. J. Borger, "The Lost Boys, Thrown Out of US Sect So That Older Men Can Marry More Wives," *Guardian*, June 13, 2005.

53. P. W. Leslie, R. Dyson-Hudson, and P. H. Fry, "Population Replacement and Persistence," in M. A. Little and P. W. Leslie, eds., *Turkana Herders of the Dry Savanna* (Oxford: Oxford University Press, 1999), pp. 281 - 301. 그러나 나이든 투르카나족 남성들의 남성호르몬androgen 농도를 검사하면 복잡한 양상을 보인다. 어느 정도는 일부다처제가 남성호르몬 중 하나인 테스토스테론testosterone 의 농도를 노년까지 비교적 높게 유지해주기 때문이다.

54. W. Jankowiak, M. Sudakov, and B. C. Wilreker, "Co-Wife Conflict and Cooperation," *Ethnology* 44 (2005): 81 - 98.

55. B. I. Strassmann, "Polygyny as a Risk Factor for Child Mortality Among the Dogon," *Current Anthropology* 38 (1997): 688 - 695.

56. 흥미롭게도 비친족성nonrelatedness이 폭력의 위험 요인인 것은 일부다처제 가정에서만이 아니다. 일부일처제 사회에서 이루어진 조사들에서도 가족 구성원의 친족도degrees of relatedness가 낮을수록 학대, 무시, 살해의 비율이 더 높게 나왔다. 아이에게는 유전적 혈연관계가 없는 성인들과 함께 사는 것이 학대받거나 살해당할 가능성이 가장 높은 위험 요인이다. 동화에 으레 나오는 이야기처럼 의붓엄마는 친엄마보다 아이를 살해할 가능성이 2배 이상 높고, 혈연관계가 아닌 부모와 사는 아이는 "우연히" 죽을 확률이 10배 이상 더 높다. M. Daly and M. Wilson, "Discriminative Parental Solicitude: A Biological Perspective," *Journal of Marriage and Family* 42 (1980): 277 - 288; M. Daly and M. Wilson, *The Truth About Cinderella: A Darwinian View of Parental Love* (New Haven, CT: Yale University Press, 1999); V. A. Weekes-Shackelford and T. K. Shackelford, "Methods of Filicide: Stepparents and Genetic Parents Kill Differently," *Violence Victims* 19 (2004): 75 - 81; K. Gibson, "Differential Parental Investment in Families with Both Adopted and Genetic Children," *Evolution and Human Behavior* 30 (2009): 184 - 189.

57. D. MacDougall and J. MacDougall, *A Wife Among Wives,* documentary film

(1981). 로랑은 이렇게 말을 잇는다. "하지만 부모가 고른 남자를 받아들인다면 그 여자는 부모의 축복을 받고 남편과 행복하게 살 거예요. 그러면 아버지가 동물을 더 많이 줄 거고요. 그게 생계에 도움을 줄 겁니다. 이게 바로 투르카나족 방식이 죠."

58. Ibid.

59. D. MacDougall and J. MacDougall, *The Wedding Camels*, documentary film (1980).

60. S. Beckerman and P. Valentine, eds., *Cultures of Multiple Fathers: The Theory and Practice of Partible Paternity in Lowland South America* (Gainesville: University Press of Florida, 2002).

61. Wagley, *Welcome of Tears*, p. 134.

62. R. M. Ellsworth, D. H. Bailey, K. R. Hill, A. M. Hurtado, and R. S. Walker, "Relatedness, Co-Residence, and Shared Fatherhood Among Aché Foragers of Paraguay," *Current Anthropology* 55 (2014): 647–653.

63. K. G. Anderson, "How Well Does Paternity Confidence Match Actual Paternity?," *Current Anthropology* 47 (2006): 513–520.

64. G. J. Wyckoff, W. Want, and D. I. Wu, "Rapid Evolution of Male Reproductive Genes in the Descent of Man," *Nature* 403 (2000): 304–309. 이 점도 인간의 온갖 적응 형질을 낳았다. 인공 음경과 질을 이용한 여러 실험을 통해 밝혀졌듯이 인간의 남성 성기 모양이 "정액 전달 장치" 역할을 반영한다는 등의 주장이 있다. G. G. Gallup et al., "The Human Penis as a Semen Displacement Device," *Evolution and Human Behavior* 24 (2003): 277–289. 다음도 참조하라. L. W Simmons, R. C. Firman, G. Rhodes, and M. Peters, "Human Sperm Competition: Testis Size, Sperm Production, and Rates of Extrapair Copulations," *Animal Behaviour* 68 (2004): 297–302.

65. S. Beckerman and P. Valentine, "The Concept of Partible Paternity Among Native South Americans," in S. Beckerman and P. Valentine, eds., *Cultures of Multiple Fathers: The Theory and Practice of Partible Paternity in Lowland South America* (Gainesville: University Press of Florida, 2002), pp. 1–13.

66. 일부다처제 가정은 정반대일 수 있다. 아내를 여럿 얻는 풍습이 아이의 생존율을 사실상 떨어뜨릴 수 있음을 시사하는 증거가 있다(이를테면 자기 자녀에게 줄 자원을 차지하고자 엄마들 사이에 벌어지는 경쟁 등). E. Smith-Greenaway and J. Trinitapoli, "Polygynous Contexts, Family Structure, and Infant Mortality in

Sub-Saharan Africa," *Demography* 51 (2014): 341 – 366.

67. S. B. Hrdy, *Mother Nature: A History of Mothers, Infants, and Natural Selection* (New York: Pantheon, 1999).

68. C. Hua, *A Society Without Fathers or Husbands: The Na of China* (New York: Zone Books, 2001), p. 22. 다음도 참조하라. C. K. Shih, *Quest for Harmony: The Moso Traditions of Sexual Unions and Family Life* (Stanford, CA: Stanford University Press, 2010).

69. 카이 후아는 고심 끝에 아이의 "친아버지genitor"라는 용어를 택했다. "아버지father"라는 단어는 나족이 아닌 독자들에게 현재 나족에게 없는 역할과 의무를 떠올리게 하기 때문이다. 후아는 일부 여성과 아이는 친아버지를 알아볼 수 있다고 말한다. 생물학 자녀의 삶에 친아버지가 하는 역할이 점점 커지는 것 같기는 하다. 2008년 140명에게 설문 조사를 한 연구 결과에 따르면 생물학적 아버지가 자기 자녀에게 시간과 돈을 썼고(사소하지 않은 수준으로), 이것이 유년기에 긍정적인 효과를 미쳤음이 드러났다. S. M. Mattison, B. Scelza, and T. Blumenfield, "Paternal Investment and the Positive Effects of Fathers Among the Matrilineal Mosuo of Southwest China," *American Anthropologist* 116 (2014): 591 – 610.

70. Hua, *Society Without Fathers*, p. 226.

71. Ibid., p. 119.

72. Ibid., p. 127.

73. Ibid., p. 205.

74. Ibid., p. 232.

75. Ibid., p. 187. 여기서는 카이 후아가 제시한 대화를 살짝 의역했다. 후아에 따르면 남성이 여성의 제안을 거절하고 싶으면 그냥 이런 식으로 대꾸한다. "가고 싶지 않아."

76. Ibid., p. 197.

77. Ibid., p. 237. "사랑"이란 표현에 주목하자.

78. 동거는 드물다. 1963년 한 표본 조사에서는 10퍼센트만 동거한다고 나왔다. Ibid., p. 273.

79. Ibid., p. 408.

80. Ibid., p. 249.

81. N. K. Choudhri, *The Complete Guide to Divorce Law*, 1st ed. (New York: Kensington, 2004).

82. Hua, *A Society Without Fathers*, p. 446. 덧붙이자면 카이 후아는 나족이 인류학자들이 전통적으로 써온 가족이라는 단어에 들어맞는 어떤 것도 지니고 있지 않으며, 그들의 모계 혈통 가정이 가족이라는 개념의 어떤 정의에도 들어맞지 않는다고 결론짓는다. 이런 가정에서 남성이 어떻게 아이를 사랑할 수 있겠는가? 그들은 우리 사회가 조카들에게 느끼는 것 같은 따스함을 자기네 누이의 아이들에게서 과연 느낄까?

83. V. Safronova, "Dating Experts Explain Polyamory and Open Relationships," *New York Times*, October 26, 2016.

84. Hua, *Society Without Fathers*, p. 447.

85. 이 5퍼센트라는 수치의 출처는 국제인구학연구소International Institute for Population Sciences와 인구위원회Population Council의 설문 조사 자료로서 다음 기사에서 인용했다. G. Harris, "Websites in India Put a Bit of Choice into Arranged Marriages," *New York Times*, April 24, 2015. 뭄바이 도시 중산층을 표본 조사한 다음 자료에 따르면 현재 세대 중 약 30퍼센트와 부모 세대 중 8퍼센트가 중매결혼이 아니었다. D. Mathur, "What's Love Got to Do with It? Parental Involvement and Spouse Choice in Urban India" (paper, November 7, 2007), http://dx.doi.org/10.2139/ssrn.1655998.

86. J. Marie, "What It's Really Like to Have an Arranged Marriage," *Cosmopolitan*, November 25, 2014.

87. "Seven Couples in Arranged Marriage Reveal When They 'Actually Fell in Love' with Each Other," *Times of India*, November 14, 2017.

88. R. Epstein, M. Pandit, and M. Thakar, "How Love Emerges in Arranged Marriages: Two Cross-Cultural Studies," *Journal of Comparative Family Studies* 43 (2013): 341 – 360.

89. 편의 표본convenience sample 추출법을 이용한 몇 가지 소규모 연구 사례로는 다음을 참조하라. J. Madathil and J. M. Benshoff, "Importance of Marital Characteristics and Marital Satisfaction: A Comparison of Asian Indians in Arranged Marriages and Americans in Marriages of Choice," *Family Journal* 16 (2008): 222 – 230; J. E. Myers, J. Madathil, and L. R. Tingle, "Marriage Satisfaction and Wellness in India and the United States: A Preliminary Comparison of Arranged Marriages and Marriages of Choice," *Journal of Counseling and Development* 83 (2005): 183 – 190; P. Yelsma and K. Athappilly, "Marital Satisfaction and Communication

Practices: Comparisons Among Indian and American Couples," *Journal of Comparative Family Studies* 19 (1988): 37 - 54.

90. P. C. Regan, S. Lakhanpal, and C. Anguiano, "Relationship Outcomes in Indian-American Love-Based and Arranged Marriages," *Psychological Reports* 110 (2012): 915 - 924.

91. Epstein, Pandit, and Thakar, "How Love Emerges." 대개 중매결혼은 연애결혼보다 이혼율이 상당히 낮다. 하지만 이 결과는 중매결혼이 대개 이혼을 억제하는 다른 강력한 문화 장치들, 더 나아가 법적 장벽들을 갖춘 사회에서 이루어진다는 사실과 떼어놓고 이해하기는 어렵다.

92. D. M. Buss et al., "International Preferences in Selecting Mates: A Study of 37 Cultures," *Journal of Cross-Cultural Psychology* 21 (1990): 5 - 47. 중국과 나이지리아 같은 몇몇 나라들에서는 사랑이 이 목록에서 꽤 낮은 순위에 놓인다. 또 이 조사에서는 모든 나라 사람들이 짝의 "믿음직함, 침착함, 다정함, 지성"이라는 특징에 아주 높은 가치를 부여한다고 나왔다. 투르카나족이나 하드자족도 순위가 그리 다르지 않았다. 짝에게서 바람직하다고 여기는 특징이 무엇인지를 판단할 때 문화가 영향을 미친다는 것은 분명하다. 하지만 전 세계를 놓고 보면 차이점보다 유사점이 훨씬 더 뚜렷하게 나타났다. 가장 편차가 큰 요소는 "순결"이었다. 중국, 인도, 인도네시아, 이란은 순결에 높은 가치를 부여한 반면 스웨덴, 핀란드, 독일은 전혀 관심조차 보이지 않았다. 거꾸로 "쾌활한 성격"은 프랑스, 일본, 브라질, 스페인, 아일랜드, 미국에서는 배우자로서 매우 바람직한 특징이라고 여긴 반면 중국, 인도, 이란에서는 덜 중요하게 여겼다.

6장

1. L. A. McGraw and L. J. Young, "The Prairie Vole: An Emerging Model Organism for Understanding the Social Brain," *Trends in Neuroscience* 33 (2010): 103 - 109.

2. T. Pizzuto and L. Getz, "Female Prairie Voles (*Microtus ochrogaster*) Fail to Form a New Pair After Loss of Mate," *Behavioural Processes* 43 (1998): 79 - 86.

3. 동물도 유전 일부일처제genetic monogamy, 즉 "진정한" 일부일처제를 실행할 수 있다. 오로지 하나의 짝하고만 짝짓기를 해 모든 새끼가 그 짝의 유전자를 물려받는 방식이다. 유전 일부일처제는 몇몇 심해어류에게서 볼 수 있다. 심해에서는 암수가 서로를 찾기가 너무나 어렵기 때문에 몸집이 훨씬 더 작은 수컷은 암

컷의 몸에 꽉 달라붙거나 아예 암컷의 몸속에 들어가서 그저 정자 공급자로서 살아간다. 또 유전 일부일처제는 "혼외 교미extra-pair mating"가 유달리 드문 종을 가리킬 수 있다. 여기서 짝결속 개념을 한 동물 종 내에서 "둘이 상호작용하면서 사는 것dyadic living"과 혼동하지 않는 것이 중요하다. 동물은 짝과 떨어져 지내면서 장기간 짝짓기 관계를 유지할 수 있다. 영장류 사례는 다음을 참조하라. M. Huck, E. Fernandez-Duque, P. Babb, and T. Schurr, "Correlates of Genetic Monogamy in Socially Monogamous Mammals: Insights from Azara's Owl Monkeys," *Proceedings of the Royal Society B* 281 (2014): 20140195.

4. 또 우리는 일부 펭귄 종 등에서 동성끼리 맺는 친밀한 짝결속을 목격한다. B. Bagemihl, *Biological Exuberance: Animal Homosexuality and Natural Diversity* (New York: St. Martin's, 1999).

5. B. B. Smuts, "Social Relationships and Life Histories of Primates," in M. E. Morbeck, A. Galloway, and A. Zihlman, eds., *The Evolving Female* (Princeton, NJ: Princeton University Press, 1997), pp. 60 – 68.

6. B. Chapais, *Primeval Kinship: How Pair-Bonding Gave Birth to Human Society* (Cambridge, MA: Harvard University Press, 2008).

7. 다른 분류군들을 보면 육식동물(개, 고양이, 곰 등)은 16퍼센트, 유제류(돼지, 사슴, 하마 등 발굽 동물)는 3퍼센트만이 일부일처제다. 놀랍게도 가장 사회성 높은 집단 중 하나인 고래류에서는 일부일처제 종이 아예 없다. D. Lukas and T. H. Clutton-Brock, "The Evolution of Social Monogamy in Mammals," *Science* 341 (2013): 526 –530.

8. 포유류의 기원과 기원 시기는 여전히 연구 중이다. 다음을 참조하라. N. M. Foley, M. S. Springer, and E. C. Teeling, "Mammal Madness: Is the Mammal Tree of Life Not Yet Resolved?," *Philosophical Transactions of the Royal Society B* 371 (2016): 20150140.

9. Lukas and Clutton-Brock, "Evolution of Social Monogamy."

10. J. C. Mitani, "The Behavioral Regulation of Monogamy in Gibbons (*Hylobates muelleri*)," *Behavioral Ecology and Sociobiology* 15 (1984): 225 –229.

11. S. Shultz, C. Opie, and Q. D. Atkinson, "Stepwise Evolution of Stable Sociality in Primates," *Nature* 479 (2011): 219 –222. 우리 조상들의 식단 변화가 여성이 채집하러 돌아다니는 범위를 더 넓히는 결과를 낳았을 수 있다. 그럼으로써 남성이 여성을 1명 이상 지키기가 어려워졌을 것이다. 영장류가 처음에 단독생활에서 사회생활로 옮겨간 원인은 여러 가지가 있을 수 있다. 집단생활은 포

식당할 위험을 줄였을 것이고, 그리하여 그 뒤에 야행성 생활방식에서 주행성 생활방식으로 옮겨가는 진화가 이루어졌을 것이다. 아울러 사회성을 습득한 계통은 이후로 죽 사회성을 유지한다. 단독생활 패턴으로 돌아가는 일은 결코 없다.

12. W. D. Lassek and S. J. C. Gaulin, "Costs and Benefits of Fat-Free Muscle Mass in Men: Relationship to Mating Success, Dietary Requirements, and Native Immunity," *Evolution and Human Behavior* 30 (2009): 322–328; A. Sell, L. S. E. Hone, and N. Pound, "The Importance of Physical Strength to Human Males," *Human Nature* 23 (2012): 30–44.

13. J. M. Plavcan, "Sexual Dimorphism in Primate Evolution," *American Journal of Physical Anthropology* 116 (2002): 25–53; J. M. Plavcan and C. P. van Schaik, "Intrasexual Competition and Body Weight Dimorphism in Anthropoid Primates," *American Journal of Physical Anthropology* 103 (1997): 37–68.

14. 토머스 제퍼슨Thomas Jefferson은 존 애덤스John Adams에게 보낸 1813년 10월 28일자 편지에서 이렇게 썼다. "예전에는 귀족들이 육체적 힘을 자랑했죠. 그러나 화약이 발명되어 강자뿐 아니라 약자 또한 치명적인 총기로 무장하면서 육체적 힘은 미모, 유머 감각, 예의 같은 덕목과 마찬가지로 우열을 가르는 부차 사항에 불과해졌어요." *The Adams-Jefferson Letters: The Complete Correspondence Between Thomas Jefferson and Abigail and John Adams*, ed. L. J. Cappon, vol. 2 (Chapel Hill: University of North Carolina Press, 1959), pp. 387–392.

15. C. L. Apicella, "Upper Body Strength Predicts Hunting Reputation and Reproductive Success in Hadza Hunter-Gatherers," *Evolution and Human Behavior* 35 (2014): 508–518.

16. S. Gavrilets, "Human Origins and the Transition from Promiscuity to Pair-Bonding," *PNAS: Proceedings of the National Academy of Sciences* 109 (2012): 9923–9928.

17. A. Fuentes, "Patterns and Trends in Primate Pair Bonds," *International Journal of Primatology* 23 (2002): 953–978. 다음도 참조하라. C. Opie, Q. D. Atkinson, R. I. M. Dunbar, and S. Shultz, "Male Infanticide Leads to Social Monogamy in Primates," *PNAS: Proceedings of the National Academy of Sciences* 110 (2013): 13328–13332.

18. R. O. Prum, "Aesthetic Evolution by Mate Choice: Darwin's Really Dangerous Idea," *Philosophical Transactions of the Royal Society B* 367

(2012): 2253 – 2265.

19. Gavrilets, "Human Origins."

20. 이 용어는 공식 문헌에 쓰이며 저명한 진화생물학자 존 메이너드 스미스John Maynard Smith가 한 말이라고 흔히 인용된다(하지만 나는 원래 출처를 찾을 수 없었다). 다음은 이 말이 쓰인 초기 자료 중 하나다. J. Cherfas, "The Games Animals Play," *New Scientist* 75 (1977): 672 – 674. "암컷 훔치기kleptogyny"라고도 한다.

21. Gavrilets, "Human Origins."

22. 가장 믿을 만한 기록에 따르면 지금까지 한 여성이 낳은 자녀의 최대 수는 69명이었다(18세기의 한 러시아 여성). M. M. Clay, *Quadruplets and Higher Multiple Births* (Auckland: MacKeith Press, 1989), p. 96. 물론 피임이나 낙태는 출산력을 떨어뜨릴 것이다. 수렵채집인 집단은 출산 간격이 아주 길고 수유 기간은 더 길 때가 많다.

23. T. Zerjal et al., "The Genetic Legacy of the Mongols," *American Journal of Human Genetics* 72 (2003): 717 – 721.

24. J. Henrich, R. Boyd, and P. J. Richerson, "The Puzzle of Monogamous Marriage," *Philosophical Transactions of the Royal Society B* 367 (2012): 657 – 669.

25. 배란 주기에 따라 관심 전략이 달라질 수 있다. M. G. Haselton and S. W. Gangestad, "Conditional Expression of Women's Desires and Men's Mate Guarding Across the Ovulatory Cycle," *Hormones and Behavior* 49 (2006): 509 – 518. 다음도 참조하라. D. M. Buss, "Sex Differences in Human Mate Preferences: Evolutionary Hypotheses Testing in 37 Cultures," *Behavioral and Brain Sciences* 12 (1989): 1 – 49.

26. E. Turkheimer, "Three Laws of Behavior Genetics and What They Mean," *Current Directions in Psychological Science* 9 (2000): 160 – 164.

27. T. J. C. Polderman et al., "Meta-Analysis of the Heritability of Human Traits Based on Fifty Years of Twin Studies," *Nature Genetics* 47 (2015): 702 – 729.

28. J. Wu, H. Xiao, H. Sun, L. Zou, and L. Q. Zhu, "Role of Dopamine Receptors in ADHD: A Systematic Meta-Analysis," *Molecular Neurobiology* 45 (2012): 605 – 620; C. Chen, M. Burton, E. Greenberger, and J. Dmitrieva, "Population Migration and the Variation of Dopamine D4 Receptor (DRD4) Allele Frequencies Around the Globe," *Evolution and Human Behavior* 20 (1999): 309 – 324; R. P. Ebstein et al., "Dopamine D4 Receptor (D4DR) Exon

III Polymorphism Associated with the Human Personality Trait of Novelty Seeking," *Nature Genetics* 12 (1996): 78–80; J. Benjamin, L. Li, C. Patterson, B. D. Greenberg, D. L. Murphy, and D. H. Hamer, "Population and Familial Association Between the D4 Dopamine Receptor Gene and Measures of Novelty Seeking," *Nature Genetics* 12 (1996): 81–84; M. R. Munafo, B. Yalcin, S. A. Willis-Owen, and J. Flint, "Association of the Dopamine D4 Receptor (DRD4) Gene and Approach-Related Personality Traits: Meta-Analysis and New Data," *Biological Psychiatry* 63 (2008): 197–206.

29. 예를 들어 다음을 보라. J. N. Rosenquist, S. F. Lehrer, A. J. O'Malley, A. M. Zaslavsky, J. W. Smoller, and N. A. Christakis, "Cohort of Birth Modifies the Association Between FTO Genotype and BMI," *PNAS: Proceedings of the National Academy of Sciences* 112 (2015): 354–359.

30. 대개 동물들이나 종들 사이의 변이는 호르몬의 농도나 구조가 아니라 호르몬이나 신경전달물질의 수용체에 변화가 일어난 결과다. 수용체가 호르몬과 결합하는 강도, 수용체의 수, 수용체가 결합했을 때 정보를 전달하는 방식, 세포나 신경해부학 수준에서 수용체의 위치 등이 달라질 수 있다.

31. L. J. Young and Z. Wang, "The Neurobiology of Pair-Bonding," *Nature Neuroscience* 7 (2004): 1048–1054.

32. E. A. Hammock and L. J. Young, "Variation in the Vasopressin V1a Receptor Promoter and Expression: Implications for Inter- and Intraspecific Variation in Social Behaviour," *European Journal of Neuroscience* 16 (2002): 399–402.

33. M. Nagasawa et al., "Oxytocin-Gaze Positive Loop and the Coevolution of Human-Dog Bonds," *Science* 348 (2015): 333–336.

34. P. T. Ellison and P. B. Gray, eds., Endocrinology of Social Relationships (Cambridge, MA: Harvard University Press, 2009); Z. R. Donaldson and L. J. Young, "Oxytocin, Vasopressin, and the Neurogenetics of Sociality," *Science* 322 (2008): 900–904.

35. 예를 들어 단순화한 한 분류 체계는 탐험가(주로 도파민 체계가 촉발), 건설자(세로토닌), 감독자(테스토스테론), 협상가(에스트로겐)로 나눈다. H. Fisher, *Why Him? Why Her?* (New York: Henry Holt, 2009).

36. M. M. Lim et al., "Enhanced Partner Preference in a Promiscuous Species by Manipulating the Expression of a Single Gene," *Nature* 429 (2004): 754–757.

37. 실제 상황은 이보다 복잡하다. 다른 연구진이 한 후속 연구에서는 일부일처제가 아닌 다른 들쥐 종들 역시 비슷한 바소프레신 수용체를 지닌다는 것이 드러났다. 수용체 발현을 조절하는 DNA의 정확한 서열이 중요할지도 모른다. 이 분야의 연구는 계속 진행 중이다. 다음을 참조하라. S. Fink, L. Excoffier, and G. Heckel, "Mammalian Monogamy Is Not Controlled by a Single Gene," *PNAS: Proceedings of the National Academy of Sciences* 103 (2006): 10956 – 10960; McGraw and Young, "Prairie Vole."

38. A. Bendesky et al., "The Genetic Basis of Parental Care Evolution in Monogamous Mice," *Nature* 544 (2017): 434 – 439.

39. H. Walum et al., "Genetic Variation in the Vasopressin Receptor 1a Gene (AVPR1A) Associates with Pair-Bonding Behavior in Humans," *PNAS: Proceedings of the National Academy of Sciences* 105 (2008): 14153 – 14156.

40. Z. M. Prichard, A. J. Mackinnon, A. F. Jorm, and S. Easteal, "*AVPR1A* and *OXTR* Polymorphisms Are Associated with Sexual and Reproductive Behavioral Phenotypes in Humans," *Human Mutation* 28 (2007): 1150; T. H. Wassink et al., "Examination of AVPR1a as an Autism Susceptibility Gene," *Molecular Psychiatry* 9 (2004): 968 – 972; N. Yirmiya et al., "Association Between the Arginine Vasopressin 1a Receptor (AVPR1a) Gene and Autism in a Family-Based Study: Mediation by Socialization Skills," *Molecular Psychiatry* 11 (2006): 488 – 494; A. Knafo et al., "Individual Differences in Allocation of Funds in the Dictator Game Associated with Length of the Arginine Vasopressin 1a Receptor RS3 Promoter Region and Correlation Between RS3 Length and Hippocampal mRNA," *Genes, Brain and Behavior* 7 (2007): 266 – 275. 다른 실험들은 짝 선호가 유전으로만 조절되는 것이 아님을 보여준다. 유전자 염기 서열genetic sequence이 변하지 않는 상태에서, 즉 후성유전학epigenetics적으로 유전자 발현의 조절이 이루어지는 일련의 생물학 과정들이 존재한다는 뜻이다. 생물학적 켜짐/꺼짐 스위치biological on/off switch 집합 등이 그런 예다. H. Wang, F. Duclot, Y. Liu, Z. Wang, and M. Kabbaj, "Histone Deacetylase Inhibitors Facilitate Partner Preference Formation in Female Prairie Voles," *Nature Neuroscience* 16 (2013): 919 – 924. 우리 몸의 다른 많은 구조 및 생리 측면들을 맡은 다른 여러 유전자들도 분명히 우리의 짝짓기와 생식 행동에서 비슷한 역할을 한다. G. E. Robinson, R. D. Fernald, and D. F. Clayton, "Genes and Behavior," *Science* 322 (2008): 896 – 900.

41. D. Pissonnier, J. C. Thiery, C. Fabre-Nys, P. Poindron, and E. B. Keverne, "The Importance of Olfactory Bulb Noradrenalin for Maternal Recognition in Sheep," *Physiology and Behavior* 35 (1985): 361 – 363.

42. A. Bartels and S. Zeki, "The Neural Correlates of Maternal and Romantic Love," *NeuroImage* 21 (2004): 1155 – 1166.

43. G. B. Wislocki, "Size, Weight, and Histology of the Testes in the Gorilla," *Journal of Mammalogy* 23 (1942): 281 – 287. 인간 남성 성기의 크기에 관한 이론은 몇 가지가 있다. 한 이론은 음경이 사자의 갈기처럼 일종의 과시 수단 역할을 한다고 본다. 또 다른 이론은 우리 인류 조상 여성이 여러 남성과 잇달아 짝짓기했을 것이고, 그럴 때 긴 음경이 질 안쪽 더 깊숙이 최종 목적지와 더 가까운 곳에 정자를 쏟아낼 수 있었을 것이라고 본다. 한편 더 큰 음경이 여성의 오르가슴을 자극하며 그래서 조상 여성이 음경이 더 큰 남성을 짝짓기 상대로 선호했을 것이라고 보는 이론도 있다. L. J. Young and B. Alexander, *The Chemistry Between Us: Love, Sex, and the Science of Attraction* (New York: Penguin, 2012).

44. 한 연구에 따르면 구강성교와 자위행위 다 여성에게 질 삽입 성교보다 상호관계의 전반적인 만족감 또는 서로 간의 친밀감을 일으키지 못한다고 한다. S. Brody and R. M. Costa, "Satisfaction (Sexual, Life, Relationship, and Mental Health) Is Associated Directly with Penile-Vaginal Intercourse, but Inversely with Other Sexual Behavior Frequencies," *Journal of Sexual Medicine* 6 (2009): 1947 – 1954; S. Brody, "The Relative Health Benefits of Different Sexual Activities," *Journal of Sexual Medicine* 7 (2010): 1336 – 1361.

45. 예를 들어 초원들쥐 실험들은 동정인 수컷들이 대체로 서로에게 무심하지만 일단 짝을 짓고 나면 다른 수컷들이 자기 짝 가까이 오지 못하게 싸우며, 바소프레신 같은 특정 호르몬의 수용체 길항제antagonist(호르몬의 기능을 억제하거나 저해하는 물질-옮긴이)를 투여하면 이 효과(짝 선호와 다른 수컷들 물리치기)를 차단할 수 있음을 보여준다. J. T. Winslow, N. Hastings, C. S. Carter, C. R. Harbaugh, and T. R. Insel, "A Role for Central Vasopressin in Pair-Bonding in Monogamous Prairie Voles," *Nature* 365 (1993): 545 – 548.

46. 배우자끼리는 "정반대에 끌림" 역학 관계를 보일 수 있다. 씀씀이가 헤픈 사람이 몹시 아끼는 사람과 결혼하는 사례가 그렇다. S. I. Rick, D. A. Small, and E. J. Finkel, "Fatal [Fiscal] Attraction: Spendthrifts and Tightwads in Marriage," *Journal of Marketing Research* 48 [2011]: 228 – 237. 추종자가 리더와 결혼하는 사례는 다음을 참조하라. C. D. Dryer and L. M. Horowitz, "When Do

Opposites Attract? Interpersonal Complementarity Versus Similarity," *Journal of Personality and Social Psychology* 72 [1997]: 592 – 603. HLAhuman leukocyte antigen(조직 적합성 항원, 인간 백혈구 항원) 유형이 서로 다른 사람을 선택하는 사례는 다음을 보라. R. Chaix, C. Chao, and P. Donnelly, "Is Mate Choice in Humans MHC-Dependent?," *PLOS Genetics* 4 [2008]: e1000184. 가학 성향과 피학 성향이 있는 이들끼리 짝을 짓는 사례는 다음을 참조하라. B. L. Stiles and R. E. Clark, "BDSM: A Subcultural Analysis of Sacrifices and Delights," *Deviant Behavior* 32 [2011]: 158 – 189.

47. R. A. Fisher, "The Correlation Between Relatives on the Supposition of Mendelian Inheritance," *Transactions of the Royal Society of Edinburgh* 52 (1918): 399 – 433; S. Wright, "Systems of Mating. III: Assortative Mating Based on Somatic Resemblance," *Genetics* 6 (1920): 144 – 161.

48. B. D. Neff and T. E. Pitcher, "Genetic Quality and Sexual Selection: An Integrated Framework for Good Genes and Compatible Genes," *Molecular Ecology* 14 (2005): 19 – 38; H. L. Mays Jr. and G. E. Hill, "Choosing Mates: Good Genes Versus Genes That Are a Good Fit," *Trends in Ecology and Evolution* 19 (2004): 554 – 559; M. Andersson and L. W. Simmons, "Sexual Selection and Mate Choice," *Trends in Ecology and Evolution* 21 (2006): 296 – 302; A. G. Jones and N. L. Ratterman, "Mate Choice and Sexual Selection: What Have We Learned Since Darwin?," *PNAS: Proceedings of the National Academy of Sciences* 106 (2009): 10001 – 10008.

49. F. de Waal and S. Gavrilets, "Monogamy with a Purpose," *PNAS: Proceedings of the National Academy of Sciences* 110 (2013): 15167 – 15168; Lukas and Clutton-Brock, "Evolution of Social Monogamy"; G. Stulp, A. P. Buunk, R. Kurzban, and S. Verhulst, "The Height of Choosiness: Mutual Mate Choice for Stature Results in Suboptimal Pair Formation for Both Sexes," *Animal Behaviour* 86 (2013): 37 – 46; S. A. Baldauf, H. Kullmann, S. H. Schroth, T. Thunken, and T. C. Bakker, "You Can't Always Get What You Want: Size Assortative Mating by Mutual Mate Choice as a Resolution of Sexual Conflict," *BMC Evolutionary Biology* 9 (2009): 129.

50. R. J. H. Russell, P. A. Wells, and J. P. Rushton, "Evidence for Genetic Similarity Detection in Human Marriage," *Ethology and Sociobiology* 6 (1985): 183 – 187.

51. T. Antal, H. Ohtsuki, J. Wakeley, P. D. Taylor, and M. A. Nowak, "Evolution of Cooperation by Phenotypic Similarity," *PNAS: Proceedings of the National Academy of Sciences* 106 (2009): 8597 – 8600; M. A. Nowak, "Five Rules for the Evolution of Cooperation," Science 314 (2006): 1560 – 1563; F. Fu, M. A. Nowak, N. A. Christakis, and J. H. Fowler, "The Evolution of Homophily," *Scientific Reports* 2 (2012): 845.

52. 이 사례에서 유전 동류 교배는 중립적인 돌연변이 유전형을 일종의 "좋은 유전자" 로 전환할 수 있다. 그러나 돌연변이 대립유전자가 흔치 않다면, 특히 처음에 이 대립유전자가 유리하지 않다면 열성 대립유전자를 지닌 짝을 얻는 것은 불리할 수 있다.

53. Jones and Ratterman, "Mate Choice"; Y. Jiang, D. I. Bolnick, and M. Kirkpatrick, "Assortative Mating in Animals," *American Naturalist* 181 (2013): E125 – E138; Russell, Wells, and Rushton, "Evidence for Genetic Similarity."

54. R. Laurent and R. Chaix, "MHC-Dependent Mate Choice in Humans: Why Genomic Patterns from the HapMap European American Dataset Support the Hypothesis," *Bioessays* 34 (2012): 267 – 271. There may also be disassortativity for similarity to one's own face. L. M. DeBruine et al., "Opposite-Sex Siblings Decrease Attraction, but Not Prosocial Attributions, to Self-Resembling Opposite-Sex Faces," *PNAS: Proceedings of the National Academy of Sciences* 108 (2011): 11710 – 11714.

55. J. Havlicek and S. C. Roberts, "MHC-Correlated Mate Choice in Humans: A Review," *Psychoneuroendocrinology* 34 (2009): 497 – 512. 흥미롭게도 냄새 선호와 MHC를 조사한 몇몇 연구에서 먹는 피임약을 사용하는 여성들은 짝 선택 에서 같은 결과를 보이지 않는다고 나왔다. 이처럼 피임약 이용이 "자연스러운" 짝 선택을 방해하는 탓에 나중에 결혼했을 때 여성이 짝에게 매력을 덜 느끼게 되 어 이혼 위험이 더 높아질 수 있다. 이론상 이 개념은 역학적 검증이 가능하다.

56. C. Wedekind, T. Seebeck, F. Bettens, and A. J. Paepke, "MHC-Dependent Mate Preferences in Humans," *Proceedings of the Royal Society B* 260 (1995): 245 – 249. 다음도 참조하라. C. Wedekind and S. Füri, "Body Odour Preferences in Men and Women: Do They Aim for Specific MHC Combinations or Simply Heterozygosity?," *Proceedings of the Royal Society B* 264 (1997): 1471 – 1479.

57. MHC 유전자가 몸 냄새에 어떤 역할을 한다는 것은 분명하지만 정확히 어떻

게 그렇게 하는지는 아직 불분명하다. M. Milinski, I. Croy, T. Hummel, and T. Boehm, "Major Histocompatibility Complex Peptide Ligands as Olfactory Cues in Human Body Odour Assessment," *Proceedings of the Royal Society B* 280 (2013): 20122889.

58. HLA가 짝 선택에 영향을 미칠 수 있는 또 한 가지 방법은 얼굴 선호를 통해서다. 사람은 분명히 짝 후보의 얼굴을 매우 중시하며, HLA 이형접합성이 최소한 남성의 어떤 얼굴을 더 매력적이라고 판단하는지와 관련이 있음을 시사하는 증거가 있다. 그러나 남성이 여성 짝에게 바람직하다고 보이려면 넘어야 할 장애물이 하나 더 있다. 여성은 자신과 HLA 유전체가 다른 남성보다 비슷한 남성의 얼굴을 더 매력적이라고 평가했다. 따라서 남성은 자신이 지닌 HLA 유전자 2개가 서로 다른 동시에 자신을 최적이라고 여길 짝 후보인 여성의 HLA 유전자 쌍과 비슷하다면 이상적이다. 적어도 시각 단서 측면에서는 그럴 수 있다. 짝을 닮으라는 이 명령이 후각 단서에 대한 반응과 반대된다는 점을 유념하자. 후각과 시각 양쪽에서 서로 반대되는 힘이 작용할 가능성이 있다는 점은 자연선택이 HLA의 상이성 수준이 최대가 아니라 최적인 짝을 고를 능력을 우리에게 부여했음을 시사하는 것일 수 있다. S. C. Roberts et al., "MHC-Assortative Facial Preferences in Humans," *Biology Letters* 1 (2005): 400–403.

59. 내가 아는 한 동성애 쌍에게서 HLA 상이성을 조사한 사례는 없다. 조사했을 때 이성애 쌍과 비슷한 결과가 나온다면 HLA 선호가 일반적이며 번식 자체와 긴밀하게 얽힌 것이 아니라는 의미가 될 수 있다. 반면에 그렇지 않다면 이 현상이 번식의 생물학과 연결되어 있다는 의미가 될 수 있다. 결과가 어느 쪽으로 나오든 간에 흥미로울 것이다.

60. C. Ober, L. R. Weitkamp, N. Cox, H. Dytch, D. Kostyu, and S. Elias, "HLA and Mate Choice in Humans," *American Journal of Human Genetics* 61 (1997): 497–504; P. W. Hedrick and F. L. Black, "HLA and Mate Selection: No Evidence in South Amerindians," *American Journal of Human Genetics* 61 (1997): 505–511.

61. T. Bereczkei, P. Gyuris, and G. E. Weiseld, "Sexual Imprinting in Human Mate Choice," *Proceedings of the Royal Society B* 271 (2004): 1129–1134.

62. T. J. C. Polderman et al., "Meta-Analysis of the Heritability of Human Traits Based on Fifty Years of Twin Studies," *Nature Genetics* 47 (2015): 702–709.

63. R. S. Herz and M. Inzlicht, "Sex Differences in Response to Physical and Social Factors Involved in Human Mate Selection: The Importance of Smell

for Women," *Evolution and Human Behavior* 23 (2002): 359 – 364.

64. R. McDermott, D. Tingley, and P. K. Hatemi, "Assortative Mating on Ideology Could Operate Through Olfactory Cues," *American Journal of Political Science* 58 (2014): 997 – 1005.

65. A. Nishi, J. H. Fowler, and N. A. Christakis, "Assortative Mating at Loci Under Recent Natural Selection in Humans" (unpublished manuscript, 2012). 사람들이 유전 면에서 어느 정도로 닮은 사람과 짝짓기를 선호하는지, 그리고 이것이 진화에 어떤 의미가 있는지 탐구하는 소규모 연구가 몇 건 이루어졌다. 다음을 참조하라. R. Sebro, T. J. Hoffman, C. Lange, J. J. Rogus, and N. J. Risch, "Testing for Non-Random Mating: Evidence for Ancestry-Related Assortative Mating in the Framingham Heart Study," *Genetic Epidemiology* 34 (2010): 674 – 679; R. Laurent, B. Toupance, and R. Chaix, "Non-Random Mate Choice in Humans: Insights from a Genome Scan," *Molecular Ecology* 21 (2012): 587 – 596.

66. 우리 분석에서는 HLA 영역에서 이류 교배가 일어난다는 유력한 증거를 찾을 수 없었다. Nishi, Fowler, and Christakis, "Assortative Mating." 이 결과는 이전의 몇몇 연구와 일치했다. 예를 들어 다음을 보라. Chaix, Chao, and Donnelly, "Mate Choice"; A. Derti, C. Cenik, P. Kraft, and F. P. Roth, "Absence of Evidence for MHC-Dependent Mate Selection Within HapMap Populations," *PLOS Genetics* 6 (2010): e1000925.

67. 전자는 근친 교배inbreeding의 불리함과 관련이 있다. 후자는 우리 유전체에 공진화하면서 협력하는 유전자들의 여러 집합이 있다는 사실과 관련이 있다. 따라서 너무 많이 다른 사람과 만나 번식할 경우 이런 유전자들이 상호작용하며 불러일으키는 상승효과가 깨어져 오히려 생존하는 자손 수가 더 적어질 수 있다. A. Helgason, S. Palsson, D. F. Gudbjartsson, T. Kristjansson, and K. Stefansson, "An Association Between the Kinship and Fertility of Human Couples," *Science* 319 (2008): 813 – 816.

68. K. R. Hill et al., "Co-Residence Patterns in Hunter-Gatherer Societies Show Unique Human Social Structure," *Science* 331 (2011): 1286 – 1289; C. L. Apicella, F. W. Marlowe, J. H. Fowler, and N. A. Christakis, "Social Networks and Cooperation in Hunter-Gatherers," *Nature* 481 (2012): 497 – 501; M. Sikora et al., "Ancient Genomes Show Social and Reproductive Behavior of Early Upper Paleolithic Foragers," *Science* 358 (2017): 659 – 662.

69. M. Dyble et al., "Sex Equality Can Explain the Unique Structure of Hunter-Gatherer Bands," *Science* 348 (2015): 796 – 798.

70. Chapais, *Primeval Kinship*, p. 179.

71. 앞에서 살펴보았듯이 짝결속은 남성의 에너지를 짝 차지하기 경쟁이 아니라 더 나은 식량 공급자 되기 경쟁 쪽으로 돌렸다. 그리고 짝결속은 같은 혈족이 아닌 남성을 친족으로 인지할 수 있도록 해주었다. 이는 개인이 친족에게 호의를 보일 때 쓰는 메커니즘의 효율을 대폭 높여 집단 내 연합과 동맹의 출현을 촉진할 수 있다. 다음을 참조하라. Gavrilets, "Human Origins"; Chapais, Primeval Kinship; M. Mesterton-Gibbons, S. Gavrilets, J. Gravner, and E. Akcay, "Models of Coalition or Alliance Formation," *Journal of Theoretical Biology* 274 (2011): 187 – 204. 일단 가족 집단과 식량 공유가 확립되면 새로운 유형의 문화 선택이 작동할, 그리고 더 나아가 비친족과 협력이 출현할 무대가 마련된다. P. Richerson et al., "Cultural Group Selection Plays an Essential Role in Explaining Human Cooperation: A Sketch of the Evidence," *Behavioral and Brain Sciences* 39 (2014): e30.

7장

1. J. vanLawick – Goodall, *In the Shadow of Man* (Boston: Houghton Mifflin, 1971), p. 268.

2. 나는 우리가 다른 동물들과 접촉하는 방식이 우리가 서로 친구가 되는 능력에 관해 많은 것을 말해준다고 본다. 동물 학대는 우리의 개인 또는 집단 본성의 사악한 부분을 반영한다. 이를테면 동물을 학대하는 사람은 다른 사람을 학대할 가능성이 매우 높다. 다음을 참조하라. R. Lockwood and G. R. Hodge, "The Tangled Web of Animal Abuse: The Links Between Cruelty to Animals and Human Violence," in R. Lockwood and F. Ascione, eds., *Cruelty to Animals and Interpersonal Violence* (West Lafayette, IN: Purdue University Press, 1998), pp. 77 – 82.

3. J. O'Neill, *Prodigal Genius: The Life of Nikola Tesla* (New York: Cosimo, 2006), p. 312.

4. M. Seifer, *Wizard: The Life and Times of Nikola Tesla; Biography of a Genius* (Secaucus, NJ: Birch Lane Press, 1996), p. 414.

5. O'Neill, *Prodigal Genius*, p. 316.

6. C. M. Parkes, B. Benjamin, and R. G. Fitzgerald, "Broken Heart: A Statistical

Study of Increased Mortality Among Widowers," *British Medical Journal* 1, no. 5646 (1969): 740 – 743; F. Elwert and N. A. Christakis, "The Effect of Widowhood on Mortality by the Causes of Death of Both Spouses," *American Journal of Public Health* 98 (2008): 2092 – 2098; F. Elwert and N. A. Christakis, "Widowhood and Race," *American Sociological Review* 71 (2006): 16 – 41. 테슬라의 설명에는 그가 몇몇 비둘기에게 연애 감정을 느꼈음을 시사하는 내용이 있다.

7. "Pet Industry Market Size and Ownership Statistics," American Pet Products Association, http://www.americanpetproducts.org/press_industrytrends. asp.

8. K. Allen, J. Blascovich, and W. B. Mendes, "Cardiovascular Reactivity and the Presence of Pets, Friends, and Spouses: The Truth About Cats and Dogs," *Psychosomatic Medicine* 64 (2002): 727 – 739.

9. K. V. A. Johnson and R. I. M. Dunbar, "Pain Tolerance Predicts Human Social Network Size," *Scientific Reports* 6 (2016): 25267. 특히 아편유사제 수용체는 통증 완화와 사회 유대 모두에서 역할을 한다.

10. T. N. Davis et al., "Animal Assisted Interventions for Children with Autism Spectrum Disorder: A Systematic Review," *Education and Training in Autism and Developmental Disabilities* 50 (2015): 316 – 329; R. A. Johnson et al., "Effects of Therapeutic Horseback Riding on Post-Traumatic Stress Disorder in Military Veterans," *Military Medical Research* 5 (2018): 3.

11. C. Siebert, "What Does a Parrot Know About PTSD?," *New York Times Magazine*, January 28, 2016.

12. E. W. Budge, trans., *The History of Alexander the Great, Being the Syriac Version of the Pseudo-Callisthenes*, vol. 1 (Cambridge, UK: University Press, 1889), pp. 17 – 18.

13. J. H. Crider, "Fala, Never in the Doghouse," *New York Times*, October 15, 1944. 루스벨트는 이런 말로 팔라를 옹호했다. "공화당 리더들은 나나 내 아내, 내 아들들을 공격하는 것만으로는 만족하지 못하는 모양입니다. 거기에서 만족하지 못하고 이제 내 작은 개 팔라까지 걸고넘어지고 있습니다. 물론 나는 그런 공격에 노여워하지 않으며 우리 식구들도 화내지 않습니다. 그렇지만 팔라는 분개합니다." 루스벨트의 연설 녹음과 녹취록은 다음을 참조하라. "Campaign Dinner Address of Franklin Delano Roosevelt (the Fala Speech)" (Washington, DC,

September 23, 1944), Wyzant, http://www.wyzant.com/ resources/lessons/ history/hpol/fdr/fala.

14. "Geese Fly with Man Who Reared Them," BBC News, December 29, 2011, http://www.bbc.com/news/av/science-environment-16301233/geese-fly-with-man-who-reared-them. 처음으로 이런 일을 한 사람은 빌 리시먼Bill Lishman이다. B. Lishman, *C'mon Geese* (Cooper-Lishman Productions, 1989), video recording.

15. J. van Lawick - Goodall, *My Friends the Wild Chimpanzees* (Washington, DC: National Geographic Society, 1967), p. 18.

16. 구달이 이 영장류의 행동을 루이스 리키Louis Leakey에게 전하자 그는 유명한 대답을 했다. "이제 우리는 인간을 재정의하든지, 도구를 재정의하든지, 아니면 침팬지를 인간으로 받아들여야 합니다."(호모 하빌리스 화석을 발견한 유명한 고고학자 루이스 리키는 케냐 국립자연사박물관 관장으로 재직 중이던 1956년, 자신을 찾아온 제인 구달이 동물에 관심이 많고 관찰력이 뛰어나다는 점을 알아보고 조수로 채용했다-옮긴이)

17. Jane Goodall, interview by Bill Moyers, *Bill Moyers Journal*, PBS, November 27, 2009, http://www.pbs.org/moyers/journal/11272009/transcript3.html.

18. Van Lawick - Goodall, *In the Shadow of Man*, p. 76.

19. Goodall, *My Friends*, p. 191.

20. J. Goodall, "Fifi Fights Back," *National Geographic*, April 2003.

21. J. Goodall, *Through a Window: My Thirty Years with the Chimpanzees of Gombe* (Boston: Houghton Mifflin, 1990).

22. 구달이 침팬지를 아주 깊이 알게 되었다고 하지만 한계가 있었다. 2014년 인터뷰에서 그녀는 이렇게 설명했다. "나는 침팬지의 신뢰를 얻기까지 1년 넘게 걸렸지만 결코 그들 공동체에 속한 것이 아니었어요." J. Shorthouse and A. Gaffney, "Jane Goodall: 80 and Touring Australia," *ABC Sunshine Coast* (Australia), June 4, 2014, http://www.abc.net.au/local/photos/2014/06/03/4017793. htm. 각자 고릴라와 오랑우탄을 연구한 다른 두 젊은 동물행동학자 다이앤 포시Dian Fossey와 비루테 갈디카스Birute Galdikas도 영장류 공동체에 들어가기 위해 비슷한 접근법을 썼다. 포시는 고릴라 공동체의 계층 구조와 복종 규범을 준수함으로써 고릴라들에게 쉽게 받아들여졌다고 밝혔다. 다음을 참조하라. S. Montgomery, *Walking with the Great Apes* (Boston: Houghton Mifflin, 1991); D. Fossey, *Gorillas in the Mist* (Boston: Houghton Mifflin, 1983).

23. H. Whitehead, *Analyzing Animal Societies* (Chicago: University of Chicago

Press, 2009); K. Faust and J. Skvoretz, "Comparing Networks Across Space, Time, and Species," *Sociological Methodology* 32 (2002): 267 – 299.

24. R. M. Seyfarth and D. L. Cheney, "The Evolutionary Origins of Friendship," *Annual Review of Psychology* 63 (2012): 153 – 177; M. Krützen et al., "Contrasting Relatedness Patterns in Bottlenose Dolphins (Tursiops sp.) with Different Alliance Strategies," *Proceedings of the Royal Society B 270 (2003): 497 – 502; J. C. Mitani, "Cooperation and Competition in Chimpanzees: Current Understanding and Future Challenges,"Evolutionary Anthropology* 18 (2009): 215 – 227.

25. Mitani, "Cooperation and Competition"; J. B. Silk et al., "Strong and Consistent Social Bonds Enhance the Longevity of Female Baboons," *Current Biology* 20 (2010): 1359 – 1361.

26. R. C. Connor, "Dolphin Social Intelligence: Complex Alliance Relationships in Bottlenose Dolphins and a Consideration of Selective Environments for Extreme Brain Size Evolution in Mammals," *Philosophical Transactions of the Royal Society B* 362 (2007): 587 – 602.

27. 예를 들어 다음을 보라. J. E. Tanner, F. G. P. Patterson, G. Francine, and R. W. Byrne, "The Development of Spontaneous Gestures in Zoo-Living Gorillas and Sign-Taught Gorillas: From Action and Location to Object Representation," *Journal of Developmental Processes* 1 (2006): 69 – 102; J. D. Bonvillian and F. G. P. Patterson, "Early Sign-Language Acquisition: Comparisons Between Children and Gorillas," in S. T. Parker, R. W. Mitchell, and H. L. Miles, eds., *The Mentalities of Gorillas and Orangutans* (New York: Cambridge University Press, 1999), pp. 240 – 264; H. S. Terrance, *Nim: A Chimpanzee Who Learned Sign Language* (New York: Columbia University Press, 1987).

28. C. Kasper and B. Voelkl, "A Social Network Analysis of Primate Groups," *Primates* 50 (2009): 343 – 356.

29. J. C. Mitani, "Male Chimpanzees Form Enduring and Equitable Social Bonds," *Animal Behaviour* 77 (2009): 633 – 640.

30. 다른 침팬지 공동체들에서도 비슷한 발견이 이루어져왔다. I. C. Gilby and R. W. Wrangham, "Association Patterns Among Wild Chimpanzees (*Pan troglodytes schweinfurthii*) Reflect Sex Differences in Cooperation,"

Behavioral Ecology and Sociobiology 62 (2008): 1831 – 1842.

31. J. Lehmann and C. Boesch, "Sociality of the Dispersing Sex: The Nature of Social Bonds in West African Female Chimpanzees, *Pan troglodytes*," *Animal Behaviour* 77 (2009): 377 – 387.

32. A. R. Parish, "Female Relationships in Bonobos (Pan paniscus)," *Human Nature* 7 (1996): 61 – 96; D. L. Cheney, "The Acquisition of Rank and the Development of Reciprocal Alliances Among Free-Ranging Baboons," *Behavioral Ecology and Sociobiology* 2 (1977): 303 – 318. 여기서도 유전 근연도genetic relatedness는 근접성proximity과 털 골라주기 행동으로 측정되는 결속의 가장 좋은 예측 지표다. 흥미롭게도 개코원숭이 사회에서는 일종의 유전되는 사회적 지위가 있는 듯하며(인간의 카스트 제도와 비슷하게), 암컷들은 연령과 지위가 같은 개체들끼리 사회적 유대를 맺을 가능성이 더 높다.

33. Kasper and Voelkl, "Social Network Analysis of Primate Groups."

34. J. C. Flack, M. Girvan, F. B. M. de Waal, and D. C. Krakauer, "Policing Stabilizes Construction of Social Niches in Primates," *Nature* 439 (2006): 426 – 429.

35. 비슷한 일이 늑대들 사이에서도 일어난다. 우두머리 수컷이 죽으면 늑대 무리는 혼란에 빠지며, 더 젊은 수컷들이 번식을 시작해 개체 수가 전체적으로 늘어난다. R. B. Wielgus and K. A. Peebles, "Effects of Wolf Mortality on Livestock Depredations," *PLOS ONE* 9 (2014): e113505.

36. 한 집단에서 리더는 다른 이들보다 수가 훨씬 적으므로, 집단에서 무작위로 누군가에게서 감염병이 시작된다면 병은 집단 주변부에서 시작될 가능성이 더 높고, 따라서 주변부에 국한될 가능성이 더 높을 것이다. 물론 리더에게서 시작된다면 상황은 더 나빠진다. 그러나 이런 일은 덜 흔하게 발생한다.

37. J. Poole, *Coming of Age with Elephants* (New York: Hyperion, 1996), p. 275.

38. C. J. Moss, H. Croze, and P. C. Lee, *The Amboseli Elephants: A Long-Term Perspective on a Long-Lived Mammal* (Chicago: University of Chicago Press, 2011).

39. S. de Silva, A. D. G. Ranjeewa, and D. Weerakoon, "Demography of Asian Elephants (*Elephas maximus*) at Uda Walawe National Park, Sri Lanka Based on Identified Individuals," *Biological Conservation* 144 (2011): 1742 – 1752.

40. Poole, *Coming of Age*, pp. 147 – 148.

41. Ibid., p. 162.

42. Ibid.

43. 몇 가지 사례는 다음을 참조하라. M. Scully, *Dominion: The Power of Man, the Suffering of Animals, and the Call to Mercy* (New York: St. Martin's, 2002), p. 206. 다른 종을 돕는 행동과 관련한 비슷한 사례는 다음을 참조하라. 예를 들어 혹등고래는 범고래가 물범을 잡아먹는 것을 방해하며, 심지어 물범을 수면 위로 들어 올려 구조하기까지 한다. E. Kelsey, "The Power of Compassion: Why Humpback Whales Rescue Seals and Why Volunteering for Beach Cleanups Improves Your Health," *Hakai* (August 17, 2017).

44. F. Bibi, B. Kraatz, N. Craig, M. Beech, M. Schuster, and A. Hill, "Early Evidence for Complex Social Structure in Proboscidea from a Late Miocene Trackway Site in the United Arab Emirates," *Biology Letters* 8 (2012): 670 – 673.

45. P. Pecnerova et al., "Genome-Based Sexing Provides Clues About Behavior and Social Structure in the Woolly Mammoth," *Current Biology* 27 (2017): 3505 – 3510. 이 연구에서 조사한 매머드 표본 98마리 중 69퍼센트가 수컷이었다.

46. 코끼리 핵심 집단의 구성원은 대부분 동일한 미토콘드리아 DNA 일배체형 haplotype(하플로타입)을 지니며(모계 쪽으로 공통 조상을 지닌다는 의미), 핵심 집단의 코끼리 중 외부에서 합류한 개체는 대개 약 1퍼센트에 불과하다. E. A. Archie, C. J. Moss, and S. C. Alberts, "The Ties That Bind: Genetic Relatedness Predicts the Fission and Fusion of Social Groups in Wild African Elephants," *Proceedings of the Royal Society B* 273 (2006): 513 – 522. 이런 핵심 집단 구성은 케냐 암보셀리국립공원의 비교적 교란되지 않은 코끼리 집단에 적용된다. 물론 수컷은 여러 핵심 집단의 암컷과 교배하며, 그 결과로 생기는 유전자 흐름 gene flow은 핵심 집단들 간 유전 분화genetic differentiation를 상당히 줄인다.

47. Poole, *Coming of Age*, pp. 274 – 275.

48. Archie, Moss, and Alberts, "Ties That Bind"; G. Wittemyer et al., "Where Sociality and Relatedness Diverge: The Genetic Basis for Hierarchical Social Organization in African Elephants," *Proceedings of the Royal Society B* 276 (2009): 3513 – 3521.

49. K. R. Hill et al., "Co-Residence Patterns in Hunter-Gatherer Societies Show Unique Human Social Structure," *Science* 331 (2011): 1286 – 1289. 다음도 참조하라. C. L. Apicella, F. W. Marlowe, J. H. Fowler, and N. A. Christakis, "Social Networks and Cooperation in Hunter-Gatherers," *Nature* 481 (2012):

497－501.

50. P. Fernando and R. Lande, "Molecular Genetic and Behavioral Analysis of Social Organization in the Asian Elephant (*Elephas maximus*)," *Behavioral Ecology and Sociobiology* 48 (2000): 84－91; Archie, Moss, and Alberts, "Ties That Bind"; Wittemyer et al., "Where Sociality and Relatedness Diverge."

51. Wittemyer et al., "Where Sociality and Relatedness Diverge." 포식 활동이 활발한 탄자니아의 또 다른 환경에서도 서로 혈연관계에 있지 않은 코끼리들이 모여서 핵심 집단을 이루는 비슷한 상황이 관찰되어왔다. K. Gobush, B. Kerr, and S. Wasser, "Genetic Relatedness and Disrupted Social Structure in a Poached Population of African Elephants," *Molecular Ecology* 18 (2009): 722－734. 분명히 코끼리들 사이에서는 비친족 우정이 존재할 수 있다(다른 동물들 역시 마찬가지다). 단순히 서로 모이는 것만으로 포식자 경계하기(특히 갓 태어난 새끼를 공격하는 사자에 맞서서), 자원 지키기 같은 혜택을 얻기 때문이다. 이런 사회 구조의 이점은 비친족 우정을 구축하고 유지하기에 충분한 동기가 되며, 이 때문에 진화는 자신의 유전 친척을 도울 때 생기는 혜택과는 별개로 비친족 우정을 선호할 수 있다.

52. C. J. Moss and J. H. Poole, "Relationships and Social Structure of African Elephants," in R. A. Hinde, ed., *Primate Social Relationships: An Integrated Approach* (Oxford: Blackwell, 1983), pp. 315－325. 다음도 참조하라. C. Moss, *Elephant Memories: Thirteen Years in the Life of an Elephant Family* (New York: William Morrow, 1988).

53. Archie, Moss, and Alberts, "Ties That Bind."

54. S. de Silva and G. Wittemyer, "A Comparison of Social Organization in Asian Elephants and African Savannah Elephants," *International Journal of Primatology* 33 (2012): 1125－1141; G. Wittemyer, I. Douglas-Hamilton, and W. M. Getz, "The Socioecology of Elephants: Analysis of the Processes Creating Multi-Tiered Social Structures," *Animal Behaviour* 69 (2005): 1357－1371. 하위모집단subpopulation과 모집단population이라는 2가지 더 상위 수준의 집단도 있다.

55. Wittemyer, Douglas-Hamilton, and Getz, "Socioecology of Elephants."

56. Ibid.

57. De Silva and Wittemyer, "Comparison of Social Organization." 아시아코끼리는 강수량이 일정한 서식지에 사는 반면, 아프리카코끼리는 더 많이 이동해야 하

며 먹이를 얻기 위해 서로 경쟁할 가능성이 있다. 또 접하는 포식 위험이 다르다. 스리랑카의 코끼리들에게는 포식자가 전혀 없는 반면(인간을 제외하고), 아프리카 코끼리 새끼들은 사자에게 잡아먹힌다. 아프리카코끼리의 군거성gregariousness 은 3가지 방면에서 포식자에게 맞서는 방어 수단 역할을 할 수 있다. 첫째, 탁 트인 환경에서 식물을 뜯는 동물은 자신을 가리는 수단으로 서로를 찾을 수 있다. 둘째, 함께 모이면 개체가 직면하는 위험이 줄어들 수 있다. 셋째, 집단을 이룬 동물들은 협력해 포식 위험을 살피고 적극적으로 방어할 수 있다. 실제로 대규모 계통학 분석에서는 일반적으로 더 탁 트인 환경에 사는 초식동물(코끼리만이 아니라)이 더 사회성을 띠는 경향을 보였다. T. Caro, C. Graham, C. Stoner, and J. Vargas, "Adaptive Significance of Anti-Predator Behaviour in Artiodactyls," *Animal Behaviour* 67 (2004): 205 – 228.

58. L. Weilgart, H. Whitehead, and K. Payne, "A Colossal Convergence," *American Scientist* 84 (1996): 278 – 287.

59. L. J. N. Brent, D. W. Franks, E. A. Foster, K. C. Balcomb, M. A. Cant, and D. P. Croft, "Ecological Knowledge, Leadership, and the Evolution of Menopause in Killer Whales," *Current Biology* 25 (2015): 746 – 750.

60. D. Lusseau, "The Emergent Properties of a Dolphin Social Network," *Proceedings of the Royal Society B* 270 (2003): S186 – S188. 이러한 이행성은 인위적으로 다소 부풀려졌을 가능성이 있다. 이 연구 속 연결망 지도가 돌고래 1292개 집단을 한꺼번에 표시한 이분 그래프bipartite graph를 토대로 했다는 사실과 관련된 기술적인 이유로 그렇다.

61. D. Lusseau and M. E. J. Newman, "Identifying the Role That Animals Play in Their Social Networks," *Proceedings of the Royal Society B* 271 (2004): S477 – S481.

62. J. Wiszniewski, D. Lusseau, and L. M. Moller, "Female Bisexual Kinship Ties Maintain Social Cohesion in a Dolphin Network," *Animal Behaviour* 80 (2010): 895 – 904.

63. Lusseau, "Emergent Properties." These dolphins appear not to manifest degree assortativity.

64. R. Williams and D. Lusseau, "A Killer Whale Social Network Is Vulnerable to Targeted Removals," *Biology Letters* 2 (2006): 497 – 500; E. A. Foster et al., "Social Network Correlates of Food Availability in an Endangered Population of Killer Whales, *Orcinus orca*," *Animal Behaviour* 83 (2012):

731 – 736; O. A. Filatova et al., "The Function of Multi-Pod Aggregations of Fish-Eating Killer Whales (*Orcinus orca*) in Kamchatka, Far East Russia," *Journal of Ethology* 27 (2009): 333 – 341.

65. 영장류의 우정 가능성에 부정적인 견해를 취한 연구 사례로는 다음을 보라. S. P. Henzi and L. Barrett, "Coexistence in Female-Bonded Primate Groups," *Advances in the Study of Behavior* 37 (2007): 43 – 81.

66. 데이비드 프리맥의 주장 내용 출처는 다음이다. Seyfarth and Cheney, "Evolutionary Origins."

67. Ibid.

68. Scully, *Dominion*, p. 194.

69. W. C. McGrew and L. Baehren, " 'Parting Is Such Sweet Sorrow,' but Only for Humans?," *Human Ethology Bulletin* 31 (2016): 5 – 14.

70. S. R. de Kort and N. J. Emory, "Corvid Caching: The Role of Cognition," in T. Zentall and E. A. Wasserman, eds., *The Oxford Handbook of Comparative Cognition* (Oxford: Oxford University Press, 2012), pp. 390 – 408; L. P. Acredolo, "Coordinating Perspectives on Infant Spatial Orientation," in R. Cohen, ed., *The Development of Spatial Cognition* (Hillsdale, NJ: Lawrence Erlbaum, 1985), pp. 115 – 140; P. Bloom, *Just Babies: The Origins of Good and Evil* (New York: Broadway Books, 2013).

71. S. Perry, C. Barrett, and J. Manson, "White-Faced Capuchin Monkeys Show Triadic Awareness in Their Choice of Allies," *Animal Behaviour* 67 (2004): 165 – 170. 더 많은 사례는 다음을 참조하라. R. W. Wrangham, "Social Relationships in Comparative Perspective," in R. A. Hinde, ed., *Primate Social Relationships: An Integrated Approach* (Oxford: Blackwell, 1983), pp. 325 – 334.

72. Seyfarth and Cheney, "Evolutionary Origins," p. 168.

73. J. B. Silk, "Using the 'F'-Word in Primatology," *Behaviour* 139 (2002): 421 – 446.

74. A. S. Griffin and S. A. West, "Kin Discrimination and the Benefit of Helping in Cooperatively Breeding Vertebrates," *Science* 302 (2003): 634 – 636.

75. P. G. Hepper, ed., Kin Recognition (Cambridge: Cambridge University Press, 1991).

76. W. D. Hamilton, "The Genetical Evolution of Social Behaviour, Pt. 1,"

Journal of Theoretical Biology 7 (1964): 1-16.

77. 친족관계가 이타주의와 협력의 출현을 촉진한다고 해서 반드시 친족관계여야만 이런 훌륭한 행동이 출현한다는 의미가 아니라는 점을 명확히 해두자.

78. Hamilton, "Genetical Evolution, Pt. 1," p. 16.

79. S. A. Frank, "Natural Selection. VII: History and Interpretation of Kin Selection Theory," *Journal of Evolutionary Biology* 26 (2013): 1151-1184; S. A. West, I. Pen, and A. S. Griffin, "Cooperation and Competition Between Relatives," *Science* 296 (2002): 72-75.

80. K. Belson, "Elders Offer Help at Japan's Crippled Reactor," *New York Times*, June 27, 2011. 수혜자(vr)와 제공자(vg)의 번식 가치를 나타내는 항들을 추가해 해밀턴 방정식을 $\gamma Bvr-Cvg\rangle 0$로 수정하면 이 개념을 수용할 수 있다. 이렇게 하면 도움을 주는 사람과 받는 사람의 번식 가치에 따라 혜택과 비용이 상대적으로 달라지도록 수정할 수 있다.

81. C. J. Barnard and P. Aldhous, "Kinship, Kin Discrimination, and Mate Choice," in P. G. Hepper, ed., *Kin Recognition* (Cambridge: Cambridge University Press, 1991), pp. 125-147.

82. W. G. Holmes and P. W. Sherman, "Kin Recognition in Animals," *American Scientist* 71 (1983): 46-55.

83. F. W. Peek, E. Franks, D. Case, "Recognition of Nest, Eggs, Nest Site, and Young in Female Red-Winged Blackbirds," *Wilson Bulletin* 84 (1972): 243-249.

84. T. Aubin, P. Jouventin, and C. Hildebrand, "Penguins Use the Two-Voice System to Recognize Each Other," *Proceedings of the Royal Society B* 267 (2000): 1081-1087.

85. J. Mehler, J. Bertoncini, and M. Barriere, "Infant Recognition of Mother's Voice," *Perception* 7 (1978): 491-497. 심지어 태아들조차 어머니의 목소리를 인지할 수 있다. B. S. Kisilevsky et al., "Effects of Experience on Fetal Voice Recognition," *Psychological Science* 14 (2003): 220-224.

86. M. Greenberg and R. Littlewood, "Post-Adoption Incest and Phenotypic Matching: Experience, Personal Meanings and Biosocial Implications," *British Journal of Medical Psychology* 68 (1995): 29-44. 대중 언론에서 이 현상을 보도한 기사 모음은 다음을 참조하라. M. Bowerman, "Sexual Attraction to a Long-Lost Parent; Is That a Normal Reaction?," *USA Today*, August 10,

2016.

87. 마지막으로 해밀턴이 "인지 대립유전자recognition allele"라고 부른 것을 통해 동물들이 신호를 표현하고 인지할 능력을 진화시켰을 것이라고 생각해볼 수 있다. W. D. Hamilton, "The Genetical Evolution of Social Behaviour," *Journal of Theoretical Biology* 7 (1964): 17 – 52. 한 유전자는 이 유전자 소유자에게 어떤 형질을 발현시키고, 다른 이들이 지닌 이 형질을 지각하고, 이 형질을 지닌 이들을 도우려는 욕망을 품도록 할 수 있다. 리처드 도킨스는 이를 "녹색 수염 효과green-beard effect"라고 한다. 이런 유전자가 소유자에게 녹색 수염을 자라게 하고, 동시에 녹색 수염을 지닌 사람을 돕게 만들 수 있다는 것이다. 혹할 만한 개념이다. 하지만 여기에는 어느 한 유전자가(아니 한 유전자 집합조차) 이런 효과들을 모두 일으키기 어려울 것이라는 사실을 비롯해 해결해야 할 개념적 문제와 진화적 문제가 많다. 그러나 일부 미생물에게서는 이 메커니즘이 나타날 수 있다. R. Dawkins, *The Selfish Gene* (Oxford: Oxford University Press, 1976). 다음도 참조하라. S. A. West and A. Gardner, "Altruism, Spite, and Greenbeards," *Science* 327 (2010): 1341 – 1344.

88. D. Lieberman, J. Tooby, and L. Cosmides, "The Architecture of Human Kin Detection," *Nature* 445 (2007): 727 – 731. 형제자매 인지에 관해서는 다음을 참조하라. M. F. Dal Martello and L. T. Maloney, "Where Are Kin Recognition Signals in the Human Face?," *Journal of Vision* 6 (2006): 1356 – 1366.

89. G. Palla, A.-L. Barabási, and T. Vicsek, "Quantifying Social Group Evolution," *Nature* 446 (2007): 664 – 667.

90. 철학에서는 이를 "테세우스의 배 문제ship-of-Theseus problem"라고 한다. 테세우스가 크레타의 미노타우로스Minotauros를 죽이고 돌아온 뒤 아테네인들은 수백 년 동안 그의 배를 항구에 보존해왔지만 배의 부속품들은 하나둘씩 교체된 끝에 결국 모조리 교체되었기 때문이다. 이른바 "가보 칼 문제family-knife problem"는 이의 변형 형태다. 칼이 가보로 집안에 대대로 내려왔는데 수백 년이 흐르는 동안 칼의 손잡이와 날은 몇 차례 교체되었다는 것이다.

8장

1. C. Gibbons, "The Victims: Real Movie Heroes Saved Their Sweethearts During Colo. Ambush," *New York Post*, July 22, 2012; H. Yan, "Tales of Heroism Abound from Colorado Movie Theater Tragedy," CNN, July 24, 2012; O. Katrandjian, "Colorado Shooting: Victims Who Died While Saving

Their Loved Ones," ABC News, July 22, 2012. 2018년 11월 7일 로스앤젤레스 인근 사우전드오크스Thousand Oaks에서 또 다른 총기 난사 사건이 일어났다. 총을 든 남성이 술집으로 들어와 난사를 시작했을 때(결국 12명이 사망했다) 많은 남성이 함께 인간 띠를 이루어 다른 이들을 보호하려고 애썼다. 한 목격자는 동영상 인터뷰에서 이렇게 말했다. "우리가 한쪽에 모두 몰려 있을 때 여러 남성이 총기 난사자 쪽으로 등을 돌리고 바닥에 무릎을 꿇은 채로 우리 모두를 가렸어요. 우리에게 오는 총알을 다 막으려고 했어요." 다음을 보라. https://www.goodmorningamerica.com/news/story/multiple-people-injured-reported-mass-shooting-california-bar-59050130.

2. C. Ng and D. Harris, "Women Who Survived Theater Shooting Grieve for Hero Boyfriends," ABC News, July 24, 2012. 다음도 참조하라. "Hero Dies Saving Girlfriend in Theater," CNN, July 24, 2012.

3. Yan, "Tales of Heroism."

4. H. Rosin, "In the Aurora Theater the Men Protected the Women. What Does That Mean?," *Slate*, July 23, 2012.

5. 뉴스에 보도된 몇 가지 사례는 다음을 참조하라. M. Wagner, "Buffalo Dad Who Rescued Fiancée, Two Kids from House Fire Dies While Saving Third Child," *New York Daily News*, February 20, 2016; K. French, "Father, 47, Run Over and Killed in Car Crash Saved His Nine-Year-Old Daughter's Life by Shoving Her to Safety," *Daily Mail*, March 17, 2017; D. Prendergast, K. Sheehan, and P. DeGregory, "Mom Dies After Saving Daughter from Out-of-Control Car," *New York Post*, May 14, 2017; K. Mettler, "She Dived in the Water to Save Her Son," *Washington Post*, August 29, 2016. 다음도 참조하라. R. Wright, *The Moral Animal* (New York: Vintage, 1995); W. B. Swann et al., "What Makes a Group Worth Dying For? Identity Fusion Fosters Perception of Familial Ties, Promoting Self-Sacrifice," *Journal of Personality Social Psychology* 106 (2014): 912–926; R. M. Fields and C. Owens, *Martyrdom: The Psychology, Theology, and Politics of Self-Sacrifice* (Westport, CT: Greenwood, 2004).

6. John 15:13–14 (New International Version).

7. P. Holley, "Zaevion Dobson, High School Football Hero Who Died Shielding Girls from Gunmen, Honored at ESPYS," *Washington Post*, July 13, 2016.

8. S. Goldstein, "Connecticut Teen Is Fatally Hit by Car While Saving Friend, Unwittingly Completes Bucket List," *New York Daily News*, July 13, 2015.

9. Tribune Media Wire, "Teen Completes 'Bucket List' by Sacrificing Her Life to Save Friend," WNEP-TV (Moosic, PA) July 14, 2015.

10. A. Spital, "Public Attitudes Toward Kidney Donation by Friends and Altruistic Strangers in the United States," *Transplantation* 71 (2001): 1061 – 1064. 미국에서 응답자 중 90퍼센트는 친구에게 콩팥을 기증할 수 있다고 믿으며, 80퍼센트는 모르는 사람에게 기증할 수 있다고 믿는다. 뉴스에 보도된 친구의 콩팥 기증 사례는 다음을 참조하라. C. Watts, "Amy Grant's Daughter Donates Kidney to Best Friend," USA Today, January 26, 2017; A. Wilson, " 'Heard Urine Need of a Kidney': Friend Donates Kidney to Man 'Days Away from Failure,' " Global News, July 27, 2016. 홀로코스트 때 강제수용소에서 이루어진 몹시 가슴에 사무치는 일련의 이타주의 사례는 다음을 참조하라. A. B. Shostak, *Stealth Altruism: Forbidden Care as Jewish Resistance in the Holocaust* (London: Routledge, 2017). 또 사람들은 전혀 모르는 사람을 위해 생명의 위험을 무릅쓰며, 흔히 직관적으로 그렇게 한다. 이런 행동을 한 이들에게 카네기영웅기금위원회Carnegie Hero Fund Commission에서 수여하는 카네기 메달Carnegie Medal 수상자 51명(평균 연령 36세, 남성 82퍼센트)을 표본 조사한 사례는 다음을 보라. D. G. Rand and Z. G. Epstein, "Risking Your Life Without a Second Thought: Intuitive Decision-Making and Extreme Altruism," *PLOS ONE* 9 (2014): e109687.

11. D. Gilbert, *Stumbling on Happiness* (New York: Knopf, 2006).

12. D. J. Hruschka, *Friendship: Development, Ecology, and Evolution of a Relationship* (Berkeley: University of California Press, 2010), p. 35. 우정의 냉소적인(그리고 틀린) 설명은 우정이 그저 누군가가 언제나 다른 누군가의 이익을 위해 이용당하는 불평등한 관계를 정당화하고 규범화하는 문화 제도일 뿐이라고 주장할 것이다. 그러나 이런 주장은 인간 외 사회성 종들의 우정 관계를 보여주는 증거나 진화적 설명이 언제나 궁극적으로 비용과 혜택의 균형을 따진다는 사실에 들어맞지 않는다.

13. 역사가 미셸 푸코Michel Foucault는 동성애가 우정을 맺는 방식일 수 있다고 주장했다. 하지만 나는 동성애 욕구를 동성 간 우정보다는 이성애 욕구와 더 비슷하다고 본다. M. Foucault, "Friendship as a Way of Life," in M. Foucault and P. Rabinow, eds., *Essential Works of Foucault, 1954 – 1984*, vol. 1, *Ethics:*

Subjectivity and Truth (New York: New Press, 1997), pp. 135 - 140.

14. A. Aron, E. N. Aron, and D. Smollan, "Inclusion of Other in the Self Scale and the Structure of Interpersonal Closeness," *Journal of Personality and Social Psychology* 63 (1992): 596 - 612.

15. Hruschka, *Friendship*. 어떤 사회들에서는 사람들이 반드시 친구를 고른다고 할 수 없다. 부모나 씨족 유대로부터 우정을 물려받거나, 연장자가 누구를 친구로 삼으라고 권할 수도 있다. 우정도 결혼식처럼 공개적이거나 사적인 의식을 거쳐 확고히 다져질 수 있다.

16. F. Kaplan, "The Idealist in the Bluebonnets: What Bush's Meeting with the Saudi Ruler Really Means," *Slate*, April 26, 2005.

17. Hruschka, *Friendship*, p. 17.

18. S. Perry, "Capuchin Traditions Project," UCLA Department of Anthropology, http://www.sscnet.ucla.edu/anthro/faculty/sperry/ctp.html.

19. 예를 들어 경제와 법 양쪽으로 예측이 불가능한 사회(부패한 국가 등)에서는 사람들이 친구를 보호하기 위해 더 기꺼이 거짓말을 한다. Hruschka, *Friendship*, p. 186.

20. J. C. Williams, *White Working Class: Overcoming Class Cluelessness in America* (Boston: Harvard Business Review Press, 2017). 다음도 참조하라. M. Small, *Unanticipated Gains: Origins of Network Inequality in Everyday Life* (Oxford: Oxford University Press, 2009).

21. B. Bigelow, "Children's Friendship Expectations: A Cognitive-Developmental Study," *Child Development* 48 (1977): 246 - 253.

22. M. Taylor, *Imaginary Companions and the Children Who Create Them* (New York: Oxford University Press, 1999), pp. 30 - 33. 예전에는 상상 속 친구를 갖는 것이 심리 부적응 사례라고 여겼지만 이제는 그렇게 보지 않는다. 상상 속 친구를 지닌 아이들은 수줍음이 덜하고, 더 지적이고, 사회적 능력도 더 뛰어나다.

23. E. A. Madsen, R. J. Tunney, F. Fieldman, and H. C. Plotkin, "Kinship and Altruism: A Cross-Cultural Experimental Study," *British Journal of Psychology* 93 (2007): 339 - 359.

24. 우정이 "근접적으로proximately" 볼 때 반드시 호혜 관계라고 느껴지지 않는다고 해서 "궁극적으로" 호혜 관계에서 기원하지 않는다는 의미는 아니기 때문이다.

25. J. Tooby and L. Cosmides, "Friendship and the Banker's Paradox: Other Pathways to the Evolution of Adaptations for Altruism," *Proceedings of the*

British Academy 88 (1996): 119 – 143.

26. Ibid., p. 132.

27. Hruschka, Friendship; R. M. Seyfarth and D. L. Cheney, "The Evolutionary Origins of Friendship," *Annual Review of Psychology* 63 (2012): 153 – 177. 다음도 참조하라. A. Burt, "A Mechanistic Explanation of Popularity: Genes, Rule Breaking, and Evocative Gene–Environment Correlations," *Journal of Personality and Social Psychology* 96 (2009): 783 – 794; G. Guo, "Genetic Similarity Shared by Best Friends Among Adolescents," *Twin Research and Human Genetics* 9 (2006): 113 – 121; J. H. Fowler, C. T. Dawes, and N. A. Christakis, "Model of Genetic Variation in Human Social Networks," *PNAS: Proceedings of the National Academy of Sciences* 106 (2009): 1720 – 1724; J. D. Boardman, B. W. Domingue, and J. M. Fletcher, "How Social and Genetic Factors Predict Friendship Networks," *PNAS: Proceedings of the National Academy of Sciences* 109 (2012): 17377 – 17381; M. Brendgen, "Genetics and Peer Relations: A Review," *Journal of Research on Adolescence* 22 (2012): 419 – 437.

28. Fowler, Dawes, and Christakis, "Model of Genetic Variation."

29. Tooby and Cosmides, "Friendship and the Banker's Paradox," p. 137.

30. M. McPherson, L. Smith–Lovin, and J. M. Cook, "Birds of a Feather: Homophily in Social Networks," *Annual Review of Sociology* 27 (2001): 415 – 444.

31. C. Parkinson, A. M. Kleinbaum, and T. Wheatley, "Similar Neural Responses Predict Friendship," *Nature Communications* 9 (2018): 332.

32. N. A. Christakis and J. H. Fowler, "Friendship and Natural Selection," *PNAS: Proceedings of the National Academy of Sciences* 111 (2014): 10796 – 10801. 다른 종들의 동종 선호에 관해서는 다음을 참조하라. D. Lusseau and M. E. J. Newman, "Identifying the Role That Animals Play in Their Social Networks," *Proceedings of the Royal Society B* 271 (2004): S477 – S481; L. J. H. Brent, J. Lehmann, and G. Ramos–Fernández, "Social Network Analysis in the Study of Nonhuman Primates: A Historical Perspective," *American Journal of Primatology* 73 (2011): 720 – 730.

33. L. M. Guth and S. M. Roth, "Genetic Influence on Athletic Performance," *Current Opinion in Pediatrics* 25 (2013): 653 – 658.

34. Y. T. Tan, G. E. McPherson, I. Peretz, S. F. Berkovic, and S. J. Wilson, "The

Genetic Basis of Music Ability," *Front Psychology* 5 (2014): 658.

35. 동종 선호는 이종 선호보다 훨씬 더 다양한 조건에서 진화한다. 상이성 적응도 이점이 유사성 적응도 이점을 뛰어넘을 때조차 그렇다. F. Fu, M. A. Nowak, N. A. Christakis, and J. H. Fowler, "The Evolution of Homophily," *Scientific Reports* 2 (2012): 845.

36. Christakis and Fowler, "Friendship and Natural Selection." 다음도 참조하라. B. W. Domingue, D. W. Belsky, J. M. Fletcher, D. Conley, J. D. Boardman, and K. M. Harris, "The Social Genome of Friends and Schoolmates in the National Longitudinal Study of Adolescent to Adult Health," *PNAS: Proceedings of the National Academy of Sciences* 115 (2018): 702 – 707; J. H. Fowler, J. E. Settle, and N. A. Christakis, "Correlated Genotypes in Friendship Networks," *PNAS: Proceedings of the National Academy of Sciences* 108 (2011): 1993 – 1997.

37. 우정 점수에서 1 표준편차는 우정 결속의 분산 중 약 1.4퍼센트를 설명할 수 있다. Christakis and Fowler, "Friendship and Natural Selection." 이는 현재 가장 신뢰할 만한 유전 점수를 써서 설명할 수 있는 조현병schizophrenia과 양극성장애bipolar disorder의 분산 비율(0.4~3.2퍼센트) 그리고 체질량 지수body mass index의 분산 비율(1.5퍼센트)과 비슷하다. 이 비교는 다음을 참조하라. S. M. Purcell et al., "Common Polygenic Variation Contributes to Risk of Schizophrenia and Bipolar Disorder," *Nature* 460 (2009): 748 – 752; E. K. Speliotes et al., "Association Analyses of 249,796 Individuals Reveal 18 New Loci Associated with Body Mass Index," *Nature Genetics* 42 (2010): 937 – 948.

38. D. Lieberman, J. Tooby, and L. Cosmides, "The Architecture of Human Kin Detection," *Nature* 445 (2007): 727 – 731.

39. 사실 아주 많은 사회에서 나타나는 가상 친족fictive kin 관련 풍습은 이 개념에 들어맞는다. 사람들은 "대부compadre"(글자 그대로는 "공동 아버지" "공동 부모"라는 의미다-옮긴이)를 고르고, "대부모godparent"와 "이모aunt"를 두며, "전우brothers-in-arms"(무장한 형제)와 함께 싸우고, 친한 사람을 "형/오빠bro"나 "언니/누나sis" 같은 친족 용어를 써서 부른다.

40. E. Herrmann et al., "Humans Have Evolved Specialized Skills of Social Cognition: The Cultural Intelligence Hypothesis," *Science* 317 (2007): 1360 – 1366.

41. 이런 결과는 특히 본질적으로 상승효과를 일으키는 표현형들의 진화를 촉진할

것이고, 이는 인류에게서 진화가 가속화하고 있다는 관찰 결과를 설명하는 데 도움을 줄 것이다. J. Hawks, E. T. Wang, G. M. Cochran, H. C. Harpending, and R. K. Moyzis, "Recent Acceleration of Human Adaptive Evolution," *PNAS: Proceedings of the National Academy of Sciences* 104 (2007): 20753 – 20758.

42. W. D. Hamilton, "Innate Social Aptitudes of Man: An Approach from Evolutionary Genetics," in R. Fox, ed., *Biosocial Anthropology* (London: Malaby Press, 1975), pp. 133 – 153; J. M. Smith, "Group Selection," *Quarterly Review of Biology* 51 (1976): 277 – 283.

43. H. B. Shakya, N. A. Christakis, and J. H. Fowler, "An Exploratory Comparison of Name Generator Content: Data from Rural India," *Social Networks* 48 (2017): 157 – 168. "누구와 함께 스포츠를 즐깁니까?" "누구에게 건강 조언을 부탁합니까?"처럼 온갖 구체적이고 사소한 연결을 파악하는 데 쓸 수 있는 질문들이 많다.

44. A. J. O'Malley, S. Arbesman, D. M. Steiger, J. H. Fowler, and N. A. Christakis, "Egocentric Social Network Structure, Health, and Pro-Social Behaviors in a National Panel Study of Americans," *PLOS ONE* 7 (2012): e36250. 이는 다음 선행 연구 결과와 일치한다. P. V. Marsden, "Core Discussion Networks of Americans," *American Sociological Review* 52 (1987): 122 – 131; M. McPherson, L. Smith-Lovin, and M. E. Brashears, "Social Isolation in America: Changes in Core Discussion Networks over Two Decades," *American Sociological Review* 71 (2006): 353 – 375. 사람들은 이런 질문들에 답할 때 당연히 배우자와 형제자매를 포함시킨다. 따라서 엄밀하게 친족이 아닌 친구를 파악하고자 한다면 목록에서 이런 사람들을 제외하는 것이 좋다.

45. 각 연결망을 설명하면 다음과 같다. (a) 수단의 니앙가톰족Nyangatom 남성 91명 사이의 선물 연결망(연결은 익명의 선물을 누가 누구에게 주는지를 가리킨다). 연결 중 34개는 가족 연결(형제들), 239개는 우정 연결이다. (b) 우간다의 한 마을 남성 96명 사이의 선물 연결망. 35개는 가족 연결, 151개는 우정 연결이다. (c) 탄자니아 하드자족 여성 103명의 연결망. 앞으로 임시 거주지를 함께 쓰고 싶은 사람이 누구인지 조사한 자료를 토대로 했다. 179개는 가족 연결, 183개는 우정 연결이다. (d) 온두라스의 한 시골 마을 주민 216명(남성 78명, 여성 138명)의 연결망. 235개는 가족 연결, 505개는 우정 연결이다. 이 마을에서 연결은 남녀가 잘 섞여 있는 듯하다(각각 파란 점과 빨간 점으로 나타낸 남녀가 잘 분산되어 있다). 또 1시 방향에서 7시 방향으로 직선을 그으면 마을이 두 사회 집단으로 나뉠 수 있는 듯 보인

다는 점에 주목하자(두 집단 사이보다 각 집단 내 연결이 더 많다). (e) 우간다의 한 시골 마을 주민 261명(남성 121명, 여성 140명)의 연결망. 173개는 가족 연결, 657개는 우정 연결이다. 이 마을에서 연결은 남녀가 비교적 분리되어 있다(파란 점과 빨간 점이 균일하게 퍼져 있지 않다. 남성은 남성끼리, 여성은 여성끼리 사회 활동을 하는 경향이 있다는 의미다). (f) 인도의 한 시골 마을 주민 214명(남성 95명, 여성 119명)의 연결망. 107개는 가족 연결, 569개는 우정 연결이다. 여기서도 파란 점끼리 따로 모이고 빨간 점끼리 따로 모여 남녀가 사회적으로 분리된 양상을 보인다. 인도 마을의 연결망(다른 이들이 수집한 원자료를 썼다)을 제외한 나머지 모든 자료는 우리가 직접 수집한 데이터나 우리가 발표한 논문이 출처다. 다음을 참조하라. L. Glowacki, A. Isakov, R. W. Wrangham, R. McDermott, J. H. Fowler, and N. A. Christakis, "Formation of Raiding Parties for Intergroup Violence Is Mediated by Social Network Structure," *PNAS: Proceedings of the National Academy of Sciences* 113 (2016): 12114 – 12119; J. M. Perkins et al., "Food Insecurity, Social Networks and Symptoms of Depression Among Men and Women in Rural Uganda: A Cross-Sectional, Population-Based Study," *Public Health Nutrition* 21 (2018): 838 – 848; C. L. Apicella, F. W. Marlowe, J. H. Fowler, and N. A. Christakis, "Social Networks and Cooperation in Hunter-Gatherers," *Nature* 481 (2012): 497 – 501; H. N. Shakya et al., "Exploiting Social Influence to Magnify Population-Level Behaviour Change in Maternal and Child Health: Study Protocol for a Randomised Controlled Trial of Network Targeting Algorithms in Rural Honduras," *BMJ Open* 7 (2017): e012996; H. B. Shakya, N. A. Christakis, and J. H. Fowler, "Social Network Predictors of Latrine Ownership," *Social Science and Medicine* 125 (2015): 129 – 138. 온두라스, 우간다, 인도의 마을에서는 중요한 사회적 연결을 파악하기 위해 조금씩 다른 이름 생성기 질문을 사용했다. 하지만 일반적으로 연결은 응답자가 사회적 지원을 받거나 함께 시간을 보낼 것이라고 말한 사람을 토대로 규정했다. 때때로 이런 사람은 가족 구성원이었지만(노드끼리 주황색 선으로 연결) 대부분은 가까운 가족이 아니었다(노드끼리 회색 선으로 연결).

46. J. Perkins, S. Subramanian, and N. A. Christakis, "A Systematic Review of Sociocentric Network Studies on Health Issues in Low- and Middle-Income Countries," *Social Science and Medicine* 125 (2015): 60 – 78.

47. Apicella et al., "Social Networks and Cooperation."

48. C. M. Rawlings and N. E. Friedkin, "The Structural Balance Theory of

Sentiment Networks: Elaboration and Test," *American Journal of Sociology* 123 (2017): 510 – 548.

49. S. Sampson, "Crisis in a Cloister" (PhD diss., Cornell University, 1969).

50. 사회 중심sociocentric 연결망 지도 작성을 포함한 학교 괴롭힘 연구는 다음을 참조하라. C. Salmivalli, A. Huttunen, and K. M. J. Lagerspetz, "Peer Networks and Bullying in Schools," *Scandinavian Journal of Psychology* 38 (1997): 305 – 312; G. Huitsing and R. Veenstra, "Bullying in Classrooms: Participant Roles from a Social Network Perspective," *Aggressive Behavior* 38 (2012): 494 – 509. 직장 연구 사례는 다음을 참조하라. L. Xia, Y. C. Yuan, and G. Gay, "Exploring Negative Group Dynamics: Adversarial Network, Personality, and Performance in Project Groups," *Management Communication Quarterly* 23 (2009): 32 – 62; A. Gerbasi, C. L. Porath, A. Parker, G. Spreitzer, and R. Cross, "Destructive De-Energizing Relationships: How Thriving Buffers Their Effect on Performance," *Journal of Applied Psychology* 100 (2015): 1423 – 1433; G. Labianca and D. J. Brass, "Exploring the Social Ledger: Negative Relationships and Negative Asymmetry in Social Networks in Organizations," *Academy of Management Review* 31 (2006): 596 – 614.

51. 445일 동안 게이머 1만 8819명을 분석하자 다양한 유형의 긍정적 연결(직접 메시지를 보내는 것 등)과 부정적 연결(적에게 현상금을 거는 것 등)이 나타났다. 긍정적 연결이 부정적 연결보다 약 10배 많았다. 긍정적 연결은 관찰 기간 중 약 60~80퍼센트에서 호혜 양상을 띤 반면, 부정적 연결은 약 10~20퍼센트에서만 호혜 양상을 보였다. M. Szell, R. Lambiotte, and S. Thurner, "Multirelational Organization of Large-Scale Social Networks in an Online World," *PNAS: Proceedings of the National Academy of Sciences* 107 (2010): 13636 – 13641. 온라인 네트워크를 대상으로 부정적 연결을 조사한 또 다른 연구 사례는 다음을 참조하라. G. Facchetti, G. Iacono, and C. Altafini, "Computing Global Structural Balance in Large-Scale Signed Social Networks" *PNAS: Proceedings of the National Academy of Sciences* 108 (2011): 20953 – 20958.

52. Shakya et al., "Exploiting Social Influence." 적대 결속에 관한 우리의 연구는 다음 자료에 실려 있다. A. Isakov, J. H. Fowler, E. M. Airoldi, and N. A. Christakis, "The Structure of Negative Ties in Human Social Networks" (unpublished manuscript, 2018).

53. 세계은행에 따르면 온두라스의 살인율은 2011년 10만 명당 93.2명으로 정점을 찍었다가 2014년 74.6명으로 낮아졌다. 다른 나라들의 10만 명당 통계와 비교해 보면 다음과 같다. 미국 2013년 3.9명, 영국 2013년 0.9명, 러시아 2014년 9.5명. World Bank, https://data.worldbank.org/indicator/ VC.IHR.PSRC.P5?year_high_desc=false.

54. 이 측정값의 표준편차는 2.6이었다.

55. 표준편차는 1.2였다.

56. 표준편차는 1.3이었다.

57. G. Simmel, *The Sociology of Georg Simmel* (New York: Simon and Schuster, 1950); F. Heider, "Attitudes and Cognitive Organization," *Journal of Psychology* 21 (1946): 107 – 112; D. Cartwright and F. Harary, "Structural Balance: A Generalization of Heider's Theory," *Psychology Review* 63 (1956): 277 – 293. "적의 적은 내 친구다"라는 주장에 대한 최초의 설명은 기원전 4세기에 나온 듯하다. L. N. Rangarajan, *The Arthashastra* (New Delhi: Penguin Books India, 1992), p. 520.

58. A. Rapoport, "Mathematical Models of Social Interaction," in R. A. Galanter, R. R. Lace, and E. Bush, eds., *Handbook of Mathematical Sociology*, vol. 2 (New York: John Wiley and Sons, 1963), 493 – 580.

59. H. Tajfel, M. Billig, R. Bundy, and C. Flament, "Social Categorization in Intergroup Behaviour," *European Journal of Social Psychology* 1 (1971): 149 – 178.

60. "Paul Klee and Wassily Kandinsky," Wassily Kandinsky: Biography, Paintings, and Quotes, Wassily-Kandinsky.org, 2011, http://www.wassily-kandinsky.org/kandinsky-and-paul-klee.jsp.

61. M. Billig and H. Tajfel, "Social Categorization and Similarity in Intergroup Behaviour," *European Journal of Social Psychology* 3 (1973): 27 – 55.

62. Tajfel et al., "Social Categorization."

63. T. Yamagishi, N. Jin, and T. Kiyonari, "Bounded Generalized Reciprocity: Ingroup Boasting and Ingroup Favoritism," *Advances in Group Processes* 16 (1999): 161 – 197.

64. 보상이 집단 내 다른 사람들의 행동에 의존하지 않는다면 사람들이 내집단 편애를 보이지 않는다는 사실이 여러 실험에서 드러났다. J. M. Rabbie and H. F. M. Lodewijkx, "Conflict and Aggression: An Individual-Group Continuum,"

Advances in Group Processes 11 (1994): 139 – 174.

65. 협력에는 비용이 든다. 이에 따라 인간 집단에서 협력이 어떻게 출현하거나 유지될 수 있는지를 설명하기 위해 다양한 이론이 제시되어왔다. 조정하거나 제재하는 중앙 권력, 친족관계에 토대를 둔 포괄 적응도(해밀턴), 시장 상호작용, 순차적 상호작용에 토대를 둔 호혜성, 사회 규범 등을 통한 분권화된 집행decentralized enforcement, 평판 효과reputation effect, 집단 선택group selection 등 이론이 있다.

66. M. B. Brewer, "The Psychology of Prejudice: Ingroup Love or Outgroup Hatred?," *Journal of Social Issues* 55 (1999): 429 – 444.

67. M. Sherif, O. J. Harvey, B. J. White, W. R. Hood, and C. W. Sherif, *Intergroup Conflict and Cooperation: The Robbers Cave Experiment* (Norman: Institute of Group Relations, University of Oklahoma, 1961). 셰리프는 이 연구에서 언급된 실험에 앞서 다른 실험을 했지만 거기에 참가한 소년 집단은 예상한 대로 행동하지 않았기에 그는 그 실험 결과를 배제한 듯하다. G. Perry, *The Lost Boys: Inside Muzafer Sherif's Robbers Cave Experiment* (Melbourne: Scribe, 2018).

68. Sherif et al., *Intergroup Conflict*, p. 98.

69. Ibid., p. 151.

70. Ibid.

71. 2001년 9월 11일 저녁에 비슷한 일이 일어났다. 양당 국회의원 150명이 국회 의사당 계단에 모여 〈신이여, 미국을 축복하소서God Bless America〉를 불렀다. "The Singing of 'God Bless America' on September 11, 2001," History, Art and Archives, U.S. House of Representatives, http:// history.house.gov/ HistoricalHighlight/Detail/36778.

72. W. G. Sumner, *Folkways: A Study of the Sociological Importance of Usages, Manners, Customs, Mores, and Morals* (Boston: Ginn, 1906), pp. 12 – 13.

73. 동종 살해도 동물에게는 드물다. 다음을 보라 J. M. Gomez, M. Verdo, A. Gonzalez-Negras, and M. Mendez, "The Phylogenetic Roots of Human Lethal Violence," *Nature* 538 (2016): 233 – 237.

74. J. K. Choi and S. Bowles, "The Coevolution of Parochial Altruism and War," *Science* 318 (2007): 636 – 640. 다음도 참조하라. M. R. Jordan, J. J. Jordan, and D. G. Rand, "No Unique Effect of Intergroup Competition on Cooperation: Non-Competitive Thresholds Are as Effective as Competitions Between Groups for Increasing Human Cooperative Behavior," *Evolution and Human Behavior* 38 (2017): 102 – 108.

75. R. A. Hammond and R. Axelrod, "The Evolution of Ethnocentrism," *Journal of Conflict Resolution* 50 (2006): 1 - 11.

76. F. Fu, C. E. Tarnita, N. A. Christakis, L. Wang, D. G. Rand, and M. A. Nowak, "Evolution of Ingroup Favoritism," *Scientific Reports* 2 (2012): 460.

77. 이 이야기는 다음에 실려 있다. R. M. Sapolsky, *Behave: The Biology of Humans at Our Best and Worst* (New York: Penguin, 2017), p. 409. 안타깝게도 아미스테드는 병원에서 사망했다.

78. Y. Dunham, E. E. Chen, and M. R. Banaji, "Two Signatures of Implicit Intergroup Attitudes: Developmental Invariance and Early Enculturation," *Psychological Science* 24 (2013): 860 - 868; Y. Dunham, A. S. Baron, and M. R. Banaji, "The Development of Implicit Intergroup Cognition," *Trends in Cognitive Sciences* 12 (2008): 248 - 253. 문화화enculturation(문화 적응)의 역할 또한 분명히 중요하다.

79. A. V. Shkurko, "Is Social Categorization Based on Relational Ingroup/ Outgroup Opposition? A Meta-Analysis," *Social Cognitive and Affective Neuroscience* 8 (2013): 870 - 877.

80. M. B. Brewer, "The Psychology of Prejudice: Ingroup Love or Outgroup Hatred?," *Journal of Social Issues* 55 (1999): 429 - 444.

81. Yamagishi, Jin, and Kiyonari, "Bounded Generalized Reciprocity," p. 173.

82. G. Allport, *The Nature of Prejudice* (Reading, MA: Addison-Wesley, 1954), p. 42.

83. 내집단 편애는 상위 목표 공유의 영향력마저 뒤집을 수 있다. 사람들은 설령 한 외집단과 상위 목표를 공유한다고 해도 반드시 그들을 긍정적으로 바라보고, 그들에게 친절만을 베풀지는 않는다. 내집단 구성원은 내집단에서 기대하는 것들을 이 더 큰 집단에 투사할 수 있기 때문이다. 그럴 때 내집단 구성원은 외집단 구성원을 그저 이제는 두 집단 모두 속하게 된 상위 집단의 나쁜 구성원이라고 판단할 수 있다.

84. H. C. Triandis, *Individualism and Collectivism* (Boulder, CO: Westview Press, 1995).

85. C. Lévi-Strauss, *Structural Anthropology*, trans. C. Jacobson and B. G. Schoepf (New York: Basic Books, 1967). 말이 난 김에 덧붙이자면 인간이 사회를 이항 대립으로 보는 방식("우리" 대 "그들")은 허구 속에 나오는 더 복잡한 경쟁적 상호작용에 우리가 혼란스러워하면서 빠져드는 이유를 설명하는 데 도움을 준다. 영화 〈석양의 무법자The Good, the Bad, and the Ugly〉 속 3인 결투, 영화 〈호빗: 다섯

군대 전투The Hobbit: The Battle of the Five Armies〉속 5개 군대 전투 등이 그런 예다.

86. R. W. Emerson, *Essays and English Traits by Ralph Waldo Emerson* (1841; New York: Cosimo Classics, 1909), pp. 109 – 124.

87. Hruschka, *Friendship*.

9장

1. A. Starr and M. L. Edwards, "Mitral Replacement: Clinical Experience with a Ball-Valve Prosthesis," *Annals of Surgery* 154 (1961): 726 – 740.

2. J. P. Binet, A. Carpentier, J. Langlois, C. Duran, and P. Colvez, "Implantation de valves hétérogènes dans le traitement des cardiopathies aortiques," *Comptes rendus des séances de l'Académie des sciences. Série D, Sciences naturelles* 261 (1965): 5733 – 5734.

3. 미술가와 소설가는 아주 오래전부터 인간-동물 잡종hybrid의 꺼림칙한 특성을 탐구해왔는데, 고대 그리스 신화의 키메라Chimera까지 거슬러 올라간다. 현대 과학도 나름 잡종에 심취해왔다. 17세기에는 동물 피를 인간에게 수혈하는 실험이 이루어졌고, 1838년에는 돼지 각막을 최초로 인간에게 이식했으며, 1984년에는 개코원숭이 심장을 신생아인 베이비 페이Baby Fae에게 이식했고, 2017년에는 인간의 줄기세포를 자라는 돼지 배아에 집어넣는 데 성공했다. D. K. C. Cooper, "A Brief History of Cross-Species Organ Transplantation," *Baylor University Medical Center Proceedings* 25 (2012): 49 – 57; K. Reemtsma, "Xenotransplantation: A Historical Perspective," *Institute for Laboratory Animal Research Journal* 37 (1995): 9 – 12.

4. B. Hölldobler and E. O. Wilson, *The Ants* (Cambridge, MA: Harvard University Press, 1990).

5. 벌거숭이두더지쥐naked mole rat, 다마랄란드두더지쥐Damaraland mole rat 등을 비롯한 두더지쥐과Bathyergidae의 몇몇 종은 진사회성eusociality을 띤다고 할 수 있다. 일부 사회성 들쥐류도 진사회성 행동을 보일 수 있다. H. Burda, R. L. Honeycutt, S. Begall, O. Locker-Grütjen, and A. Scharff, "Are Naked and Common Mole-Rats Eusocial and If So, Why?," *Behavioral Ecology and Sociobiology* 47 (2000): 293 – 303.

6. 학술적으로 진사회성의 기준 하나는 집단에 여러 세대가 겹쳐서 함께 산다는 것이다. 진사회성은 벌, 말벌, 개미, 흰개미 등 몇몇 곤충 분류군, 산호초에 사는 새우(몇 차례 진화했다!), 두더지쥐(흥미로운 예외 사례) 같은 포유류에게서 서로 독자적

으로 진화했다. 진사회성은 3가지 특성을 포함하는 사회 조직의 형태라고 정의된다. 협력 육아, 세대 겹침overlapping generations, 번식과 비번식 하위집단으로 나뉜 분업이다.

7. M. dos Reis, J. Inoue, M. Hasegawa, R. J. Asher, P. C. J. Donoghue, and Z. Yang, "Phylogenomic Datasets Provide Both Precision and Accuracy in Estimating the Timescale of Placental Mammal Phylogeny," *Proceedings of the Royal Society B* 279 (2012): 3491 – 3500. 이런 추정값들은 부정확할 수밖에 없다. 예를 들어 인간과 침팬지의 분기는 1300만 년 전~400만 년 전 사이 어느 시점에 일어났다고 여겨진다.

8. J. Parker, G. Tsagkogeorga, J. A. Cotton, Y. Liu, P. Provero, E. Stupka, and S. J. Rossiter, "Genome-Wide Signatures of Convergent Evolution in Echolocating Mammals," *Nature* 502 (2013): 228 – 231. 반향정위 사례를 통해 우리는 박쥐와 돌고래처럼 서로 거리가 먼 분류군 동물들에게서 수렴 표현형에 쓰이는 유전자들이 비슷할 수 있음을 알 수 있다.

9. S. C. Morris, *Life's Solution: Inevitable Humans in a Lonely Universe* (Cambridge: Cambridge University Press, 2003), p. 128.

10. Ibid.

11. Ibid., p. 248.

12. S. Gould, *Wonderful Life: The Burgess Shale and the Nature of History* (New York: W. W. Norton, 1990).

13. 개성에 관한 한 가지 흥미로운 질문은 개인의 성격이 왜 시간이 흘러도 거의 변화가 없으면서 어떻게 사람마다 이토록 다양한가다. 예를 들어 다음을 보라. M. Wolf, G. S. van Doorn, O. Leimar, and F. J. Weissing, "Life-History Trade-Offs Favour the Evolution of Animal Personalities," *Nature* 447 (2007): 581 – 584; M. Wolf and F. J. Weissing, "An Explanatory Framework for Adaptive Personality Differences," *Philosophical Transactions of the Royal Society B* 365 (2010): 3959 – 3968.

14. M. J. Sheehan and M. W. Nachman, "Morphological and Population Genomic Evidence That Human Faces Have Evolved to Signal Individual Identity," *Nature Communications* 5 (2014): 4800. 다음도 참조하라. G. Yovel and W. A. Freiwald, "Face Recognition Systems in Monkey and Human: Are They the Same Thing?," *F1000Prime Reports* 5 (2013): 10.

15. C. Schlitz et al., "Impaired Face Discrimination in Acquired Prosopagnosia

Is Associated with Abnormal Response to Individual Faces in the Right Middle Fusiform Gyrus," *Cerebral Cortex* 16 (2006): 574 –586; P. Shah, "Identification, Diagnosis and Treatment of Prosopagnosia," *British Journal of Psychiatry* 208 (2016): 94 –95.

16. E. Prichard, "Prosopagnosia: How Face Blindness Means I Can't Recognize My Mum," *BBC News Magazine*, July 1, 2016.

17. Sheehan and Nachman, "Morphological and Population Genomic Evidence."

18. 원리적으로 고래의 꼬리에 붙은 따개비나 코끼리의 귀에 난 찢긴 자국처럼 독특하고 식별 가능한 단서들이 후천적으로 생길 수도 있다.

19. 개체 인지(특히 짝짓기 상대 이외의 개체 인지)는 포유류와 조류 이외의 동물에게 서는 아주 드물다. R. W. Wrangham, "Social Relationships in Comparative Perspective," in R. A. Hinde, ed., *Primate Social Relationships: An Integrated Approach* (Oxford: Blackwell, 1983), pp. 325 –334; P. d'Ettorre, "Multiple Levels of Recognition in Ants: A Feature of Complex Societies," *Biological Theory* 3 (2008): 108 –113. 협력에 관해서는 다음을 참조하라. J. M. McNamara, Z. Barta, and A. I. Houston, "Variation in Behaviour Promotes Cooperation in the Prisoner's Dilemma Game," *Nature* 428 (2004): 745 –748; S. F. Brosnan, L. Salwiczek, and R. Bshary, "The Interplay of Cognition and Cooperation," *Philosophical Transactions of the Royal Society B* 365 (2010): 2699 –2710.

20. 중국 시안西安에 가면 사람 얼굴의 다양성을 보여주는 놀라운 증거를 찾을 수 있다. 과학자들은 유명한 진시황릉 병마용의 병사 점토상(토용) 수천 점의 귀 모양이 저마다 독특하다는 점이야말로 진짜 병사를 모델로 삼아 만들었다는 증거일 가능성이 높다고 믿는다. E. Quill, "Were the Terracotta Warriors Based on Actual People?," *Smithsonian*, March 2015.

21. 흥미롭게도 얼굴은 대체로 좌우가 약간만 다르며 얼굴 대칭은 흔히 아름다움의 표지로 여긴다. B. C. Jones et al., "Facial Symmetry and Judgements of Apparent Health," *Evolution and Human Behavior* 22 (2001): 417 –429; K. Grammer and R. Thornhill, "Human (Homo sapiens) Facial Attractiveness and Sexual Selection: The Role of Symmetry and Averageness," *Journal of Comparative Psychology* 108 (1994): 233 –242; J. E. Scheib, S. W. Gangestad, and R. Thornhill, "Facial Attractiveness, Symmetry and Cues of Good Genes," *Proceedings of the Royal Society B* 266 (1999): 1913 –1917.

22. Sheehan and Nachman, "Morphological and Population Genomic Evidence."

23. J. Freund et al., "Emergence of Individuality in Genetically Identical Mice," *Science* 340 (2013): 756 –759.

24. 이런 이점 중 하나는 누군가가 얼마나 협조적인지를 남들에게 전달하는 것일 수 있다. 성인들은 오직 얼굴만 보고서 그 사람이 친절에 보답할 가능성이 얼마나 될 지 즉각 직관적으로 정확하게 판단할 수 있다는 증거가 있다. 다음을 참조하라 J. F. Bonnefon, A. Hopfensitz, and W. De Neys, "Can We Detect Cooperators by Looking at Their Face?," *Current Directions in Psychological Science* 26 (2017): 276 –281.

25. R. A. Hinde, "Interactions, Relationships and Social Structure," *Man* 11 (1976): 1 –17.

26. J. van Lawick –Goodall, *In the Shadow of Man* (Boston: Houghton Mifflin, 1971).

27. L. A. Parr, "The Evolution of Face Processing in Primates," *Philosophical Transactions of the Royal Society B* 366 (2011): 1764 –1777.

28. L. A. Parr, J. T. Winslow, W. D. Hopkins, and F. B. de Waal, "Recognizing Facial Cues: Individual Discrimination by Chimpanzees (*Pan troglodytes*) and Rhesus Monkeys (*Macaca mulatta*)," *Journal of Comparative Psychology* 114 (2000): 47 – 60. 다음도 참조하라. S. A. Rosenfeld and G. W. Van Hoesen, "Face Recognition in the Rhesus Monkey," *Neuropsychologia* 17 (1979): 503 – 509.

29. J. A. Pineda, G. Sebestyen, and C. Nava, "Face Recognition as a Function of Social Attention in Non-Human Primates: An ERP Study," *Cognitive Brain Research* 2 (1994): 1 –12.

30. L. A. Parr, M. Heintz, E. Lonsdorf, and E. Wroblewski, "Visual Kin Recognition in Nonhuman Primates (Pan troglodytes and Macaca mulatta): Inbreeding Avoidance or Male Distinctiveness?," *Journal of Comparative Psychology* 124 (2010): 343 – 350; C. Almstrom and M. Knight, "Using a Paired-Associate Learning Task to Assess Parent-Child Phenotypic Similarity," *Psychology Reports* 97 (2005): 129 –137.

31. K. McComb, C. Moss, S. M. Durant, L. Baker, and S. Sayialel, "Matriarchs as Repositories of Social Knowledge in African Elephants," *Science* 292 (2001): 491 –494. 이는 유용한 지식이다. 코끼리들은 흔히 낯선 개체와 가까워질 때 "몰

림 반응bunching response"이라는 서로 모이는 행동을 하는데 친구와 적을 제대로 구별하는 능력이 중요하기 때문이다.

32. S. L. King and V. M. Janik, "Bottlenose Dolphins Can Use Learned Vocal Labels to Address Each Other," *PNAS: Proceedings of the National Academy of Sciences* 110 (2013): 13216 – 13221.

33. S. L. King, L. S. Sayigh, R. S. Wells, W. Fellner, and V. M. Janik, "Vocal Copying of Individually Distinctive Signature Whistles in Bottlenose Dolphins," *Proceedings of the Royal Society B* 280 (2013): 20130053. 앵무새도 서로를 부르는 이름을 지닐 수 있다. 새끼들이 아직 둥지에 있을 때 어미가 붙여줄 가능성이 있다. K. S. Berg et al., "Vertical Transmission of Learned Signatures in a Wild Parrot," *Proceedings of the Royal Society B* 279 (2012): 585 – 591.

34. B. Amsterdam, "Mirror Self-Image Reactions Before Age Two," *Developmental Psychobiology* 5 (1972): 297 – 305. 거울 자아 인식은 문화적 보편성을 띤다(거울이 없는 사회에서도 나타난다). 그러나 이 인식이 나타나는 정확한 연령은 문화 환경에 따라 조금 다를 수 있다. 다음을 보라. J. Kartner, H. Keller, N. Chaudhary, and R. D. Yovsi, "The Development of Mirror Self-Recognition in Different Sociocultural Contexts," *Monographs of the Society for Research in Child Development* 77 (2012).

35. J. R. Anderson and G. G. Gallup Jr., "Which Primates Recognize Themselves in Mirrors?," *PLOS Biology* 9 (2011): e1001024; J. M. Plotnik, F. B. M. de Waal, and D. Reiss, "Self-Recognition in an Asian Elephant," *PNAS: Proceedings of the National Academy of Sciences* 103 (2006): 17053 – 17057; D. Reiss and L. Marino, "Mirror Self-Recognition in the Bottlenose Dolphin: A Case of Cognitive Convergence," *PNAS: Proceedings of the National Academy of Sciences* 98 (2001): 5937 – 5942. 거울 자아 인식 능력을 보여주는 동물 목록은 짧다. 특정한 영장류, 코끼리, 고래류 외에 까치가 포함되며, 아마 개미와 만타가오리(대왕쥐가오리)도 들어갈 듯하다. H. Prior, A. Schwarz, and O. Gunturkun, "Mirror-Induced Behavior in the Magpie (*Pica pica*): Evidence of Self-Recognition," *PLOS Biology* 6 (2008): e202; M. Cammaerts and R. Cammaerts, "Are Ants (*Hymenoptera, Formicidae*) Capable of Self-Recognition?," *Journal of Science* 5 (2015): 521 – 532; C. Ari and D. P. D'Agostino, "Contingency Checking and Self-Directed Behaviors in Giant Manta Rays: Do Elasmobranchs Have Self-Awareness?," *Journal of*

Ethology 34 (2016): 167 – 174.

36. G. G. Gallup Jr., "Chimpanzees: Self-Recognition," *Science* 167 (1970): 86 – 87.

37. J. R. Anderson and G. G. Gallup, "Mirror Self-Recognition: A Review and Critique of Attempts to Promote and Engineer Self-Recognition in Primates," *Primates* 56 (2015): 317 – 326. 다음도 참조하라. C. W. Hyatt and W. D. Hopkins, "Self-Awareness in Bonobos and Chimpanzees: A Comparative Perspective," in S. T. Parker, R. W. Mitchell, and M. L. Boccia, eds., *Self-Awareness in Animals and Humans* (Cambridge: Cambridge University Press, 1994), pp. 248 – 253; S. D. Suarez and G. G. Gallup Jr., "Self-Recognition in Chimpanzees and Orangutans, but Not Gorillas," *Journal of Human Evolution* 10 (1981): 175 – 188; J. Riopelle, R. Nos, and A. Jonch, "Situational Determinants of Dominance in Captive Gorillas," in J. Biegert and W. Leutenegger, eds., *Proceedings of the Third International Congress on Primatology, Zurich, 1970* (Basel: Karger, 1971), pp. 86 – 91.

38. G. G. Gallup, M. K. McClure, S. D. Hill, and R. A. Bundy, "Capacity for Self-Recognition in Differentially Reared Chimpanzees," *Psychological Record* 21 (1971): 69 – 74.

39. 우리 종 내에서도 비슷한 일이 일어날 가능성이 있다. 한 연구에 따르면 걸음마 단계 아이toddler의 자아 인식 행동의 속성과 시기는 개체성과 자율성을 강조하는 육아 방식에 따라 문화별로 어느 정도 차이를 보인다. Kartner et al., "Development of Mirror Self-Recognition."

40. F. G. P. Patterson and R. H. Cohn, "Self-Recognition and Self-Awareness in Lowland Gorillas," in S. T. Parker, R. Mitchell, and M. L. Boccia, eds., *Self-Awareness in Animals and Humans* (Cambridge: Cambridge University Press, 1994), pp. 273 – 290.

41. R. Cohn, *Michael's Story, Where He Signs About His Family* (KokoFlix, March 23, 2008), video recording, https://www.youtube.com/watch?v=DXKsPqQ0Ycc. 다음도 참조하라. R. Morin, "A Conversation with Koko the Gorilla," *Atlantic*, August 28, 2015.

42. K. Gold and B. Scassellati, "A Bayesian Robot That Distinguishes 'Self' from 'Other,'" *Proceedings of the Annual Meeting of the Cognitive Science Society* 29 (2007): 1037 – 1042.

43. 고양이와 개는 거울 자아 인식 검사를 통과하지 못하며, 대개 거울상을 낯선 개체로 대한다. 개는 우리가 아는 것보다 실제로는 자의식을 더 갖추고 있지만 단지 시각에 치중하지 않기 때문에 거울 검사를 통과하지 못하는 것일 수 있다. 한 연구에서 개는 자신의 소변과 다른 개들의 소변을 구별할 수 있었다. M. Bekoff, "Observations of Scent-Marking and Discriminating Self from Others by a Domestic Dog (*Canis familiaris*): Tales of Displaced Yellow Snow," *Behavioural Processes* 55 (2001): 75-79. 다음도 참조하라. A. Horowitz, "Smelling Themselves: Dogs Investigate Their Own Odours Longer When Modified in an 'Olfactory Mirror' Test," *Behavioural Processes* 143 (2017): 17-24.

44. Plotnik, de Waal, and Reiss, "Self-Recognition in an Asian Elephant."

45. Ibid. 코끼리 3마리 중에서 해피만 표시 검사를 통과했다는 사실이 반드시 골치 아픈 문제인 것은 아니다. 영장류에게서도 비슷한 비율로 이런 개체들이 나타나기 때문이고, 맥신과 패티가 거울상이 자신의 모습임을 이해한다는 다른 관찰 증거들이 있기 때문이다.

46. Reiss and Marino, "Mirror Self-Recognition in the Bottlenose Dolphin." 흥미로운 점은 다른 종들(침팬지 등)이 남들의 표시에 주의를 기울이는 반면, 돌고래는 자신의 표시에만 관심을 보였다는 것이다. 아마 본래 서로 털을 골라주는 행동을 하지 않기 때문일 것이다.

47. F. Delfour and K. Marten, "Mirror Image Processing in Three Marine Mammal Species: Killer Whales (Orcinus orca), False Killer Whales (*Pseudorca crassidens*) and California Sea Lions (*Zalophus californianus*)," *Behavioural Processes* 53 (2001): 181-190.

48. 슬픔은 보편적이지만 애도 의식은 문화마다 다르다. J. Archer, *The Nature of Grief: The Evolution and Psychology of Reactions to Loss* (London: Routledge, 1999); P. C. Rosenblatt, R. P. Walsh, and D. A. Jackson, *Grief and Mourning in Cross-Cultural Perspective* (New Haven, CT: Human Relations Area File Press, 1976); W. Stroebe and M. S. Stroebe, *Bereavement and Health: The Psychological and Physical Consequences of Partner Loss* (Cambridge: Cambridge University Press, 1987). 상심의 신체 속성은 다음을 참조하라. D. N. DeWall et al., "Acetaminophen Reduces Social Pain: Behavioral and Neural Evidence," *Psychological Science* 21 (2010): 931-937.

49. H. Williams, *Historical and Archaeological Aspects of Egyptian Funerary*

Culture (Leiden: Brill, 2014); J. Toynbee, *Death and Burial in the Roman World* (Ithaca, NY: Cornell University Press, 1971); B. Effros, *Merovingian Mortuary Archaeology and the Making of the Early Middle Ages* (Berkeley: University of California Press, 2003); A. Reynolds, *Anglo-Saxon Deviant Burial Customs* (Oxford: Oxford University Press, 2009).

50. M. F. Oxenham et al., "Paralysis and Severe Disability Requiring Intensive Care in Neolithic Asia," *Anthropological Science* 117 (2009): 107 – 112. 다음도 참조하라. L. Tilley and M. F. Oxenham, "Survival Against the Odds: Modeling the Social Implications of Care Provision to Seriously Disabled Individuals," *International Journal of Paleopathology* 1 (2011): 35 – 42.

51. E. Crubezy and E. Trinkaus, "Shanidar 1: A Case of Hyperostotic Disease (DISH) in the Middle Paleolithic," *American Journal of Physical Anthropology* 89 (1992): 411 – 420. 이 네안데르탈인은 청각도 상실했을 수 있으며, 이런 점은 이 사람과에 속한 종에게 사회적 지원과 협력이 존재했다는 또 다른 간접 증거를 제공한다. E. Trinkaus and S. Villotee, "External Auditory Exostoses and Hearing Loss in the Shanidar 1 Neanderthal," *PLOS ONE* 12 (2017): e0186684.

52. D. W. Frayer, W. E. Horton, R. Macchiarelli, and M. Mussi, "Dwarfism in an Adolescent from the Italian Late Upper Paleolithic," *Nature* 330 (1987): 60 – 62. 유해로 판단할 때 키가 약 105센티미터였던 그는 팔꿈치 움직임에 심한 제약이 있었다. 유목 생활을 하는 집단에는 심각한 지장을 주는 장애였을 것이다. 사망했을 때 그는 "중요한 동굴"에 특별한 장례 의식을 거쳐 묻혔다. 지위가 높았음을 시사한다.

53. D. N. Dickel and G. H. Doran, "Severe Neural Tube Defect Syndrome from the Early Archaic of Florida," *American Journal of Physical Anthropology* 80 (1989): 325 – 334. 척추갈림증을 앓았던 이 소년은 몸이 마비되어 움직임에 심각한 지장이 있었다. 또한 하체에 감각 상실과 감염의 증거도 있다(현대에도 이런 유형의 마비에 수반될 수 있는 증상들이다).

54. J. Goodall, *Through a Window: My Thirty Years with the Chimpanzees of Gombe* (Boston: Houghton Mifflin, 1990).

55. J. Anderson, A. Gillies, and L. Lock, "Pan Thanatology," *Current Biology* 20 (2010): R349 – R351.

56. A. L. Engh et al., "Behavioural and Hormonal Responses to Predation in

Female Chacma Baboons (*Papio hamadryas ursinus*)," *Proceedings of the Royal Society B* 273 (2006): 707 – 712.

57. A. J. Willingham, "A Mourning Orca Mom Carried Her Dead Baby for Days Through the Ocean," CNN, July 27, 2018, https://www.cnn. com/2018/07/27/us/killer-whale-mother-dead-baby-trnd/index. html?no-st=1532790132. 돌고래가 죽은 동료의 시체를 "지키는" 비슷한 행동을 한다는 보고가 여럿 있다. K. M. Dudzinski, M. Sakai, M. Masaki, K. Kogi, T. Hishii, and M. Kurimoto, "Behavioural Observations of Bottlenose Dolphins Towards Two Dead Conspecifics," *Aquatic Mammals* 29 (2003): 108 – 116; F. Ritter, "Behavioral Responses of Rough-Toothed Dolphins to a Dead Newborn Calf," *Marine Mammal Science* 23 (2007): 429 – 433.

58. Y. Warren and E. A. Williamson, "Transport of Dead Infant Mountain Gorillas by Mothers and Unrelated Females," *Zoo Biology* 23 (2004): 375 – 378; D. Biro, T. Humle, K. Koops, C. Sousa, M. Hayashi, and T. Matsuzawa, "Chimpanzee Mothers at Bossou, Guinea Carry the Mummified Remains of Their Dead Infants," *Current Biology* 20 (2010): R351 – R352; T. Li, B. Ren, D. Li, Y. Zhang, and M. Li, "Maternal Responses to Dead Infants in Yunnan Snub-Nosed Monkey (*Rhinopithecus bieti*) in the Baimaxueshan Nature Reserve, Yunnan, China," *Primates* 53 (2012): 127 – 132.

59. E. J. C. van Leeuwen, K. A. Cronin, and D. B. M. Haun, "Tool Use for Corpse Cleaning in Chimpanzees," *Scientific Reports* 7 (2017): 44091. 그러나 씻기기 행동은 "시체" 씻겨주기가 아니라 단순히 "사회적" 씻겨주기일 수 있다. 슬픔이 아니라 모성 본능이 이런 행동을 낳았을 가능성이 있다. W. C. McGrew and D. E. G. Tutin, "Chimpanzee Tool Use in Dental Grooming," *Nature* 241 (1973): 477 – 478. 한마디 덧붙이자면 여기서 이런 도구들이 개체의 활동을 돕는 차원이 아니라 "사회적" 차원에서 쓰인다는 점은 주목할 만하다.

60. C. Moss, *Echo of the Elephants: The Story of an Elephant Family* (New York: William Morrow, 1992), p. 60. 또 모스는 아마 코끼리들에게 살해당했을 가능성이 있는 사람의 뼈를 제외하고, 다른 동물의 뼈에는 코끼리들이 이런 존중을 표하지 않는다고 말한다(p. 61).

61. J. Poole, *Coming of Age with Elephants: A Memoir* (New York: Hyperion, 1996), p. 95. Examples of such death rituals pervade both the scientific and the popular literature. 이런 죽음 의례 사례는 과학 연구뿐 아니라 대중 작품

에서도 흔히 나온다. 예를 들어 다음을 보라. M. Meredith, *Elephant Destiny: Biography of an Endangered Species in Africa* (New York: PublicAffairs, 2004).

62. Poole, *Coming of Age*, p. 165.

63. Ibid., p. 161.

64. "World: South Asia Elephant Dies of Grief," BBC News, May 6, 1999, http://news.bbc.co.uk/2/hi/south_asia/337356.stm.

65. G. A. Bradshaw, A. N. Schore, J. L. Brown, J. H. Poole, and C. J. Moss, "Elephant Breakdown," *Nature* 433 (2005): 807.

66. 예를 들어 다음을 보라. O. Karasapan, "Syria's Mental Health Crisis," Brookings Institution, April 25, 2016, https://www.brookings.edu/blog/future-development/2016/04/25/ syrias-mental-health-crisis/.

67. M. P. Crawford, "The Cooperative Solving of Problems by Young Chimpanzees," *Comparative Psychology Monographs* 14 (1937).

68. K. A. Mendres and F. B. M. de Waal, "Capuchins Do Cooperate: The Advantage of an Intuitive Task," *Animal Behaviour* 60 (2000): 523–529. 다른 계통에 속한 목화머리타마린cotton-top tamarin(솜털머리타마린)이라는 원숭이종은 비슷한 검사에서 97퍼센트의 비율로 협력에 성공해 대단히 높은 협력 능력을 보여주었다. K. A. Cronin, A. V. Kurian, and C. T. Snowdon, "Cooperative Problem Solving in a Cooperatively Breeding Primate (*Saguinus oedipus*)," *Animal Behaviour* 69 (2005): 133–142.

69. J. M. Plotnik, R. Lair, W. Suphachoksahakun, and F. B. M. de Waal, "Elephants Know When They Need a Helping Trunk in a Cooperative Task," *PNAS: Proceedings of the National Academy of Sciences* 108 (2011): 5116–5121. 돌고래를 대상으로 한 비슷한 실험들은 다음을 참조하라. K. Jaakkola, E. Guarino, K. Donegan, and S. L. King, "Bottlenose Dolphins Can Understand Their Partner's Role in a Cooperative Task," *Proceedings of the Royal Society B* 285 (2018): 20180948.

70. M. A. Nowak, "Five Rules for the Evolution of Cooperation," *Science* 314 (2006): 1560–1563.

71. M. Lynn and A. Grassman, "Restaurant Tipping: An Examination of Three 'Rational' Explanations," *Journal of Economic Psychology* 11, no. 2 (1990): 169–181; O. H. Azar, "What Sustains Social Norms and How They Evolve? The Case of Tipping," *Journal of Economic Behavior and Organization* 54

(2004): 49 – 64.

72. National Volunteer Fire Council, "Final Report: The Role of Volunteer Fire Service in the September 11, 2001, Terrorist Attacks" (Washington, DC, August 1, 2002). 예를 들어 세계무역센터 공격 이후 뉴욕시에서만 의용소방대 286곳의 구급대원 약 2600명이 4만 3700시간 넘게 구조 활동에 나섰다. 2005년 허리케인 카트리나가 강타하자 미국인 57만 5554명이 멕시코만 지역에서 자원봉사를 하고, 약 1800만 명이 피해 복구 성금을 기부했다. "The Power of Help and Hope After Katrina by the Numbers: Volunteers in the Gulf," Corporation for National and Community Service, September 18, 2006, https://www.nationalservice.gov/pdf/katrina_volunteers_respond.pdf.

73. 하드자족의 협력과 비친족 유대에 관해서는 다음을 참조하라. C. L. Apicella, F. W. Marlowe, J. H. Fowler, and N. A. Christakis, "Social Networks and Cooperation in Hunter-Gatherers," *Nature* 481 (2012): 497 – 501, and K. M. Smith, T. Larroucau, I. A. Mabulla, and C. L. Apicella, "Hunter-Gatherers Maintain Assortativity in Cooperation Despite High Levels of Residential Change and Mixing," *Current Biology* 28 (2018): 1 – 6.

74. R. Axelrod and W. D. Hamilton, "The Evolution of Cooperation," *Science* 211 (1981): 1390 – 1396.

75. M. A. Nowak and K. Sigmund, "Evolution of Indirect Reciprocity," *Nature* 437 (2005): 1291 – 1298.

76. G. Hardin, "The Tragedy of the Commons," *Science* 162 (1968): 1243 – 1248.

77. V. Capraro and H. Barcelo, "Group Size Effect on Cooperation in One-Shot Social Dilemmas. II: Curvilinear Effect," *PLOS ONE* 10 (2015): e0138744; R. M. Isaac and J. M. Walker, "Group Size Effects in Public Goods Provision: The Voluntary Contributions Mechanism," *Quarterly Journal of Economics* 103 (1988): 179 – 199.

78. B. Allen et al., "Evolutionary Dynamics on Any Population Structure," *Nature* 544 (2017): 227 – 230.

79. C. Boehm, *Hierarchy in the Forest: The Evolution of Egalitarian Behavior* (Cambridge, MA: Harvard University Press, 2001).

80. J. Henrich et al., "Costly Punishment Across Human Societies," *Science* 312 (2006): 1767 – 1770; J. Henrich et al., " 'Economic Man' in Cross-Cultural Perspective: Ethnography and Experiments from 15 Small-Scale Societies,"

Behavioral and Brain Sciences 28 (2005): 795 – 855.

81. W. Güth, R. Schmittberger, and B. Schwarze, "An Experimental Analysis of Ultimatum Bargaining," *Journal of Economic Behavior and Organization* 3 (1982): 367 – 388; M. A. Nowak, K. M. Page, and K. Sigmund, "Fairness Versus Reason in the Ultimatum Game," *Science* 289 (2000): 1773 – 1775.

82. 이 게임의 또 다른 변형은 신뢰 게임trust game이다. 여기서는 참가자 1이 참가자 2에게 얼마나 줄지 판단하고, 연구자는 이 액수를 3배로 늘린다. 그런 뒤 참가자 2는 참가자 1에게 얼마나 돌려줄지 결정한다. 참가자 1은 참가자 2를 신뢰해야 많은 돈을 줄 것이다. 그리고 참가자 1에게 많은 돈을 돌려준다면 참가자 2는 매우 믿을 만한 사람으로 보일 수 있다.

83. Henrich et al., "Costly Punishment."

84. J. Henrich, "Does Culture Matter in Economic Behavior? Ultimatum Game Bargaining Among the Machiguenga of the Peruvian Amazon," *American Economic Review* 90 (2000): 973 – 979.

85. Henrich et al., "Costly Punishment."

86. J. Henrich et al., "Overview and Synthesis," in J. Henrich, R. Boyd, S. Bowles, C. Camerer, W. Fehr, and H. Gintis, eds., *Foundations of Human Sociality: Economic Experiments and Ethnographic Evidence from Fifteen Small-Scale Societies* (Oxford: Oxford University Press, 2004), pp. 8 – 54.

87. 전 세계에서 전형적인 독재자 게임 상황에 제3자인 처벌자를 추가했을 때 처벌자 약 60퍼센트는 너무 이기적인 독재자(이를테면 받은 돈 중 절반 미만으로 나눠주는 독재자)를 처벌하는 쪽을 택했다. E. Fehr and U. Fischbacher, "Third-Party Punishment and Social Norms," *Evolution and Human Behavior* 25 (2004): 63 – 87.

88. Henrich et al., "Costly Punishment." 또 연구진은 이런 문화 규범들이 모든 집단에서 나타나는 이타 행동의 유전 토대에 영향을 미칠 수 있다고 주장한다. 유전자-문화 공진화를 시사하는 대목이다(이 책 11장을 참조하라). 지역별 처벌 행동은 사람들에게 처벌 실행, 예측, 회피 성향을 부여하는 심리 형질들의 유전 진화를 선호하는 사회 환경을 조성할 수 있다.

89. S. Lotz, T. G. Okimoto, T. Schlösser, and D. Fetchenhauer, "Punitive Versus Compensatory Reactions to Injustice: Emotional Antecedents to Third-Party Interventions," *Journal of Experimental Social Psychology* 47 (2011): 477 – 480.

90. E. Fehr and S. Gächter, "Altruistic Punishment in Humans," *Nature* 415 (2002): 137 – 140.

91. R. Boyd, H. Gintis, S. Bowles, and P. J. Richerson, "The Evolution of Altruistic Punishment," *PNAS: Proceedings of the National Academy of Sciences* 100 (2003): 3531 – 3535.

92. C. Hauert, S. De Monte, J. Hofbauer, and K. Sigmund, "Volunteering as Red Queen Mechanism for Cooperation in Public Goods Games," *Science* 296 (2002): 1129 – 1132.

93. 이 순환 패턴은 "붉은 여왕 가설Red Queen hypothesis" 또는 "붉은 여왕 동역학Red Queen dynamics"이라고 부른다. 루이스 캐럴Lewis Carroll의 소설 《거울 나라의 앨리스Through the Looking-Glass》에서 붉은 여왕이 주인공 앨리스에게 말하는 내용에서 비롯되었다. 이 소설에서 앨리스가 자기가 온 나라에서는 오랫동안 아주 빨리 달리면 다른 곳에 가 있게 된다고 말하자 붉은 여왕은 이렇게 대답한다. "거긴 좀 느린 나라구나! 여기는 보다시피, 네가 할 수 있는 한 힘껏 달려야만 같은 곳에 머무를 수 있어."

94. 따라서 진화의 이런 수학 모형은 처벌이 어떻게 출현할 수 있었는지에 관한 중요한 통찰을 제공한다. 외톨이가 되는 선택권이 존재할 때 협력자와 처벌자를 제외한 다른 이들은 사라질 것이고, 따라서 처벌 비용이 드는 배신자가 다 없어지므로, 처벌자가 출현해 생존할 수 있다(그리고 협력자와 동일한 보상을 얻을 수 있다). J. H. Fowler, "Altruistic Punishment and the Origin of Cooperation," *PNAS: Proceedings of the National Academy of Sciences* 102 (2005): 7047 – 7049. 후속 연구도 이를 뒷받침한다. 단순한 진화 모형들은 집단에서 일어나는 변화가 "결정론적"이라고 가정한다. 즉 한 유형이 다른 유형보다 더 낫다면 집단에서 확실하게 빈도가 증가할 것이라고 가정한다. 그러나 적자 생물fittest organism이 "항상" 생존할 것이라고 볼 이유는 전혀 없다. 진화는 추측통계학적stochastic(추계학적)이다. C. Hauert, A. Traulsen, H. Brandt, M. A. Nowak, and K. Sigmund, "Via Freedom to Coercion: The Emergence of Costly Punishment," *Science* 316 (2007): 1905 – 1907.

95. B. Wallace, D. Cesarini, P. Lichtenstein, and M. Johannesson, "Heritability of Ultimatum Game Responder Behavior," *PNAS: Proceedings of the National Academy of Sciences* 104 (2007): 15631 – 15634; D. Cesarini, C. Dawes, J. H. Fowler, M. Johannesson, P. Lichtenstein, and B. Wallace, "Heritability of Cooperative Behavior in the Trust Game," *PNAS: Proceedings of the*

National Academy of Sciences 105 (2008): 3271 – 3276; D. Cesarini, C. T. Dawes, M. Johannesson, P. Lichtenstein, and B. Wallace, "Genetic Variation in Preferences for Giving and Risk Taking," *Quarterly Journal of Economics* 124 (2009): 809 – 842.

96. "사회성 모둠"의 다른 측면들은 전혀 지니지 않은 채 단순히 집단을 이루어 살아가는 것만으로 종에게 돌아오는 혜택이 있다. 섭식 효율성feeding efficiency 증가, 다양한 환경의 이용 효율성 증가(떼지어 다니는 동물들이 자신들에게 유익한 방식으로 초원을 밟고 다닐 때처럼), 포식 위험 감소(물고기 떼처럼) 등이 이런 혜택일 수 있다. 물론 집단생활을 하는 모든 동물에게서 이런 혜택이 다 나타나는 것은 아니다.

97. T. M. Caro and M. D. Hauser, "Is There Teaching in Non-Human Animals?," *Quarterly Review of Biology* 67 (1992): 151 – 174.

98. B. S. Hewlett and C. J. Roulette, "Teaching in Hunter-Gatherer Infancy," *Royal Society Open Science* 3 (2015): 150403.

99. 개미, 미어캣, 흑백꼬리치레에게서 교육이 이루어진다는 실험 증거는 다음을 참조하라. N. R. Franks and T. Richardson, "Teaching in Tandem Running Ants," *Nature* 439 (2006): 153; A. Thornton and K. McAuliffe, "Teaching in Wild Meerkats," *Science* 313 (2006): 227 – 229; N. J. Raihani and A. R. Ridley, "Experimental Evidence for Teaching in Wild Pied Babblers," *Animal Behaviour* 75 (2008): 3 – 11.

100. 영장류가 원래 인간에게 배운 것을 서로에게 가르친다는 흥미로운 사례들이 있다. 예를 들어 수화에 정통한 어미 침팬지가 새끼에게 수화를 하는 법을 보여주는 광경이 목격되었다. R. S. Fouts, A. D. Hirsch, and D. H. Fouts, "Cultural Transmission of a Human Language in a Chimpanzee Mother-Infant Relationship," in H. E. Fitzgerald, J. A. Mullins, and P. Gage, eds., *Child Nurturance* (New York: Plenum Press, 1982), pp. 159 – 193. 같은 맥락에서 고릴라 코코Koko는 사람의 손을 잡고 적절한 모양으로 구부려 사람에게 수화를 가르치려는 시도를 했다. F. Patterson and E. Linden, *The Education of Koko* (New York: Holt, Rinehart and Winston, 1981).

101. C. Boesch, "Teaching Among Wild Chimpanzees," *Animal Behaviour* 41 (1991): 530 – 532.

102. S. Yamamoto, T. Humle, and M. Tanaka, "Basis for Cumulative Cultural Evolution in Chimpanzees: Social Learning of a More Efficient Tool-Use Technique," *PLOS ONE* 8 (2013): e55768.

103. T. Humle and T. Matsuzawa, "Ant-Dipping Among the Chimpanzees of Bossou, Guinea, and Some Comparisons with Other Sites," *American Journal of Primatology* 58 (2002): 133 – 148.

104. A. Whiten et al., "Cultures in Chimpanzees," *Nature* 399 (1999): 682 – 685.

105. F. Brotcorne et al., "Intergroup Variation in Robbing and Bartering by Long-Tailed Macaques at Uluwatu Temple (Bali, Indonesia)," *Primates* 58 (2017): 505 – 516.

106. B. Owens, "Monkey Mafia Steal Your Stuff, Then Sell It Back for a Cracker," *New Scientist*, May 25, 2017.

107. P. I. Chiyo, C. J. Moss, and S. C. Alberts, "The Influence of Life History Milestone and Association Networks on Crop-Raiding Behavior in Male African Elephants," *PLOS ONE* 7 (2012): e31382. 돌고래의 도구 이용 사례는 다음을 보라. J. Mann, M. A. Stanton, E. M. Patterson, E. J. Bienenstock, and L. O. Singh, "Social Networks Reveal Cultural Behaviour in Tool-Using Dolphins," *Nature Communications* 3 (2012): 980.

108. 연결망 밀도가 무슨 뜻인지 감을 잡기 위해 10명으로 이루어진 연결망을 상상해 보자. 그들 사이에 가능한 연결 수는 (10×9)/2=45가지다. 그중 전부 또는 일부만 이 실제로 존재할 수 있다. 이 비율이 바로 연결망 밀도다.

109. Chiyo, Moss, and Alberts, "Influence of Life History."

110. C. Foley, N. Pettorelli, and L. Foley, "Severe Drought and Calf Survival in Elephants," *Biology Letters* 4 (2008): 541 – 544.

111. 아이러니하게 엘니뇨는 고래의 먹이는 줄이는 반면에 코끼리의 먹이는 늘린다. G. Wittemyer, I. Douglas-Hamilton, and W. M. Getz, "The Socioecology of Elephants: Analysis of the Processes Creating Multi-Tiered Social Structures," *Animal Behaviour* 69 (2005): 1357 – 1371. 이처럼 날씨 같은 외인성exogenous 사건들이 번식 시기를 동기화synchronization하고 출산 시기를 일치시키는 메커니즘의 형태로 동물의 사회 구조에 영향을 미친다는 점은 흥미롭다.

112. L. Weilgart, H. Whitehead, and K. Payne, "A Colossal Convergence," *American Scientist* 84 (1996): 278 – 287. 코끼리와 고래는 커다란 몸집, 장수, 낮은 출산율, 공동 육아라는 측면에서도 공통점이 있다.

113. Whiten et al., "Cultures in Chimpanzees."

114. B. Kenward et al., "Behavioural Ecology: Tool Manufacture by Naïve Juvenile Crows," *Nature* 433 (2005): 121. 까마귀가 사용하는 도구의 모양이 지

역별로 차이를 보이는 것은 누적되는 문화 진화를 반영할 수 있다.

115. K. N. Laland and V. M. Janik, "The Animal Culture Debate," *Trends in Ecology and Evolution* 21 (2006): 542 – 547.

116. S. Mineka and M. Cook, "Social Learning and the Acquisition of Snake Fear in Monkeys," in T. R. Zentall and E. G. Galef Jr., eds., *Social Learning: Psychological and Biological Perspective* (Hillsdale, NJ: Lawrence Erlbaum, 1988), pp. 51 – 74.

117. B. Sznajder, M. W. Sabelis, and M. Egas, "How Adaptive Learning Affects Evolution: Reviewing Theory on the Baldwin Effect," *Evolutionary Biology* 39 (2012): 301 – 310.

118. A. Whiten, "The Second Inheritance System of Chimpanzees and Humans," *Nature* 437 (2005): 52 – 55.v

119. D. P. Schofield, W. C. McGrew, A. Takahashi, and S. Hirata, "Cumulative Culture in Nonhumans: Overlooked Findings from Japanese Monkeys?," *Primates* 59 (2017): 113 – 122.

120. Boesch, "Teaching Among Wild Chimpanzees."

121. 오랑우탄의 6개 집단은 나뭇잎 인형 제작, 둥지의 햇빛 가리개 설치, 자위행위 도구 이용 측면에서 다양성을 보였다. 꼬리감는원숭이를 대상으로도 비슷한 분석이 이루어졌다. C. P. van Schaik et al., "Orangutan Cultures and the Evolution of Material Culture," *Science* 299 (2003): 102 – 105; S. Perry et al., "Social Conventions in Wild Capuchin Monkeys: Evidence for Behavioral Traditions in a Neotropical Primate," *Current Anthropology* 44 (2003): 241 – 268.

122. C. Hobaiter, T. Poisot, K. Zuberbuhler, W. Hoppitt, and T. Gruber, "Social Network Analysis Shows Direct Evidence for Social Transmission of Tool Use in Wild Chimpanzees," *PLOS Biology* 12 (2014): e1001960.

123. J. Allen, M. Weinrich, W. Hoppitt, and L. Rendell, "Network-Based Diffusion Analysis Reveals Cultural Transmission of Lobtail Feeding in Humpback Whales," *Science* 340 (2013): 485 – 488.

124. D. Wroclavsky, "Killer Whales Bring the Hunt onto Land," Reuters, April 17, 2008, https://www.reuters.com/article/us-argentina-orcas-feature-idUSMAR719014 20080417?src=RSS-SCI.

125. H. Whitehead and L. Rendell, *The Cultural Lives of Whales and Dolphins*

(Chicago: University of Chicago Press, 2014).

126. E. J. C. van Leewen, K. A. Cronin, and D. B. M. Haun, "A Group-Specific Arbitrary Tradition in Chimpanzees (*Pan troglodytes*)," *Animal Cognition* 17 (2014): 1421-1425.

127. D. Kim et al., "Social Network Targeting to Maximise Population Behaviour Change: A Cluster Randomised Controlled Trial," *Lancet* 386 (2015): 145-153.

128. 쓸모없거나 심지어 해로운 관습이 집단에서 유지될 수 있는 방식들은 분명히 더 있다. 예를 들어 처벌이 가능하다면 적응도가 낮은 행동조차 유지될 수 있다. 다음을 참조하라. R. Boyd and P. J. Richerson, "Punishment Allows the Evolution of Cooperation (or Anything Else) in Sizable Groups," *Ethology and Sociobiology* 13 (1992): 171-195.

10장

1. D. Attenborough, *Animal Behavior of the Australian Bowerbird*, BBC Studios, February 9, 2007, https://www.youtube.com/watch?v=GPbWJPsBPdA. 이 영상에서 애튼버러는 자신이 호주가 아니라 뉴기니섬에 있다고 말한다.

2. R. O. Prum, *The Evolution of Beauty: How Darwin's Forgotten Theory of Mate Choice Shapes the Animal World —and Us* (New York: Doubleday, 2017), p. 182.

3. J. Diamond, "Animal Art: Variation in Bower Decorating Style Among Male Bowerbirds *Amblyornis inornatus*," *PNAS: Proceedings of the National Academy of Sciences* 83 (1986): 3042-3046.

4. L. A. Kelly and J. A. Ender, "Male Great Bowerbirds Create Forced Perspective Illusions with Consistently Different Individual Quality," *PNAS Proceedings of the National Academy of Sciences* 109 (2012): 20980-20985.

5. Prum, *Evolution of Beauty*, p. 199.

6. 2005년 제임스 파울러와 나는 사회 연결망에서 서로 연결된 이들 사이에 우울증이 얼마나 잘 퍼지는지 탐구하고 있었다. 이 연구 결과는 나중에 논문으로 발표되었다. J. N. Rosenquist, J. H. Fowler, and N. A. Christakis, "Social Network Determinants of Depression," *Molecular Psychiatry* 16 (2011): 273-281. 이 연구를 하면서 우리는 정신과 의사가 표현형을 보는 방식에 익숙해졌다. 정신과 의사에게 표현형은 반드시 가시적이지 않고 매우 미묘할 수 있기 때문이다. 정신

과 의사는 더 뚜렷한 표현형으로 이어지는 인과 경로의 중간 단계 내부 표현형을 "내적 표현형endophenotype"이라고 부른다. 예를 들어 양극성장애를 보이는 사람은 얼굴을 잘 알아보지 못할 수 있으며, 이는 적어도 한 유전자의 기능 장애에서 비롯될 수 있다. 이 얼굴을 잘 알아보지 못하는 증상이 바로 내적 표현형이다. 그래서 이 주제를 탐구하다가 우리는 외적 표현형 또한 있지 않을까 하는 생각을 하게 되었다. 외적 표현형이라는 용어는 원래 버나드 존Bernard John과 케네스 루이스Kenneth Lewis가 형태학적으로 동일하지만 전혀 다른 행동을 하는 메뚜기들을 살펴보다가 창안했다. B. John and K. R. Lewis, "Chromosome Variability and Geographic Distribution in Insects," *Science* 152 (1966): 711-721.

7. R. Dawkins, *The Extended Phenotype: The Long Reach of the Gene* (Oxford: W. H. Freeman, 1982), p. vi.

8. 1982년 도킨스는 이 논리의 증거가 빈약하다면서 자신의 책을 일종의 "주장"을 담은 저서라고 봐야 한다고 말했다. Ibid., p. vii. 과학자로서 할 수 있는 가장 겸허해지는 동시에 안심이 되는 경험 중 하나는 어떤 개념을 자신이 처음 내놓은 것이 아니라는 사실을 알아차릴 때다.

9. Ibid. 도킨스는 20년 뒤 다시 이 주제를 살펴보았다. R. Dawkins, "Extended Phenotype — But Not Too Extended: A Reply to Laland, Turner, and Jablonka," *Biology and Philosophy* 19 (2004): 377-396.

10. H. Eiberg et al., "Blue Eye Color in Humans May Be Caused by a Perfectly Associated Founder Mutation in a Regulatory Element Located Within the *HERC2* Gene Inhibiting *OCA2* Expression," *Human Genetics* 123 (2008): 177-187. 이때 파란색은 파란 색소 때문이 아니라 눈에 있는 물질의 물리 구조 때문에 생긴다(공작의 깃털 색소가 사실은 모두 갈색이지만 빛을 산란하는 방식 때문에 파란색이나 초록색으로 보이는 것과 마찬가지다).

11. Ibid. 다음도 참조하라. J. J. Negro, M. C. Blázquez, and I. Galván, "Intraspecific Eye Color Variability in Birds and Mammals: A Recent Evolutionary Event Exclusive to Humans and Domestic Animals," *Frontiers in Zoology* 14 (2017): 53.

12. 예를 들어 다음을 보라. R. N. Frank, J. E. Puklin, C. Stock, and L. A. Canter, "Race, Iris Color, and Age-Related Macular Degeneration," *Transactions of the American Ophthalmological Society* 98 (2000): 109-117; R. Ferguson et al., "Genetic Markers of Pigmentation Are Novel Risk Loci for Uveal Melanoma," *Scientific Reports* 6 (2016): 31191.

13. 인류학자 존 호크스John Hawks는 1만 년 전에는 파란색 눈을 지닌 사람이 아무도 없었다고 말한다. 현재 파란색 눈을 지닌 사람들이 큰 집단을 이루고 있다는 점을 생각하면 이런 사람들이 그렇지 않은 사람들에 비해 약 5퍼센트 번식 이점을 지니는 이유가 무엇인지 의문이 든다. J. Hawks et al., "Recent Acceleration of Human Adaptive Evolution," *PNAS: Proceedings of the National Academy of Sciences* 104 (2007): 20753 – 20758.

14. D. Peshek, N. Semmaknejad, D. Hoffman, and P. Foley, "Preliminary Evidence That the Limbal Ring Influences Facial Attractiveness," *Evolutionary Psychology* 9 (2011): 137 – 146.

15. 그러나 한 연구에서는 갈색 눈을 지닌 사람을 더 믿을 만하게 여긴다고 나왔다. K. Kleisner, L. Priplatova, P. Frost, and J. Flegr, "Trustworthy-Looking Face Meets Brown Eyes," *PLOS ONE* 8 (2013): e53285.

16. Dawkins, "Extended Phenotype."

17. 주택 건축은 문화 영역에 속한다. 그러나 건축은 다른 수단을 통해, 즉 11장에서 논의할 유전자-문화 공진화라는 과정을 통해 우리 진화에 영향을 미칠 수 있다.

18. I. Arndt and J. Tautz, Animal Architecture (New York: Harry N. Abrams, 2014); M. Hansell, *Built by Animals: The Natural History of Animal Architecture* (Oxford: Oxford University Press, 2007).

19. T. A. Blackledge, N. Scharff, J. A. Coddington, T. Szüts, J. W. Wenzel, C. Y. Hayashi, and I. Agnarssona, "Reconstructing Web Evolution and Spider Diversification in the Molecular Era," *PNAS: Proceedings of the National Academy of Sciences* 106 (2009): 5229 – 5234. 거미목에서 거미집의 기원과 진화는 아직 논쟁거리다. J. E. Garb, T. DiMauro, V. Vo, and C. Y. Hayashi, "Silk Genes Support the Single Origin of Orb Webs," *Science* 312 (2006): 1762. 거미집은 구조뿐 아니라 자외선 반사(덜 반사할수록 먹이가 알아차리기 어렵다), 끈적임, 강도, 탄성 유지 방식 같은 특징들 측면에서 다양하다.

20. 적응 방산이라는 개념은 찰스 다윈이 1835년 갈라파고스제도Galápagos Islands에 가서 조사한 핀치finch들을 통해 가장 유명해졌다. 핀치들은 갈라파고스제도 중 자신이 사는 곳에서 구할 수 있는 먹이에 따라 부리 모양이 제각기 달랐다. 열매 껍데기를 깨어 먹는 핀치는 부리가 두꺼웠고, 선인장의 꿀을 빠는 핀치는 부리가 가늘었다. Alx1이라는 유전자가 이 종들의 부리 모양에 영향을 미친다. S. Lamichhaney et al., "Evolution of Darwin's Finches and Their Beaks Revealed by Genome Sequencing," *Nature* 518 (2015): 371 – 375. 덧붙이자

면 이 유전자는 생쥐와 사람의 얼굴 특징에도 영향을 미친다고 알려져 있다. 물론 거미집 사례에서는 달라지는 것이 몸 부위가 아니라 외부 건축물이다.

21. 바우어새과 중에서 칙칙한 깃털을 지닌 종은 더 정교한 바우어를 짓는 반면, 화려한 깃털을 지닌 종은 덜 인상적인 바우어를 짓는 경향이 있다. 마치 시간이 흐르면서 일부 종이 신체 표현형을 강조하는 쪽에서 행동 외적 표현형을 강조하는 쪽으로 옮겨간 듯하다. Dawkins, *Extended Phenotype*, p. 199.

22. J. N. Weber, B. K. Peterson, and H. E. Hoekstra, "Discrete Genetic Modules Are Responsible for Complex Burrow Evolution in Peromyscus Mice," *Nature* 493 (2013): 402–405.

23. D. P. Hughes, "On the Origins of Parasite Extended Phenotypes," *Integrative and Comparative Biology* 54 (2014): 210–217.

24. W. M. Ingram, L. M. Goodrich, E. A. Robey, and M. B. Eisen, "Mice Infected with Low-Virulence Strains of *Toxoplasma gondii* Lose Their Innate Aversion to Cat Urine, Even After Extensive Parasite Clearance," *PLOS ONE* 8 (2013): e75246.

25. D. G. Biron, F. Ponton, C. Joly, A. Menigoz, B. Hanelt, and F. Thomas, "Water-Seeking Behavior in Insects Harboring Hairworms: Should the Host Collaborate?," *Behavioral Ecology* 16 (2005): 656–660.

26. S. A. Adamo, "The Strings of the Puppet Master: How Parasites Change Host Behavior," in D. P. Hughes, J. Brodeur, and F. Thomas, eds., *Host Manipulation by Parasites* (Oxford: Oxford University Press, 2012), pp. 36–53.

27. M. A. Fredericksen et al., "Three-Dimensional Visualization and a Deep-Learning Model Reveal Complex Fungal Parasite Networks in Behaviorally Manipulated Ants," *PNAS: Proceedings of the National Academy of Sciences* 114 (2017): 12590–12595.

28. D. P. Hughes, T. Wappler, and C. C. Labandeira, "Ancient Death-Grip Leaf Scars Reveal Ant-Fungal Parasitism," *Biology Letters* 7 (2011): 67–70.

29. T. R. Sampson and S. K. Mazmanian, "Control of Brain Development, Function, and Behavior by the Microbiome," *Cell Host and Microbe* 17 (2015): 565–576.

30. A. D. Blackwell et al., "Helminth Infection, Fecundity, and Age of First Pregnancy in Women," *Science* 350 (2015): 970–972.

31. A. Y. Panchin, A. I. Tuzhikov, and Y. V. Panchin, "Midichlorians—the Biomeme

Hypothesis: Is There a Microbial Component to Religious Rituals?," *Biology Direct* 9 (2014): 14. 다음도 참조하라. S. K. Johnson et al., "Risky Business: Linking Toxoplasma gondii Infection and Entrepreneurship Behaviours Across Individuals and Countries," *Proceedings of the Royal Society B* 285 (2018): 20180822.

32. L. T. Morran et al., "Running with the Red Queen: Host-Parasite Coevolution Selects for Biparental Sex," *Science* 333 (2011): 216 – 218. 이 "제자리 뛰기running in place" 현상은 유성 생식sexual reproduction의 기원을 설명해줄지 모른다. 다음을 보라. M. Ridley, *The Red Queen: Sex and the Evolution of Human Nature* (New York: Macmillan, 1993).

33. J. W. Bradbury and S. L. Vehrencamp, *Principles of Animal Communication*, 2nd ed. (Oxford: Oxford University Press, 2011).

34. N. Demandt, B. Saus, R. H. J. M. Kurvers, J. Krause, J. Kurtz, and J. P. Scharsack, "Parasite-Infected Sticklebacks Increase the Risk-Taking Behavior of Uninfected Group Members," *Proceedings of the Royal Society B* 285 (2018): 20180956.

35. 이 사례조차 복잡해질 수 있다. 어떤 생물의 배설 방식이 해당 생물에게 이로운 방식으로 땅을 더 기름지게 하는 결과를 낳는다면 이는 외적 표현형 효과로 볼 수 있을 것이다.

36. Dawkins, *Extended Phenotype*, pp. 206 – 207.

37. L. Glowacki, A. Isakov, R. W. Wrangham, R. McDermott, J. H. Fowler, and N. A. Christakis, "Formation of Raiding Parties for Intergroup Violence Is Mediated by Social Network Structure," *PNAS: Proceedings of the National Academy of Sciences* 113 (2016): 12114 – 12119.

38. F. Biscarini, H. Bovenhuis, J. van der Poel, T. B. Rodenburg, A. P. Jungerius, and J. A. M. van Arendonk, "Across-Line SNP Association Study for Direct and Associative Effect on Feather Damage in Laying Hens," *Behavior Genetics* 40 (2010): 715 – 727.

39. Dawkins, *Extended Phenotype*, p. 230.

40. P. Lieberman, "The Evolution of Human Speech," *Current Anthropology* 48 (2007): 39 – 66; D. Ploog, "The Neural Basis of Vocalization," in T. J. Crow, ed., *The Speciation of Modern Homo Sapiens* (Oxford: Oxford University Press, 2002), pp. 121 – 135; W. Enard et al., "Molecular Evolution of FOXP2,

a Gene Involved in Speech and Language," *Nature* 418 (2002): 869 – 872; F. Vargha-Khadem, D. G. Gadian, A. Copp, and M. Mishkin, "*FOXP2* and the Neuroanatomy of Speech and Language," *Nature Reviews Neuroscience* 6 (2005): 131 – 138; E. G. Atkinson, "No Evidence for Recent Selection at *FOXP2* Among Diverse Human Populations," *Cell* 174 (2018): 1424 – 1435(이 논문은 FOXP2가 인간의 언어 능력에서 중요한 역할을 한다는 데 의문을 제기한다).

41. J. H. Fowler, C. T. Dawes, and N. A. Christakis, "Model of Genetic Variation in Human Social Networks," *PNAS: Proceedings of the National Academy of Sciences* 106 (2009): 1720 – 1724.

42. L. N. Trut, "Early Canid Domestication: The Farm-Fox Experiment," *American Scientist* 87 (1999): 160 – 169.

43. Ibid., p. 163.

44. E. Ratliff, "Taming the Wild," *National Geographic*, March 2011.

45. B. Hare, V. Wobber, and R. Wrangham, "The Self-Domestication Hypothesis: Evolution of Bonobo Psychology Is Due to Selection Against Aggression," *Animal Behaviour* 83 (2012): 573 – 585.

46. K. Prufer et al., "The Bonobo Genome Compared with the Chimpanzee and Human Genomes," *Nature* 486 (2012): 527 – 531.

47. B. Hare and S. Kwetuenda, "Bonobos Voluntarily Share Their Own Food with Others," *Current Biology* 20 (2010): 230 – 231.

48. Hare, Wobber, and Wrangham, "Self-Domestication Hypothesis."

49. C. Theofanopoulou et al., "Self-Domestication in *Homo sapiens*: Insights from Comparative Genomics," *PLOS ONE* 12 (2017): e0185306.

50. S. Pinker, *Better Angels of Our Nature: Why Violence Has Declined* (New York: Viking, 2011).

51. "Intentional Homicides (per 100,000 People)," World Bank, https://data.worldbank.org/indicator/VC.IHR.PSRC.P5?year_high_desc=false.

11장

1. A. D. Carlson, "The Wheat Farmer's Dilemma: Notes from Tractor Land," *Harper's*, July 1931, pp. 209 – 210. 의미가 잘 드러나도록 마침표와 쉼표를 일부 바꾸었다. 다음도 참조하라. R. C. Williams, *Fordson, Farmall, and Poppin' Johnny: A History of the Farm Tractor and Its Impact on America* (Champaign:

University of Illinois Press, 1987).

2. 농업역사가 브루스 가드너Bruce Gardner는 트랙터가 말 5마리 몫의 일을 했고, 말과 당나귀 수는 1920년경 최대(약 2500만 마리)에 달한 반면에 트랙터 수는 1960년경 최대에 달했으며, 양쪽이 농사에서 거의 대등한 힘을 발휘한 시점은 1945년경이라고 추정한다. B. L. Gardner, *American Agriculture in the Twentieth Century: How It Flourished and What It Cost* (Cambridge, MA: Harvard University Press, 2006).

3. "Mechanization on the Farm in the Early Twentieth Century," excerpt from *The People in the Pictures: Stories from the Wettach Farm Photos* (Iowa Public Television, 2003), Iowa Pathways, http://www.iptv.org/iowapathways/artifact/mechanization-farm-early-20th-century.

4. 모두에게 영향을 미친 불리할 수 있는 측면도 있었다. 예를 들어 트랙터는 농민들을 더 독립적으로 만들어 서로 노동력을 교환하는 사회 풍습이 사라졌으며, 더 이상 이웃끼리 깊이 의지할 필요가 없어졌다.

5. D. Thompson, "How America Spends Money: 100 Years in the Life of the Family Budget," *Atlantic*, April 5, 2012. 다음도 참조하라. US Department of Agriculture Economic Research Service, "Food Expenditures," 데이터는 다음 사이트에서 이용 가능하다. https://www.ers.usda.gov/data-products/food-expenditures/. 1900년에는 노동력 중 41퍼센트가 농업에 쓰였지만 2000년에는 1.9퍼센트에 불과했다. 다음을 보라. C. Dimitri, A. Effland, and N. Conklin, "The 20th Century Transformation of U.S. Agriculture and Farm Policy," United States Department of Agriculture, *Economic Information Bulletin* 3 (2005).

6. 어디에서 태어나는지도 중요했다. 기술 혁신은 대륙마다 진행 속도가 달랐기 때문이다.

7. D. Tuzin, *The Cassowary's Revenge: The Life and Death of Masculinity in a New Guinea Society* (Chicago: University of Chicago Press, 1997), p. 102.

8. 이런 추정값이 나와 있다. "땅 1에이커(0.4헥타르)를 가는 데 삽으로는 96시간(5760분), 소에 멍에를 씌워 엉성한 나무 쟁기를 끌게 할 때는 24시간(1440분), 존 디어John Deere가 개발한 것 같은 강철 쟁기를 쓰면 5~8시간(300~480분)이 걸린다. 하지만 1998년 개발된 갈퀴 15개가 달린 쟁기를 끄는 425마력짜리 사륜구동 트랙터 존 디어 9400으로는 3.2분이면 된다. … 값싼 농산물을 풍족하게 즐기는 모든 사람은 존 디어와 그의 쟁기에 감사해야 한다." H. M. Drache, "The Impact

of John Deere's Plow," *Illinois History Teacher* 8, no. 1 (2001): 2 – 13, http://
www.lib.niu.edu/2001/iht810102.html. 지식의 성장은 다음을 참조하라. C.
Hidalgo, *Why Information Grows: The Evolution of Order, from Atoms to
Economies* (New York: Basic Books, 2015).

9. M. Fackler, "Tsunami Warnings, Written in Stone," *New York Times*, April 20,
    2011. 유럽의 강에 세워진 저수위 표석도 이와 관련 있는 현상이다. 체코공화국
    의 엘베강에는 "나를 보면 애통해하라" 같은 글귀가 새겨진 "기근석hunger stone"
    이 곳곳에 서 있다. 역사적인 가뭄에 시달린 때를 표시한 돌인데 500년 전 것까
    지 있다. 다음을 보라. C. Domonoske, "Drought in Central Europe Reveals
    Cautionary 'Hunger Stones' in Czech Republic," NPR, August 24, 2018.

10. S. Bhuamik, "Tsunami Folklore 'Saved Islanders,' " BBC News, January 20,
    2005.

11. 침팬지가 끝이 칫솔모처럼 갈라진 곤충 낚기용 막대를 발명하고 새가 지역
    마다 다르면서 세대가 흐를수록 점점 더 복잡해지는 노래를 부르는 것처럼
    일부 예외 사례도 있다. J. Henrich and C. Tennie, "Cultural Evolution in
    Chimpanzees and Humans," in M. Muller, R. Wrangham, and D. Pilbeam,
    eds., *Chimpanzees and Human Evolution* (Cambridge, MA: Harvard University
    Press, 2017), pp. 645 – 702.

12. P. J. Richerson and R. Boyd, *Not by Genes Alone: How Culture Transformed
    Human Evolution* (Chicago: University of Chicago Press, 2005), p. 5.

13. J. Henrich, *The Secret of Our Success: How Culture Is Driving Human
    Evolution, Domesticating Our Species, and Making Us Smarter* (Princeton,
    NJ: Princeton University Press, 2016). 다음도 참조하라. K. N. Laland, J. Odling-
    Smee, and S. Myles, "How Culture Shaped the Human Genome: Bringing
    Genetics and the Human Sciences Together," *Nature Reviews Genetics* 11
    (2010): 137 – 148; P. J. Richerson, R. Boyd, and J. Henrich, "Gene-Culture
    Coevolution in the Age of Genomics," *PNAS: Proceedings of the National
    Academy of Sciences* 107 (2010): 8985 – 8992.

14. J. Henrich and J. Broesch, "On the Nature of Cultural Transmission
    Networks: Evidence from Fijian Village for Adaptive Learning Biases,"
    Philosophical Transactions of the Royal Society B 366 (2011): 1139 – 1148;
    M. Chudek, S. Heller, S. Birch, and J. Henrich, "Prestige-Biased Cultural
    Learning: Bystanders' Differential Attention to Potential Models Influences

Children's Learning," *Evolution and Human Behavior* 38 (2012): 46 – 56.

15. M. Nielsen and K. Tomaselli, "Overimitation in Kalahari Bushman Children and the Origins of Human Cultural Cognition," *Psychological Science* 21 (2010): 729 – 736.

16. B. G. Galef, "Strategies for Social Learning: Testing Predictions from Formal Theory," *Advances in the Study of Behavior* 39 (2009): 117 – 151; W. Hoppitt and K. N. Laland, "Social Processes Influencing Learning in Animals: A Review of the Evidence," *Advances in the Study of Behavior* 38 (2008): 105 – 165.

17. J. Henrich and F. J. Gil-White, "The Evolution of Prestige: Freely Conferred Deference as a Mechanism for Enhancing the Benefits of Cultural Transmission," *Evolution and Human Behavior* 22 (2001): 165 – 196.

18. I. G. Kulanci, A. A. Ghazanfar, and D. I. Rubenstein, "Knowledgeable Lemurs Become More Central in Social Networks," *Current Biology* 28 (2018): 1306 – 1310.

19. M. Chudek et al., "Prestige-Biased Cultural Learning"; P. L. Harris and K. H. Corriveau, "Young Children's Selective Trust in Informants," *Philosophical Transactions of the Royal Society B* 366 (2011): 1179 – 1187.

20. Henrich and Broesch, "Nature of Cultural Transmission Networks."

21. 사회 계층 구조에서 유전자의 역할과 계층 구조의 유전 가능성은 아직 연구 중이다. 다음을 참조하라. M. A. Vanderkooij and C. Sandi, "The Genetics of Social Hierarchies," *Current Opinions in Behavioral Sciences* 2 (2015): 52 – 57. 그러나 지배(남성들에게서) 속성은 원천이 유전자든 다른 것이든 간에 부계를 통해 여러 세대에 걸쳐 전달되지는 않은 듯하다. 다음을 보라. J. S. Lansing et al., "Male Dominance Rank Skews the Frequency Distribution of Y Chromosome Haplotypes in Human Populations," *PNAS: Proceedings of the National Academy of Sciences* 105 (2008): 11645 – 11650.

22. J. L. Martin, "Is Power Sexy?," *American Journal of Sociology* 111 (2005): 408 – 446.

23. J. Snyder, L. Kirkpatrick, and C. Barrett, "The Dominance Dilemma: Do Women Really Prefer Dominant Men as Mates?," *Personal Relations* 15 (2008): 425 – 444.

24. C. von Ruden, M. Gurven, and H. Kaplan, "Why Do Men Seek? Fitness

Payoffs to Dominance and Prestige," *Proceedings of the Royal Society B* 278 (2011): 2223 – 2232. 여기서 위신이라고 여긴 것 대부분은 단순히 남성이 가진 친구 수였다. 치마네족에게서 지배 지위는 위신 지위보다 약 10배 먼저 정점에 다다른다(그리고 다른 집단들도 그럴 가능성이 높다). 다음을 참조하라. C. C. von Ruden, M. Gurven, and H. Kaplan, "The Multiple Dimensions of Male Social Status in an Amazonian Society," *Evolution and Human Behavior* 29 (2008): 402 – 415.

25. 이 표현은 로버트 보이드가 창안했다. Henrich, *Secret of Our Success*, p. 26.

26. Ibid., p. 27.

27. R. E. Schultes, "Ethnopharmacological Conservation: A Key to Progress in Medicine," *Acta Amazonica* 18 (1988): 393 – 406.

28. 몇몇 아마존 부족은 사로잡은 개구리가 독화살에 찔린 뒤 몇 번이나 뛰어오를 수 있는지 세어 독 세기를 평가하는 방법을 개발하기까지 했다. 원숭이가 화살에 맞은 뒤 나무를 몇 그루나 뛰어넘을 수 있는지 세어 평가하는 방법도 있다. 1그루 쿠라레 농도는 아주 강력하고 치명적인 반면, 3그루 농도는 동물을 산 채로 잡아 반려동물로 삼을 때 쓴다. 대체로 작은 동물은 바람총에 1발만 맞으면 순식간에 죽지만, 커다란 원숭이나 맥tapir은 여러 발을 맞아야 죽고 숨이 끊어지기까지 20분이 걸리기도 한다. 민족식물학자 스티브 베이어Steve Beyer는 페루와 에콰도르의 국경 지대에 사는 예전 인간 사냥꾼 부족인 샤프라족Shapra한테서 사람을 잡을 때는 20발까지 쏘았다는 말을 들었다. S. Beyer, "Arrow Poisons," *Singing to the Plants: Steve Beyer's Blog on Ayahuasca and the Amazon*, http://www.singingtotheplants.com/2008/01/arrow-poisons/; S. V. Beyer, *Singing to the Plants: A Guide to Mestizo Shamanism in the Upper Amazon* (Albuquerque: University of New Mexico Press, 2009).

29. 준비 과정이 더 단순하고 짧은 부족들도 있다. L. Rival, "Blowpipes and Spears: The Social Significance of Huaorani Technological Choices," in P. Descola and G. Palsson, eds., *Nature and Society: Anthropological Perspectives* (London: Routledge, 1996), pp. 145 – 164.

30. C. R. Darwin, *The Descent of Man, and Selection in Relation to Sex* (London: John Murray, 1871). 이 개념은 1970년대에 유전학자 마커스 펠드먼Marcus Feldman 과 루이지 루카 카발리-스포르차Luigi Luca Cavalli-Sforza의 중요한 연구로부터 1980년대 로버트 보이드와 피터 리처슨의 연구를 거쳐 최근의 조지프 헨릭, 켄 럴랜드Ken Laland 같은 이들에게로 이어졌다. 다음을 참조하라 M. Feldman and L.

Cavalli-Sforza, "Cultural and Biological Evolutionary Processes, Selection for a Trait Under Complex Transmission," *Theoretical Population Biology* 9 (1976): 238 – 259.

31. M. T. Pfeffer, "Implications of New Studies of Hawaiian Fishhook Variability for Our Understanding of Polynesian Settlement History," in G. Rakita and T. Hurt, eds., *Style and Function: Conceptual Issues in Evolutionary Archaeology* (Westport, CT: Bergin and Garvey, 2001), pp. 165 – 181.

32. 낚싯바늘 발명의 동시성과 전파는 다루기 쉽지 않은 주제다. 우리는 이 문제를 아직 온전히 파악하지 못한 상태다. 그리고 당연히 발명가와 달리 자연선택은 미리 정해놓은 목적이 없다. F. Jacob, "Evolution and Tinkering," *Science* 196 (1977): 1161 – 1166. 다음도 참조하라. P. V. Kirch, *Feathered Gods and Fishhooks: An Introduction to Hawaiian Archaeology and Prehistory* (Honolulu: University of Hawaii Press, 1997).

33. R. C. Dunnell, "Style and Function: A Fundamental Dichotomy," *American Antiquity* 43 (1978): 192 – 202.

34. 과학자들은 오래전부터 서로 별개인 사례들(생물, 기계, 사회 등)에서 공통된 특성(공통된 생물학적 특성, 기술 특성, 문화 특성 등)이 존재할 가능성에 주목해왔다. 19세기부터 리처드 오언Richard Owen 같은 해부학자들은 같은 기능과 형태를 지닌 생물학 구조들을 "상동homologous"과 "상사analogous"라는 두 개념을 써서 분류하기 시작했다. 상동 구조는 진화적으로 공통 조상에서 기원해 전달되는 반면, 상사 구조는 비슷한 환경에서 비슷한 문제를 해결하기 위한 공통된 해결책으로서 서로 독자 진화했다. 따라서 상사 형질은 수렴 진화 과정을 통해 출현한다. 물론 공통된 문화 계통을 지닌 상동 기관도 존재할 가능성이 있다. 수렴에서 확산에 이르기까지 많은 다양한 과정은 기능성을 띠는 동시에 양식성을 띠는 형질을 존속시킬 수 있다.

35. F. M. Reinman, "Fishing: An Aspect of Oceanic Economy; An Archaeological Approach," *Fieldiana: Anthropology* 56 (1967): 95 – 208.

36. S. O'Connor, R. Ono, and C. Clarkson, "Pelagic Fishing at 42,000 Years Before the Present and the Maritime Skills of Modern Humans," *Science* 334 (2011): 1117 – 1121.

37. B. Gramsch, J. Beran, S. Hanik, and R. S. Sommer, "A Palaeolithic Fishhook Made of Ivory and the Earliest Fishhook Tradition in Europe," *Journal of Archaeological Science* 40 (2013): 2458 – 2463.

38. D. Sahrhage and J. Lundbeck, *A History of Fishing* (Berlin: Springer-Verlag, 1992). 약 1만 1000년 전 이런 낚싯바늘에 작살 모양 미늘이 결합된 듯하며, 그 뒤로 미늘이 달리고 줄에 연결된 갈고리 모양의 전형적인 낚싯바늘이 발명되어 유라시아 북부에서부터 먼저 유럽 북동부(서부는 아니다)와 중국을 거쳐 일본, 폴리네시아, 아메리카 북서부 해안으로 퍼졌다. 약 4300년 전 청동기 시대에는 더 전통적인 재료(뼈와 부싯돌)뿐 아니라 금속으로 만든 낚싯바늘이 해안 지역에서 거의 보편적으로 쓰였다.

39. R. F. Heizer, "Artifact Transport by Migratory Animals and Other Means," *American Antiquity* 9 (1944): 395 – 400. 다음도 참조하라. L. C. W. Landberg, "Tuna Tagging and the Extra-Oceanic Distribution of Curved, Single-Piece Shell Fishhooks in the Pacific," *American Antiquity* 31 (1966): 485 –493; F. M. Reinman, "Tuna Tagging and Shell Fishhooks: A Comment from Oceania," *American Antiquity* 33 (1968): 95 –100.

40. Reinman, "Tuna Tagging"; F. M. Reinman, "Fishhook Variability: Implications for the History and Distribution of Fishing Gear in Oceania," in R. C. Green and M. Kelly, eds., *Studies in Oceanic Culture History*, vol. 1 (Honolulu: Bernice Pauahi Bishop Museum, 1970) pp. 47 –59; P. V. Kirch, "The Archaeological Study of Adaptation: Theoretical and Methodological Issues," *Advances in Archaeological Method and Theory* 3 (1980): 101 –156.

41. 지식은 완전히 잃어버릴 수 있다. 1902년 그리스 수중에서 발견된 안티키테라 기계Antikythera mechanism처럼 톱니바퀴가 달린 복잡한 천문학 장치는 1000여 년이 지난 뒤에야 다시 만들어졌다. T. Freeth et al., "Decoding the Ancient Greek Astronomical Calculator Known as the Antikythera Mechanism," *Nature* 444 (2006): 587 –591. 또 한 사례는 2017년 기준으로 이탈리아에 단 1명 남은 이른바 바다비단실sea-silk(수심 약 15미터에 사는 특정한 조개의 족사를 채취해 만든다-옮긴이) 재봉사다. 그녀가 죽으면 그녀의 모계 혈족을 통해 1000년 넘게 이어져온 이 실 잣는 비밀은 사라질 것이다. E. Stein, "The Last Surviving Sea Silk Seamstress," BBC, September 6, 2017, http://www.bbc.com/travel/story/20170906-the-last-surviving-sea-silk-seamstress. 말이 난 김에 덧붙이자면 이는 사람족Hominini 조상 종들처럼 인지 측면에서 동일한 집단들이 남긴 고고학 증거들이 지역마다 다른 것은 뇌 차이 때문이 아니라 집단 규모 차이 때문일 수 있다는 의미다. Henrich, *Secret of Our Success*, chapter 13.

42. N. Casey, "Thousands Spoke His Language in the Amazon. Now, He's the

Only One," *New York Times*, December 26, 2017.

43. L. Bromham, X. Hua, T. G. Fitzpatrick, and S. J. Greenhill, "Rate of Language Evolution Is Affected by Population Size," *PNAS: Proceedings of the National Academy of Sciences* 112 (2015): 2097–2102.

44. M. A. Kline and R. Boyd, "Population Size Predicts Technological Complexity in Oceania," *Proceedings of the Royal Society B* 277 (2010): 2559–2564. 그러나 북아메리카 북서부 해안 지역 주민을 조사한 다음 두 논문 은 집단 규모와 도구 수 사이 관계가 혼란스럽다는 것을 보여준다. M. Collard, M. Kemery, and S. Banks, "Causes of Tool Kit Variation Among Hunter-Gatherers: A Test of Four Competing Hypotheses," *Canadian Journal of Archeology* 29 (2005): 1–19; D. Read, "An Interaction Model for Resource Implement Complexity Based on Risk and Number of Annual Moves," *American Antiquity* 73 (2008): 599–625.

45. W. Oswalt, *An Anthropological Analysis of Food-Getting Technology* (New York: John Wiley and Sons, 1976); R. Torrence, "Hunter-Gatherer Technology: Macro and Microscale Approaches," in C. Panter-Brick, R. H. Layton, and P. Rowley-Conwy, eds., *Hunter-Gatherers: An Interdisciplinary Perspective* (Cambridge: Cambridge University Press, 2000), pp. 99–143.

46. Collard, Kemery, and Banks, "Causes of Tool Kit Variation."

47. M. Derex, M.-P. Beugin, B. Godelle, and M. Raymond, "Experimental Evidence for the Influence of Group Size on Cultural Complexity," *Nature* 503 (2013): 389–391.

48. 이와 관련한 초기의 단순한 모형은 다음을 참조하라. J. Henrich, "The Evolution of Innovation-Enhancing Institutions," in M. J. O'Brien and S. J. Shennan, eds., *Innovation in Cultural Systems: Contributions from Evolutionary Anthropology* (Cambridge, MA: MIT Press, 2010), pp. 99–120.

49. 문화는 우리 종인 호모 사피엔스 이전부터 존재했을 가능성이 높다. 인류는 적어 도 호모 에렉투스Homo erectus 시대(약 190만 년 전~약 14만 3000년 전)부터 복잡한 수 렵채집에 종사했기에 분명히 문화의 일부 측면은 그 시기로 거슬러 올라간다. 따라 서 문화는 아마 100만여 년 전부터 우리 유전자를 빚어내기 시작했을 것이다.

50. 게다가 고고학 증거를 보면 약 40만 년 전 석기에 지역 변이가 나타나며, 이는 지 역 문화마다 나타나는 변이와 일치한다.

51. 이와 정반대로 환경이 충분히 안정되어 있다면 개인 학습으로 충분할 수 있고, 사

회 학습은 효율이나 세련도(발전도)에 별 기여를 못 할 수 있다. 그렇다면 굳이 이 능력이 진화할 이유가 없지 않을까?

52. R. Wrangham, *Catching Fire: How Cooking Made Us Human* (New York: Basic Books, 2009).

53. 맨발 달리기에 관해서는 다음을 보라. D. E. Lieberman et al., "Foot Strike Patterns and Collision Forces in Habitually Barefoot Versus Shod Runners," *Nature* 463 (2010): 531–535.

54. D. E. Lieberman, *The Story of the Human Body: Evolution, Health, and Disease* (New York: Pantheon, 2013).

55. M. W. Feldman and L. L. Cavalli-Sforza, "On the Theory of Evolution Under Genetic and Cultural Transmission, with Application to the Lactose Absorption Problem," in M. W. Feldman, ed., *Mathematical Evolutionary Theory* (Princeton, NJ: Princeton University Press, 1989), pp. 145–173; K. Aoki, "A Stochastic Model of Gene-Culture Coevolution Suggested by the 'Culture Historical Hypothesis' for the Evolution of Adult Lactose Absorption in Humans," *PNAS: Proceedings of the National Academy of Sciences* 83 (1986): 2929–2933.

56. Y. Itan, B. L. Jones, C. J. E. Ingram, D. M. Swallow, and M. G. Thomas, "A Worldwide Correlation of Lactase Persistence Phenotype and Genotype," *BMC Evolutionary Biology* 10 (2019): 36.

57. S. A. Tishkoff et al., "Convergent Adaptation of Human Lactase Persistence in Africa and Europe," *Nature Genetics* 39 (2007): 31–40. 인류 조상에게 관련된 유전자 변이체가 없었다는 연구 결과들도 있다. J. Burger, M. Kirchner, B. Bramanti, W. Haak, and M. G. Thomas, "Absence of Lactase-Persistence-Associated Alleles in Early Neolithic Europeans," *PNAS: Proceedings of the National Academy of Sciences* 104 (2007): 3736–3741. 낙타를 길들임에 따라 독자적으로 젖당 분해 효소가 계속 생산되는 쪽으로 진화가 일어났을 가능성은 다음을 참조하라. N. S. Enattah et al., "Independent Introduction of Two Lactase-Persistence Alleles into Human Populations Reflects Different History of Adaptation to Milk Culture," *American Journal of Human Genetics* 82 (2008): 57–72.

58. C. Sather, *The Bajau Laut: Adaptations, History, and Fate in a Maritime Fishing Society of South-Eastern Sabah* (Oxford: Oxford University Press,

1997).

59. E. Schagatay, A. Lodin-Sundstrom, and E. Abrahamsson, "Underwater Working Times in Two Groups of Traditional Apnea Divers in Asia: The Ama and the Bajau," *Diving and Hyperbaric Medicine* 41 (2011): 27 – 30.

60. M. A. Ilardo et al., "Physiological and Genetic Adaptations to Diving in Sea Nomads," *Cell* 173 (2018): 569 – 580.

61. S. Myles et al., "Identification of a Candidate Genetic Variant for the High Prevalence of Type Two Diabetes in Polynesians," *European Journal of Human Genetics* 15 (2007): 584 – 589; J. R. Binden and P. T. Baker, "Bergmann's Rule and the Thrifty Genotype," *American Journal of Physical Anthropology* 104 (1997): 201 – 210; P. Houghton, "The Adaptive Significance of Polynesian Body Form," *Annals of Human Biology* 17 (1990): 19 – 32. 다음도 참조하라. R. L. Minster et al., "A Thrifty Variant in *CREBRF* Strongly Influences Body Mass Index in Samoans," *Nature Genetics* 48 (2016): 1049 – 1054.

62. D. Dediu and D. R. Ladd, "Linguistic Tone Is Related to the Population Frequency of the Adaptive Haplogroups of Two Brain Size Genes, *ASP* and *Microcephalin*," *PNAS: Proceedings of the National Academy of Sciences* 104 (2007): 10944 – 10949.

63. O. Galor and Ö. Özak, "The Agricultural Origins of Time Preference," *American Economic Review* 106 (2016): 3064 – 3103.

64. 녹말 함유 음식과 아밀레이스 사례에는 복제수 변이copy-number variation를 비롯한 다른 유형의 유전 메커니즘이 관여했을 수 있다. G. H. Perry, "Diet and the Evolution of Human Amylase Gene Copy Number Variation," *Nature Genetics* 39 (2007): 1256 – 1260.

65. W. H. Durham, *Coevolution: Genes, Culture, and Human Diversity* (Stanford, CA: Stanford University Press, 1991), pp. 103 – 109. 다음도 참조하라. M. J. O'Brien and K. N. Laland, "Genes, Culture, and Agriculture: An Example of Human Niche Construction," *Current Anthropology* 53 (2012): 434 – 470.

66. 그런데 이 돌연변이는 낭성섬유증cystic fibrosis에 걸릴 위험 또한 증가시킨다. E. van de Vosse et al., "Susceptibility to Typhoid Fever Is Associated with a Polymorphism in the Cystic Fibrosis Transmembrane Conductance Regulator (CFTR)," *Human Genetics* 118 (2005): 138 – 140; E. M. Poolman

and A. P. Galvani, "Evaluating Candidate Agents of Selective Pressure for Cystic Fibrosis," *Journal of the Royal Society Interface* 4 (2007): 91 –98. 다음도 참조하라. J. Hawks, E. T. Wang, G. M. Cochran, H. C. Harpending, and R. K. Moyzis, "Recent Acceleration of Human Adaptive Evolution," *PNAS: Proceedings of the National Academy of Sciences* 104 (2007): 20753 –20758; W. McNeill, *Plagues and Peoples* (Garden City, NY: Doubleday, 1976).

67. C. L. Apicella, "High Levels of Rule-Bending in a Minimally Religious and Largely Egalitarian Forager Population," *Religion, Brain and Behavior* 8 (2018): 133 –148. 다음도 참조하라. A. Norenzayan et al., "The Cultural Evolution of Prosocial Religions," *Behavioral and Brain Sciences* 39 (2016): 1 –65.

68. C. Apicella, personal communication, November 1, 2017.

69. P. B. Gray and B. C. Campbell, "Human Male Testosterone, Pair-Bonding, and Fatherhood," in P. T. Ellison and P. B. Gray, eds., *Endocrinology of Social Relationships* (Cambridge, MA: Harvard University Press, 2009), pp. 270 – 293. 다음도 참조하라. P. B. Gray, S. M. Kahlenberg, E. S. Barrett, S. F. Lipson, and P. T. Ellison, "Marriage and Fatherhood Are Associated with Lower Testosterone in Males," *Evolution and Human Behavior* 23 (2002): 193 –201; A. E. Storey, C. J. Walsh, R. L. Quinton, and K. E. Wynne-Edwards, "Hormonal Correlates of Paternal Responsiveness in New and Expectant Fathers," *Evolution and Human Behavior* 21 (2000): 79 –95; S. M. van Anders and N. V. Watson, "Relationship Status and Testosterone in North American Heterosexual and Non-Heterosexual Men and Women: Cross-Sectional and Longitudinal Data," *Psychoneuroendocrinology* 31 (2006): 715 –723. 일부다처제 사회에서는 결혼하고 아버지가 되어도 테스토스테론 농도가 줄어들지 않을 수 있다. 유부남이 여전히 번식 상대를 추구한다는 것이 이유일 가능성이 높다. P. B. Gray, "Marriage, Parenting, and Testosterone Variation Among Kenyan Swahili Men," *American Journal of Physical Anthropology* 122 (2003): 279 –286. 자녀와 대면 상호작용의 필요성은 다음을 참조하라. M. N. Muller, F. W. Marlowe, R. Bugumba, and P. T. Ellison, "Testosterone and Paternal Care in East African Foragers and Pastoralists," *Proceedings of the Royal Society B* 276 (2009): 347 –354.

70. J. F. Schulz, "The Churches' Ban on Consanguineous Marriages, Kin-

Networks, and Democracy" (paper, June 12, 2017), https://ssrn.com/abstract=2877828.

71. A. H. Bittles and M. L. Black, "Consanguinity, Human Evolution, and Complex Diseases," *PNAS: Proceedings of the National Academy of Sciences* 107 (2010): 1779 – 1786. 사촌 부부 간 자녀는 비근친혼 자녀보다 사망률이 약 3.5퍼센트 높다. 따라서 근친혼에는 비용이 따른다. 하지만 적어도 일부 환경에서는 끈끈한 가족 집단의 사회 혜택이 이런 비용을 상쇄할 수 있다. 근친혼의 영향은 현대 환경과 더 이전의 환경 또는 더 전통적인 환경에 따라 다를 수 있다. 그리고 사촌끼리 결혼하는 사회의 여성은 출산율이 훨씬 높다(아이를 더 많이 낳는다). 그럼으로써 높은 유아 사망률을 상쇄할 수 있다. 또 근친혼 사회에서는 끈끈한 가족 유대를 통해 많은 친족들이 엄마의 육아를 도울 수 있다. 따라서 전체적으로 볼 때 몇몇 환경에서는 실제로 반대 방향으로, 근친혼을 선호하는 쪽으로 선택압이 가해질 수 있다.

72. R. Boyd and P. J. Richerson, "Cultural Transmission and the Evolution of Cooperative Behavior," *Human Ecology* 10 (1982): 325 – 351; R. Boyd and P. J. Richerson, "The Evolution of Reciprocity in Sizeable Groups," *Journal of Theoretical Biology* 132 (1988): 337 – 356; M. Chudek and J. Henrich, "Culture-Gene Coevolution, Norm-Psychology and the Emergence of Human Prosociality," *Trends in Cognitive Sciences* 15 (2011): 218 – 226; R. Boyd, H. Gintis, S. Bowles, and P. J. Richerson, "The Evolution of Altruistic Punishment," *PNAS: Proceedings of the National Academy of Sciences* 100 (2003): 3531 – 3535; J. Henrich et al., "Costly Punishment Across Human Societies," *Science* 312 (2006): 1767 – 1770; H. Gintis, "The Hitchhiker's Guide to Altruism: Gene Culture Coevolution and the Internalization of Norms," *Journal of Theoretical Biology* 220 (2003): 407 – 418; H. Gintis, "The Genetic Side of Gene-Culture Coevolution: Internalization of Norms and Prosocial Emotions," *Journal of Economic Behavior and Organization* 53 (2004): 57 – 67. 동일한 유형의 수학 분석이 친사회 정서(친구와 함께 있을 때 느끼는 포근함)의 출현을 설명하는 데 도움이 될 수 있다.

73. Laland, Odling-Smee, and Myles, "How Culture Shaped the Human Genome"; Hawks, et al., "Recent Acceleration of Human Adaptive Evolution." 물론 문화 선택압의 출현이 아닌 다른 요인으로도 인류 진화는 가속화할 수 있다. 예를 들어 지구 인구 증가는 또 다른 요인이다. 어떤 동물의 집단이 커질수록 그저 우연으로 집

단 어딘가에서 유익한 돌연변이가 출현할 가능성도 더 커진다. 농업 발명은 우리 종의 인구 증가로 촉진되었을 가능성이 있다. 그러나 문화의 영향은 멈추거나 역행할 수 있으며, 그럴 때 유전 변화는 불완전할 것이다. 집단에서 "고정fixation" 단계에 이르지 못한 "부분 유전 싹쓸이partial genetic sweep"에 해당한다.

74. X. Yi et al., "Sequencing of Fifty Human Exomes Reveals Adaptation to High Altitude," *Science* 329 (2010): 75 – 78.

75. 그러나 나는 이 정착자들이 저지대로 정기 여행이나 순례를 떠날 것을 "요구하는" 문화 규칙 또는 종교 규칙을 만들었을 수 있다고 상상한다(고지대 생활에서 받는 스트레스를 해소하는 데 도움이 될 수 있도록). 현대였다면 산소통을 수입했을 수도 있지 않을까?

76. 일부 과학자는 문화 적응이 유전 적응을 대신한 결과 인류의 유전 진화 속도가 느려졌을 것이라고 추정한다. 그러나 그럴 가능성은 낮아 보인다. 지난 4만 년 동안 진화 속도가 빨라졌다는 증거가 있을 뿐 아니라, 새로운 환경으로 이주와 새로운 문화 생태 지위의 창조가 인간 집단에서 새로운 대립유전자(변이체)를 선택하는 압력을 강화하는 역할을 할 수 있기 때문이다(즉 높은 인구 밀도에 따른 새로운 전염병에 대처하거나 새로운 먹거리에 대처하는 일 등).

77. 분명히 말하자면 최근의 근시 인구 증가는 선택압 약화 때문이 아니다. 주로 실내 생활이 늘고, 눈이 발달하는 유년기에 초점을 맞추는 거리에 영향을 주는 생활방식 변화 때문이다. 근시를 피하려면 실내 생활을 덜 하고, 야외에서 더 많은 시간을 보낼 때처럼 밝은 빛 아래서 멀리 떨어진 대상에 초점을 맞출 필요가 있다. 특히 동아시아에서는 근시가 유행병 수준으로 늘어나고 있다. 60년 전에는 중국 인구의 약 10~20퍼센트가 근시였다. 지금 10대와 청년층은 근시 비율이 거의 90퍼센트에 이른다. 이 문제를 잘 개괄한 다음 자료를 참조하라. E. Dolgin, "The Myopia Boom," *Nature* 519 (2015): 276 – 278.

78. O. S. Platt et al., "Mortality in Sickle Cell Disease — Life Expectancy and Risk Factors for Early Death," *New England Journal of Medicine* 330 (1994): 1639 – 1644.

79. 게다가 낫모양적혈구빈혈이 있는 여성은 임신하면 산모와 태아 모두에게 아주 위험했기에 의사들은 이런 여성이 성적으로 성숙하면 임신을 방지하도록 피임을 권하곤 했다.

80. D. G. Finniss, T. J. Kaptchuk, F. Miller, and F. Benedetti, "Biological, Clinical, and Ethical Advances of Placebo Effects," *Lancet* 375 (2010): 686 – 695.

81. 현대 영국인에게서 지능과 교육 수준이 이와 반대 방향(낮은 출산율)을 선택하

게 한다는 일부 증거가 있다. J. S. Sanjak, J. Sidorenko, M. R. Robinson, K. R. Thornton, and P. M. Visscher, "Evidence of Directional and Stabilizing Selection in Contemporary Humans," *PNAS: Proceedings of the National Academy of Sciences* 115 (2017): 151 – 156.

82. J. Tooby and L. Cosmides, "Evolutionary Psychology and the Generation of Culture. I: Theoretical Considerations," Ethology and Sociobiology 10 (1989): 29 – 49; J. H. Barkow, L. Cosmides, and J. Tooby, eds., *The Adapted Mind: Evolutionary Psychology and the Generation of Culture* (Oxford: Oxford University Press, 1992).

83. G. Cochran and H. Harpending, *The 10,000 Year Explosion: How Civilization Accelerated Human Evolution* (New York: Basic Books, 2009).

12장

1. 때로 이 비유는 신체 활동을 설명하는 데 쓰인다. 면역계를 "군대"로 보는 것이 그런 사례다. 그러나 몸의 비유는 대개 이와 반대로 사회 기능을 드러내는 데 쓰인다. E. Martin, *Flexible Bodies* (Boston: Beacon Press, 1995). 19세기의 손꼽히는 의사였던 루돌프 피르호Rudolf Virchow는 각 세포를 시민이라 보고 인체 기능을 사회의 관점에서 기술했다. 그는 살아 있는 생물이 일종의 "세포 민주주의" "세포 공화국" "세포 국가"에 해당한다고 말했다. R. Porter, *The Greatest Benefit to Mankind: A Medical History of Humanity* (New York: W. W. Norton, 1999), p. 331. 이와 반대로 다양한 분야를 섭렵한 19세기 영국인 허버트 스펜서Herbert Spencer는 인류 사회를 인체의 확대판이라고 보았다. H. Spencer, *The Principles of Biology* (London: Williams and Norgate, 1864).

2. T. L. Patavinus, *History of Rome*, trans. C. Roberts, bk. 2 (London: J. M. Dent and Sons, 1905).

3. 《이솝 우화》 중 하나인 〈위와 신체 부위들he Belly and the Members〉은 아그리파의 이 연설과 아주 비슷하다. J. Jacobs, *The Fables of Aesop* (London: Macmillan, 1902), pp. 72 – 73. 사실 몸과 위에 관한 우화는 다른 여러 문헌에 등장한다. 제이컵스. Jacobs에 따르면 기원전 1250년 힌두교 경전 《우파니샤드Upanishad》에 실린 인도 우화, 중국의 《비유경譬喩經, Avadana》에 실린 불교 우화, 기독교 《성경》 곳곳에 나오는 유대교와 기독교의 우화 등이 있다.

4. A. F. Jensen, *India: Its Culture and People* (New York: Longman, 1991), p. 32. 이 카스트 질서는 대개 다음과 같다. 사제인 브라만Brahman 계급은 사회의 머리,

전사인 크샤트리아Kshatriya 계급은 팔, 상인과 지주인 바이샤Vaishya 계급은 다리, 하인인 수드라Sudra 계급은 발에 해당한다.

5. Plato, *Republic*, bk. 4, 436b.

6. 1 Cor. 12:15 – 26 (English Standard Version).

7. 예를 들어 다음을 보라. A. D. Harvey, *Body Politic: Political Metaphor and Political Violence* (Newcastle, UK: Cambridge Scholars, 2007). 1518년에 정치가인 토마스 모어는 전형적인 비유를 했다. "모든 부위를 갖춘 왕국은 사람과 같다. … 왕은 머리다. 사람들은 다른 신체 부위들을 이룬다." Ibid., p. 23. 다음도 참조하라. C. W. Mills, "Body Politic, Bodies Impolitic," *Social Research* 78 (2011): 583 – 606.

8. T. Hobbes, *Leviathan* (Whitefish, MT: Kessinger, 2004), p. 1.

9. 리바이어던은 왕관을 쓰고 오른손에는 칼을 들고 왼손에는 왕홀을 들고 있다. 각각 힘과 정의의 상징일 것이다. 이 상징들은 시민(칼/왕)과 교회(홀/주교)로 이루어진 국가라는 홉스의 시각과 관련이 있다. 이 권두화에서 거대한 리바이어던 아래 양쪽에는 이 이분법을 보여주는 그림들이 이어진다. 양쪽은 상응하는 권력들을 반영한다. 성 대 교회, 왕관 대 주교관, 대포 대 파문, 무기 대 논리, 전쟁터 대 종교 재판정이다. 홉스는 리바이어던이 자기 보호를 위한 폭력 행사를 비롯한 사람 같은 특징을 지닌다고 본다. L. Ostman, "The Frontispiece of Leviathan — Hobbes' Bible Use," *Akademeia* 2 (2012): ea0112.

10. 이 구절은 〈욥기〉 41장 33절에 나온다. 홉스는 〈욥기〉에 등장하는 먼바다의 무시무시한 괴물 리바이어던이라는 개념을 잘 알고 있었다. 그리고 실제로 군주의 몸을 이루는 사람들은 비늘처럼 보인다.

11. Hobbes, *Leviathan*, p. 16.

12. 동물권과 관련해서는 다음을 보라. P. Singer, *Animal Liberation: A New Ethics for Our Treatment of Animals* (New York: Random House, 1975); M. Scully, *Dominion: The Power of Man, the Suffering of Animals, and the Call to Mercy* (New York: St. Martin's, 2002).

13. N. K. Sanders, *The Epic of Gilgamesh* (Assyrian International News Agency Books Online, n.d.), tablet 1, p. 4, http://www.aina.org/books/eog/eog.pdf. 서사시가 시작될 때 이 두 존재(야성의 존재와 개화한 존재)는 정반대다. 그들은 결국 조화로운 우정 관계를 맺지만 엔키두가 길들여진 뒤에야 그렇게 된다.

14. R. N. Bellah, *Religion in Human Evolution* (Cambridge, MA: Harvard University Press, 2011).

15. 신은 인간에게 "생육하고 번성하여 땅에 충만하라, 땅을 정복하라, 바다의 물고기와 하늘의 새와 땅에 움직이는 모든 생물을 다스리라"라고 명한다. Genesis 1:28 (English Standard Version). 인간을 자연과 분리해 더 높은 지위에 놓는 태도는 신이 아담에게 지구의 모든 생물에게 이름을 붙이라고 명함으로써 더 확고해진다. 《성경》곳곳에서 야생은 악과 위험의 요람이자, 예수가 악마에게 시험받는 시련의 장소라고 묘사된다. 철학자 존 패스모어John Passmore는《성경》에 인간이 자연을 어떻게 대해야 한다고 단일한 원리가 제시되어 있는 것은 아니라고 반박한다. J. A. Passmore, *Man's Responsibility for Nature: Ecological Problems and Western Traditions* (London: Duckworth, 1974).

16. Aristotle, *Politics*, trans. C. Lord (Chicago: University of Chicago Press, 2013). 아리스토텔레스는 분명히 인간의 마음이 자연과 별개라고 보았다. 하지만 인간의 욕구를 포함해 인체가 자연에 속한 모든 것처럼 동물적이며 다스릴 필요가 있다고 보았다.

17. L. White Jr., "The Historical Roots of Our Ecological Crisis," *Science* 155 (1967): 1203 – 1207.

18. T. Aquinas, *Summa Contra Gentiles*, trans. V. J. Bourke, bk. 3 (Notre Dame, IN: Notre Dame Press, 1975). 아퀴나스는 인간의 우위를 강조하고 자연이 인간을 위해 존재한다는 점을 명확히 하는 차원을 넘어, 영혼과 이성을 부여받은 인간이 다른 생물들에게 어떤 윤리적 의무를 지닐 가능성을 고심하다가 내버렸다. T. Aquinas, *Summa Theologica*, trans. Fathers of the English Dominica Province (Cincinnati: Benziger Brothers, 1974). 초기 기독교가 반드시 인간과 자연 세계를 가른 것이 아님을 보여주고자 애쓰는 이들은 성 프란체스코San Francesco d'Assisi의 가르침을 흔히 인용한다. 아퀴나스와 정반대로 프란체스코는 사람이 동족을 대할 때처럼 자연 세계를 대해야 한다고 주장했다. 그러나 사실 프란체스코의 견해는 가톨릭 교리와 너무나 어긋났기에 역사가 린 화이트 주니어Lynn White Jr.는 이렇게 결론지었다. "성 프란체스코가 일으킨 중요한 기적은 그가 화형당하지 않았다는 사실이다." L. White, "The Historical Roots of Our Ecological Crisis," *Science* 155 (1967): 1203 – 1207.

19. 따라서 어떤 의미에서는 겉으로 볼 때 세속적이라 할 과학혁명이 인간이 신의 의지에 부합되게 자연을 굴복시킬 권리와 의무를 지닌다는 개념을 조장한 셈이다. 다음을 참조하라. J. Agassi, *The Very Idea of Modern Science: Francis Bacon and Robert Boyle* (New York: Springer Dordrecht Heidelberg, 2012). 다음도 참조하라. C. Merchant, *The Death of Nature: Women, Ecology, and the Scientific*

Revolution (New York: HarperCollins, 1980).

20. R. Descartes, *Meditations on First Philosophy*, trans. A. Anderson and L. Anderson (Baltimore: Agora, 2012).

21. I. Kant, *Groundwork of the Metaphysics of Morals*, ed. M. Gregor and J. Timmermann, rev. ed. (Cambridge: Cambridge University Press, 2012).

22. R. W. Emerson, *Nature, Addresses, and Lectures*, ed. A. R. Ferguson (Cambridge, MA: Belknap Press, 1971), pp. 13 – 28.

23. C. R. Darwin, *The Descent of Man, and Selection in Relation to Sex* (London: John Murray, 1871).

24. 그러나 길들여지지 않고 숭고한 자연 세계에 이렇게 관심이 늘어난 것을 오로지 산업혁명 탓으로 돌린다면 지나친 단순화가 될 것이다. 이런 개념들은 산업혁명 이전에 이미 처음 결실을 맺었다. 그리고 많은 초월주의자가 증기와 석탄의 동력으로 이루어지는 발전을 좋게 보았다.

25. 사회과학(사회학, 경제학, 인류학, 정치학, 심리학 등)은 다양한 주제, 방법, 철학적 토대를 지닌 서로 다른 전통 분야들로 구성되어 있다. L. McDonald, *Early Origins of the Social Sciences* (Montreal: McGill-Queen's University Press, 1993). 생물학은 언제나 심리학, 그리고 그보다 덜하지만 인류학의 중요한 구성 요소였다.

26. J. Searle, *The Construction of Social Reality* (New York: Free Press, 1995).

27. S. M. Lindberg, J. S. Hyde, and J. L. Petersen, "New Trends in Gender and Mathematics Performance: A Meta-Analysis," *Psychological Bulletin* 136 (2010): 1123 – 1135.

28. S. A. Cartwright, "Diseases and Peculiarities of the Negro Race," *DeBow's Review, Southern and Western States*, vol. 9, (New Orleans: n.p., 1851).

29. S. Arbesman, *The Half-Life of Facts: Why Everything We Know Has an Expiration Date* (New York: Current, 2012).

30. A. Comte, *A General View of Positivism*, trans. J. H. Bridges (London: Trubner, 1865).

31. E. Durkheim, *The Rules of Sociological Method*, trans. W. D. Halls (New York: Free Press, 1982). 뒤르켐은 개인에게로 환원할 수 없는 특정한 사회적 사실들의 집합이 있으며, 개인의 생각과 행동을 초월하는 일종의 전체론적holistic 사회 현실이 존재하고, 이 현실을 이해하려면 특정한 과학적 접근법이 필요하다고 주장했다.

32. Plato, *The Republic*, trans. T. Griffith (Cambridge: Cambridge University Press,

2000); T. Gould, *The Ancient Quarrel Between Poetry and Philosophy* (Princeton, NJ: Princeton University Press, 1990).

33. B. F. Skinner, *About Behaviorism* (New York: Knopf, 1974).

34. V. Reppert, *C. S. Lewis's Dangerous Idea: In Defense of the Argument from Reason* (Downers Grove, IL: InterVarsity Press, 2003).

35. 아름다움은 다음을 참조하라. R. O. Prum, *The Evolution of Beauty: How Darwin's Forgotten Theory of Mate Choice Shapes the Animal World — and Us* (New York: Doubleday, 2017).

36. 하이젠베르크는 다음과 같이 잘 요약했다. "실증주의자는 단순한 해결책을 갖고 있다. 세계는 우리가 명확히 말할 수 있는 것과 그 나머지로 나눌 수 있고, 후자에는 침묵하는 편이 더 낫다는 것이다. 그러나 우리가 명확히 말할 수 있는 것이 거의 없다는 점을 생각하면 이보다 쓸모없는 철학이 과연 또 있을까? 명확하지 않은 것을 모조리 제외한다면 아마 너무나 지루하고 사소한 동어 반복 명제만이 남게 될 것이다." W. Heisenberg, *Physics and Beyond: Memories of a Life in Science* (London: George Allen and Unwin, 1971), p. 213. 실증주의는 관찰 가능한 과학적 사실만을 강조함으로써 "진리라는 드넓은 대양"에 있는 더 큰 그림의 많은 부분을 놓치고 있다. 또 하이젠베르크는 실증주의자들이 사실상 자신들의 대의를 훼손할 수 있다고 주장하면서 18세기에 운석이 떨어진다는 주장을 "미신으로 치부한" 과학사 사례를 제시했다. 물론 운석은 존재한다.

37. D. Kevles, *In the Name of Eugenics: Genetics and the Uses of Human Heredity* (New York: Knopf, 1985); R. Merton, *The Sociology of Science: Theoretical and Empirical Investigations* (Chicago: University of Chicago Press, 1973). 2010년대에 심리학, 경제학, 물리학, 생물학, 유행병학, 종양학 등 아주 많은 과학 분야에 파장을 일으킨 "재현성 위기replication crisis"도 잊지 말아야 한다 (재현성 위기는 연구 결과를 재현하기 어렵거나 불가능한 상황에 직면하는 지속적인 방법론 위기 현상을 가리킨다. 이런 재현 실패 탓에 연구 조작 등 과학 연구의 도덕성 문제가 심각한 사안으로 떠올랐다-옮긴이).

38. P. W. Anderson, "More Is Different," *Science* 177 (1972): 393 – 396.

39. 흥미롭게도 인간은 선천적으로 본질론자다. 우리는 어릴 때부터 대상들을 기본 공통점에 근거해 분류하고, 이런 범주들을 구별하고, 각 범주에 본질을 할당한다. P. Bloom, *How Pleasure Works: The New Science of Why We Like What We Like* (New York: W. W. Norton, 2010); S. A. Gelman, *The Essential Child: Origins of Essentialism in Everyday Thought* (New York: Oxford University Press, 2010).

40. 결국 우리는 "라플라스의 악마Laplace's Demon"에 다다르게 될 것이다. 프랑스 수학자 피에르시몽 라플라스Pierre-Simon Laplace는 1814년 이렇게 주장했다. "불확실한 것은 아무것도 없고 눈앞에는 과거와 똑같은 미래가 펼쳐질 것이다." P. S. Laplace, *A Philosophical Essay on Probabilities*, 6th ed., trans. F. W. Truscott and F. L. Emory (New York: Dover, 1951), p. 4.

41. 세계가 자연 법칙을 따르며 예측 가능하다는 개념을 인간이 진정으로 자유 의지를 지닐 수 있다는 개념과 화해시킬 수 있는지를 놓고 격렬한 논쟁이 벌어지고 있다. 양쪽 개념(결정론과 자유 의지) 모두 매우 타당성 있어 보이고 철학과 경험으로 상당한 뒷받침을 받고 있다. 그래서 둘이 양립할 수 있다고 보는 이들에게는 따로 "양립가능론자compatibilist"라는 명칭이 붙어 있다. 이 문제가 중요한 것은 결정론이 도덕 판단의 토대 자체를 뒤엎기 때문이다. 누군가의 선택이나 행동이 자신이 통제할 수 없는 과거 사건, 아니 사실상 남들의 선택과 행동에 따라 결정된다면 그의 선택이나 행동에 과연 어떻게 책임을 물을 수 있겠는가?

42. R. Lewontin, *Biology as Ideology: The Doctrine of DNA* (Concord, ON: House of Anansi Press, 1991); S. J. Gould, *The Mismeasure of Man* (New York: W. W. Norton, 1981).

43. D. Nelkin, "Biology Is Not Destiny," *New York Times*, September 28, 1995. 다음은 그런 연구 사례 2가지다. G. Guo, M. E. Roettger, and T. Cai, "The Integration of Genetic Propensities into Social-Control Models of Delinquency and Violence Among Male Youths," *American Sociological Review* 73 (2008): 543–568; A. Feder, E. J. Nestler, and D. S. Charney, "Psychobiology and Molecular Genetics of Resilience," *Nature Reviews Neuroscience* 10 (2009): 446–457.

44. J. Hibbing, "Ten Misconceptions Concerning Neurobiology and Politics," *Perspectives on Politics* 11 (2013): 475–489.

45. 우생학의 초기 역사는 다음을 참조하라. M. H. Haller, *Eugenics: Hereditarian Attitudes in American Thought* (New Brunswick, NJ: Rutgers University Press, 1963).

46. 사회학 분야에는 이처럼 "빈 석판blank slate"('빈 서판' '타불라 라사tabula rasa'라고도 한다. 본성 대 양육 논쟁에서 양육을 지지하는 쪽이 인간은 '빈 백지' 상태로 태어난다며 사용하는 표현이다-옮긴이) 교리에 극도로 집착하는 이들이 아주 많다. 다음을 참조하라. M. Horowitz, A. Haynor, and K. Kickham, "Sociology's Sacred Victims and the Politics of Knowledge: Moral Foundations Theory and Disciplinary

Controversies," *American Sociologist* (2018). 범죄 통계는 다음을 보라. E. A. Carson and D. Golinelli, "Prisoners in 2012 — Advance Counts" (report no. NCJ 242467, Bureau of Justice Statistics, July 2013). 사람과 비슷한 비율로 침팬지에게서도 수컷들의 폭력이 압도적으로 많다는(가해자와 희생자 둘 다) 점은 다음을 참조하라. M. L. Wilson et al., "Lethal Aggression in *Pan* Is Better Explained by Adaptive Strategies Than Human Impact," *Nature* 513 (2014): 414 – 417; J. M. Gomez, M. Verdo, A. Gonzalez-Negras, and M. Mendez, "The Phylogenetic Roots of Human Lethal Violence," *Nature* 538 (2016): 233 – 237.

47. 일부에서는 설령 과학적 실재에 대한 지식이 우생학과 인종차별로 가차 없이 이어진다고 해도, 과학적 실재에 대한 무지가 정당화될 수는 없다고 주장한다. 그 지식이 무엇이고 얼마나 비용이 들든(얼마나 대가를 치르든) 간에 진리에는 숭고한 가치가 있기 때문이라는 논리다.

48. E. Fromm, *Man for Himself: An Inquiry into the Psychology of Ethics* (New York: Rinehart, 1947), p. 20.

49. Ibid., pp. 20 – 21.

50. B. D. Earp, A. Sandeberg, and J. Savulescu, "Brave New Love: The Threat of High-Tech 'Conversion' Therapy and the Bio-Oppression of Sexual Minorities," *AJOB Neuroscience* 5 (2014): 4 – 12.

51. Historicus, "Stalin on Revolution," *Foreign Affairs*, January 1949, p. 196.

52. R. C. Tucker, "Stalin and the Uses of Psychology," World Politics 8 (1956): 455 – 483. 다음도 참조하라. E. van Ree, *The Political Thought of Joseph Stalin: A Study in Twentieth-Century Revolutionary Patriotism* (London: Routledge Curzon, 2002), p. 290.

53. J. A. Getty, G. T. Rittersporn, and V. N. Zemskov, "Victims of the Soviet Penal System in the Pre-War Years," *American Historical Review* 98 (1993): 1017 – 1049; S. G. Wheatcroft, "The Scale and Nature of German and Soviet Repression and Mass Killings, 1930 – 45," *Europe-Asia Studies* 48 (1996): 1319 – 1353; S. G. Wheatcroft, "More Light on the Scale of Repression and Excess Mortality in the Soviet Union in the 1930s," *Soviet Studies* 42 (1990): 355 – 367; S. G. Wheatcroft, "Victims of Stalinism and the Soviet Secret Police: The Comparability and Reliability of the Archival Data, Not the Last Word," *Europe-Asia Studies* 51 (1999): 315 – 345.

54. A. G. Walder, "Marxism, Maoism, and Social Change: A Re-Examination of

the 'Voluntarism' in Mao's Strategy and Thought," *Modern China* 3 (1977): 125 – 160.

55. 예를 들어 옌안문예좌담회延安文藝座談會에서 한 유명한 연설에서 마오쩌둥은 이렇게 주장했다. "옌안에서 일부 인사들이 이른바 문예 이론의 토대라고 '인간 본성론'을 내세우는데 이 문제를 그저 이런 식으로 보는 것은 완전히 잘못된 것입니다." M. Tse-Tung, *Selected Works of Mao Tse-Tung*, vol. 3 (Peking: People's Publishing House, 1960), p. 90.

56. 내 친구인 심리학자 대니얼 길버트는 "도덕은 우리 외부에 있는가?"라는 질문이 마음을 함정에 빠뜨리는 수수께끼라고 주장한다. 이런 식으로 묻는 것과 같기 때문이다. "뉴욕시까지 가는 것이 더 오래 걸릴까, 버스로 가는 것이 더 오래 걸릴까?" 그러나 매우 도발적인 수수께끼임에는 분명하다.

57. D. C. Lahti and B. S. Weinstein, "The Better Angels of Our Nature: Group Stability and the Evolution of Moral Tension," *Evolution and Human Behavior* 26 (205): 47 – 63.

58. D. Hume, "Concerning Moral Sentiment," appendix 1 in *An Enquiry Concerning the Principles of Morals* (London: A. Millar, 1751), p. 289.

59. 마이클 채넌Michael Chanan이 감독한 TV 다큐멘터리 시리즈〈로직 레인Logic Lane〉 (1972)에서 아이리스 머독과 철학자 데이비드 피어스David Pears가 나눈 대화에서 나온 표현이다. 다음에서 인용했다. N. Krishna, "Is Goodness Natural?," *Aeon*, November 28, 2017, https://aeon.co/essays/how-philippa-foot-set-her-mind-against-prevailing-moral-philosophy.

60. R. M. Hare, *The Language of Morals* (Oxford: Clarendon Press, 1952).

61. D. Gilbert, *Stumbling on Happiness* (New York: Knopf, 2016).

62. P. Foot, cited in R. Hursthouse, *On Virtue Ethics* (Oxford: Oxford University Press, 2002), p. 196. 다음도 참조하라. P. Foot, "Does Moral Subjectivism Rest on a Mistake?," *Oxford Journal of Legal Studies* 15 (1995): 1 – 14.

63. Foot, "Does Moral Subjectivism Rest on a Mistake?"

64. A. H. Maslow, "A Theory of Human Motivation," *Psychological Review* 50 (1943): 370 – 396.

65. A. H. Maslow, *The Farther Reaches of Human Nature* (New York: Viking, 1971), p. 279.

66. H. Shirado and N. A. Christakis, "Locally Noisy Autonomous Agents Improve Global Human Coordination in Network Experiments," *Nature* 545

(2017): 370 – 375. 230개 집단의 4000명이 협력해 문제를 해결하도록 한 이 실험에서 우리는 집단 내에 인공 지능 봇을 몇 개 몰래 넣으면 어떤 일이 일어나는지 살펴보았다. 사람들은 인간과 기계로 이루어진 이 혼성 체제에서 어떻게 행동할까? 우리는 봇이 특정한 방식으로 행동할 때(역설적으로 의사 결정을 내리는 상황에서 좀 모자라게 행동하도록 했을 때) 진짜 사람들은 봇의 존재에 개의치 않고 실제로 더 나은 성과를 낸다는 것을 알아냈다.

67. M. L. Traeger, S. S. Sebo, M. Jung, B. Scassellati, and N. A. Christakis, "Vulnerable Robots Positively Shape Human Conversational Dynamics in a Human–Robot Team" (unpublished manuscript, 2018). 로봇학자 브라이언 스카셀라티Brian Scassellati 연구진은 또 다른 연구에서 한 집단에 로봇을 집어넣으면 자폐아가 로봇뿐 아니라 다른 사람들과 의사소통하는 방식에 영향을 미칠 수 있음을 보여주었다. E. S. Kim et al., "Social Robots as Embedded Reinforcers of Social Behavior in Children with Autism," *Journal of Autism and Developmental Disorders* 43 (2013): 1038 – 1049.

68. E. Awad et al., "The Moral Machine Experiment," *Nature* 563 (2018): 59 – 64.

69. 또는 어쩌면 인간형 로봇과 성관계를 맺는 일이 더 흔해진 뒤에는 사람들이 서로 성관계하는 방식을 바꿀지 모른다.

70. D. Silver et al., "Mastering the Game of Go with Deep Neural Networks and Tree Search," *Nature* 529 (2016): 484 – 489; D. Silver et al., "Mastering the Game of Go Without Human Knowledge," *Nature* 550 (2017): 354 – 359.

71. J. D. Sander and J. K. Joung, "CRISPR–Cas Systems for Editing, Regulating, and Targeting Genomes," *Nature Biotechnology* 32 (2014): 347 – 355. 더 일반적인 논의는 다음을 참조하라. J. Enriquez and S. Gullans, *Evolving Ourselves: How Unnatural Selection and Nonrandom Mutation Are Changing Life on Earth* (New York: Current, 2015).

72. J. Hughes, *Citizen Cyborg: Why Democratic Societies Must Respond to the Redesigned Human of the Future* (New York: Basic Books, 2004); J. Harris, *Enhancing Evolution: The Ethical Case for Making Better People* (Princeton, NJ: Princeton University Press, 2007). 2018년 11월 한 중국 과학자는 크리스퍼 기술로 두 쌍둥이 여아의 유전체를 편집해 에이즈를 일으키는 병원체인 인간면역결핍바이러스HIV가 세포를 감염할 때 쓰는 경로를 차단했다고 발표했다. 두 아이는 건강하게 태어난 듯하지만 크리스퍼를 사람 생식 계통 세포를 편집하는 데 쓴 이 최초 사례는 국제적인 항의를 불러일으켰다. 다음을 참조하라. D. Cyranoski and

H. Ledford, "Genome-Edited Baby Claim Provokes International Outcry," *Nature* 563 (2018): 607 –608.

73. 이 용어는 거의 쓰이지 않으며, 앞선 연구에서 쓰인 사례들도 나와 전혀 다른 의미로 썼다. 예를 들어《이데올로기의 종언The End of Ideology》으로 유명한 사회학자 대니얼 벨Daniel Bell은 다음 논문에서 이 용어를 사회학 개념들의 의미 진화를 설명하는 행위를 묘사하는 데 쓴다. D. Bell, "Sociodicy: A Guide to Modern Usage," *American Scholar* 35 (1966): 696 –714. 프랑스 사회학자 피에르 부르디외Pierre Bourdieu는 다음 논문에서 이데올로기가 어떻게 현 상태를 완벽한 상황이라고 정당화하는 데 사용되는지 설명하기 위해 이 용어를 쓰는 듯하다. P. Bourdieu, "Symbolic Power," *Critique of Anthropology* 4 (1979): 77 –85.

74. S. A. Pinker, *Enlightenment Now: The Case for Reason, Science, Humanism, and Progress* (New York: Viking, 2018).

찾아보기

BLUEPRINT

0 - 1 | 사회적 상호작용 규칙을 바꿀 때 달라지는 집단 내 협력 양상

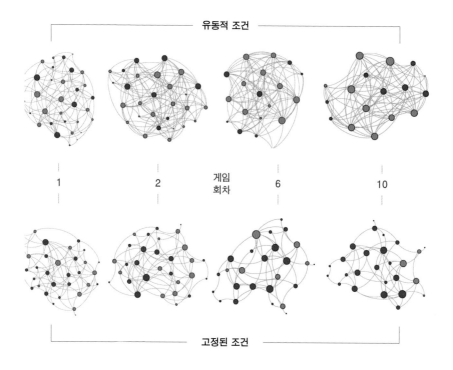

약 30명으로 구성된 2개 집단을 대상으로 10회에 걸쳐 실시한 연결망 협력 게임 중 4회를 나타낸 것이다. 파란색 노드는 친절하게 대하고 협력하는 쪽을 택한 이들이고, 빨간색 노드는 착취하거나 협력하지 않는(따라서 배신하는) 쪽을 택한 이들이다. 노드의 크기는 참가자가 맺은 연결의 수에 비례한다. 고정된 조건(아랫줄)에서는 서로의 이웃이 고정되어 있으며(실험자들이 첫 회에서 할당한 대로), 각 참가자는 이웃이 자신을 이용해먹으면(협력하지 않음으로써) 배신하는 것 외에는 달리 대안이 없기에 협력은 횟수가 반복될수록 줄어든다. 많은 연결 수를 지닌 참가자가 대부분 배신자라는 점에 주목하자(착취당하는 상황에서는 잘 연결된 이들이 협력을 지속하기가 특히 어렵기 때문이다). 게임을 마칠 즈음에는 극소수만이 협력을 계속 유지하고 있을 뿐이며, 그들은 집단의 한쪽 가장자리에(오른쪽 끝에) 몰려 있다. 이와 대조적으로 참가자들이 매회 누구와 연결을 맺을지(협력할지 배신할지도) 고를 수 있는 유동적 조건(윗줄)에서는 시간이 흐를수록 협력이 증가한다(게임을 마칠 즈음에 파란색 노드가 더 많아진다). 게다가 협력자들이 동료를 찾아 나섬에 따라 협력자가 배신자보다 더 많은 연결을 지니게 된다. 이처럼 사회적 연결을 통제하는 규칙을 지정함으로써 우리는 집단 구성원들을 더 비열하거나 더 친절하게 만들 수 있다.

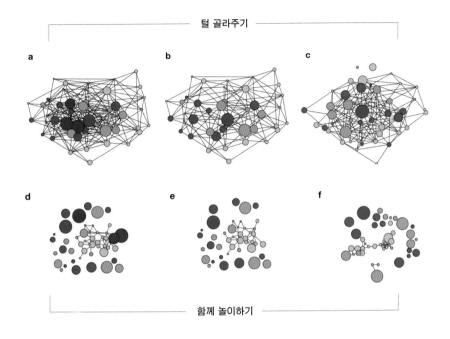

각 노드는 원숭이, 색깔은 역할을 나타낸다. 자주색은 리더, 밝은 분홍색은 우두머리 암컷alpha female, 빨간색은 암컷 가장matriarch, 살구색은 성체, 회색은 사회적으로 성숙했지만 아직 완전히 자라지 않은 개체를 뜻한다. 윗줄 도표에서 선은 털을 골라주는 관계, 아랫줄 도표에서 선은 함께 놀이하는 관계를 나타낸다. 각 줄의 왼쪽 도표는 원래의 조건일 때다. 오른쪽 도표는 리더(3마리)를 집단에서 물리적으로 제거한 실험 조건에서 관찰을 통해 측정한 사회적 상호작용의 연결망이다. 가운데 도표는 원래의 연결망 지도에서 단순히 리더를 빼고 다시 그린 연결망이다. 즉 실제로는 제거하지 않은 상태에서 데이터에서만 리더 3마리와 그들이 맺은 연결을 삭제했을 때의 연결망 모습이다. 실제로 리더를 제거했을 때보다 원래 연결망과 훨씬 더 비슷하다. 이는 도표에서만 리더 3마리와 그들이 맺은 연결을 제거했을 때보다 실제로 리더를 제거했을 때 연결망이 훨씬 더 불안정해진다는 의미다.

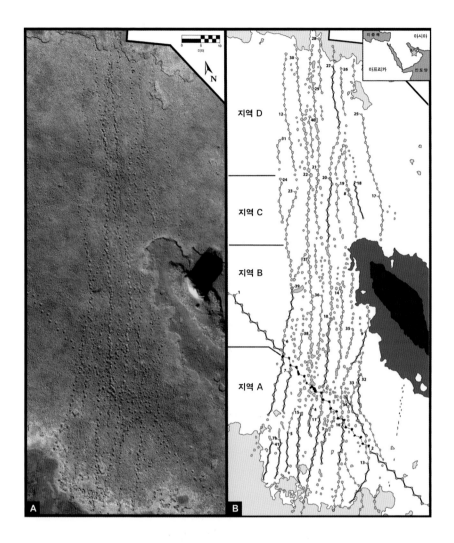

왼쪽 도판은 아랍에미리트 음레이사Mleisa에 있는 사막에서 700만 년 전에 코끼리들이 260미터를 걸어가면서 남긴 발자국 화석을 찍은 항공 사진이다. 오른쪽 도판은 이 암컷 무리의 각 개체가 걸어간 경로를 보여준다. 또 수컷 한 마리가 그들과 대각선으로 가로질러 갔다는 것을 알 수 있다. 이 고대 발자국이 보여주는 사회 조직은 오늘날 코끼리의 것과 동일하다.

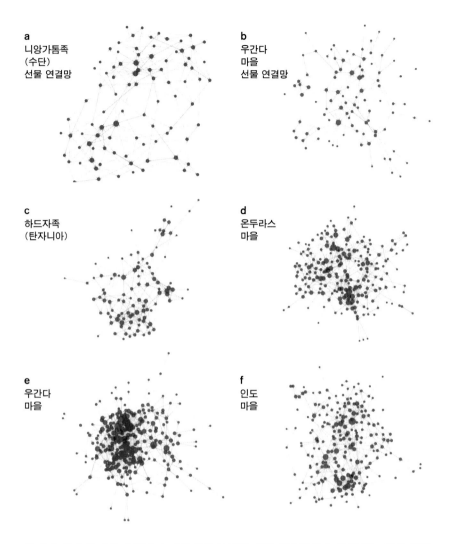

a
니앙가톰족
(수단)
선물 연결망

b
우간다
마을
선물 연결망

c
하드자족
(탄자니아)

d
온두라스
마을

e
우간다
마을

f
인도
마을

우리가 세계 각지의 소집단과 마을에서 조사한 대면 상호작용을 동반하는 사회 연결망이다. 파란색 노드는 남성, 빨간색 노드는 여성이다. 원의 크기는 개인이 지닌 연결의 수를 나타낸다(사회적 연결이 더 많을수록 원이 더 크다는 뜻이다). 주황색 선은 가까운 가족 관계(부모, 자녀, 배우자, 형제자매), 회색 선은 다른 모든 유형의 사회관계, 주로 친족관계가 아닌 친구 관계를 나타낸다. 91~261명으로 이루어진 이 연결망들은 전 세계에서 놀라울 만치 구조가 일관성을 띤다는 것을 보여준다. 그런 한편으로 젠더 구분 등 몇 가지 흥미로운 차이점과 더 넓은 연결망 속에서 유달리 긴밀하게 상호 연결된 이들로 이루어진 하위집단이 존재한다는 점을 알려준다.

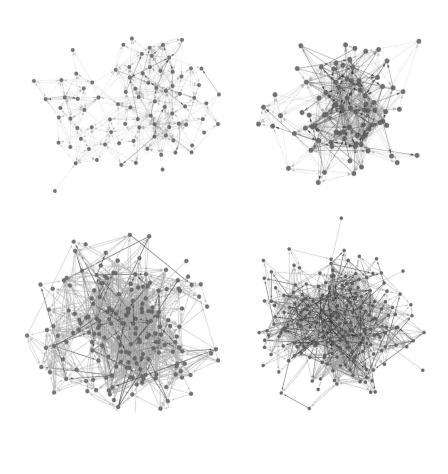

온두라스 4개 마을의 연결망이다. 파란색 노드는 사람, 회색 선은 우정(긍정적) 연결, 빨간색 선은 적대적(부정적) 연결을 나타낸다. 윗줄은 더 작은 마을(왼쪽부터 N=86명과 87명), 아랫줄은 더 큰 마을(N=204명과 184명)이다. 왼쪽은 적대감이 낮은 마을들(8.5 퍼센트, 9.6퍼센트)이고, 오른쪽은 높은 마을들이다(40.0퍼센트, 32.2퍼센트). 각 백분율 은 마을의 긍정적 연결에 대한 부정적 연결의 비율로 측정한 값이다.

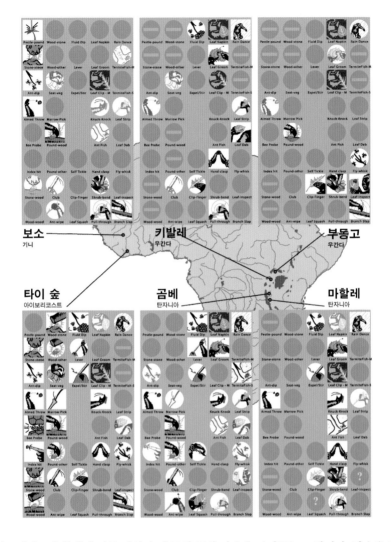

아프리카 6개 침팬지 연구 지역과 이 종의 문화 관습을 보여주는 그림이다. 관습은 5×8 행렬로 나타냈는데, 각 지역의 관례나 습성에 해당하는 행동들이다. 컬러 아이콘은 관례 행동, 원형 아이콘은 습관 행동, 단색 아이콘은 단순히 존재하는 행동, 빈 곳은 이런 행동이 존재하지 않음을 뜻한다. 수평 막대는 이런 행동이 없지만 생태적으로 설명될 때를 가리킨다(예를 들어 조류藻類가 전혀 없는 곳에서는 조류를 뜯어 먹는 행동도 존재하지 않는다). 물음표는 불확실한 상황을 나타낸다. 전체적으로 각 연구 지역은 독특한 문화 행동 양상을 보여준다.

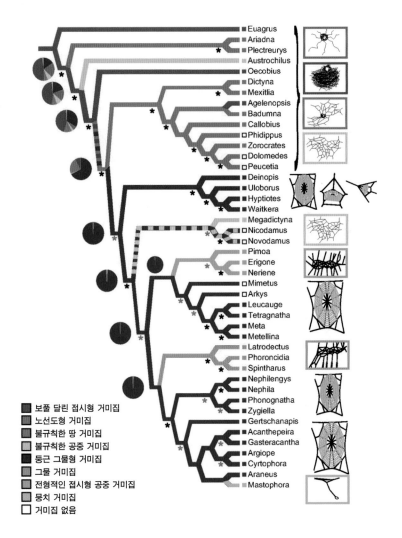

보풀 달린 접시형 거미집
노선도형 거미집
불규칙한 땅 거미집
불규칙한 공중 거미집
둥근 그물형 거미집
그물 거미집
전형적인 접시형 공중 거미집
뭉치 거미집
거미집 없음

계통수 가지 색깔은 거미목에서 진화 역사에 걸쳐 거미집 형태가 진화한 경로일 가능성이 높은 쪽을 나타낸다. 분류군 왼쪽의 색깔은 거미집 유형을 나타낸다. 검은색과 회색 별, 원그래프는 분기 지점을 시사하는 과학적 증거의 신뢰 수준을 가리킨다. 진화를 통해 빚어진 거미집 유형은 엄청나게 많으며, 종에 따라 다르다. 동물이 유전자가 지정하는 대로 구조물을 만드는 물리적 대상의 한 예다.

아시아의 아르마타가시개미Polyrhachis armata를 감염시킨 좀비개미곰팡이가 만드는 확장된 표현형. 이 곰팡이는 개미의 행동을 지배한다. 개미가 식물을 타고 특정한 높이까지 올라간 뒤 잎맥을 꽉 물게 만든다. 그런 뒤 곰팡이는 개미를 죽이고 머리에서 커다란 버섯 자루를 뻗는다(이 사진에서처럼). 이 자루에서 홀씨가 비처럼 쏟아져 다른 개미들에게 달라붙는다. 이 개미는 대개 잎 뒷면에 달라붙기 때문에 잘 보이지 않는다. 이 사진은 잎을 뒤집은 모습이다.